An Invitation to Spanish

¡ADELANTE!

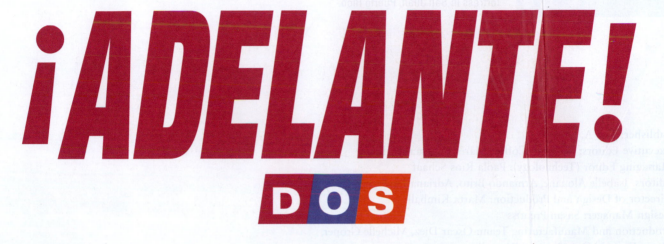

DOS

José A. Blanco

VISTA
HIGHER LEARNING

Boston, Massachusetts

The **¡ADELANTE!** cover gives you a glimpse into the many cultures of the Spanish-speaking world you will encounter in this program. Photos from left to right: **Puerta de Alcalá**, Madrid, Spain; **Flash cultura** correspondent Mari Carmen on location in Barcelona, Spain; Aztec pottery in Mexico; a Cuzqueña with a llama in Cuzco, Peru; papayas in a market in Costa Rica; Tango dancers in Buenos Aires, Argentina; the **El Morro** fortress in San Juan, Puerto Rico.

Publisher: José A. Blanco
Executive Editors: Deborah Coffey, María Eugenia Corbo
Managing Editor (Technology): Paola Ríos Schaaf
Editors: Isabelle Alouane, Armando Brito, Adriana Lavergne
Director of Design and Production: Marta Kimball
Design Manager: Susan Prentiss
Production and Manufacturing Team: Oscar Diez, Michelle Groper, Maria Eugenia Castaño, Nick Ventullo

President: Janet L. Dracksdorf
Sr. Vice President of Operations: Tom Delano
Vice President of Sales and Marketing: Scott Burns
Executive Marketing Manager: Cate Parsley

© 2009 by Vista Higher Learning, Inc.

All rights reserved.

No part of this work may be reproduced or distributed in any form or by any means, electronic or mechanical, including photocopying and recording, or by any information storage or retrieval system without prior written permission from Vista Higher Learning, 500 Boylston Street, Suite 620, Boston, MA 02116-3736.

Student Text ISBN-13: 978-1-60007-611-4
       ISBN-10: 1-60007-611-4

Instructor's Annotated Edition ISBN-13: 978-1-60007-612-1
       ISBN-10: 1-60007-612-2

Library of Congress Control Number: 2007934476

Printed in China

5 6 7 8 9 10 11 12 RS 17 16 15 14 13

An Invitation to Spanish

Welcome to ¡ADELANTE!

¡ADELANTE!—a unique new Spanish program—offers convenience, ease-of-use, and affordability to college students in introductory Spanish courses.

¡ADELANTE!'s three worktexts—**UNO**, **DOS**, **TRES**—are delivered in an easy-to-carry, spiral-bound format that includes all key components you need for learning and practicing Spanish. The workbook, lab, and video manual sections are conveniently placed after each lesson of the text. In addition, both **¡ADELANTE!** **DOS** and **TRES** begin with a review lesson that serves as a bridge between worktexts to help you review what you have learned.

¡ADELANTE! combines rich, authentic language with vibrant cultural presentations, clear and concise grammar and vocabulary sections, a carefully integrated dramatic video, and two cultural videos that will transport you all over the Spanish-speaking world. All three worktexts also offer access to the **¡ADELANTE!** Supersite, where you can view, learn, and practice much of the worktexts' dynamic content.

We know that **¡ADELANTE!** will make your journey through the Spanish language and Spanish-speaking world as rich and fulfilling as it can be!

table of contents

table of contents

	contextos	fotonovela

cultura	estructura	¡adelante!

New Worktext Format
delivers materials in a convenient, user-friendly package.

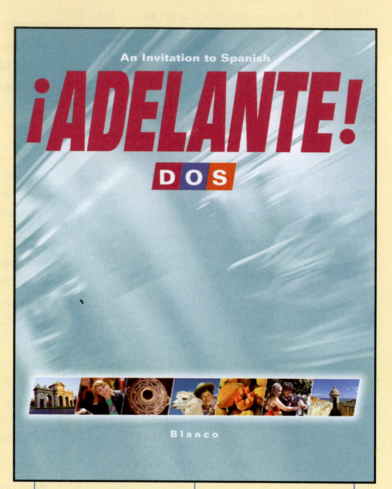

Spiral binding A unique binding allows easier handling of materials in class, at home, or wherever you may be.

Folders and notes For your convenience, folders and note papers are included.

Tab navigation Clearly marked tabs ensure that you always know exactly where you are in the worktext.

Perforation Perforated pages allow you to easily hand in assignments or travel with just what you need.

Built-in ancillaries The Workbook, Video Manual, and Lab Manual activities are included after each worktext lesson, eliminating the need to carry these components to and from class.

Lesson Openers
outline the content and features of each lesson.

Los pasatiempos 4

Communicative Goals

You will learn how to:
- Talk about pastimes, weekend activities, and sports
- Make plans and invitations

contextos

pages 168–171
- Pastimes
- Sports
- Places in the city

fotonovela

pages 172–175

Don Francisco informs the students that they have an hour of free time. Inés and Javier decide to take a walk through the city. Maite and Álex go to a park where they are involved in a minor accident. On their way back, Álex invites Maite to go running.

cultura

pages 176–177
- Soccer rivalries
- Anier García and Luciana Aymar

estructura

pages 178–193
- Present tense of **ir**
- Stem-changing verbs: e→ie; o→ue
- Stem-changing verbs: e→i
- Verbs with irregular **yo** forms
- Recapitulación

¡adelante!

pages 194–197

Lectura: Popular sports in Latin America
Panorama: México

Más práctica
Workbook pages 199–210
Video Manual pages 211–214
Lab Manual pages 215–220

Cross references help you navigate each lesson from the very start.

Communicative goals highlight the real-life tasks you will be able to carry out in Spanish by the end of each lesson.

¡ADELANTE!-at-a-glance

Contextos
presents vocabulary in meaningful contexts.

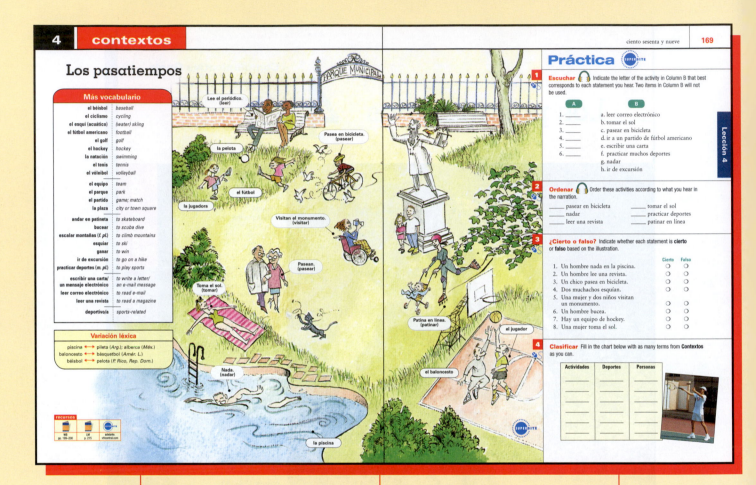

Más vocabulario boxes call out important theme-related vocabulary in easy-to-reference Spanish-English lists.

Illustrations High-frequency vocabulary is introduced through expansive, full-color illustrations.

Práctica This section always begins with two listening exercises and continues with activities that practice the new vocabulary in meaningful contexts.

Variación léxica presents alternate words and expressions used throughout the Spanish-speaking world.

Recursos These icons let you know which ancillaries you can use with every section. The Workbook, Video Manual, and Lab Manual activities are built right into your worktext, immediately following each lesson.

Comunicación activities allow you to use the vocabulary creatively in interactions with a partner, a small group, or the entire class.

Fotonovela
tells the story of four students traveling in Ecuador.

Personajes The photo-based conversations take place among a cast of recurring characters—four college students on vacation in Ecuador and the bus driver who accompanies them.

Fotonovela **Video** The **Fotonovela** episode appears in the **Fotonovela** Video Program. To learn more about the video, turn to page xxii.

Conversations Taken from the **Fotonovela** Video, the conversations reinforce vocabulary from **Contextos**. They also preview structures from the upcoming **Estructura** section in context *and* in a comprehensible way.

Icons provide on-the-spot visual cues for various types of activities: pair, small group, listening-based, video-related, handout-based, information gap, and Supersite. For a legend explaining all icons used in the student text, see page xxv.

Expresiones útiles These expressions organize new, active structures by language function so you can focus on using them for real-life, practical purposes.

¡ADELANTE!-at-a-glance

Pronunciación & Ortografía
present the rules of Spanish pronunciation and spelling.

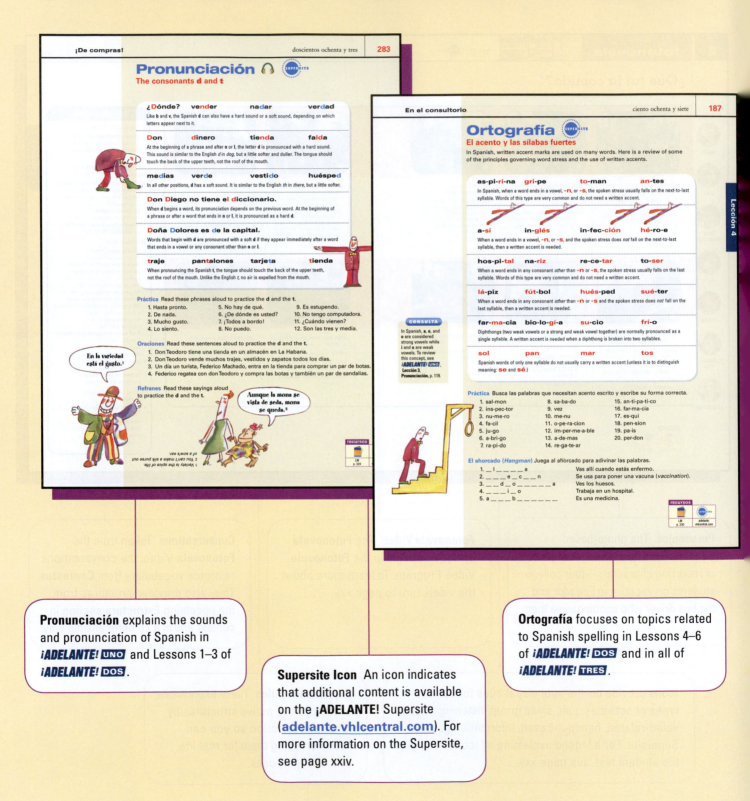

Pronunciación explains the sounds and pronunciation of Spanish in *¡ADELANTE!* **UNO** and Lessons 1–3 of *¡ADELANTE!* **DOS**.

Supersite Icon An icon indicates that additional content is available on the *¡ADELANTE!* Supersite (**adelante.vhlcentral.com**). For more information on the Supersite, see page xxiv.

Ortografía focuses on topics related to Spanish spelling in Lessons 4–6 of *¡ADELANTE!* **DOS** and in all of *¡ADELANTE!* **TRES**.

Cultura
exposes you to different aspects of Hispanic culture tied to the lesson theme.

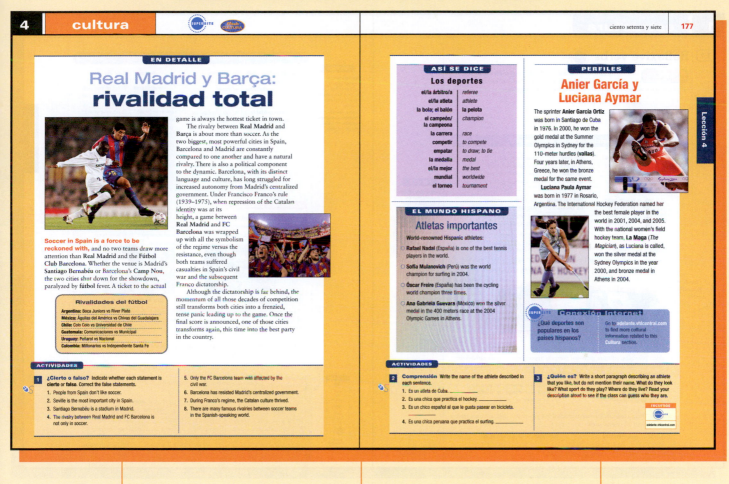

En detalle & Perfil(es) Two articles on the lesson theme focus on a specific place, custom, person, group, or tradition in the Spanish-speaking world. In Spanish, starting in ¡ADELANTE! DOS, these features also provide reading practice.

Activities check your understanding of the material and lead you to further exploration. A mouse icon indicates that activities are available on the ¡ADELANTE! Supersite (adelante.vhlcentral.com).

Así se dice & El mundo hispano Lexical and comparative features expand cultural coverage to people, traditions, customs, trends, and vocabulary throughout the Spanish-speaking world.

Coverage While the **Panorama** section takes a regional approach to cultural coverage, **Cultura** is theme-driven, covering several Spanish-speaking regions in every lesson.

Video An icon lets you know that the exciting *Flash cultura* Video offers specially-shot content tied to the feature article. To learn more about the video, turn to page xxiii.

Conexión Internet An icon leads you to research a topic related to the lesson theme on the Supersite (adelante.vhlcentral.com).

Estructura
presents Spanish grammar in a graphic-intensive format.

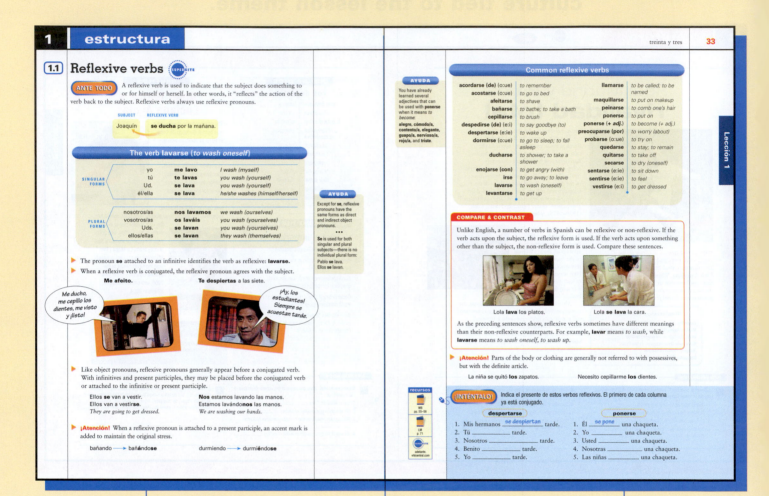

Ante todo This introduction eases you into the grammar with definitions of grammatical terms, reminders about what you already know of English grammar, and Spanish grammar you have learned in earlier lessons.

Compare & Contrast This feature focuses on aspects of grammar that native speakers of English may find difficult, clarifying similarities and differences between Spanish and English.

Diagrams To clarify concepts, grammar explanations are reinforced by diagrams that colorfully present sample words, phrases, and sentences.

Charts To help you learn, colorful, easy-to-use charts call out key grammatical structures and forms, as well as important related vocabulary.

Sidebars provide linguistic, cultural, or language-learning information and refer you to materials covered in other levels of ¡ADELANTE!

¡Inténtalo! offers an easy first step into each grammar point. A mouse icon indicates these activities are available with auto-grading at **adelante.vhlcentral.com**.

Estructura
provides directed and communicative practice.

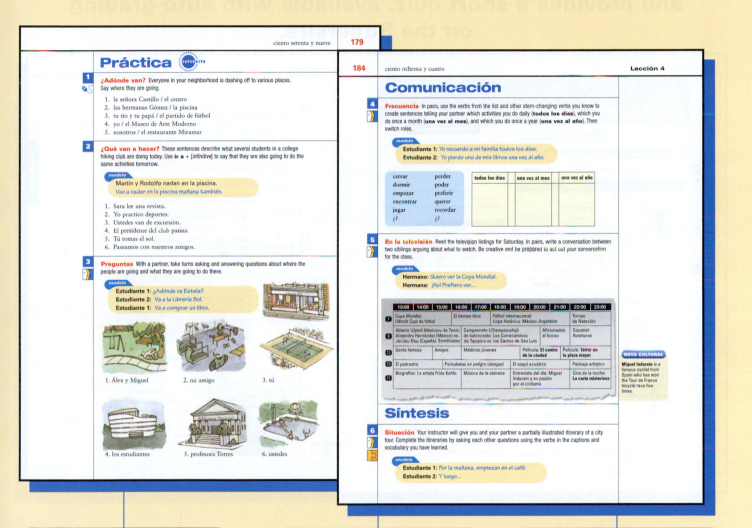

Práctica A wide range of guided, yet meaningful exercises weave current and previously learned vocabulary together with the current grammar point.

Comunicación Opportunities for creative expression use the lesson's grammar and vocabulary. These activities take place with a partner, in small groups, or with the whole class.

Síntesis activities integrate the current grammar point with previously learned points, providing built-in, consistent review and recycling as you progress through the text.

Supersite Icon An icon at the top of the page refers you to additional content on the ¡ADELANTE! Supersite (**adelante.vhlcentral.com**); mouse icons next to individual activities signal that these are available with auto-grading on the Supersite.

Information Gap Activities engage you and a partner in problem-solving and other situations based on handouts your instructor gives you. However, you and your partner each have only half of the information you need, so you must work together to accomplish the task at hand.

Sidebars The **Notas culturales** expand coverage of the cultures of Spanish-speaking peoples and countries, while **Ayuda** sidebars provide on-the-spot language support. **Consulta** refers you to other pages and levels of ¡ADELANTE! where appropriate.

Estructura

Recapitulación reviews the grammar of each lesson and provides a short quiz, available with auto-grading on the Supersite.

Resumen gramatical This review panel provides you with an easy-to-study summary of the basic concepts of the lesson's grammar, with page references to the full explanations.

Activities A series of activities, moving from directed to open-ended, systematically tests your mastery of the lesson's grammar. The section ends with a riddle or puzzle using the lesson's grammar.

Points Each activity is assigned a point value to help you track your progress. All **Recapitulación** sections add up to fifty points, with two extra-credit points for the last activity.

Supersite Icon An icon lets you know that **Recapitulación** can be completed online with automatic scoring and diagnostics to help you identify where you are strong or might need review.

¡Adelante!
Lectura develops reading skills in the context of the lesson theme.

Lectura

Antes de leer

Estrategia
Recognizing similes and metaphors

Similes and metaphors are figures of speech that are often used in literature to make descriptions more colorful and vivid.

In English, a simile (**símil**) makes a comparison using the words *as* or *like*. In Spanish, the words **como** and **parece** are most often used. Example: **Estoy tan feliz como un niño con zapatos nuevos.**

A metaphor (**metáfora**) is a figure of speech that identifies one thing with the attributes and qualities of another. Whereas a simile says one thing is like another, a metaphor says that one thing *is* another. In Spanish, **ser** is most often used in metaphors. Example: **La vida es sueño.** (*Life is a dream.*)

Examinar el texto
Lee el texto una vez usando las estrategias de lectura de las lecciones anteriores. ¿Qué te indican sobre el contenido de la lectura? Toma nota de las metáforas y los símiles que aparecen. ¿Qué significan? ¿Qué te dicen sobre el tema de la lectura?

¿Cómo son?
En parejas, hablen sobre las diferencias entre el **yo interior** de una persona y su **yo social**. ¿Hay muchas diferencias entre su forma de ser "privada" y su forma de ser cuando están con otras personas?

Las dos Fridas, de Frida Kahlo

A Julia de Burgos

Julia de Burgos

Julia de Burgos nació en 1914 en Carolina, Puerto Rico. Vivió también en La Habana, en Washington y en Nueva York, donde murió en 1953. Su poesía refleja temas como la muerte, la naturaleza, el amor y la patria°. Sus tres poemarios más conocidos se titulan *Poema en veinte surcos* (1938), *Canción de la verdad sencilla* (1939) y *El mar y tú* (publicado póstumamente).

Después de leer

Comprensión
Responde a las preguntas.

1. ¿Quiénes son las dos "Julias" presentes en el poema?
2. ¿Qué características tiene cada una?
3. ¿Quién es la que habla de las dos?
4. ¿Qué piensa que ella siente por la otra Julia?
5. ¿Qué diferencias hay en el aspecto físico de una y otra mujer? ¿Qué simboliza esto?
6. ¿Cuáles son los temas más importantes del poema?

recursos

adelante.vhlcentral.com

Ya las gentes murmuran que yo soy tu enemiga
porque dicen que en verso doy al mundo tu yo.

Mienten°, Julia de Burgos. Mienten, Julia de Burgos. 5
La que se alza° en mis versos no es tu voz°: es mi voz;
porque tú eres ropaje° y la esencia soy yo;
y el más profundo abismo se tiende° entre las dos.

Tú eres fría muñeca° de mentira social,
y yo, viril destello° de la humana verdad. 10

Tú, miel° de cortesanas hipocresías; yo no;
que en todos mis poemas desnudo° el corazón.

Tú eres como tu mundo, egoísta; yo no;
que en todo me lo juego° a ser lo que soy yo.

Tú eres sólo la grave señora señorona°; 15
yo no; yo soy la vida, la fuerza°, la mujer.

Tú eres de tu marido, de tu amo°; yo no;
yo de nadie, o de todos, porque a todos, a todos,
en mi limpio sentir y en mi pensar me doy.

Tú te rizas° el pelo y te pintas°; yo no; 20
a mí me riza el viento; a mí me pinta el sol.

Tú eres dama casera°, resignada, sumisa,
atada° a los prejuicios de los hombres; yo no;
que yo soy Rocinante° corriendo desbocado°
olfateando° horizontes de justicia de Dios.

Tú en ti misma no mandas°; a ti todos te mandan; 25
en ti mandan tu esposo, tus padres, tus parientes,
el cura°, la modista°, el teatro, el casino,
el auto, las alhajas°, el banquete, el champán,
el cielo y el infierno, y el qué dirán social°.

En mí no, que en mí manda mi solo corazón, 30
mi solo pensamiento; quien manda en mí soy yo.

Tú, flor de aristocracia; y yo la flor del pueblo.
Tú en ti lo tienes todo y a todos se lo debes,
mientras que yo, mi nada a nadie se la debo.

Tú, clavada° al estático dividendo ancestral°, 35
y yo, un uno en la cifra° del divisor social,
somos el duelo a muerte° que se acerca° fatal.

Cuando las multitudes corran alborotadas°
dejando atrás cenizas° de injusticias quemadas,
y cuando con la tea° de las siete virtudes, 40
tras los siete pecados°, corran las multitudes,
contra ti, y contra todo lo injusto y lo inhumano,
yo iré en medio de ellas con la tea en la mano.

patria homeland *Mienten They are lying* *se alza rises up* *voz voice* *ropaje apparel* *se tiende lays* *muñeca doll* *destello sparkle* *miel honey* *desnudo I uncover* *me lo juego I risk* *señorona matronly* *fuerza strength* *amo master* *te rizas curl* *te pintas put on makeup* *dama casera home-loving lady* *atada tied* *desbocado wildly* *olfateando sniffing* *no mandas are not the boss* *cura priest* *modista dressmaker* *alhajas jewelry* *el qué dirán social what society would say* *clavada stuck* *ancestral ancient* *cifra number* *duelo a muerte duel to the death* *se acerca approaches* *alborotadas rowdy* *cenizas ashes* *tea torch* *pecados sins*

° *Rocinante: El caballo de Don Quijote de la Mancha, personaje literario de fama universal que se relaciona con el idealismo y el poder de la imaginación frente a la realidad.*

Interpretación
Responde a las preguntas.

1. ¿Qué te resulta llamativo en el título de este poema?
2. ¿Por qué crees que se repite el "tú" y el "yo" en el poema? ¿Qué función tiene este desdoblamiento?
3. ¿Cómo interpretas los versos "tú eres fría muñeca de mentira social / y yo, viril destello de la humana verdad"? ¿Qué sustantivos (*nouns*) se contraponen en estos dos versos?
4. ¿Es positivo o negativo el comentario sobre la vida social: "miel de cortesanas hipocresías"?
5. Comenta la oposición entre "señorona" y "mujer" que aparece en los versos trece y catorce. ¿Podrías decir qué personas son las que dominan a la "señorona" y qué caracteriza, en cambio, a la mujer?

Monólogo

Imagina que eres un personaje famoso de la historia, la literatura o la vida actual. Escribe un monólogo breve para presentar en clase. Debes escribirlo en segunda persona. Para la representación necesitarás un espejo. Tus compañeros/as deben adivinar quién eres. Sigue el modelo.

modelo

Eres una mujer que vivió hace más de 150 años. La gente piensa que eres una gran poeta. Te gustaba escribir y pasar tiempo con tu familia y, además de poesías, escribías muchas cartas. Me gusta tu poesía porque es muy íntima y personal. (Emily Dickinson)

Escribe sobre estos temas.
▶ cómo lo/la ven las otras personas
▶ lo que te gusta y lo que no te gusta de él/ella
▶ lo que quieres o esperas que haga

Antes de leer Valuable reading strategies and pre-reading activities strengthen your reading abilities in Spanish.

Readings Selections related to the lesson theme recycle vocabulary and grammar you have learned. The selections in **¡ADELANTE! UNO** and **¡ADELANTE! DOS** are cultural texts, while those in **¡ADELANTE! TRES** are literary pieces.

Después de leer Activities include post-reading exercises that review and check your comprehension of the reading and expansion activities.

¡ADELANTE!-at-a-glance

Panorama
presents the nations of the Spanish-speaking world.

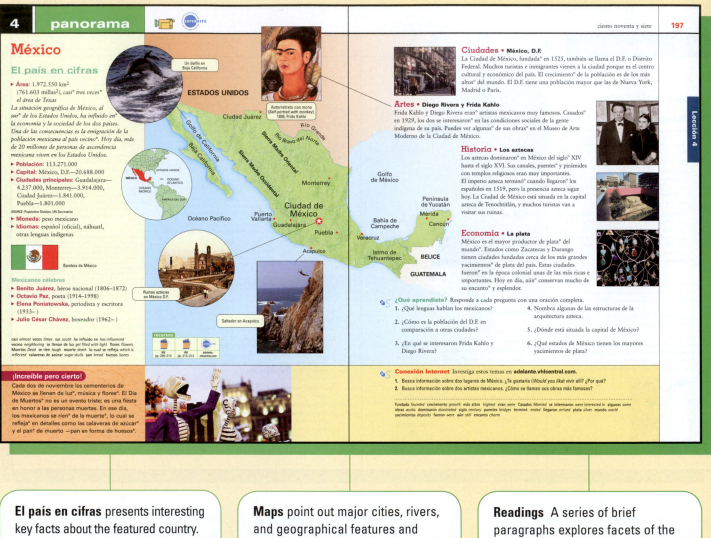

El país en cifras presents interesting key facts about the featured country.

Maps point out major cities, rivers, and geographical features and situate the country in the context of its immediate surroundings and the world.

Readings A series of brief paragraphs explores facets of the country's culture such as history, places, fine arts, literature, and aspects of everyday life.

¡Increíble pero cierto! highlights an intriguing fact about the country or its people.

Conexión Internet activities on the **¡ADELANTE!** Supersite offer additional avenues of discovery.

***Panorama cultural* Video** The authentic footage of this video takes you to the featured Spanish-speaking country, letting you experience the sights and sounds of an aspect of its culture. To learn more about the video, turn to page xxiii.

Vocabulario
summarizes all the active vocabulary of the lesson.

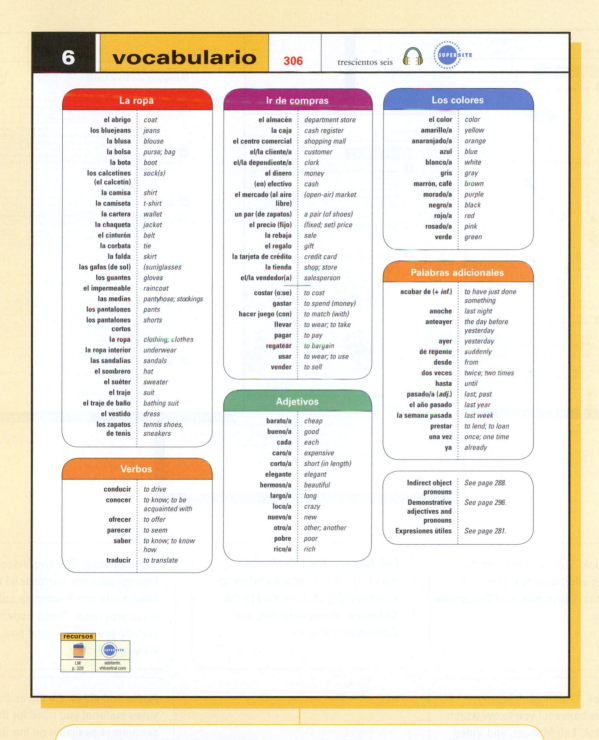

La ropa

el abrigo	coat
los bluejeans	jeans
la blusa	blouse
la bolsa	purse; bag
la bota	boot
los calcetines (el calcetín)	sock(s)
la camisa	shirt
la camiseta	t-shirt
la cartera	wallet
la chaqueta	jacket
el cinturón	belt
la corbata	tie
la falda	skirt
las gafas (de sol)	(sun)glasses
los guantes	gloves
el impermeable	raincoat
las medias	pantyhose; stockings
los pantalones	pants
los pantalones cortos	shorts
la ropa	clothing; clothes
la ropa interior	underwear
las sandalias	sandals
el sombrero	hat
el suéter	sweater
el traje	suit
el traje de baño	bathing suit
el vestido	dress
los zapatos de tenis	tennis shoes, sneakers

Verbos

conducir	to drive
conocer	to know; to be acquainted with
ofrecer	to offer
parecer	to seem
saber	to know; to know how
traducir	to translate

Ir de compras

el almacén	department store
la caja	cash register
el centro comercial	shopping mall
el/la cliente/a	customer
el/la dependiente/a	clerk
el dinero	money
(en) efectivo	cash
el mercado (al aire libre)	(open-air) market
un par (de zapatos)	a pair (of shoes)
el precio (fijo)	(fixed; set) price
la rebaja	sale
el regalo	gift
la tarjeta de crédito	credit card
la tienda	shop; store
el/la vendedor(a)	salesperson
costar (o:ue)	to cost
gastar	to spend (money)
hacer juego (con)	to match (with)
llevar	to wear; to take
pagar	to pay
regatear	to bargain
usar	to wear; to use
vender	to sell

Adjetivos

barato/a	cheap
bueno/a	good
cada	each
caro/a	expensive
corto/a	short (in length)
elegante	elegant
hermoso/a	beautiful
largo/a	long
loco/a	crazy
nuevo/a	new
otro/a	other; another
pobre	poor
rico/a	rich

Los colores

el color	color
amarillo/a	yellow
anaranjado/a	orange
azul	blue
blanco/a	white
gris	gray
marrón, café	brown
morado/a	purple
negro/a	black
rojo/a	red
rosado/a	pink
verde	green

Palabras adicionales

acabar de (+ *inf.*)	to have just done something
anoche	last night
anteayer	the day before yesterday
ayer	yesterday
de repente	suddenly
desde	from
dos veces	twice; two times
hasta	until
pasado/a (*adj.*)	last; past
el año pasado	last year
la semana pasada	last week
prestar	to lend; to loan
una vez	once; one time
ya	already

Indirect object pronouns	See page 288.
Demonstrative adjectives and pronouns	See page 296.
Expresiones útiles	See page 281.

recursos

LM p. 328

adelante. vhlcentral.com

Recorded vocabulary The headset icon at the top of the page and the **Recursos** boxes at the bottom of the page highlight that the active lesson vocabulary is recorded for convenient study on the ¡ADELANTE! Supersite (**adelante.vhlcentral.com**).

Integrated Ancillaries
provide all the additional practice you need right in the worktext.

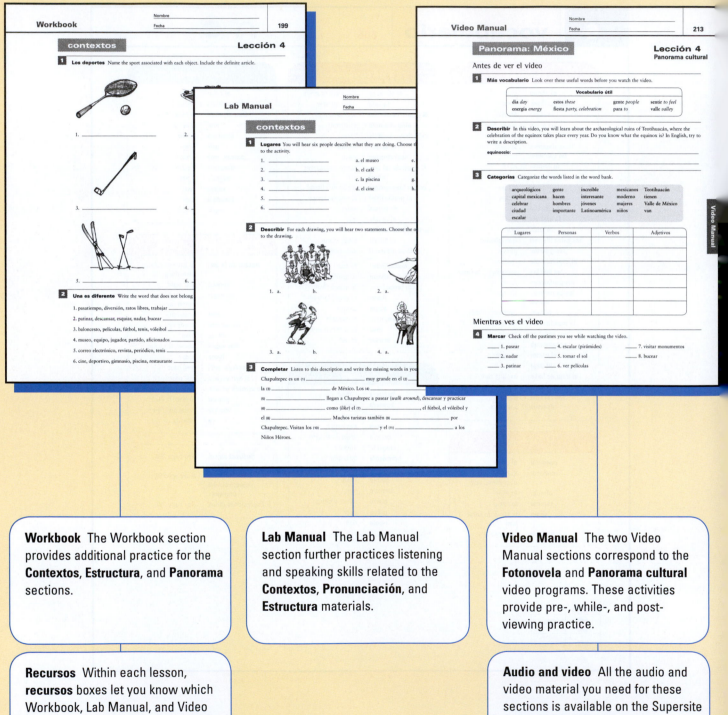

Workbook The Workbook section provides additional practice for the **Contextos**, **Estructura**, and **Panorama** sections.

Lab Manual The Lab Manual section further practices listening and speaking skills related to the **Contextos**, **Pronunciación**, and **Estructura** materials.

Video Manual The two Video Manual sections correspond to the **Fotonovela** and **Panorama cultural** video programs. These activities provide pre-, while-, and post-viewing practice.

Recursos Within each lesson, **recursos** boxes let you know which Workbook, Lab Manual, and Video Manual materials can be used. The boxes also lead you to additional material on the Supersite.

Audio and video All the audio and video material you need for these sections is available on the Supersite (**adelante.vhlcentral.com**).

¡ADELANTE! uno y tres
complete this three-volume program.

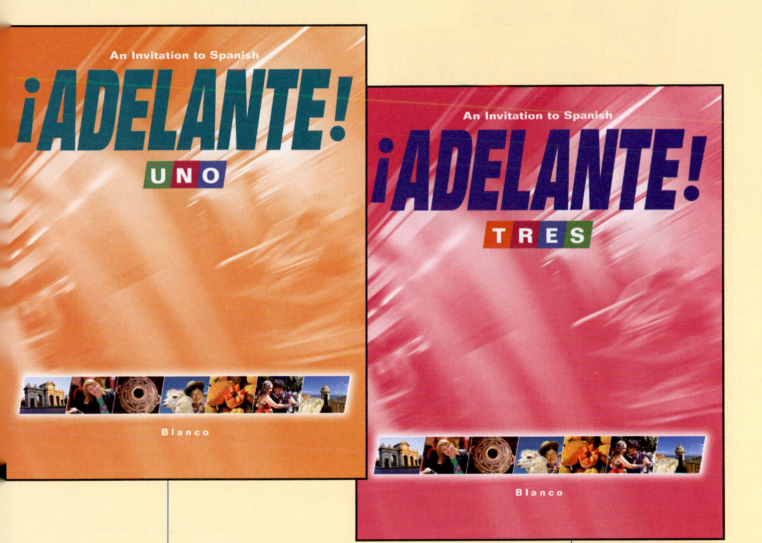

¡ADELANTE! UNO starts the program with the present tense and ends with an introduction to the preterite. These concepts will be reviewed and recycled throughout the next two volumes.

¡ADELANTE! TRES begins with a lesson that reviews what was covered in **¡ADELANTE! DOS**. You continue to expand your knowledge of the Spanish language by covering the subjunctive, the future, and the conditional tenses.

THE CAST

Here are the main characters you will meet when you watch the **Fotonovela** Video:

From Ecuador,
Inés Ayala Loor

From Spain,
María Teresa (Maite) Fuentes de Alba

From México,
Alejandro (Álex) Morales Paredes

From Puerto Rico,
Javier Gómez Lozano

And, also from Ecuador,
don Francisco Castillo Moreno

FOTONOVELA VIDEO PROGRAM

Fully integrated with your worktext, the **Fotonovela** Video contains eighteen episodes, one for each lesson of the text. The episodes present the adventures of four college students who are studying at the **Universidad de San Francisco** in Quito, Ecuador. They decide to spend their vacation break on a bus tour of the Ecuadorian countryside with the ultimate goal of hiking up a volcano. The video, shot in various locations in Ecuador, tells their story and the story of Don Francisco, the tour bus driver who accompanies them.

The **Fotonovela** section in each worktext lesson is an abbreviated version of the dramatic episode featured in the video. Therefore, each **Fotonovela** section can be done before you see the corresponding video episode, after it, or as a section that stands alone.

As you watch each video episode, you will first see a live segment in which the characters interact using vocabulary and grammar you are studying. As the video progresses, the live segments carefully combine new vocabulary and grammar with previously taught language. You will then see a **Resumen** section in which one of the main video characters recaps the live segment, emphasizing the grammar and vocabulary you are studying within the context of the episode's key events.

In addition, in most of the video episodes, there are brief pauses to allow the characters to reminisce about their home countries. These flashbacks—montages of real-life images shot in Spain, Mexico, Puerto Rico, and various parts of Ecuador—connect the theme of the video to everyday life in various parts of the Spanish-speaking world.

FLASH CULTURA
VIDEO PROGRAM

The dynamic **Flash cultura** Video provides an entertaining supplement to the **Cultura** section of each lesson. Young people from all over the Spanish-speaking world share aspects of life in their countries: places, products, practices, and more. The similarities and differences among Spanish-speaking countries that come up through their experiences will challenge you to think about your own cultural practices and values.

The segments provide valuable cultural insights as well as linguistic input; the episodes will expose you to a wide variety of accents and vocabulary as they gradually move into Spanish.

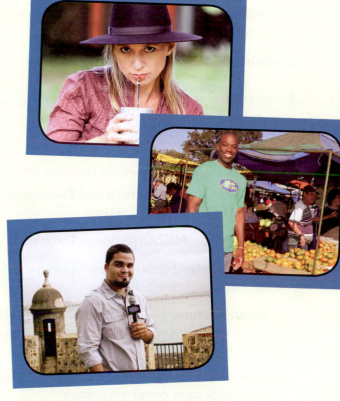

PANORAMA CULTURAL
VIDEO PROGRAM

The **Panorama cultural** Video is integrated with the **Panorama** section in each lesson of ¡ADELANTE! Each segment is 2–3 minutes long and consists of documentary footage from each of the countries featured. The images were specially chosen for interest level and visual appeal, while the all-Spanish narrations were carefully written to reflect the vocabulary and grammar covered in the worktexts.

As you watch the video segments, you will experience a diversity of images and topics: cities, monuments, traditions, festivals, archeological sites, geographical wonders, and more. You will be transported to each Spanish-speaking country, including the United States and Canada, thereby having the opportunity to expand your cultural perspectives with information directly related to the content of each level of ¡ADELANTE!

Supersite

The **¡ADELANTE!** Supersite provides a wealth of resources for both students and instructors.

Learning tools available to students:

▶ interactive practice activities with auto-grading and real-time feedback
  - directed practice from the worktext, including audio activities
  - additional practice for every strand of each lesson

▶ open-ended activities where students explore and search the Internet
  - activities for the **Cultura** and **Panorama cultural** sections, including annotated interactive maps

▶ the complete **¡ADELANTE!** Video Program
  - *Fotonovela*: dramatic video episodes follow four students on their adventures through Ecuador
  - *Flash cultura*: shot on location in Latin America, the US, and Spain, this video in the form of a news program expands on the theme of each lesson in the book
  - *Panorama cultural*: one episode for every Spanish-speaking country highlights each country's culture

▶ MP3 files for the complete **¡ADELANTE!** Audio Program
  - textbook audio files
  - lab program audio files
  - record-and-compare audio activities

▶ and more…
  - auto-scored practice quizzes with feedback in every lesson
  - flashcards with audio
  - Flash-animated grammar tutorials (*Premium content*)

ICONS AND *RECURSOS* BOXES

Icons

Familiarize yourself with these icons that appear throughout ¡ADELANTE!

Icons legend

🎧	Listening activity/section	🧩	Information Gap activity
📄	Pair activity	📋	Hoja de actividades
📑	Group activity	🖱	Supersite activity
📹	Video-based activity/section	SUPERSITE	Supersite content
Flash CULTURA	Video content available		

- The Information Gap activities and those involving **Hojas de actividades** (*activity sheets*) require handouts that your instructor will give you.
- You will see the listening icon in each lesson's **Contextos**, **Pronunciación**, and **Vocabulario** sections.
- The video icons appear in the **Fotonovela, Cultura,** and **Panorama** sections of each lesson.
- Both Supersite icons and mouse icons appear in every strand of every lesson. Visit **adelante.vhlcentral.com**.

Recursos

Recursos boxes let you know exactly what supplementary materials you can use to reinforce and expand on every section of the lessons in your worktext. They even include page numbers when applicable. All print material is built right into your worktext, following the color pages of the lesson; all multimedia components are available on the Supersite. See the next page for a description of the ancillary program.

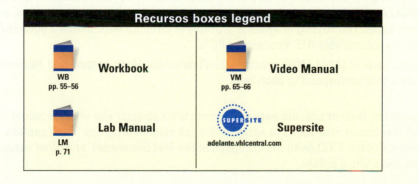

Recursos boxes legend

WB pp. 55–56	Workbook	VM pp. 65–66	Video Manual
LM p. 71	Lab Manual	SUPERSITE adelante.vhlcentral.com	Supersite

icons and ancillaries

STUDENT ANCILLARIES

▶ **Workbook/Video Manual/Lab Manual**
All of these materials are available right inside your worktext, at the end of each lesson.

▶ **Lab Audio Program**
The audio files to accompany the Lab Manual are available on the Supersite.

▶ **Textbook Audio Program MP3s**
The Textbook Audio Program MP3s, available on the Supersite, are the audio recordings for the listening-based activities and recordings of the active vocabulary in each lesson of the ¡ADELANTE! program.

▶ **Supersite**
Newly developed for **¡ADELANTE!,** your passcode to the corresponding content on the Supersite (adelante.vhlcentral.com) is free with the purchase of each new worktext. Here you will find activities found in your worktext, available with auto-grading capability, additional activities for practice, all of the audio and video material for **¡ADELANTE!**, and much more.

INSTRUCTOR ANCILLARIES

▶ **Instructor's Annotated Edition (IAE)**
The IAE contains a wealth of teaching information. Answers for discrete item activities are overprinted on the student pages for both the lesson itself and the Workbook, Lab Manual, and Video Manual tabs. Additionally, the principal lessons contain teaching suggestions, ideas for expansion, and more.

▶ **IRCD & DVD set**
  ▶ **Instructor's Resource CD (IRCD)**
    ▶ **Instructor's Resource Manual (IRM)**
    The IRM contains classroom handouts for the worktext, additional activities, answers to directed activities in the worktext, audioscripts and videoscripts, and transcripts and translations of the video programs.

    ▶ **PowerPoint Presentations**
    This feature provides the Overhead Transparencies as PowerPoint slides, including maps of all Spanish-speaking countries, the **Contextos** vocabulary drawings, and other selected drawings from the student text. Also included on PowerPoint are presentations of each grammar point in **Estructura**.

    ▶ **Workbook/ Video Manual/ Lab Manual Answer Key**
    Answers to the Workbook, Video Manual, and Lab Manual portions of each lesson are provided, should instructors wish to distribute them for self-correction.

    ▶ **Testing Program**
    The Testing Program contains four versions of tests for each worktext lesson, exams for each level of **¡ADELANTE!**, listening scripts, test answer keys, and optional cultural, video, and reading test items. The Testing Program is provided in three formats: within a powerful Test Generator, in customizable RTF files, and as PDFs.

  ▶ One DVD for each level of **¡ADELANTE!** provides the **Fotonovela**, **Flash cultura**, and **Panorama cultural** segments that correspond to each level.

▶ **Supersite**
In addition to access to the student site, the password-protected instructor site offers a robust course management system that allows instructors to assign and track student progress. The Supersite contains the full contents of the IRCD (with the exception of the Test Generator), and other resources, such as lesson plans and sample syllabi.

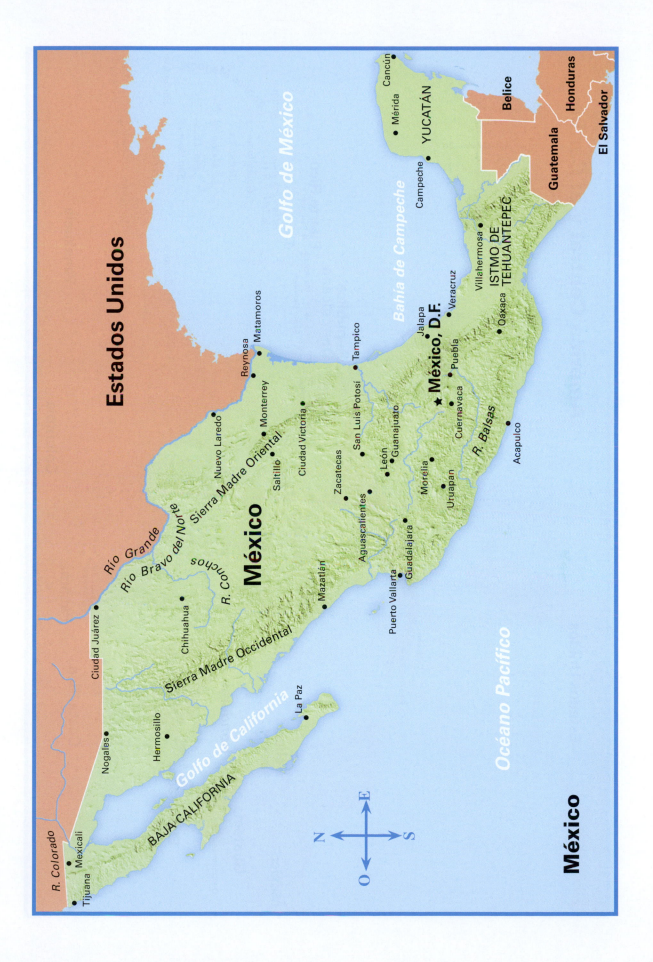

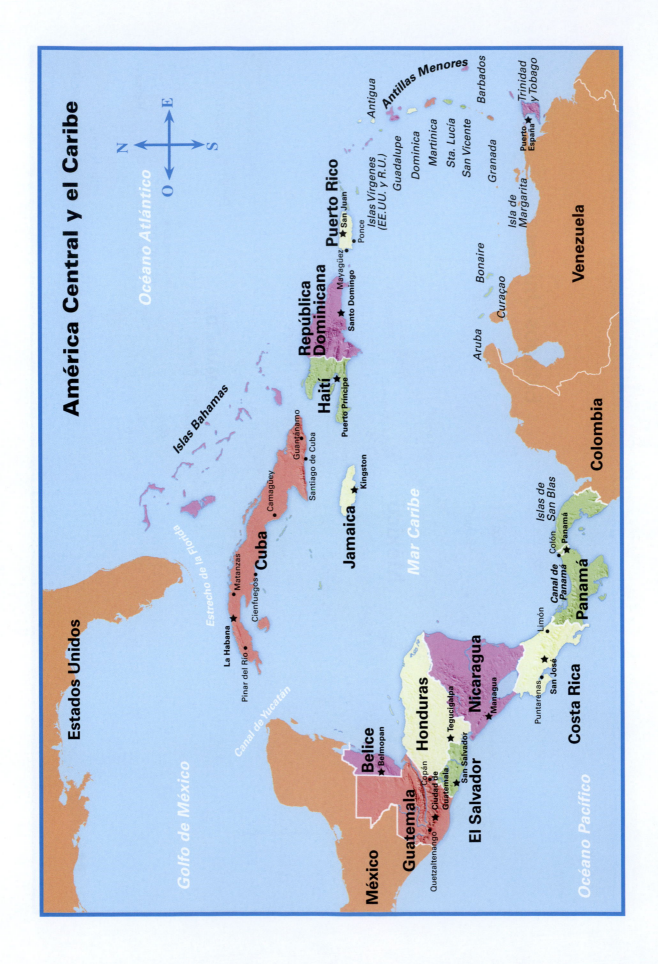

América Central y el Caribe

N
O — E
S

Océano Atlántico

Golfo de México

Estados Unidos

México

Estrecho de la Florida

Islas Bahamas

Cuba
La Habana ★
Pinar del Río •
• Matanzas
Cienfuegos •
• Camagüey
Santiago de Cuba •
Guantánamo •

Canal de Yucatán

Belice
★ Belmopán

Guatemala
Ciudad de • ★ Copán
Guatemala
Quetzaltenango •

El Salvador
San Salvador ★

Honduras
★ Tegucigalpa

Nicaragua
★ Managua

Costa Rica
San José ★
Puntarenas •
• Limón

Océano Pacífico

Mar Caribe

Jamaica
Kingston ★

Haití
★ Puerto Príncipe

República Dominicana
★ Santo Domingo
• Mayagüez

Puerto Rico
★ San Juan
• Ponce

Islas Vírgenes
(EE.UU. y R.U.)

Antillas Menores

Antigua

Guadalupe

Dominica

Martinica

Sta. Lucía

San Vicente

Barbados

Granada

Trinidad y Tobago
Puerto ★
España

Isla de Margarita

Aruba

Bonaire

Curaçao

Islas de San Blas

Panamá
★ Panamá
Colón •

Canal de Panamá

Colombia

Venezuela

América del Sur

Mar Caribe

Barranquilla
Maracaibo
Caracas ★
Venezuela
Puerto España
Trinidad y Tobago

Medellín
Colombia
Bogotá ★
R. Orinoco
Georgetown ★
Guyana
Paramaribo ★
Cayena ★
Cali
Surinam
Guayana Francesa

Pasto
Quito ★
Ecuador
Guayaquil
Iquitos
R. Negro
R. Amazonas
Belém
Manaus

Perú
Cordillera de los Andes
R. Madeira

Lima ★
Cuzco
Brasil
Recife

Lago Titicaca
Arequipa
Arica
La Paz ★
Sucre ★
Bolivia
Brasilia ★
Salvador

Iquique
Paraguay
Belo Horizonte
R. Paraguay
R. Paraná

Océano Pacífico
Antofagasta
Salta
São Paulo
Río de Janeiro
Asunción ★
Santos

Chile
Córdoba
R. Paraná
Porto Alegre
R. Uruguay

Valparaíso
Mendoza
Rosario
Uruguay
Santiago ★
Buenos Aires ★
Montevideo ★

Concepción
Argentina

Bahía Blanca

Océano Atlántico

Puerto Montt
Cordillera de los Andes

Estrecho de Magallanes
Islas Malvinas

Punta Arenas
Tierra del Fuego

N
O — E
S

Islas Galápagos

Océano Pacífico

Isla Pinta
Isla Marchena
Isla Genovesa
Isla Isabela
Línea Ecuatorial
ECUADOR

Volcán Darwin
Isla Santiago (San Salvador)
Isla Fernandina
Puerto Ayora
Isla San Cristóbal
Isla Santa Cruz
Santo Tomás
Puerto Barqueriizo Moreno
Isla Santa María
Isla Española

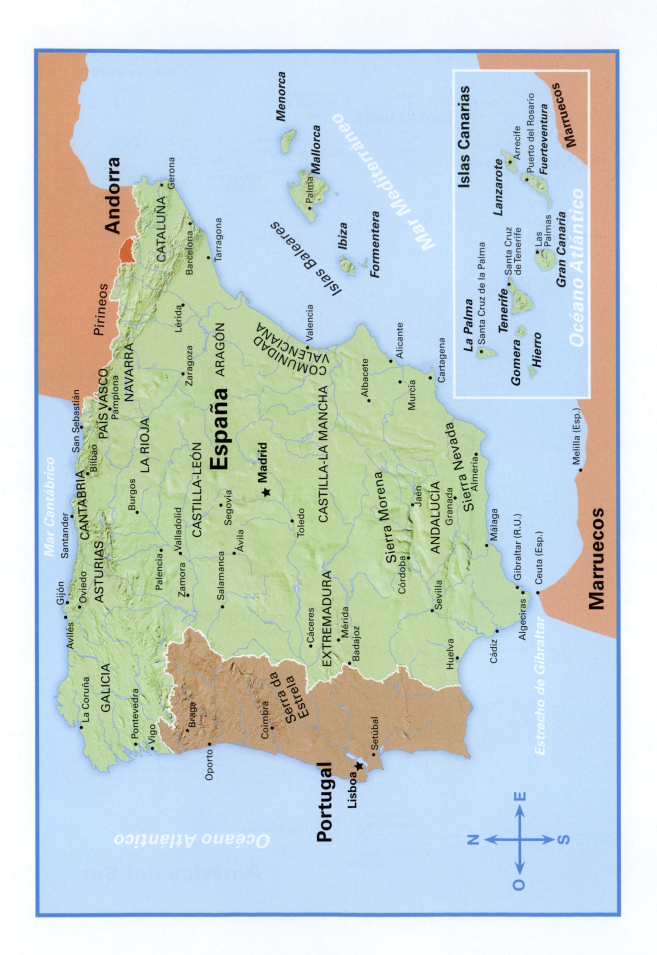

Lección de repaso

Communicative Goals

You will review how to:

- **Describe people and things**
- **Discuss pastimes and sports**
- **Talk about the seasons and the weather**
- **Tell what happened in the past**

Práctica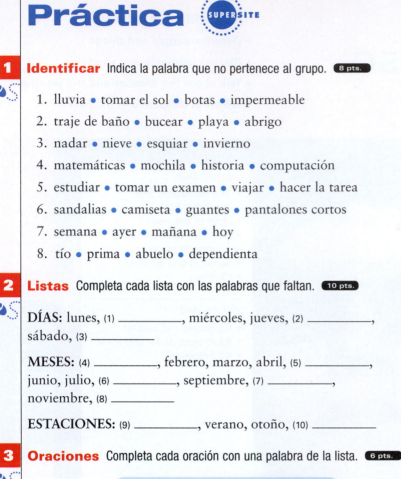

SUPERSITE

1 Identificar Indica la palabra que no pertenece al grupo. **8 pts.**

1. lluvia • tomar el sol • botas • impermeable
2. traje de baño • bucear • playa • abrigo
3. nadar • nieve • esquiar • invierno
4. matemáticas • mochila • historia • computación
5. estudiar • tomar un examen • viajar • hacer la tarea
6. sandalias • camiseta • guantes • pantalones cortos
7. semana • ayer • mañana • hoy
8. tío • prima • abuelo • dependienta

2 Listas Completa cada lista con las palabras que faltan. **10 pts.**

DÍAS: lunes, (1) _____, miércoles, jueves, (2) _____, sábado, (3) _____

MESES: (4) _____, febrero, marzo, abril, (5) _____, junio, julio, (6) _____, septiembre, (7) _____, noviembre, (8) _____

ESTACIONES: (9) _____, verano, otoño, (10) _____

3 Oraciones Completa cada oración con una palabra de la lista. **6 pts.**

biblioteca	periodismo
historia	pruebas
lápiz	psicología
lenguas extranjeras	reloj
matemáticas	ventana
mochila	vestido

1. Para ser reportero en la televisión, tienes que estudiar _____.

2. Si te gustan los números y las ecuaciones, puedes estudiar _____.

3. Para comunicarte con personas de otros países y culturas, debes estudiar _____.

4. El profesor les hace _____ a los estudiantes para comprobar (*check*) lo que aprendieron.

5. Cuando los estudiantes están aburridos, miran el _____ esperando el final de la clase.

6. Para estudiar en un lugar tranquilo y tener acceso a muchos libros, puedes ir a la _____.

This overview presents key vocabulary from *¡ADELANTE!* **UNO** . For further review, follow the cross-references.

El invierno

diciembre *December*
enero *January*
febrero *February*   **Nieva. (nevar)**

¿Qué tiempo hace? *What's the weather like?*
Hace frío. *It's cold.*

estudiar *to study*
patinar *to skate*
tomar el examen *to take an exam*
trabajar *to work*

el esquí *skiing*
el hockey *hockey*   **esquiar**

el abrigo *coat*
la bota *boot*
los guantes *gloves*

el año *year*
el día *day*
la semana *week*

lunes *Monday*
martes *Tuesday*
miércoles *Wednesday*
jueves *Thursday*
viernes *Friday*
sábado *Saturday*
domingo *Sunday*

el mes

La primavera

marzo *March*
abril *April*
mayo *May*

Hace mal tiempo. *The weather is bad.*

ir de excursión *to go on a hike*
pasear *to take a walk; to stroll*
pasear en bicicleta *to ride a bicycle*
practicar deportes *to play sports*

la contabilidad *accounting*
el periodismo *journalism*
la prueba *test; quiz*

Llueve. (llover)

la blusa *blouse*
la camisa *shirt*
el impermeable *raincoat*
el traje *suit*
el vestido *dress*

el reloj

El verano

junio *June*
julio *July*
agosto *August*

Hace buen tiempo. *The weather is good.*
Hace sol. *It's sunny.*

bucear *to scuba dive*
nadar *to swim*
tomar el sol *to sunbathe*
viajar *to travel*

el campo *countryside*
el mar *sea*

Hace (mucho) calor.

la playa
el vóleibol *volleyball*

la camiseta *t-shirt*
las gafas de sol *sunglasses*
los pantalones cortos *shorts*
las sandalias *sandals*
el traje de baño *bathing suit*

El otoño

septiembre *September*
octubre *October*
noviembre *November*

Hace fresco. *It's cool.*

Hace viento.

comenzar las clases *to start clases*
escalar montañas *to climb mountains*
jugar (u:ue) al fútbol americano *to play football*

la biblioteca
la cafetería *cafeteria*
la computación *computer science*
las lenguas extranjeras *foreign languages*
las matemáticas *math*
la mochila *backpack*

montar a caballo

la chaqueta *jacket*
los bluejeans *jeans*
el suéter *sweater*

For a complete list of related vocabulary go to **¡ADELANTE! UNO**, pp. 34, 88, 144, 198, 254, and 306.

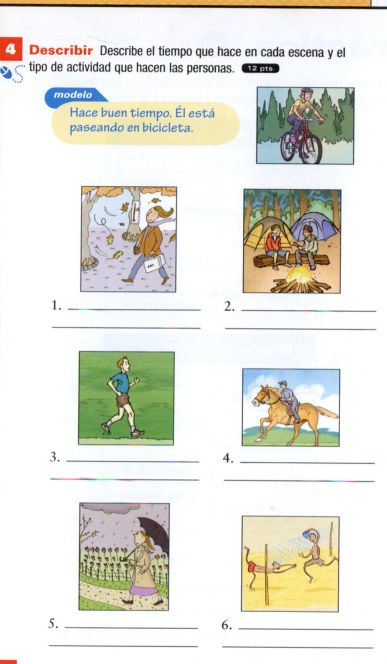

4 **Describir** Describe el tiempo que hace en cada escena y el tipo de actividad que hacen las personas. **12 pts.**

modelo
Hace buen tiempo. Él está paseando en bicicleta.

1. _____

2. _____

3. _____

4. _____

5. _____

6. _____

5 **Preparando un viaje** Escribe una conversación entre dos amigos que están haciendo las maletas para irse de viaje una semana. Uno va a esquiar en Argentina, donde es invierno, y el otro va a Florida, donde es verano. **14 pts.**

- ¿Qué actividades pueden hacer?
- ¿Qué tiempo va a hacer?
- ¿Qué ropa tienen que llevar?
- ¿Qué medios de transporte van a usar?
- ¿Dónde se van a quedar?

recursos
SUPERSITE
adelante.vhlcentral.com

Práctica

For self-scoring and diagnostics, go to adelante.vhlcentral.com.

1 **Género y número** Completa las tablas cambiando las palabras femeninas a masculinas, las singulares a plurales y viceversa. **14 pts.**

Masculino	Femenino
el pintor	
	la cuñada
	la huésped
el turista	
	la dependienta
el pasajero	
	la inspectora

Singular	Plural
una clase	
un autobús	
	unas excursiones
una comunidad	
	unos lápices
	unas revistas
un calcetín	

2 **Completar** Completa cada oración con el verbo **ser**. **6 pts.**

1. Maite _____ de España, ¿verdad?

2. ¿Quiénes _____ los huéspedes de la habitación 347?

3. Juan y yo _____ vendedores en aquel centro comercial.

4. ¿De dónde _____ tú?

5. _____ las nueve de la mañana.

6. Yo _____ puertorriqueño pero vivo en Costa Rica.

3 **El primer día de clases** Completa la conversación con las formas correctas del verbo **estar**. **5 pts.**

JULIO Hola, Martín. ¿Cómo (1) _____ (tú)?

MARTÍN Bien. Oye, ¿sabes dónde (2) _____ el gimnasio? Mis compañeros del equipo de béisbol (3) _____ allí.

JULIO Pero, hombre, ¡yo también (4) _____ en el equipo! Vamos juntos al gimnasio, (nosotros) (5) _____ muy cerca.

MARTÍN ¡Pero qué tonto soy! No recordaba que tú también estás en el equipo. OK, vamos.

Resumen gramatical

This overview presents key grammatical concepts from *¡ADELANTE!* **UNO**. For further review, follow the cross-references.

R.1 **Nouns and articles**   ↻ *¡ADELANTE!* **UNO** L1 pp. 12–14

Gender of nouns

Nouns that refer to living things

	Masculine		Feminine
-o	el chico	-a	la chica
-or	el profesor	-ora	la profesora
-ista	el turista	-ista	la turista

Nouns that refer to non-living things

	Masculine		Feminine
-o	el libro	-a	la cosa
-ma	el programa	-ción	la lección
-s	el autobús	-dad	la nacionalidad

Plural of nouns

▶ ending in vowels + -*s*   la chica → las chicas

▶ ending in consonant + -*es*   el señor → los señores

   (-z → -ces un lápiz → unos lápices)

Definite articles: el, la, los, las

Indefinite articles: un, una, unos, unas

R.2 **Present of ser and estar**   ↻ *¡ADELANTE!* **UNO** L1 pp. 19–21, L2 pp. 75–76

¿De dónde eres?

Yo soy de México.

ser			
yo	soy	nosotros/as	somos
tú	eres	vosotros/as	sois
Ud./él/ella	es	Uds./ellos/ellas	son

▶ Uses of **ser**: nationality, origin, profession or occupation, characteristics, generalizations, possession, what something is made of, time and date, time and place of events

estar			
yo	**estoy**	nosotros/as	**estamos**
tú	**estás**	vosotros/as	**estáis**
Ud./él/ella	**está**	Uds./ellos/ellas	**están**

► Uses of **estar**: location, health, physical states and conditions, emotional states, weather expressions, ongoing actions

► **Ser** and **estar** can both be used with many of the same adjectives, but the meaning will change.

Juan **es** listo. Juan **está** listo.
Juan is smart. *Juan is ready.*

R.3 Adjectives ↻ **¡ADELANTE! UNO**
L3 pp. 122–124, 127

¡Qué alto es tu papá! Y tu mamá, ¡qué bonita!

► Adjectives are words that describe nouns. In Spanish, adjectives agree with the nouns they modify in both gender and number.

Descriptive adjectives

Masculine		Feminine	
Singular	**Plural**	**Singular**	**Plural**
alt**o**	alt**os**	alt**a**	alt**as**
inteligent**e**	inteligent**es**	inteligent**e**	inteligent**es**
trabajad**or**	trabajad**ores**	trabajad**ora**	trabajad**oras**

► To refer to a mixed group, use the masculine plural form.

Juan y Ana son trabajad**ores**.

► Descriptive adjectives and adjectives of nationality follow the noun: **el chico rubio, la mujer española**

► Adjectives of quantity precede the noun: **muchos libros**

► Before a masculine noun, these adjectives are shortened.

bueno → buen   malo → mal   grande → gran

Possessive adjectives

Singular		Plural	
mi	nuestro/a	mis	nuestros/as
tu	vuestro/a	tus	vuestros/as
su	su	sus	sus

► Possessive adjectives are always placed before the nouns they modify: **nuestros amigos, mi madre**

---

4 **¿Ser o estar?** Completa el texto con **ser** o **estar**. **9 pts.**

Me llamo Julio. Mis padres (1) _____ de México, pero mi familia ahora (2) _____ en Arizona. Mi padre (3) _____ médico en el hospital; el hospital (4) _____ cerca de nuestra casa. Nosotros tres (5) _____ altos y morenos. Yo (6) _____ estudiante de periodismo. Mis clases (7) _____ buenas, pero a veces (yo) (8) _____ demasiado ocupado con las tareas. Todos mis compañeros (9) _____ nerviosos porque hoy empiezan los exámenes finales.

5 **Posesivos** Completa con el adjetivo posesivo correcto. **8 pts.**

1. Él es _____ (*my*) hermano.
2. _____ (*Your*, fam.) familia es muy simpática.
3. _____ (*Our*) sobrino es italiano.
4. ¿Ella es _____ (*his*) profesora?
5. _____ (*Your*, form.) maleta es de color verde.
6. _____ (*Her*) amigos son de Colombia.
7. Son _____ (*our*) compañeras de clase.
8. _____ (*My*) padres están en el trabajo.

6 **Opuestos** Escribe oraciones completas con los elementos dados y los adjetivos opuestos a los que están subrayados. **¡Ojo!** Recuerda conjugar los verbos. **8 pts.**

modelo

casa / de Silvia / ser / <u>grande</u> / pero / mi casa / ser / ¿?
La casa de Silvia es grande, pero mi casa es pequeña.

1. habitación / de mi hermana / siempre / estar / <u>sucia</u> / pero / mi habitación / estar / ¿?

_____

_____

2. (yo) estar / <u>contento</u> / porque / (nosotros) estar / de vacaciones / pero / mis padres / estar / ¿? / porque / (ellos) tener / que trabajar

_____

_____

3. Tu primo / ser / <u>alto</u> y <u>moreno</u> / pero / tú / ser / ¿? y ¿?

_____

_____

4. Mi amigo Fernando / decir / que las matemáticas / ser / <u>difíciles</u> / pero / yo / creer / que / ser / ¿?

_____

_____

recursos

SUPERSITE

adelante.vhlcentral.com

Práctica y Comunicación

1 **Correo** Completa el mensaje de correo electrónico con la forma adecuada de **ser** o **estar**.

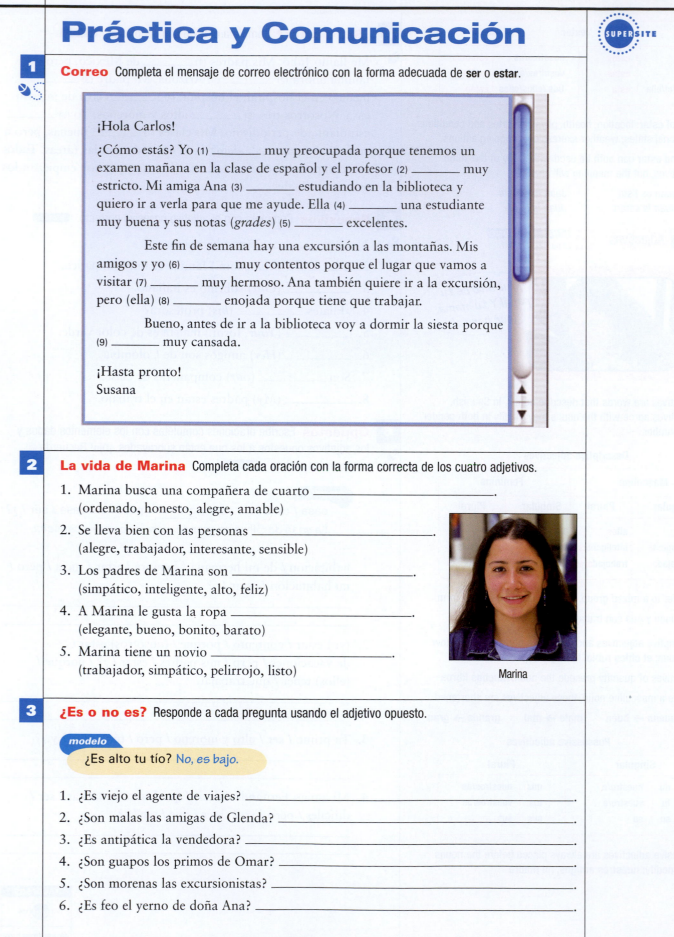

¡Hola Carlos!

¿Cómo estás? Yo (1) _____ muy preocupada porque tenemos un examen mañana en la clase de español y el profesor (2) _____ muy estricto. Mi amiga Ana (3) _____ estudiando en la biblioteca y quiero ir a verla para que me ayude. Ella (4) _____ una estudiante muy buena y sus notas (*grades*) (5) _____ excelentes.

Este fin de semana hay una excursión a las montañas. Mis amigos y yo (6) _____ muy contentos porque el lugar que vamos a visitar (7) _____ muy hermoso. Ana también quiere ir a la excursión, pero (ella) (8) _____ enojada porque tiene que trabajar.

Bueno, antes de ir a la biblioteca voy a dormir la siesta porque (9) _____ muy cansada.

¡Hasta pronto!
Susana

2 **La vida de Marina** Completa cada oración con la forma correcta de los cuatro adjetivos.

1. Marina busca una compañera de cuarto _____.
   (ordenado, honesto, alegre, amable)
2. Se lleva bien con las personas _____.
   (alegre, trabajador, interesante, sensible)
3. Los padres de Marina son _____.
   (simpático, inteligente, alto, feliz)
4. A Marina le gusta la ropa _____.
   (elegante, bueno, bonito, barato)
5. Marina tiene un novio _____.
   (trabajador, simpático, pelirrojo, listo)

Marina

3 **¿Es o no es?** Responde a cada pregunta usando el adjetivo opuesto.

modelo
¿Es alto tu tío? No, es bajo.

1. ¿Es viejo el agente de viajes? _____.
2. ¿Son malas las amigas de Glenda? _____.
3. ¿Es antipática la vendedora? _____.
4. ¿Son guapos los primos de Omar? _____.
5. ¿Son morenas las excursionistas? _____.
6. ¿Es feo el yerno de doña Ana? _____.

4 **En el parque** Mira la imagen y contesta las preguntas usando **ser** y **estar**. Puedes inventar las respuestas para algunas preguntas.

1. ¿Quién es cada una de estas personas?

2. ¿Qué están haciendo?

3. ¿Cómo están?

4. ¿Cómo son?

5. ¿Dónde están?

5 **Entrevista** Escribe tantos (*as many*) adjetivos descriptivos como puedas (*as you can*) sobre ti mismo/a (*yourself*) en tres minutos. Luego, en parejas, usa **ser** o **estar** para preguntarle a tu compañero/a si él/ella tiene las mismas características. Finalmente, comparte con la clase lo que tienen en común.

> **modelo**
>
> **(Yo):** delgada, baja, morena, trabajadora, contenta, simpática
>
> **(Preguntas):** ¿Tú eres trabajadora? ¿Estás contenta?
>
> **(Oración):** Somos morenas, estamos contentas y somos trabajadoras.

6 **Mi familia y mis amigos** Escribe una breve descripción de tu familia, tus parientes y tus amigos. Usa tantos adjetivos posesivos como puedas para identificar a la(s) persona(s) que estás describiendo.

¡AL RESCATE!

To review vocabulary related to family and friends, go to *¡ADELANTE!* **UNO**, **Lesson 3, Contextos,** pp. 112–113.

7 **Una cita (*date*)** Mañana vas a tener una cita con un(a) muchacho/a maravilloso/a. Quieres contarle a tu mejor amigo/a y pedirle consejos. Tu amigo/a es muy curioso/a y te va a hacer muchas preguntas. En parejas, representen la conversación. Éstos son algunos aspectos que pueden incluir.

Tu amigo/a quiere saber:
- cómo te sientes (*you feel*) antes de la cita
- qué crees que va a pasar
- cómo es el lugar adonde van a ir
- cómo es la persona con quien vas a tener la cita

Tú quieres consejos sobre:
- qué ropa usar
- temas de los que pueden hablar
- adónde ir
- quién debe pagar la cuenta (*bill*)

EN DETALLE

Unas vacaciones de
voluntario

¿Qué hiciste durante las vacaciones de verano? Muchos estudiantes contestarían° esta pregunta con historias de cómo disfrutaron° de su tiempo libre. Pero hay otra actividad que ha recibido° atención recientemente: el trabajo voluntario durante las vacaciones.

En Latinoamérica, se le llama **aprendizaje-servicio°**, una combinación de educación formal y voluntariado°. En países como México, Argentina y Chile, los estudiantes reciben crédito académico mientras° usan su creatividad y su talento en beneficio de los demás°. Así se promueve° la participación activa de los estudiantes en la sociedad. Los voluntarios también viven experiencias que no podrían° obtener en el salón de clases: en Buenos Aires, un grupo de alumnos° de los colegios más exclusivos ayuda con las tareas en centros comunitarios; en una escuela de Resistencia, en Argentina, los chicos de barrios marginales° les enseñan computación a los adultos desocupados° de su propia comunidad.

En 2001, la Secretaría de Educación de Argentina creó el Programa Nacional de Escuela y Comunidad para los proyectos de aprendizaje-servicio por todo el país. Y tú, ¿alguna vez has participado en servicio comunitario?

Otras vacaciones de voluntarios

En León, Nicaragua, 16 estudiantes costarricenses construyeron casas para familias nicaragüenses como parte del programa Hábitat para la Humanidad. Adrián, un voluntario, dijo: "Fue una experiencia increíble. Pude° divertirme y al mismo tiempo hacer algo útil° y beneficiar a otras personas durante mis vacaciones".

Los estudiantes de la escuela técnica de Junín de los Andes, Argentina, adaptaron molinos de viento° a las necesidades de las poblaciones mapuches°. Por este proyecto ganaron un premio° en la Feria Mundial de Ciencias de 1999.

---

contestarían *would answer* disfrutaron *they enjoyed* ha recibido *has received* aprendizaje-servicio *service learning* voluntariado *volunteerism* mientras *while* los demás *others* Así se promueve *Thus it promotes* no podrían *they could not* alumnos *students* barrios marginales *disadvantaged neighborhoods* desocupados *unemployed* Pude *I was able to* útil *useful* molinos de viento *windmills* mapuches *indigenous people of Central and Southern Chile and Southern Argentina* premio *prize*

ACTIVIDADES

1 **¿Cierto o falso?** Indica si lo que dice cada oración es **cierto** o **falso**. Corrige la información falsa.

1. El aprendizaje-servicio es ir a cursos de verano.

2. En este programa, los jóvenes voluntarios aprenden cosas que no se aprenden en el salón de clases.

3. Los estudiantes de Resistencia, Argentina, les enseñan computación a los chicos de los colegios más exclusivos.

4. En 2001, la Secretaría de Educación de Argentina creó un programa nacional de aprendizaje-servicio.

5. De su experiencia como voluntario en Nicaragua, el joven Adrián dijo: "Fue una experiencia horrible".

6. Los estudiantes de una escuela técnica adaptaron molinos de viento a las necesidades de las poblaciones indígenas de su país.

ASÍ SE DICE

el buceo	*diving*
la carrera de autos	*car race*
el ciclismo	*cycling*
la lucha libre	*freestyle wrestling*
la ola	*[ocean] wave*
los países hispanohablantes	**los países donde se habla español**
surfear, hacer surf	*to surf*
el/la surfista, el/la surfero/a, el/la surfo/a, el/la tablista	*surfer*

EL MUNDO HISPANO

Deportes importantes

No cabe duda° que el fútbol es el deporte más popular en Latinoamérica. Sin embargo°, también se practican otros deportes en el mundo hispano.

Deporte	Lugar(es)
el béisbol	Puerto Rico, República Dominicana, Cuba, México, Venezuela
el ciclismo	Colombia, España y otras regiones montañosas
el rugby	Argentina, Chile
el baloncesto (básquetbol)	España, Puerto Rico, Colombia, Centroamérica
el jai-alai	Originado en el País Vasco (España), también es popular en México y los EE.UU.
la equitación (montar a caballo)	México, Argentina, España
el surf	las Islas Canarias (España), México, Chile, Perú, Colombia

No cabe duda *there is no doubt* Sin embargo *nevertheless*

PERFIL

Surfistas hispanos

Se dice que para hacer surf hay que "sentir" la ola°, pararse° en la tabla° y "agarrarla°". La frase "agarrar la ola" tiene un significado que sólo entienden realmente los que practican el surf. Originado en Hawai, es popular en muchas partes del mundo. Sólo necesitas una tabla y una costa marina. Dos de los surfistas hispanos más reconocidos son **Gabriel Villarán** y **Ornella Pellizari**.

Ornella Pellizari

Gabriel Villarán es probablemente el surfista hispanoamericano más famoso del mundo. Nació en 1984 en Lima, Perú, donde su madre, su padre y su hermano eran° surfistas. Villarán fue campeón° latinoamericano dos veces y en enero de 2006 ganó el primer lugar en los Juegos Panamericanos de Surf.

A los once años, la argentina Ornella Pellizari se compró una tabla con el dinero que había ahorrado°. A los dieciocho años, ganó el Campeonato Latinoamericano de Surf Profesional femenino. Dice Pellizari: "Una vez que empecé a surfear, no salí más del agua".

ola *wave* pararse *to stand* te paras *you stand* la tabla *surfboard* agarrarla *to grab it* eran *were* el campeón *champion* había ahorrado *she had saved*

SUPERSITE Conexión Internet

¿Quiénes son otros atletas hispanos famosos?

Go to adelante.vhlcentral.com to find more cultural information related to this **Cultura** section.

ACTIVIDADES

2 **Comprensión** Completa las oraciones.

1. El deporte del surf se originó en _____ .
2. Gabriel Villarán nació en _____ .
3. Los países donde se habla español son conocidos como países _____ .
4. A los dieciocho años, Pellizari ganó el Campeonato Latinoamericano de Surf Profesional para _____ .
5. El deporte del _____ tiene su origen en el País Vasco.

3 **¿Qué vamos a hacer?** Your class has the opportunity to go on a week's vacation. Working in a small group, decide whether **el aprendizaje-servicio** or **los deportes** best suits the group's talents and interests. Plan activities you can agree on, including where you might go. Present your vacation plans to the class.

recursos

adelante.vhlcentral.com

Práctica

For self-scoring and diagnostics, go to **adelante.vhlcentral.com**.

1 Verbos Completa la tabla con las formas de los verbos. **10 pts.**

Infinitive	yo	nosotros/as	ellos/as
comprar			compran
	puedo		
comenzar		comenzamos	
		hacemos	hacen
oír			
	juego		
repetir			repiten
		estudiamos	

2 Ir Completa el párrafo con las formas de **ir**. **8 pts.**

El sábado yo (1) _____ al Museo de Bellas Artes porque mi artista favorito (2) _____ a presentar una exposición. Mis amigos no (3) _____ al museo conmigo porque todos (4) _____ a jugar al fútbol, pero yo voy a (5) _____ porque yo (6) _____ a ser artista. ¿(7) _____ (tú) al museo también? ¿Por qué no (8) _____ juntos?

3 Conversación Completa la conversación con las formas de los verbos. Puedes usar algunos verbos más de una vez. **7 pts.**

empezar	poder
jugar	querer
pensar	recordar
perder	volver

PABLO Óscar, voy al centro ahora. Necesito hacer varias diligencias (*errands*).

ÓSCAR ¿A qué hora (1) _____? El partido de fútbol (2) _____ a las dos.

PABLO Regreso a la una. (3) _____ ver el partido. ¡Va a estar muy reñido (*hard-fought*)!

ÓSCAR ¿(4) _____ (tú) que nuestro equipo ganó los tres partidos anteriores (*previous*)? Es muy bueno. ¡Estoy seguro de que vamos a ganar!

PABLO No, yo (5) _____ que vamos a (6) _____. Los jugadores de Guadalajara son salvajes (*wild*) cuando (7) _____.

Resumen gramatical

This overview presents key grammatical concepts from *¡ADELANTE!* **UNO** . For further review, follow the cross-references.

R.4 Present of regular verbs **¡ADELANTE! UNO** L2 pp. 66–68, L3 pp. 130–131

▶ To create the present-tense forms of most regular verbs, drop the infinitive endings (**-ar, -er, -ir**) and add the endings that correspond to the different subject pronouns.

	habl**ar**	com**er**	escrib**ir**
yo	habl**o**	com**o**	escrib**o**
tú	habl**as**	com**es**	escrib**es**
él	habl**a**	com**e**	escrib**e**
nos.	habl**amos**	com**emos**	escrib**imos**
vos.	habl**áis**	com**éis**	escrib**ís**
ellas	habl**an**	com**en**	escrib**en**

R.5 Present of **tener** and **venir** **¡ADELANTE! UNO** L3 pp. 134–135

Tengo cuatro hermanas y un hermano mayor.

tener		venir	
ten**go**	tenemos	ven**go**	venimos
tie**nes**	tenéis	vie**nes**	venís
tie**ne**	tienen	vie**ne**	vie**nen**

▶ **Tener** is used in many common phrases.

tener años *to be... years old*
tener calor *to be hot*
tener frío *to be cold*
tener ganas de [+ *inf.*] *to feel like doing something*
tener hambre *to be hungry*
tener prisa *to be in a hurry*
tener que [+ *inf.*] *to have to do something*
tener razón *to be right*
tener sed *to be thirsty*

R.6 Present of **ir** ↻ ¡ADELANTE! UNO
L4 p. 178

ir			
yo	**voy**	nos.	**vamos**
tú	**vas**	vos.	**vais**
él	**va**	ellas	**van**

▶ **Ir** has many everyday uses, including expressing future plans:

ir a + [infinitivo] = *to be going to* + [*infinitive*]

vamos a + [infinitivo] = *let's do something*

R.7 Present of irregular verbs ↻ ¡ADELANTE! UNO
L4 p. 181–182, 185, 188–189

Álex y Maite vuelven al autobús.

e:ie, o:ue, u:ue stem-changing verbs

	empezar	volver	jugar
yo	emp**ie**zo	v**ue**lvo	j**ue**go
tú	emp**ie**zas	v**ue**lves	j**ue**gas
él	emp**ie**za	v**ue**lve	j**ue**ga
nos.	empezamos	volvemos	jugamos
vos.	empezáis	volvéis	jugáis
ellas	emp**ie**zan	v**ue**lven	j**ue**gan

▶ Other e:ie verbs: **comenzar, entender, pensar, querer**

▶ Other o:ue verbs: **almorzar, dormir, encontrar, mostrar**

e:i stem-changing verbs

pedir			
yo	p**i**do	nos.	p**e**dimos
tú	p**i**des	vos.	p**e**dís
él	p**i**de	ellas	p**i**den

▶ Other e:i verbs: **conseguir, decir, repetir, seguir**

Verbs with irregular yo forms

hacer	poner	salir	suponer	traer
hago	**pongo**	**salgo**	**supongo**	**traigo**

▶ **ver: veo,** ves, ve, vemos, veis, ven

▶ **oír: oigo,** o**y**es, o**y**e, oímos, oís, o**y**en

↻ For a complete list of verb conjugations, go to Apéndice D, pp. 353–362, at the end of your worktext.

---

4 **Oraciones** Escribe oraciones completas con estos elementos. ¡Ojo! Recuerda conjugar los verbos. **10 pts.**

1. tú / tener / unos amigos / muy interesante

_____

2. yo / venir / en autobús / de / el centro comercial

_____

3. ellos / no / tener / mucho / dinero / hoy

_____

4. yo / ir / a / el cine / todos / el sábado

_____

5. los estudiantes / de español / ir / a / leer / una revista

_____

5 **Tener** Describe qué hacen las personas. Usa expresiones con **tener** y sigue el modelo. **15 pts.**

Él tiene (mucha) prisa.

1. _____

2. _____

3. _____

4. _____

5. _____

recursos

SUPERSITE

adelante.vhlcentral.com

Práctica y Comunicación

SUPERSITE

1 **Completar** Completa las oraciones con las formas apropiadas de los verbos de la lista.

aprender	correr	jugar	pedir	salir	vivir
bailar	hablar	oír	recibir	ver	volver

1. Rosa _____ un tango en el teatro.
2. Mis amigos _____ francés muy bien.
3. Yo no _____ de casa cuando hace demasiado calor.
4. Mi hermano y yo _____ a nadar en la piscina.
5. Nosotros _____ en la residencia estudiantil.
6. ¿Tú _____ regalos en el día de tu cumpleaños?
7. Los estudiantes _____ a casa por la tarde.
8. Yo _____ una película.
9. Usted nunca _____ ayuda, ¿verdad?
10. Mis hermanos _____ al fútbol después de las clases.
11. Ustedes siempre _____ ese programa de radio.
12. ¿Mañana _____ tus padres de Roma?

2 **Contestar** Trabaja con un(a) compañero/a para formar preguntas completas. Luego, túrnense para hacerse las preguntas que crearon.

> **modelo**
>
> pedir / en la cafetería
>
> **Estudiante 1:** ¿Qué pides en la cafetería?
> **Estudiante 2:** En la cafetería, yo pido pizza.

1. horas / dormir cada noche
2. preferir / hacer la tarea de matemáticas
3. ir / cuando salir con amigos/as
4. empezar / tus clases los miércoles
5. tipo de música / preferir
6. pensar / ir a / ser / esta clase

¡AL RESCATE!

Here are some interrogative words.

¿A qué hora?
At what time?
¿Adónde? *Where to?*
¿Cómo? *How?*
¿Cuál(es)? *Which?;*
Which one(s)?
¿Cuándo? *When?*
¿Cuántos/as?
How many?
¿Dónde? *Where?*
¿Qué? *What?*

To review more about forming questions in Spanish, go to
¡ADELANTE! UNO,
Estructura 2.2,
pp. 71–72.

3 **Combinar** En parejas, túrnense para combinar elementos de las dos columnas y crear oraciones completas.

A	**B**
yo	hacer la tarea todas las tardes
mis compañeros/as de clase	dormir hasta las doce del día
mi mejor amigo/a	ir al cine todos los viernes
tú	conseguir gangas en Internet
mi familia	pedir favores
mis amigos/as y yo	almorzar en casa los domingos

Lección de repaso

4

Frecuencia Indica qué actividades haces **todos los días**, cuáles haces **una vez al mes**, cuáles haces **una vez al año** y cuáles estás haciendo **ahora mismo** (*right now*). Escribe por lo menos (*at least*) dos oraciones para cada categoría. Intercambia tus oraciones con las de un(a) compañero/a.

> **modelo**
>
> **Estudiante 1:** Yo juego al baloncesto todos los días.
> **Estudiante 2:** Yo pierdo mis llaves una vez al año.

decir	jugar
dormir	leer
encontrar	pedir
hablar	perder
hacer	trabajar
¿?	¿?

¡AL RESCATE!

The present progressive indicates what someone is doing *right now*. It consists of the present tense of **estar** and the present participle of another verb.

Estamos hablando.

To review the present progressive, go to **¡ADELANTE! UNO**, **Estructura 5.2**, pp. 236–237.

5

Encuesta Circula por la clase preguntándoles a tus compañeros si hacen estas actividades con frecuencia (*frequently*). Trata de encontrar personas que respondan **sí** o **no** a cada pregunta y escribe sus nombres en la columna correcta. Prepárate para compartir tus conclusiones con la clase.

> **modelo**
>
> **Tú:** ¿Escribes tarjetas postales con frecuencia?
> **Ana:** Sí, las escribo con frecuencia.
> **Luis:** No, no las escribo con frecuencia.

Actividades	Sí	No
1. escribir tarjetas postales	Ana	Luis
2. jugar al béisbol		
3. ver películas de horror		
4. pensar en el futuro		
5. decir mentiras		
6. oír música en español		

¡AL RESCATE!

Use direct object pronouns to keep your writing concise and clear by avoiding repeating nouns already mentioned.

El domingo voy a visitar a mi abuela. La voy a ver a las nueve para desayunar.

To read more about direct object nouns and pronouns go to **¡ADELANTE! UNO**, **Estructura 5.4**, pp. 244–245.

6

Escribir Escribe lo que haces en un día típico y tus planes para el fin de semana.

Un día típico

Hola, me llamo Julia y vivo en Vancouver, Canadá. Por la mañana, yo...

¡Los primeros días del viaje!

Los viajeros se presentan y vemos lo que pasó en los seis primeros episodios.

PERSONAJES

INÉS

JAVIER

ÁLEX

MAITE

DON FRANCISCO

1

2

3

INÉS Hola, me llamo Inés y soy de Ecuador, de Portoviejo. Este semestre tomo cinco clases: geografía, inglés, historia, sociología y arte. Mi familia es grande, están mis papás, mis abuelos, cuatro hermanas, un hermano y muchos tíos y primos. A mí me gusta pasear por los lugares que visito y conocer su historia.

JAVIER ¿Qué tal? Yo soy Javier y vengo de Puerto Rico. Mi familia es pequeña, yo no tengo hermanos. Este semestre estoy tomando tres clases: historia, arte y computación, pero no me gustan nada las computadoras. La clase de arte es mi favorita porque me gusta mucho dibujar.

ÁLEX Buenos días. Mi nombre es Álex y vengo de la Ciudad de México. A mí me gustan mucho las computadoras, creo que son muy interesantes. Siempre estoy en contacto con mi familia y mis amigos a través de Internet. También soy aficionado a los deportes, me gusta el fútbol y nadar.

6

7

8

Cuatro estudiantes de la Universidad San Francisco de Quito van a ir de excursión a las montañas. Son dos chicas y dos chicos. El primer lugar que visitan es la Mitad del Mundo, que marca la división entre los hemisferios norte y sur.

Durante el viaje, los chicos hablan de sus materias favoritas. A Álex le gusta mucho la computación, pero Javier prefiere el arte y encuentra inspiración para hacer un dibujo en el autobús. Ellos también hablan de sus familias.

Los estudiantes tienen una hora libre. Inés y Javier deciden salir a explorar la ciudad. Maite y Álex prefieren ir al parque. Mientras ella escribe unas postales, él juega al fútbol con un joven. Álex y Maite hablan sobre lo que les gusta hacer.

ACTIVIDADES

1 **¿Se te olvidó?** Indica si lo que dice cada oración sobre los primeros seis episodios es **cierto** o **falso**. Corrige la información falsa.

1. Javier es de Mayagüez, Puerto Rico.

2. Maite y Álex salen de las cabañas a explorar la ciudad.

3. Javier piensa que los mercados al aire libre son interesantes.

4. Inés quiere comprarle unos zapatos a su hermana Graciela.

5. La reservación en las cabañas está a nombre de Ecuatur.

6. Cuando está en Madrid, Maite va a pasear al Parque del Retiro.

7. Álex hace un dibujo de Maite.

8. Maite escribe sobre el viaje en su diario.

Lección de repaso

MAITE ¿Cómo estás? Yo me llamo María Teresa Fuentes de Alba, pero mis amigos me dicen Maite. Soy de Madrid, España y me gusta mucho escribir. Cuando termine la universidad quiero trabajar como periodista. También me gustan los deportes y salgo a correr todos los días.

DON FRANCISCO Buenas, soy don Francisco, el conductor del autobús donde viajan los estudiantes. Los llevo a una excursión por las hermosas montañas de mi país, Ecuador. Yo conozco muchos lugares interesantes y siempre comparto lo que sé con los viajeros. A mí me gusta mucho leer el periódico y tomar café.

Los viajeros llegan al hotel. Inés y Javier van a visitar un mercado al aire libre. Inés quiere comprarle un regalo a su hermana. Javier mira unos suéteres que le gustan y compra uno de color gris.

Ahora vamos a seguir con el viaje de los estudiantes por Ecuador. ¿Qué nuevas personas van a conocer? ¿Qué lugares interesantes van a visitar? ¿Qué otras aventuras les esperan?

¿Cuánto recuerdas?

Contesta el cuestionario para ver cuánto recuerdas sobre los primeros seis episodios de **Fotonovela**.

1. Al comenzar el viaje, _____ despide a los estudiantes.
   a. la profesora de geografía
   b. la Sra. Ramos de Ecuatur
   c. una señora que va pasando

2. Maite piensa que el paisaje es como _____.
   a. un documental del canal Discovery
   b. las fotos de los libros de geografía
   c. una película que vio el año pasado

3. Hay muchas chicas en la clase de _____ que toma Inés.
   a. sociología
   b. historia
   c. inglés

4. Parece que a Javier le gusta _____.
   a. Maite
   b. la Sra. Ramos
   c. Inés

5. El sobrino de Inés _____ pero es muy _____. ¡Qué raro!
   a. come mucho; delgado
   b. juega al fútbol; malo
   c. tiene muchos amigos; antipático

6. _____ golpea (*hits*) a Maite cuando está en el parque.
   a. Un bumerán (*boomerang*)
   b. Una pelota
   c. El viento

7. A don Francisco no le gusta _____.
   a. leer el periódico
   b. viajar por su país
   c. practicar deportes

ACTIVIDADES

2 **Relacionar** Indica qué elemento de la segunda columna está relacionado con cada personaje.

1. _____ Javier   a. café
2. _____ Maite   b. computadoras
3. _____ don Francisco   c. arte
4. _____ Inés   d. aeropuerto
5. _____ Álex   e. diario
                          f. grabadora

3 **Predicciones** En grupos pequeños, escriban qué piensan que va a pasar en los próximos episodios con cada uno de los personajes. Después, compartan sus ideas con la clase.

recursos

SUPERSITE

adelante.vhlcentral.com

Práctica

For self-scoring and diagnostics, go to adelante.vhlcentral.com.

1 Verbos Completa la tabla con las formas correctas de los verbos. `10 pts.`

Infinitive	yo	él/ella/usted	ellos/as
buscar			buscaron
	cerré		
comer			comieron
		jugó	
	leí		
pagar			pagaron
		salió	
volver			volvieron

2 El sábado Completa el mensaje con el pretérito de los verbos. `8 pts.`

De: cecilia@webmail.es
Para: julián@todomail.com
Asunto: El sábado
Fecha: 24 de noviembre

¡Hola, Julián!

¿Cómo estás? Yo estoy muy bien. El sábado mi amiga Matilde me (1) _____ (invitar) a ir con ella al cine. La película (2) _____ (empezar) a las siete y media, pero nosotras (3) _____ (llegar) un poco tarde. Sólo perdimos los primeros diez minutos.

Yo (4) _____ (pensar) que la película fue (*was*) un poco larga, pero de todas maneras (5) _____ (yo, divertirse). Se llama *Un día en el centro comercial*, te la recomiendo. Después de salir del cine, (6) _____ (nosotras, tomar) un taxi a Mama Pizza con más amigos. Las pizzas (7) _____ (resultar) (*turned out*) deliciosas. Yo pedí la de salami, ¡qué ricura!

Y tú, ¿cómo (8) _____ (pasar) la noche del sábado? María Luisa me dijo que te vio (*saw you*) en la fiesta de Antonio y que estabas (*you were*) muy bien acompañado. ¿Nos vemos el miércoles por la tarde y me cuentas los detalles?

Un abrazo,
Cecilia

Resumen gramatical

This overview presents key grammatical concepts from *¡ADELANTE!* UNO. For further review, follow the cross-references.

R.8 Preterite of regular verbs `¡ADELANTE! UNO` L6 p. 292

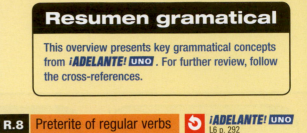

Compré esta bolsa.

► To form the preterite of most regular verbs, attach the appropriate ending to the infinitive stem.

comprar	vender	escribir
compré	vendí	escribí
compraste	vendiste	escribiste
compró	vendió	escribió
compramos	vendimos	escribimos
comprasteis	vendisteis	escribisteis
compraron	vendieron	escribieron

► **-Ar** and **-er** verbs that have a stem change in the present tense are regular in the preterite. They do *not* have a stem change.

Infinitive	Present	Preterite
cerrar (e:ie)	La tienda cierra a las seis.	La tienda cerró a las seis.
volver (o:ue)	Carlitos vuelve tarde.	Carlitos volvió tarde.
jugar (u:ue)	Él juega al fútbol.	Él jugó al fútbol.

► **¡Atención!** **-Ir** verbs that have a stem change in the present tense also have a stem change in the preterite.

	dormir	conseguir
yo	dormí	conseguí
tú	dormiste	conseguiste
él	durmió	consiguió
nos.	dormimos	conseguimos
vos.	dormisteis	conseguisteis
ellas	durmieron	consiguieron

R.9 Some irregular preterites ¡ADELANTE! UNO
L6 p. 293

▶ There are many verbs with irregularities in the preterite. Here are some of them. You will learn more in **Lecciones 1, 2,** and **3**.

▶ Verbs that end in **-car, -gar,** and **-zar** have a spelling change in the first person singular (**yo** form).

buscar	busc-	qu-	yo bus**qu**é
llegar	lleg-	gu-	yo lle**gu**é
empezar	empez-	c-	yo empe**c**é

Llegué a Otavalo con mucho sueño.

▶ Except for the **yo** form, all other forms of **-car, -gar,** and **-zar** verbs are regular in the preterite.

▶ Three other verbs—**creer, leer,** and **oír**—have spelling changes in the preterite.

creer	cre-	cre**í**, cre**í**ste, cre**y**ó, cre**í**mos, cre**í**steis, cre**y**eron
leer	le-	le**í**, le**í**ste, le**y**ó, le**í**mos, le**í**steis, le**y**eron
oír	o-	o**í**, o**í**ste, o**y**ó, o**í**mos, o**í**steis, o**y**eron

¿Cuántos libros leíste el verano pasado?

▶ **Ver** is regular in the preterite, but none of its forms has an accent.

   ver → vi, viste, vio, vimos, visteis, vieron

—¿A quiénes **vieron** en su viaje a Costa Rica?

—**Vimos** a nuestra prima Mariana y a nuestros amigos Leonardo y Teresa.

---

3 Preguntas Completa la conversación con el pretérito de los verbos de la lista. **7 pts.**

atacar	olvidar
correr	robar
leer	sufrir (*to suffer, to undergo*)
ocurrir	

SANDRA ¿Cuándo (1) _____ en el parque por última vez?

MARCOS Corrí en el parque el domingo por la mañana. ¿Por qué?

SANDRA ¿(2) _____ las noticias (*news*) de ayer?

MARCOS No, (3) _____ comprar el periódico ¿Qué (4) _____?

SANDRA Unos ladrones (*thieves*) (5) _____ a un corredor.

MARCOS ¿En serio?

SANDRA Sí, y le (6) _____ el reproductor de MP3.

MARCOS ¿Y resultó herido (*harmed*)?

SANDRA No, sólo (7) _____ rasguños (*scratches*).

MARCOS ¡Qué fuerte! Mejor vamos a correr juntos. Es más seguro.

4 Oraciones Escribe oraciones completas con estos elementos, conjugando los verbos en el pretérito. **10 pts.**

1. tú / esperar / quince minutos / en / la puerta de / el cine

   _____

2. nosotros / tomar / café / ayer / por la noche

   _____

3. los jugadores / no / perder / la esperanza / de ganar / el partido

   _____

4. yo / llegar / tarde / a / la cita / de anoche

   _____

5. ustedes / leer / el anuncio (*ad*) / con / mucha atención

   _____

5 La semana pasada Escribe un mensaje electrónico de al menos cinco oraciones donde les cuentas a tus padres lo que hiciste durante la semana. Usa al menos cinco verbos diferentes en el pretérito. **15 pts.**

modelo
¡Hola, papá y mamá! ¿Cómo están? Esta semana por fin compré el libro de Esmeralda Santiago que me recomendaron...

recursos

SUPERSITE

adelante.vhlcentral.com

Práctica y Comunicación

SUPERSITE

1

Completar y contestar Completa las preguntas con las formas apropiadas de los verbos de la lista y luego hazle las preguntas a un(a) compañero/a.

acompañar	estudiar	llamar	oír	perder	ver
aprender	leer	llegar	pasar	recibir	volver

¿Cuándo fue (*was*) la última vez que...

1. (tú) _____ un espectáculo de baile?
2. tus padres te _____ por teléfono?
3. (tú) _____ las llaves de tu casa?
4. tu mejor amigo/a te _____ a ir de compras?
5. nosotros _____ juntos para un examen?
6. (tú) _____ una mala nota?
7. tus amigos _____ a casa más temprano que tú?
8. (tú) _____ una novela?
9. tu familia y tú _____ el fin de semana juntos?
10. el/la profesor(a) _____ tarde a clase?

2

Contestar Trabaja con un(a) compañero/a para formar preguntas completas. Luego, túrnense para hacerse las preguntas que crearon.

> **modelo**
>
> desayunar / esta mañana
> **Estudiante 1:** ¿Qué desayunaste esta mañana?
> **Estudiante 2:** Esta mañana desayuné cereales.

1. comprar / la ropa que llevas hoy
2. llegar / a clase hoy
3. salir a divertirte / el fin de semana pasado
4. jugar / tu último partido
5. sentirse triste / por última vez
6. pasar / tus últimas vacaciones

3

Completar y combinar En parejas, túrnense para completar las frases con el pretérito de los verbos. Luego inventen un complemento para crear oraciones lógicas.

> **modelo**
>
> cuando el/la profesor(a) / entrar / en la clase
> Cuando la profesora entró en la clase, todos los estudiantes aplaudieron (*clapped*).

1. cuando yo / cumplir / dieciocho años
2. el/la estudiante / abrir / el libro
3. yo / sentirse / decepcionado/a (*disappointed*)
4. cuando / mis padres / visitarme / por última vez
5. cuando nosotros / salir / de casa
6. mis hermanos/as / regalarme / un perrito

4 **En el parque** En parejas, túrnense para describir lo que hicieron (*did*) estas personas en el parque el sábado pasado.

1. _____ 2. _____

3. _____ 4. _____

5. _____ 6. _____

5 **Encuesta** Circula por la clase preguntando a tus compañeros si hicieron estas actividades la semana pasada. Trata de encontrar personas que respondan **sí** o **no** a cada pregunta y escribe sus nombres en la columna correcta. Prepárate para compartir tus conclusiones con la clase.

> **modelo**
>
> **Tú:** ¿Hablaste por teléfono con tus padres la semana pasada?
> **Pepe:** Sí, hablé por teléfono con mis padres el sábado.
> **Victoria:** No, no hablé por teléfono con mis padres la semana pasada.

Actividades	Sí	No
1. hablar por teléfono con sus padres	Pepe	Victoria
2. leer las noticias por Internet		
3. comer en un restaurante elegante		
4. ver deportes en la televisión		
5. practicar español		
6. reunirse con los amigos en el parque		

6 **Escribir** Escribe una entrada en tu diario contando lo que hiciste (*you did*) durante el verano pasado. Usa por lo menos (*at least*) seis verbos de las páginas 16 y 17.

La clase y la universidad

el/la compañero/a de clase	classmate
el/la compañero/a de cuarto	roommate
el/la estudiante	student
el/la profesor(a)	teacher
el borrador	eraser
el escritorio	desk
el libro	book
el mapa	map
la mesa	table
la mochila	backpack
el papel	paper
la papelera	wastebasket
la pizarra	blackboard
la pluma	pen
la puerta	door
el reloj	clock; watch
la silla	seat
la tiza	chalk
la ventana	window
la biblioteca	library
la cafetería	cafeteria
la casa	house; home
el estadio	stadium
el laboratorio	laboratory
la librería	bookstore
la residencia estudiantil	dormitory
la universidad	university; college
la clase	class
el curso, la materia	course
la especialización	major
el examen	test; exam
el horario	schedule
la prueba	test; quiz
el semestre	semester
la tarea	homework
el trimestre	trimester; quarter

Lugares

el café	café
el centro	downtown
el cine	movie theater
el gimnasio	gymnasium
la iglesia	church
el lugar	place
el museo	museum
el parque	park
la piscina	swimming pool
la plaza	city or town square
el restaurante	restaurant

Las materias

la administración de empresas	business administration
el arte	art
la biología	biology
las ciencias	sciences
la computación	computer science
la contabilidad	accounting
la economía	economics
el español	Spanish
la física	physics
la geografía	geography
la historia	history
las humanidades	humanities
el inglés	English
las lenguas extranjeras	foreign languages
la literatura	literature
las matemáticas	mathematics
la música	music
el periodismo	journalism
la psicología	psychology
la química	chemistry
la sociología	sociology

Preposiciones

al lado de	next to; beside
a la derecha de	to the right of
a la izquierda de	to the left of
en	in; on
cerca de	near
con	with
debajo de	below; under
delante de	in front of
detrás de	behind
encima de	on top of
entre	between; among
lejos de	far from
sin	without
sobre	on; over

For a complete list of related vocabulary go to *¡ADELANTE!* UNO, pp. 34, 88, 144, 198, 254, and 306.

Pasatiempos

andar en patineta	to skateboard
bucear	to scuba dive
escalar montañas (f. pl.)	to climb mountains
escribir una carta	to write a letter
escribir un mensaje electrónico	to write an e-mail message
esquiar	to ski
ganar	to win
ir de excursión	to go on a hike
leer correo electrónico	to read e-mail
leer un periódico	to read a newspaper
leer una revista	to read a magazine
nadar	to swim
pasear	to take a walk; to stroll
pasear en bicicleta	to ride a bicycle
patinar (en línea)	to (in-line) skate
practicar deportes (m. pl.)	to play sports
tomar el sol	to sunbathe
ver películas (f. pl.)	to see movies
visitar monumentos (m. pl.)	to visit monuments
la diversión	fun activity; entertainment; recreation
el fin de semana	weekend
el pasatiempo	pastime; hobby
los ratos libres	spare (free) time
el videojuego	video game

Deportes

el baloncesto	basketball
el béisbol	baseball
el ciclismo	cycling
el equipo	team
el esquí (acuático)	(water) skiing
el fútbol	soccer
el fútbol americano	football
el golf	golf
el hockey	hockey
el/la jugador(a)	player
la natación	swimming
el partido	game; match
la pelota	ball
el tenis	tennis
el vóleibol	volleyball

La rutina diaria

1

Communicative Goals

You will learn how to:
- Describe your daily routine
- Talk about personal hygiene
- Reassure someone

contextos

pages 22–25
- Daily routine
- Personal hygiene
- Time expressions

fotonovela

pages 26–29

Javier and Álex talk about their plans for the following morning. Javier explains that he doesn't like to wake up early because he usually stays up late. Álex promises to wake him up after his morning run.

cultura

pages 30–31
- La siesta
- Ir de tapas

estructura

pages 32–47
- Reflexive verbs
- Indefinite and negative words
- Preterite of **ser** and **ir**
- Verbs like **gustar**
- **Recapitulación**

¡adelante!

pages 48–51

Lectura: An e-mail from Guillermo
Panorama: Perú

Más práctica
Workbook pages 53–64
Video Manual pages 65–68
Lab Manual pages 69–74

La rutina diaria

Más vocabulario

el baño, el cuarto de baño	bathroom
el inodoro	toilet
el jabón	soap
el despertador	alarm clock
el maquillaje	makeup
la rutina diaria	daily routine
bañarse	to bathe; to take a bath
cepillarse el pelo	to brush one's hair
dormirse (o:ue)	to go to sleep; to fall asleep
lavarse la cara	to wash one's face
levantarse	to get up
maquillarse	to put on makeup
antes (de)	before
después	afterwards; then
después (de)	after
durante	during
entonces	then
luego	then
más tarde	later
por la mañana	in the morning
por la noche	at night
por la tarde	in the afternoon; in the evening
por último	finally

Variación léxica

afeitarse	⟷	rasurarse (Méx., Amér. C.)
ducha	⟷	regadera (Col., Méx., Venez.)
ducharse	⟷	bañarse (Amér. L.)
pantuflas	⟷	chancletas (Méx., Col.); zapatillas (Esp.)

En la habitación por la mañana

Por la mañana

recursos

WB pp. 53–54

LM p. 69

SUPERSITE adelante. vhlcentral.com

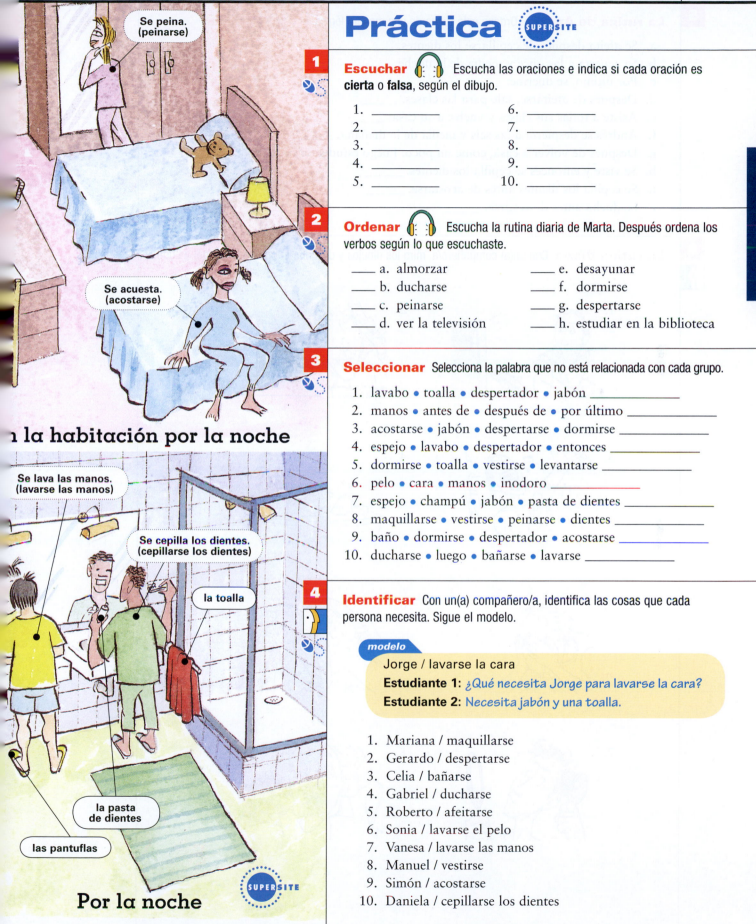

Se peina.
(peinarse)

Se acuesta.
(acostarse)

1 la habitación por la noche

Se lava las manos.
(lavarse las manos)

Se cepilla los dientes.
(cepillarse los dientes)

la toalla

la pasta
de dientes

las pantuflas

Por la noche

Práctica SUPERSITE

1 **Escuchar** 🎧 Escucha las oraciones e indica si cada oración es **cierta** o **falsa**, según el dibujo.

1. _____   6. _____
2. _____   7. _____
3. _____   8. _____
4. _____   9. _____
5. _____   10. _____

2 **Ordenar** 🎧 Escucha la rutina diaria de Marta. Después ordena los verbos según lo que escuchaste.

___ a. almorzar   ___ e. desayunar
___ b. ducharse   ___ f. dormirse
___ c. peinarse   ___ g. despertarse
___ d. ver la televisión ___ h. estudiar en la biblioteca

3 **Seleccionar** Selecciona la palabra que no está relacionada con cada grupo.

1. lavabo • toalla • despertador • jabón _____
2. manos • antes de • después de • por último _____
3. acostarse • jabón • despertarse • dormirse _____
4. espejo • lavabo • despertador • entonces _____
5. dormirse • toalla • vestirse • levantarse _____
6. pelo • cara • manos • inodoro _____
7. espejo • champú • jabón • pasta de dientes _____
8. maquillarse • vestirse • peinarse • dientes _____
9. baño • dormirse • despertador • acostarse _____
10. ducharse • luego • bañarse • lavarse _____

4 **Identificar** Con un(a) compañero/a, identifica las cosas que cada persona necesita. Sigue el modelo.

> **modelo**
>
> Jorge / lavarse la cara
> **Estudiante 1:** ¿Qué necesita Jorge para lavarse la cara?
> **Estudiante 2:** Necesita jabón y una toalla.

1. Mariana / maquillarse
2. Gerardo / despertarse
3. Celia / bañarse
4. Gabriel / ducharse
5. Roberto / afeitarse
6. Sonia / lavarse el pelo
7. Vanesa / lavarse las manos
8. Manuel / vestirse
9. Simón / acostarse
10. Daniela / cepillarse los dientes

SUPERSITE

5 **La rutina de Andrés** Ordena esta rutina de una manera lógica.

a. Se afeita después de cepillarse los dientes. _____

b. Se acuesta a las once y media de la noche. _____

c. Por último, se duerme. _____

d. Después de afeitarse, sale para las clases. _____

e. Asiste a todas sus clases y vuelve a su casa. _____

f. Andrés se despierta a las seis y media de la mañana. _____

g. Después de volver a casa, come un poco. Luego estudia en su habitación. _____

h. Se viste y entonces se cepilla los dientes. _____

i. Se cepilla los dientes antes de acostarse. _____

j. Se ducha antes de vestirse. _____

6 **La rutina diaria** Con un(a) compañero/a, mira los dibujos y describe lo que hacen Ángel y Lupe.

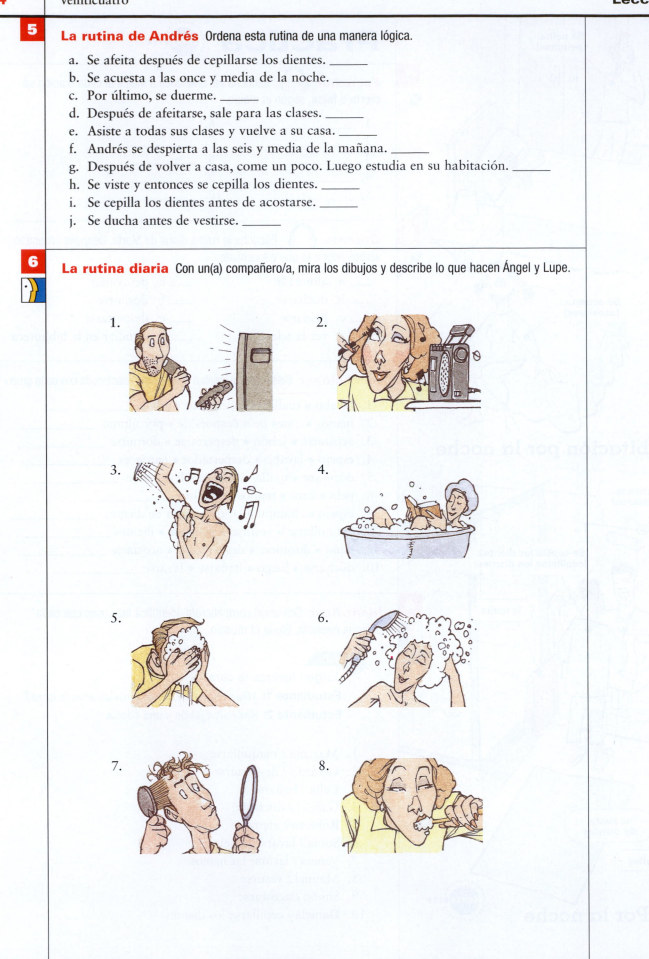

1.

2.

3.

4.

5.

6.

7.

8.

Comunicación

7

La farmacia Lee el anuncio y responde a las preguntas con un(a) compañero/a.

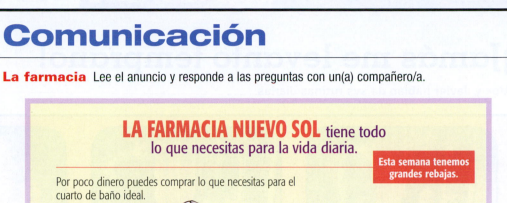

LA FARMACIA NUEVO SOL tiene todo
lo que necesitas para la vida diaria.

Esta semana tenemos grandes rebajas.

Por poco dinero puedes comprar lo que necesitas para el cuarto de baño ideal.

Para los hombres ofrecemos…
Buenas cremas de afeitar de Guapo y Máximo

Para las mujeres ofrecemos…
Nuevos maquillajes de Marisol y jabones de baño Ilusiones y Belleza

Y para todos tenemos los mejores jabones, pastas de dientes y cepillos de dientes.

¡Visita LA FARMACIA NUEVO SOL!
Te ofrecemos los mejores precios. Tenemos una tienda cerca de tu casa.

1. ¿Qué tipo de tienda es?
2. ¿Qué productos ofrecen para las mujeres?
3. ¿Qué productos ofrecen para los hombres?
4. Haz (*Make*) una lista de los verbos que asocias con los productos del anuncio.
5. ¿Dónde compras tus productos de higiene?
6. ¿Tienes una tienda favorita? ¿Cuál es?

8

Rutinas diarias Trabajen en parejas para describir la rutina diaria de dos o tres de estas personas. Pueden usar palabras de la lista.

antes (de)	entonces	primero
después (de)	luego	tarde
durante el día	por último	temprano

- un(a) profesor(a) de la universidad
- un(a) turista
- un hombre o una mujer de negocios (*businessman/woman*)
- un vigilante (*night watchman*)
- un(a) jubilado/a (*retired person*)
- el presidente de los Estados Unidos
- un niño de cuatro años
- Daniel Espinosa

NOTA CULTURAL

Daniel Espinosa (México, 1961) es un famoso diseñador de joyería (*jewelry*). Su trabajo es vanguardista (*avant-garde*), arriesgado (*risky*) e innovador. Su material favorito es la plata (*silver*). Entre sus clientes están Nelly Furtado, Eva Longoria, Salma Hayek, Lindsay Lohan y Daisy Fuentes.

¡Jamás me levanto temprano!

Álex y Javier hablan de sus rutinas diarias.

DON FRANCISCO

ÁLEX

JAVIER

1

JAVIER Hola, Álex. ¿Qué estás haciendo?

ÁLEX Nada… sólo estoy leyendo mi correo electrónico. ¿Adónde fueron?

2

JAVIER Inés y yo fuimos a un mercado. Fue muy divertido. Mira, compré este suéter. Me encanta. No fue barato pero es chévere, ¿no?

ÁLEX Sí, es ideal para las montañas.

3

JAVIER ¡Qué interesantes son los mercados al aire libre! Me gustaría volver pero ya es tarde. Oye, Álex, sabes que mañana tenemos que levantarnos temprano.

ÁLEX Ningún problema.

6

JAVIER ¡Increíble! ¡Álex, el superhombre!

ÁLEX Oye, Javier, ¿por qué no puedes levantarte temprano?

JAVIER Es que por la noche no quiero dormir, sino dibujar y escuchar música. Por eso es difícil despertarme por la mañana.

7

JAVIER El autobús no sale hasta las ocho y media. ¿Vas a levantarte mañana a las seis también?

ÁLEX No, pero tengo que levantarme a las siete menos cuarto porque voy a correr.

8

JAVIER Ah, ya… ¿Puedes despertarme después de correr?

ÁLEX Éste es el plan para mañana. Me levanto a las siete menos cuarto y corro por treinta minutos. Vuelvo, me ducho, me visto y a las siete y media te despierto. ¿De acuerdo?

JAVIER ¡Absolutamente ninguna objeción!

recursos

VM
pp. 65–66

adelante.
vhlcentral.com

JAVIER ¿Seguro? Pues yo jamás me levanto temprano. Nunca oigo el despertador cuando estoy en casa y mi mamá se enoja mucho.

ÁLEX Tranquilo, Javier. Yo tengo una solución.

ÁLEX Cuando estoy en casa en la Ciudad de México, siempre me despierto a las seis en punto. Me ducho en cinco minutos y luego me cepillo los dientes. Después me afeito, me visto y ¡listo! ¡Me voy!

DON FRANCISCO Hola, chicos. Mañana salimos temprano, a las ocho y media... ni un minuto antes ni un minuto después.

ÁLEX No se preocupe, don Francisco. Todo está bajo control.

DON FRANCISCO Bueno, pues, hasta mañana.

DON FRANCISCO ¡Ay, los estudiantes! Siempre se acuestan tarde. ¡Qué vida!

Lección 1

Expresiones útiles

Telling where you went

- **¿Adónde fuiste/fue usted?**
  Where did you go?
  Fui a un mercado.
  I went to a market.
- **¿Adónde fueron ustedes?**
  Where did you go?
  Fuimos a un mercado. Fue divertido.
  We went to a market. It was fun.

Talking about morning routines

- **(Jamás) me levanto temprano/tarde.**
  I (never) get up early/late.
- **Nunca oigo el despertador.**
  I never hear the alarm clock.
- **Es difícil/fácil despertarme.**
  It's hard/easy to wake up.
- **Cuando estoy en casa, siempre me despierto a las seis en punto.**
  When I'm home, I always wake up at six on the dot.
- **Me ducho y luego me cepillo los dientes.**
  I take a shower and then I brush my teeth.
- **Después me afeito y me visto.**
  Afterwards, I shave and get dressed.

Reassuring someone

- **No hay problema.**
  No problem.
- **No te/se preocupes/preocupe.**
  Don't worry. (fam.)/(form.)
- **Tranquilo.**
  Don't worry.; Be cool.

Additional vocabulary

- **sino**
  but (rather)
- **Me encanta este suéter.**
  I love this sweater.
- **Me fascinó la película.**
  I liked the movie a lot.

¿Qué pasó? SUPERSITE

1 **¿Cierto o falso?** Indica si lo que dicen estas oraciones es **cierto** o **falso.** Corrige las oraciones falsas.

1. Álex está mirando la televisión.

2. El suéter que Javier acaba de comprar es caro pero es muy bonito.

3. Javier cree que el mercado es aburrido y no quiere volver.

4. El autobús va a salir mañana a las siete y media en punto. ◀

5. A Javier le gusta mucho dibujar y escuchar música por la noche.

¡LENGUA VIVA!

Remember that **en punto** means *on the dot.* If the group were instead leaving at *around seven thirty,* you would say **a eso de las siete y media.**

2 **Identificar** Identifica quién puede decir estas oraciones. Puedes usar cada nombre más de una vez.

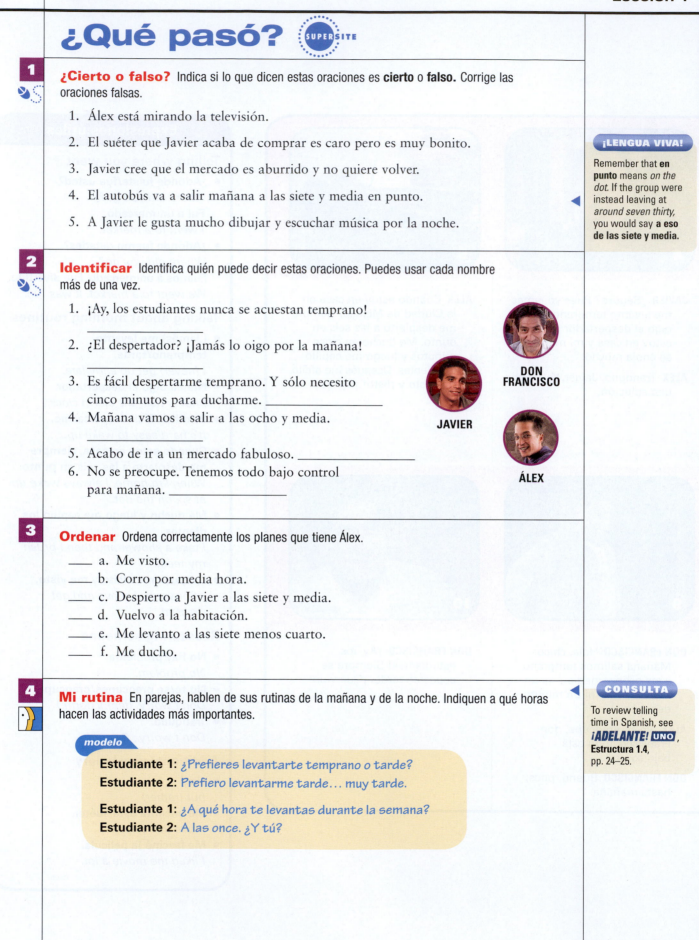

1. ¡Ay, los estudiantes nunca se acuestan temprano!
   _____

2. ¿El despertador? ¡Jamás lo oigo por la mañana!
   _____

3. Es fácil despertarme temprano. Y sólo necesito cinco minutos para ducharme. _____

4. Mañana vamos a salir a las ocho y media.
   _____

5. Acabo de ir a un mercado fabuloso. _____

6. No se preocupe. Tenemos todo bajo control para mañana. _____

DON FRANCISCO

JAVIER

ÁLEX

3 **Ordenar** Ordena correctamente los planes que tiene Álex.

_____ a. Me visto.

_____ b. Corro por media hora.

_____ c. Despierto a Javier a las siete y media.

_____ d. Vuelvo a la habitación.

_____ e. Me levanto a las siete menos cuarto.

_____ f. Me ducho.

4 **Mi rutina** En parejas, hablen de sus rutinas de la mañana y de la noche. Indiquen a qué horas hacen las actividades más importantes. ◀

CONSULTA

To review telling time in Spanish, see **¡ADELANTE! UNO**, **Estructura 1.4**, pp. 24–25.

> **modelo**
>
> **Estudiante 1:** ¿Prefieres levantarte temprano o tarde?
> **Estudiante 2:** Prefiero levantarme tarde… muy tarde.
>
> **Estudiante 1:** ¿A qué hora te levantas durante la semana?
> **Estudiante 2:** A las once. ¿Y tú?

Pronunciación

The consonant r

ropa	**rutina**	**rico**	**Ramón**

In Spanish, **r** has a strong trilled sound at the beginning of a word. No English words have a trill, but English speakers often produce a trill when they imitate the sound of a motor.

gustar	**durante**	**primero**	**crema**

In any other position, **r** has a weak sound similar to the English *tt* in *better* or the English *dd* in *ladder*. In contrast to English, the tongue touches the roof of the mouth behind the teeth.

pizarra	**corro**	**marrón**	**aburrido**

The letter combination **rr**, which only appears between vowels, always has a strong trilled sound.

caro	**carro**	**pero**	**perro**

Between vowels, the difference between the strong trilled **rr** and the weak **r** is very important, as a mispronunciation could lead to confusion between two different words.

Práctica Lee las palabras en voz alta, prestando (*paying*) atención a la pronunciación de la **r** y la **rr**.

1. Perú	4. madre	7. rubio	10. tarde
2. Rosa	5. comprar	8. reloj	11. cerrar
3. borrador	6. favor	9. Arequipa	12. despertador

Oraciones Lee las oraciones en voz alta, prestando atención a la pronunciación de la **r** y la **rr**.

1. Ramón Robles Ruiz es programador. Su esposa Rosaura es artista.
2. A Rosaura Robles le encanta regatear en el mercado.
3. Ramón nunca regatea… le aburre regatear.
4. Rosaura siempre compra cosas baratas.
5. Ramón no es rico pero prefiere comprar cosas muy caras.
6. ¡El martes Ramón compró un carro nuevo!

Refranes Lee en voz alta los refranes, prestando atención a la **r** y a la **rr**.

Perro que ladra no muerde.[1]

No se ganó Zamora en una hora.[2]

Lección 1

recursos

LM
p. 70

adelante.
vhlcentral.com

EN DETALLE

La siesta

¿Sientes cansancio° después de comer? ¿Te cuesta° volver al trabajo° o a clase después del almuerzo? Estas sensaciones son normales. A muchas personas les gusta relajarse° después de almorzar. Este momento de descanso es **la siesta**. La siesta es popular en los países hispanos y viene de una antigua costumbre° del área del Mediterráneo. La palabra *siesta* viene del latín; es una forma corta de decir "sexta hora". La sexta hora del día es después del mediodía, el momento de más calor. Debido al° calor y al cansancio, los habitantes de España, Italia, Grecia e incluso Portugal, tienen la costumbre de dormir la siesta desde hace° más de° dos mil años. Los españoles y los portugueses llevaron la costumbre a los países americanos.

La siesta es muy importante en la cultura hispana. Muchas oficinas° y tiendas cierran dos o tres horas después del mediodía. Los empleados van a su casa, almuerzan, duermen la siesta y regresan al trabajo entre las 2:30 y las 4:30 de la tarde. Esto ocurre especialmente en Suramérica, México y España.

Los estudios científicos explican que una siesta corta después de almorzar ayuda° a trabajar más y mejor° durante la tarde. Pero, ¡cuidado! Esta siesta debe durar° sólo entre veinte y cuarenta minutos. Si dormimos más, entramos en la fase de sueño profundo y es difícil despertarse.

Hoy día, algunas empresas° de los Estados Unidos, Canadá, Japón, Inglaterra y Alemania tienen salas° especiales en las que los empleados pueden dormir la siesta.

¿Dónde duermen la siesta?

■ Costumbre antigua
■ Costumbre nueva

En los lugares donde la siesta es una costumbre antigua, las personas la duermen en su casa. En los países donde la siesta es una costumbre nueva, la gente duerme en sus lugares de trabajo o en centros de siesta.

Sientes cansancio *Do you feel tired* Te cuesta *Is it hard for you* trabajo *work* relajarse *to relax* antigua costumbre *old custom* Debido al *Because (of)* desde hace *for* más de *more than* oficinas *offices* ayuda *helps* mejor *better* durar *last* algunas empresas *some businesses* salas *rooms*

ACTIVIDADES

1 **¿Cierto o falso?** Indica si lo que dicen las oraciones es **cierto** o **falso**. Corrige la información falsa.

1. La costumbre de la siesta empezó en Asia.
2. La palabra *siesta* está relacionada con la sexta hora del día.
3. Los españoles y los portugueses llevaron la costumbre de la siesta a Latinoamérica.
4. La siesta ayuda a trabajar más y mejor durante la tarde.
5. Los horarios de trabajo de los países hispanos son los mismos que los de los Estados Unidos.
6. Una siesta larga siempre es mejor que una siesta corta.
7. En los Estados Unidos, los empleados de algunas empresas pueden dormir la siesta en el trabajo.
8. Es fácil despertar de un sueño profundo.

ASÍ SE DICE

El cuidado personal

el aseo; el excusado; el servicio; el váter (Esp.)	el baño
el cortaúñas	*nail clippers*
el desodorante	*deodorant*
el enjuague bucal	*mouthwash*
el hilo dental/la seda dental	*dental floss*
la máquina de afeitar/ de rasurar (Méx.)	*electric razor*

EL MUNDO HISPANO

Costumbres especiales

○ **México y El Salvador** Los vendedores pasan por las calles gritando° su mercancía°: tanques de gas y flores° en México; pan y tortillas en El Salvador.

○ **Costa Rica** Para encontrar las direcciones° los costarricenses usan referencias a anécdotas, lugares o características geográficas. Por ejemplo: *200 metros norte de la Iglesia Católica, frente al° Supermercado Mi Mega.*

○ **Argentina** En El Tigre, una ciudad en una isla del Río° de la Plata, la gente usa barcos particulares°, colectivos° y barcos-taxi para ir de un lugar a otro. Todas las mañanas, un barco colectivo recoge° a los niños y los lleva a la escuela.

gritando *shouting* mercancía *merchandise* flores *flowers* direcciones *addresses* frente al *opposite* río *river* particulares *private* colectivos *collective* recoge *picks up*

PERFIL

Ir de tapas

En España, **las tapas** son pequeños platos°. **Ir de tapas** es una costumbre que consiste en comer estos platillos en bares, cafés y restaurantes. Dos tapas muy populares son la tortilla de patatas° y los calamares°. La historia de las tapas empezó cuando los dueños° de las tabernas tuvieron° la idea de servir el vaso de vino° tapado° con una rodaja° de pan°. La comida era° la "tapa"° del vaso; de ahí viene el nombre. Con la tapa, los insectos no podían° entrar en el vaso. Más tarde los dueños de las tabernas pusieron° la

tapa al lado del vaso. Luego, empezaron a servir también pequeñas porciones de platos tradicionales.

Para muchos españoles, ir de tapas con los amigos después del trabajo es una rutina diaria.

platos *dishes* tortilla de patatas *potato omelet* calamares *squid* dueños *owners* tuvieron *had* vaso de vino *glass of wine* tapado *covered* rodaja *slice* pan *bread* era *was* tapa *lid* no podían *couldn't* pusieron *put*

SUPERSITE Conexión Internet

¿Qué costumbres son populares en los países hispanos?

Go to **adelante.vhlcentral.com** to find more cultural information related to this **Cultura** section.

ACTIVIDADES

2 **Comprensión** Completa las oraciones.

1. Uso _____ para limpiar (*to clean*) entre los dientes.

2. En _____ las personas compran pan y tortillas a los vendedores que pasan por la calle.

3. Muchos españoles _____ después del trabajo.

4. En Costa Rica usan anécdotas y lugares para dar _____.

3 **¿Qué costumbres tienes?** Escribe cuatro oraciones sobre una costumbre que compartes con tus amigos o con tu familia (por ejemplo: ir al cine, ir a eventos deportivos, leer, comer juntos, etc.). Explica qué haces, cuándo lo haces y con quién.

recursos

SUPERSITE

adelante.vhlcentral.com

1.1 Reflexive verbs

ANTE TODO A reflexive verb is used to indicate that the subject does something to or for himself or herself. In other words, it "reflects" the action of the verb back to the subject. Reflexive verbs always use reflexive pronouns.

SUBJECT	REFLEXIVE VERB
Joaquín	**se ducha** por la mañana.

The verb lavarse (to wash oneself)

SINGULAR FORMS	yo	**me lavo**	*I wash (myself)*
	tú	**te lavas**	*you wash (yourself)*
	Ud.	**se lava**	*you wash (yourself)*
	él/ella	**se lava**	*he/she washes (himself/herself)*
PLURAL FORMS	nosotros/as	**nos lavamos**	*we wash (ourselves)*
	vosotros/as	**os laváis**	*you wash (yourselves)*
	Uds.	**se lavan**	*you wash (yourselves)*
	ellos/ellas	**se lavan**	*they wash (themselves)*

▶ The pronoun **se** attached to an infinitive identifies the verb as reflexive: **lavarse.**

▶ When a reflexive verb is conjugated, the reflexive pronoun agrees with the subject.

Me afeito.   **Te despiertas** a las siete.

AYUDA

Except for **se**, reflexive pronouns have the same forms as direct and indirect object pronouns.

•••

Se is used for both singular and plural subjects—there is no individual plural form:
Pablo **se** lava.
Ellos **se** lavan.

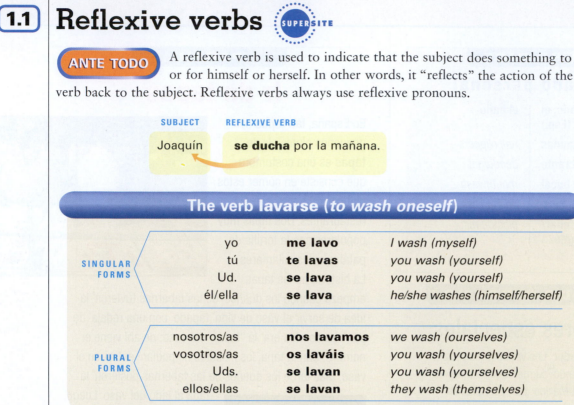

Me ducho, me cepillo los dientes, me visto y ¡listo!

¡Ay, los estudiantes! Siempre se acuestan tarde.

▶ Like object pronouns, reflexive pronouns generally appear before a conjugated verb. With infinitives and present participles, they may be placed before the conjugated verb or attached to the infinitive or present participle.

Ellos **se** van a vestir.
Ellos van a vestir**se.**
They are going to get dressed.

Nos estamos lavando las manos.
Estamos lavándo**nos** las manos.
We are washing our hands.

▶ **¡Atención!** When a reflexive pronoun is attached to a present participle, an accent mark is added to maintain the original stress.

bañando ⟶ bañ**á**ndo**se**   durmiendo ⟶ durmi**é**ndo**se**

Lección 1

Common reflexive verbs

acordarse (de) (o:ue)	*to remember*	**llamarse**	*to be called; to be named*
acostarse (o:ue)	*to go to bed*		
afeitarse	*to shave*	**maquillarse**	*to put on makeup*
bañarse	*to bathe; to take a bath*	**peinarse**	*to comb one's hair*
cepillarse	*to brush*	**ponerse**	*to put on*
despedirse (de) (e:i)	*to say goodbye (to)*	**ponerse** (+ ***adj.***)	*to become (+ adj.)*
despertarse (e:ie)	*to wake up*	**preocuparse (por)**	*to worry (about)*
dormirse (o:ue)	*to go to sleep; to fall asleep*	**probarse** (o:ue)	*to try on*
		quedarse	*to stay; to remain*
ducharse	*to shower; to take a shower*	**quitarse**	*to take off*
		secarse	*to dry (oneself)*
enojarse (con)	*to get angry (with)*	**sentarse** (e:ie)	*to sit down*
irse	*to go away; to leave*	**sentirse** (e:ie)	*to feel*
lavarse	*to wash (oneself)*	**vestirse** (e:i)	*to get dressed*
levantarse	*to get up*		

AYUDA

You have already learned several adjectives that can be used with **ponerse** when it means *to become*:

alegre, cómodo/a, contento/a, elegante, guapo/a, nervioso/a, rojo/a, and **triste**.

COMPARE & CONTRAST

Unlike English, a number of verbs in Spanish can be reflexive or non-reflexive. If the verb acts upon the subject, the reflexive form is used. If the verb acts upon something other than the subject, the non-reflexive form is used. Compare these sentences.

Lola **lava** los platos.

Lola **se lava** la cara.

As the preceding sentences show, reflexive verbs sometimes have different meanings than their non-reflexive counterparts. For example, **lavar** means *to wash*, while **lavarse** means *to wash oneself, to wash up*.

▶ **¡Atención!** Parts of the body or clothing are generally not referred to with possessives, but with the definite article.

La niña se quitó **los** zapatos.   Necesito cepillarme **los** dientes.

recursos

WB
pp. 55–56

LM
p. 71

SUPERSITE
adelante.
vhlcentral.com

¡INTÉNTALO!   Indica el presente de estos verbos reflexivos. El primero de cada columna ya está conjugado.

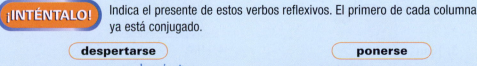

despertarse

1. Mis hermanos ___*se despiertan*___ tarde.
2. Tú _____ tarde.
3. Nosotros _____ tarde.
4. Benito _____ tarde.
5. Yo _____ tarde.

ponerse

1. Él ___*se pone*___ una chaqueta.
2. Yo _____ una chaqueta.
3. Usted _____ una chaqueta.
4. Nosotras _____ una chaqueta.
5. Las niñas _____ una chaqueta.

Práctica   SUPERSITE

1

Nuestra rutina La familia de Blanca sigue la misma rutina todos los días. Según Blanca, ¿qué hacen ellos?

> **modelo**
>
> mamá / despertarse a las 5:00
> *Mamá se despierta a las cinco.*

1. Roberto y yo / levantarse a las 7:00
2. papá / ducharse primero y / luego afeitarse
3. yo / lavarse la cara y / vestirse antes de tomar café
4. mamá / peinarse y / luego maquillarse
5. todos (nosotros) / sentarse a la mesa para comer
6. Roberto / cepillarse los dientes después de comer
7. yo / ponerse el abrigo antes de salir
8. nosotros / despedirse de mamá

NOTA CULTURAL

Como en los EE.UU., **tomar café** en el desayuno es muy común en los países hispanos.

En muchas familias, los niños toman café con leche (*milk*) en el desayuno antes de ir a la escuela.

El café en los países hispanos generalmente es más fuerte que en los EE.UU., y el descafeinado no es muy popular.

2

La fiesta elegante Selecciona el verbo apropiado y completa las oraciones con la forma correcta.

1. Tú _____ (lavar / lavarse) el auto antes de ir a la fiesta.
2. Nosotros no _____ (acordar / acordarse) de comprar regalos.
3. Para llegar a tiempo, Raúl y Marta _____ (acostar / acostarse) a los niños antes de irse.
4. Yo _____ (sentir / sentirse) bien hoy.
5. Mis amigos siempre _____ (vestir / vestirse) con ropa muy cara.
6. ¿_____ (Probar / Probarse) ustedes la ropa antes de comprarla?
7. Usted _____ (preocupar / preocuparse) mucho por sus amigos, ¿no?
8. En general, _____ (afeitar / afeitarse) yo mismo, pero hoy el barbero (*barber*) me _____ (afeitar / afeitarse).

¡LENGUA VIVA!

In Spain a car is called a **coche**, while in many parts of Latin America it is known as a **carro**. Although you'll be understood using any of these terms, using **auto (automóvil)** will surely get you where you want to go.

3

Describir Mira los dibujos y describe lo que estas personas hacen.

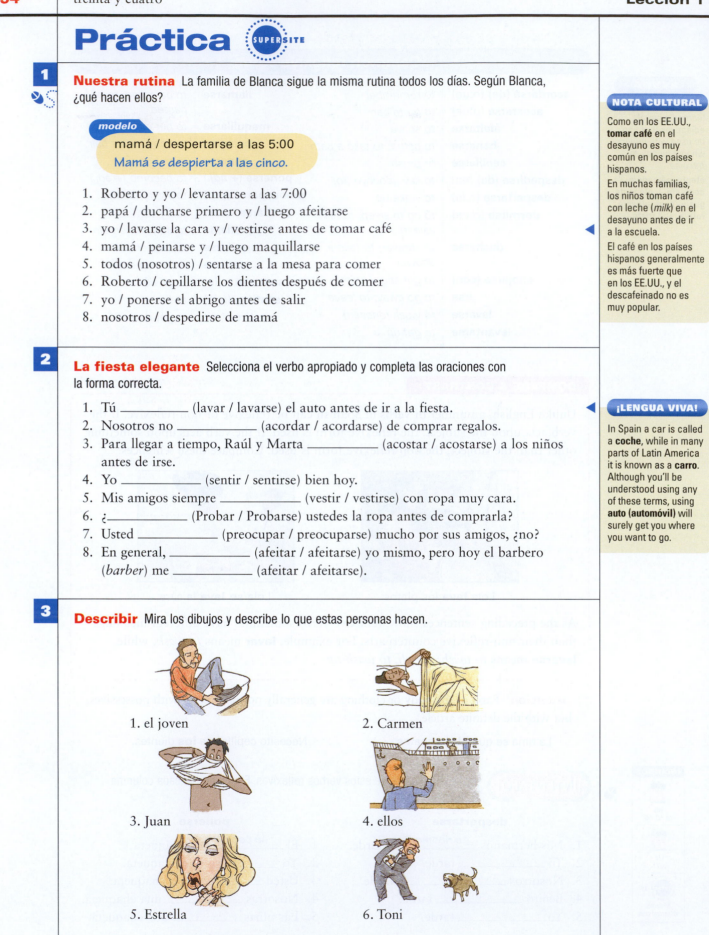

1. el joven

2. Carmen

3. Juan

4. ellos

5. Estrella

6. Toni

Comunicación

4

Preguntas personales En parejas, túrnense para hacerse estas preguntas.

1. ¿A qué hora te levantas durante la semana?
2. ¿A qué hora te levantas los fines de semana?
3. ¿Prefieres levantarte tarde o temprano? ¿Por qué?
4. ¿Te enojas frecuentemente con tus amigos?
5. ¿Te preocupas fácilmente? ¿Qué te preocupa?
6. ¿Qué te pone contento/a?
7. ¿Qué haces cuando te sientes triste?
8. ¿Y cuando te sientes alegre?
9. ¿Te acuestas tarde o temprano durante la semana?
10. ¿A qué hora te acuestas los fines de semana?

5

Charadas En grupos, jueguen a las charadas. Cada persona debe pensar en dos frases con verbos reflexivos. La primera persona que adivina la charada dramatiza la siguiente.

6

Debate En grupos, discutan este tema: ¿Quiénes necesitan más tiempo para arreglarse (*to get ready*) antes de salir, los hombres o las mujeres? Hagan una lista de las razones (*reasons*) que tienen para defender sus ideas e informen a la clase.

Síntesis

7

La familia ocupada Tú y tu compañero/a asisten a un programa de verano en Lima, Perú. Viven con la familia Ramos. Tu profesor(a) te va a dar la rutina incompleta que la familia sigue en las mañanas. Trabaja con tu compañero/a para completarla.

> **modelo**
>
> **Estudiante 1:** ¿Qué hace el señor Ramos a las seis y cuarto?
> **Estudiante 2:** El señor Ramos se levanta.

1.2 Indefinite and negative words SUPERSITE

ANTE TODO Indefinite words refer to people and things that are not specific, for example, *someone* or *something*. Negative words deny the existence of people and things or contradict statements, for instance, *no one* or *nothing*. Spanish indefinite words have corresponding negative words, which are opposite in meaning.

Indefinite and negative words

Indefinite words		Negative words	
algo	*something; anything*	**nada**	*nothing; not anything*
alguien	*someone; somebody; anyone*	**nadie**	*no one; nobody; not anyone*
alguno/a(s), algún	*some; any*	**ninguno/a, ningún**	*no; none; not any*
o... o	*either... or*	**ni... ni**	*neither... nor*
siempre	*always*	**nunca, jamás**	*never, not ever*
también	*also; too*	**tampoco**	*neither; not either*

▶ There are two ways to form negative sentences in Spanish. You can place the negative word before the verb, or you can place **no** before the verb and the negative word after.

Nadie se levanta temprano.
No one gets up early.

No se levanta nadie temprano.
No one gets up early.

Ellos **nunca gritan**.
They never shout.

Ellos **no gritan nunca**.
They never shout.

> Yo siempre me despierto a las seis en punto. ¿Y tú?

> Pues yo jamás me levanto temprano. Nunca oigo el despertador.

▶ Because they refer to people, **alguien** and **nadie** are often used with the personal **a**. The personal **a** is also used before **alguno/a, algunos/as,** and **ninguno/a** when these words refer to people and they are the direct object of the verb.

—Perdón, señor, ¿busca usted **a alguien**?
—No, gracias, señorita, no busco **a nadie**.

—Tomás, ¿buscas **a alguno** de tus hermanos?
—No, mamá, no busco **a ninguno**.

▶ **¡Atención!** Before a masculine, singular noun, **alguno** and **ninguno** are shortened to **algún** and **ningún**.

—¿Tienen ustedes **algún** amigo peruano?

—No, no tenemos **ningún** amigo peruano.

AYUDA

Alguno/a, algunos/as are not always used in the same way English uses *some* or *any*. Often, **algún** is used where *a* would be used in English.

¿Tienes algún libro que hable de los incas?
Do you have a book that talks about the Incas?

Note that **ninguno/a** is rarely used in the plural.

—**¿Visitaste algunos museos?**
—**No, no visité ninguno.**

COMPARE & CONTRAST

In English, it is incorrect to use more than one negative word in a sentence. In Spanish, however, sentences frequently contain two or more negative words. Compare these Spanish and English sentences.

Nunca le escribo a **nadie**.
I never write to anyone.

No me preocupo por **nada nunca**.
I do not ever worry about anything.

As the preceding sentences show, once an English sentence contains one negative word (for example, *not* or *never*), no other negative word may be used. Instead, indefinite (or affirmative) words are used. In Spanish, however, once a sentence is negative, no other affirmative (that is, indefinite) word may be used. Instead, all indefinite ideas must be expressed in the negative.

▶ Although in Spanish **pero** and **sino** both mean *but*, they are not interchangeable. **Sino** is used when the first part of a sentence is negative and the second part contradicts it. In this context, **sino** means *but rather* or *on the contrary*. In all other cases, **pero** is used to mean *but*.

Los estudiantes no se acuestan temprano **sino** tarde.
The students don't go to bed early, but rather late.

Las toallas son caras, **pero** bonitas.
The towels are expensive, but beautiful.

María no habla francés **sino** español.
María doesn't speak French, but rather Spanish.

José es inteligente, **pero** no saca buenas notas.
José is intelligent but doesn't get good grades.

¡INTÉNTALO! Cambia las oraciones para que sean negativas. La primera se da como ejemplo.

1. Siempre se viste bien.
   _____Nunca_____ se viste bien.
   _____No_____ se viste bien _____nunca_____.
2. Alguien se ducha.
   _____ se ducha.
   _____ se ducha _____.
3. Ellas van también.
   Ellas _____ van.
   Ellas _____ van _____.
4. Alguien se pone nervioso.
   _____ se pone nervioso.
   _____ se pone nervioso _____.
5. Tú siempre te lavas las manos.
   Tú _____ te lavas las manos.
   Tú ____ te lavas las manos _____.
6. Voy a traer algo.
   _____ voy a traer _____.
7. Juan se afeita también.
   Juan _____ se afeita.
   Juan _____ se afeita _____.
8. Mis amigos viven en una residencia o en casa.
   Mis amigos _____ viven _____ en una residencia _____ en casa.
9. La profesora hace algo en su escritorio.
   La profesora _____ hace _____ en su escritorio.
10. Tú y yo vamos al mercado.
   _____ tú _____ yo vamos al mercado.
11. Tienen un espejo en su casa.
   _____ tienen _____ espejo en su casa.
12. Algunos niños se ponen el abrigo.
   _____ niño se pone el abrigo.

recursos
WB pp. 57–58
LM p. 72
adelante. vhlcentral.com

Práctica

1

¿Pero o sino? Forma oraciones sobre estas personas usando **pero** o **sino**.

> **modelo**
>
> muchos estudiantes viven en residencias estudiantiles / muchos de ellos quieren vivir fuera del *(off)* campus
> *Muchos estudiantes viven en residencias estudiantiles, pero muchos de ellos quieren vivir fuera del campus.*

1. Marcos nunca se despierta temprano / siempre llega puntual a clase
2. Lisa y Katarina no se acuestan temprano / muy tarde
3. Alfonso es inteligente / algunas veces es antipático
4. los directores de la residencia no son ecuatorianos / peruanos
5. no nos acordamos de comprar champú / compramos jabón
6. Emilia no es estudiante / profesora
7. no quiero levantarme / tengo que ir a clase
8. Miguel no se afeita por la mañana / por la noche

2

Completar Completa esta conversación. Usa expresiones negativas en tus respuestas. Luego, dramatiza la conversación con un(a) compañero/a.

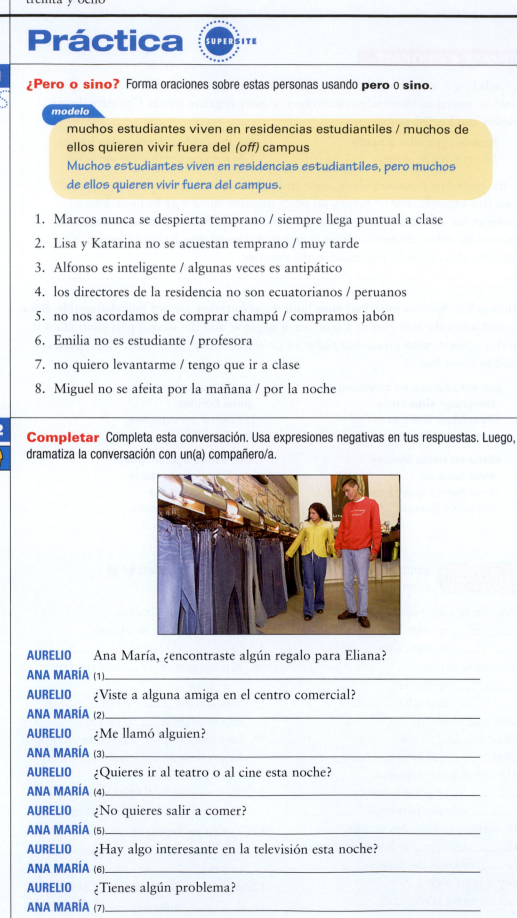

AURELIO   Ana María, ¿encontraste algún regalo para Eliana?

ANA MARÍA (1)_____

AURELIO   ¿Viste a alguna amiga en el centro comercial?

ANA MARÍA (2)_____

AURELIO   ¿Me llamó alguien?

ANA MARÍA (3)_____

AURELIO   ¿Quieres ir al teatro o al cine esta noche?

ANA MARÍA (4)_____

AURELIO   ¿No quieres salir a comer?

ANA MARÍA (5)_____

AURELIO   ¿Hay algo interesante en la televisión esta noche?

ANA MARÍA (6)_____

AURELIO   ¿Tienes algún problema?

ANA MARÍA (7)_____

Comunicación

3 **Opiniones** Completa estas oraciones de una manera lógica. Luego, compara tus respuestas con las de un(a) compañero/a.

1. Mi habitación es _____ pero _____ .
2. Por la noche me gusta _____ pero _____ .
3. Un(a) profesor(a) ideal no es _____ sino _____ .
4. Mis amigos son _____ pero _____ .

4 **En el campus** En parejas, háganse preguntas para ver qué hay en su universidad: residencias bonitas, departamento de ingeniería, cines, librerías baratas, estudiantes guapos, equipo de fútbol, playa, clases fáciles, museo, profesores estrictos. Sigan el modelo.

> **modelo**
>
> **Estudiante 1:** ¿Hay algunas residencias bonitas?
>
> **Estudiante 2:** Sí, hay una/algunas. Está(n) detrás del estadio.
>
> **Estudiante 1:** ¿Hay algún museo?
>
> **Estudiante 2:** No, no hay ninguno.

5 **Quejas (Complaints)** En parejas, hagan una lista de cinco quejas comunes que tienen los estudiantes. Usen expresiones negativas.

> **modelo**
>
> Nadie me entiende.

Ahora hagan una lista de cinco quejas que los padres tienen de sus hijos.

> **modelo**
>
> Nunca limpian sus habitaciones.

6 **Anuncios** En parejas, lean el anuncio y contesten las preguntas.

1. ¿Es el anuncio positivo o negativo? ¿Por qué?
2. ¿Qué palabras indefinidas hay?
3. Escriban el texto del anuncio cambiando todo por expresiones negativas.
4. Ahora preparen su propio (own) anuncio usando expresiones afirmativas y negativas.

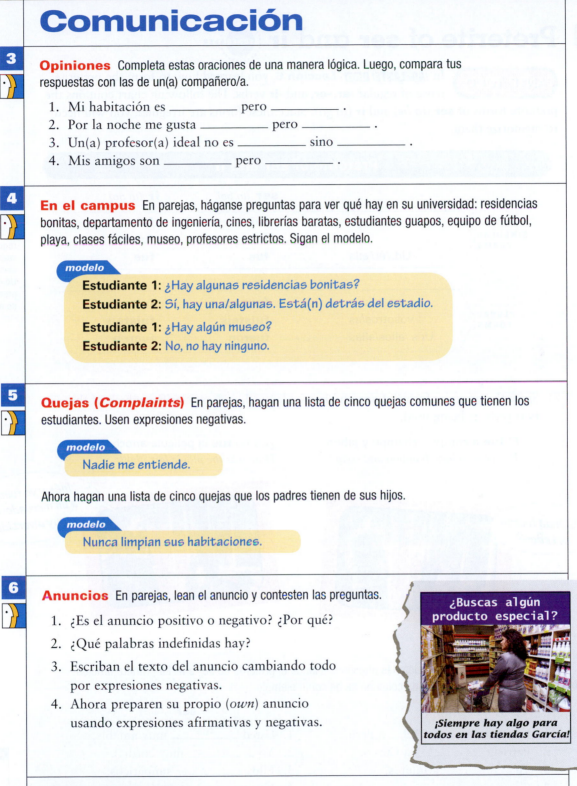

¿Buscas algún producto especial?

¡Siempre hay algo para todos en las tiendas García!

Síntesis

7 **Encuesta** Tu profesor(a) te va a dar una hoja de actividades para hacer una encuesta. Circula por la clase y pídeles a tus compañeros/as que comparen las actividades que hacen durante la semana con las que hacen durante los fines de semana. Escribe las respuestas.

1.3 # Preterite of **ser** and **ir** SUPERSITE

ANTE TODO In *¡ADELANTE!* UNO, **Lección 6**, you learned how to form the preterite tense of regular **-ar**, **-er**, and **-ir** verbs. The following chart contains the preterite forms of **ser** (*to be*) and **ir** (*to go*). Since these forms are irregular, you will need to memorize them.

Preterite of **ser** and **ir**		
	ser (*to be*)	**ir** (*to go*)
SINGULAR FORMS		
yo	**fui**	**fui**
tú	**fuiste**	**fuiste**
Ud./él/ella	**fue**	**fue**
PLURAL FORMS		
nosotros/as	**fuimos**	**fuimos**
vosotros/as	**fuisteis**	**fuisteis**
Uds./ellos/ellas	**fueron**	**fueron**

AYUDA

Note that, whereas regular **-er** and **-ir** verbs have accent marks in the **yo** and **Ud./él/ella** forms of the preterite, **ser** and **ir** do not.

▶ Since the preterite forms of **ser** and **ir** are identical, context clarifies which of the two verbs is being used.

Él **fue** a comprar champú y jabón.
He went to buy shampoo and soap.

¿Cómo **fue** la película anoche?
How was the movie last night?

¿Adónde fueron ustedes?

Inés y yo fuimos a un mercado. Fue muy divertido.

¡INTÉNTALO! Completa las oraciones usando el pretérito de **ser** e **ir**. La primera oración de cada columna se da como ejemplo.

ir	**ser**
1. Los viajeros _fueron_ a Perú.	1. Usted _fue_ muy amable.
2. Patricia _____ a Cuzco.	2. Yo _____ muy cordial.
3. Tú _____ a Iquitos.	3. Ellos _____ simpáticos.
4. Gregorio y yo _____ a Lima.	4. Nosotros _____ muy tontos.
5. Yo _____ a Trujillo.	5. Ella _____ antipática.
6. Ustedes _____ a Arequipa.	6. Tú _____ muy generoso.
7. Mi padre _____ a Lima.	7. Ustedes _____ cordiales.
8. Nosotras _____ a Cuzco.	8. La gente _____ amable.
9. Él _____ a Machu Picchu.	9. Tomás y yo _____ muy felices.
10. Usted _____ a Nazca.	10. Los profesores _____ buenos.

recursos

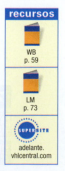

WB p. 59

LM p. 73

SUPERSITE
adelante.
vhlcentral.com

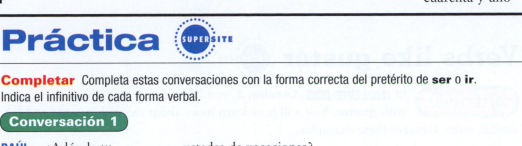

Práctica

1

Completar Completa estas conversaciones con la forma correcta del pretérito de **ser** o **ir**. Indica el infinitivo de cada forma verbal.

Conversación 1

RAÚL ¿Adónde (1)_____ ustedes de vacaciones? _____

PILAR (2)_____ al Perú. _____

RAÚL ¿Cómo (3)_____ el viaje? _____

▶ **PILAR** ¡(4)_____ estupendo! Machu Picchu y El Callao son increíbles. _____

RAÚL ¿(5)_____ caro el viaje? _____

PILAR No, el precio (6)_____ muy bajo. Sólo costó tres mil dólares. _____

Conversación 2

ISABEL Tina y Vicente (7)_____ novios, ¿no? _____

LUCÍA Sí, pero ahora no. Anoche Tina (8)_____ a comer con Gregorio y la semana pasada ellos (9)_____ al partido de fútbol. _____ _____

ISABEL ¿Ah sí? Javier y yo (10)_____ al partido y no los vimos. _____

NOTA CULTURAL

La ciudad peruana de **El Callao**, fundada en 1537, fue por muchos años el puerto (*port*) más activo de la costa del Pacífico en Suramérica. En el siglo XVIII, se construyó (*was built*) una fortaleza allí para proteger (*protect*) la ciudad de los ataques de piratas y bucaneros.

2

Descripciones Forma oraciones con estos elementos. Usa el pretérito.

A	B	C	D
yo	(no) ir	a un restaurante	ayer
tú	(no) ser	en autobús	anoche
mi compañero/a		estudiante	anteayer
nosotros		muy simpático/a	la semana pasada
mis amigos		a la playa	el año pasado
ustedes		dependiente/a en una tienda	

Comunicación

3

Preguntas En parejas, túrnense para hacerse estas preguntas.

1. ¿Adónde fuiste de vacaciones el año pasado? ¿Con quién fuiste?
2. ¿Cómo fueron tus vacaciones?
3. ¿Fuiste de compras la semana pasada? ¿Adónde? ¿Qué compraste?
4. ¿Fuiste al cine la semana pasada? ¿Qué película viste? ¿Cómo fue?
5. ¿Fuiste a la cafetería hoy? ¿A qué hora?
6. ¿Adónde fuiste durante el fin de semana? ¿Por qué?
7. ¿Quién fue tu profesor(a) favorito/a el semestre pasado? ¿Por qué?

4

El viaje En parejas, escriban un diálogo de un(a) viajero/a hablando con el/la agente de viajes sobre un viaje que tomó recientemente. Usen el pretérito de **ser** e **ir**.

modelo

Agente: ¿Cómo fue el viaje?

Viajero: El viaje fue maravilloso/horrible...

1.4   Verbs like gustar   SUPERSITE

ANTE TODO   In *¡ADELANTE!* UNO, **Lección 2**, you learned how to express preferences with **gustar**. You will now learn more about the verb **gustar** and other similar verbs. Observe these examples.

Me gusta ese champú.

> **ENGLISH EQUIVALENT**
> *I like that shampoo.*
> **LITERAL MEANING**
> *That shampoo is pleasing to me.*

¿Te gustaron las clases?

> **ENGLISH EQUIVALENT**
> *Did you like the classes?*
> **LITERAL MEANING**
> *Were the classes pleasing to you?*

▶ As the examples show, constructions with **gustar** do not have a direct equivalent in English. The literal meaning of this construction is *to be pleasing to* (*someone*), and it requires the use of an indirect object pronoun.

INDIRECT OBJECT PRONOUN		SUBJECT	SUBJECT		DIRECT OBJECT
Me	**gusta**	ese champú.	*I*	*like*	*that shampoo.*

▶ In the diagram above, observe how in the Spanish sentence the object being liked **(ese champú)** is really the subject of the sentence. The person who likes the object, in turn, is an indirect object because it answers the question: *To whom is the shampoo pleasing?*

¿No te gustan las computadoras?

Me gustan mucho los parques.

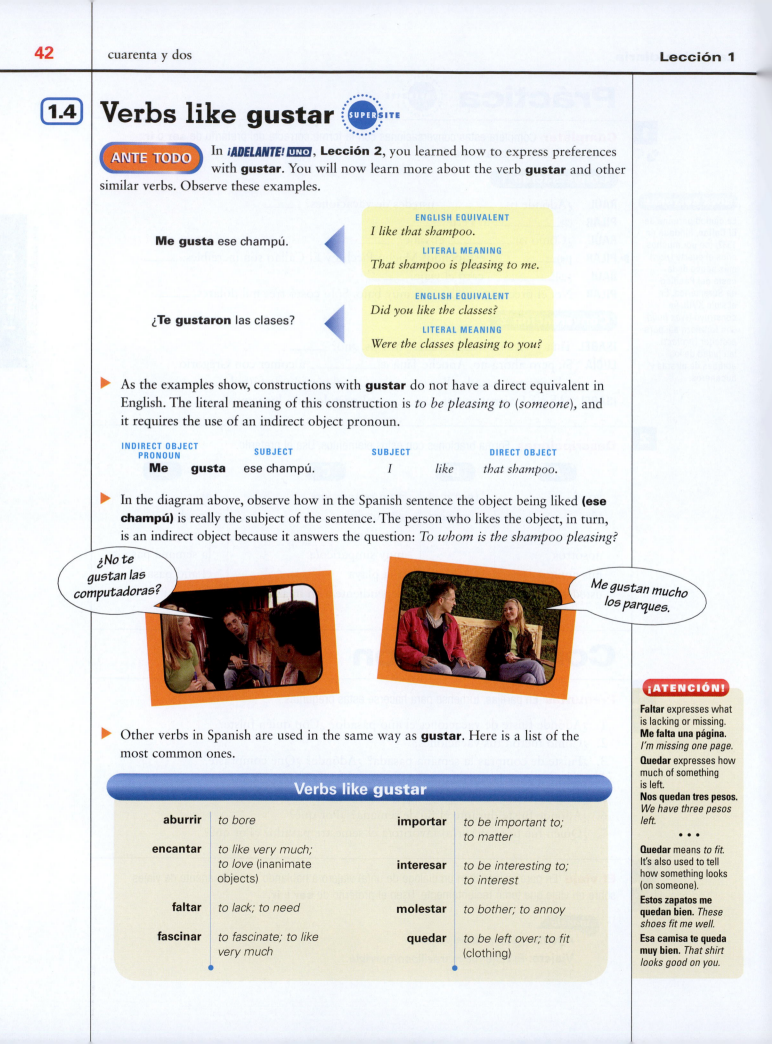

▶ Other verbs in Spanish are used in the same way as **gustar**. Here is a list of the most common ones.

Verbs like gustar			
aburrir	to bore	**importar**	to be important to; to matter
encantar	to like very much; to love (inanimate objects)	**interesar**	to be interesting to; to interest
faltar	to lack; to need	**molestar**	to bother; to annoy
fascinar	to fascinate; to like very much	**quedar**	to be left over; to fit (clothing)

¡ATENCIÓN!

Faltar expresses what is lacking or missing.
Me falta una página.
I'm missing one page.

Quedar expresses how much of something is left.
Nos quedan tres pesos.
We have three pesos left.

• • •

Quedar means *to fit.* It's also used to tell how something looks (on someone).

Estos zapatos me quedan bien. *These shoes fit me well.*

Esa camisa te queda muy bien. *That shirt looks good on you.*

▶ The forms most commonly used with **gustar** and similar verbs are the third person (singular and plural). When the object or person being liked is singular, the singular form (**gusta/molesta**, etc.) is used. When two or more objects or persons are being liked, the plural form (**gustan/molestan**, etc.) is used. Observe the following diagram:

| SINGULAR | me, te, le | → | encanta
interesó | → | la película
el concierto |
| PLURAL | nos, os, les | → | importan
fascinaron | → | las vacaciones
los museos de Lima |

▶ To express what someone likes or does not like to do, use an appropriate verb followed by an infinitive. The singular form is used even if there is more than one infinitive.

Nos molesta comer a las nueve.
It bothers us to eat at nine o'clock.

Les encanta cantar y **bailar** en las fiestas.
They love to sing and dance at parties.

▶ As you learned in *¡ADELANTE!* UNO, **Lección 2**, the construction **a** + [*pronoun*] (**a mí, a ti, a usted, a él,** etc.) is used to clarify or to emphasize who is pleased, bored, etc. The construction **a** + [*noun*] can also be used before the indirect object pronoun to clarify or to emphasize who is pleased.

A los turistas les gustó mucho Machu Picchu.
The tourists liked Machu Picchu a lot.

A ti te gusta cenar en casa, pero **a mí** me aburre.
You like to eat dinner at home, but I get bored.

▶ **¡Atención!** **Mí** (*me*) has an accent mark to distinguish it from the possessive adjective **mi** (*my*).

AYUDA

Note that the **a** must be repeated if there is more than one person.
A Armando y **a Cinta** les molesta levantarse temprano.

recursos

WB
pp. 60–62

LM
p. 74

SUPERSITE
adelante.
vhlcentral.com

¡INTÉNTALO! Indica el pronombre del objeto indirecto y la forma del tiempo presente adecuados en cada oración. La primera oración de cada columna se da como ejemplo.

fascinar

1. A él _le fascina_ viajar.
2. A mí _____ bailar.
3. A nosotras _____ cantar.
4. A ustedes _____ leer.
5. A ti _____ correr.
6. A Pedro _____ gritar.
7. A mis padres _____ caminar.
8. A usted _____ jugar al tenis.
9. A mi esposo y a mí _____ dormir.
10. A Alberto _____ dibujar.
11. A todos _____ opinar.
12. A Pili _____ ir de compras.

aburrir

1. A ellos _les aburren_ los deportes.
2. A ti _____ las películas.
3. A usted _____ los viajes.
4. A mí _____ las revistas.
5. A Jorge y a Luis _____ los perros.
6. A nosotros _____ las vacaciones.
7. A ustedes _____ las fiestas.
8. A Marcela _____ los libros.
9. A mis amigos _____ los museos.
10. A ella _____ el ciclismo.
11. A Omar _____ el Internet.
12. A ti y a mí _____ el baile.

Práctica SUPERSITE

1 **Completar** Completa las oraciones con todos los elementos necesarios.

1. _____ Adela _____ (encantar) la música de Enrique Iglesias.
2. A _____ me _____ (interesar) la música de otros países.
3. A mis amigos _____ (encantar) las canciones (*songs*) de Maná.
4. A Juan y _____ Rafael no les _____ (molestar) la música alta (*loud*).
5. _____ nosotros _____ (fascinar) los grupos de pop latino.
6. _____ señor Ruiz _____ (interesar) más la música clásica.
7. A _____ me _____ (aburrir) la música clásica.
8. ¿A _____ te _____ (faltar) dinero para el concierto de Carlos Santana?
9. Sí. Sólo _____ (quedar) cinco dólares.
10. ¿Cuánto dinero te _____ (quedar) a _____?

NOTA CULTURAL

Hoy día, la música latina es popular en los EE.UU. gracias a artistas como **Shakira**, de nacionalidad colombiana, y **Enrique Iglesias**, español. Otros artistas, como **Carlos Santana** y **Gloria Estefan**, difundieron (*spread*) la música latina en los años 60, 70, 80 y 90.

2 **Describir** Mira los dibujos y describe lo que está pasando. Usa los verbos de la lista.

aburrir	faltar	molestar
encantar	interesar	quedar

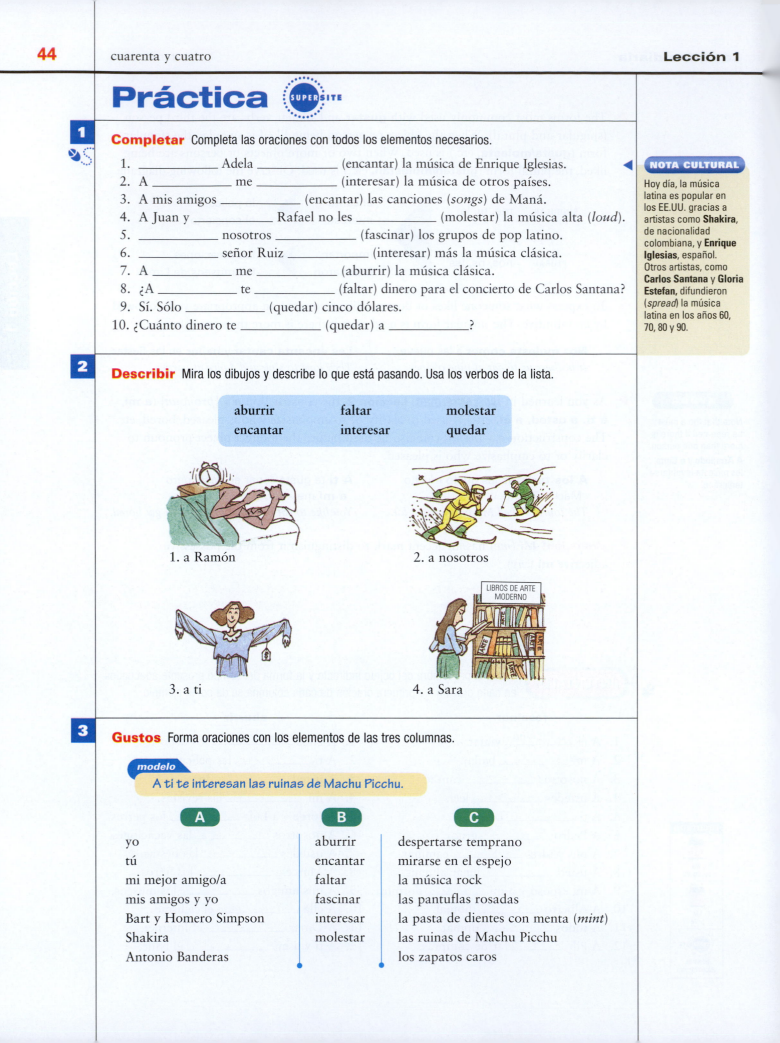

1. a Ramón

2. a nosotros

LIBROS DE ARTE MODERNO

3. a ti

4. a Sara

3 **Gustos** Forma oraciones con los elementos de las tres columnas.

> **modelo**
> A ti te interesan las ruinas de Machu Picchu.

A	B	C
yo	aburrir	despertarse temprano
tú	encantar	mirarse en el espejo
mi mejor amigo/a	faltar	la música rock
mis amigos y yo	fascinar	las pantuflas rosadas
Bart y Homero Simpson	interesar	la pasta de dientes con menta (*mint*)
Shakira	molestar	las ruinas de Machu Picchu
Antonio Banderas		los zapatos caros

Comunicación

4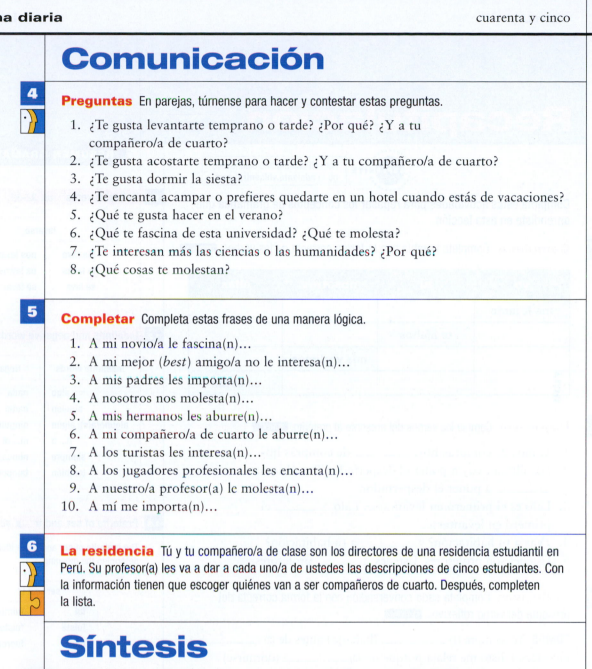

Preguntas En parejas, túrnense para hacer y contestar estas preguntas.

1. ¿Te gusta levantarte temprano o tarde? ¿Por qué? ¿Y a tu compañero/a de cuarto?
2. ¿Te gusta acostarte temprano o tarde? ¿Y a tu compañero/a de cuarto?
3. ¿Te gusta dormir la siesta?
4. ¿Te encanta acampar o prefieres quedarte en un hotel cuando estás de vacaciones?
5. ¿Qué te gusta hacer en el verano?
6. ¿Qué te fascina de esta universidad? ¿Qué te molesta?
7. ¿Te interesan más las ciencias o las humanidades? ¿Por qué?
8. ¿Qué cosas te molestan?

5

Completar Completa estas frases de una manera lógica.

1. A mi novio/a le fascina(n)…
2. A mi mejor (*best*) amigo/a no le interesa(n)…
3. A mis padres les importa(n)…
4. A nosotros nos molesta(n)…
5. A mis hermanos les aburre(n)…
6. A mi compañero/a de cuarto le aburre(n)…
7. A los turistas les interesa(n)…
8. A los jugadores profesionales les encanta(n)…
9. A nuestro/a profesor(a) le molesta(n)…
10. A mí me importa(n)…

6

La residencia Tú y tu compañero/a de clase son los directores de una residencia estudiantil en Perú. Su profesor(a) les va a dar a cada uno/a de ustedes las descripciones de cinco estudiantes. Con la información tienen que escoger quiénes van a ser compañeros de cuarto. Después, completen la lista.

Síntesis

7

Situación Trabajen en parejas para representar los papeles de un(a) cliente/a y un(a) dependiente/a en una tienda de ropa. Usen las instrucciones como guía.

Dependiente/a	**Cliente/a**
Saluda al/a la cliente/a y pregúntale en qué le puedes servir.	→ Saluda al/a la dependiente/a y dile (*tell him/her*) qué quieres comprar y qué colores prefieres.
Pregúntale si le interesan los estilos modernos y empieza a mostrarle la ropa.	→ Explícale que los estilos modernos te interesan. Escoge las cosas que te interesan.
Habla de los gustos del/de la cliente/a.	→ Habla de la ropa (me queda(n) bien/mal, me encanta(n)…).
Da opiniones favorables al/a la cliente/a (las botas te quedan fantásticas…).	→ Decide cuáles son las cosas que te gustan y qué vas a comprar.

Recapitulación

SUPERSITE For self-scoring and diagnostics, go to **adelante.vhlcentral.com**.

Completa estas actividades para repasar los conceptos de gramática que aprendiste en esta lección.

1 Completar Completa la tabla con la forma correcta de los verbos. `6 pts.`

yo	tú	nosotros	ellas
me levanto			
	te afeitas		
		nos vestimos	
			se secan

2 Hoy y ayer Cambia los verbos del presente al pretérito. `5 pts.`

1. Vamos de compras hoy. _____ de compras hoy.
2. Por último, voy a poner el despertador. Por último, _____ a poner el despertador.
3. Lalo es el primero en levantarse. Lalo _____ el primero en levantarse.
4. ¿Vas a tu habitación? ¿_____ a tu habitación?
5. Ustedes son profesores. Ustedes _____ profesores.

3 Reflexivos Completa cada conversación con la forma correcta del presente del verbo reflexivo. `11 pts.`

TOMÁS Yo siempre (1) _____ (bañarse) antes de (2) _____ (acostarse). Esto me relaja porque no (3) _____ (dormirse) fácilmente. Y así puedo (4) _____ (levantarse) más tarde. Y tú, ¿cuándo (5) _____ (ducharse)?

LETI Pues por la mañana, para poder (6) _____ (despertarse).

DAVID ¿Cómo (7) _____ (sentirse) Pepa hoy?

MARÍA Todavía está enojada.

DAVID ¿De verdad? Ella nunca (8) _____ (enojarse) con nadie.

BETO ¿(Nosotros) (9) _____ (Irse) de esta tienda? Estoy cansado.

SARA Pero antes vamos a (10) _____ (probarse) estos sombreros. Si quieres, después (nosotros) (11) _____ (sentarse) un rato.

RESUMEN GRAMATICAL

1.1 Reflexive verbs *pp. 32–33*

lavarse

me lavo	nos lavamos
te lavas	os laváis
se lava	se lavan

1.2 Indefinite and negative words *pp. 36–37*

Indefinite words	Negative words
algo	nada
alguien	nadie
alguno/a(s), algún	ninguno/a, ningún
o... o	ni... ni
siempre	nunca, jamás
también	tampoco

1.3 Preterite of ser and ir *p. 40*

► The preterite of **ser** and **ir** are identical. Context will determine the meaning.

ser and ir

fui	fuimos
fuiste	fuisteis
fue	fueron

1.4 Verbs like gustar *pp. 42–43*

aburrir	importar
encantar	interesar
faltar	molestar
fascinar	quedar

SINGULAR me, te, le   PLURAL nos, os, les

encanta / interesó → la película / el concierto

importan / fascinaron → las vacaciones / los museos

► Use the construction a + [noun/pronoun] to clarify the person in question.

A mí me encanta ver películas, **¿y a ti?**

Lección 1

4   **Conversaciones** Completa cada conversación de manera lógica con palabras de la lista. No tienes que usar todas las palabras. **8 pts.**

algo	nada	ningún	siempre
alguien	nadie	nunca	también
algún	ni... ni	o... o	tampoco

1. —¿Tienes _____ plan para esta noche?

   —No, prefiero quedarme en casa. Hoy no quiero ver a _____.

   —Yo _____ me quedo. Estoy muy cansado.

2. —¿Puedo entrar? ¿Hay _____ en el cuarto de baño?

   —Sí. Ahora mismo salgo.

3. —¿Puedes prestarme _____ para peinarme? No encuentro _____ mi cepillo _____ mi peine.

   —Lo siento, yo _____ encuentro los míos (*mine*).

4. —¿Me prestas tu maquillaje?

   —Lo siento, no tengo. _____ me maquillo.

5   **Oraciones** Forma oraciones completas con los elementos dados (*given*). Usa el presente de los verbos. **8 pts.**

1. David y Juan / molestar / levantarse temprano
2. Lucía / encantar / las películas de terror
3. todos (nosotros) / importar / la educación
4. tú / aburrir / ver / la televisión

6   **Rutinas** Escribe seis oraciones describiendo las rutinas de dos personas que conoces. **12 pts.**

> **modelo**
>
> Mi tía se despierta temprano, pero mi primo...

7   **Adivinanza** Completa la adivinanza con las palabras que faltan y adivina la respuesta. **¡2 puntos EXTRA!**

   " Cuanto más° _____ (*it dries you*), más se moja°. "

   ¿Qué es? _____

Cuanto más *The more* se moja *it gets wet*

recursos

SUPERSITE

adelante.vhlcentral.com

Lectura

Antes de leer

Estrategia

Predicting content from the title

Prediction is an invaluable strategy in reading for comprehension. For example, we can usually predict the content of a newspaper article from its headline. We often decide whether to read the article based on its headline. Predicting content from the title will help you increase your reading comprehension in Spanish.

Examinar el texto

Lee el título de la lectura y haz tres predicciones sobre el contenido. Escribe tus predicciones en una hoja de papel.

Compartir

Comparte tus ideas con un(a) compañero/a de clase.

Cognados

Haz una lista de seis cognados que encuentres en la lectura.

1. _____
2. _____
3. _____
4. _____
5. _____
6. _____

¿Qué te dicen los cognados sobre el tema de la lectura?

recursos

SUPER**SITE**

adelante.vhlcentral.com

¡Qué día!

Anterior ▼   ⬇Siguiente ▼   🔼 Responder   🔼 Respond a todos

Fecha: Lunes, 10 de mayo
De: Guillermo Zamora
Asunto: ¡Qué día!
Para: Lupe; Marcos; Sandra; Jorge

Hola, chicos:

La semana pasada me di cuenta° de que necesito organizar mejor° mi rutina... pero especialmente necesito prepararme mejor para los exámenes. Me falta mucha disciplina, me molesta no tener control de mi tiempo y nunca deseo repetir los eventos de la semana pasada.

El miércoles pasé todo el día y toda la noche estudiando para el examen de biología del jueves por la mañana. Me aburre la biología y no empecé a estudiar hasta el día antes del examen. El jueves a las 8, después de no dormir en toda la noche, fui exhausto al examen. Fue difícil, pero afortunadamente° me acordé de todo el material. Esa noche me acosté temprano y dormí mucho.

Me desperté a las 7, y fue extraño° ver a mi compañero de cuarto, Andrés, preparándose para ir a dormir. Como° siempre se enferma° y nunca

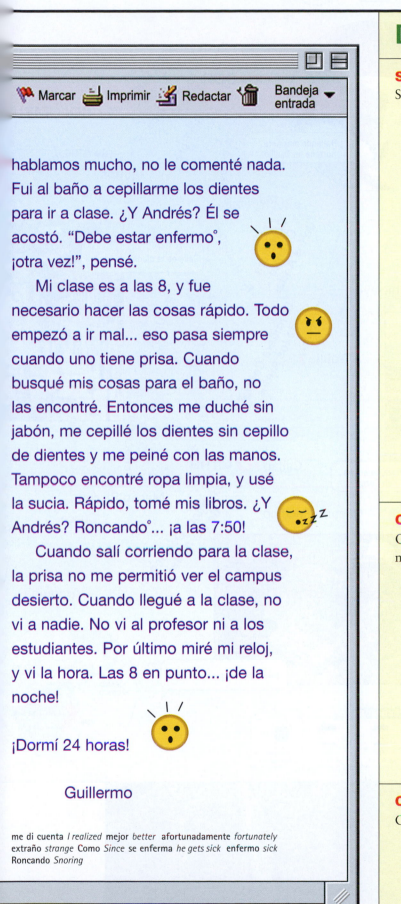

hablamos mucho, no le comenté nada. Fui al baño a cepillarme los dientes para ir a clase. ¿Y Andrés? Él se acostó. "Debe estar enfermo°, ¡otra vez!", pensé.

Mi clase es a las 8, y fue necesario hacer las cosas rápido. Todo empezó a ir mal... eso pasa siempre cuando uno tiene prisa. Cuando busqué mis cosas para el baño, no las encontré. Entonces me duché sin jabón, me cepillé los dientes sin cepillo de dientes y me peiné con las manos. Tampoco encontré ropa limpia, y usé la sucia. Rápido, tomé mis libros. ¿Y Andrés? Roncando°... ¡a las 7:50!

Cuando salí corriendo para la clase, la prisa no me permitió ver el campus desierto. Cuando llegué a la clase, no vi a nadie. No vi al profesor ni a los estudiantes. Por último miré mi reloj, y vi la hora. Las 8 en punto... ¡de la noche!

¡Dormí 24 horas!

Guillermo

me di cuenta *I realized* mejor *better* afortunadamente *fortunately* extraño *strange* Como *Since* se enferma *he gets sick* enfermo *sick* Roncando *Snoring*

Después de leer

Seleccionar

Selecciona la respuesta correcta.

1. ¿Quién es el/la narrador(a)?
   a. Andrés
   b. una profesora
   c. Guillermo
2. ¿Qué le molesta al narrador?
   a. Le molestan los exámenes de biología.
   b. Le molesta no tener control de su tiempo.
   c. Le molesta mucho organizar su rutina.
3. ¿Por qué está exhausto?
   a. Porque fue a una fiesta la noche anterior.
   b. Porque no le gusta la biología.
   c. Porque pasó la noche anterior estudiando.
4. ¿Por qué no hay nadie en clase?
   a. Porque es de noche.
   b. Porque todos están de vacaciones.
   c. Porque el profesor canceló la clase.
5. ¿Cómo es la relación de Guillermo y Andrés?
   a. Son buenos amigos.
   b. No hablan mucho.
   c. Tienen una buena relación.

Ordenar

Ordena los sucesos de la narración. Utiliza los números del 1 al 9.

a. Toma el examen de biología. ____
b. No encuentra sus cosas para el baño. ____
c. Andrés se duerme. ____
d. Pasa todo el día y toda la noche estudiando para un examen. ____
e. Se ducha sin jabón. ____
f. Se acuesta temprano. ____
g. Vuelve a su cuarto a las 8 de la noche. ____
h. Se despierta a las 7 y su compañero de cuarto se prepara para dormir. ____
i. Va a clase y no hay nadie. ____

Contestar

Contesta estas preguntas.

1. ¿Cómo es tu rutina diaria? ¿Muy organizada?
2. ¿Cuándo empiezas a estudiar para los exámenes?
3. ¿Tienes compañero/a de cuarto? ¿Son amigos/as?
4. Para comunicarte con tus amigos/as, ¿prefieres el teléfono o el correo electrónico? ¿Por qué?

Perú

El país en cifras

▸ **Área:** $1.285.220$ km^2 (496.224 millas^2), *un poco menos que el área de Alaska*

▸ **Población:** $30.063.000$

▸ **Capital:** Lima—$7.590.000$

▸ **Ciudades principales:** Arequipa—915.000, Trujillo, Chiclayo, Callao, Iquitos

SOURCE: Population Division, UN Secretariat

Iquitos es un puerto muy importante en el río Amazonas. Desde Iquitos se envían° muchos productos a otros lugares, incluyendo goma°, nueces°, madera°, arroz°, café y tabaco. Iquitos es también un destino popular para los ecoturistas que visitan la selva°.

▸ **Moneda:** nuevo sol

▸ **Idiomas:** español (oficial), quechua (oficial), aimará

Bandera del Perú

Peruanos célebres

▸ **Clorinda Matto de Turner,** escritora (1854–1901)

▸ **César Vallejo,** poeta (1892–1938)

▸ **Javier Pérez de Cuéllar,** diplomático (1920–)

▸ **Mario Vargas Llosa,** escritor (1936–)

Mario Vargas Llosa

se envían *are shipped* goma *rubber* nueces *nuts* madera *timber* arroz *rice* selva *jungle* Hace más de *More than... ago* grabó *engraved* tamaño *size*

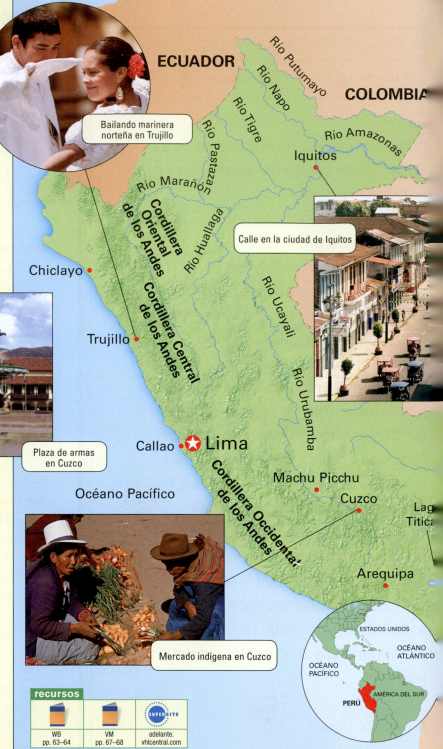

Bailando marinera norteña en Trujillo

ECUADOR

Río Putumayo
Río Napo
Río Tigre
Río Amazonas

COLOMBIA

Iquitos

Río Pastaza

Río Marañón

Cordillera Oriental de los Andes

Río Huallaga

Cordillera Central de los Andes

Calle en la ciudad de Iquitos

Chiclayo

Río Ucayali

Trujillo

Río Urubamba

Plaza de armas en Cuzco

Callao ★ Lima

Machu Picchu

Cuzco

Océano Pacífico

Cordillera Occidental de los Andes

Lago Titica[ca]

Arequipa

Mercado indígena en Cuzco

ESTADOS UNIDOS

OCÉANO ATLÁNTICO

OCÉANO PACÍFICO

AMÉRICA DEL SUR

PERÚ

recursos

WB pp. 63–64

VM pp. 67–68

SUPERSITE adelante. vhlcentral.com

¡Increíble pero cierto!

Hace más de° dos mil años la civilización nazca de Perú grabó° más de 2.000 kilómetros de líneas en el desierto. Los dibujos sólo son descifrables desde el aire. Uno de ellos es un cóndor del tamaño° de un estadio. Las Líneas de Nazca son uno de los grandes misterios de la humanidad.

SIL

LIVIA

Lección 1

Lugares • Lima

Lima es una ciudad moderna y antigua° a la vez°. La Iglesia de San Francisco es notable por la influencia de la arquitectura barroca colonial. También son fascinantes las exhibiciones sobre los incas en el Museo Oro del Perú y en el Museo Nacional de Antropología y Arqueología. Barranco, el barrio° bohemio de la ciudad, es famoso por su ambiente cultural y sus bares y restaurantes.

Historia • Machu Picchu

A 80 kilómetros al noroeste de Cuzco está Machu Picchu, una ciudad antigua del imperio inca. Está a una altitud de 2.350 metros (7.710 pies), entre dos cimas° de los Andes. Cuando los españoles llegaron al Perú, nunca encontraron Machu Picchu. En 1911, el arqueólogo norteamericano Hiram Bingham la descubrió. Todavía no se sabe ni cómo se construyó° una ciudad a esa altura, ni por qué los incas la abandonaron. Sin embargo°, esta ciudad situada en desniveles° naturales es el ejemplo más conocido de la arquitectura inca.

Artes • La música andina

Machu Picchu aún no existía° cuando se originó la música cautivadora° de las antiguas culturas indígenas de los Andes. La influencia española y la música africana contribuyeron a la creación de los ritmos actuales de la música andina. Dos tipos de flauta°, la quena y la antara, producen esta música tan particular. En las décadas de los sesenta y los setenta se popularizó un movimiento para preservar la música andina, y hasta° Simon y Garfunkel la incorporaron en su repertorio con la canción *El cóndor pasa*.

Economía • Llamas y alpacas

El Perú se conoce por sus llamas, alpacas, guanacos y vicuñas, todos ellos animales mamíferos° parientes del camello. Estos animales todavía tienen una enorme importancia en la economía del país. Dan lana para hacer ropa, mantas°, bolsas y artículos para turistas. La llama se usa también para la carga y el transporte.

¿Qué aprendiste? Responde a cada pregunta con una oración completa.
1. ¿Qué productos envía Iquitos a otros lugares?
2. ¿Cuáles son las lenguas oficiales del Perú?
3. ¿Por qué es notable la Iglesia de San Francisco en Lima?
4. ¿Qué información sobre Machu Picchu no se sabe todavía?
5. ¿Qué son la quena y la antara?
6. ¿Qué hacen los peruanos con la lana de sus llamas y alpacas?

Conexión Internet Investiga estos temas en **adelante.vhlcentral.com**.
1. Investiga la cultura incaica. ¿Cuáles son algunos de los aspectos interesantes de su cultura?
2. Busca información sobre dos artistas, escritores o músicos peruanos y presenta un breve informe a tu clase.

antigua *old* a la vez *at the same time* barrio *neighborhood* cimas *summits* se construyó *was built* Sin embargo *However* desniveles *uneven pieces of land* aún no existía *didn't exist yet* cautivadora *captivating* flauta *flute* hasta *even* mamíferos *mammalian* mantas *blankets*

Los verbos reflexivos

acordarse (de) (o:ue)	to remember
acostarse (o:ue)	to go to bed
afeitarse	to shave
bañarse	to bathe; to take a bath
cepillarse el pelo	to brush one's hair
cepillarse los dientes	to brush one's teeth
despedirse (de) (e:i)	to say goodbye (to)
despertarse (e:ie)	to wake up
dormirse (o:ue)	to go to sleep; to fall asleep
ducharse	to shower; to take a shower
enojarse (con)	to get angry (with)
irse	to go away; to leave
lavarse la cara	to wash one's face
lavarse las manos	to wash one's hands
levantarse	to get up
llamarse	to be called; to be named
maquillarse	to put on makeup
peinarse	to comb one's hair
ponerse	to put on
ponerse (+ *adj.*)	to become (+ adj.)
preocuparse (por)	to worry (about)
probarse (o:ue)	to try on
quedarse	to stay; to remain
quitarse	to take off
secarse	to dry oneself
sentarse (e:ie)	to sit down
sentirse (e:ie)	to feel
vestirse (e:i)	to get dressed

Palabras de secuencia

antes (de)	before
después	afterwards; then
después (de)	after
durante	during
entonces	then
luego	then
más tarde	later (on)
por último	finally

Palabras afirmativas y negativas

algo	something; anything
alguien	someone; somebody; anyone
alguno/a(s), algún	some; any
jamás	never; not ever
nada	nothing; not anything
nadie	no one; nobody; not anyone
ni… ni	neither… nor
ninguno/a, ningún	no; none; not any
nunca	never; not ever
o… o	either… or
siempre	always
también	also; too
tampoco	neither; not either

En el baño

el baño, el cuarto de baño	bathroom
el champú	shampoo
la crema de afeitar	shaving cream
la ducha	shower
el espejo	mirror
el inodoro	toilet
el jabón	soap
el lavabo	sink
el maquillaje	makeup
la pasta de dientes	toothpaste
la toalla	towel

Verbos similares a gustar

aburrir	to bore
encantar	to like very much; to love (inanimate objects)
faltar	to lack; to need
fascinar	to fascinate; to like very much
importar	to be important to; to matter
interesar	to be interesting to; to interest
molestar	to bother; to annoy
quedar	to be left over; to fit (clothing)

Palabras adicionales

el despertador	alarm clock
las pantuflas	slippers
la rutina diaria	daily routine
por la mañana	in the morning
por la noche	at night
por la tarde	in the afternoon; in the evening

Expresiones útiles	See page 27.

contextos

1 **Las rutinas** Complete each sentence with a word from **Contextos**.

1. Susana se lava el pelo con _____.

2. La ducha y el lavabo están en el _____.

3. Manuel se lava las manos con _____.

4. Después de lavarse las manos, usa la _____.

5. Luis tiene un _____ para levantarse temprano.

6. Elena usa el _____ para maquillarse.

2 **¿En el baño o en la habitación?** Write **en el baño** or **en la habitación** to indicate where each activity takes place.

1. bañarse _____

2. levantarse _____

3. ducharse _____

4. lavarse la cara _____

5. acostarse _____

6. afeitarse _____

7. cepillarse los dientes _____

8. dormirse _____

3 **Ángel y Lupe** Look at the drawings, and choose the appropriate phrase to describe what Ángel or Lupe are doing. Use complete sentences.

afeitarse por la mañana   cepillarse los dientes después de comer
bañarse por la tarde   ducharse antes de salir

1. _____   2. _____

_____   _____

3. _____

4. _____

_____

_____

4 **La palabra diferente** Fill in each blank with the word that doesn't belong in each group.

1. luego, después, más tarde, entonces, antes _____

2. maquillarse, cepillarse el pelo, despertarse, peinarse, afeitarse _____

3. bailar, despertarse, acostarse, levantarse, dormirse _____

4. champú, despertador, jabón, maquillaje, crema de afeitar _____

5. entonces, bañarse, lavarse las manos, cepillarse los dientes, ducharse _____

6. pelo, vestirse, dientes, manos, cara _____

5 **La rutina de Silvia** Rewrite this paragraph, selecting the correct sequencing words from the parentheses.

(Por la mañana, Durante el día) Silvia se prepara para salir. (Primero, Antes de) se levanta y se ducha. (Después, Antes) de ducharse, se viste. (Entonces, Durante) se maquilla. (Primero, Antes) de salir, come algo y bebe un café. (Durante, Por último) se peina y se pone una chaqueta. (Durante el día, Antes de) Silvia no tiene tiempo (*time*) de volver a su casa. (Más tarde, Antes de) come algo en la cafetería de la universidad y estudia en la biblioteca. (Por la tarde, Por último), Silvia trabaja en el centro comercial. (Por la noche, Primero) llega a su casa y está cansada. (Más tarde, Después de) prepara algo de comer y mira la televisión un rato. (Antes de, Después de) acostarse a dormir siempre estudia un rato.

_____

_____

_____

_____

_____

_____

_____

_____

_____

estructura

1.1 Reflexive verbs

1 **Completar** Complete each sentence with the correct present tense forms of the verb in parentheses.

1. Marcos y Gustavo _____ (enojarse) con Javier.

2. Mariela _____ (despedirse) de su amiga en la estación del tren.

3. (yo) _____ (acostarse) temprano porque tengo clase por la mañana.

4. Los jugadores _____ (secarse) con toallas nuevas.

5. (tú) _____ (preocuparse) por tu novio porque siempre pierde las cosas.

6. Usted _____ (lavarse) la cara con un jabón especial.

7. Mi mamá _____ (ponerse) muy contenta cuando llego temprano a casa.

2 **Lo hiciste** Answer the questions positively, using complete sentences.

1. ¿Te cepillaste los dientes después de comer?

_____

2. ¿Se maquilla Julia antes de salir a bailar?

_____

3. ¿Se duchan ustedes antes de nadar en la piscina?

_____

4. ¿Se ponen sombreros los turistas cuando van a la playa?

_____

5. ¿Nos ponemos las pantuflas cuando llegamos a casa?

_____

3 **Terminar** Complete each sentence with the correct reflexive verbs. You may use some verbs more than once.

acordarse	cepillarse	enojarse	maquillarse
acostarse	dormirse	levantarse	quedarse

1. Mi mamá _____ porque no queremos _____ temprano.

2. La profesora _____ con nosotros cuando no _____ de los verbos.

3. Mi hermano _____ los dientes cuando _____.

4. Mis amigas y yo _____ estudiando en la biblioteca por la noche y por la mañana _____ muy cansadas.

5. Muchas noches _____ delante del televisor, porque no quiero _____.

Workbook

4 **Escoger** Choose the correct verb from the parentheses, then fill in the blank with its correct form.

(lavar/lavarse)

1. Josefina _____ las manos en el lavabo.

   Josefina _____ la ropa en casa de su madre.

(peinar/peinarse)

2. (yo) _____ a mi hermana todas las mañanas.

   (yo) _____ en el baño, delante del espejo.

(poner/ponerse)

3. (nosotros) _____ nerviosos antes de un examen.

   (nosotros) _____ la toalla al lado de la ducha.

(levantar/levantarse)

4. Los estudiantes _____ muy temprano.

   Los estudiantes _____ la mano y hacen preguntas.

5 **El incidente** Complete the paragraph with reflexive verbs from the word bank. Use each verb only once.

acordarse	irse	maquillarse	quedarse
afeitarse	lavarse	ponerse	secarse
despertarse	levantarse	preocuparse	sentarse
enojarse	llamarse	probarse	vestirse

Luis (1) _____ todos los días a las seis de la mañana. Luego entra en la

ducha y (2) _____ el pelo con champú. Cuando sale de la ducha, usa la crema de

afeitar para (3) _____ delante del espejo. Come algo con su familia y él y sus

hermanos (4) _____ hablando un rato.

Cuando sale tarde, Luis (5) _____ porque no quiere llegar tarde a la clase de

español. Los estudiantes (6) _____ nerviosos porque a veces (*sometimes*) tienen

pruebas sorpresa en la clase.

Ayer por la mañana, Luis (7) _____ con su hermana Marina porque ella

(8) _____ tarde y pasó mucho tiempo en el cuarto de baño con la puerta cerrada.

—¿Cuándo sales, Marina? — le preguntó Luis.

—¡Tengo que (9) _____ porque voy a salir con mi novio y quiero estar bonita!

—dijo Marina.

—¡Tengo que (10) _____ ya, Marina! ¿Cuándo terminas?

—Ahora salgo, Luis. Tengo que (11) _____. Me voy a poner mi vestido favorito.

—Tienes que (12) _____ de que viven muchas personas en esta casa, Marina.

1.2 Indefinite and negative words

1 **Alguno o ninguno** Complete the sentences with indefinite and negative words from the word bank.

alguien	algunas	ninguna
alguna	ningún	tampoco

1. No tengo ganas de ir a _____ lugar hoy.

2. ¿Tienes _____ ideas para la economía?

3. ¿Viene _____ a la fiesta de mañana?

4. No voy a _____ estadio nunca.

5. ¿Te gusta _____ de estas corbatas?

6. Jorge, tú no eres el único. Yo _____ puedo ir de vacaciones.

2 **Estoy de mal humor** Your classmate Jaime is in a terrible mood. Complete his complaints with negative words.

1. No me gustan estas gafas. _____ quiero comprar _____ de ellas.

2. Estoy muy cansado. _____ quiero ir a _____ restaurante.

3. No tengo hambre. _____ quiero comer _____.

4. A mí no me gusta la playa. _____ quiero ir a la playa _____.

5. Soy muy tímido. _____ hablo con _____.

6. No me gusta el color rojo, _____ el color rosado _____.

3 **¡Amalia!** Your friend Amalia is chronically mistaken. Change her statements as necessary to correct her; each statement should be negative.

> **modelo**
>
> Buscaste algunos vestidos en la tienda.
> **No busqué ningún vestido en la tienda.**

1. Las dependientas venden algunas blusas.

_____

2. Alguien va de compras al centro comercial.

_____

3. Siempre me cepillo los dientes antes de salir.

_____

4. Te voy a traer algún programa de la computadora.

_____

5. Mi hermano prepara algo de comer.

_____

6. Quiero tomar algo en el café de la librería.

_____

4 **No, no es cierto** Now your friend Amalia realizes that she's usually wrong and is asking you for the correct information. Answer her questions negatively.

> modelo
>
> ¿Comes siempre en casa?
> No, nunca como en casa./No, no como en casa nunca.

1. ¿Tienes alguna falda?

_____

2. ¿Sales siempre los fines de semana?

_____

3. ¿Quieres comer algo ahora?

_____

4. ¿Le prestaste algunos discos de jazz a César?

_____

5. ¿Podemos ir a la playa o nadar en la piscina?

_____

6. ¿Encontraste algún cinturón barato en la tienda?

_____

7. ¿Buscaron ustedes a alguien en la playa?

_____

8. ¿Te gusta alguno de estos trajes?

_____

5 **Lo opuesto** Rodrigo's good reading habits have changed since this description was written. Rewrite the paragraph, changing the positive words to negative ones.

Rodrigo siempre está leyendo algún libro. También lee el periódico. Siempre lee algo. Leyó algunos libros de Vargas Llosa el año pasado. También leyó algunas novelas de Gabriel García Márquez. Siempre quiere leer o libros de misterio o novelas fantásticas.

_____

_____

_____

_____

_____

_____

_____

_____

1.3 Preterite of **ser** and **ir**

1 **¿Ser o ir?** Complete the sentences with the preterite of **ser** or **ir**. Then write the infinitive form of the verb you used.

1. Ayer María y Javier _____ a la playa con sus amigos. _____

2. La película del sábado por la tarde _____ muy bonita. _____

3. El fin de semana pasado (nosotros) _____ al centro comercial. _____

4. La abuela y la tía de Maricarmen _____ doctoras. _____

5. (nosotros) _____ muy simpáticos con la familia de Claribel. _____

6. Manuel _____ a la universidad en septiembre. _____

7. Los vendedores _____ al almacén muy temprano. _____

8. Lima _____ la primera parada (*stop*) de nuestro viaje. _____

9. (yo) _____ a buscarte a la cafetería, pero no te encontré. _____

10. Mi compañera de cuarto _____ a la tienda a comprar champú. _____

2 **Viaje a Perú** Complete the paragraph with the preterite of **ser** and **ir**. Then fill in the chart with infinitive form of the verbs you used.

El mes pasado mi amiga Clara y yo (1) _____ de vacaciones a Perú. El vuelo

(*flight*) (2) _____ un miércoles por la mañana, y (3) _____

cómodo. Primero Clara y yo (4) _____ a Lima, y (5) _____

a comer a un restaurante de comida peruana. La comida (6) _____ muy buena.

Luego (7) _____ al hotel y nos (8) _____ a dormir. El

jueves (9) _____ un día nublado. Nos (10) _____ a Cuzco,

y el viaje en autobús (11) _____ largo. Yo (12) _____

la primera en despertarme y ver la ciudad de Cuzco. Aquella mañana, el paisaje

(13) _____ impresionante. Luego Clara y yo (14) _____

de excursión a Machu Picchu. El cuarto día nos levantamos muy temprano y

(15) _____ a la ciudad inca. El amanecer sobre Machu Picchu

(16) _____ hermoso. La excursión (17) _____ una

experiencia inolvidable (*unforgettable*). ¿(18) _____ tú a Perú el año pasado?

1. _____   7. _____   13. _____
2. _____   8. _____   14. _____
3. _____   9. _____   15. _____
4. _____   10. _____   16. _____
5. _____   11. _____   17. _____
6. _____   12. _____   18. _____

1.4 Verbs like **gustar**

1 **La fotonovela** Rewrite each sentence, choosing the correct form of the verb in parentheses.

1. Maite, te (quedan, queda) bien las faldas y los vestidos.

_____

2. A Inés y a Álex no les (molesta, molestan) la lluvia.

_____

3. A los chicos no les (importa, importan) ir de compras.

_____

4. A don Francisco y a Álex les (aburre, aburren) probarse ropa en las tiendas.

_____

5. A Maite le (fascina, fascinan) las tiendas y los almacenes.

_____

6. A Javier le (falta, faltan) dos años para terminar la carrera (*degree*).

_____

7. A los chicos les (encanta, encantan) pescar y nadar en el mar.

_____

8. A Inés le (interesan, interesa) la geografía.

_____

2 **Nos gusta el fútbol** Complete the paragraph with the correct forms of the verbs in parentheses.

A mi familia le (1) _____ (fascinar) el fútbol. A mis hermanas les

(2) _____ (encantar) los jugadores porque son muy guapos. También les

(3) _____ (gustar) la emoción (*excitement*) de los partidos. A mi papá le

(4) _____ (interesar) mucho los partidos y cuando puede los sigue por Internet.

A mi mamá le (5) _____ (molestar) nuestra afición porque no hacemos las tareas

de la casa cuando hay un partido. A ella generalmente le (6) _____ (aburrir) los

partidos. Pero cuando le (7) _____ (faltar) un gol al equipo argentino para ganar,

le (8) _____ (encantar) los minutos finales del partido.

3 **El viaje** You and your friend are packing and planning your upcoming vacation to the Caribbean. Rewrite her sentences, substituting the subject with the one in parentheses.

1. Te quedan bien los vestidos largos. (la blusa cara)

   _____

2. Les molesta la música estadounidense. (las canciones populares)

   _____

3. ¿No te interesa aprender a bailar salsa? (nadar)

   _____

4. Les encantan las tiendas. (el centro comercial)

   _____

5. Nos falta practicar el español. (unas semanas de clase)

   _____

6. No les importa esperar un rato. (buscar unos libros nuestros)

   _____

4 **¿Qué piensan?** Complete the sentences with the correct pronouns and forms of the verbs in parentheses.

1. A mí _____ (encantar) las películas de misterio.

2. A Gregorio _____ (molestar) mucho la nieve y el frío.

3. A ustedes _____ (faltar) un libro de esa colección.

4. ¿_____ (quedar) bien los sombreros a ti?

5. A ella no _____ (importar) las apariencias (*appearances*).

6. Los deportes por televisión a mí _____ (aburrir) mucho.

5 **Mi rutina diaria** Answer these questions about your daily routine, using verbs like **gustar** in complete sentences.

1. ¿Te molesta levantarte temprano durante la semana?

   _____

2. ¿Qué te interesa hacer por las mañanas?

   _____

3. ¿Te importa despertarte temprano los fines de semana?

   _____

4. ¿Qué te encanta hacer los domingos?

   _____

Síntesis

Interview a friend or relative about an interesting vacation he or she took. Then gather the answers into a report. Answer the following questions:

- What did he or she like or love about the vacation? What interested him or her?
- Where did he or she stay, what were the accommodations like, and what was his or her daily routine like during the trip?
- Where did he or she go, what were the tours like, what were the tour guides like, and what were his or her travelling companions like?
- What bothered or angered him or her? What bored him or her during the vacation?

Be sure to address both the negative and positive aspects of the vacation.

_____

_____

_____

_____

_____

_____

_____

_____

_____

_____

_____

_____

_____

_____

_____

_____

_____

_____

_____

_____

_____

panorama

Perú

1 **Datos de Perú** Complete the sentences with the correct words.

1. _____ es la capital de Perú y _____ es la segunda ciudad.

2. _____ es un puerto muy importante del río Amazonas.

3. El barrio bohemio de la ciudad de Lima se llama _____.

4. Hiram Bingham descubrió las ruinas de _____ en los Andes.

5. Las llamas, alpacas, guanacos y vicuñas son parientes del _____.

6. Las Líneas de _____ son uno de los grandes misterios de la humanidad.

2 **Perú** Fill in the blanks with the names and places described. Then use the word in the vertical box to answer the final question.

1. barrio bohemio de Lima
2. animales que se usan para carga y transporte
3. en Perú se habla este idioma
4. capital de Perú
5. montañas de Perú
6. dirección de Machu Picchu desde Cuzco

7. puerto del río Amazonas
8. animales que dan lana
9. esta civilización peruana dibujó líneas
10. profesión de César Vallejo

¿Por dónde se llega caminando a Machu Picchu?

Se llega por el _____.

3 **Ciudades peruanas** Fill in the blanks with the names of the appropriate cities in Peru.

1. ciudad al sureste de Cuzco _____

2. se envían productos por el Amazonas _____

3. Museo del Oro de Perú _____

4. está a 80 km de Machu Picchu _____

5. ciudad antigua del imperio inca _____

4   **¿Cierto o falso?**   Indicate whether each statement is **cierto** or **falso**. Correct the false statements.

1. Machu Picchu es un destino popular para los ecoturistas que visitan la selva.

   _____

2. Mario Vargas Llosa es un novelista peruano famoso.

   _____

3. La Iglesia de San Francisco es notable por la influencia de la arquitectura árabe.

   _____

4. Las ruinas de Machu Picchu están en la cordillera de los Andes.

   _____

5. Las llamas se usan para la carga y el transporte en Perú.

   _____

6. La civilización inca hizo dibujos que sólo son descifrables desde el aire.

   _____

5   **El mapa de Perú**   Label the map of Peru.

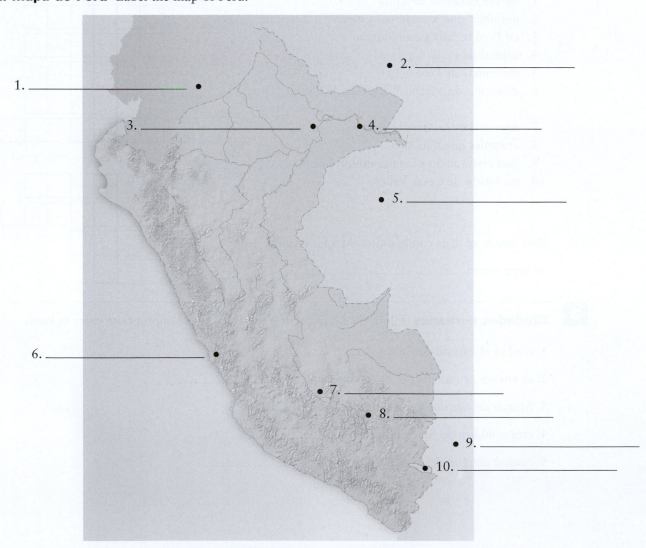

1. _____

2. _____

3. _____

4. _____

5. _____

6. _____

7. _____

8. _____

9. _____

10. _____

Video Manual

¡Jamás me levanto temprano!

Lección 1
Fotonovela

Antes de ver el video

1 **La rutina diaria** In this video module, Javier and Álex chat about their morning routines. What kinds of things do you think they will mention?

_____

_____

_____

_____

_____

_____

_____

Mientras ves el video

2 **¿Álex o Javier?** Watch the **¡Jamás me levanto temprano!** segment of this video module and put a check mark in the appropriate column to indicate whether each activity is part of the daily routine of Álex or Javier.

Actividad	Álex	Javier
1. levantarse tarde		
2. dibujar por la noche		
3. despertarse a las seis		
4. correr por la mañana		
5. escuchar música por la noche		

3 **Ordenar** Watch Álex's flashback about his daily routine and indicate in what order he does the following things.

____ a. ducharse ____ d. despertarse a las seis

____ b. vestirse ____ e. afeitarse

____ c. levantarse temprano ____ f. cepillarse los dientes

4 **Resumen** Watch the **Resumen** segment of this video module and fill in the missing words in these sentences.

1. **JAVIER** Álex no sólo es mi _____ sino mi despertador.

2. **ÁLEX** Me gusta _____ temprano.

3. **ÁLEX** Vuelvo, me ducho, _____ y a las siete y media te _____.

4. **JAVIER** Hoy _____ a un mercado al aire libre con Inés.

5. **ÁLEX** _____ levanto a las siete menos cuarto y _____ por

treinta minutos.

Video Manual

Después de ver el video

5 **Preguntas** In Spanish, answer these questions about the video module.

1. ¿Qué está haciendo Álex cuando vuelve Javier del mercado?

_____

2. ¿Le gusta a Álex el suéter que compró Javier?

_____

3. ¿Por qué Javier no puede despertarse por la mañana?

_____

4. ¿A qué hora va a levantarse Álex mañana?

_____

5. ¿A qué hora sale el autobús mañana?

_____

6. ¿Dónde está la crema de afeitar?

_____

6 **Preguntas personales** Answer these questions in Spanish.

1. ¿A qué hora te levantas durante la semana? ¿Y los fines de semana?

_____

_____

2. ¿Prefieres acostarte tarde o temprano? ¿Por qué?

_____

_____

3. ¿Te gusta más bañarte o ducharte? ¿Por qué?

_____

_____

4. ¿Cuántas veces por día (*How many times a day*) te cepillas los dientes?

_____

_____

5. ¿Te lavas el pelo todos los días (*every day*)? ¿Por qué?

_____

_____

7 **Tus vacaciones** In Spanish, describe your morning routine when you are on vacation.

_____

_____

_____

_____

_____

_____

Panorama: Perú

Antes de ver el video

1   **Más vocabulario**   Look over these useful words and expressions before you watch the video.

Vocabulario útil		
canoa *canoe*	**exuberante naturaleza**	**ruta** *route, path*
dunas *sand dunes*	*lush countryside*	**tabla** *board*

2   **Preferencias**   In this video you are going to learn about unusual sports. In preparation for watching the video, answer these questions about your interest in sports.

1. ¿Qué deportes practicas?

_____

2. ¿Dónde los practicas?

_____

3. ¿Qué deportes te gusta ver en televisión?

_____

Mientras ves el video

3   **Fotos**   Describe the video stills. Write at least three sentences in Spanish for each still.

_____

_____

_____

_____

_____

_____

_____

_____

_____

_____

Después de ver el video

4 **¿Cierto o falso?** Indicate whether each statement is **cierto** or **falso**. Correct the false statements.

1. Pachamac es el destino favorito para los que pasean en bicicletas de montaña.

_____

2. El *sandboard* es un deporte antiguo de Perú.

_____

3. El *sandboard* se practica en Ocucaje porque en este lugar hay muchos parques.

_____

4. El Camino Inca termina en Machu Picchu.

_____

5. El Camino Inca se puede completar en dos horas.

_____

6. La pesca en pequeñas canoas es un deporte tradicional.

_____

5 **Completar** Complete the sentences with words from the word bank.

aventura	kilómetros	pesca
excursión	llamas	restaurante
exuberante	parque	tradicional

1. En Perú se practican muchos deportes de _____.

2. Pachamac está a 31 _____ de Lima.

3. La naturaleza en Santa Cruz es muy _____.

4. En Perú, uno de los deportes más antiguos es la _____ en pequeñas canoas.

5. Caminar con _____ es uno de los deportes tradicionales en Perú.

6. Santa Cruz es un sitio ideal para ir de _____.

6 **Escribir** Imagine that you just completed the **Camino Inca** in the company of a nice llama. Write a short letter to a friend in Spanish telling him or her about the things you did and saw.

_____

_____

_____

_____

_____

contextos

Lección 1

1   **Describir**   For each drawing, you will hear two statements. Choose the one that corresponds to the drawing.

1. a.   b.   2. a.   b.

11:05 p.m.

3. a.   b.   4. a.   b.

2   **Preguntas**   Clara is going to baby-sit your nephew. Answer her questions about your nephew's daily routine using the cues in your lab manual. Repeat the correct response after the speaker.

> **modelo**
>
> *You hear:* ¿A qué hora va a la escuela?
> *You see:* 8:30 A.M.
> *You say:* Va a la *escuela* a las *ocho* y *media* de la *mañana*.

1. 7:00 A.M.   4. champú para niños
2. se lava la cara   5. 9:00 P.M.
3. por la noche   6. después de comer

3   **Entrevista**   Listen to this interview. Then read the statements in your lab manual and decide whether they are **cierto** or **falso**.

	Cierto	Falso
1. Sergio Santos es jugador de fútbol.	○	○
2. Sergio se levanta a las 5:00 A.M.	○	○
3. Sergio se ducha por la mañana y por la noche.	○	○
4. Sergio se acuesta a las 11:00 P.M.	○	○

Lab Manual

pronunciación

The consonant r

In Spanish, **r** has a strong trilled sound at the beginning of a word. No English words have a trill, but English speakers often produce a trill when they imitate the sound of a motor.

    ropa   **r**utina   **r**ico   **R**amón

In any other position, **r** has a weak sound similar to the English *tt* in *better* or the English *dd* in *ladder*. In contrast to English, the tongue touches the roof of the mouth behind the teeth.

    gusta**r**   du**r**ante   prime**r**o   c**r**ema

The letter combination **rr**, which only appears between vowels, always has a strong trilled sound.

    piza**rr**a   co**rr**o   ma**rr**ón   abu**rr**ido

Between vowels, the difference between the strong trilled **rr** and the weak **r** is very important, as a mispronunciation could lead to confusion between two different words.

    caro   carro   pero   perro

1   **Práctica** Repeat each word after the speaker, to practice the **r** and the **rr**.

1. Perú	5. comprar	9. Arequipa
2. Rosa	6. favor	10. tarde
3. borrador	7. rubio	11. cerrar
4. madre	8. reloj	12. despertador

2   **Oraciones** When you hear the number, read the corresponding sentence aloud, focusing on the **r** and **rr** sounds. Then listen to the speaker and repeat the sentence.

1. Ramón Robles Ruiz es programador. Su esposa Rosaura es artista.
2. A Rosaura Robles le encanta regatear en el mercado.
3. Ramón nunca regatea… le aburre regatear.
4. Rosaura siempre compra cosas baratas.
5. Ramón no es rico pero prefiere comprar cosas muy caras.
6. ¡El martes Ramón compró un carro nuevo!

3   **Refranes** Repeat each saying after the speaker to practice the **r** and the **rr**.

1. Perro que ladra no muerde.
2. No se ganó Zamora en una hora.

4   **Dictado** You will hear seven sentences. Each will be said twice. Listen carefully and write what you hear.

1. _____
2. _____
3. _____
4. _____
5. _____
6. _____
7. _____

Lab Manual

estructura

1.1 Reflexive verbs

1 **Describir** For each drawing, you will hear two statements. Choose the one that corresponds to the drawing.

1. a.   b.   2. a.   b.

3. a.   b.   4. a.   b.

2 **Preguntas** Answer each question you hear in the affirmative. Repeat the correct response after the speaker. (*7 items*)

> **modelo**
>
> ¿Se levantó temprano Rosa?
> Sí, Rosa *se levantó temprano.*

3 **¡Esto fue el colmo! (*The last straw!*)** Listen as Julia describes what happened in her dorm yesterday. Then choose the correct ending for each statement in your lab manual.

1. Julia se ducha en cinco minutos porque...
   a. siempre se levanta tarde.   b. las chicas de su piso comparten un cuarto de baño.
2. Ayer la chica nueva...
   a. se quedó dos horas en el baño.   b. se preocupó por Julia.
3. Cuando salió, la chica nueva...
   a. se enojó mucho.   b. se sintió (*felt*) avergonzada.

1.2 Indefinite and negative words

1 **¿Lógico o ilógico?** You will hear some questions and the responses. Decide if they are **lógico** or **ilógico**.

	Lógico	Ilógico			Lógico	Ilógico
1.	○	○		5.	○	○
2.	○	○		6.	○	○
3.	○	○		7.	○	○
4.	○	○		8.	○	○

2 **¿Pero o sino?** You will hear some sentences with a beep in place of a word. Decide if **pero** or **sino** should complete each sentence and circle it.

> **modelo**
>
> You hear: Ellos no viven en Lima (*beep*) en Arequipa.
> You circle: sino because the sentence is Ellos no viven en
> Lima sino en Arequipa.

1.	pero	sino		5.	pero	sino
2.	pero	sino		6.	pero	sino
3.	pero	sino		7.	pero	sino
4.	pero	sino		8.	pero	sino

3 **Transformar** Change each sentence you hear to say the opposite is true. Repeat the correct answer after the speaker. (*6 items*)

> **modelo**
>
> Nadie se ducha ahora.
> Alguien se ducha ahora.

4 **Preguntas** Answer each question you hear in the negative. Repeat the correct response after the speaker. (*6 items*)

> **modelo**
>
> ¿Qué estás haciendo?
> No estoy haciendo nada.

5 **Entre amigos** Listen to this conversation between Felipe and Mercedes. Then decide whether the statements in your lab manual are **cierto** or **falso**.

		Cierto	Falso
1.	No hay nadie en la residencia.	○	○
2.	Mercedes quiere ir al Centro Estudiantil.	○	○
3.	Felipe tiene un amigo peruano.	○	○
4.	Mercedes no visitó ni Machu Picchu ni Cuzco.	○	○
5.	Felipe nunca visitó el Perú.	○	○

1.3 Preterite of **ser** and **ir**

1 **Escoger** Listen to each sentence and indicate whether the verb is a form of **ser** or **ir**.

1. ser   ir
2. ser   ir
3. ser   ir
4. ser   ir

5. ser   ir
6. ser   ir
7. ser   ir
8. ser   ir

2 **Cambiar** Change each sentence from the present to the preterite. Repeat the correct answer after the speaker. (*8 items*)

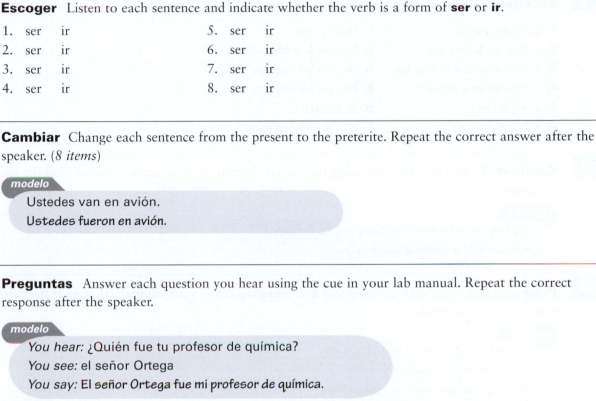

> **modelo**
>
> Ustedes van en avión.
> **Ustedes fueron en avión.**

3 **Preguntas** Answer each question you hear using the cue in your lab manual. Repeat the correct response after the speaker.

> **modelo**
>
> *You hear:* ¿Quién fue tu profesor de química?
> *You see:* el señor Ortega
> *You say:* El señor Ortega fue mi profesor de química.

1. al mercado al aire libre
2. muy buenas
3. no

4. fabulosa
5. al parque
6. difícil

4 **¿Qué hicieron (*did they do*) anoche?** Listen to this telephone conversation and answer the questions in your lab manual.

1. ¿Adónde fue Carlos anoche?

_____

2. ¿Cómo fue el partido? ¿Por qué?

_____

3. ¿Adónde fueron Katarina y Esteban anoche?

_____

4. Y Esteban, ¿qué hizo (*did he do*) allí?

_____

1.4 Verbs like **gustar**

1   **Escoger**   Listen to each question and choose the most logical response.

1. a. Sí, me gusta.   b. Sí, te gusta.
2. a. No, no le interesa.   b. No, no le interesan.
3. a. Sí, les molestan mucho.   b. No, no les molesta mucho.
4. a. No, no nos importa.   b. No, no les importa.
5. a. Sí, le falta.   b. Sí, me falta.
6. a. Sí, les fascina.   b. No, no les fascinan.

2   **Cambiar**   Form a new sentence using the cue you hear. Repeat the correct answer after the speaker.
(6 *items*)

> **modelo**
>
> A ellos les interesan las ciencias. (a Ricardo)
> *A Ricardo le interesan las ciencias.*

3   **Preguntas**   Answer each question you hear using the cue in your lab manual. Repeat the correct
response after the speaker.

> **modelo**
>
> *You hear:* ¿Qué te encanta hacer?
> *You see:* patinar en línea
> *You say:* Me encanta patinar en línea.

1. la familia y los amigos   4. $2,00   7. no / nada
2. sí   5. el baloncesto y el béisbol   8. sí
3. las computadoras   6. no

4   **Preferencias**   Listen to this conversation. Then fill in the chart with Eduardo's preferences and
answer the question in your lab manual.

Le gusta	No le gusta

¿Qué van a hacer los chicos esta tarde? _____

vocabulario

You will now hear the vocabulary found in your worktext on the last page of this lesson. Listen and
repeat each Spanish word or phrase after the speaker.

Additional Vocabulary

Additional Vocabulary

Notes

Notes

Notes

Notes

La comida

2

Communicative Goals

You will learn how to:
- **Order food in a restaurant**
- **Talk about and describe food**

contextos

fotonovela

cultura

estructura

¡adelante!

La comida

Más vocabulario

el/la camarero/a	waiter/waitress
la comida	food; meal
el/la dueño/a	owner; landlord
los entremeses	hors d'oeuvres; appetizers
el menú	menu
el plato (principal)	(main) dish
la sección de (no) fumar	(non) smoking section
el agua (mineral)	(mineral) water
la bebida	drink
la cerveza	beer
la leche	milk
el refresco	soft drink
el ajo	garlic
las arvejas	peas
los cereales	cereal; grain
los frijoles	beans
el melocotón	peach
el pollo (asado)	(roast) chicken
el queso	cheese
el sándwich	sandwich
el yogur	yogurt
el aceite	oil
la margarina	margarine
la mayonesa	mayonnaise
el vinagre	vinegar
delicioso/a	delicious
sabroso/a	tasty; delicious
saber	to taste; to know
saber a	to taste like

Variación léxica

camarones ⟷ gambas (*Esp.*)

camarero ⟷ mesero (*Amér. L.*), mesonero (*Ven.*), mozo (*Arg., Chile, Urug., Perú*)

refresco ⟷ gaseosa (*Amér. C., Amér. S.*)

Las frutas

la pera
la banana
las uvas
la naranja
el limón

Las verduras

el maíz
la cebolla
la lechuga
el champiñón
la zanahoria
el tomate

recursos

WB pp. 109–110

LM p. 125

adelante. vhlcentral.com

Lección 2

Práctica SUPERSITE

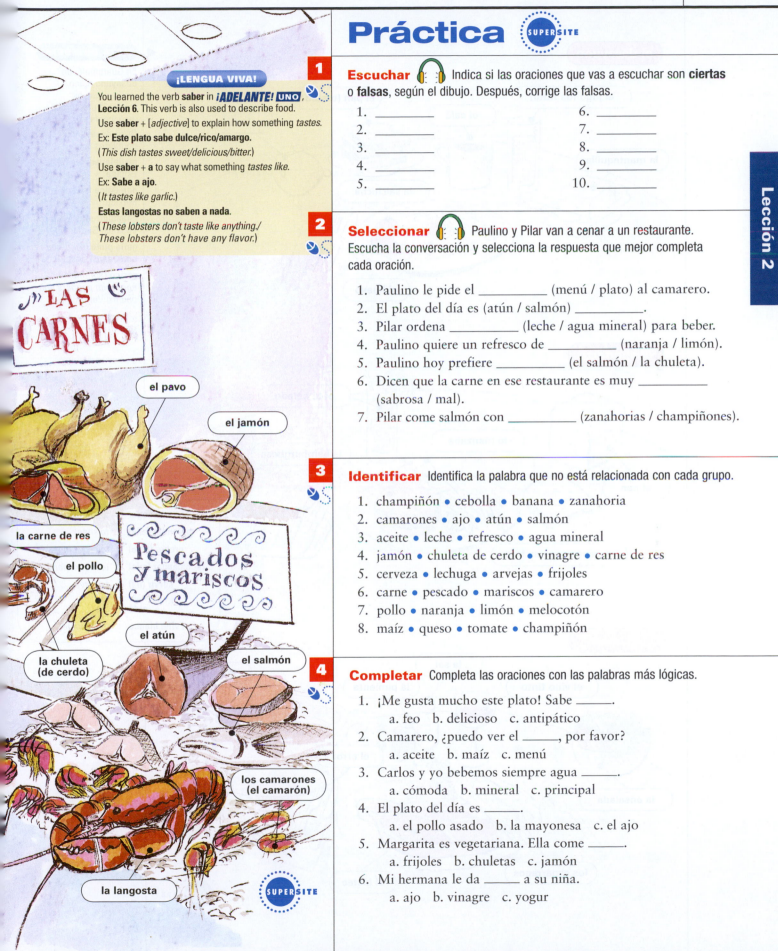

¡LENGUA VIVA!

You learned the verb **saber** in *¡ADELANTE!* **UNO**, **Lección 6**. This verb is also used to describe food. Use **saber** + [*adjective*] to explain how something *tastes*.

Ex: **Este plato sabe dulce/rico/amargo.**
(*This dish tastes sweet/delicious/bitter.*)

Use **saber** + **a** to say what something *tastes like*.

Ex: **Sabe a ajo.**
(*It tastes like garlic.*)

Estas langostas no saben a nada.
(*These lobsters don't taste like anything./ These lobsters don't have any flavor.*)

LAS CARNES

el pavo

el jamón

la carne de res

el pollo

Pescados y mariscos

el atún

la chuleta (de cerdo)

el salmón

los camarones (el camarón)

la langosta

1 **Escuchar** Indica si las oraciones que vas a escuchar son **ciertas** o **falsas**, según el dibujo. Después, corrige las falsas.

1. _____   6. _____
2. _____   7. _____
3. _____   8. _____
4. _____   9. _____
5. _____   10. _____

2 **Seleccionar** Paulino y Pilar van a cenar a un restaurante. Escucha la conversación y selecciona la respuesta que mejor completa cada oración.

1. Paulino le pide el _____ (menú / plato) al camarero.
2. El plato del día es (atún / salmón) _____.
3. Pilar ordena _____ (leche / agua mineral) para beber.
4. Paulino quiere un refresco de _____ (naranja / limón).
5. Paulino hoy prefiere _____ (el salmón / la chuleta).
6. Dicen que la carne en ese restaurante es muy _____ (sabrosa / mal).
7. Pilar come salmón con _____ (zanahorias / champiñones).

3 **Identificar** Identifica la palabra que no está relacionada con cada grupo.

1. champiñón • cebolla • banana • zanahoria
2. camarones • ajo • atún • salmón
3. aceite • leche • refresco • agua mineral
4. jamón • chuleta de cerdo • vinagre • carne de res
5. cerveza • lechuga • arvejas • frijoles
6. carne • pescado • mariscos • camarero
7. pollo • naranja • limón • melocotón
8. maíz • queso • tomate • champiñón

4 **Completar** Completa las oraciones con las palabras más lógicas.

1. ¡Me gusta mucho este plato! Sabe _____.
   a. feo   b. delicioso   c. antipático
2. Camarero, ¿puedo ver el _____, por favor?
   a. aceite   b. maíz   c. menú
3. Carlos y yo bebemos siempre agua _____.
   a. cómoda   b. mineral   c. principal
4. El plato del día es _____.
   a. el pollo asado   b. la mayonesa   c. el ajo
5. Margarita es vegetariana. Ella come _____.
   a. frijoles   b. chuletas   c. jamón
6. Mi hermana le da _____ a su niña.
   a. ajo   b. vinagre   c. yogur

SUPERSITE

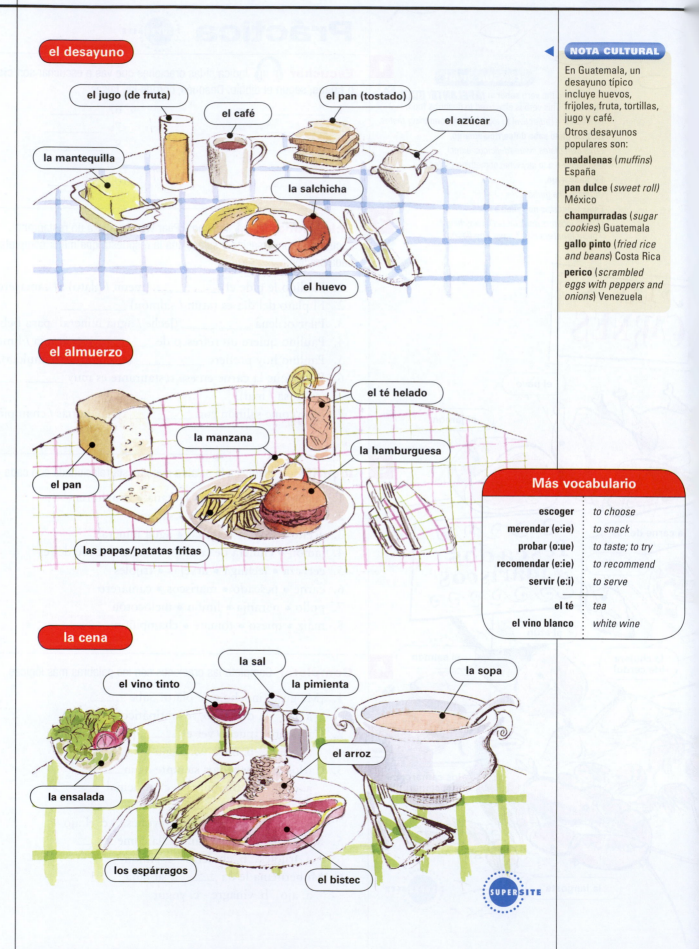

el desayuno

el jugo (de fruta)

el café

el pan (tostado)

el azúcar

la mantequilla

la salchicha

el huevo

el almuerzo

el té helado

la manzana

la hamburguesa

el pan

las papas/patatas fritas

la cena

la sal

la pimienta

la sopa

el vino tinto

el arroz

la ensalada

los espárragos

el bistec

NOTA CULTURAL

En Guatemala, un desayuno típico incluye huevos, frijoles, fruta, tortillas, jugo y café.

Otros desayunos populares son:

madalenas (*muffins*) España

pan dulce (*sweet roll*) México

champurradas (*sugar cookies*) Guatemala

gallo pinto (*fried rice and beans*) Costa Rica

perico (*scrambled eggs with peppers and onions*) Venezuela

Más vocabulario

escoger	*to choose*
merendar (e:ie)	*to snack*
probar (o:ue)	*to taste; to try*
recomendar (e:ie)	*to recommend*
servir (e:i)	*to serve*
el té	*tea*
el vino blanco	*white wine*

SUPERSITE

5 **Completar** Trabaja con un(a) compañero/a de clase para relacionar cada producto con el grupo alimenticio (*food group*) correcto.

> modelo
>
> __La carne__ es del grupo uno.

el aceite	las bananas	los cereales	la leche
el arroz	el café	los espárragos	el pescado
el azúcar	la carne	los frijoles	el vino

1. _____ y el queso son del grupo cuatro.
2. _____ son del grupo ocho.
3. _____ y el pollo son del grupo tres.
4. _____ es del grupo cinco.
5. _____ es del grupo dos.
6. Las manzanas y _____ son del grupo siete.
7. _____ es del grupo seis.
8. _____ son del grupo diez.
9. _____ y los tomates son del grupo nueve.
10. El pan y _____ son del grupo diez.

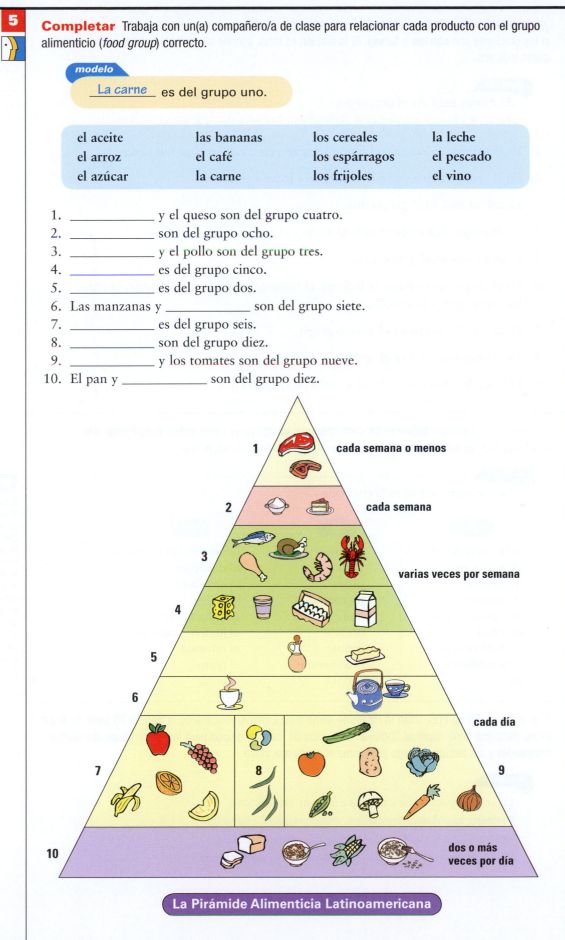

1 — cada semana o menos
2 — cada semana
3 — varias veces por semana
4
5
6
7 8 9 — cada día
10 — dos o más veces por día

La Pirámide Alimenticia Latinoamericana

6

¿Cierto o falso? Consulta la Pirámide Alimenticia Latinoamericana de la página 79 e indica si las oraciones son **ciertas** o **falsas**. Si la oración es falsa, escribe las comidas que sí están en el grupo indicado.

> *modelo*
>
> El queso está en el grupo diez.
>
> *Falso. En ese grupo están el maíz, el pan, los cereales y el arroz.*

1. La manzana, la banana, el limón y las arvejas están en el grupo siete.

2. En el grupo cuatro están los huevos, la leche y el aceite.

3. El azúcar está en el grupo dos.

4. En el grupo diez están el pan, el arroz y el maíz.

5. El pollo está en el grupo uno.

6. En el grupo nueve están la lechuga, el tomate, las arvejas, la naranja, la papa, los espárragos y la cebolla.

7. El café y el té están en el mismo grupo.

8. En el grupo cinco está el arroz.

9. El pescado, el yogur y el bistec están en el grupo tres.

7

Combinar Combina palabras de cada columna, en cualquier (*any*) orden, para formar diez oraciones lógicas sobre las comidas. Añade otras palabras si es necesario.

> *modelo*
>
> La camarera nos sirve la ensalada.

A	B	C
el/la camarero/a	almorzar	la sección de no fumar
el/la dueño/a	escoger	el desayuno
mi familia	gustar	la ensalada
mi novio/a	merendar	las uvas
mis amigos y yo	pedir	el restaurante
mis padres	preferir	el jugo de naranja
mi hermano/a	probar	el refresco
el/la médico/a	recomendar	el plato
yo	servir	el arroz

NOTA CULTURAL

El arroz es un alimento básico en el Caribe, Centroamérica y México, entre otros países. Aparece frecuentemente como acompañamiento del plato principal y muchas veces se sirve con frijoles. Un plato muy popular en varios países es el **arroz con pollo** (*chicken and rice casserole*).

8

Un menú En parejas, usen la Pirámide Alimenticia Latinoamericana de la página 79 para crear un menú para una cena especial. Incluyan alimentos de los diez grupos para los entremeses, los platos principales y las bebidas. Luego presenten el menú a la clase.

> *modelo*
>
> *La cena especial que vamos a preparar es deliciosa.*
> *Primero, hay dos entremeses: una ensalada César y una*
> *sopa de langosta. El plato principal es salmón con una*
> *salsa de ajo y espárragos. También vamos a servir arroz…*

Comunicación

9 **Conversación** En grupos, contesten estas preguntas.

1. ¿Meriendas mucho durante el día? ¿Qué comes? ¿A qué hora?
2. ¿Qué comidas te gustan más para la cena?
3. ¿A qué hora, dónde y con quién almuerzas?
4. ¿Cuáles son las comidas más (*most*) típicas de tu almuerzo?
5. ¿Desayunas? ¿Qué comes y bebes por la mañana?
6. ¿Qué comida deseas probar?
7. ¿Comes cada día comidas de los diferentes grupos de la pirámide alimenticia? ¿Cuáles son las comidas y bebidas más frecuentes en tu dieta?
8. ¿Qué comida recomiendas a tus amigos? ¿Por qué?
9. ¿Eres vegetariano/a? ¿Crees que ser vegetariano/a es una buena idea? ¿Por qué?
10. ¿Te gusta cocinar (*to cook*)? ¿Qué comidas preparas para tus amigos? ¿Para tu familia?

10 **Describir** Con dos compañeros/as de clase, describe las dos fotos, contestando estas preguntas.

▶ ¿Quiénes están en las fotos?

▶ ¿Dónde están?

▶ ¿Qué hora es?

▶ ¿Qué comen y qué beben?

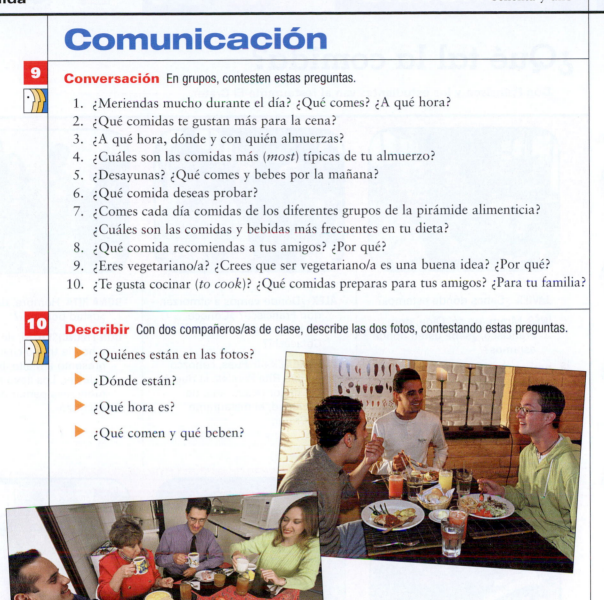

11 **Crucigrama (*Crossword puzzle*)** Tu profesor(a) les va a dar a ti y a tu compañero/a un crucigrama incompleto. Tú tienes las palabras que necesita tu compañero/a y él/ella tiene las palabras que tú necesitas. Tienen que darse pistas (*clues*) para completarlo. No pueden decir la palabra necesaria; deben utilizar definiciones, ejemplos y frases.

modelo

6 vertical: Es un condimento que normalmente viene con la sal.

12 horizontal: Es una fruta amarilla.

¿Qué tal la comida?

Don Francisco y los estudiantes van al restaurante El Cráter.

PERSONAJES

MAITE

INÉS

DON FRANCISCO

ÁLEX

JAVIER

DOÑA RITA

CAMARERO

1

JAVIER ¿Sabes dónde estamos?

INÉS Mmm, no sé. Oiga, don Francisco, ¿sabe usted dónde estamos?

DON FRANCISCO Estamos cerca de Cotacachi.

2

ÁLEX ¿Dónde vamos a almorzar, don Francisco? ¿Conoce un buen restaurante en Cotacachi?

DON FRANCISCO Pues, conozco a doña Rita Perales, la dueña del mejor restaurante de la ciudad, el restaurante El Cráter.

3

DOÑA RITA Hombre, don Paco, ¿usted por aquí?

DON FRANCISCO Sí, doña Rita… y hoy le traigo clientes. Le presento a Maite, Inés, Álex y Javier. Los llevo a las montañas para ir de excursión.

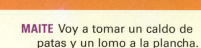

6

MAITE Voy a tomar un caldo de patas y un lomo a la plancha.

JAVIER Para mí las tortillas de maíz y el ceviche de camarón.

ÁLEX Yo también quisiera las tortillas de maíz y el ceviche.

INÉS Voy a pedir caldo de patas y lomo a la plancha.

7

DON FRANCISCO Yo quiero tortillas de maíz y una fuente de fritada, por favor.

DOÑA RITA Y de tomar, les recomiendo el jugo de piña, frutilla y mora. ¿Se lo traigo a todos?

TODOS Sí, perfecto.

8

CAMARERO ¿Qué plato pidió usted?

MAITE Un caldo de patas y lomo a la plancha.

recursos

VM pp. 121–122

adelante. vhlcentral.com

4

5

DOÑA RITA ¡Bienvenidos al restaurante El Cráter! Están en muy buenas manos... don Francisco es el mejor conductor del país. Y no hay nada más bonito que nuestras montañas. Pero si van a ir de excursión deben comer bien. Vengan chicos, por aquí.

JAVIER ¿Qué nos recomienda usted?

DOÑA RITA Bueno, las tortillas de maíz son riquísimas. La especialidad de la casa es el caldo de patas... ¡tienen que probarlo! El lomo a la plancha es un poquito más caro que el caldo pero es sabrosísimo. También les recomiendo el ceviche y la fuente de fritada.

9

10

DOÑA RITA ¿Qué tal la comida? ¿Rica?

JAVIER Rica, no. ¡Riquísima!

ÁLEX Sí. ¡Y nos la sirvieron tan rápidamente!

MAITE Una comida deliciosa, gracias.

DON FRANCISCO Hoy es el cumpleaños de Maite...

DOÑA RITA ¡Ah! Tenemos unos pasteles que están como para chuparse los dedos...

Expresiones útiles

Finding out where you are

- **¿Sabe usted/Sabes dónde estamos?**
  Do you know where we are?
  Estamos cerca de Cotacachi.
  We're near Cotacachi.

Talking about people and places you're familiar with

- **¿Conoce usted/Conoces un buen restaurante en Cotacachi?**
  Do you know a good restaurant in Cotacachi?
  Sí, conozco varios.
  Yes, I know several.
- **¿Conoce/Conoces a doña Rita?**
  Do you know Doña Rita?

Ordering food

- **¿Qué le puedo traer?**
  What can I bring you?
  Voy a tomar/pedir un caldo de patas y un lomo a la plancha.
  I am going to have/to order the beef soup and grilled flank steak.
  Para mí, las tortillas de maíz y el ceviche de camarón, por favor.
  Corn tortillas and lemon-marinated shrimp for me, please.
  Yo también quisiera...
  I also would like...
  Y de tomar, el jugo de piña, frutilla y mora.
  And pineapple/strawberry/ blackberry juice to drink.
- **¿Qué plato pidió usted?**
  What did you order?
  Yo pedí un caldo de patas.
  I ordered the beef soup.

Talking about the food at a restaurant

- **¿Qué tal la comida?**
  How is the food?
  Muy rica, gracias.
  Very tasty, thanks.
  ¡Riquísima!
  Extremely delicious!

¿Qué pasó? SUPERSITE

1

Escoger Escoge la respuesta que completa mejor cada oración.

1. Don Francisco lleva a los estudiantes a _____ al restaurante de una amiga.
   a. cenar   b. desayunar   c. almorzar
2. Doña Rita es _____.
   a. la hermana de don Francisco   b. la dueña del restaurante
   c. una camarera que trabaja en El Cráter
3. Doña Rita les recomienda a los viajeros _____.
   a. el caldo de patas y el lomo a la plancha
   b. el bistec, las verduras frescas y el vino tinto   c. unos pasteles (*cakes*)
4. Inés va a pedir _____.
   a. las tortillas de maíz y una fuente de fritada (*mixed grill*)
   b. el ceviche de camarón y el caldo de patas
   c. el caldo de patas y el lomo a la plancha

2

Identificar Indica quién puede decir estas oraciones.

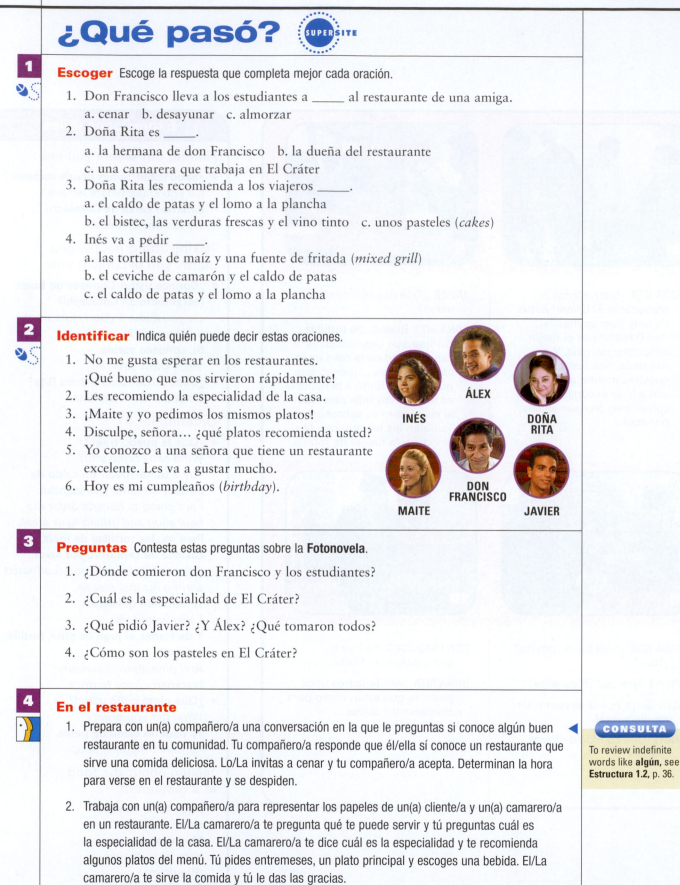

ÁLEX

INÉS

DOÑA RITA

MAITE

DON FRANCISCO

JAVIER

1. No me gusta esperar en los restaurantes.
   ¡Qué bueno que nos sirvieron rápidamente!
2. Les recomiendo la especialidad de la casa.
3. ¡Maite y yo pedimos los mismos platos!
4. Disculpe, señora… ¿qué platos recomienda usted?
5. Yo conozco a una señora que tiene un restaurante
   excelente. Les va a gustar mucho.
6. Hoy es mi cumpleaños (*birthday*).

3

Preguntas Contesta estas preguntas sobre la **Fotonovela**.

1. ¿Dónde comieron don Francisco y los estudiantes?

2. ¿Cuál es la especialidad de El Cráter?

3. ¿Qué pidió Javier? ¿Y Álex? ¿Qué tomaron todos?

4. ¿Cómo son los pasteles en El Cráter?

4

En el restaurante

1. Prepara con un(a) compañero/a una conversación en la que le preguntas si conoce algún buen restaurante en tu comunidad. Tu compañero/a responde que él/ella sí conoce un restaurante que sirve una comida deliciosa. Lo/La invitas a cenar y tu compañero/a acepta. Determinan la hora para verse en el restaurante y se despiden.

2. Trabaja con un(a) compañero/a para representar los papeles de un(a) cliente/a y un(a) camarero/a en un restaurante. El/La camarero/a te pregunta qué te puede servir y tú preguntas cuál es la especialidad de la casa. El/La camarero/a te dice cuál es la especialidad y te recomienda algunos platos del menú. Tú pides entremeses, un plato principal y escoges una bebida. El/La camarero/a te sirve la comida y tú le das las gracias.

CONSULTA

To review indefinite words like **algún**, see **Estructura 1.2**, p. 36.

Pronunciación

ll, ñ, c, and z

pollo	**llave**	**ella**	**cebolla**

Most Spanish speakers pronounce the letter **ll** like the *y* in *yes*.

mañana	**señor**	**baño**	**niña**

The letter **ñ** is pronounced much like the *ny* in *canyon*.

café	**colombiano**	**cuando**	**rico**

Before **a**, **o**, or **u**, the Spanish **c** is pronounced like the *c* in *car*.

cereales	**delicioso**	**conducir**	**conocer**

Before **e** or **i**, the Spanish **c** is pronounced like the *s* in *sit*. (In parts of Spain, **c** before **e** or **i** is pronounced like the *th* in *think*.)

zeta	**zanahoria**	**almuerzo**	**cerveza**

The Spanish **z** is pronounced like the *s* in *sit*. (In parts of Spain, **z** is pronounced like the *th* in *think*.)

Práctica Lee las palabras en voz alta.

1. mantequilla
2. cuñada
3. aceite
4. manzana
5. español
6. cepillo
7. zapato
8. azúcar
9. quince
10. compañera
11. almorzar
12. calle

Oraciones Lee las oraciones en voz alta.

1. Mi compañero de cuarto se llama Toño Núñez. Su familia es de la ciudad de Guatemala y de Quetzaltenango.
2. Dice que la comida de su mamá es deliciosa, especialmente su pollo al champiñón y sus tortillas de maíz.
3. Creo que Toño tiene razón porque hoy cené en su casa y quiero volver mañana para cenar allí otra vez.

Refranes Lee los refranes en voz alta.

Las apariencias engañan.[1]

Panza llena, corazón contento.[2]

1 Looks can be deceiving.
2 A full belly makes a happy heart.

recursos

LM
p. 126

adelante.
vhlcentral.com

Frutas y verduras de las Américas

Imagínate una pizza sin salsa° de tomate o una hamburguesa sin papas fritas. Ahora piensa que quieres ver una película, pero las palomitas de maíz° y el chocolate no existen. ¡Qué mundo° tan insípido°! Muchas de las comidas más populares del mundo tienen ingredientes esenciales que son originarios de las Américas. Estas frutas y verduras no fueron introducidas en Europa sino hasta° el siglo° XVI.

El tomate, por ejemplo, era° usado como planta ornamental cuando llegó por primera vez a Europa porque pensaron que era venenoso°. El maíz, por su parte, era ya la base de la comida de muchos países latinoamericanos muchos siglos antes de la llegada de los españoles.

La papa fue un alimento° básico para los incas. Incluso consiguieron deshidratarlas para almacenarlas° durante mucho tiempo. El cacao (planta con la que se hace el chocolate) fue muy importante para los aztecas y los mayas. Ellos usaron sus semillas° como moneda° y como ingrediente de diversas salsas. También las molían° para preparar una bebida, mezclándolas° con agua ¡y con chile!

El aguacate°, la guayaba°, la papaya, la piña y el maracuyá (o fruta de la pasión) son sólo algunos ejemplos de frutas originarias de las Américas que son hoy día conocidas en todo el mundo.

Mole

¿En qué alimentos encontramos estas frutas y verduras?

Tomate: pizza, ketchup, salsa de tomate, sopa de tomate

Maíz: palomitas de maíz, tamales, tortillas, arepas (Colombia y Venezuela), pan

Papa: papas fritas, frituras de papa°, puré de papas°, sopa de papas, tortilla de patatas (España)

Cacao: salsa mole (México), chocolatinas°, cereales, helados°, tartas°

Aguacate: guacamole (México), cóctel de camarones, sopa de aguacate, nachos, enchiladas hondureñas

salsa *sauce* palomitas de maíz *popcorn* mundo *world* insípido *flavorless* hasta *until* siglo *century* era *was* venenoso *poisonous* alimento *food* almacenarlas *to store them* semillas *seeds* moneda *currency* las molían *they used to grind them* mezclándolas *mixing them* aguacate *avocado* guayaba *guava* frituras de papa *chips* puré de papas *mashed potatoes* chocolatinas *chocolate bars* helados *ice cream* tartas *cakes*

ACTIVIDADES

1 **¿Cierto o falso?** Indica si lo que dicen estas oraciones es **cierto** o **falso**. Corrige la información falsa.

1. El tomate se introdujo a Europa como planta ornamental.

2. Los aztecas y los mayas usaron las papas como moneda.

3. Los incas sólo consiguieron almacenar las papas por poco tiempo.

4. En México se hace una salsa con chocolate.

5. El aguacate, la guayaba, la papaya, la piña y el maracuyá son originarios de las Américas.

6. Las arepas se hacen con cacao.

7. El aguacate es un ingrediente del cóctel de camarones.

8. En España hacen una tortilla con papas.

ASÍ SE DICE

La comida

el banano (Col.), el cambur (Ven.), el guineo (Nic.), el plátano (Amér. L., Esp.)	la banana
el choclo (Amér. S.), el elote (Méx.), el jojoto (Ven.), la mazorca (Esp.)	*corncob*
las caraotas (Ven.), los porotos (Amér. S.), las habichuelas	los frijoles
el durazno	el melocotón
el jitomate (Méx.)	el tomate

EL MUNDO HISPANO

Algunos platos típicos

○ **Ceviche peruano:** Es un plato de pescado crudo° que se marina° en jugo de limón, con sal, pimienta, cebolla y ají°. Se sirve con lechuga, maíz, camote° y papa amarilla.

○ **Gazpacho andaluz:** Es una sopa fría típica del sur de España. Se hace con verduras crudas y molidas°: tomate, ají, pepino° y ajo. También lleva pan, sal, aceite y vinagre.

○ **Sancocho colombiano:** Es una sopa de pollo o de carne con plátano, maíz, zanahoria, yuca, papas, cebolla y ajo. Se sirve con arroz blanco.

crudo *raw* se marina *gets marinated* ají *pepper* camote *sweet potato* molidas *mashed* pepino *cucumber*

PERFIL

Ferran Adrià: arte en la cocina°

¿Qué haces si un amigo te invita a comer croquetas líquidas o paella de Kellogg's? ¿Piensas que es una broma°? ¡Cuidado! Puedes estar perdiendo la oportunidad de cenar en el restaurante más innovador de España: **El Bulli**.

Ferran Adrià, el dueño de El Bulli, está entre los mejores° chefs del mundo. Su éxito° se basa en su creatividad. Adrià modifica combinaciones de ingredientes y juega con contrastes de gustos y sensaciones:

Aire de zanahorias

frío-caliente, crudo-cocido°, dulce°-salado°... Sus platos son sorprendentes° y divertidos: cócteles en forma de espuma°, salsas servidas en tubos y sorbetes salados.

Adrià también creó **Fast Good** (un restaurante de comida rápida de calidad), escribe libros de cocina y participa en programas de televisión.

cocina *kitchen* broma *joke* mejores *best* éxito *success* cocido *cooked* dulce *sweet* salado *savory* sorprendentes *surprising* espuma *foam*

SUPERSITE **Conexión Internet**

¿Qué platos comen los hispanos en los Estados Unidos?

Go to **adelante.vhlcentral.com** to find more cultural information related to this **Cultura** section.

ACTIVIDADES

2 **Comprensión** Empareja cada palabra con su definición.

1. fruta amarilla
2. sopa típica de Colombia
3. ingrediente del ceviche
4. restaurante español

a. gazpacho
b. El Bulli
c. sancocho
d. guineo
e. pescado

3 **¿Qué plato especial hay en tu región?** Escribe cuatro oraciones sobre un plato típico de tu región. Explica los ingredientes que contiene y cómo se sirve.

recursos

SUPERSITE

adelante.vhlcentral.com

2.1 Preterite of stem-changing verbs (SUPERSITE)

ANTE TODO As you learned in *¡ADELANTE!* UNO, **Lección 6**, **-ar** and **-er** stem-changing verbs have no stem change in the preterite. **-Ir** stem-changing verbs, however, do have a stem change. Study the following chart and observe where the stem changes occur.

CONSULTA

There are a few high frequency irregular verbs in the preterite. You will learn more about them in **Estructura 3.1**, p. 142.

Preterite of -ir stem-changing verbs		
	servir *(to serve)*	**dormir** *(to sleep)*
SINGULAR FORMS		
yo	serví	dormí
tú	serviste	dormiste
Ud./él/ella	s**i**rvió	d**u**rmió
PLURAL FORMS		
nosotros/as	servimos	dormimos
vosotros/as	servisteis	dormisteis
Uds./ellos/ellas	s**i**rvieron	d**u**rmieron

▶ Stem-changing **-ir** verbs, in the preterite only, have a stem change in the third-person singular and plural forms. The stem change consists of either **e** to **i** or **o** to **u**.

(e ➞ i) pedir: p**i**dió, p**i**dieron   (o ➞ u) morir *(to die)*: m**u**rió, m**u**rieron

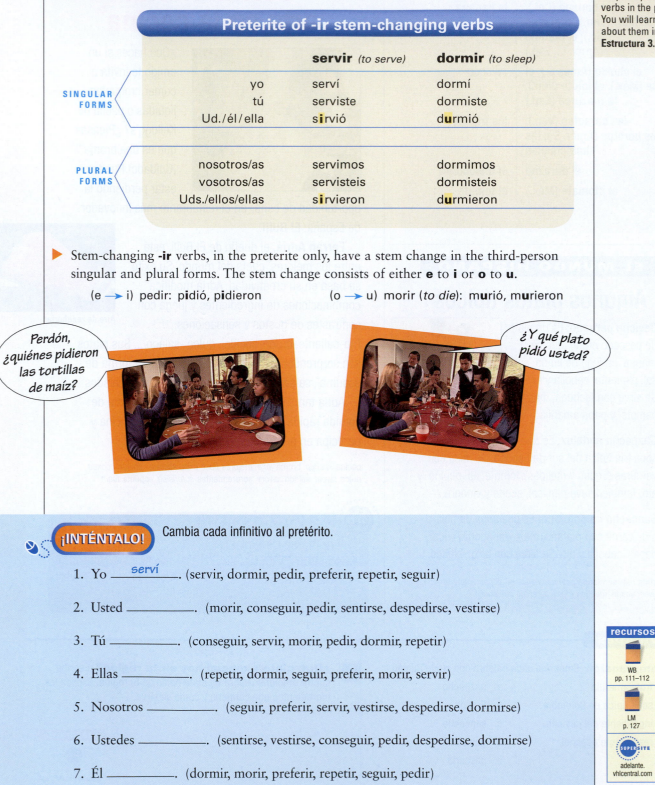

Perdón, ¿quiénes pidieron las tortillas de maíz?

¿Y qué plato pidió usted?

¡INTÉNTALO! Cambia cada infinitivo al pretérito.

1. Yo ___serví___. (servir, dormir, pedir, preferir, repetir, seguir)

2. Usted _____. (morir, conseguir, pedir, sentirse, despedirse, vestirse)

3. Tú _____. (conseguir, servir, morir, pedir, dormir, repetir)

4. Ellas _____. (repetir, dormir, seguir, preferir, morir, servir)

5. Nosotros _____. (seguir, preferir, servir, vestirse, despedirse, dormirse)

6. Ustedes _____. (sentirse, vestirse, conseguir, pedir, despedirse, dormirse)

7. Él _____. (dormir, morir, preferir, repetir, seguir, pedir)

recursos

WB
pp. 111–112

LM
p. 127

SUPERSITE
adelante.
vhlcentral.com

Práctica SUPERSITE

1 **Completar** Completa estas oraciones para describir lo que pasó anoche en el restaurante El Famoso.

NOTA CULTURAL

El horario de las comidas en España es distinto al de los EE.UU. El desayuno es ligero (*light*). La hora del almuerzo es entre las 2 y las 3 de la tarde. Es la comida más importante del día. Mucha gente come una merienda o tapas por la tarde. La cena, normalmente ligera, suele (*tends*) ser entre las 9 y las 11 de la noche.

▶ 1. Paula y Humberto Suárez llegaron al restaurante El Famoso a las ocho y _____ (seguir) al camarero a una mesa en la sección de no fumar.
2. El señor Suárez _____ (pedir) una chuleta de cerdo.
3. La señora Suárez _____ (preferir) probar los camarones.
4. De tomar, los dos _____ (pedir) vino tinto.
5. El camarero _____ (repetir) el pedido (*the order*) para confirmarlo.
6. La comida tardó mucho (*took a long time*) en llegar y los señores Suárez _____ (dormirse) esperando la comida.
7. A las nueve y media el camarero les _____ (servir) la comida.
8. Después de comer la chuleta, el señor Suárez _____ (sentirse) muy mal.
9. Pobre señor Suárez... ¿por qué no _____ (pedir) los camarones?

2 **El camarero loco** En el restaurante La Hermosa trabaja un camarero muy distraído que siempre comete muchos errores. Indica lo que los clientes pidieron y lo que el camarero les sirvió.

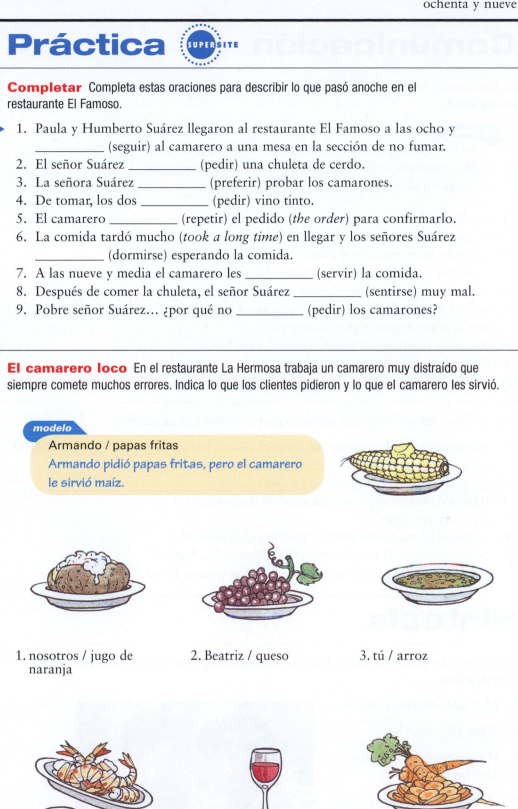

modelo

Armando / papas fritas
Armando pidió papas fritas, pero el camarero le sirvió maíz.

1. nosotros / jugo de naranja

2. Beatriz / queso

3. tú / arroz

4. Elena y Alejandro / atún

5. usted / agua mineral

6. yo / hamburguesa

Comunicación

3 **El almuerzo** Trabajen en parejas. Túrnense para completar las oraciones de César de una manera lógica.

> **modelo**
>
> Mi compañero de cuarto se despertó temprano, pero yo...
>
> Mi compañero de cuarto se despertó temprano, pero yo me desperté tarde.

1. Yo llegué al restaurante a tiempo, pero mis amigos...
2. Beatriz pidió la ensalada de frutas, pero yo...
3. Yolanda les recomendó el bistec, pero Eva y Paco...
4. Nosotros preferimos las papas fritas, pero Yolanda...
5. El camarero sirvió la carne, pero yo...
6. Beatriz y yo pedimos café, pero Yolanda y Paco...
7. Eva se sintió enferma, pero Paco y yo...
8. Nosotros repetimos el postre (*dessert*), pero Eva...
9. Ellos salieron tarde, pero yo...
10. Yo me dormí temprano, pero mi compañero de cuarto...

¡LENGUA VIVA!

In Spanish, the verb **repetir** is used to express *to have a second helping* (*of something*).

Cuando mi mamá prepara sopa de champiñones, yo siempre repito.

When my mom makes mushroom soup, I always have a second helping.

4 **Entrevista** Trabajen en parejas y túrnense para entrevistar a su compañero/a.

1. ¿Te acostaste tarde o temprano anoche? ¿A qué hora te dormiste? ¿Dormiste bien?
2. ¿A qué hora te despertaste esta mañana? Y ¿a qué hora te levantaste?
3. ¿A qué hora vas a acostarte esta noche?
4. ¿Qué almorzaste ayer? ¿Quién te sirvió el almuerzo?
5. ¿Qué cenaste ayer?
6. ¿Cenaste en un restaurante recientemente? ¿Con quién?
7. ¿Qué pediste en el restaurante? ¿Qué pidieron los demás?
8. ¿Se durmió alguien en alguna de tus clases la semana pasada? ¿En qué clase?

Síntesis

5 **Describir** En grupos, estudien la foto y las preguntas. Luego, describan la cena romántica de Eduardo y Rosa.

▶ ¿Adónde salieron a cenar?

▶ ¿Qué pidieron?

▶ ¿Les sirvieron la comida rápidamente?

▶ ¿Les gustó la comida?

▶ ¿Cuánto costó?

▶ ¿Van a volver a este restaurante en el futuro?

▶ ¿Recomiendas el restaurante?

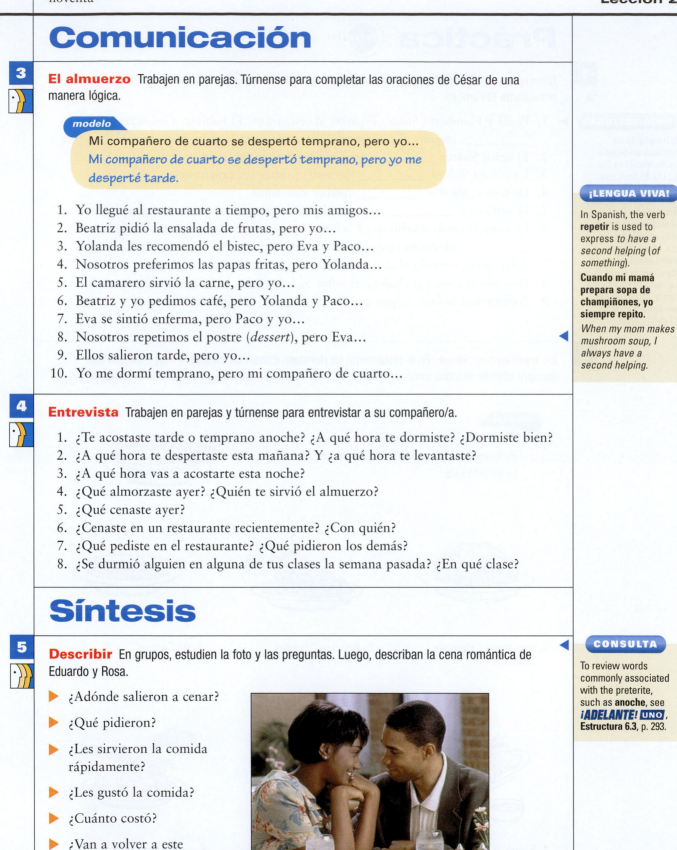

CONSULTA

To review words commonly associated with the preterite, such as **anoche**, see **¡ADELANTE!** **UNO**, **Estructura 6.3**, p. 293.

2.2 # Double object pronouns 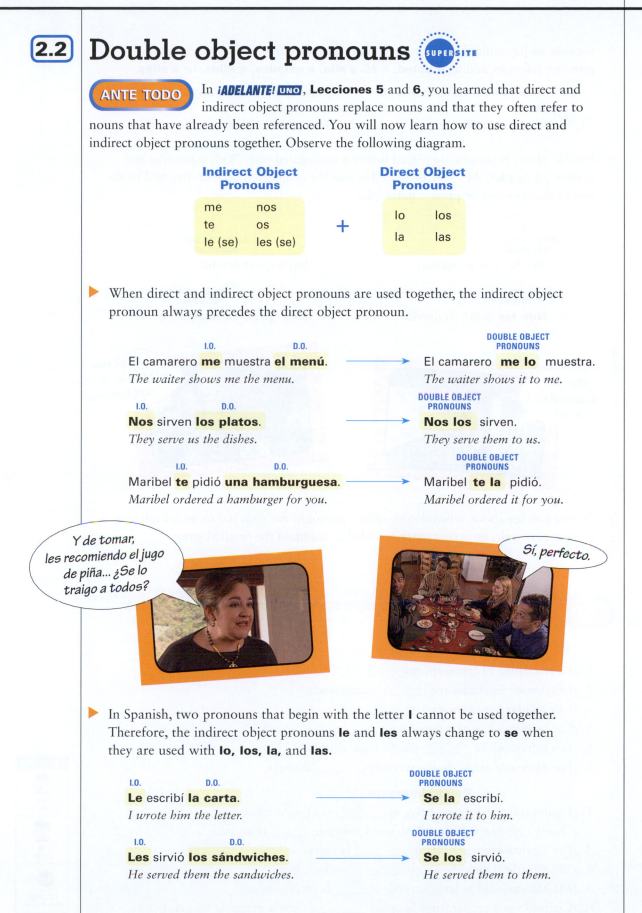 **SUPERSITE**

ANTE TODO In *¡ADELANTE!* UNO, **Lecciones 5** and **6**, you learned that direct and indirect object pronouns replace nouns and that they often refer to nouns that have already been referenced. You will now learn how to use direct and indirect object pronouns together. Observe the following diagram.

Indirect Object Pronouns		Direct Object Pronouns	
me	nos	lo	los
te	os	la	las
le (se)	les (se)		

▶ When direct and indirect object pronouns are used together, the indirect object pronoun always precedes the direct object pronoun.

I.O. D.O.		**DOUBLE OBJECT PRONOUNS**
El camarero **me** muestra **el menú**.	→	El camarero **me lo** muestra.
The waiter shows me the menu.		*The waiter shows it to me.*

I.O. D.O.		**DOUBLE OBJECT PRONOUNS**
Nos sirven **los platos**.	→	**Nos los** sirven.
They serve us the dishes.		*They serve them to us.*

I.O. D.O.		**DOUBLE OBJECT PRONOUNS**
Maribel **te** pidió **una hamburguesa**.	→	Maribel **te la** pidió.
Maribel ordered a hamburger for you.		*Maribel ordered it for you.*

Y de tomar, les recomiendo el jugo de piña... ¿Se lo traigo a todos?

Sí, perfecto.

▶ In Spanish, two pronouns that begin with the letter **l** cannot be used together. Therefore, the indirect object pronouns **le** and **les** always change to **se** when they are used with **lo, los, la,** and **las**.

I.O. D.O.		**DOUBLE OBJECT PRONOUNS**
Le escribí **la carta**.	→	**Se la** escribí.
I wrote him the letter.		*I wrote it to him.*

I.O. D.O.		**DOUBLE OBJECT PRONOUNS**
Les sirvió **los sándwiches**.	→	**Se los** sirvió.
He served them the sandwiches.		*He served them to them.*

Lección 2

▶ Because **se** has multiple meanings, Spanish speakers often clarify to whom the pronoun refers by adding **a usted, a él, a ella, a ustedes, a ellos,** or **a ellas.**

¿El sombrero? Carlos **se** lo vendió **a ella.**
The hat? Carlos sold it to her.

¿Las verduras? Ellos **se** las compran **a usted.**
The vegetables? They buy them for you.

▶ Double object pronouns are placed before a conjugated verb. With infinitives and present participles, they may be placed before the conjugated verb or attached to the end of the infinitive or present participle.

DOUBLE OBJECT PRONOUNS
Te lo voy a mostrar.

DOUBLE OBJECT PRONOUNS
Voy a mostrár**telo**.

DOUBLE OBJECT PRONOUNS
Nos las están sirviendo.

DOUBLE OBJECT PRONOUNS
Están sirviéndo**noslas**.

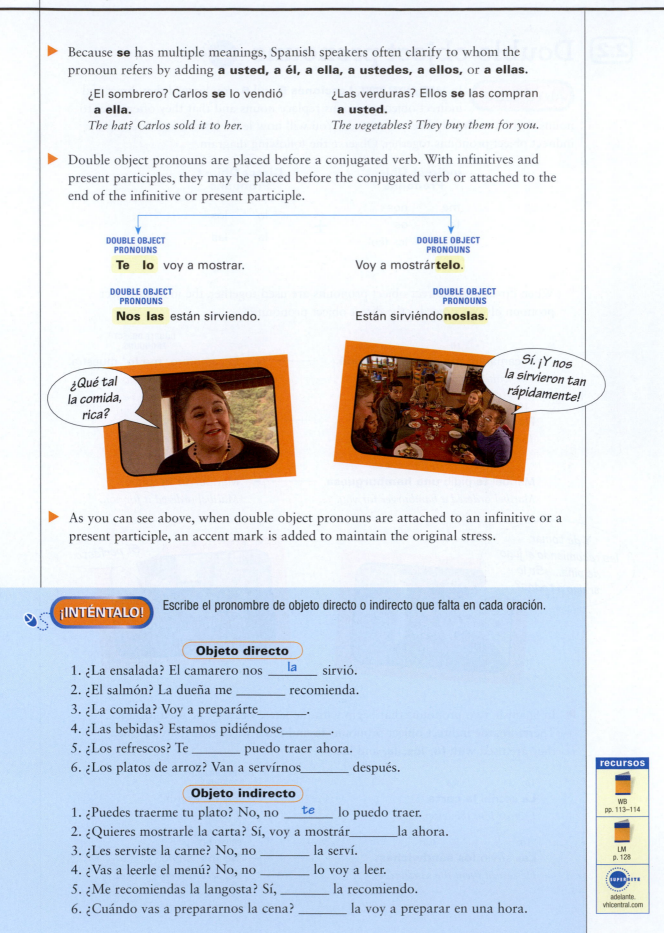

¿Qué tal la comida, rica?

Sí. ¡Y nos la sirvieron tan rápidamente!

▶ As you can see above, when double object pronouns are attached to an infinitive or a present participle, an accent mark is added to maintain the original stress.

¡INTÉNTALO!   Escribe el pronombre de objeto directo o indirecto que falta en cada oración.

Objeto directo

1. ¿La ensalada? El camarero nos ___*la*___ sirvió.
2. ¿El salmón? La dueña me _____ recomienda.
3. ¿La comida? Voy a preparárte_____.
4. ¿Las bebidas? Estamos pidiéndose_____.
5. ¿Los refrescos? Te _____ puedo traer ahora.
6. ¿Los platos de arroz? Van a servírnos_____ después.

Objeto indirecto

1. ¿Puedes traerme tu plato? No, no ___*te*___ lo puedo traer.
2. ¿Quieres mostrarle la carta? Sí, voy a mostrár_____la ahora.
3. ¿Les serviste la carne? No, no _____ la serví.
4. ¿Vas a leerle el menú? No, no _____ lo voy a leer.
5. ¿Me recomiendas la langosta? Sí, _____ la recomiendo.
6. ¿Cuándo vas a prepararnos la cena? _____ la voy a preparar en una hora.

recursos

WB pp. 113–114

LM p. 128

SUPERSITE
adelante.
vhlcentral.com

Práctica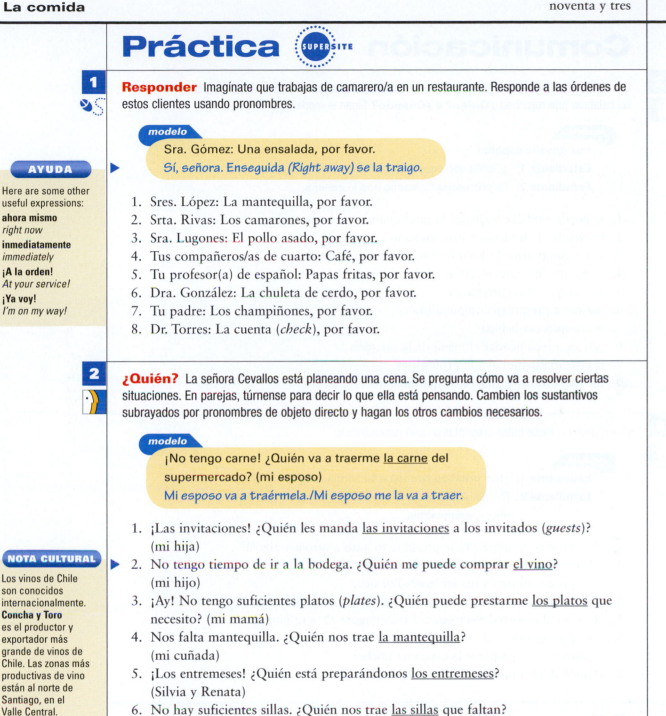

SUPERSITE

1

Responder Imagínate que trabajas de camarero/a en un restaurante. Responde a las órdenes de estos clientes usando pronombres.

AYUDA

Here are some other useful expressions:

ahora mismo
right now

inmediatamente
immediately

¡A la orden!
At your service!

¡Ya voy!
I'm on my way!

> **modelo**
>
> Sra. Gómez: Una ensalada, por favor.
> Sí, señora. Enseguida *(Right away)* se la traigo.

1. Sres. López: La mantequilla, por favor.
2. Srta. Rivas: Los camarones, por favor.
3. Sra. Lugones: El pollo asado, por favor.
4. Tus compañeros/as de cuarto: Café, por favor.
5. Tu profesor(a) de español: Papas fritas, por favor.
6. Dra. González: La chuleta de cerdo, por favor.
7. Tu padre: Los champiñones, por favor.
8. Dr. Torres: La cuenta *(check)*, por favor.

2

¿Quién? La señora Cevallos está planeando una cena. Se pregunta cómo va a resolver ciertas situaciones. En parejas, túrnense para decir lo que ella está pensando. Cambien los sustantivos subrayados por pronombres de objeto directo y hagan los otros cambios necesarios.

> **modelo**
>
> ¡No tengo carne! ¿Quién va a traerme <u>la carne</u> del supermercado? (mi esposo)
> Mi *esposo* va a traér*mela.*/Mi *esposo* me la va a traer.

NOTA CULTURAL

Los vinos de Chile son conocidos internacionalmente. **Concha y Toro** es el productor y exportador más grande de vinos de Chile. Las zonas más productivas de vino están al norte de Santiago, en el Valle Central.

1. ¡Las invitaciones! ¿Quién les manda <u>las invitaciones</u> a los invitados *(guests)*? (mi hija)
2. No tengo tiempo de ir a la bodega. ¿Quién me puede comprar <u>el vino</u>? (mi hijo)
3. ¡Ay! No tengo suficientes platos *(plates)*. ¿Quién puede prestarme <u>los platos</u> que necesito? (mi mamá)
4. Nos falta mantequilla. ¿Quién nos trae <u>la mantequilla</u>? (mi cuñada)
5. ¡Los entremeses! ¿Quién está preparándonos <u>los entremeses</u>? (Silvia y Renata)
6. No hay suficientes sillas. ¿Quién nos trae <u>las sillas</u> que faltan? (Héctor y Lorena)
7. No tengo tiempo de pedirle el aceite a Mónica. ¿Quién puede pedirle <u>el aceite</u>? (mi hijo)
8. ¿Quién va a servirles la cena a los invitados? (mis hijos)
9. Quiero poner buena música de fondo *(background)*. ¿Quién me va a recomendar <u>la música</u>? (mi esposo)
10. ¡Los postres! ¿Quién va a preparar los postres para los invitados? (Sra. Villalba)

Lección 2

Comunicación

3   **Contestar** Trabajen en parejas. Túrnense para hacer preguntas y para responderlas usando las palabras interrogativas **¿Quién?** o **¿Cuándo?** Sigan el modelo.

> **modelo**
>
> nos enseña español
>
> **Estudiante 1:** ¿Quién nos enseña español?
>
> **Estudiante 2:** La profesora Camacho nos lo enseña.

1. te puede explicar (*explain*) la tarea cuando no la entiendes
2. les vende el almuerzo a los estudiantes
3. vas a comprarme boletos (*tickets*) para un concierto
4. te escribe mensajes electrónicos
5. nos prepara los entremeses
6. me vas a prestar tu computadora
7. te compró esa bebida
8. nos va a recomendar el menú de la cafetería
9. le enseñó español al/a la profesor(a)
10. me vas a mostrar tu casa o apartamento

4   **Preguntas** Hazle estas preguntas a un(a) compañero/a.

> **modelo**
>
> **Estudiante 1:** ¿Les prestas tu casa a tus amigos? ¿Por qué?
>
> **Estudiante 2:** No, no se la presto a mis amigos porque no son muy responsables.

1. ¿Me prestas tu auto? ¿Ya le prestaste tu auto a otro/a amigo/a?
2. ¿Quién te presta dinero cuando lo necesitas?
3. ¿Les prestas dinero a tus amigos? ¿Por qué?
4. ¿Nos compras el almuerzo a mí y a los otros compañeros de clase?
5. ¿Les mandas correo electrónico a tus amigos? ¿Y a tu familia?
6. ¿Les das regalos a tus amigos? ¿Cuándo?
7. ¿Quién te va a preparar la cena esta noche?
8. ¿Quién te va a preparar el desayuno mañana?

Síntesis

5   **Regalos de Navidad (*Christmas gifts*)** Tu profesor(a) te va a dar a ti y a un(a) compañero/a una parte de la lista de los regalos de Navidad que Berta pidió y los regalos que sus parientes le compraron. Conversen para completar sus listas.

> **modelo**
>
> **Estudiante 1:** ¿Qué le pidió Berta a su mamá?
>
> **Estudiante 2:** Le pidió una computadora. ¿Se la compró?
>
> **Estudiante 1:** Sí, se la compró.

NOTA CULTURAL

Las fiestas navideñas (*Christmas season*) en los países hispanos duran hasta enero. En muchos lugares celebran **la Navidad** (*Christmas*), pero no se dan los regalos hasta el seis de enero, **el Día de los Reyes Magos** (*Three Kings' Day/The Feast of the Epiphany*).

2.3 Comparisons (SUPERSITE)

ANTE TODO Spanish and English use comparisons to indicate which of two people or things has a lesser, equal, or greater degree of a quality.

Comparisons

menos interesante	**más grande**	**tan sabroso como**
less interesting	*bigger*	*as delicious as*

Comparisons of inequality

▶ Comparisons of inequality are formed by placing **más** (*more*) or **menos** (*less*) before adjectives, adverbs, and nouns and **que** (*than*) after them.

$$\text{más/menos} + \begin{array}{c}\textit{adjective}\\\textit{adverb}\\\textit{noun}\end{array} + \text{que}$$

▶ **¡Atención!** Note that while English has a comparative form for short adjectives (*tall**er***), such forms do not exist in Spanish (**más** alto).

adjectives

Los bistecs son **más caros que** el pollo.
Steaks are more expensive than chicken.

Estas uvas son **menos ricas que** esa pera.
These grapes are less tasty than that pear.

adverbs

Me acuesto **más tarde que** tú.
I go to bed later than you (do).

Luis se despierta **menos temprano que** yo.
Luis wakes up less early than I (do).

nouns

Juan prepara **más platos que** José.
Juan prepares more dishes than José (does).

Susana come **menos carne que** Enrique.
Susana eats less meat than Enrique (does).

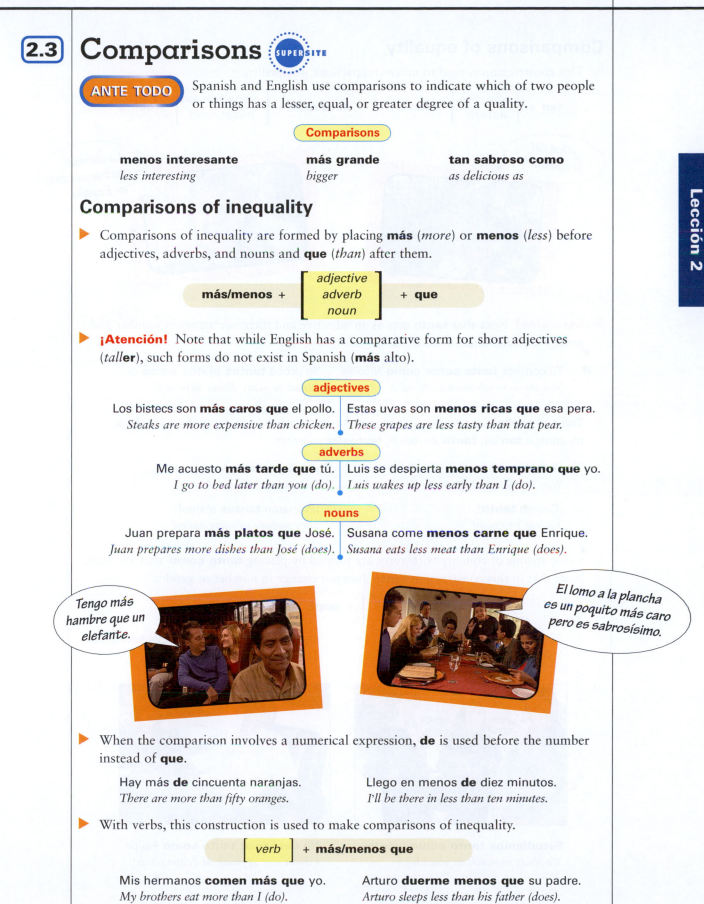

Tengo más hambre que un elefante.

El lomo a la plancha es un poquito más caro pero es sabrosísimo.

▶ When the comparison involves a numerical expression, **de** is used before the number instead of **que**.

Hay más **de** cincuenta naranjas.
There are more than fifty oranges.

Llego en menos **de** diez minutos.
I'll be there in less than ten minutes.

▶ With verbs, this construction is used to make comparisons of inequality.

$$\boxed{\textit{verb}} + \text{más/menos que}$$

Mis hermanos **comen más que** yo.
My brothers eat more than I (do).

Arturo **duerme menos que** su padre.
Arturo sleeps less than his father (does).

Comparisons of equality

▶ This construction is used to make comparisons of equality.

tan + [*adjective* / *adverb*] + **como**   **tanto/a(s)** + [*singular noun* / *plural noun*] + **como**

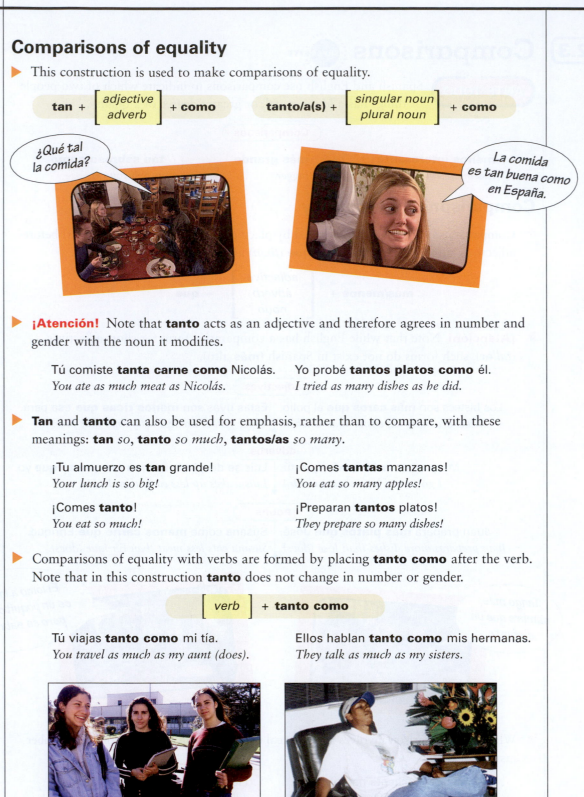

¿Qué tal la comida?

La comida es tan buena como en España.

▶ **¡Atención!** Note that **tanto** acts as an adjective and therefore agrees in number and gender with the noun it modifies.

     Tú comiste **tanta carne como** Nicolás.   Yo probé **tantos platos como** él.
     You ate as much meat as Nicolás.   *I tried as many dishes as he did.*

▶ **Tan** and **tanto** can also be used for emphasis, rather than to compare, with these meanings: **tan** *so*, **tanto** *so much*, **tantos/as** *so many*.

     ¡Tu almuerzo es **tan** grande!   ¡Comes **tantas** manzanas!
     Your lunch is so big!   *You eat so many apples!*

     ¡Comes **tanto**!   ¡Preparan **tantos** platos!
     You eat so much!   *They prepare so many dishes!*

▶ Comparisons of equality with verbs are formed by placing **tanto como** after the verb. Note that in this construction **tanto** does not change in number or gender.

[*verb*] + **tanto como**

     Tú viajas **tanto como** mi tía.   Ellos hablan **tanto como** mis hermanas.
     You travel as much as my aunt (does).   *They talk as much as my sisters.*

     Estudiamos tanto como ustedes.   No **descanso tanto como** Felipe.
     We study as much as you (do).   *I don't rest as much as Felipe (does).*

Irregular comparisons

▶ Some adjectives have irregular comparative forms.

Irregular comparative forms			
Adjective		**Comparative form**	
bueno/a	*good*	**mejor**	*better*
malo/a	*bad*	**peor**	*worse*
grande	*big*	**mayor**	*bigger*
pequeño/a	*small*	**menor**	*smaller*
joven	*young*	**menor**	*younger*
viejo/a	*old*	**mayor**	*older*

CONSULTA

To review how descriptive adjectives like **bueno, malo,** and **grande** shorten before nouns, see **¡ADELANTE! UNO**, **Estructura 3.1**, p. 124.

▶ When **grande** and **pequeño/a** refer to age, the irregular comparative forms, **mayor** and **menor**, are used. However, when these adjectives refer to size, the regular forms, **más grande** and **más pequeño/a**, are used.

Yo soy **menor** que tú.
I'm younger than you.

Pedí un plato **más pequeño**.
I ordered a smaller dish.

El médico es **mayor** que Isabel.
The doctor is older than Isabel.

La ensalada de Inés es **más grande** que ésa.
Inés's salad is bigger than that one.

▶ The adverbs **bien** and **mal** have the same irregular comparative forms as the adjectives **bueno/a** and **malo/a**.

Julio nada **mejor** que los otros chicos.
Julio swims better than the other boys.

Ellas cantan **peor** que las otras chicas.
They sing worse than the other girls.

¡INTÉNTALO!   Escribe el equivalente de las palabras en inglés.

1. Ernesto mira más televisión ___que___ (*than*) Alberto.
2. Tú eres _____ (*less*) simpático que Federico.
3. La camarera sirve _____ (*as much*) carne como pescado.
4. Conozco _____ (*more*) restaurantes que tú.
5. No estudio _____ (*as much as*) tú.
6. ¿Sabes jugar al tenis tan bien _____ (*as*) tu hermana?
7. ¿Puedes beber _____ (*as many*) refrescos como yo?
8. Mis amigos parecen _____ (*as*) simpáticos como ustedes.

recursos

WB
pp. 115–116

LM
p. 129

SUPERSITE
adelante.
vhlcentral.com

Lección 2

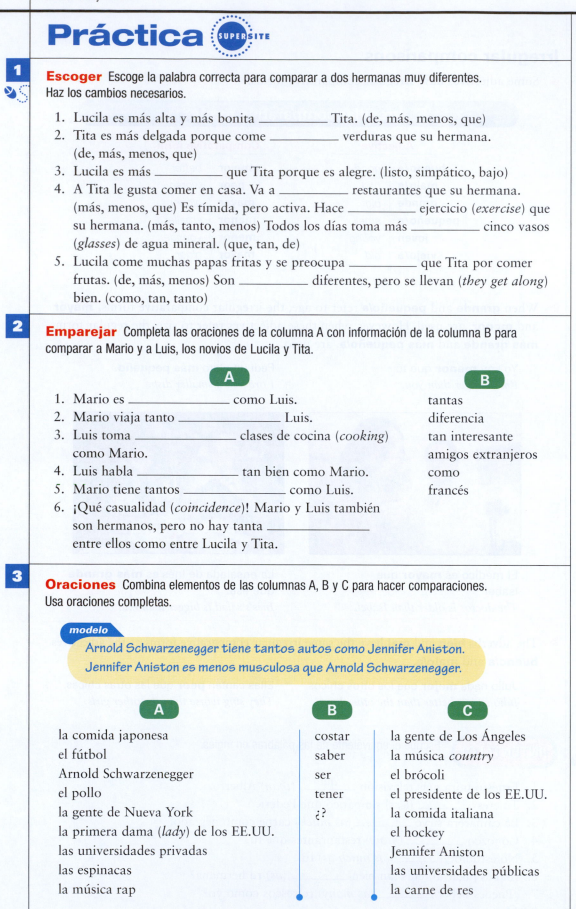

Práctica SUPERSITE

1 **Escoger** Escoge la palabra correcta para comparar a dos hermanas muy diferentes. Haz los cambios necesarios.

1. Lucila es más alta y más bonita _____ Tita. (de, más, menos, que)
2. Tita es más delgada porque come _____ verduras que su hermana. (de, más, menos, que)
3. Lucila es más _____ que Tita porque es alegre. (listo, simpático, bajo)
4. A Tita le gusta comer en casa. Va a _____ restaurantes que su hermana. (más, menos, que) Es tímida, pero activa. Hace _____ ejercicio (*exercise*) que su hermana. (más, tanto, menos) Todos los días toma más _____ cinco vasos (*glasses*) de agua mineral. (que, tan, de)
5. Lucila come muchas papas fritas y se preocupa _____ que Tita por comer frutas. (de, más, menos) Son _____ diferentes, pero se llevan (*they get along*) bien. (como, tan, tanto)

2 **Emparejar** Completa las oraciones de la columna A con información de la columna B para comparar a Mario y a Luis, los novios de Lucila y Tita.

A	B
1. Mario es _____ como Luis.	tantas
2. Mario viaja tanto _____ Luis.	diferencia
3. Luis toma _____ clases de cocina (*cooking*) como Mario.	tan interesante
4. Luis habla _____ tan bien como Mario.	amigos extranjeros
5. Mario tiene tantos _____ como Luis.	como
6. ¡Qué casualidad (*coincidence*)! Mario y Luis también son hermanos, pero no hay tanta _____ entre ellos como entre Lucila y Tita.	francés

3 **Oraciones** Combina elementos de las columnas A, B y C para hacer comparaciones. Usa oraciones completas.

modelo

Arnold Schwarzenegger tiene tantos autos como Jennifer Aniston.
Jennifer Aniston es menos musculosa que Arnold Schwarzenegger.

A	B	C
la comida japonesa	costar	la gente de Los Ángeles
el fútbol	saber	la música *country*
Arnold Schwarzenegger	ser	el brócoli
el pollo	tener	el presidente de los EE.UU.
la gente de Nueva York	¿?	la comida italiana
la primera dama (*lady*) de los EE.UU.		el hockey
las universidades privadas		Jennifer Aniston
las espinacas		las universidades públicas
la música rap		la carne de res

Comunicación

Lección 2

4

Intercambiar En parejas, hagan comparaciones sobre diferentes cosas. Pueden usar las sugerencias de la lista u otras ideas.

AYUDA

You can use these adjectives in your comparisons:
bonito/a
caro/a
elegante
interesante
inteligente

▶

modelo

Estudiante 1: Los pollos de *Pollitos del Corral* son muy ricos.
Estudiante 2: Pues yo creo que los pollos de *Rostipollos* son tan buenos como los pollos de *Pollitos del Corral*.
Estudiante 1: Mmm… no tienen tanta mantequilla como los pollos de *Pollitos del Corral*. Tienes razón. Son muy sabrosos.

restaurantes en tu ciudad/pueblo
cafés en tu comunidad
tiendas en tu ciudad/pueblo

periódicos en tu ciudad/pueblo
revistas favoritas
libros favoritos

comidas favoritas
los profesores
los cursos que toman

5

Conversar En grupos, túrnense para hacer comparaciones entre ustedes mismos (*yourselves*) y una persona de cada categoría de la lista.

▶ una persona de tu familia

▶ un(a) amigo/a especial

▶ una persona famosa

Síntesis

6

La familia López En grupos, túrnense para hablar de Sara, Sabrina, Cristina, Ricardo y David y hacer comparaciones entre ellos.

Sara   Sabrina   Ricardo   David   Cristina

modelo

Estudiante 1: Sara es tan alta como Sabrina.
Estudiante 2: Sí, pero David es más alto que ellas.
Estudiante 3: En mi opinión, él es guapo también.

2.4 Superlatives

ANTE TODO Both English and Spanish use superlatives to express the highest or lowest degree of a quality.

el/la mejor	el/la peor	la más alta
the best	*the worst*	*the tallest*

▶ This construction is used to form superlatives. Note that the noun is always preceded by a definite article and that **de** is equivalent to the English *in* or *of*.

> el/la/los/las + ⎡ *noun* ⎤ + **más/menos** + ⎡ *adjective* ⎤ + **de**

▶ The noun can be omitted if the person, place, or thing referred to is clear.

¿El restaurante El Cráter?
  Es **el más elegante** de la ciudad.
The El Cráter restaurant?
  It's the most elegant (one) in the city.

Recomiendo el pollo asado.
  Es **el más sabroso** del menú.
I recommend the roast chicken.
  It's the most delicious on the menu.

▶ Here are some irregular superlative forms.

Irregular superlatives

Adjective		Superlative form	
bueno/a	*good*	**el/la mejor**	*(the) best*
malo/a	*bad*	**el/la peor**	*(the) worst*
grande	*big*	**el/la mayor**	*(the) biggest*
pequeño/a	*small*	**el/la menor**	*(the) smallest*
joven	*young*	**el/la menor**	*(the) youngest*
viejo/a	*old*	**el/la mayor**	*(the) eldest*

▶ The absolute superlative is equivalent to *extremely, super,* or *very.* To form the absolute superlative of most adjectives and adverbs, drop the final vowel, if there is one, and add **-ísimo/a(s)**.

malo → mal- → **malísimo**

¡El bistec está **malísimo**!

mucho → much- → **muchísimo**

Comes **muchísimo**.

▶ Note these spelling changes.

rico → **riquísimo**   largo → **larguísimo**   feliz → **felicísimo**

fácil → **facilísimo**   joven → **jovencísimo**   trabajador → **trabajadorcísimo**

¡ATENCIÓN!

While **más** alone means *more*, after **el**, **la**, **los** or **las**, it means *most*. Likewise, **menos** can mean *less* or *least*.

Es **el café más rico del** país.
It's the most delicious coffee in the country.

Es **el menú menos caro de** todos éstos.
It is the least expensive menu of all of these.

CONSULTA

The rule you learned in **Estructura 2.3** (p. 97) regarding the use of **mayor/menor** with age, but not with size, is also true with superlative forms.

¡INTÉNTALO! Escribe el equivalente de las palabras en inglés.

1. Marisa es _la más inteligente_ (*the most intelligent*) de todas.
2. Ricardo y Tomás son _____ (*the least boring*) de la fiesta.
3. Miguel y Antonio son _____ (*the worst*) estudiantes de la clase.
4. Mi profesor de biología es _____ (*the oldest*) de la universidad.

recursos

WB
pp. 117–118

LM
p. 130

SUPERSITE
adelante.
vhlcentral.com

Práctica y Comunicación SUPERSITE

1 **El más...** Responde a las preguntas afirmativamente. Usa las palabras en paréntesis.

> **modelo**
>
> El cuarto está sucísimo, ¿no? (residencia)
> *Sí, es el más sucio de la residencia.*

1. El almacén Velasco es buenísimo, ¿no? (centro comercial)
2. La silla de tu madre es comodísima, ¿no? (casa)
3. Ángela y Julia están nerviosísimas por el examen, ¿no? (clase)
4. Jorge es jovencísimo, ¿no? (mis amigos)

2 **Completar** Tu profesor(a) te va a dar una hoja de actividades con descripciones de José Valenzuela Carranza y Ana Orozco Hoffman. Completa las oraciones con las palabras de la lista.

altísima	del	mejor	peor
atlética	la	menor	periodista
bajo	más	guapísimo	trabajadorcísimo
de	mayor	Orozco	Valenzuela

1. José tiene 22 años; es el _____ y el más _____ de su familia. Es _____ y _____. Es el mejor _____ de la ciudad y el _____ jugador de baloncesto.
2. Ana es la más _____ y _____ mejor jugadora de baloncesto del estado. Es la _____ de sus hermanos (tiene 28 años) y es _____. Estudió la profesión _____ difícil _____ todas: medicina.
3. Jorge es el _____ jugador de videojuegos de su familia.
4. Mauricio es el menor de la familia _____.
5. El abuelo es el _____ de todos los miembros de la familia Valenzuela.
6. Fifí es la perra más antipática _____ mundo.

3 **Superlativos** Trabajen en parejas para hacer comparaciones. Usen superlativos.

> **modelo**
>
> Angelina Jolie, Bill Gates, Jimmy Carter
> **Estudiante 1:** *Bill Gates es el más rico de los tres.*
> **Estudiante 2:** *Sí, ¡es riquísimo! Y Jimmy Carter es el mayor de los tres.*

1. Guatemala, Argentina, España
2. Jaguar, Hummer, Mini Cooper
3. la comida mexicana, la comida francesa, la comida árabe
4. Paris Hilton, Meryl Streep, Katie Holmes
5. Ciudad de México, Buenos Aires, Nueva York
6. *Don Quijote de la Mancha, Cien años de soledad, Como agua para chocolate*
7. el fútbol americano, el golf, el béisbol
8. las películas románticas, las películas de acción, las películas cómicas

Recapitulación

For self-scoring and diagnostics, go to **adelante.vhlcentral.com**.

Completa estas actividades para repasar los conceptos de gramática que aprendiste en esta lección.

1 **Completar** Completa la tabla con la forma correcta del pretérito. **9 pts.**

Infinitive	yo	usted	ellos
dormir			
servir			
vestirse			

2 **La cena** Completa la conversación con el pretérito de los verbos. **7 pts.**

PAULA ¡Hola, Daniel! ¿Qué tal el fin de semana?

DANIEL Muy bien. Marta y yo (1) _____ (conseguir) hacer muchas cosas, pero lo mejor fue la cena del sábado.

PAULA Ah, ¿sí? ¿Adónde fueron?

DANIEL Al restaurante Vistahermosa. Es elegante, así que (nosotros) (2) _____ (vestirse) bien.

PAULA Y, ¿qué platos (3) _____ (pedir, ustedes)?

DANIEL Yo (4) _____ (pedir) camarones y Marta (5) _____ (preferir) el pollo. Y al final, el camarero nos (6) _____ (servir) flan.

PAULA ¡Qué rico!

DANIEL Sí. Pero después de la cena Marta no (7) _____ (sentirse) bien.

3 **Camareros** Genaro y Úrsula son camareros en un restaurante. Completa la conversación que tienen con su jefe usando pronombres. **8 pts.**

JEFE Úrsula, ¿le ofreciste agua fría al cliente de la mesa 22?

ÚRSULA Sí, (1) _____ de inmediato.

JEFE Genaro, ¿los clientes de la mesa 5 te pidieron ensaladas?

GENARO Sí, (2) _____.

ÚRSULA Genaro, ¿recuerdas si ya me mostraste los vinos nuevos?

GENARO Sí, ya (3) _____.

JEFE Genaro, ¿van a pagarte la cuenta (*bill*) los clientes de la mesa 5?

GENARO Sí, (4) _____ ahora mismo.

RESUMEN GRAMATICAL

2.1 **Preterite of stem-changing verbs** *p. 88*

servir	dormir
serví	dormí
serviste	dormiste
sirvió	durmió
servimos	dormimos
servisteis	dormisteis
sirvieron	durmieron

2.2 **Double object pronouns** *pp. 91–92*

Indirect object pronouns: **me, te, le (se), nos, os, les (se)**

Direct object pronouns: **lo, la, los, las**

Le escribí **la carta**. → **Se la** escribí.

Nos van a servir **los platos**. → **Nos los** van a servir./
Van a servír**noslos**.

2.3 **Comparisons** *pp. 95–97*

Comparisons of inequality		
más/menos +	*adj., adv., n.*	**+ que**
verb + **más/menos + que**		

Comparisons of equality		
tan +	*adj., adv.*	**+ como**
tanto/a(s) +	*noun*	**+ como**
verb + **tanto como**		

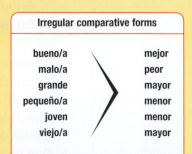

Irregular comparative forms	
bueno/a	mejor
malo/a	peor
grande	mayor
pequeño/a	menor
joven	menor
viejo/a	mayor

2.4 **Superlatives** *p. 100*

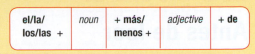

el/la/ los/las +	noun	+ más/ menos +	adjective	+ de

▶ Irregular superlatives follow the same pattern as irregular comparatives.

4 **El menú** Observa el menú y sus características. Completa las oraciones basándote en los elementos dados. Usa comparativos y superlativos. **14 pts.**

Ensaladas	*Precio*	*Calorías*
Ensalada de tomates	$9.00	170
Ensalada de mariscos	$12.99	325
Ensalada de zanahorias	$9.00	200

Platos principales		
Pollo con champiñones	$13.00	495
Cerdo con papas	$10.50	725
Atún con espárragos	$18.95	495

1. ensalada de mariscos / otras ensaladas / costar
   La ensalada de mariscos _____ las otras ensaladas.
2. pollo con champiñones / cerdo con papas / calorías
   El pollo con champiñones tiene _____ el cerdo con papas.
3. atún con espárragos / pollo con champiñones / calorías
   El atún con espárragos tiene _____ el pollo con champiñones.
4. ensalada de tomates / ensalada de zanahorias / caro
   La ensalada de tomates es _____ la ensalada de zanahorias.
5. cerdo con papas / platos principales / caro
   El cerdo con papas es _____ los platos principales.
6. ensalada de zanahorias / ensalada de tomates / costar
   La ensalada de zanahorias _____ la ensalada de tomates.
7. ensalada de mariscos / ensaladas / caro
   La ensalada de mariscos es _____ las ensaladas.

5 **Dos restaurantes** ¿Cuál es el mejor restaurante que conoces? ¿Y el peor? Escribe un párrafo de por lo menos (*at least*) seis oraciones donde expliques por qué piensas así. Puedes hablar de la calidad de la comida, el ambiente, los precios, el servicio, etc. **12 pts.**

6 **Adivinanza** Completa la adivinanza y adivina la respuesta. **¡2 puntos EXTRA!**

“En el campo yo nací°,
mis hermanos son
los _____ (*garlic, pl.*),
y aquél que llora° por mí
me está partiendo°
en pedazos°.”
¿Quién soy? _____

nací *was born* llora *cries* partiendo *cutting* pedazos *pieces*

recursos

SUPERSITE

adelante.vhlcentral.com

Lectura

Antes de leer

Estrategia
Reading for the main idea

As you know, you can learn a great deal about a reading selection by looking at the format and looking for cognates, titles, and subtitles. You can skim to get the gist of the reading selection and scan it for specific information. Reading for the main idea is another useful strategy; it involves locating the topic sentences of each paragraph to determine the author's purpose for writing a particular piece. Topic sentences can provide clues about the content of each paragraph, as well as the general organization of the reading. Your choice of which reading strategies to use will depend on the style and format of each reading selection.

Examinar el texto

En esta sección tenemos dos textos diferentes. ¿Qué estrategias puedes usar para leer la crítica culinaria (*restaurant review*)? ¿Cuáles son las apropiadas para familiarizarte con el menú? Utiliza las estrategias más eficaces (*efficient*) para cada texto. ¿Qué tienen en común? ¿Qué tipo de comida sirven en el restaurante?

Identificar la idea principal

Lee la primera frase de cada párrafo de la crítica culinaria del restaurante **La feria del maíz**. Apunta (*Jot down*) el tema principal de cada párrafo. Luego lee todo el primer párrafo. ¿Crees que el restaurante le gustó al autor de la crítica culinaria? ¿Por qué? Ahora lee la crítica entera. En tu opinión, ¿cuál es la idea principal de la crítica? ¿Por qué la escribió el autor? Compara tus opiniones con las de un(a) compañero/a.

recursos

adelante.vhlcentral.com

MENÚ

Entremeses
Tortilla servida con
- Ajiaceite (chile, aceite)   • Ajicomino (chile, comino)

Pan tostado servido con
- Queso frito a la pimienta   • Salsa de ajo y mayonesa

Sopas
- Tomate   • Cebolla   • Verduras   • Pollo y huevo
- Carne de res   • Mariscos

Entradas
Tomaticán
(tomate, papas, maíz, chile, arvejas y zanahorias)

Tamales
(maíz, azúcar, ajo, cebolla)

Frijoles enchilados
(frijoles negros, carne de cerdo o de res, arroz, chile)

Chilaquil
(tortilla de maíz, queso, hierbas y chile)

Tacos
(tortillas, pollo, verduras y salsa)

Cóctel de mariscos
(camarones, langosta, vinagre, sal, pimienta, aceite)

Postres°
- Plátanos caribeños   • Cóctel de frutas al ron°
- Uvate (uvas, azúcar de caña y ron)   • Flan napolitano
- Helado° de piña y naranja   • Pastel° de yogur

Después de leer

Preguntas

En parejas, contesten estas preguntas sobre la crítica culinaria de **La feria del maíz**.

1. ¿Quién es el dueño y chef de **La feria del maíz**?

2. ¿Qué tipo de comida se sirve en el restaurante?

3. ¿Cuál es el problema con el servicio?

4. ¿Cómo es el ambiente del restaurante?

5. ¿Qué comidas probó el autor?

6. ¿Quieren ir ustedes al restaurante **La feria del maíz**? ¿Por qué?

Gastronomía

Por Eduardo Fernández

23F

La feria del maíz

Sobresaliente°. En el nuevo restaurante **La feria del maíz** va a encontrar la perfecta combinación entre la comida tradicional y el encanto° de la vieja ciudad de Antigua. Ernesto Sandoval, antiguo jefe de cocina° del famoso restaurante **El fogón**, está teniendo mucho éxito° en su nueva aventura culinaria.

El gerente°, el experimentado José Sierra, controla a la perfección la calidad del servicio. El camarero que me atendió esa noche fue muy amable en todo momento. Sólo hay que comentar que,

La feria del maíz
13 calle 4-41 Zona 1
La Antigua, Guatemala
2329912

lunes a sábado
10:30am-11:30pm
domingo 10:00am-10:00pm

Comida ⫙⫙⫙⫙⫙

Servicio ⫙⫙⫙

Ambiente ⫙⫙⫙⫙

Precio ⫙⫙⫙

debido al éxito inmediato de **La feria del maíz**, se necesitan más camareros para atender a los clientes de una forma más eficaz.

En esta ocasión, el mesero se tomó unos veinte minutos en traerme la bebida.

Afortunadamente, no me importó mucho la espera entre plato y plato, pues el ambiente es tan agradable que me sentí como en casa. El restaurante mantiene el estilo colonial de Antigua. Por dentro°, el estilo es elegante y rústico a la vez. Cuando el tiempo lo permite, se puede comer también en el patio, donde hay muchas flores.

El servicio de camareros y el ambiente agradable del local pasan a un segundo plano cuando llega la comida, de una calidad extraordinaria. Las tortillas

de casa se sirven con un ajiaceite delicioso. La sopa de mariscos es excelente, y los tamales, pues, tengo que confesar que son mejores que los de mi abuelita. También recomiendo los tacos de pollo, servidos con un mole buenísimo. De postre, don Ernesto me preparó su especialidad, unos plátanos caribeños sabrosísimos.

Los precios pueden parecer altos° para una comida tradicional, pero la calidad de los productos con que se cocinan los platos y el exquisito ambiente de **La feria del maíz** le garantizan° una experiencia inolvidable°.

Bebidas

- Cerveza negra • Chilate (bebida de maíz, chile y cacao)
- Jugos de fruta • Agua mineral • Té helado
- Vino tinto/blanco • Ron

Postres *Desserts* ron *rum* Helado *Ice cream* Pastel *Cake* Sobresaliente *Outstanding* encanto *charm* jefe de cocina *head chef* éxito *success* gerente *manager* Por dentro *Inside* altos *high* garantizan *guarantee* inolvidable *unforgettable*

Un(a) guía turístico/a

Tú eres un(a) guía turístico/a en Guatemala. Estás en el restaurante **La feria del maíz** con un grupo de turistas norteamericanos. Ellos no hablan español y quieren pedir de comer, pero necesitan tu ayuda. Lee nuevamente el menú e indica qué error comete cada turista.

1. La señora Johnson es diabética y no puede comer azúcar. Pide sopa de verdura y tamales. No pide nada de postre.

2. Los señores Petit son vegeterianos y piden sopa de tomate, frijoles enchilados y plátanos caribeños.

3. El señor Smith, que es alérgico al chocolate, pide tortilla servida con ajiaceite, chilaquil y chilate para beber.

4. La adorable hija del señor Smith tiene sólo cuatro años y le gustan mucho las verduras y las frutas naturales. Su papá le pide tomaticán y un cóctel de frutas.

5. La señorita Jackson está a dieta y pide uvate, flan napolitano y helado.

Lección 2

Guatemala

El país en cifras

- ► **Área:** 108.890 km² (42.042 millas²),
  un poco más pequeño que Tennessee
- ► **Población:** 14.213.000
- ► **Capital:** Ciudad de Guatemala—1.103.000
- ► **Ciudades principales:** Quetzaltenango,
  Escuintla, Mazatenango, Puerto Barrios

SOURCE: Population Division, UN Secretariat

- ► **Moneda:** quetzal
- ► **Idiomas:** español (oficial),
  lenguas mayas

El español es la lengua de un 60 por ciento° de la población; el otro 40 por ciento tiene una de las lenguas mayas (cakchiquel, quiché y kekchícomo, entre otras) como lengua materna. Una palabra que las lenguas mayas tienen en común es ixim, *que significa maíz, un cultivo° de mucha importancia en estas culturas.*

Bandera de Guatemala

Guatemaltecos célebres

- ► **Carlos Mérida,** pintor (1891–1984)
- ► **Miguel Ángel Asturias,** escritor (1899–1974)
- ► **Margarita Carrera,** poeta y ensayista (1929–)
- ► **Rigoberta Menchú Tum,** activista (1959–),
  premio Nobel de la Paz° en 1992

por ciento *percent* cultivo *crop* Paz *Peace* telas *fabrics* tinte *dye*
aplastados *crushed* hace... destiñan *keeps the colors from running*

ESTADOS UNIDOS

OCÉANO ATLÁNTICO

GUATEMALA

OCÉANO PACÍFICO

AMÉRICA DEL SUR

Vista de una calle céntric la Ciudad de Guatemal

MÉXICO

Sierra de Lacandón

Río Usumacinta

Lago Petén Itzá

Río de la Pasión

Mujeres indígenas limpiando cebollas

Lago c Izaba

Sierra Madre

Quetzaltenango

Sierra de las Minas

Río Mo

Lago de Atitlán

★Guatemala

Antigua Guatemala

Mazatenango

Escuintla

Iglesia de la Merced en Antigua Guatemala

EL SALVADOR

Océano Pacífico

recursos		
WB pp. 119–120	VM pp. 123–124	adelante. vhlcentral.com

¡Increíble pero cierto!

¿Qué "ingrediente" secreto se encuentra en las telas° tradicionales de Guatemala? ¡El mosquito! El excepcional tinte° de estas telas es producto de una combinación de flores y de mosquitos aplastados°. El insecto hace que los colores no se destiñan°. Quizás es por esto que los artesanos representan la figura del mosquito en muchas de sus telas.

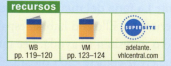

Ciudades • Antigua Guatemala

Antigua Guatemala fue fundada en 1543. Fue una capital de gran importancia hasta 1773, cuando un terremoto° la destruyó. Sin embargo, conserva el carácter original de su arquitectura y hoy es uno de los centros turísticos del país. Su celebración de la Semana Santa° es, para muchas personas, la más importante del hemisferio.

Naturaleza • El quetzal

El quetzal simbolizó la libertad para los antiguos° mayas porque creían° que este pájaro° no podía° vivir en cautividad°. Hoy el quetzal es el símbolo nacional. El pájaro da su nombre a la moneda nacional y aparece también en los billetes° del país. Desafortunadamente, está en peligro° de extinción. Para su protección, el gobierno mantiene una reserva biológica especial.

Historia • Los mayas

Desde 1500 a.C. hasta 900 d.C., los mayas habitaron gran parte de lo que ahora es Guatemala. Su civilización fue muy avanzada. Los mayas fueron arquitectos y constructores de pirámides, templos y observatorios. También descubrieron° y usaron el cero antes que los europeos, e inventaron un calendario complejo° y preciso.

Artesanía • La ropa tradicional

La ropa tradicional de los guatemaltecos se llama *huipil* y muestra el amor° de la cultura maya por la naturaleza. Ellos se inspiran en las flores°, plantas y animales para crear sus diseños° de colores vivos° y formas geométricas. El diseño y los colores de cada *huipil* indican el pueblo de origen y a veces también el sexo y la edad° de la persona que lo lleva.

¿Qué aprendiste? Responde a cada pregunta con una oración completa.

1. ¿Qué significa la palabra *ixim*?
2. ¿Quién es Rigoberta Menchú?
3. ¿Qué pájaro representa a Guatemala?
4. ¿Qué simbolizó el quetzal para los mayas?
5. ¿Cuál es la moneda nacional de Guatemala?
6. ¿De qué fueron arquitectos los mayas?
7. ¿Qué celebración de la Antigua Guatemala es la más importante del hemisferio para muchas personas?
8. ¿Qué descubrieron los mayas antes que los europeos?
9. ¿Qué muestra la ropa tradicional de los guatemaltecos?
10. ¿Qué indica un *huipil* con su diseño y sus colores?

Conexión Internet Investiga estos temas en **adelante.vhlcentral.com**.

1. Busca información sobre Rigoberta Menchú. ¿De dónde es? ¿Qué libros publicó? ¿Por qué es famosa?
2. Estudia un sitio arqueológico en Guatemala para aprender más sobre los mayas, y prepara un breve informe para tu clase.

terremoto *earthquake* Semana Santa *Holy Week* antiguos *ancient* creían *they believed* pájaro *bird* no podía *couldn't*
cautividad *captivity* los billetes *bills* peligro *danger* descubrieron *they discovered* complejo *complex* amor *love* flores *flowers*
diseños *designs* vivos *bright* edad *age*

Mar Caribe

fo de
duras

Lección 2

Las comidas

el/la camarero/a	waiter/waitress
la comida	food; meal
el/la dueño/a	owner; landlord
el menú	menu
la sección de (no) fumar	(non) smoking section
el almuerzo	lunch
la cena	dinner
el desayuno	breakfast
los entremeses	hors d'oeuvres; appetizers
el plato (principal)	(main) dish
delicioso/a	delicious
rico/a	tasty; delicious
sabroso/a	tasty; delicious

La carne y el pescado

el atún	tuna
el bistec	steak
los camarones	shrimp
la carne	meat
la carne de res	beef
la chuleta (de cerdo)	(pork) chop
la hamburguesa	hamburger
el jamón	ham
la langosta	lobster
los mariscos	shellfish
el pavo	turkey
el pescado	fish
el pollo (asado)	(roast) chicken
la salchicha	sausage
el salmón	salmon

Verbos

escoger	to choose
merendar (e:ie)	to snack
morir (o:ue)	to die
pedir (e:i)	to order (food)
probar (o:ue)	to taste; to try
recomendar (e:ie)	to recommend
saber	to taste; to know
saber a	to taste like
servir (e:i)	to serve

Las comparaciones

como	like; as
más de (+ number)	more than
más... que	more ... than
menos de (+ number)	fewer than
menos... que	less ... than
tan... como	as ... as
tantos/as... como	as many... as
tanto... como	as much... as
el/la mayor	the eldest
el/la mejor	the best
el/la menor	the youngest
el/la peor	the worst
mejor	better
peor	worse

Expresiones útiles	See page 83.

Las frutas

la banana	banana
las frutas	fruits
el limón	lemon
la manzana	apple
el melocotón	peach
la naranja	orange
la pera	pear
la uva	grape

Otras comidas

el aceite	oil
el ajo	garlic
el arroz	rice
el azúcar	sugar
los cereales	cereal; grains
el huevo	egg
la mantequilla	butter
la margarina	margarine
la mayonesa	mayonnaise
el pan (tostado)	(toasted) bread
la pimienta	black pepper
el queso	cheese
la sal	salt
el sándwich	sandwich
la sopa	soup
el vinagre	vinegar
el yogur	yogurt

Las verduras

las arvejas	peas
la cebolla	onion
el champiñón	mushroom
la ensalada	salad
los espárragos	asparagus
los frijoles	beans
la lechuga	lettuce
el maíz	corn
las papas/patatas (fritas)	(fried) potatoes; French fries
el tomate	tomato
las verduras	vegetables
la zanahoria	carrot

Las bebidas

el agua (mineral)	(mineral) water
la bebida	drink
el café	coffee
la cerveza	beer
el jugo (de fruta)	(fruit) juice
la leche	milk
el refresco	soft drink
el té (helado)	(iced) tea
el vino (blanco/tinto)	(white/red) wine

recursos

LM p. 130

adelante. vhlcentral.com

contextos   Lección 2

1 **¿Qué comida es?** Read the descriptions and write the names of the food in the blanks.

1. Son rojos y se sirven (*they are served*) en las ensaladas. _____

2. Se come (*It is eaten*) antes del plato principal; es líquida y caliente (*hot*). _____

3. Son unas verduras anaranjadas, largas y delgadas. _____

4. Hay de naranja y de manzana; se bebe en el desayuno. _____

5. Son dos rebanadas (*slices*) de pan con queso y jamón. _____

6. Es comida rápida; se sirven con hamburguesas y se les pone sal. _____

7. Son pequeños y rosados; viven en el mar. _____

8. Son frutas amarillas; con agua y azúcar se hace una bebida de verano. _____

2 **Categorías** Categorize the foods listed in the word bank.

aceite	cebollas	jamón	mantequilla	peras	salmón
arvejas	champiñones	langosta	manzanas	pimienta	tomates
atún	chuletas de	leche	margarina	pollo	uvas
azúcar	cerdo	lechuga	melocotones	queso	vinagre
bananas	espárragos	limones	naranjas	sal	yogur
bistec	hamburguesas	maíz	papas	salchichas	zanahorias
camarones					

Verduras	Productos lácteos (*dairy*)	Condimentos	Carnes y aves (*poultry*)	Pescados y mariscos	Frutas

3 **¿Qué es?** Label the food item shown in each drawing.

1. _____

2. _____

3. _____

4. _____

4 **¿Cuándo lo comes?** Read the lists of meals, then categorize when the meals would be eaten.

1. un sándwich de jamón y queso, unas chuletas de cerdo con arroz y frijoles, un yogur y un café con leche

Desayuno _____

Almuerzo _____

Cena _____

2. una langosta con papas y espárragos, huevos fritos y jugo de naranja, una hamburguesa y un refresco

Desayuno _____

Almuerzo _____

Cena _____

3. pan tostado con mantequilla, un sándwich de atún y té helado, un bistec con cebolla y arroz

Desayuno _____

Almuerzo _____

Cena _____

4. una sopa y una ensalada, cereales con leche, pollo asado con ajo y champiñones

Desayuno _____

Almuerzo _____

Cena _____

estructura

2.1 Preterite of stem-changing verbs

1 **En el pasado** Rewrite each sentence, conjugating the verbs into the preterite tense.

1. Ana y Enrique piden unos resfrescos fríos.

_____

2. Mi mamá nos sirve arroz con frijoles y carne.

_____

3. Tina y Linda duermen en un hotel de Lima.

_____

4. Las flores (*flowers*) de mi tía mueren durante el otoño.

_____

5. Ustedes se sienten bien porque ayudan a las personas.

_____

2 **¿Qué hicieron?** For each sentence, choose the correct verb from those in parentheses. Then complete the sentence by writing the preterite form of the verb.

1. Rosana y Héctor _____ las palabras del profesor. (repetir, dormir, morir)

2. El abuelo de Luis _____ el año pasado. (despedirse, morir, servir)

3. (yo) _____ camarones y salmón de cena en mi casa. (morir, conseguir, servir)

4. Lisa y tú _____ pan tostado con queso y huevo. (sentirse, seguir, pedir)

5. Elena _____ en casa de su prima el sábado. (dormir, pedir, repetir)

6. Gilberto y su familia _____ ir al restaurante francés. (servir, preferir, vestirse)

3 **No pasó así** Your brother is very confused today. Correct his mistakes by rewriting each sentence, using the subject in parentheses.

1. Anoche nos despedimos de nuestros abuelos en el aeropuerto. (mis primos)

_____

2. Melinda y Juan siguieron a Camelia por la ciudad en el auto. (yo)

_____

3. Alejandro prefirió quedarse en casa. (ustedes)

_____

4. Pedí un plato de langosta con salsa de mantequilla. (ellas)

_____

5. Los camareros les sirvieron una ensalada con atún y espárragos. (tu esposo)

_____

4 **En el restaurante** Create sentences from the elements provided. Use the preterite form of the verbs.

1. (nosotros) / preferir / este restaurante al restaurante italiano

_____

2. mis amigos / seguir / a Gustavo para encontrar el restaurante

_____

3. la camarera / servirte / huevos fritos y café con leche

_____

4. ustedes / pedir / ensalada de mariscos y vino blanco

_____

5. Carlos / preferir / las papas fritas

_____

6. (yo) / conseguir / el menú del restaurante

_____

5 **La planta de la abuela** Complete the letter with the preterite form of the verbs from the word bank. Use each verb only once.

conseguir	dormir	pedir	repetir	servir
despedirse	morir	preferir	seguir	vestirse

Querida mamá:

El fin de semana pasado fui a visitar a mi abuela Lilia en el campo. (Yo) Le (1)_____ unos libros de la librería de la universidad porque ella me los (2)_____. Cuando llegué, mi abuela me (3)_____ un plato sabroso de arroz con frijoles. La encontré triste porque la semana pasada su planta de tomates (4)_____, y ahora tiene que comprar los tomates en el mercado. Me invitó a quedarme, y yo (5)_____ en su casa. Por la mañana, abuela Lilia se despertó temprano, (6)_____ y salió a comprar huevos para el desayuno. Me levanté inmediatamente y la (7)_____ porque quería ir con ella al mercado. En el mercado, ella me (8)_____ que estaba triste por la planta de tomates. Le pregunté: ¿Debemos comprar otra planta de tomates?, pero ella (9)_____ esperar hasta el verano. Después del desayuno (10)_____ de ella y volví a la universidad. Quiero mucho a la abuela. ¿Cuándo la vas a visitar?

Chau,

Mónica

2.2 Double object pronouns

1 **Buena gente** Rewrite each sentence, replacing the direct objects with direct object pronouns.

1. La camarera te sirvió el plato de pasta con mariscos.

    _____

2. Isabel nos trajo la sal y la pimienta a la mesa.

    _____

3. Javier me pidió el aceite y el vinagre anoche.

    _____

4. El dueño nos busca una mesa para seis personas.

    _____

5. Tu madre me consigue unos melocotones deliciosos.

    _____

6. ¿Te recomendaron este restaurante Lola y Paco?

    _____

2 **En el restaurante** Last night, you and some friends ate in a popular new restaurant. Rewrite what happened there, using double object pronouns in each sentence.

1. La dueña nos abrió la sección de no fumar.

    _____

2. Le pidieron los menús al camarero.

    _____

3. Nos buscaron un lugar cómodo y nos sentamos.

    _____

4. Les sirvieron papas fritas con el pescado a los clientes.

    _____

5. Le llevaron unos entremeses a la mesa a Marcos.

    _____

6. Me trajeron una ensalada de lechuga y tomate.

    _____

7. El dueño le compró la carne al señor Gutiérrez.

    _____

8. Ellos te mostraron los vinos antes de servirlos.

    _____

3 **¿Quiénes son?** Answer the questions, using double object pronouns.

1. ¿A quiénes les escribiste las cartas? (a ellos) _____

2. ¿Quién le recomendó ese plato? (su tío) _____

3. ¿Quién nos va a abrir la puerta a esta hora? (Sonia) _____

4. ¿Quién les sirvió el pescado asado? (Miguel) _____

5. ¿Quién te llevó los entremeses? (mis amigas) _____

6. ¿A quién le ofrece frutas Roberto? (a su familia) _____

4 **La cena** Read the two conversations. Then answer the questions, using double object pronouns.

CELIA *(A Tito)* Rosalía me recomendó este restaurante.
DUEÑO Buenas noches, señores. Les traigo unos entremeses, cortesía del restaurante.
CAMARERO Buenas noches. ¿Quieren ver el menú?
TITO Sí, por favor. ¿Está buena la langosta?
CAMARERO Sí, es la especialidad del restaurante.
TITO Entonces queremos pedir dos langostas.
CELIA Y yo quiero una copa *(glass)* de vino tinto, por favor.

CAMARERO Tenemos flan y fruta de postre *(for dessert)*.
CELIA Perdón, ¿me lo puede repetir?
CAMARERO Tenemos flan y fruta.
CELIA Yo no quiero nada de postre, gracias.
DUEÑO ¿Les gustó la cena?
TITO Sí, nos encantó. Muchas gracias. Fue una cena deliciosa.

1. ¿Quién le recomendó el restaurante a Celia? _____

2. ¿Quién les sirvió los entremeses a Celia y a Tito? _____

3. ¿Quién les trajo los menús a Celia y a Tito? _____

4. ¿A quién le preguntó Tito cómo está la langosta? _____

5. ¿Quién le pidió las langostas al camarero? _____

6. ¿Quién le pidió un vino tinto al camarero? _____

7. ¿Quién le repitió a Celia la lista de postres? _____

8. ¿A quién le dio las gracias Tito cuando se fueron? _____

Workbook

2.3 Comparisons

1 **¿Cómo se comparan?** Complete the sentences with the Spanish of the comparison in parentheses.

1. Puerto Rico es _____ (*smaller than*) Guatemala.

2. Álex corre _____ (*faster than*) su amigo Ricardo.

3. Los champiñones son _____ (*as tasty as*) los espárragos.

4. Los jugadores de baloncesto son _____ (*taller than*) los otros estudiantes.

5. Jimena es _____ (*more hard-working than*) su novio Pablo.

6. Marisol es _____ (*less intelligent than*) su hermana mayor.

7. La nueva novela de ese escritor es _____ (*as bad as*) su primera novela.

8. Agustín y Mario están _____ (*less fat than*) antes.

2 **Lo obvio** Your friend Francisco is always sharing his opinions with you, even though his comparisons are always painfully obvious. Write sentences that express his opinions, using the adjectives in parentheses.

> **modelo**
> (inteligente) Albert Einstein / Homer Simpson
> Albert Einstein **es más inteligente que** Homer Simpson.

1. (famoso) Gloria Estefan / mi hermana

_____

2. (difícil) estudiar química orgánica / leer una novela

_____

3. (malo) el tiempo en Boston / el tiempo en Florida

_____

4. (barato) los restaurantes elegantes / los restaurantes de comida rápida

_____

5. (viejo) mi abuelo / mi sobrino

_____

3 **¿Por qué?** Complete the sentences with the correct comparisons.

> **modelo**
> Darío juega mejor al fútbol que tú.
> Es porque Darío **practica más que tú.**

1. Mi hermano es más gordo que mi padre. Es porque mi hermano come _____.

2. Natalia conoce más países que tú. Es porque Natalia viaja _____.

3. Estoy más cansado que David. Es porque duermo _____.

4. Rolando tiene más hambre que yo. Va a comer _____.

5. Mi vestido favorito es más barato que el tuyo. Voy a pagar _____.

6. Julia gana más dinero que Lorna. Es porque Julia trabaja _____.

4 **Comparaciones** Form complete sentences using one word from each column.

la carne	bueno	el aceite
la comida rápida	caro	el almuerzo
el desayuno	malo	las chuletas de cerdo
la fruta	pequeño	la ensalada
la mantequilla	rico	los entremeses
el pollo	sabroso	el pescado

modelo

La carne es más cara que el pescado.

1. _____   4. _____

2. _____   5. _____

3. _____   6. _____

5 **Tan...como** Compare Jorge and Marcos using comparisons of equality and the following words. Be creative in your answers.

alto	delgado	inteligente
bueno	guapo	joven

modelo

Marcos no es tan inteligente como Jorge.

1. _____   4. _____

2. _____   5. _____

3. _____   6. _____

6 **¿Más o menos?** Read the pairs of sentences. Then write a new sentence that compares them.

modelo

Ese hotel tiene cien habitaciones. El otro hotel tiene cuarenta habitaciones.
Ese hotel tiene más habitaciones que el otro.

1. La biblioteca tiene ciento cincuenta sillas. El laboratorio de lenguas tiene treinta sillas.

_____

2. Ramón compró tres corbatas. Roberto compró tres corbatas.

_____

3. Yo comí un plato de pasta. Mi hermano comió dos platos de pasta.

_____

4. Anabel durmió ocho horas. Amelia durmió ocho horas.

_____

5. Mi primo toma seis clases. Mi amiga Tere toma ocho clases.

2.4 Superlatives

1 **El mejor...** Complete with the appropriate information in each case. Form complete sentences using the superlatives.

> **modelo**
>
> el restaurante _____ / mejor / ciudad
> **El restaurante Dalí es el mejor restaurante de mi ciudad**

1. la película _____ / mala / la historia del cine

   _____

2. la comida _____ / sabrosa / todas

   _____

3. mi _____ / joven / mi familia

   _____

4. el libro _____ / interesante / biblioteca

   _____

5. las vacaciones de _____ / buenas / año

   _____

2 **Facilísimo** Rewrite each sentence, using absolute superlatives.

1. Javier y Maite están muy cansados. _____

2. Álex es muy joven. _____

3. Inés es muy inteligente. _____

4. La madre de Inés está muy contenta. _____

5. Estoy muy aburrido. _____

3 **Compárate** Compare yourself with the members of your family and the students in your class. Form complete sentences using comparisons of equality and inequality, superlatives, and absolute superlatives.

> **modelo**
>
> **En mi familia... yo soy más bajo que mi hermano.**

_____

_____

> **modelo**
>
> **En mi clase... mi amigo Evan es tan inteligente como yo.**

_____

_____

Síntesis

Interview a friend or a relative and ask him or her to describe two restaurants where he or she recently ate.

- How was the quality of the food at each restaurant?
- How was the quality of the service at each restaurant?
- How did the prices of the two restaurants compare?
- What did his or her dining companions think about the restaurants?
- How was the ambience different at each restaurant?
- How convenient are the restaurants? Are they centrally located? Are they accessible by public transportation? Do they have parking?

When you are finished with the interview, write up a comparison of the two restaurants based on the information you collected. Use as many different types of comparisons and superlative phrases as possible in your report.

_____

_____

_____

_____

_____

_____

_____

_____

_____

_____

_____

_____

_____

_____

_____

panorama

Guatemala

1 **Guatemala** Complete the sentences with the correct words.

1. La _____ de Guatemala recibe su nombre de un pájaro que simboliza la libertad.

2. Un _____ por ciento de la población guatemalteca tiene una lengua maya como materna.

3. El _____ y los colores de cada *huipil* indican el pueblo de origen de la persona que lo lleva.

4. El _____ es un pájaro en peligro de extinción.

5. La civilización maya inventó un _____ complejo y preciso.

6. La ropa tradicional refleja el amor a la _____ de la cultura maya.

2 **Preguntas** Answer the questions with complete sentences.

1. ¿Cuál es un cultivo de mucha importancia en la cultura maya?

_____

2. ¿Quién es Miguel Ángel Asturias?

_____

3. ¿Qué países limitan con (*border*) Guatemala?

_____

4. ¿Hasta cuándo fue la Antigua Guatemala una capital importante? ¿Por qué?

_____

5. ¿Por qué simbolizaba el quetzal la libertad para los mayas?

_____

6. ¿Qué hace el gobierno para proteger al quetzal?

_____

3 **Fotos de Guatemala** Label each photo.

1. _____   2. _____

4 **Comparar** Read the sentences about Guatemala. Then rewrite them, using comparisons and superlatives.

> modelo
>
> Guatemala no tiene doce millones de habitantes.
> *Guatemala tiene más de doce millones de habitantes.*

1. El área de Guatemala no es más grande que la de Tennessee.

   _____

2. Un componente muy interesante de las telas (*fabrics*) de Guatemala es el mosquito.

   _____

3. Las lenguas mayas no se hablan tanto como el español.

   _____

4. Rigoberta Menchú no es mayor que Margarita Carrera.

   _____

5. La celebración de la Semana Santa en la Antigua Guatemala es importantísima para muchas personas.

   _____

5 **¿Cierto o falso?** Indicate whether the statements about Guatemala are **cierto** or **falso.** Correct the false statements.

1. Rigoberta Menchú ganó el premio Nobel de la Paz en 1992.

   _____

2. La lengua materna de muchos guatemaltecos es una lengua inca.

   _____

3. La civilización de los mayas no era avanzada.

   _____

4. Guatemala es un país que tiene costas en dos océanos.

   _____

5. Hay muchísimos quetzales en los bosques de Guatemala.

   _____

6. La civilización maya descubrió y usó el cero antes que los europeos.

   _____

¿Qué tal la comida?

Antes de ver el video

 En un restaurante What kinds of things do you do and say when you have lunch at a restaurant?

_____

_____

_____

_____

_____

_____

_____

Mientras ves el video

2 **¿Quién?** Watch the **¿Qué tal la comida?** segment of this video module and write the name of the person who says each of the following lines.

Afirmación	Nombre
1. ¡Tengo más hambre que un elefante!	_____
2. Pero si van a ir de excursión deben comer bien.	_____
3. Y de tomar, les recomiendo el jugo de piña, frutilla y mora.	_____
4. Hoy es el cumpleaños de Maite.	_____
5. ¡Rico, rico!	_____

3 **Los restaurantes de Madrid** Watch Maite's flashback about restaurants in Madrid and place a check mark beside the sentence that best summarizes the flashback.

_____ 1. Es muy caro salir a cenar en Madrid.

_____ 2. A Maite no le gustan los restaurantes de Madrid.

_____ 3. Hay una gran variedad de restaurantes en Madrid.

_____ 4. Los restaurantes de Madrid son muy elegantes.

4 **Resumen** Watch the **Resumen** segment of this video module and fill in the missing words in these sentences.

1. **JAVIER** ¿Qué nos _____ usted?

2. **DON FRANCISCO** Debo _____ más a menudo.

3. **DOÑA RITA** ¿_____ lo traigo a todos?

4. **DON FRANCISCO** Es bueno _____ a la dueña del mejor restaurante de la ciudad.

5. **JAVIER** Para mí las _____ de maíz y un ceviche de _____.

Después de ver el video

5 **Opiniones** Write the names of the video characters who expressed the following opinions, either verbally or through body language.

_____ 1. Don Francisco es un conductor excelente.

_____ 2. El servicio en este restaurante es muy eficiente.

_____ 3. Nuestros pasteles son exquisitos.

_____ 4. ¡Caldo de patas! Suena (*It sounds*) como un plato horrible.

_____ 5. Las tortillas de maíz son muy sabrosas. Se las recomiendo.

_____ 6. Las montañas de nuestro país son muy hermosas.

6 **Corregir** Correct these false statements about the **¿Qué tal la comida?** video episode.

1. El Cráter es un mercado al aire libre.

_____

2. La señora Perales trabaja en El Cráter. Es camarera.

_____

3. Maite pide las tortillas de maíz y la fuente de fritada.

_____

4. Álex pide el caldo de patas y una ensalada.

_____

5. De beber, todos piden té.

_____

6. La señora Perales dice (*says*) que los pasteles de El Cráter son muy caros.

_____

7 **Preguntas personales** Answer these questions in Spanish.

1. ¿Almuerzas en la cafetería de tu universidad? ¿Por qué? _____

_____

2. ¿Cuál es tu plato favorito? ¿Por qué? _____

_____

3. ¿Cuál es el mejor restaurante de tu comunidad? Explica (*Explain*) tu opinión. _____

_____

4. ¿Cuál es tu restaurante favorito? ¿Cuál es la especialidad de ese restaurante? _____

_____

5. ¿Sales mucho a cenar con tus amigos/as? ¿Adónde van a cenar? _____

_____

Panorama: Guatemala

Antes de ver el video

1 **Más vocabulario** Look over these useful words and expressions before you watch the video.

Vocabulario útil		
alfombra *rug*	destruir *to destroy*	ruinas *ruins*
artículos *items*	época colonial *colonial times*	sobrevivir *to survive*
calle *street*	indígenas *indigenous people*	terremoto *earthquake*

2 **Describir** In this video you are going to learn about an open-air market that take place in Guatemala. In Spanish, describe one open-air market that you know.

mercado: _____

_____

_____

_____

_____

3 **Categorías** Categorize the words listed in the word bank.

bonitas	espectaculares	indígenas	quieres
calles	grandes	mercado	región
colonial	habitantes	monasterios	sentir
conocer	iglesias	mujeres	vieja

Lugares	Personas	Verbos	Adjetivos

Mientras ves el video

4 **Marcar** Check off what you see while watching the video.

_____ 1. fuente (*fountain*)   _____ 6. niñas sonriendo

_____ 2. hombres con vestidos morados   _____ 7. niño dibujando

_____ 3. mujer bailando   _____ 8. personas hablando

_____ 4. mujer llevando bebé en el mercado   _____ 9. ruinas

_____ 5. mujeres haciendo alfombras de flores _____ 10. turista mirando el paisaje

Después de ver el video

5 **Completar** Complete the sentences with words from the word bank.

aire libre	alfombras	atmósfera	fijo	indígenas	regatear

1. En Semana Santa las mujeres hacen _____ con miles de flores.

2. En Chichicastenango hay un mercado al _____ los jueves y domingos.

3. En el mercado los artículos no tienen un precio _____.

4. Los clientes tienen que _____ cuando hacen sus compras.

5. En las calles de Antigua, los turistas pueden sentir la _____ del pasado.

6. Muchos _____ de toda la región vienen al mercado a vender sus productos.

6 **¿Cierto o falso?** Indicate whether each statement is **cierto** or **falso**. Correct the false statements.

1. Antigua fue la capital de Guatemala hasta 1773.

_____

2. Una de las celebraciones más importantes de Antigua es la de la Semana Santa.

_____

3. En esta celebración, muchas personas se visten con ropa de color verde.

_____

4. Antigua es una ciudad completamente moderna.

_____

5. Chichicastenango es una ciudad mucho más grande que Antigua.

_____

6. El terremoto de 1773 destruyó todas las iglesias y monasterios en Antigua.

_____

7 **Escribir** Write four sentences comparing the cities Antigua and Chichicastenango.

_____

_____

_____

_____

_____

contextos

Lección 2

1 **Identificar** Listen to each question and mark an **X** in the appropriate category.

> **modelo**
>
> *You hear:* ¿Qué es la piña?
> *You mark:* an **X** under **fruta**.

	carne	pescado	verdura	fruta	bebida
Modelo				**X**	
1.					
2.					
3.					
4.					
5.					
6.					
7.					
8.					

2 **Describir** Listen to each sentence and write the number of the sentence below the drawing of the food or drink mentioned.

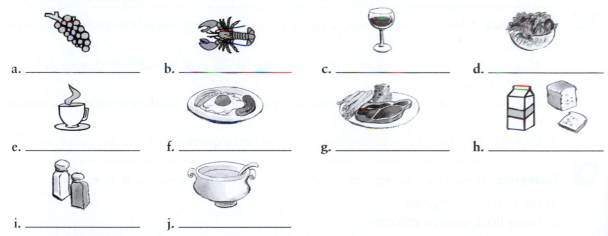

a. _____   b. _____   c. _____   d. _____

e. _____   f. _____   g. _____   h. _____

i. _____   j. _____

3 **En el restaurante** You will hear a couple ordering a meal in a restaurant. Write the items they order in the appropriate categories.

	SEÑORA	SEÑOR
Primer plato		
Plato principal		
Verdura		
Bebida		

pronunciación

ll, ñ, c, and z

Most Spanish speakers pronounce the letter **ll** like the *y* in *yes*.

    po**ll**o   **ll**ave   e**ll**a   cebo**ll**a

The letter **ñ** is pronounced much like the *ny* in *canyon*.

    ma**ñ**ana   se**ñ**or   ba**ñ**o   ni**ñ**a

Before **a, o,** or **u,** the Spanish **c** is pronounced like the *c* in *car*.

    café   **c**olombiano   **c**uando   ri**c**o

Before **e** or **i,** the Spanish **c** is pronounced like the *s* in *sit*. In parts of Spain, **c** before **e** or **i** is pronounced like the *th* in *think*.

    cereales   deli**c**ioso   condu**c**ir   cono**c**er

The Spanish **z** is pronounced like the *s* in *sit*. In parts of Spain, **z** before a vowel is pronounced like the *th* in *think*.

    zeta   **z**anahoria   almuer**z**o   cerve**z**a

1 **Práctica** Repeat each word after the speaker to practice pronouncing **ll, ñ, c,** and **z.**

1. mantequilla
2. cuñado
3. aceite
4. manzana
5. español
6. cepillo
7. zapato
8. azúcar
9. quince
10. compañera
11. almorzar
12. calle

2 **Oraciones** When the speaker pauses, repeat the corresponding sentence or phrase, focusing on **ll, ñ, c,** and **z.**

1. Mi compañero de cuarto se llama Toño Núñez. Su familia es de la ciudad de Guatemala y de Quetzaltenango.
2. Dice que la comida de su mamá es deliciosa, especialmente su pollo al champiñón y sus tortillas de maíz.
3. Creo que Toño tiene razón porque hoy cené en su casa y quiero volver mañana para cenar allí otra vez.

3 **Refranes** Repeat each saying after the speaker to practice pronouncing **ll, ñ, c,** and **z.**

1. Las aparencias engañan.
2. Panza llena, corazón contento.

4 **Dictado** You will hear five sentences. Each will be said twice. Listen carefully and write what you hear.

1. _____
2. _____
3. _____
4. _____
5. _____

estructura

2.1 Preterite of stem-changing verbs

1 **Identificar** Listen to each sentence and decide whether the verb is in the present or the preterite tense. Mark an **X** in the appropriate column.

> **modelo**
> *You hear:* Pido bistec con papas fritas.
> *You mark:* an **X** under *Present*.

	Present	Preterite
Modelo	X	
1.		
2.		
3.		
4.		
5.		
6.		
7.		
8.		

2 **Cambiar** Change each sentence you hear substituting the new subject given. Repeat the correct response after the speaker. (**6 items**)

> **modelo**
> Tú no dormiste bien anoche. (Los niños)
> **Los niños no durmieron bien anoche.**

3 **Preguntas** Answer each question you hear using the cue in your lab manual. Repeat the correct response after the speaker.

> **modelo**
> *You hear:* ¿Qué pediste?
> *You see:* pavo asado con papas y arvejas
> *You say:* **Pedí pavo asado con papas y arvejas.**

1. Sí   3. leche   5. No
2. No   4. Sí   6. la semana pasada

4 **Un día largo** Listen as Ernesto describes what he did yesterday. Then read the statements in your lab manual and decide whether they are **cierto** or **falso**.

	Cierto	Falso
1. Ernesto se levantó a las seis y media de la mañana.	O	O
2. Se bañó y se vistió.	O	O
3. Los clientes empezaron a llegar a la una.	O	O
4. Almorzó temprano.	O	O
5. Pidió pollo asado con papas.	O	O
6. Después de almorzar, Ernesto y su primo siguieron trabajando.	O	O

Lab Manual

2.2 Double object pronouns

1 **Escoger** The manager of **El Gran Pavo** Restaurant wants to know what items the chef is going to serve to the customers today. Listen to each question and choose the correct response.

1. a. Sí, se las voy a servir.   b. No, no se los voy a servir.

2. a. Sí, se la voy a servir.   b. No, no se lo voy a servir.

3. a. Sí, se los voy a servir.   b. No, no se las voy a servir.

4. a. Sí, se los voy a servir.   b. No, no se las voy a servir.

5. a. Sí, se la voy a servir.   b. No, no se lo voy a servir.

6. a. Sí, se lo voy a servir.   b. No, no se la voy a servir.

2 **Cambiar** Repeat each statement, replacing the direct object noun with a pronoun. (*6 items*)

> *modelo*
>
> María te hace ensalada.
> María **te la hace.**

3 **Preguntas** Answer each question using the cue you hear and object pronouns. Repeat the correct response after the speaker. (*5 items*)

> *modelo*
>
> ¿Me recomienda usted los mariscos? (sí)
> Sí, **se los recomiendo.**

4 **Una fiesta** Listen to this conversation between Eva and Marcela. Then read the statements in your lab manual and decide whether they are **cierto** or **falso**.

	Cierto	Falso
1. Le van a hacer una fiesta a Sebastián.	○	○
2. Le van a preparar langosta.	○	○
3. Le van a preparar una ensalada de mariscos.	○	○
4. Van a tener vino tinto, cerveza, agua mineral y té helado.	○	○
5. Clara va a comprar cerveza.	○	○
6. Le compraron un cinturón.	○	○

2.3 Comparisons

1 **Escoger** You will hear a series of descriptions. Choose the statement in your lab manual that expresses the correct comparison.

1. a. Yo tengo más dinero que Rafael.

   b. Yo tengo menos dinero que Rafael.

2. a. Elena es mayor que Juan.

   b. Elena es menor que Juan.

3. a. Enrique come más hamburguesas que José.

   b. Enrique come tantas hamburguesas como José.

4. a. La comida de la Fonda es mejor que la comida del Café Condesa.

   b. La comida de la Fonda es peor que la comida del Café Condesa.

5. a. Las langostas cuestan tanto como los camarones.

   b. Los camarones cuestan menos que las langostas.

2 **Comparar** Look at each drawing and answer the question you hear with a comparative statement. Repeat the correct response after the speaker.

1. **Ricardo** **Sara**   2. **Héctor** **Alejandro**

3. **Leonor** **Melissa**

3 **Al contrario** You are babysitting Anita, a small child, who starts boasting about herself and her family. Respond to each statement using a comparative of equality. Then repeat the correct answer after the speaker. (*6 items*)

modelo

Mi mamá es más bonita que tu mamá.

Al *contrario, mi mamá es tan bonita como tu mamá.*

2.4 Superlatives

1 **Superlativos** You will hear a series of descriptions. Choose the statement in your lab manual that expresses the correct superlative.

1. a. Tus pantalones no son los más grandes de la tienda.

   b. Tus pantalones son los más grandes de la tienda.

2. a. La camisa blanca es la más bonita del centro comercial.

   b. La camisa blanca no es tan bonita como otras camisas de la tienda.

3. a. Las rebajas del centro comercial son peores que las rebajas de la tienda.

   b. En el centro comercial puedes encontrar las mejores rebajas.

4. a. El vestido azul es el más caro de la tienda.

   b. El vestido azul es el más barato de la tienda.

5. a. Sebastián es el mejor vendedor de la tienda.

   b. Sebastián es el peor vendedor de la tienda.

2 **Preguntas** Answer each question you hear using the absolute superlative. Repeat the correct response after the speaker. (*6 items*)

> **modelo**
>
> La comida de la cafetería es mala, ¿no?
> Sí, *es malísima.*

3 **Anuncio** Listen to this advertisement. Then read the statements and decide whether they are **cierto** or **falso**.

	Cierto	Falso
1. El Corte Inglés es el almacén más pequeño de la ciudad.	○	○
2. La mejor ropa es siempre carísima.	○	○
3. Los zapatos de El Corte Inglés son muy elegantes.	○	○
4. En El Corte Inglés gastas menos dinero y siempre tienes muy buena calidad.	○	○
5. El horario de El Corte Inglés es tan flexible como el horario de las tiendas.	○	○

vocabulario

You will now hear the vocabulary found in your worktext on the last page of this lesson. Listen and repeat each Spanish word or phrase after the speaker.

Additional Vocabulary

Additional Vocabulary

Notes

Notes

Notes

Las fiestas

3

Las fiestas

la pareja

el pastel de chocolate

la botella de vino

el flan de caramelo

las galletas

los postres

el champán

los dulces

Más vocabulario

la alegría	happiness
la amistad	friendship
el amor	love
el beso	kiss
la sorpresa	surprise
el aniversario (de bodas)	(wedding) anniversary
la boda	wedding
el cumpleaños	birthday
el día de fiesta	holiday
el divorcio	divorce
el matrimonio	marriage
la Navidad	Christmas
el/la recién casado/a	newlywed
la quinceañera	young woman's fifteenth birthday celebration
cambiar (de)	to change
celebrar	to celebrate
divertirse (e:ie)	to have fun
graduarse (de/en)	to graduate (from/in)
invitar	to invite
jubilarse	to retire (from work)
nacer	to be born
odiar	to hate
pasarlo bien/mal	to have a good/bad time
regalar	to give (a gift)
reírse (e:i)	to laugh
relajarse	to relax
sorprender	to surprise
sonreír (e:i)	to smile
juntos/as	together

Variación léxica

pastel ⟷ torta (*Arg., Venez.*)

comprometerse ⟷ prometerse (*Esp.*)

recursos

WB pp. 159–160

LM p. 173

adelante. vhlcentral.com

Práctica SUPERSITE

1 **Escuchar** Escucha la conversación e indica si las oraciones son **ciertas** o **falsas**.

1. A Silvia no le gusta mucho el chocolate.
2. Silvia sabe que sus amigos le van a hacer una fiesta.
3. Los amigos de Silvia le compraron un pastel de chocolate.
4. Los amigos brindan por Silvia con refrescos.
5. Silvia y sus amigos van a comer helado.
6. Los amigos de Silvia le van a servir flan y galletas.

2 **Ordenar** Escucha la narración y ordena las oraciones de acuerdo con los eventos de la vida de Beatriz.

____ a. Beatriz se compromete con Roberto.
____ b. Beatriz se gradúa.
____ c. Beatriz sale con Emilio.
____ d. Sus padres le hacen una gran fiesta.
____ e. La pareja se casa.
____ f. Beatriz nace en Montevideo.

3 **Emparejar** Indica la letra de la frase que mejor completa cada oración.

a. cambió de	d. nos divertimos	g. se llevan bien
b. lo pasaron mal	e. se casaron	h. sonrió
c. nació	f. se jubiló	i. tenemos una cita

1. María y sus compañeras de cuarto ____. Son buenas amigas.
2. Pablo y yo ____ en la fiesta. Bailamos y comimos mucho.
3. Manuel y Felipe ____ en el cine. La película fue muy mala.
4. ¡Tengo una nueva sobrina! Ella ____ ayer por la mañana.
5. Mi madre ____ profesión. Ahora es artista.
6. Mi padre ____ el año pasado. Ahora no trabaja.
7. Jorge y yo ____ esta noche. Vamos a ir a un restaurante muy elegante.
8. Jaime y Laura ____ el septiembre pasado. La boda fue maravillosa.

4 **Definiciones** En parejas, definan las palabras y escriban una oración para cada ejemplo.

modelo
romper (con) una pareja termina la relación
Marta rompió con su novio.

1. regalar
2. helado
3. pareja
4. invitado
5. casarse
6. pasarlo bien
7. sorpresa
8. quinceañera

FELIZ CUMPLEAÑOS

brindar

el invitado

el helado

Relaciones personales

casarse (con)	to get married (to)
comprometerse (con)	to get engaged (to)
divorciarse (de)	to get divorced (from)
enamorarse (de)	to fall in love (with)
llevarse bien/mal (con)	to get along well/badly (with)
romper (con)	to break up (with)
salir (con)	to go out (with); to date
separarse (de)	to separate (from)
tener una cita	to have a date; to have an appointment

SUPERSITE

Las etapas de la vida de Sergio

Más vocabulario

la edad	*age*
el estado civil	*marital status*
las etapas de la vida	*the stages of life*
la muerte	*death*
casado/a	*married*
divorciado/a	*divorced*
separado/a	*separated*
soltero/a	*single*
viudo/a	*widower/widow*

el nacimiento

la niñez

la adolescencia

la juventud

la madurez

la vejez

---

5   **Las etapas de la vida** Identifica las etapas de la vida que se describen en estas oraciones.

1. Mi abuela se jubiló y se mudó (*moved*) a Viña del Mar.
2. Mi padre trabaja para una compañía grande en Santiago.
3. ¿Viste a mi nuevo sobrino en el hospital? Es precioso y ¡tan pequeño!
4. Mi abuelo murió este año.
5. Mi hermana se enamoró de un chico nuevo en la escuela.
6. Mi hermana pequeña juega con muñecas (*dolls*).

NOTA CULTURAL

Viña del Mar es una ciudad en la costa de Chile, situada al oeste de Santiago. Tiene playas hermosas, excelentes hoteles, casinos y buenos restaurantes. El poeta Pablo Neruda pasó muchos años allí.

6   **Cambiar** Tu hermano/a menor no entiende nada de las etapas de la vida. En parejas, túrnense para decir que las afirmaciones son falsas y corríjanlas (*correct them*) cambiando las expresiones subrayadas (*underlined*).

> **modelo**
>
> **Estudiante 1:** La <u>niñez</u> es cuando trabajamos mucho.
> **Estudiante 2:** No, te equivocas (*you're wrong*). La madurez es cuando trabajamos mucho.

1. <u>El nacimiento</u> es el fin de la vida.
2. <u>La juventud</u> es la etapa cuando nos jubilamos.
3. A los sesenta y cinco años, muchas personas <u>comienzan a trabajar.</u>
4. Julián y nuestra prima <u>se divorcian</u> mañana.
5. Mamá <u>odia</u> a su hermana.
6. El abuelo murió, por eso la abuela es <u>separada.</u>
7. Cuando te gradúas de la universidad, estás en la etapa de <u>la adolescencia.</u>
8. Mi tío nunca se casó; es <u>viudo.</u>

AYUDA

Other ways to contradict someone:
No es verdad.
It's not true.
Creo que no.
I don't think so.
¡Claro que no!
Of course not!
¡Qué va!
No way!

Comunicación

7

Una fiesta Trabaja con dos compañeros/as para planear una fiesta. Recuerda incluir la siguiente información.

1. ¿Qué tipo de fiesta es? ¿Dónde va a ser? ¿Cuándo va a ser?
2. ¿A quiénes van a invitar?
3. ¿Qué van a comer? ¿Quiénes van a llevar o a preparar la comida?
4. ¿Qué van a beber? ¿Quiénes van a llevar las bebidas?
5. ¿Qué van a hacer todos durante la fiesta?

8

Encuesta Tu profesor(a) va a darte una hoja de actividades. Haz las preguntas de la hoja a dos o tres compañeros/as de clase para saber qué actitudes tienen en sus relaciones personales. Luego comparte los resultados de la encuesta con la clase y comenta tus conclusiones.

Preguntas	Nombres	Actitudes
1. ¿Te importa la amistad? ¿Por qué?		
2. ¿Es mejor tener un(a) buen(a) amigo/a o muchos/as amigos/as?		
3. ¿Cuáles son las características que buscas en tus amigos/as?		
4. ¿Tienes novio/a? ¿A qué edad es posible enamorarse?		
5. ¿Deben las parejas hacer todo juntos? ¿Deben tener las mismas opiniones? ¿Por qué?		

¡LENGUA VIVA!

While a **buen(a) amigo/a** is a *good friend*, the term **amigo/a íntimo/a** refers to a *close friend*, or a very good friend, without any romantic overtones.

9

Minidrama En parejas, consulten la ilustración en la página 134, y luego, usando las palabras de la lista, preparen un minidrama para representar las etapas de la vida de Sergio. Pueden ser creativos e inventar más información sobre su vida.

amor	celebrar	enamorarse	romper
boda	comprometerse	graduarse	salir
cambiar	cumpleaños	jubilarse	separarse
casarse	divorciarse	nacer	tener una cita

¡Feliz cumpleaños, Maite!

Don Francisco y los estudiantes celebran el cumpleaños de Maite en el restaurante El Cráter.

PERSONAJES

MAITE

INÉS

DON
FRANCISCO

ÁLEX

JAVIER

DOÑA RITA

CAMARERO

INÉS A mí me encantan los dulces. Maite, ¿tú qué vas a pedir?

MAITE Ay, no sé. Todo parece tan delicioso. Quizás el pastel de chocolate.

JAVIER Para mí el pastel de chocolate con helado. Me encanta el chocolate. Y tú, Álex, ¿qué vas a pedir?

ÁLEX Generalmente prefiero la fruta, pero hoy creo que voy a probar el pastel de chocolate.

DON FRANCISCO Yo siempre tomo un flan y un café.

DOÑA RITA ¡Feliz cumpleaños, Maite!

INÉS ¿Hoy es tu cumpleaños, Maite?

MAITE Sí, el 22 de junio. Y parece que vamos a celebrarlo.

TODOS MENOS MAITE ¡Felicidades!

ÁLEX Yo también acabo de cumplir los veintitrés años.

MAITE ¿Cuándo?

ÁLEX El cuatro de mayo.

DOÑA RITA Aquí tienen un flan, pastel de chocolate con helado… y una botella de vino para dar alegría.

MAITE ¡Qué sorpresa! ¡No sé qué decir! Muchísimas gracias.

DON FRANCISCO El conductor no puede tomar vino. Doña Rita, gracias por todo. ¿Puede traernos la cuenta?

DOÑA RITA Enseguida, Paco.

recursos

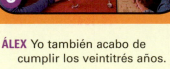

VM
pp. 169–170

adelante.
vhlcentral.com

4

MAITE ¡Gracias! Pero, ¿quién le dijo que es mi cumpleaños?

DOÑA RITA Lo supe por don Francisco.

5

ÁLEX Ayer te lo pregunté, ¡y no quisiste decírmelo! ¿Eh? ¡Qué mala eres!

JAVIER ¿Cuántos años cumples?

MAITE Veintitrés.

9

INÉS Creo que debemos dejar una buena propina. ¿Qué les parece?

MAITE Sí, vamos a darle una buena propina a la señora Perales. Es simpatiquísima.

10

DON FRANCISCO Gracias una vez más. Siempre lo paso muy bien aquí.

MAITE Muchísimas gracias, señora Perales. Por la comida, por la sorpresa y por ser tan amable con nosotros.

Expresiones útiles

Celebrating a birthday party

- **¡Feliz cumpleaños!**
  Happy birthday!
- **¡Felicidades!/¡Felicitaciones!**
  Congratulations!

- **¿Quién le dijo que es mi cumpleaños?**
  Who told you (form.) *that it's my birthday?*
  Lo supe por don Francisco.
  I found out through Don Francisco.

- **¿Cuántos años cumples/ cumple Ud.?**
  How old are you now?
  Veintitrés.
  Twenty-three.

Asking for and getting the bill

- **¿Puede traernos la cuenta?**
  Can you bring us the bill?
- **La cuenta, por favor.**
  The bill, please.
  Enseguida, señor/señora/señorita.
  Right away, sir/ma'am/miss.

Expressing gratitude

- **¡(Muchas) gracias!**
  Thank you (very much)!
- **Muchísimas gracias.**
  Thank you very, very much.
- **Gracias por todo.**
  Thanks for everything.
- **Gracias una vez más.**
  Thanks again. (lit. Thanks one more time.)

Leaving a tip

- **Creo que debemos dejar una buena propina. ¿Qué les parece?**
  I think we should leave a good tip. What do you guys think?
  Sí, vamos a darle/dejarle una buena propina.
  Yes, let's give her/leave her a good tip.

¿Qué pasó? SUPERSITE

1 **Completar** Completa las oraciones con la información correcta, según la **Fotonovela**.

1. De postre, don Francisco siempre pide _____.
2. A Javier le encanta _____.
3. Álex cumplió los _____ años _____.
4. Hoy Álex quiere tomar algo diferente. De postre, quiere pedir _____.
5. Los estudiantes le van a dejar _____ a doña Rita.

2 **Identificar** Identifica quién puede decir estas oraciones.

1. Gracias, doña Rita, pero no puedo tomar vino.
2. ¡Qué simpática es doña Rita! Fue tan amable conmigo.
3. A mí me encantan los dulces y los pasteles, ¡especialmente si son de chocolate!
4. Mi amigo acaba de informarme que hoy es el cumpleaños de Maite.
5. ¿Tienen algún postre de fruta? Los postres de fruta son los mejores.
6. Me parece una buena idea dejarle una buena propina a la dueña. ¿Qué piensan ustedes?

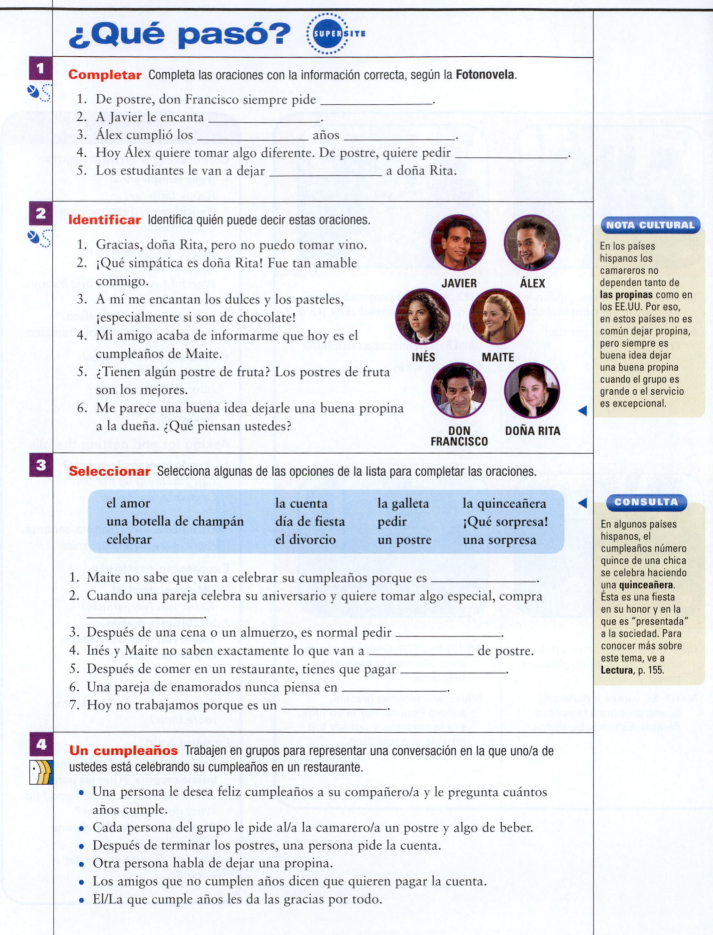

JAVIER   ÁLEX

INÉS   MAITE

DON FRANCISCO   DOÑA RITA

NOTA CULTURAL

En los países hispanos los camareros no dependen tanto de **las propinas** como en los EE.UU. Por eso, en estos países no es común dejar propina, pero siempre es buena idea dejar una buena propina cuando el grupo es grande o el servicio es excepcional.

3 **Seleccionar** Selecciona algunas de las opciones de la lista para completar las oraciones.

el amor	la cuenta	la galleta	la quinceañera
una botella de champán	día de fiesta	pedir	¡Qué sorpresa!
celebrar	el divorcio	un postre	una sorpresa

1. Maite no sabe que van a celebrar su cumpleaños porque es _____.
2. Cuando una pareja celebra su aniversario y quiere tomar algo especial, compra _____.
3. Después de una cena o un almuerzo, es normal pedir _____.
4. Inés y Maite no saben exactamente lo que van a _____ de postre.
5. Después de comer en un restaurante, tienes que pagar _____.
6. Una pareja de enamorados nunca piensa en _____.
7. Hoy no trabajamos porque es un _____.

CONSULTA

En algunos países hispanos, el cumpleaños número quince de una chica se celebra haciendo una **quinceañera**. Ésta es una fiesta en su honor y en la que es "presentada" a la sociedad. Para conocer más sobre este tema, ve a **Lectura**, p. 155.

4 **Un cumpleaños** Trabajen en grupos para representar una conversación en la que uno/a de ustedes está celebrando su cumpleaños en un restaurante.

- Una persona le desea feliz cumpleaños a su compañero/a y le pregunta cuántos años cumple.
- Cada persona del grupo le pide al/a la camarero/a un postre y algo de beber.
- Después de terminar los postres, una persona pide la cuenta.
- Otra persona habla de dejar una propina.
- Los amigos que no cumplen años dicen que quieren pagar la cuenta.
- El/La que cumple años les da las gracias por todo.

Pronunciación

The letters h, j, and g

helado	**h**ombre	**h**ola	**h**ermosa

The Spanish **h** is always silent.

José	**j**ubilarse	de**j**ar	pare**j**a

The letter **j** is pronounced much like the English *h* in *his*.

a**g**encia	**g**eneral	**G**il	**G**isela

The letter **g** can be pronounced three different ways. Before **e** or **i**, the letter **g** is pronounced much like the English *h*.

Gustavo, **g**racias por llamar el domi**ng**o.

At the beginning of a phrase or after the letter **n**, the Spanish **g** is pronounced like the English *g* in *girl*.

Me **g**radué en a**g**osto.

In any other position, the Spanish **g** has a somewhat softer sound.

Guerra	conse**g**uir	**g**uantes	a**g**ua

In the combinations **gue** and **gui**, the **g** has a hard sound and the **u** is silent. In the combination **gua**, the **g** has a hard sound and the **u** is pronounced like the English *w*.

Práctica Lee las palabras en voz alta, prestando atención a la **h**, la **j** y la **g**.

1. hamburguesa
2. jugar
3. oreja
4. guapa
5. geografía
6. magnífico
7. espejo
8. hago
9. seguir
10. gracias
11. hijo
12. galleta
13. Jorge
14. tengo
15. ahora
16. guantes

Oraciones Lee las oraciones en voz alta, prestando atención a la **h**, la **j** y la **g**.

1. Hola. Me llamo Gustavo Hinojosa Lugones y vivo en Santiago de Chile.
2. Tengo una familia grande; somos tres hermanos y tres hermanas.
3. Voy a graduarme en mayo.
4. Para celebrar mi graduación mis padres van a regalarme un viaje a Egipto.
5. ¡Qué generosos son!

Refranes Lee los refranes en voz alta, prestando atención a la **h**, la **j** y la **g**.

A la larga, lo más dulce amarga.[1]

El hábito no hace al monje.[2]

1 Too much of a good thing. 2 The clothes don't make the man.

recursos

LM
p. 174

adelante.
vhlcentral.com

EN DETALLE

Semana Santa:
vacaciones y tradición

¿Te imaginas pasar veinticuatro horas tocando un tambor° entre miles de personas? Así es como mucha gente celebra el Viernes Santo° en el pequeño pueblo de **Calanda,** España. De todas las celebraciones hispanas, la **Semana Santa°** es una de las más espectaculares y únicas.

Procesión en Sevilla, España

Semana Santa es la semana antes de Pascua°, una celebración religiosa que conmemora la Pasión de Jesucristo. Generalmente, la gente tiene unos días de vacaciones en esta semana. Algunas personas aprovechan° estos días para viajar, pero otras prefieren participar en las tradicionales celebraciones religiosas en las calles. En **Antigua,** Guatemala, hacen alfombras° de flores° y altares; también organizan Vía Crucis° y danzas. En las famosas procesiones y desfiles° religiosos de **Sevilla,** España, los fieles°

sacan a las calles imágenes religiosas. Las imágenes van encima de plataformas ricamente decoradas con abundantes flores y velas°. En la procesión, los penitentes llevan túnicas y unos sombreros cónicos que les cubren° la cara°. En sus manos llevan faroles° o velas encendidas.

Si visitas algún país hispano durante la Semana Santa, debes asistir a un desfile. Las playas pueden esperar hasta la semana siguiente.

Alfombra de flores en Antigua, Guatemala

Otras celebraciones famosas

Ayacucho, Perú: Además de alfombras de flores y procesiones, aquí hay una antigua tradición llamada "quema de la chamiza"°.

Iztapalapa, Ciudad de México: Es famoso el Vía Crucis del cerro° de la Estrella. Es una representación del recorrido° de Jesucristo con la cruz°.

Popayán, Colombia: En las procesiones "chiquitas" los niños llevan imágenes que son copias pequeñas de las que llevan los mayores.

tocando un tambor *playing a drum* Viernes Santo *Good Friday* Semana Santa *Holy Week* Pascua *Easter Sunday* aprovechan *take advantage of* alfombras *carpets* flores *flowers* Vía Crucis *Stations of the Cross* desfiles *parades* fieles *faithful* velas *candles* cubren *cover* cara *face* faroles *lamps* quema de la chamiza *burning of brushwood* cerro *hill* recorrido *route* cruz *cross*

ACTIVIDADES

1 **¿Cierto o falso?** Indica si lo que dicen estas oraciones es **cierto** o **falso**. Corrige la información falsa.

1. La Semana Santa se celebra después de Pascua.
2. En los países hispanos, las personas tienen días libres durante la Semana Santa.
3. En los países hispanos, todas las personas asisten a las celebraciones religiosas.

4. En los países hispanos, las celebraciones se hacen en las calles.
5. El Vía Crucis de Iztapalapa es en el interior de una iglesia.
6. En Antigua y en Ayacucho es típico hacer alfombras de flores en Semana Santa.
7. Las procesiones "chiquitas" son famosas en Sevilla, España.
8. En Sevilla, sacan imágenes religiosas a las calles.

Lección 3

ASÍ SE DICE

Fiestas y celebraciones

la despedida de soltero/a	*bachelor(ette) party*
el día feriado/festivo	el día de fiesta
disfrutar	*to enjoy*
festejar	celebrar
los fuegos artificiales	*fireworks*
pasarlo en grande	divertirse mucho
la vela	*candle*

EL MUNDO HISPANO

Celebraciones latinoamericanas

○ **Oruro, Bolivia** Durante el carnaval de Oruro se realiza la famosa Diablada, una antigua danza° que muestra la lucha° entre el bien y el mal: ángeles contra° demonios.

○ **Panchimalco, El Salvador** La primera semana de mayo, Panchimalco se cubre de flores y de color. También hacen el Desfile de las palmas° y bailan danzas antiguas.

○ **Quito, Ecuador** El mes de agosto es el Mes de las Artes. Danza, teatro, música, cine, artesanías° y otros eventos culturales inundan la ciudad.

○ **San Pedro Sula, Honduras** En junio se celebra la Feria Juniana. Hay comida típica, bailes, desfiles, conciertos, rodeos, exposiciones ganaderas° y eventos deportivos y culturales.

danza *dance* lucha *fight* contra *versus* palmas *palm leaves* artesanías *handcrafts* exposiciones ganaderas *cattle shows*

PERFIL

Festival de Viña del Mar

En 1959 unos estudiantes de **Viña del Mar,** Chile, celebraron una fiesta en una casa de campo conocida como la Quinta Vergara donde hubo° un espectáculo° musical. En 1960 repitieron el evento. Asistió tanta gente que muchos vieron el espectáculo parados° o sentados en el suelo°. Algunos se subieron a los árboles°.

Años después, se convirtió en el **Festival Internacional de la Canción**. Este evento se celebra en febrero, en el mismo lugar donde empezó. ¡Pero ahora nadie necesita subirse a un árbol para verlo! Hay un anfiteatro con capacidad para quince mil personas.

En el festival hay concursos° musicales y conciertos de artistas famosos como Daddy Yankee y Paulina Rubio.

Daddy Yankee

hubo *there was* espectáculo *show* parados *standing* suelo *floor* se subieron a los árboles *climbed trees* concursos *competitions*

SUPERSITE **Conexión Internet**

¿Qué celebraciones hispanas hay en los Estados Unidos y Canadá?

Go to **adelante.vhlcentral.com** to find more cultural information related to this **Cultura** section.

ACTIVIDADES

2 **Comprensión** Responde a las preguntas.

1. ¿Cuántas personas pueden asistir al Festival de Viña del Mar hoy día?
2. ¿Qué es la Diablada?
3. ¿Qué celebran en Quito en agosto?
4. Nombra dos atracciones en la Feria Juniana de San Pedro Sula.
5. ¿Qué es la Quinta Vergara?

3 **¿Cuál es tu celebración favorita?** Escribe un pequeño párrafo sobre la celebración que más te gusta de tu comunidad. Explica cómo se llama, cuándo ocurre y cómo es.

recursos

SUPERSITE

adelante.vhlcentral.com

3.1 Irregular preterites

ANTE TODO You already know that the verbs **ir** and **ser** are irregular in the preterite. You will now learn other verbs whose preterite forms are also irregular.

Preterite of tener, venir, and decir

		tener (u-stem)	venir (i-stem)	decir (j-stem)
SINGULAR FORMS	yo	tuve	vine	dije
	tú	tuviste	viniste	dijiste
	Ud./él/ella	tuvo	vino	dijo
PLURAL FORMS	nosotros/as	tuvimos	vinimos	dijimos
	vosotros/as	tuvisteis	vinisteis	dijisteis
	Uds./ellos/ellas	tuvieron	vinieron	dijeron

▶ **¡Atención!** The endings of these verbs are the regular preterite endings of **-er/-ir** verbs, except for the **yo** and **usted** forms. Note that these two endings are unaccented.

▶ These verbs observe similar stem changes to **tener, venir,** and **decir.**

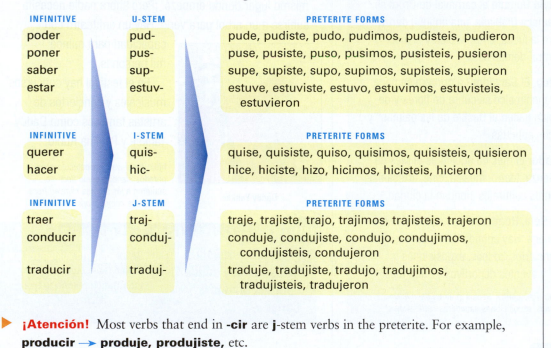

INFINITIVE	U-STEM	PRETERITE FORMS
poder	pud-	pude, pudiste, pudo, pudimos, pudisteis, pudieron
poner	pus-	puse, pusiste, puso, pusimos, pusisteis, pusieron
saber	sup-	supe, supiste, supo, supimos, supisteis, supieron
estar	estuv-	estuve, estuviste, estuvo, estuvimos, estuvisteis, estuvieron

INFINITIVE	I-STEM	PRETERITE FORMS
querer	quis-	quise, quisiste, quiso, quisimos, quisisteis, quisieron
hacer	hic-	hice, hiciste, hizo, hicimos, hicisteis, hicieron

INFINITIVE	J-STEM	PRETERITE FORMS
traer	traj-	traje, trajiste, trajo, trajimos, trajisteis, trajeron
conducir	conduj-	conduje, condujiste, condujo, condujimos, condujisteis, condujeron
traducir	traduj-	traduje, tradujiste, tradujo, tradujimos, tradujisteis, tradujeron

▶ **¡Atención!** Most verbs that end in **-cir** are **j**-stem verbs in the preterite. For example, **producir → produje, produjiste,** etc.

Produjimos un documental sobre los accidentes en la casa.
We produced a documentary about accidents in the home.

▶ Notice that the preterites with **j**-stems omit the letter **i** in the **ustedes/ellos/ellas** form.

Mis amigos **trajeron** comida a la fiesta.   Ellos **dijeron** la verdad.

Lección 3

The preterite of dar

yo	d**i**		nosotros/as	d**imos**
tú	d**iste**		vosotros/as	d**isteis**
Ud./él/ella	d**io**		Uds./ellos/ellas	d**ieron**

SINGULAR FORMS   PLURAL FORMS

▶ The endings for **dar** are the same as the regular preterite endings for **-er** and **-ir** verbs, except that there are no accent marks.

La camarera me **dio** el menú.
The waitress gave me the menu.

Le **di** a Juan algunos consejos.
I gave Juan some advice.

Los invitados le **dieron** un regalo.
The guests gave him/her a gift.

Nosotros **dimos** una gran fiesta.
We gave a great party.

▶ The preterite of **hay** (*inf.* **haber**) is **hubo** (*there was; there were*).

CONSULTA

Note that there are other ways to say *there was* or *there were* in Spanish. See **Estructura 4.1,** p. 190.

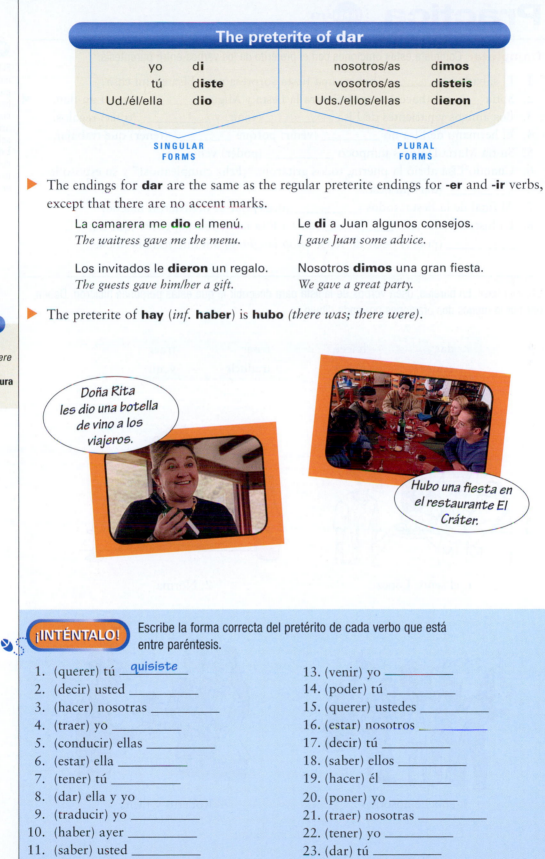

Doña Rita les dio una botella de vino a los viajeros.

Hubo una fiesta en el restaurante El Cráter.

¡INTÉNTALO!   Escribe la forma correcta del pretérito de cada verbo que está entre paréntesis.

1. (querer) tú _quisiste_
2. (decir) usted _____
3. (hacer) nosotras _____
4. (traer) yo _____
5. (conducir) ellas _____
6. (estar) ella _____
7. (tener) tú _____
8. (dar) ella y yo _____
9. (traducir) yo _____
10. (haber) ayer _____
11. (saber) usted _____
12. (poner) ellos _____

13. (venir) yo _____
14. (poder) tú _____
15. (querer) ustedes _____
16. (estar) nosotros _____
17. (decir) tú _____
18. (saber) ellos _____
19. (hacer) él _____
20. (poner) yo _____
21. (traer) nosotras _____
22. (tener) yo _____
23. (dar) tú _____
24. (poder) ustedes _____

recursos

WB
pp. 161–162

LM
p. 175

SUPERSITE
adelante.
vhlcentral.com

Práctica SUPERSITE

1

Completar Completa estas oraciones con el pretérito de los verbos entre paréntesis.

1. El sábado _____ (haber) una fiesta sorpresa para Elsa en mi casa.
2. Sofía _____ (hacer) un pastel para la fiesta y Miguel _____ (traer) un flan.
3. Los amigos y parientes de Elsa _____ (venir) y _____ (traer) regalos.
4. El hermano de Elsa no _____ (venir) porque _____ (tener) que trabajar.
5. Su tía María Dolores tampoco _____ (poder) venir.
6. Cuando Elsa abrió la puerta, todos gritaron: "¡Feliz cumpleaños!" y su esposo le _____ (dar) un beso.
7. Al final de la fiesta, todos _____ (decir) que se divirtieron mucho.
8. La historia (*story*) le _____ (dar) a Elsa tanta risa (*laughter*) que no _____ (poder) dejar de reírse (*stop laughing*) durante toda la noche.

NOTA CULTURAL

El **flan** es un postre muy popular en los países de habla hispana. Se prepara con huevos, leche y azúcar y se sirve con salsa de caramelo. Existen variedades deliciosas como el flan de queso o el flan de coco.

2

Describir En parejas, usen verbos de la lista para describir lo que estas personas hicieron. Deben dar por lo menos dos oraciones por cada dibujo.

dar	hacer	tener	traer
estar	poner	traducir	venir

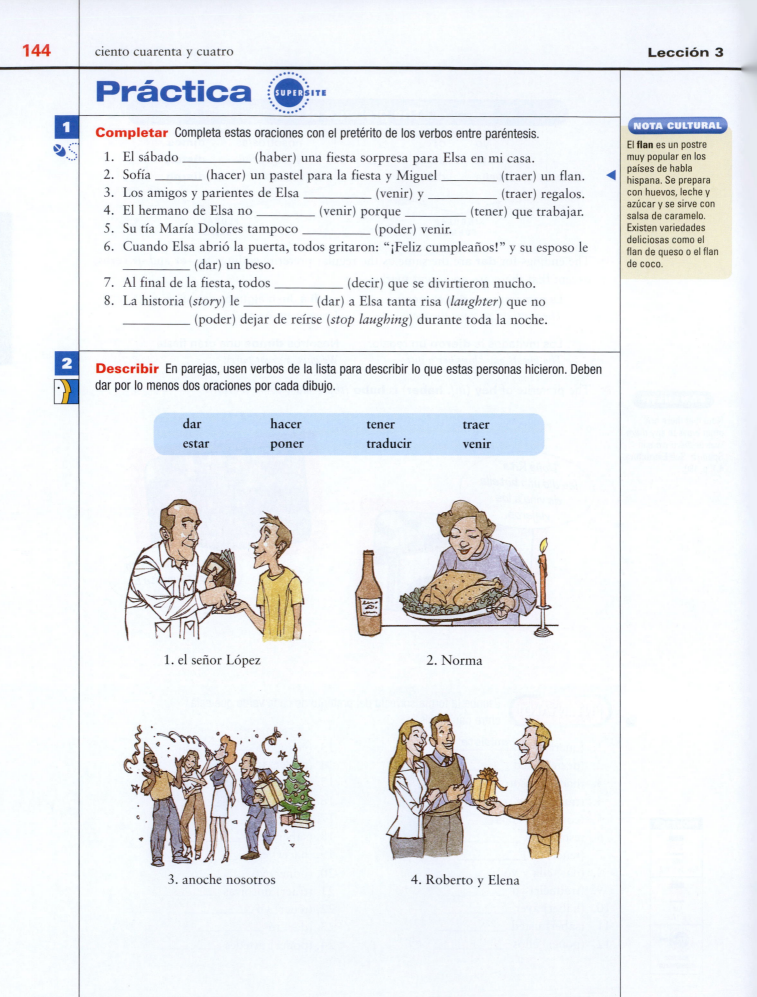

1. el señor López

2. Norma

3. anoche nosotros

4. Roberto y Elena

Comunicación

3 **Preguntas** En parejas, túrnense para hacerse y responder a estas preguntas.

1. ¿Fuiste a una fiesta de cumpleaños el año pasado? ¿De quién?
2. ¿Quiénes fueron a la fiesta?
3. ¿Quién condujo el auto?
4. ¿Cómo estuvo la fiesta?
5. ¿Quién llevó regalos, bebidas o comida? ¿Llevaste algo especial?
6. ¿Hubo comida? ¿Quién la hizo? ¿Hubo champán?
7. ¿Qué regalo diste tú? ¿Qué otros regalos dieron los invitados?
8. ¿Cuántos invitados hubo en la fiesta?
9. ¿Qué tipo de música hubo?
10. ¿Qué dijeron los invitados de la fiesta?

4 **Encuesta** Tu profesor(a) va a darte una hoja de actividades. Para cada una de las actividades de la lista, encuentra a alguien que hizo esa actividad en el tiempo indicado.

> **modelo**
>
> traer dulces a clase
> **Estudiante 1:** ¿Trajiste dulces a clase?
> **Estudiante 2:** Sí, traje galletas y helado a la fiesta del fin del semestre.

Actividades | **Nombres**

1. ponerse un disfraz (costume) de Halloween
2. traer dulces a clase
3. conducir su auto a clase
4. estar en la biblioteca ayer
5. dar un regalo a alguien ayer
6. poder levantarse temprano esta mañana
7. hacer un viaje a un país hispano en el verano
8. tener una cita anoche
9. ir a una fiesta el fin de semana pasado
10. tener que trabajar el sábado pasado

NOTA CULTURAL

Halloween es una fiesta que también se celebra en algunos países hispanos, como México, por su proximidad con los Estados Unidos, pero no es parte de la cultura hispana. El Día de todos los Santos (1 de noviembre) y el Día de los Muertos (2 de noviembre) sí son celebraciones muy arraigadas (*deeply rooted*) entre los hispanos.

Síntesis

5 **Conversación** En parejas, preparen una conversación en la que uno/a de ustedes va a visitar a su hermano/a para explicarle por qué no fue a su fiesta de graduación y para saber cómo estuvo la fiesta. Incluyan esta información en la conversación:

- cuál fue el menú
- quiénes vinieron a la fiesta y quiénes no pudieron venir
- quiénes prepararon la comida o trajeron algo
- si él/ella tuvo que preparar algo
- lo que la gente hizo antes y después de comer
- cómo lo pasaron, bien o mal

3.2 Verbs that change meaning in the preterite

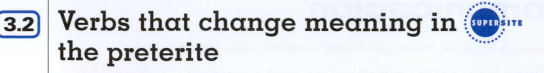

ANTE TODO The verbs **conocer, saber, poder,** and **querer** change meanings when used in the preterite. Because of this, each of them corresponds to more than one verb in English, depending on its tense.

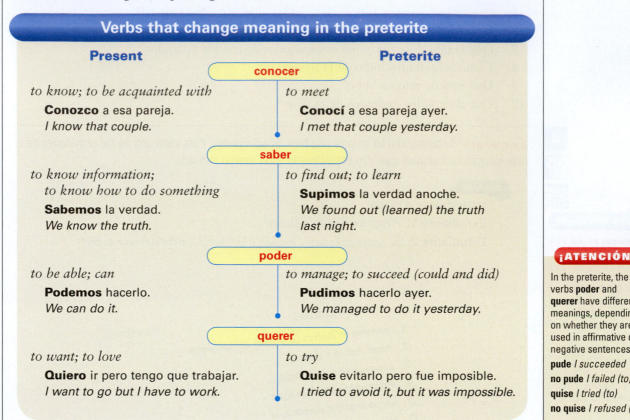

Verbs that change meaning in the preterite

Present	Preterite
conocer	
to know; to be acquainted with	*to meet*
Conozco a esa pareja.	**Conocí** a esa pareja ayer.
I know that couple.	*I met that couple yesterday.*
saber	
to know information; *to know how to do something*	*to find out; to learn*
Sabemos la verdad.	**Supimos** la verdad anoche.
We know the truth.	*We found out (learned) the truth last night.*
poder	
to be able; can	*to manage; to succeed (could and did)*
Podemos hacerlo.	**Pudimos** hacerlo ayer.
We can do it.	*We managed to do it yesterday.*
querer	
to want; to love	*to try*
Quiero ir pero tengo que trabajar.	**Quise** evitarlo pero fue imposible.
I want to go but I have to work.	*I tried to avoid it, but it was impossible.*

¡ATENCIÓN!

In the preterite, the verbs **poder** and **querer** have different meanings, depending on whether they are used in affirmative or negative sentences.

pude *I succeeded*
no pude *I failed (to)*
quise *I tried (to)*
no quise *I refused (to)*

¡INTÉNTALO! Elige la respuesta más lógica.

1. Yo no hice lo que me pidieron mis padres. ¡Tengo mis principios!
   a. No quise hacerlo. b. No supe hacerlo.

2. Hablamos por primera vez con Nuria y Ana en la boda.
   a. Las conocimos en la boda. b. Las supimos en la boda.

3. Por fin hablé con mi hermano después de llamarlo siete veces.
   a. No quise hablar con él. b. Pude hablar con él.

4. Josefina se acostó para relajarse. Se durmió inmediatamente.
   a. Pudo relajarse. b. No pudo relajarse.

5. Después de mucho buscar, encontraste la definición en el diccionario.
   a. No supiste la respuesta. b. Supiste la respuesta.

6. Las chicas fueron a la fiesta. Cantaron y bailaron mucho.
   a. Ellas pudieron divertirse. b. Ellas no supieron divertirse.

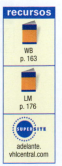

recursos

WB
p. 163

LM
p. 176

SUPERSITE
adelante.
vhlcentral.com

Práctica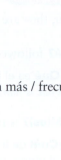

SUPERSITE

1 **Carlos y Eva** Forma oraciones con los siguientes elementos. Usa el pretérito y haz todos los cambios necesarios. Al final, inventa la razón del divorcio de Carlos y Eva.

1. anoche / mi esposa y yo / saber / que / Carlos y Eva / divorciarse

2. los / conocer / viaje / isla de Pascua

3. no / poder / hablar / mucho / con / ellos / ese día

4. pero / ellos / ser / simpático / y / nosotros / hacer planes / vernos / con más / frecuencia

5. yo / poder / encontrar / su / número / teléfono / páginas / amarillo

6. (yo) querer / llamar / les / ese día / pero / no / tener / tiempo

7. cuando / los / llamar / nosotros / poder / hablar / Eva

8. nosotros / saber / razón / divorcio / después / hablar / ella

> **NOTA CULTURAL**
>
> **La isla de Pascua** es un remoto territorio chileno situado en el océano Pacífico Sur. Sus inmensas estatuas son uno de los mayores misterios del mundo: nadie sabe cómo o por qué se construyeron. Para más información, puedes ir a **Panorama**, p. 157.

2 **Completar** Completa estas frases de una manera lógica.

1. Ayer mi compañero/a de cuarto supo…
2. Esta mañana no pude…
3. Conocí a mi mejor amigo/a en…
4. Mis padres no quisieron…
5. Mi mejor amigo/a no pudo…
6. Mi novio/a y yo nos conocimos en…
7. La semana pasada supe…
8. Ayer mis amigos quisieron…

Comunicación

3 **Telenovela (*Soap opera*)** En parejas, escriban el diálogo para una escena de una telenovela. La escena trata de una situación amorosa entre tres personas: Mirta, Daniel y Raúl. Usen el pretérito de **conocer, poder, querer** y **saber** en su diálogo.

PASIÓN · AVENTURA

HECHICERÍA · INQUISICIÓN

La Mujer Doble

Síntesis

4 **Conversación** En una hoja de papel, escribe dos listas: las cosas que hiciste durante el fin de semana y las cosas que quisiste hacer pero no pudiste. Luego, compara tu lista con la de un(a) compañero/a, y expliquen por qué no pudieron hacer esas cosas.

Lección 3

3.3 **¿Qué? and ¿cuál?** SUPERSITE

ANTE TODO You've already learned how to use interrogative words and phrases. As you know, **¿qué?** and **¿cuál?** or **¿cuáles?** mean *what?* or *which?* However, they are not interchangeable.

▶ **¿Qué?** followed by a verb is used to ask for a definition or an explanation.

¿Qué es el flan?	**¿Qué** estudias?
What is flan?	*What do you study?*

▶ **¿Cuál(es)?** is used when there is a choice among several possibilities.

¿Cuál de los dos prefieres, el vino o el champán?	**¿Cuáles** son tus medias, las negras o las blancas?
Which of these (two) do you prefer, wine or champagne?	*Which ones are your socks, the black ones or the white ones?*

▶ **¿Cuál?** cannot be used before a noun; in this case, **¿qué?** is used.

¿Qué sorpresa te dieron tus amigos?	**¿Qué** colores te gustan?
What surprise did your friends give you?	*What colors do you like?*

▶ **¿Qué?** used before a noun has the same meaning as **¿cuál?**

¿Qué regalo te gusta?	**¿Qué dulces** quieren ustedes?
What (Which) gift do you like?	*What (Which) sweets do you want?*

Review of interrogative words and phrases

¿a qué hora?	*at what time?*	**¿cuánto/a?**	*how much?*
¿adónde?	*(to) where?*	**¿cuántos/as?**	*how many?*
¿cómo?	*how?*	**¿de dónde?**	*from where?*
¿cuál(es)?	*what?; which?*	**¿dónde?**	*where?*
¿cuándo?	*when?*	**¿qué?**	*what?; which?*
		¿quién(es)?	*who?*

¡INTÉNTALO! Completa las preguntas con **¿qué?** o **¿cuál(es)?**, según el contexto.

1. ¿ *Cuál* de los dos te gusta más?
2. ¿ _____ es tu teléfono?
3. ¿ _____ tipo de pastel pediste?
4. ¿ _____ es una quinceañera?
5. ¿ _____ haces ahora?
6. ¿ _____ son tus platos favoritos?
7. ¿ _____ bebidas te gustan más?
8. ¿ _____ es esto?
9. ¿ _____ es el mejor?
10. ¿ _____ es tu opinión?
11. ¿ _____ fiestas celebras tú?
12. ¿ _____ botella de vino prefieres?
13. ¿ _____ es tu helado favorito?
14. ¿ _____ pones en la mesa?
15. ¿ _____ restaurante prefieres?
16. ¿ _____ estudiantes estudian más?
17. ¿ _____ quieres comer esta noche?
18. ¿ _____ es la sorpresa mañana?
19. ¿ _____ postre prefieres?
20. ¿ _____ opinas?

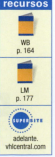

recursos

WB
p. 164

LM
p. 177

SUPERSITE
adelante.
vhlcentral.com

Práctica SUPERSITE

1

Completar Tu clase de español va a crear un sitio web. Completa estas preguntas con alguna(s) palabra(s) interrogativa(s). Luego, con un(a) compañero/a, hagan y contesten las preguntas para obtener la información para el sitio web.

1. ¿_____ es la fecha de tu cumpleaños?
2. ¿_____ naciste?
3. ¿_____ es tu estado civil?
4. ¿_____ te relajas?
5. ¿_____ es tu mejor amigo/a?
6. ¿_____ cosas te hacen reír?
7. ¿_____ postres te gustan? ¿_____ te gusta más?
8. ¿_____ problemas tuviste en la primera cita con alguien?

Comunicación

2

Una invitación En parejas, lean esta invitación. Luego, túrnense para hacer y contestar preguntas con **qué** y **cuál** basadas en la información de la invitación.

> **modelo**
>
> **Estudiante 1:** ¿Cuál es el nombre del padre de la novia?
> **Estudiante 2:** Su nombre es Fernando Sandoval Valera.

¡LENGUA VIVA!

The word **invitar** is not always used exactly like *invite*. Sometimes, if you say **Te invito a un café**, it means that you are offering to buy that person a coffee.

> Fernando Sandoval Valera   Lorenzo Vásquez Amaral
> Isabel Arzipe de Sandoval   Elena Soto de Vásquez
>
> tienen el agrado de invitarlos
> a la boda de sus hijos
>
> María Luisa y José Antonio
>
> La ceremonia religiosa tendrá lugar
> el sábado 10 de junio a las dos de la tarde
> en el Templo de Santo Domingo
> (Calle Santo Domingo, 961).
>
> Después de la ceremonia sírvanse pasar a la recepción en el salón
> de baile del Hotel Metrópoli (Sotero del Río, 465).

3

Quinceañera Trabaja con un(a) compañero/a. Uno/a de ustedes es el/la director(a) del salón de fiestas "Renacimiento". La otra persona es el padre/la madre de Ana María, quien quiere hacer la fiesta de quinceañera de su hija sin gastar más de $25 por invitado. Su profesor(a) va a darles la información necesaria para confirmar la reservación.

> **modelo**
>
> **Estudiante 1:** ¿Cuánto cuestan los entremeses?
> **Estudiante 2:** Depende. Puede escoger champiñones por 50 centavos o
> camarones por dos dólares.
> **Estudiante 1:** ¡Uf! A mi hija le gustan los camarones, pero son muy caros.
> **Estudiante 2:** Bueno, también puede escoger quesos por un dólar por invitado.

3.4 Pronouns after prepositions SUPERSITE

ANTE TODO In Spanish, as in English, the object of a preposition is the noun or pronoun that follows a preposition. Observe the following diagram.

PREPOSITION	NOUN	PREPOSITION	PRONOUN
La sopa es para	Alicia	y para	él.

Prepositional pronouns

	Singular			Plural	
	mí	me		**nosotros/as**	us
	ti	you (fam.)		**vosotros/as**	you (fam.)
preposition +	**Ud.**	you (form.)		**Uds.**	you (form.)
	él	him		**ellos**	them (m.)
	ella	her		**ellas**	them (f.)

▶ Note that, except for **mí** and **ti**, these pronouns are the same as the subject pronouns. **¡Atención!** **Mí** (*me*) has an accent mark to distinguish it from the possessive adjective **mi** (*my*).

▶ The preposition **con** combines with **mí** and **ti** to form **conmigo** and **contigo,** respectively.

—¿Quieres venir **conmigo** a Concepción? —Sí, gracias, me gustaría ir **contigo.**
Do you want to come with me to Concepción? *Yes, thanks, I would like to go with you.*

▶ The preposition **entre** is followed by **tú** and **yo** instead of **ti** and **mí.**

Papá va a sentarse **entre tú y yo**.
Dad is going to sit between you and me.

CONSULTA

For more prepositions, you can refer to **¡ADELANTE! UNO**, **Estructura 2.3,** p. 76.

¡INTÉNTALO! Completa estas oraciones con las preposiciones y los pronombres apropiados.

1. *(with him)* No quiero ir ___con él___.
2. *(for her)* Las galletas son _____.
3. *(for me)* Los mariscos son _____.
4. *(with you,* pl. form.*)* Preferimos estar _____.
5. *(with you,* sing. fam.*)* Me gusta salir _____.
6. *(with me)* ¿Por qué no quieres tener una cita _____?
7. *(for her)* La cuenta es _____.
8. *(for them,* m.*)* La habitación es muy pequeña _____.
9. *(with them,* f.*)* Anoche celebré la Navidad _____.
10. *(for you,* sing. fam.*)* Este beso es _____.
11. *(with you,* sing. fam.*)* Nunca me aburro _____.
12. *(with you,* pl. form.*)* ¡Qué bien que vamos _____!
13. *(for you,* sing. fam.*)* _____ la vida es muy fácil.
14. *(for them,* f.*)* _____ no hay sorpresas.

recursos

WB
pp. 165–166

LM
p. 178

SUPERSITE
adelante.
vhlcentral.com

Práctica SUPERSITE

1 **Completar** David sale con sus amigos a comer. Para saber quién come qué, lee el mensaje electrónico que David le envió (*sent*) a Cecilia dos días después y completa el diálogo en el restaurante con los pronombres apropiados.

> **modelo**
>
> **Camarero:** Los camarones en salsa verde, ¿para quién son?
> **David:** Son para _____*ella*_____.

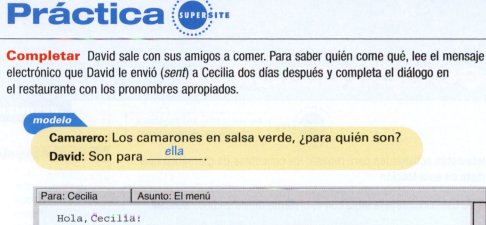

Para: Cecilia | Asunto: El menú

Hola, Cecilia:

¿Recuerdas la comida del viernes? Quiero repetir el menú en mi casa el miércoles. Ahora voy a escribir lo que comimos, luego me dices si falta algún plato. Yo pedí el filete de pescado y Maribel camarones en salsa verde. Tatiana pidió un plato grandísimo de machas a la parmesana. Diana y Silvia pidieron langostas, ¿te acuerdas? Y tú, ¿qué pediste? Ah, sí, un bistec grande con papas. Héctor también pidió un bistec, pero más pequeño. Miguel pidió pollo y vino tinto para todos. Y la profesora comió ensalada verde porque está a dieta. ¿Falta algo? Espero tu mensaje. Hasta pronto. David.

CAMARERO El filete de pescado, ¿para quién es?
DAVID Es para (1)_____.
CAMARERO Aquí está. ¿Y las machas a la parmesana y las langostas?
DAVID Las machas son para (2)_____.
SILVIA Y DIANA Las langostas son para (3)_____.
CAMARERO Tengo un bistec grande...
DAVID Cecilia, es para (4)_____, ¿no es cierto? Y el bistec más pequeño es para (5)_____.
CAMARERO ¿Y la botella de vino?
MIGUEL Es para todos (6)_____, y el pollo es para (7)_____.
CAMARERO (*a la profesora*) Entonces la ensalada verde es para (8)_____.

NOTA CULTURAL

Las machas a la parmesana es un plato muy típico de Chile. Se prepara con machas, un tipo de almeja (*clam*) que se encuentra en Suramérica. Las machas a la parmesana se hacen con queso parmesano, limón, sal, pimienta y mantequilla, y luego se ponen en el horno (*oven*).

Comunicación

2 **Compartir** Tu profesor(a) va a darte una hoja de actividades en la que hay un dibujo. En parejas, hagan preguntas para saber dónde está cada una de las personas en el dibujo. Ustedes tienen dos versiones diferentes de la ilustración. Al final deben saber dónde está cada persona.

> **modelo**
>
> **Estudiante 1:** ¿Quién está al lado de Óscar?
> **Estudiante 2:** Alfredo está al lado de él.

AYUDA

Here are some other useful prepositions: **al lado de, debajo de, a la derecha de, a la izquierda de, cerca de, lejos de, delante de, detrás de, entre.**

Alfredo	Dolores	Graciela	Raúl
Sra. Blanco	Enrique	Leonor	Rubén
Carlos	Sra. Gómez	Óscar	Yolanda

Recapitulación

For self-scoring and diagnostics, go to **adelante.vhlcentral.com.**

Completa estas actividades para repasar los conceptos de gramática que aprendiste en esta lección.

1 Completar Completa la tabla con el pretérito de los verbos. **9 pts.**

Infinitive	yo	ella	nosotros
conducir			
hacer			
saber			

2 Mi fiesta Completa este mensaje electrónico con el pretérito de los verbos de la lista. Vas a usar cada verbo sólo una vez. **10 pts.**

dar	haber	tener
decir	hacer	traer
estar	poder	venir
	poner	

Hola, Omar:

Como tú no (1) _____ venir a mi fiesta de cumpleaños, quiero contarte cómo fue. El día de mi cumpleaños muy temprano por la mañana mis hermanos me (2) _____ una gran sorpresa: ellos (3) _____ un regalo delante de la puerta de mi habitación: ¡una bicicleta roja preciosa! Mi madre nos preparó un desayuno riquísimo. Después de desayunar, mis hermanos y yo (4) _____ que limpiar toda la casa, así que (*therefore*) no (5) _____ más celebración hasta la tarde. A las seis y media (nosotros) (6) _____ una barbacoa en el patio de la casa. Todos los invitados (7) _____ bebidas y regalos. (8) _____ todos mis amigos, excepto tú, ¡qué pena! :-(
La fiesta (9) _____ muy animada hasta las diez de la noche, cuando mis padres (10) _____ que los vecinos (*neighbors*) iban a (*were going to*) protestar y entonces todos se fueron a sus casas.

RESUMEN GRAMATICAL

3.1 Irregular preterites *pp. 142–143*

u-stem	estar poder poner saber tener	estuv- pud- pus- sup- tuv-	
i-stem	hacer querer venir	hic- quis- vin-	-e, -iste, -o, -imos, -isteis, -(i)eron
j-stem	conducir decir traducir traer	conduj- dij- traduj- traj-	

► Preterite of **dar**: di, diste, dio, dimos, disteis, dieron

► Preterite of **hay** (*inf.* haber): hubo

3.2 Verbs that change meaning in the preterite *p. 146*

Present	Preterite
conocer	
to know; to be acquainted with	to meet
saber	
to know info.; to know how to do something	to find out; to learn
poder	
to be able; can	to manage; to succeed
querer	
to want; to love	to try

3.3 ¿Qué? and ¿cuál? *p. 148*

► Use **¿qué?** to ask for a definition or an explanation.

► Use **¿cuál(es)?** when there is a choice among several possibilities.

► **¿Cuál?** cannot be used before a noun; use **¿qué?** instead.

► **¿Qué?** used before a noun has the same meaning as **¿cuál?**

Lección 3

3 **¿Presente o pretérito?** Escoge la forma correcta de los verbos en paréntesis. **6 pts.**

1. Después de muchos intentos (*tries*), (podemos/ pudimos) hacer una piñata.
2. —¿Conoces a Pepe?
   —Sí, lo (conozco/conocí) en tu fiesta.
3. Como no es de aquí, Cristina no (sabe/supo) mucho de las celebraciones locales.
4. Yo no (quiero/quise) ir a un restaurante grande, pero tú decides.
5. Ellos (quieren/quisieron) darme una sorpresa, pero Nina me lo dijo todo.
6. Mañana se terminan las clases; por fin (podemos/pudimos) divertirnos.

3.4 **Pronouns after prepositions** *p. 150*

Prepositional pronouns

	Singular	Plural
	mí	nosotros/as
	ti	vosotros/as
Preposition +	Ud.	Uds.
	él	ellos
	ella	ellas

► Exceptions: **conmigo, contigo, entre tú y yo**

4 **Preguntas** Escribe una pregunta para cada respuesta con los elementos dados. Empieza con **qué**, **cuál** o **cuáles** de acuerdo con el contexto y haz los cambios necesarios. **8 pts.**

1. —¿? / pastel / querer —Quiero el pastel de chocolate.
2. —¿? / ser / sangría —La sangría es una bebida típica española.
3. —¿? / ser / restaurante favorito —Mis restaurantes favoritos son Dalí y Jaleo.
4. —¿? / ser / dirección electrónica —Mi dirección electrónica es paco@email.com.

5 **¿Dónde me siento?** Completa la conversación con los pronombres apropiados. **7 pts.**

JUAN A ver, te voy a decir dónde te vas a sentar. Manuel, ¿ves esa silla? Es para _____. Y esa otra silla es para tu novia, que todavía no está aquí.

MANUEL Muy bien, yo la reservo para _____.

HUGO ¿Y esta silla es para _____?

JUAN No, Hugo. No es para _____. Es para Carmina, que viene con Julio.

HUGO No, Carmina y Julio no pueden venir. Hablé con _____ y me lo dijeron.

JUAN Pues ellos se lo pierden (*it's their loss*). ¡Más comida para _____ (*us*)!

CAMARERO Aquí tienen el menú. Les doy un minuto y enseguida estoy con _____.

6 **Cumpleaños feliz** Escribe cinco oraciones describiendo cómo celebraste tu último cumpleaños. Usa el pretérito y los pronombres que aprendiste en esta lección. **10 pts.**

7 **Poema** Completa este fragmento del poema *Elegía nocturna* de Carlos Pellicer con el pretérito de los verbos entre paréntesis. **¡2 puntos EXTRA!**

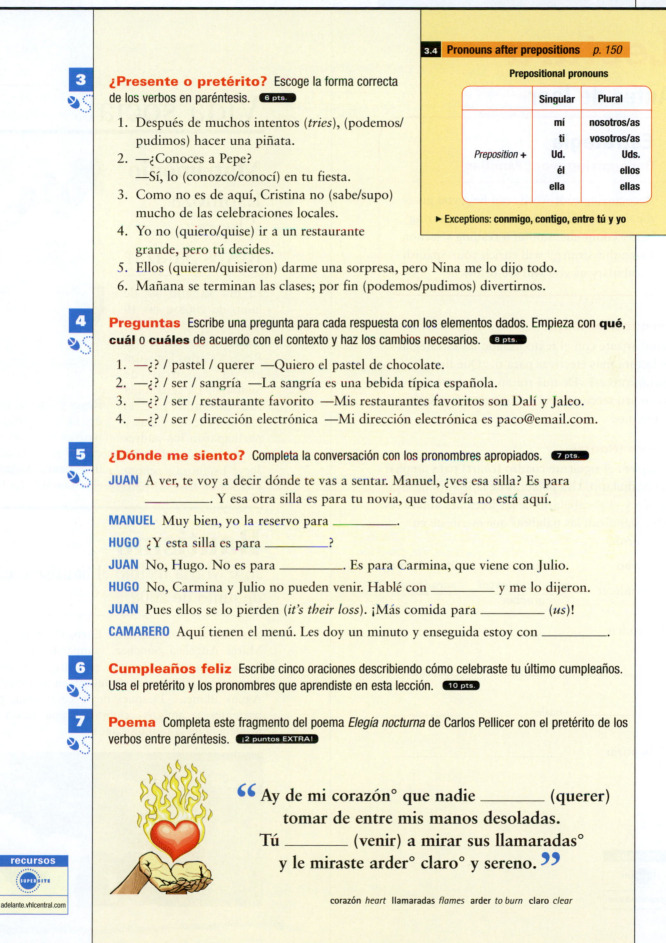

" Ay de mi corazón° que nadie _____ (querer)
tomar de entre mis manos desoladas.
Tú _____ (venir) a mirar sus llamaradas°
y le miraste arder° claro° y sereno. "

corazón *heart* llamaradas *flames* arder *to burn* claro *clear*

recursos

SUPERSITE

adelante.vhlcentral.com

Lectura

Antes de leer

Estrategia
Recognizing word families

Recognizing root words can help you guess the meaning of words in context, ensuring better comprehension of a reading selection. Using this strategy will enrich your Spanish vocabulary as you will see below.

Examinar el texto

Familiarízate con el texto usando las estrategias de lectura más efectivas para ti. ¿Qué tipo de documento es? ¿De qué tratan (*What are... about?*) las cuatro secciones del documento? Explica tus respuestas.

Raíces (*Roots*)

Completa el siguiente cuadro (*chart*) para ampliar tu vocabulario. Usa palabras de la lectura de esta lección y el vocabulario de las lecciones anteriores. ¿Qué significan las palabras que escribiste en el cuadro?

Verbo	Sustantivos	Otras formas
1. agradecer	agradecimiento/ gracias	agradecido
2. estudiar	_____	_____
3. _____	_____	celebrado
4. _____	baile	_____
5. bautizar	_____	_____

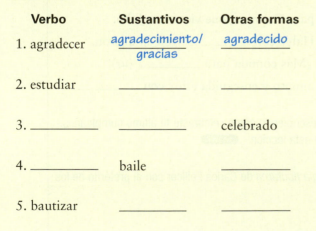

recursos

adelante.vhlcentral.com

Vida social

Matrimonio
Espinoza Álvarez-Reyes Salazar

El día sábado 17 de junio de 2008 a las 19 horas, se celebró el matrimonio de Silvia Reyes y Carlos Espinoza en la catedral de Santiago. La ceremonia fue oficiada por el pastor Federico Salas y participaron los padres de los novios, el señor Jorge Espinoza y señora y el señor José Alfredo Reyes y señora. Después de la ceremonia, los padres de los recién casados ofrecieron una fiesta bailable en el restaurante La Misión.

Bautismo

José María recibió el bautismo el 26 de junio de 2008.

Sus padres, don Roberto Lagos Moreno y doña María Angélica Sánchez, compartieron la alegría de la fiesta con todos sus parientes y amigos. La ceremonia religiosa tuvo lugar° en la catedral de Aguas Blancas. Después de la ceremonia, padres, parientes y amigos celebraron una fiesta en la residencia de la familia Lagos.

32B

Fiesta quinceañera

El doctor don Amador Larenas Fernández y la señora Felisa Vera de Larenas celebraron los quince años de su hija Ana Ester junto a sus parientes y amigos. La quinceañera° reside en la ciudad de Valparaíso y es estudiante del Colegio Francés. La fiesta de presentación en sociedad de la señorita Ana Ester fue el día viernes 2 de mayo a las 19 horas, en el Club Español. Entre los invitados especiales asistieron el alcalde° de la ciudad, don Pedro Castedo, y su esposa. La música estuvo a cargo de la Orquesta Americana. ¡Feliz cumpleaños le deseamos a la señorita Ana Ester en su fiesta bailable!

Expresión de gracias
Carmen Godoy Tapia

Agradecemos° sinceramente a todas las personas que nos acompañaron en el último adiós a nuestra apreciada esposa, madre, abuela y tía, la señora Carmen Godoy Tapia. El funeral tuvo lugar el día 28 de junio de 2008 en la ciudad de Viña del Mar. La vida de Carmen Godoy fue un ejemplo de trabajo, amistad, alegría y amor para todos nosotros. La familia agradece de todo corazón° su asistencia° al funeral a todos los parientes y amigos. Su esposo, hijos y familia.

tuvo lugar *took place* quinceañera *fifteen year-old girl* alcalde *mayor*
Agradecemos *We thank* de todo corazón *sincerely* asistencia *attendance*

Después de leer

Corregir
Escribe estos comentarios otra vez para corregir la información errónea.
1. El alcalde y su esposa asistieron a la boda de Silvia y Carlos.
2. Todos los anuncios (*announcements*) describen eventos felices.
3. Ana Ester Larenas cumple dieciséis años.
4. Roberto Lagos y María Angélica Sánchez son hermanos.
5. Carmen Godoy Tapia les dio las gracias a las personas que asistieron al funeral.

Identificar
Escribe el nombre de la(s) persona(s) descrita(s) (*described*).
1. Dejó viudo a su esposo en junio de 2008.
2. Sus padres y todos los invitados brindaron por él, pero él no entendió por qué.
3. El Club Español les presentó una cuenta considerable para pagar.
4. Unió a los novios en santo matrimonio.
5. La celebración de su cumpleaños marcó el comienzo de su vida adulta.

Un anuncio
Trabaja con dos o tres compañeros/as de clase e inventen un anuncio breve sobre una celebración importante. Esta celebración puede ser una graduación, un matrimonio o una gran fiesta en la que ustedes participan. Incluyan la siguiente información.
1. nombres de los participantes
2. la fecha, la hora y el lugar
3. qué se celebra
4. otros detalles de interés

Chile

El país en cifras

- ▶ **Área:** 756.950 km² (292.259 millas²), *dos veces el área de Montana*
- ▶ **Población:** 17.134.000
  Aproximadamente el 80 por ciento de la población del país es urbana.
- ▶ **Capital:** Santiago de Chile—5.982.000
- ▶ **Ciudades principales:** Concepción, Viña del Mar, Valparaíso, Temuco

SOURCE: Population Division, UN Secretariat

- ▶ **Moneda:** peso chileno
- ▶ **Idiomas:** español (oficial), mapuche

Bandera de Chile

Chilenos célebres

- ▶ **Bernardo O'Higgins,** militar° y héroe nacional (1778–1842)
- ▶ **Gabriela Mistral,** Premio Nobel de Literatura, 1945; poeta y diplomática (1889–1957)
- ▶ **Pablo Neruda,** Premio Nobel de Literatura, 1971; poeta (1904–1973)
- ▶ **Isabel Allende,** novelista (1942–)

Pablo Neruda

militar *soldier*   terremoto *earthquake*   heridas *wounded*
hogar *home*

PERÚ

Pampa del Tamarugal

Cordillera de los Andes

BOLIVIA

Palacio de la Moneda en Santiago

El puerto de Valparaíso

Edificio antiguo en Santiago

Océano Pacífico

Viña del Mar
Valparaíso

Santiago de Chile

ARGENTINA

Pescadores de Valparaíso

Concepción

Temuco

Una celebración en Temuco

Lago Buenos Aires

Océano Atlántico

Punta Arenas

Estrecho de Magallanes

recursos

WB
pp. 167–168

VM
pp. 171–172

adelante.
vhlcentral.com

Isla Grande de Tierra del Fuego

¡Increíble pero cierto!

El terremoto° de mayor intensidad registrado tuvo lugar en Chile el 22 de mayo de 1960. Registró una intensidad récord de 9.5 en la escala de Richter. Murieron 2.000 personas, 3.000 resultaron heridas° y 2.000.000 perdieron su hogar°. La geografía del país se modificó notablemente.

Lugares • La isla de Pascua

La isla de Pascua° recibió ese nombre porque los exploradores holandeses° llegaron a la isla por primera vez el día de Pascua de 1722. Ahora es parte del territorio de Chile. La isla de Pascua es famosa por los *moai,* estatuas enormes que representan personas con rasgos° muy exagerados. Estas estatuas las construyeron los *rapa nui,* los antiguos habitantes de la zona. Todavía no se sabe mucho sobre los *rapa nui,* ni tampoco se sabe por qué decidieron abandonar la isla.

Deportes • Los deportes de invierno

Hay muchos lugares para practicar los deportes de invierno en Chile porque las montañas nevadas de los Andes ocupan gran parte del país. El Parque Nacional de Villarrica, por ejemplo, situado al pie de un volcán y junto a° un lago, es un sitio popular para el esquí y el *snowboard.* Para los que prefieren deportes más extremos, el centro de esquí Valle Nevado organiza excursiones para practicar el heliesquí.

Ciencias • Astronomía

Los observatorios chilenos, situados en los Andes, son lugares excelentes para las observaciones astronómicas. Científicos° de todo el mundo van a Chile para estudiar las estrellas° y otros cuerpos celestes. Hoy día Chile está construyendo nuevos observatorios y telescopios para mejorar las imágenes del universo.

Economía • El vino

La producción de vino comenzó en Chile en el siglo° XVI. Ahora la industria del vino constituye una parte importante de la actividad agrícola del país y la exportación de sus productos está subiendo° cada vez más. Los vinos chilenos reciben el aprecio internacional por su gran variedad, sus ricos y complejos sabores° y su precio moderado. Los más conocidos internacionalmente son los vinos de Aconcagua, de Santiago y de Huasco.

 ¿Qué aprendiste? Responde a cada pregunta con una oración completa.

1. ¿Qué porcentaje (*percentage*) de la población chilena es urbana?
2. ¿Qué son los *moai?* ¿Dónde están?
3. ¿Qué deporte extremo ofrece el centro de esquí Valle Nevado?
4. ¿Por qué van a Chile científicos de todo el mundo?
5. ¿Cuándo comenzó la producción de vino en Chile?
6. ¿Por qué reciben los vinos chilenos el aprecio internacional?

Conexión Internet Investiga estos temas en **adelante.vhlcentral.com.**

1. Busca información sobre Pablo Neruda e Isabel Allende. ¿Dónde y cuándo nacieron? ¿Cuáles son algunas de sus obras (*works*)? ¿Cuáles son algunos de los temas de sus obras?
2. Busca información sobre sitios donde los chilenos y los turistas practican deportes de invierno en Chile. Selecciona un sitio y descríbeselo a tu clase.

La isla de Pascua *Easter Island* **holandeses** *Dutch* **rasgos** *features* **junto a** *beside* **Científicos** *Scientists* **estrellas** *stars* **siglo** *century* **subiendo** *increasing* **complejos sabores** *complex flavors*

Las celebraciones

el aniversario (de bodas)	(wedding) anniversary
la boda	wedding
el cumpleaños	birthday
el día de fiesta	holiday
la fiesta	party
el/la invitado/a	guest
la Navidad	Christmas
la quinceañera	young woman's fifteenth birthday celebration
la sorpresa	surprise
brindar	to toast (drink)
celebrar	to celebrate
divertirse (e:ie)	to have fun
invitar	to invite
pasarlo bien/mal	to have a good/bad time
regalar	to give (a gift)
reírse (e:i)	to laugh
relajarse	to relax
sonreír (e:i)	to smile
sorprender	to surprise

Los postres y otras comidas

la botella (de vino)	bottle (of wine)
el champán	champagne
los dulces	sweets; candy
el flan (de caramelo)	baked (caramel) custard
la galleta	cookie
el helado	ice cream
el pastel (de chocolate)	(chocolate) cake; pie
el postre	dessert

Las relaciones personales

la amistad	friendship
el amor	love
el divorcio	divorce
el estado civil	marital status
el matrimonio	marriage
la pareja	(married) couple; partner
el/la recién casado/a	newlywed
casarse (con)	to get married (to)
comprometerse (con)	to get engaged (to)
divorciarse (de)	to get divorced (from)
enamorarse (de)	to fall in love (with)
llevarse bien/mal (con)	to get along well/ badly (with)
odiar	to hate
romper (con)	to break up (with)
salir (con)	to go out (with); to date
separarse (de)	to separate (from)
tener una cita	to have a date; to have an appointment
casado/a	married
divorciado/a	divorced
juntos/as	together
separado/a	separated
soltero/a	single
viudo/a	widower/widow

Las etapas de la vida

la adolescencia	adolescence
la edad	age
el estado civil	marital status
las etapas de la vida	the stages of life
la juventud	youth
la madurez	maturity; middle age
la muerte	death
el nacimiento	birth
la niñez	childhood
la vejez	old age
cambiar (de)	to change
graduarse (de/en)	to graduate (from/in)
jubilarse	to retire (from work)
nacer	to be born

Palabras adicionales

la alegría	happiness
el beso	kiss
conmigo	with me
contigo	with you

Expresiones útiles	See page 137.

recursos
LM p. 178
adelante. vhlcentral.com

---

1 **Identificar** Label the following terms as **estado civil, fiesta,** or **etapa de la vida.**

1. casada _____

2. adolescencia _____

3. viudo _____

4. juventud _____

5. quinceañera _____

6. niñez _____

7. vejez _____

8. aniversario de bodas _____

9. divorciado _____

10. madurez _____

11. cumpleaños _____

12. soltera _____

---

2 **Las etapas de la vida** Label the stages of life on the timeline.

```
    0   5   10  15  20  25  30  35  40  45  50  55  60  65  70  75  80  85  90  100
```

4. _____

1. _____   3. _____   5. _____   6. _____

2. _____

---

3 **Escribir** Fill in the blanks with the stage of life in which these events would normally occur.

1. jubilarse _____

2. graduarse en la universidad _____

3. cumplir nueve años _____

4. conseguir el primer trabajo _____

5. graduarse de la escuela secundaria _____

6. morir o quedar viudo _____

7. casarse (por primera vez) _____

8. tener un hijo _____

9. celebrar el cincuenta aniversario de bodas _____

10. tener la primera cita _____

4 **Información personal** Read the descriptions and answer the questions.

"Me llamo Jorge Rosas. Nací el 26 de enero de 1938. Mi esposa murió el año pasado. Tengo dos hijos: Marina y Daniel. Terminé mis estudios de sociología en la Universidad Interamericana en 1960. Me voy a jubilar este año. Voy a celebrar este evento con una botella de champán."

1. ¿Cuál es la fecha de nacimiento de Jorge? _____

2. ¿Cuál es el estado civil de Jorge? _____

3. ¿En qué etapa de la vida está Jorge? _____

4. ¿Cuándo es el cumpleaños de Jorge? _____

5. ¿Cuándo se graduó Jorge? _____

6. ¿Cómo va a celebrar la jubilación (*retirement*) Jorge? _____

"Soy Julia Jiménez. Nací el 11 de marzo de 1973. Me comprometí a los veinte años, pero rompí con mi novio antes de casarme. Ahora estoy saliendo con un músico cubano. Soy historiadora del arte desde que terminé mi carrera (*degree*) en la Universidad de Salamanca en 1995. Mi postre favorito es el flan de caramelo."

7. ¿Cuál es la fecha de nacimiento de Julia? _____

8. ¿Cuál es el estado civil de Julia? _____

9. ¿En qué etapa de la vida está Julia? _____

10. ¿Cuándo es el cumpleaños de Julia? _____

11. ¿Cuándo se graduó Julia? _____

12. ¿Qué postre le gusta a Julia? _____

"Me llamo Manuel Blanco y vivo en Caracas. Mi esposa y yo nos comprometimos a los veintiséis años, y la boda fue dos años después. Pasaron quince años y tuvimos tres hijos. Me gustan mucho los dulces."

13. ¿Dónde vive Manuel? _____

14. ¿En qué etapa de la vida se comprometió Manuel? _____

15. ¿A qué edad se casó Manuel? _____

16. ¿Cuál es el estado civil de Manuel? _____

17. ¿Cuántos hijos tiene Manuel? _____

18. ¿Qué postre le gusta a Manuel? _____

estructura

3.1 Irregular preterites

1 **¿Hay o hubo?** Complete these sentences with the correct tense of **haber**.

1. Ahora _____ una fiesta de graduación en el patio de la universidad.

2. _____ muchos invitados en la fiesta de aniversario anoche.

3. Ya _____ una muerte en su familia el año pasado.

4. Siempre _____ galletas y dulces en esas conferencias.

5. _____ varias botellas de vino, pero los invitados se las tomaron.

6. Por las mañanas _____ unos postres deliciosos en esa tienda.

2 **¿Cómo fue?** Complete these sentences with the preterite of the verb in parentheses.

1. Cristina y Lara _____ (estar) en la fiesta anoche.

2. (yo) _____ (Tener) un problema con mi pasaporte y lo pasé mal en la aduana.

3. Rafaela _____ (venir) temprano a la fiesta y conoció a Humberto.

4. El padre de la novia _____ (hacer) un brindis por los novios.

5. Román _____ (poner) las maletas en el auto antes de salir.

3 **¿Qué hicieron?** Complete these sentences, using the preterite of **decir, conducir, traducir,** and **traer.**

1. Felipe y Silvia _____ que no les gusta ir a la playa.

2. Claudia le _____ unos papeles al inglés a su hermano.

3. David _____ su motocicleta nueva durante el fin de semana.

4. Rosario y Pepe me _____ un pastel de chocolate de regalo.

5. Cristina y yo les _____ a nuestras amigas que vamos a bailar.

4 **Es mejor dar...** Rewrite these sentences in the preterite tense.

1. Antonio le da un beso a su madre.

_____

2. Los invitados le dan las gracias a la familia.

_____

3. Tú les traes una sorpresa a tus padres.

_____

4. Rosa y yo le damos un regalo al profesor.

_____

5. Carla nos da muchos consejos para el viaje.

_____

5   **Combinar** Create logical sentences in the preterite using one element from each column. Notice that there is only one correct match between second and third columns.

Rita y Sara	decir	una cámara
ellos	estar	a este lugar
tú	hacer	un examen
mi tía	poner	galletas
ustedes	producir	una película
Rosa	tener	en el Perú
nosotras	traer	la televisión
yo	venir	la verdad

1. _____

2. _____

3. _____

4. _____

5. _____

6. _____

7. _____

8. _____

6   **Ya lo hizo** Your friend Miguel is very forgetful. Answer his questions negatively, indicating that the action has already occurred. Use the verbs in parentheses.

> **modelo**
> ¿Quiere Pepe cenar en el restaurante japonés? (restaurante chino)
> *No, Pepe ya cenó en el restaurante chino.*

1. ¿Vas a estar en la biblioteca hoy? (ayer)

_____

2. ¿Quieren dar una fiesta Elena y Miguel este fin de semana? (el sábado pasado)

_____

3. ¿Debe la profesora traducir esa novela este semestre? (el año pasado)

_____

4. ¿Va a haber un pastel de limón en la cena de hoy? (anoche)

_____

5. ¿Deseas poner los abrigos en la silla? (sobre la cama)

_____

6. ¿Van ustedes a tener un hijo? (tres hijos)

_____

3.2 Verbs that change meaning in the preterite

1 **Completar** Complete these sentences with the preterite tense of the verbs in parentheses.

1. Liliana no _____ (poder) llegar a la fiesta de cumpleaños de Esteban.

2. Las chicas _____ (conocer) a muchos estudiantes en la biblioteca.

3. Raúl y Marta no _____ (querer) invitar al padre de Raúl a la boda.

4. Lina _____ (saber) ayer que sus tíos se van a divorciar.

5. (nosotros) _____ (poder) regalarle una bicicleta a Marina.

6. María _____ (querer) cortar con su novio antes del verano.

2 **Traducir** Use these verbs to write sentences in Spanish.

conocer	querer
poder	saber

1. I failed to finish the book on Wednesday.

_____

2. Inés found out last week that Vicente is divorced.

_____

3. Her girlfriends tried to call her, but they failed to.

_____

4. Susana met Alberto's parents last night.

_____

5. The waiters managed to serve dinner at eight.

_____

6. Your mother refused to go to your brother's house.

_____

3 **Raquel y Ronaldo** Complete the paragraph with the preterite of the verbs in the word bank.

conocer	querer
poder	saber

El año pasado Raquel (1) _____ al muchacho que ahora es su esposo, Ronaldo.

Primero, Raquel no (2) _____ salir con él porque él vivía (*was living*) en una ciudad

muy lejos de ella. Ronaldo (3) _____ convencerla durante muchos meses, pero no

(4) _____ hacerlo. Finalmente, Raquel decidió darle una oportunidad a Ronaldo.

Cuando empezaron a salir, Raquel y Ronaldo (5) _____ inmediatamente que eran el

uno para el otro (*they were made for each other*). Raquel y Ronaldo (6) _____

comprar una casa en la misma ciudad y se casaron ese verano.

3.3 ¿Qué? and ¿cuál?

1 **¿Qué o cuál?** Complete these sentences with **qué, cuál,** or **cuáles.**

1. ¿_____ estás haciendo ahora?

2. ¿_____ gafas te gustan más?

3. ¿_____ prefieres, el vestido largo o el corto?

4. ¿Sabes _____ de éstos es mi disco favorito?

5. ¿_____ es un departamento de hacienda?

6. ¿_____ trajiste, las de chocolate o las de limón?

7. ¿_____ auto compraste este año?

8. ¿_____ es la tienda más elegante del centro?

2 **¿Cuál es la pregunta?** Write questions that correspond to these responses. Use each word or phrase from the word bank only once.

| ¿a qué hora? | ¿cuál? | ¿cuándo? | ¿de dónde? | ¿qué? |
| ¿adónde? | ¿cuáles? | ¿cuántos? | ¿dónde? | ¿quién? |

1. _____

La camisa que más me gusta es ésa.

2. _____

Hoy quiero descansar durante el día.

3. _____

Mi profesora de matemáticas es la señora Aponte.

4. _____

Soy de Buenos Aires, Argentina.

5. _____

Mis gafas favoritas son las azules.

6. _____

El pastel de cumpleaños está en el refrigerador.

7. _____

La fiesta sorpresa empieza a las ocho en punto de la noche.

8. _____

El restaurante cierra los lunes.

9. _____

Hay ciento cincuenta invitados en la lista.

10. _____

Vamos a la fiesta de cumpleaños de Inés.

3.4 Pronouns after prepositions

1   **Antes de la fiesta**   Complete the paragraph with the correct pronouns.

Hoy voy al mercado al aire libre cerca de mi casa con mi tía Carmen. Me gusta ir con

(1) _____ porque sabe escoger las mejores frutas y verduras del mercado. Y a ella le gusta

venir (2) _____ porque sé regatear mejor que nadie.

   —Entre (3) _____ y yo, debes saber que a (4) _____ no me gusta gastar mucho

dinero. Me gusta venir (5) _____ porque me ayudas a ahorrar (*save*) dinero— me confesó

un día. Hoy la vienen a visitar sus hijos porque es su cumpleaños, y ella quiere hacer una ensalada de

frutas para (6) _____.

   —Estas peras son para (7) _____, por venir conmigo al mercado. También me llevo unos

hermosos melocotones para el novio de Verónica, que viene con (8) _____. Siempre

compro frutas para (9) _____ porque le encantan y no consigue muchas frutas en el lugar

donde vive —dice (*says*) mi tía.

   —¿Voy a conocer al novio de Verónica?

   —Sí, ¡queremos invitarte a (10) _____ a la fiesta de cumpleaños!

2   **El pastel de Maite**   The video characters are having Maite's birthday cake. Complete the conversation with the correct pronouns.

DON FRANCISCO   Chicos, voy a hablar con la señora Perales, en un momento estoy con

       (1) _____.

JAVIER   Sí, don Efe, no se preocupe por (2) _____.

INÉS   ¡Qué rico está el pastel! A (3) _____ me encantan los pasteles.

       Javier, ¿quieres compartir un pedazo (*slice*) (4) _____?

JAVIER   ¡Claro! Para (5) _____ el chocolate es lo más delicioso.

MAITE   Pero no se lo terminen... Álex, quiero compartir el último (*last*) pedazo

       (6) _____.

ÁLEX   Mmmh, está bien; sólo por (7) _____ hago este sacrificio.

MAITE   Toma, Álex, este pedazo es especial para (8) _____.

JAVIER   Oh no. Mira Inés; hay más miel (*honey*) en (9) _____ que en

       cien pasteles.

Workbook

Síntesis

Research the life of a famous person who has had a stormy personal life, such as Elizabeth Taylor or Henry VIII. Write a brief biography of the person, including the following information:

- When was the person born?
- What was that person's childhood like?
- With whom did the person fall in love?
- Who did the person marry?
- Did he or she have children?
- Did the person get divorced?
- Did the person go to school, and did he or she graduate?
- How did his or her career or lifestyle vary as the person went through different stages in life?

_____

_____

_____

_____

_____

_____

_____

_____

_____

_____

_____

_____

_____

_____

_____

_____

_____

_____

panorama

Chile

1 **Datos chilenos** Complete the chart with the correct information about Chile.

Ciudades más grandes	Deportes de invierno	Países fronterizos (bordering)	Escritores chilenos

2 **¿Cierto o falso?** Indicate whether the sentences are **cierto** or **falso.** Correct the false sentences.

1. Una quinta parte de los chilenos vive en Santiago de Chile.

_____

2. En Chile se hablan el idioma español y el mapuche.

_____

3. La mayoría (*most*) de las playas de Chile están en la costa del océano Atlántico.

_____

4. El terremoto más grande de la historia tuvo lugar en Chile.

_____

5. La isla de Pascua es famosa por sus observatorios astronómicos.

_____

6. El Parque Nacional de Villarica está situado al pie de un volcán y junto a un lago.

_____

7. Se practican deportes de invierno en los Andes chilenos.

_____

8. La exportación de vinos chilenos se redujo en los últimos años.

_____

3 **Información de Chile** Complete the sentences with the correct words.

1. La moneda de Chile es el _____.

2. Bernardo O'Higgins fue un militar y _____ nacional de Chile.

3. Los exploradores _____ descubrieron la isla de Pascua.

4. Desde los _____ chilenos de los Andes, los científicos estudian las estrellas.

5. La producción de _____ es una parte importante de la actividad agrícola de Chile.

6. El país al este de Chile es _____.

4   **Fotos de Chile** Label the photos.

1. _____   2. _____

5   **El pasado de Chile** Complete the sentences with the preterite of the correct words from the word bank.

comenzar	escribir
decidir	recibir

1. Pablo Neruda _____ muchos poemas románticos durante su vida.

2. La isla de Pascua _____ su nombre porque la descubrieron el Día de Pascua.

3. No se sabe por qué los *rapa nui* _____ abandonar la isla de Pascua.

4. La producción de vino en Chile _____ en el siglo XVI.

6   **Preguntas chilenas** Write questions that correspond to the answers below. Vary the interrogative words you use.

1. _____

Hay más de dieciséis millones de habitantes en Chile.

2. _____

Santiago de Chile es la capital chilena.

3. _____

Los idiomas que se hablan en Chile son el español y el mapuche.

4. _____

Los exploradores holandeses descubrieron la isla de Pascua.

5. _____

El centro de esquí Valle Nevado organiza excursiones de heliesquí.

6. _____

La producción de vino en Chile comenzó en el siglo XVI.

¡Feliz cumpleaños, Maite!

Lección 3
Fotonovela

Antes de ver el video

1 **Una fiesta** In this video episode, Señora Perales and Don Francisco surprise Maite with a birthday party. Based on this information, what kinds of things do you expect to see in this episode?

_____

_____

_____

_____

_____

_____

_____

_____

Mientras ves el video

2 **Ordenar** Watch the **¡Feliz cumpleaños, Maite!** segment of this video module and put the following events in the correct order.

_____ a. Álex recuerda la quinceañera de su hermana.

_____ b. Los estudiantes miran el menú.

_____ c. Javier pide un pastel de chocolate.

_____ d. La señora Perales trae un flan, un pastel y una botella de vino.

_____ e. Los estudiantes deciden dejarle una buena propina a la señora Perales.

3 **La quinceañera** Watch Álex's flashback about his sister's **quinceañera**. Place a check mark in the **Sí** column if the following actions occurred in the flashback; place a check mark in the **No** column if the actions did *not* occur.

Acción	Sí	No
1. Álex canta para su hermana.	_____	_____
2. Todos se sientan a cenar.	_____	_____
3. Todos nadan en la piscina.	_____	_____
4. Varias personas bailan.	_____	_____

4 **Resumen** Watch the **Resumen** segment of this video module and indicate who says the following lines.

_____ 1. Señora Perales, mi cumpleaños es el primero de octubre...

_____ 2. Dicen que las fiestas son mejores cuando son una sorpresa.

_____ 3. ¿Hoy es tu cumpleaños, Maite?

_____ 4. Ayer te lo pregunté, ¡y no quisiste decírmelo!

Después de ver el video

5 **Corregir** All of the following statements about this video episode are false. Rewrite them so that they will be correct.

1. Álex le sirve un pastel de cumpleaños a Maite.

_____

2. Don Francisco le deja una buena propina a la señora Perales.

_____

3. Maite cumple diecinueve años.

_____

4. Don Francisco toma una copa de vino.

_____

5. El cumpleaños de Javier es el quince de diciembre.

_____

6. El cumpleaños de Maite es el primero de octubre.

_____

6 **Eventos importantes** In Spanish, list the three events from this video episode that you consider to be the most important, and explain your choices.

_____

_____

_____

_____

_____

_____

7 **Preguntas personales** Answer these questions in Spanish.

1. ¿Vas a muchas fiestas? ¿Qué haces en las fiestas? _____

_____

2. ¿Qué haces antes de ir a una fiesta? ¿Y después? _____

_____

3. ¿Cuándo es tu cumpleaños? ¿Cómo vas a celebrarlo? _____

_____

4. ¿Te gusta recibir regalos en tu cumpleaños? ¿Qué tipo de regalos? _____

Panorama: Chile

Antes de ver el video

1 **Más vocabulario** Look over these useful words and expressions before you watch the video.

Vocabulario útil	
disfrutar (de) *to take advantage (of)*	isla *island*
grados *degrees*	recursos naturales *natural resources*
hace miles de años *thousands of years ago*	repartidas *spread throughout, distributed*
indígena *indigenous*	vista *view*

2 **Escribir** This video talks about Chile's Easter Island. In preparation for watching the video, answer the following questions.

1. ¿Has estado en una isla o conoces alguna? ¿Cómo se llama?

_____

2. ¿Dónde está? ¿Cómo es?

_____

Mientras ves el video

3 **Fotos** Describe the video stills. Write at least three sentences in Spanish for each still.

_____

_____

_____

_____

_____

_____

_____

_____

_____

_____

_____

_____

Después de ver el video

4 **Completar** Complete the sentences with words from the word bank.

atracción	indígena
característico	llega
diferente	recursos
difícil	remoto
escalan	repartidas

1. Rapa Nui es el nombre de la isla de Pascua en la lengua _____ de la región.

2. Esta isla está en un lugar _____.

3. Los habitantes de esta isla no tenían muchos _____ naturales.

4. En un día de verano la temperatura _____ a los noventa grados.

5. Las esculturas moai son el elemento más _____ de esta isla.

6. Hay más de novecientas esculturas _____ por toda la isla.

7. Otra gran _____ de la isla es el gran cráter Rano Kau.

8. Los visitantes _____ el cráter para disfrutar de la espectacular vista.

5 **Preferencias** In Spanish, list at least two things you like about this video and explain your choices.

_____

_____

_____

_____

_____

_____

_____

_____

_____

_____

_____

1 **¿Lógico o ilógico?** You will hear some statements. Decide if they are **lógico** or **ilógico**.

1. Lógico   Ilógico   5. Lógico   Ilógico
2. Lógico   Ilógico   6. Lógico   Ilógico
3. Lógico   Ilógico   7. Lógico   Ilógico
4. Lógico   Ilógico   8. Lógico   Ilógico

2 **Escoger** For each drawing, you will hear three statements. Choose the one that corresponds to the drawing.

1. a.   b.   c.   2. a.   b.   c.

3. a.   b.   c.   4. a.   b.   c.

3 **Una celebración** Listen as señora Jiménez talks about a party she has planned. Then answer the questions in your lab manual.

1. ¿Para quién es la fiesta?

_____

2. ¿Cuándo es la fiesta?

_____

3. ¿Por qué hacen la fiesta?

_____

4. ¿Quiénes van a la fiesta?

_____

5. ¿Qué van a hacer los invitados en la fiesta?

_____

Lab Manual

pronunciación

The letters **h**, **j**, and **g**

The Spanish **h** is always silent.

| **h**elado | **h**ombre | **h**ola | **h**ermosa |

The letter **j** is pronounced much like the English *h* in *his*.

| **J**osé | **j**ubilarse | de**j**ar | pare**j**a |

The letter **g** can be pronounced three different ways. Before **e** or **i**, the letter **g** is pronounced much like the English *h*.

| a**g**encia | **g**eneral | **G**il | **G**isela |

At the beginning of a phrase or after the letter **n**, the Spanish **g** is pronounced like the English *g* in *girl*.

Gustavo, **g**racias por llamar el domin**g**o.

In any other position, the Spanish **g** has a somewhat softer sound.

Me **g**radué en a**g**osto.

In the combinations **gue** and **gui,** the **g** has a hard sound and the **u** is silent. In the combination **gua**, the **g** has a hard sound and the **u** is pronounced like the English *w*.

| **Gue**rra | conse**gui**r | **gua**ntes | a**gua** |

---

1 **Práctica** Repeat each word after the speaker to practice pronouncing **h, j,** and **g.**

1. hamburguesa	4. guapa	7. espejo	10. gracias	13. Jorge
2. jugar	5. geografía	8. hago	11. hijo	14. tengo
3. oreja	6. magnífico	9. seguir	12. galleta	15. ahora

---

2 **Oraciones** When you hear the number, read the corresponding sentence aloud. Then listen to the speaker and repeat the sentence.

1. Hola. Me llamo Gustavo Hinojosa Lugones y vivo en Santiago de Chile.
2. Tengo una familia grande; somos tres hermanos y tres hermanas.
3. Voy a graduarme en mayo.
4. Para celebrar mi graduación mis padres van a regalarme un viaje a Egipto.
5. ¡Qué generosos son!

---

3 **Refranes** Repeat each saying after the speaker to practice pronouncing **h, j,** and **g.**

1. A la larga, lo más dulce amarga.   2. El hábito no hace al monje.

---

4 **Dictado** Victoria is talking to her friend Mirta on the phone. Listen carefully and during the pauses write what she says. The entire passage will then be repeated so that you can check your work.

_____

_____

_____

_____

estructura

3.1 Irregular preterites

1 **Escoger** Listen to each question and choose the most logical response.

1. a. No, no conduje hoy.   b. No, no condujo hoy.
2. a. Te dije que tengo una cita con   b. Me dijo que tiene una cita con
      Gabriela esta noche.   Gabriela esta noche.
3. a. Estuvimos en la casa de Marta.   b. Estuvieron en la casa de Marta.
4. a. Porque tuvo que estudiar.   b. Porque tiene que estudiar.
5. a. Lo supe la semana pasada.   b. Lo supimos la semana pasada.
6. a. Los pusimos en la mesa.   b. Los pusiste en la mesa.
7. a. No, sólo tradujimos un poco.   b. No, sólo traduje un poco.
8. a. Sí, le di $20.000.   b. Sí, le dio $20.000.

2 **Cambiar** Change each sentence from the present to the preterite. Repeat the correct answer after the speaker. (*8 items*)

> **modelo**
> Él pone el flan sobre la mesa.
> Él *puso el flan sobre la mesa.*

3 **Preguntas** Answer each question you hear using the cue in your lab manual. Substitute object pronouns for the direct object when possible. Repeat the correct answer after the speaker.

> **modelo**
> *You hear:* ¿Quién condujo el auto?
> *You see:* yo
> *You say:* Yo lo conduje.

1. Gerardo   3. nosotros   5. ¡Felicitaciones!
2. Mateo y Yolanda   4. muy buena   6. mi papá

4 **Completar** Listen to the dialogue and write the missing words in your lab manual.

(1) _____ por un amigo que los Márquez (2) _____ a visitar

a su hija. Me (3) _____ que (4) _____ desde

Antofagasta y que se (5) _____ en el Hotel Carrera. Les

(6) _____ una llamada (*call*) anoche pero no (7) _____

el teléfono. Sólo (8) _____ dejarles un mensaje. Hoy ellos me

(9) _____ y me (10) _____ si mi esposa y yo teníamos

tiempo para almorzar con ellos. Claro que les (11) _____ que sí.

3.2 Verbs that change meaning in the preterite

1   **Identificar** Listen to each sentence and mark and **X** in the column for the subject of the verb.

modelo
You hear: ¿Cuándo lo supiste?
You mark: an **X** under **tú**.

	yo	tú	él/ella	nosotros	ellos/ellas
Modelo		X			
1.					
2.					
3.					
4.					
5.					
6.					
7.					
8.					

2   **Preguntas** Answer each question you hear using the cue in your lab manual. Substitute object pronouns for the direct object when possible. Repeat the correct response after the speaker.

modelo
You hear: ¿Conocieron ellos a Sandra?
You see: sí
You say: Sí, la conocieron.

1. sí   2. en la casa de Ángela   3. el viernes   4. no   5. no   6. anoche

3   **¡Qué lástima! (What a shame!)** Listen as José talks about some news he recently received. Then read the statements and decide whether they are **cierto** or **falso**.

	Cierto	Falso
1. Supieron de la muerte ayer.	O	O
2. Se sonrieron cuando oyeron las noticias (news).	O	O
3. Carolina no se pudo comunicar con la familia.	O	O
4. Francisco era (was) joven.	O	O
5. Mañana piensan llamar a la familia de Francisco.	O	O

4   **Relaciones amorosas** Listen as Susana describes what happened between her and Pedro. Then answer the questions in your lab manual.

1. ¿Por qué no pudo salir Susana con Pedro? _____

2. ¿Qué supo por su amiga? _____

3. ¿Cómo se puso ella cuando Pedro llamó? _____

4. ¿Qué le dijo Susana a Pedro? _____

3.3 ¿Qué? and ¿cuál?

1 **¿Lógico o ilógico?** You will hear some questions and the responses. Decide if they are **lógico** or **ilógico**.

1. Lógico	Ilógico	5. Lógico	Ilógico
2. Lógico	Ilógico	6. Lógico	Ilógico
3. Lógico	Ilógico	7. Lógico	Ilógico
4. Lógico	Ilógico	8. Lógico	Ilógico

2 **Preguntas** You will hear a series of responses to questions. Using **¿qué?** or **¿cuál?**, form the question that prompted each response. Repeat the correct answer after the speaker. (*8 items*)

> **modelo**
> Santiago de Chile es la capital de Chile.
> *¿Cuál es la capital de Chile?*

3 **De compras** Look at Marcela's shopping list for Christmas and answer each question you hear. Repeat the correct response after the speaker. (*6 items*)

Raúl	2 camisas, talla 17
Cristina	blusa, color azul
Pepe	bluejeans y tres pares de calcetines blancos
Abuelo	cinturón
Abuela	suéter blanco

4 **Escoger** Listen to this radio commercial and choose the most logical response to each question.

1. ¿Qué hace Fiestas Mar?
   a. Organiza fiestas.   b. Es una tienda que vende cosas para fiestas.   c. Es un club en el mar.

2. ¿Para qué tipo de fiesta no usaría Fiestas Mar?
   a. Para una boda.   b. Para una fiesta de sorpresa.   c. Para una cena con los suegros.

3. ¿Cuál de estos servicios no ofrece Fiestas Mar?
   a. Poner las decoraciones.   b. Proveer (*Provide*) el lugar.   c. Proveer los regalos.

4. ¿Qué tiene que hacer el cliente si usa Fiestas Mar?
   a. Tiene que preocuparse por la lista de invitados.   b. Tiene que preocuparse por la música.
   c. Tiene que preparar la comida.

5. Si uno quiere contactar Fiestas Mar, ¿qué debe hacer?
   a. Debe escribirles un mensaje electrónico.   b. Debe llamarlos.   c. Debe ir a Casa Mar.

3.4 Pronouns after prepositions

1 **Cambiar** Listen to each statement and say that the feeling is not mutual. Use a pronoun after the preposition in your response. Then repeat the correct answer after the speaker. (*6 items*)

> modelo
>
> Carlos quiere desayunar con nosotros.
> *Pero nosotros no queremos desayunar con él.*

2 **Preguntas** Answer each question you hear using the appropriate pronoun after the preposition and the cue in your lab manual. Repeat the correct response after the speaker.

> modelo
>
> *You hear:* ¿Almuerzas con Alberto hoy?
> *You see:* No
> *You say: No, no almuerzo con él hoy.*

1. Sí
2. Luis
3. Sí
4. Sí
5. No
6. Francisco

3 **Preparativos (*Preparations*)** Listen to this conversation between David and Andrés. Then answer the questions in your lab manual.

1. ¿Qué necesitan comprar para la fiesta?

   _____

2. ¿Con quién quiere Alfredo ir a la fiesta?

   _____

3. ¿Por qué ella no quiere ir con él?

   _____

4. ¿Con quién va Sara?

   _____

5. ¿Para quién quieren comprar algo especial?

   _____

vocabulario

You will now hear the vocabulary found in your worktext on the last page of this lesson. Listen and repeat each Spanish word or phrase after the speaker.

Additional Vocabulary

Additional Vocabulary

Notes

Notes

Notes

En el consultorio

4

Communicative Goals

You will learn how to:

- Describe how you feel physically
- Talk about health and medical conditions

En el consultorio

Más vocabulario

la clínica	clinic
el consultorio	doctor's office
el/la dentista	dentist
el examen médico	physical exam
la farmacia	pharmacy
el hospital	hospital
la operación	operation
la sala de emergencia(s)	emergency room
el cuerpo	body
el oído	(sense of) hearing; inner ear
el accidente	accident
la salud	health
el síntoma	symptom
caerse	to fall (down)
darse con	to bump into; to run into
doler (o:ue)	to hurt
enfermarse	to get sick
estar enfermo/a	to be sick
poner una inyección	to give an injection
recetar	to prescribe
romperse (la pierna)	to break (one's leg)
sacar(se) un diente	to have a tooth removed
sufrir una enfermedad	to suffer an illness
torcerse (o:ue) (el tobillo)	to sprain (one's ankle)
toser	to cough

Variación léxica

gripe ⟷ gripa (Col., Gua., Méx.)
resfriado ⟷ catarro (Cuba, Esp., Gua.)
sala de emergencia(s) ⟷ sala de urgencias (Arg., Esp., Méx.)
romperse ⟷ quebrarse (Arg., Gua.)

recursos
WB pp. 211–212 | LM p. 229 | SUPERSITE adelante.vhlcentral.com

Síntomas y condiciones médicas

el dolor (de cabeza)	(head)ache; pain
la gripe	flu
el resfriado	cold
la tos	cough
congestionado/a	congested; stuffed up
embarazada	pregnant
grave	grave; serious
mareado/a	dizzy; nauseated
médico/a	medical
saludable	healthy
sano/a	healthy
tener dolor (m.)	to have pain
tener fiebre	to have a fever

el corazón · el paciente · el ojo · la nariz · la doctora · la cabeza · la oreja · el cuello · la boca · la garganta · el estómago · el dedo · la rodilla · el dedo del pie · SALIDA

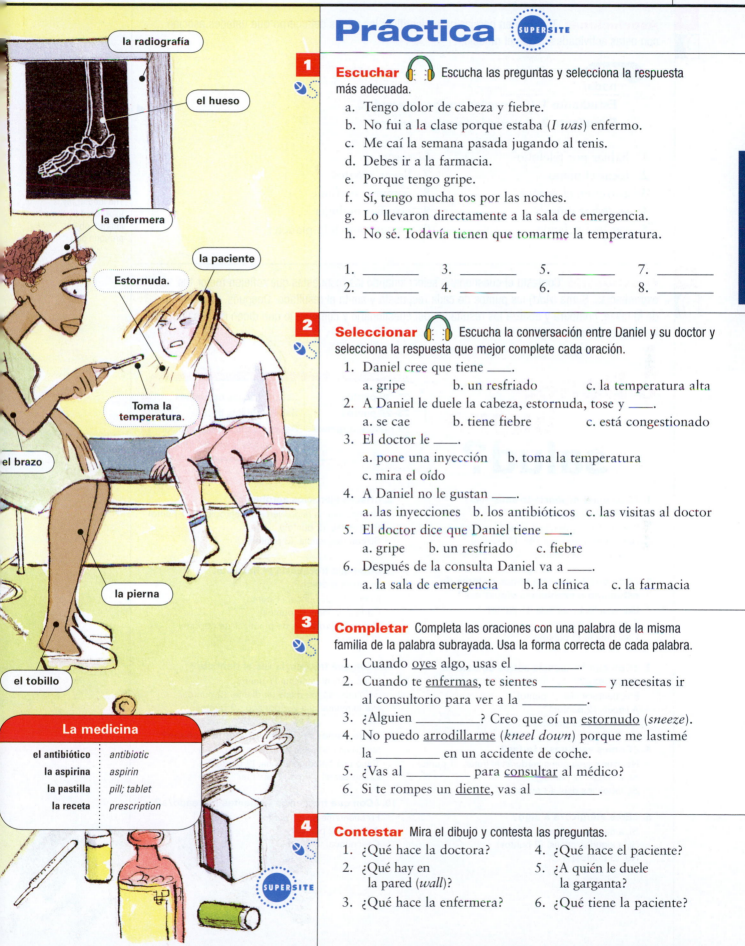

la radiografía

el hueso

la enfermera

la paciente

Estornuda.

Toma la temperatura.

el brazo

la pierna

el tobillo

La medicina

el antibiótico	antibiotic
la aspirina	aspirin
la pastilla	pill; tablet
la receta	prescription

Práctica **SUPERSITE**

1 **Escuchar** 🎧 Escucha las preguntas y selecciona la respuesta más adecuada.

a. Tengo dolor de cabeza y fiebre.
b. No fui a la clase porque estaba (*I was*) enfermo.
c. Me caí la semana pasada jugando al tenis.
d. Debes ir a la farmacia.
e. Porque tengo gripe.
f. Sí, tengo mucha tos por las noches.
g. Lo llevaron directamente a la sala de emergencia.
h. No sé. Todavía tienen que tomarme la temperatura.

1. _____   3. _____   5. _____   7. _____
2. _____   4. _____   6. _____   8. _____

2 **Seleccionar** 🎧 Escucha la conversación entre Daniel y su doctor y selecciona la respuesta que mejor complete cada oración.

1. Daniel cree que tiene ____.
   a. gripe   b. un resfriado   c. la temperatura alta
2. A Daniel le duele la cabeza, estornuda, tose y ____.
   a. se cae   b. tiene fiebre   c. está congestionado
3. El doctor le ____.
   a. pone una inyección   b. toma la temperatura
   c. mira el oído
4. A Daniel no le gustan ____.
   a. las inyecciones   b. los antibióticos   c. las visitas al doctor
5. El doctor dice que Daniel tiene ____.
   a. gripe   b. un resfriado   c. fiebre
6. Después de la consulta Daniel va a ____.
   a. la sala de emergencia   b. la clínica   c. la farmacia

3 **Completar** Completa las oraciones con una palabra de la misma familia de la palabra subrayada. Usa la forma correcta de cada palabra.

1. Cuando <u>oyes</u> algo, usas el _____.
2. Cuando te <u>enfermas</u>, te sientes _____ y necesitas ir al consultorio para ver a la _____.
3. ¿Alguien _____? Creo que oí un <u>estornudo</u> (*sneeze*).
4. No puedo <u>arrodillarme</u> (*kneel down*) porque me lastimé la _____ en un accidente de coche.
5. ¿Vas al _____ para <u>consultar</u> al médico?
6. Si te rompes un <u>diente</u>, vas al _____.

4 **Contestar** Mira el dibujo y contesta las preguntas.

1. ¿Qué hace la doctora?
2. ¿Qué hay en la pared (*wall*)?
3. ¿Qué hace la enfermera?
4. ¿Qué hace el paciente?
5. ¿A quién le duele la garganta?
6. ¿Qué tiene la paciente?

5 **Asociaciones** Trabajen en parejas para identificar las partes del cuerpo que ustedes asocian con estas actividades. Sigan el modelo.

> **modelo**
>
> nadar
>
> **Estudiante 1:** Usamos los brazos para nadar.
> **Estudiante 2:** Usamos las piernas también.

1. hablar por teléfono
2. tocar el piano
3. correr en el parque
4. escuchar música
5. ver una película

6. toser
7. llevar zapatos
8. comprar perfume
9. estudiar biología
10. comer lomo a la plancha

AYUDA

Remember that in Spanish, body parts are usually referred to with an article and not a possessive adjective: **Me duelen los pies.** The idea of *my* is expressed by the indirect object pronoun **me**.

6 **Cuestionario** Contesta el cuestionario seleccionando las respuestas que reflejen mejor tus experiencias. Suma (*Add*) los puntos de cada respuesta y anota el resultado. Después, con el resto de la clase, compara y analiza los resultados del cuestionario y comenta lo que dicen de la salud y de los hábitos de todo el grupo.

¿Tienes buena salud?

27–30 puntos	Salud y hábitos excelentes
23–26 puntos	Salud y hábitos buenos
22 puntos o menos	Salud y hábitos problemáticos

1. ¿Con qué frecuencia te enfermas? (resfriados, gripe, etc.)
Cuatro veces por año o más. (1 punto)
Dos o tres veces por año. (2 puntos)
Casi nunca. (3 puntos)

2. ¿Con qué frecuencia tienes dolores de estómago o problemas digestivos?
Con mucha frecuencia. (1 punto)
A veces. (2 puntos)
Casi nunca. (3 puntos)

3. ¿Con qué frecuencia sufres de dolores de cabeza?
Frecuentemente. (1 punto)
A veces. (2 puntos)
Casi nunca. (3 puntos)

4. ¿Comes verduras y frutas?
No, casi nunca como verduras ni frutas. (1 punto)
Sí, a veces. (2 puntos)
Sí, todos los días. (3 puntos)

5. ¿Eres alérgico/a a algo?
Sí, a muchas cosas. (1 punto)
Sí, a algunas cosas. (2 puntos)
No. (3 puntos)

6. ¿Haces ejercicios aeróbicos?
No, casi nunca hago ejercicios aeróbicos. (1 punto)
Sí, a veces. (2 puntos)
Sí, con frecuencia. (3 puntos)

7. ¿Con qué frecuencia te haces un examen médico?
Nunca o casi nunca. (1 punto)
Cada dos años. (2 puntos)
Cada año y/o antes de practicar un deporte. (3 puntos)

8. ¿Con qué frecuencia vas al dentista?
Nunca voy al dentista. (1 punto)
Sólo cuando me duele un diente. (2 puntos)
Por lo menos una vez por año. (3 puntos)

9. ¿Qué comes normalmente por la mañana?
No como nada por la mañana. (1 punto)
Tomo una bebida dietética. (2 puntos)
Como cereal y fruta. (3 puntos)

10. ¿Con qué frecuencia te sientes mareado/a?
Frecuentemente. (1 punto)
A veces. (2 puntos)
Casi nunca. (3 puntos)

Comunicación

7   **¿Qué le pasó?** Trabajen en grupos de dos o tres personas. Hablen de lo que les pasó y de cómo se sienten las personas que aparecen en los dibujos.

1. Adela   2. Francisco   3. Pilar

4. Pedro   5. Cristina   6. Félix

8   **Un accidente** Cuéntale a la clase de un accidente o una enfermedad que tuviste. Incluye información que conteste estas preguntas.

✔ ¿Qué ocurrió?
✔ ¿Dónde ocurrió?
✔ ¿Cuándo ocurrió?
✔ ¿Cómo ocurrió?
✔ ¿Quién te ayudó y cómo?
✔ ¿Tuviste algún problema después del accidente o después de la enfermedad?
✔ ¿Cuánto tiempo tuviste el problema?

9   **Crucigrama (*Crossword*)** Tu profesor(a) les va a dar a ti y a tu compañero/a un crucigrama incompleto. Tú tienes las palabras que necesita tu compañero/a y él/ella tiene las palabras que tú necesitas. Tienen que darse pistas para completarlo. No pueden decir la palabra necesaria; deben utilizar definiciones, ejemplos y frases.

> **modelo**
> **10 horizontal:** La usamos para hablar.
> **14 vertical:** Es el médico que examina los dientes.

Lección 4

¡Uf! ¡Qué dolor!

Don Francisco y Javier van a la clínica de la doctora Márquez.

PERSONAJES

INÉS

DON FRANCISCO

JAVIER

DRA. MÁRQUEZ

1

JAVIER Estoy aburrido... tengo ganas de dibujar. Con permiso.

2

INÉS ¡Javier! ¿Qué te pasó?

JAVIER ¡Ay! ¡Uf! ¡Qué dolor! ¡Creo que me rompí el tobillo!

3

DON FRANCISCO No te preocupes, Javier. Estamos cerca de la clínica donde trabaja la doctora Márquez, mi amiga.

6

DRA. MÁRQUEZ ¿Cuánto tiempo hace que se cayó?

JAVIER Ya se me olvidó... déjeme ver... este... eran más o menos las dos o dos y media cuando me caí... o sea hace más de una hora. ¡Me duele mucho!

DRA. MÁRQUEZ Bueno, vamos a sacarle una radiografía.

7

DON FRANCISCO Sabes, Javier, cuando era chico yo les tenía mucho miedo a los médicos. Visitaba mucho al doctor porque me enfermaba con mucha frecuencia y tenía muchas infecciones de la garganta. No me gustaban las inyecciones ni las pastillas. Una vez me rompí la pierna jugando al fútbol...

8

JAVIER ¡Doctora! ¿Qué dice? ¿Está roto el tobillo?

DRA. MÁRQUEZ Tranquilo, le tengo buenas noticias, Javier. No está roto el tobillo. Apenas está torcido.

recursos

VM
pp. 225–226

SUPERSITE
adelante.
vhlcentral.com

Lección 4

JAVIER ¿Tengo dolor? Sí, mucho. ¿Dónde? En el tobillo. ¿Tengo fiebre? No lo creo. ¿Estoy mareado? Un poco. ¿Soy alérgico a algún medicamento? No. ¿Embarazada? Definitivamente NO.

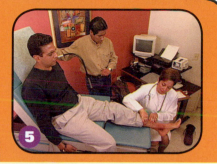

DRA. MÁRQUEZ ¿Cómo se lastimó el pie?

JAVIER Me caí cuando estaba en el autobús.

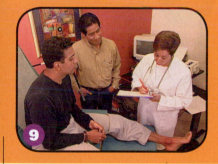

JAVIER Pero, ¿voy a poder ir de excursión con mis amigos?

DRA. MÁRQUEZ Creo que sí. Pero debe descansar y no caminar mucho durante un par de días. Le receto unas pastillas para el dolor.

DRA. MÁRQUEZ Adiós, Francisco. Adiós, Javier. ¡Cuidado! ¡Buena suerte en las montañas!

Expresiones útiles

Discussing medical conditions

- **¿Cómo se lastimó el pie? (lastimarse)**
  How did you hurt your foot?
  Me caí en el autobús.
  I fell when I was on the bus.

- **¿Te duele el tobillo?**
  Does your ankle hurt? (fam.)
- **¿Le duele el tobillo?**
  Does your ankle hurt? (form.)
  Sí, (me duele) mucho.
  Yes, (it hurts) a lot.

- **¿Es usted alérgico/a a algún medicamento?**
  Are you allergic to any medication?
  Sí, soy alérgico/a a la penicilina.
  Yes, I'm allergic to penicillin.

- **¿Está roto el tobillo?**
  Is my ankle broken?
  No está roto. Apenas está torcido.
  It's not broken. It's just twisted.

- **¿Te enfermabas frecuentemente?**
  Did you get sick frequently? (fam.)
  Sí, me enfermaba frecuentemente.
  Yes, I used to get sick frequently.
  Tenía muchas infecciones.
  I used to get a lot of infections.

Other expressions

- **hace +** [*period of time*] **+ que +** [*present tense*]:
- **¿Cuánto tiempo hace que te duele?**
  How long has it been hurting?
  Hace una hora que me duele.
  It's been hurting for an hour.

- **hace +** [*period of time*] **+ que +** [*preterite*]:
- **¿Cuánto tiempo hace que se cayó?**
  How long ago did you fall?
  Me caí hace más de una hora./ Hace más de una hora que me caí.
  I fell more than an hour ago.

¿Qué pasó? SUPERSITE

1

¿Cierto o falso? Decide si lo que dicen estas oraciones sobre Javier es **cierto** o **falso**. Corrige las oraciones falsas.

	Cierto	Falso
1. Está aburrido y tiene ganas de hacer algo creativo.	○	○
2. Cree que se rompió la rodilla.	○	○
3. Se lastimó cuando se cayó en el autobús.	○	○
4. Es alérgico a dos medicamentos.	○	○
5. No está mareado pero sí tiene un poco de fiebre.	○	○

2

Identificar Identifica quién puede decir estas oraciones.

1. Hace años me rompí la pierna cuando estaba jugando al fútbol.
2. Hace más de una hora que me lastimé el pie. Me duele muchísimo.
3. Tengo que sacarle una radiografía. No sé si se rompió uno de los huesos del pie.
4. No hay problema, vamos a ver a mi amiga, la doctora Márquez.
5. Bueno, parece que el tobillo no está roto. Qué bueno, ¿no?
6. No sé si voy a poder ir de excursión con el grupo.

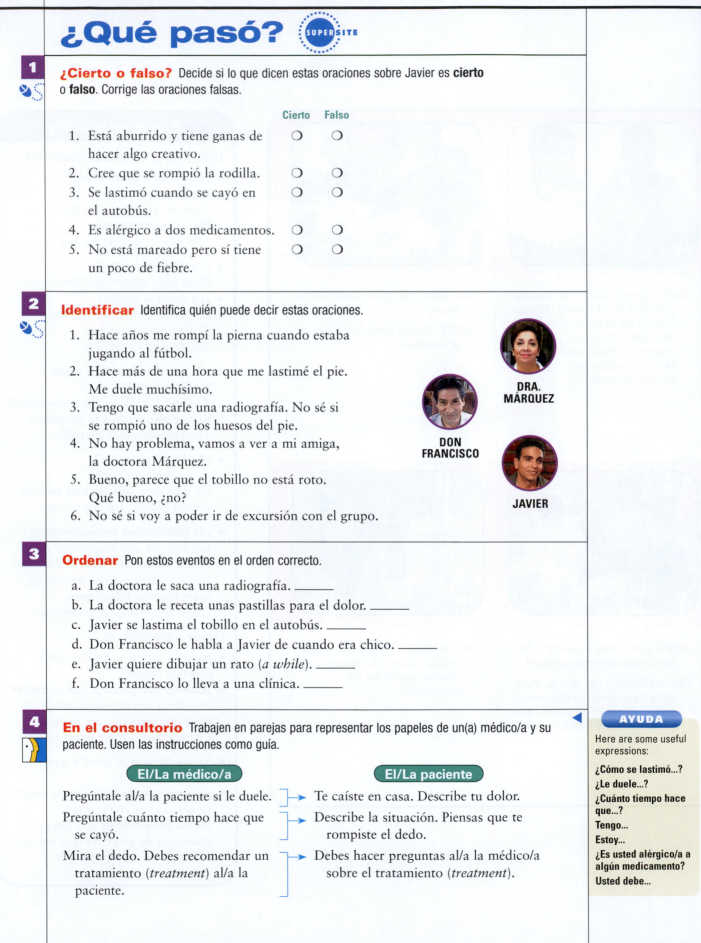

DRA. MÁRQUEZ

DON FRANCISCO

JAVIER

3

Ordenar Pon estos eventos en el orden correcto.

a. La doctora le saca una radiografía. _____

b. La doctora le receta unas pastillas para el dolor. _____

c. Javier se lastima el tobillo en el autobús. _____

d. Don Francisco le habla a Javier de cuando era chico. _____

e. Javier quiere dibujar un rato (*a while*). _____

f. Don Francisco lo lleva a una clínica. _____

4

En el consultorio Trabajen en parejas para representar los papeles de un(a) médico/a y su paciente. Usen las instrucciones como guía.

El/La médico/a	El/La paciente
Pregúntale al/a la paciente si le duele.	→ Te caíste en casa. Describe tu dolor.
Pregúntale cuánto tiempo hace que se cayó.	→ Describe la situación. Piensas que te rompiste el dedo.
Mira el dedo. Debes recomendar un tratamiento (*treatment*) al/a la paciente.	→ Debes hacer preguntas al/a la médico/a sobre el tratamiento (*treatment*).

AYUDA

Here are some useful expressions:

¿Cómo se lastimó...?
¿Le duele...?
¿Cuánto tiempo hace que...?
Tengo...
Estoy...
¿Es usted alérgico/a a algún medicamento?
Usted debe...

Ortografía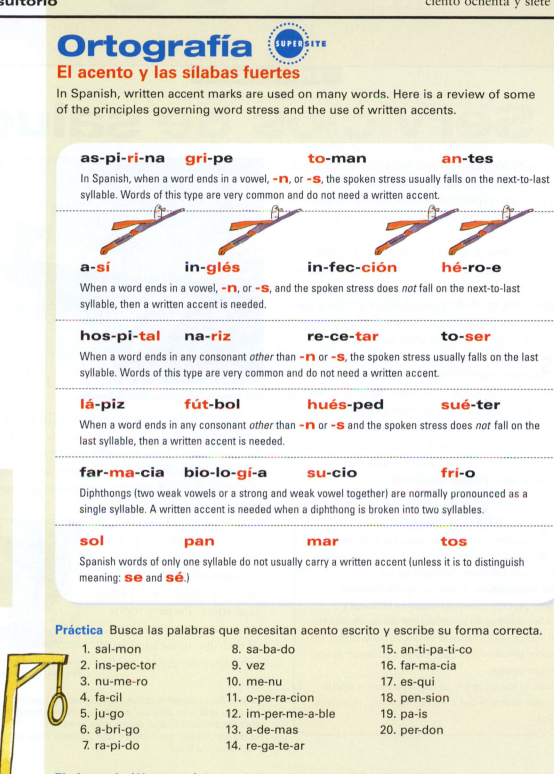

El acento y las sílabas fuertes

In Spanish, written accent marks are used on many words. Here is a review of some of the principles governing word stress and the use of written accents.

as-pi-ri-na   gri-pe   to-man   an-tes

In Spanish, when a word ends in a vowel, **-n**, or **-s**, the spoken stress usually falls on the next-to-last syllable. Words of this type are very common and do not need a written accent.

a-sí   in-glés   in-fec-ción   hé-ro-e

When a word ends in a vowel, **-n**, or **-s**, and the spoken stress does *not* fall on the next-to-last syllable, then a written accent is needed.

hos-pi-tal   na-riz   re-ce-tar   to-ser

When a word ends in any consonant *other* than **-n** or **-s**, the spoken stress usually falls on the last syllable. Words of this type are very common and do not need a written accent.

lá-piz   fút-bol   hués-ped   sué-ter

When a word ends in any consonant *other* than **-n** or **-s** and the spoken stress does *not* fall on the last syllable, then a written accent is needed.

far-ma-cia   bio-lo-gí-a   su-cio   frí-o

Diphthongs (two weak vowels or a strong and weak vowel together) are normally pronounced as a single syllable. A written accent is needed when a diphthong is broken into two syllables.

sol   pan   mar   tos

Spanish words of only one syllable do not usually carry a written accent (unless it is to distinguish meaning: **se** and **sé**.)

CONSULTA

In Spanish, **a**, **e**, and **o** are considered strong vowels while **i** and **u** are weak vowels. To review this concept, see **¡ADELANTE! UNO**, **Lección 3**, **Pronunciación**, p. 119.

Práctica Busca las palabras que necesitan acento escrito y escribe su forma correcta.

1. sal-mon
2. ins-pec-tor
3. nu-me-ro
4. fa-cil
5. ju-go
6. a-bri-go
7. ra-pi-do
8. sa-ba-do
9. vez
10. me-nu
11. o-pe-ra-cion
12. im-per-me-a-ble
13. a-de-mas
14. re-ga-te-ar
15. an-ti-pa-ti-co
16. far-ma-cia
17. es-qui
18. pen-sion
19. pa-is
20. per-don

El ahorcado (*Hangman*) Juega al ahorcado para adivinar las palabras.

1. __ l __ __ __ __ __ a   Vas allí cuando estás enfermo.
2. __ __ __ __ e __ c __ __ n   Se usa para poner una vacuna (*vaccination*).
3. __ __ d __ o __ __ __ __ __ a   Ves los huesos.
4. __ __ __ i __ o   Trabaja en un hospital.
5. a __ __ __ b __ __ __ __ __ __   Es una medicina.

recursos

LM p. 230   adelante. vhlcentral.com

EN DETALLE

Servicios de salud

¿Pensaste alguna vez en visitar un país hispano? Si lo haces, vas a encontrar algunas diferencias respecto a la vida en los Estados Unidos. Una de ellas está en los servicios de salud.

En la mayor parte de los países hispanos, el gobierno ofrece servicios médicos muy baratos o gratuitos° a sus ciudadanos°. Los turistas y extranjeros también pueden tener acceso a los servicios médicos a bajo° costo. La Seguridad Social y organizaciones similares son las responsables de gestionar° estos servicios.

Naturalmente, esto no funciona igual° en todos los países. En Colombia, Ecuador, México y Perú, la situación varía según las regiones. Los habitantes de las ciudades y pueblos grandes tienen acceso a más servicios médicos, mientras que quienes viven en pueblos remotos sólo cuentan con° pequeñas clínicas.

Cruz verde de farmacia en Madrid, España

Por su parte, Argentina, Costa Rica, Cuba, Uruguay y España tienen sistemas de salud muy desarrollados°. Toda la población tiene acceso a ellos y en muchos casos son completamente gratuitos. Costa Rica ofrece servicios gratuitos también a los extranjeros.

¡Así que ya lo sabes! Si vas a viajar a otro país, antes de ir debes obtener información sobre los servicios médicos en el lugar de destino°. Prepara todos los documentos necesarios. ¡Y disfruta° tu estadía° en el extranjero sin problemas!

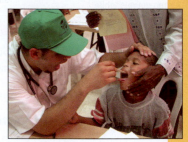

Consulta médica en la República Dominicana

Las farmacias

Farmacia de guardia: Las farmacias generalmente tienen un horario comercial. Sin embargo°, en cada barrio° hay una farmacia de guardia que abre las veinticuatro horas del día.

Productos farmacéuticos: Todavía hay muchas farmacias tradicionales que están más especializadas en medicinas y productos farmacéuticos. No venden una gran variedad de productos.

Recetas: Muchos medicamentos se venden sin receta médica. Los farmacéuticos aconsejan° a las personas sobre problemas de salud y les dan las medicinas.

Cruz° verde: En muchos países, las farmacias tienen el signo de una cruz verde. Cuando la cruz verde está encendida°, la farmacia está abierta.

gratuitos *free (of charge)* ciudadanos *citizens* bajo *low* gestionar *to manage* igual *in the same way* cuentan con *have* desarrollados *developed* destino *destination* disfruta *enjoy* estadía *stay* Sin embargo *However* barrio *neighborhood* aconsejan *advise* Cruz *Cross* encendida *lit (up)*

ACTIVIDADES

1 **¿Cierto o falso?** Indica si lo que dicen las oraciones es **cierto** o **falso**. Corrige la información falsa.

1. En los países hispanos los gobiernos ofrecen servicios de salud accesibles a sus ciudadanos.

2. En los países hispanos los extranjeros tienen que pagar mucho dinero por los servicios médicos.

3. En Costa Rica los extranjeros pueden recibir servicios médicos gratuitos.

4. Las farmacias de guardia abren sólo los sábados y domingos.

5. En los países hispanos las farmacias venden una gran variedad de productos.

6. Los farmacéuticos de los países hispanos aconsejan a los enfermos y venden algunas medicinas sin necesidad de receta.

7. En México y otros países, los pueblos remotos cuentan con grandes centros médicos.

8. Muchas farmacias usan una cruz verde como símbolo.

ASÍ SE DICE

La salud

el chequeo (Esp., Méx.)	el examen médico
la droguería (Col.)	la farmacia
la herida	*injury; wound*
la píldora	la pastilla
los primeros auxilios	*first aid*
la sangre	*blood*

EL MUNDO HISPANO

Remedios caseros° y plantas medicinales

○ **Achiote°** En Suramérica se usa para curar inflamaciones de garganta. Las hojas° de achiote se cuecen° en agua, se cuelan° y se hacen gargarismos° con esa agua.

○ **Ají** En Perú se usan cataplasmas° de las semillas° de ají para aliviar los dolores reumáticos y la tortícolis°.

○ **Azúcar** En Nicaragua y otros países centroamericanos se usa el azúcar para detener° la sangre en pequeñas heridas.

○ **Sábila (aloe vera)** En Latinoamérica, el jugo de las hojas de sábila se usa para reducir cicatrices°. Se recomienda aplicarlo sobre la cicatriz dos veces al día, durante varios meses.

Remedios caseros *Home remedies* Achiote *Annatto*
hojas *leaves* se cuecen *are cooked* se cuelan *they are drained* gargarismos *gargles* cataplasmas *pastes* semillas *seeds* tortícolis *stiff neck* detener *to stop* cicatrices *scars*

PERFILES

Curanderos° y chamanes

¿Quieres ser doctor(a), juez(a)°, político/a o psicólogo/a? En algunas sociedades de las Américas **los curanderos** y **los chamanes** no tienen que escoger entre estas profesiones porque ellos son mediadores de conflictos y dan consejos a la comunidad. Su opinión es muy respetada.

Códice Florentino, México, siglo XVI

Desde las culturas antiguas° de las Américas muchas personas piensan que la salud del cuerpo y de la mente sólo puede existir si hay un equilibrio entre el ser humano y la naturaleza. Los curanderos y los chamanes son quienes cuidan este equilibrio.

Los curanderos se especializan más en enfermedades físicas, mientras que los chamanes están más relacionados

con los males° de la mente y el alma°. Ambos° usan plantas, masajes y rituales, y sus conocimientos se basan en la tradición, la experiencia, la observación y la intuición.

Cuzco, Perú

Curanderos *Healers* juez(a) *judge*
antiguas *ancient* males *illnesses*
alma *soul* Ambos *Both*

SUPERSITE **Conexión Internet**

¿Cuáles son algunos hospitales importantes del mundo hispano?

Go to **adelante.vhlcentral.com** to find more cultural information related to this **Cultura** section.

ACTIVIDADES

2 **Comprensión** Responde a las preguntas.

1. ¿Cómo se les llama a las farmacias en Colombia?
2. ¿Qué parte del achiote se usa para curar la garganta?
3. ¿Cómo se aplica la sábila para reducir cicatrices?
4. En algunas partes de las Américas, ¿quiénes mantienen el equilibrio entre el ser humano y la naturaleza?
5. ¿Qué usan los curanderos y chamanes para curar?

3 **¿Qué haces cuando tienes gripe?** Escribe cuatro oraciones sobre las cosas que haces cuando tienes gripe. Explica si vas al médico, si tomas medicamentos o si sigues alguna dieta especial. Después, comparte tu texto con un(a) compañero/a.

recursos
SUPERSITE
adelante.vhlcentral.com

4.1 The imperfect tense

SUPERSITE

ANTE TODO You have already learned the preterite tense. You will now learn the imperfect, which describes past activities in a different way.

The imperfect of regular verbs

		cantar	beber	escribir
SINGULAR FORMS	yo	cant**aba**	beb**ía**	escrib**ía**
	tú	cant**abas**	beb**ías**	escrib**ías**
	Ud./él/ella	cant**aba**	beb**ía**	escrib**ía**
PLURAL FORMS	nosotros/as	cant**ábamos**	beb**íamos**	escrib**íamos**
	vosotros/as	cant**abais**	beb**íais**	escrib**íais**
	Uds./ellos/ellas	cant**aban**	beb**ían**	escrib**ían**

¡ATENCIÓN!

Note that the imperfect endings of –er and –ir verbs are the same. Also note that the **nosotros** form of –ar verbs always carries an accent mark on the first **a** of the ending. All forms of –er and –ir verbs in the imperfect carry an accent on the first **i** of the ending.

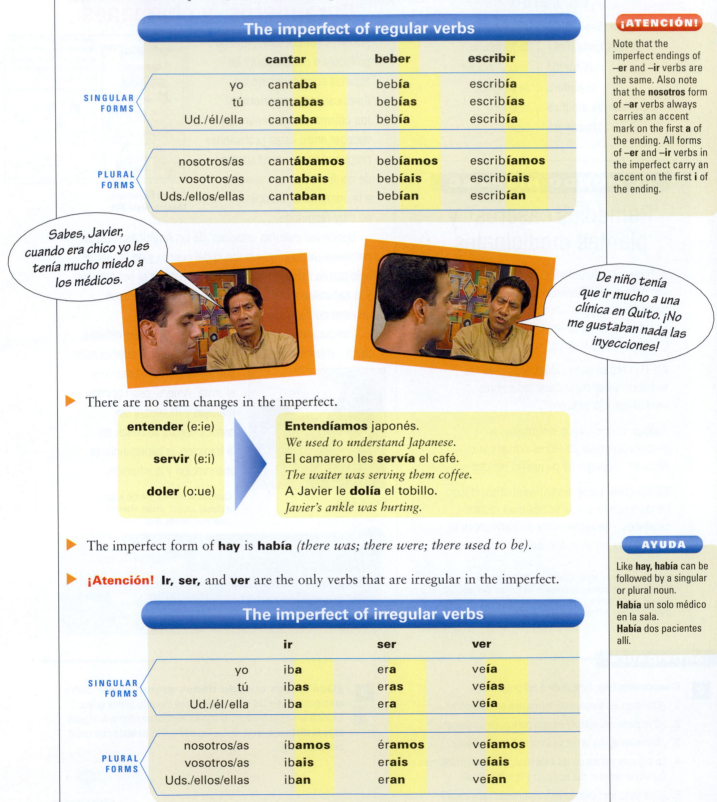

Sabes, Javier, cuando era chico yo les tenía mucho miedo a los médicos.

De niño tenía que ir mucho a una clínica en Quito. ¡No me gustaban nada las inyecciones!

▶ There are no stem changes in the imperfect.

entender (e:ie)	**Entendíamos** japonés.
	We used to understand Japanese.
servir (e:i)	El camarero les **servía** el café.
	The waiter was serving them coffee.
doler (o:ue)	A Javier le **dolía** el tobillo.
	Javier's ankle was hurting.

▶ The imperfect form of **hay** is **había** *(there was; there were; there used to be).*

▶ **¡Atención!** **Ir, ser,** and **ver** are the only verbs that are irregular in the imperfect.

AYUDA

Like **hay, había** can be followed by a singular or plural noun.
Había un solo médico en la sala.
Había dos pacientes allí.

The imperfect of irregular verbs

		ir	ser	ver
SINGULAR FORMS	yo	ib**a**	er**a**	ve**ía**
	tú	ib**as**	er**as**	ve**ías**
	Ud./él/ella	ib**a**	er**a**	ve**ía**
PLURAL FORMS	nosotros/as	**íbamos**	**éramos**	ve**íamos**
	vosotros/as	ib**ais**	er**ais**	ve**íais**
	Uds./ellos/ellas	ib**an**	er**an**	ve**ían**

CONSULTA

You will learn more about the contrast between the preterite and the imperfect in **Estructura 4.2**, pp. 194–195.

Uses of the imperfect

▶ As a general rule, the imperfect is used to describe actions which are seen by the speaker as incomplete or "continuing," while the preterite is used to describe actions which have been completed. The imperfect expresses what was happening at a certain time or how things used to be. The preterite, in contrast, expresses a completed action.

—¿Qué te **pasó**?
What happened to you?

—Me **torcí** el tobillo.
I sprained my ankle.

—¿Dónde **vivías** de niño?
Where did you live as a child?

—**Vivía** en San José.
I lived in San José.

▶ These expressions are often used with the imperfect because they express habitual or repeated actions: **de niño/a** (*as a child*), **todos los días** (*every day*), **mientras** (*while*).

Uses of the imperfect

1. Habitual or repeated actions	**Íbamos** al parque los domingos. *We used to go to the park on Sundays.*
2. Events or actions that were in progress	Yo **leía** mientras él **estudiaba**. *I was reading while he was studying.*
3. Physical characteristics	**Era** alto y guapo. *He was tall and handsome.*
4. Mental or emotional states	**Quería** mucho a su familia. *He loved his family very much.*
5. Telling time	**Eran** las tres y media. *It was 3:30.*
6. Age	Los niños **tenían** seis años. *The children were six years old.*

¡INTÉNTALO! Indica la forma correcta de cada verbo en el imperfecto.

1. Mis hermanos __veían__ (ver) la televisión.
2. Yo _____ (viajar) a la playa.
3. ¿Dónde _____ (vivir) Samuel de niño?
4. Tú _____ (hablar) con Javier.
5. Leonardo y yo _____ (correr) por el parque.
6. Ustedes _____ (ir) a la clínica.
7. Nadia _____ (bailar) merengue.
8. ¿Cuándo _____ (asistir) tú a clase de español?
9. Yo _____ (ser) muy feliz.
10. Nosotras _____ (comprender) las preguntas.

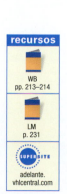

recursos

WB pp. 213–214

LM p. 231

adelante. vhlcentral.com

Práctica   (SUPERSITE)

1   **Completar** Primero, completa las oraciones con el imperfecto de los verbos. Luego, pon las oraciones en orden lógico y compáralas con las de un(a) compañero/a.

___ a. El doctor dijo que no _____ (ser) nada grave.

___ b. El doctor _____ (querer) ver la nariz del niño.

___ c. Su mamá _____ (estar) dibujando cuando Miguelito entró llorando.

___ d. Miguelito _____ (tener) la nariz hinchada (*swollen*). Fueron al hospital.

___ e. Miguelito no _____ (ir) a jugar más. Ahora quería ir a casa a descansar.

___ f. Miguelito y sus amigos _____ (jugar) al béisbol en el patio.

___ g. _____ (Ser) las dos de la tarde.

___ h. Miguelito le dijo a la enfermera que _____ (dolerle) la nariz.

2   **Transformar** Forma oraciones completas para describir lo que hacían Julieta y César. Usa las formas correctas del imperfecto y añade todas las palabras necesarias.

1. Julieta y César / ser / paramédicos

2. trabajar / juntos y / llevarse / muy bien

3. cuando / haber / accidente, / siempre / analizar / situación / con cuidado

4. preocuparse / mucho / por / pacientes

5. si / paciente / tener / mucho / dolor, / ponerle / inyección

3   **En la escuela de medicina** Usa los verbos de la lista para completar las oraciones con las formas correctas del imperfecto. Algunos verbos se usan más de una vez.

caerse	enfermarse	ir	querer	tener
comprender	estornudar	pensar	sentirse	tomar
doler	hacer	poder	ser	toser

1. Cuando Javier y Victoria _____ estudiantes de medicina, siempre _____ que ir al médico.

2. Cada vez que él _____ un examen, a Javier le _____ mucho la cabeza.

3. Cuando Victoria _____ ejercicios aeróbicos, siempre _____ mareada.

4. Todas las primaveras, Javier _____ mucho porque es alérgico al polen.

5. Victoria también _____ de su bicicleta en camino a clase.

6. Después de comer en la cafetería, a Victoria siempre le _____ el estómago.

7. Javier _____ ser médico para ayudar a los demás.

8. Pero no _____ por qué él _____ con tanta frecuencia.

9. Cuando Victoria _____ fiebre, no _____ ni leer el termómetro.

10. A Javier _____ los dientes, pero nunca _____ ir al dentista.

11. Victoria _____ mucho cuando _____ congestionada.

12. Javier y Victoria _____ que nunca _____ a graduarse.

Comunicación

4

Entrevista Trabajen en parejas. Un(a) estudiante usa estas preguntas para entrevistar a su compañero/a. Luego compartan los resultados de la entrevista con la clase.

1. Cuando eras estudiante de primaria, ¿te gustaban tus profesores/as?
2. ¿Veías mucha televisión cuando eras niño/a?
3. Cuando tenías diez años, ¿cuál era tu programa de televisión favorito?
4. Cuando eras niño/a, ¿qué hacía tu familia durante las vacaciones?
5. ¿Cuántos años tenías en 2002?
6. Cuando estabas en el quinto año escolar, ¿qué hacías con tus amigos/as?
7. Cuando tenías once años, ¿cuál era tu grupo musical favorito?
8. Antes de tomar esta clase, ¿sabías hablar español?

5

Describir En parejas, túrnense para describir cómo eran sus vidas cuando eran niños. Pueden usar las sugerencias de la lista u otras ideas. Luego informen a la clase sobre la vida de su compañero/a.

NOTA CULTURAL

El Parque Nacional Tortuguero está en la costa del Caribe, al norte de la ciudad de Limón, en Costa Rica. Varias especies de tortuga (*turtle*) utilizan las playas del parque para poner (*lay*) sus huevos. Esto ocurre de noche, y hay guías que llevan pequeños grupos de turistas a observar este fenómeno biológico.

modelo

> Cuando yo era niña, mi familia y yo siempre íbamos a Tortuguero. Tomábamos un barco desde Limón, y por las noches mirábamos las tortugas (*turtles*) en la playa. Algunas veces teníamos suerte, porque las tortugas venían a poner (*lay*) huevos. Otras veces, volvíamos al hotel sin ver ninguna tortuga.

- las vacaciones
- ocasiones especiales
- qué hacías durante el verano
- celebraciones con tus amigos/as
- celebraciones con tu familia

- cómo era tu escuela
- cómo eran tus amigos/as
- los viajes que hacías
- a qué jugabas
- qué hacías cuando te sentías enfermo/a

Síntesis

6

En el consultorio Tu profesor(a) te va a dar una lista incompleta con los pacientes que fueron al consultorio del doctor Donoso ayer. En parejas, conversen para completar sus listas y saber a qué hora llegaron las personas al consultorio y cuáles eran sus problemas.

4.2 | The preterite and the imperfect SUPERSITE

ANTE TODO Now that you have learned the forms of the preterite and the imperfect, you will learn more about how they are used. The preterite and the imperfect are not interchangeable. In Spanish, the choice between these two tenses depends on the context and on the point of view of the speaker.

De niño jugaba mucho al fútbol. Una vez me rompí la pierna.

Me caí cuando estaba en el autobús.

COMPARE & CONTRAST

Use the preterite to...	Use the imperfect to...
1. Express actions that are viewed by the speaker as completed Don Francisco **se rompió** la pierna. *Don Francisco broke his leg.* **Fueron** a Buenos Aires ayer. *They went to Buenos Aires yesterday.*	**1.** Describe an ongoing past action with no reference to its beginning or end Don Francisco **esperaba** a Javier. *Don Francisco was waiting for Javier.* El médico **se preocupaba** por sus pacientes. *The doctor worried about his patients.*
2. Express the beginning or end of a past action La película **empezó** a las nueve. *The movie began at nine o'clock.* Ayer **terminé** el proyecto para la clase de química. *Yesterday I finished the project for chemistry class.*	**2.** Express habitual past actions and events Cuando **era** joven, **jugaba** al tenis. *When I was young, I used to play tennis.* De niño, don Francisco **se enfermaba** con mucha frecuencia. *As a child, Don Francisco used to get sick very frequently.*
3. Narrate a series of past actions or events La doctora me **miró** los oídos, me **hizo** unas preguntas y **escribió** la receta. *The doctor looked in my ears, asked me some questions, and wrote the prescription.* **Me di** con la mesa, **me caí** y me **lastimé** el pie. *I bumped into the table, I fell, and I injured my foot.*	**3.** Describe physical and emotional states or characteristics La chica **quería** descansar. **Se sentía** mal y **tenía** dolor de cabeza. *The girl wanted to rest. She felt ill and had a headache.* Ellos **eran** altos y **tenían** ojos verdes. *They were tall and had green eyes.* **Estábamos** felices de ver a la familia. *We were happy to see the family.*

AYUDA

These words and expressions, as well as similar ones, commonly occur with the preterite: **ayer, anteayer, una vez, dos veces, tres veces, el año pasado, de repente.** They usually imply that an action has happened at a specific point in time. For a review, see **¡ADELANTE! UNO**, Estructura 6.3, p. 293.

AYUDA

These words and expressions, as well as similar ones, commonly occur with the imperfect: **de niño/a, todos los días, mientras, siempre, con frecuencia, todas las semanas.** They usually express habitual or repeated actions in the past.

▶ The preterite and the imperfect often appear in the same sentence. In such cases the imperfect describes what *was happening*, while the preterite describes the action that "interrupted" the ongoing activity.

Miraba la tele cuando **sonó** el teléfono.
I was watching TV when the phone rang.

Maite **leía** el periódico cuando **llegó** Álex.
Maite was reading the newspaper when Álex arrived.

▶ You will also see the preterite and the imperfect together in narratives such as fiction, news, and retelling of events. The imperfect provides background information, such as time, weather, and location, while the preterite indicates the specific events that occurred.

Eran las dos de la mañana y el detective ya no **podía** mantenerse despierto. **Se bajó** lentamente del coche, **estiró** las piernas y **levantó** los brazos hacia el cielo oscuro.
It was two in the morning, and the detective could no longer stay awake. He slowly stepped out of the car, stretched his legs, and raised his arms toward the dark sky.

La luna **estaba** llena y no **había** en el cielo ni una sola nube. De repente, el detective **escuchó** un grito espeluznante proveniente del parque.
The moon was full and there wasn't a single cloud in the sky. Suddenly, the detective heard a piercing scream coming from the park.

Un médico colombiano descubrió la vacuna contra la malaria

El doctor colombiano Manuel Elkin Patarroyo descubrió una vacuna contra la malaria. Esta enfermedad se erradicó hace décadas en muchas partes del mundo. Sin embargo, los casos de malaria empezaban a aumentar otra vez, justo cuando salió la vacuna de Patarroyo. En mayo de 1993, el doctor Patarroyo donó la vacuna, a nombre de Colombia, a la Organización Mundial de la Salud. Los grandes laboratorios farmacéuticos presionaron a la OMS porque querían la vacuna. Pero en 1995 las dos partes, el doctor Patarroyo y la OMS, ratificaron el pacto original.

¡INTÉNTALO! Elige el pretérito o el imperfecto para completar la historia. Explica por qué se usa ese tiempo verbal en cada ocasión.

1. ___Eran___ (Fueron/Eran) las doce.
2. _____ (Hubo/Había) mucha gente en la calle.
3. A las doce y media, Tomás y yo _____ (entramos/entrábamos) en el restaurante Tárcoles.
4. Todos los días yo _____ (almorcé/almorzaba) con Tomás al mediodía.
5. El camarero _____ (llegó/llegaba) inmediatamente, para darnos el menú.
6. Nosotros _____ (empezamos/empezábamos) a leerlo.
7. Yo _____ (pedí/pedía) el pescado.
8. De repente, el camarero _____ (volvió/volvía) a nuestra mesa.
9. Y nos _____ (dio/daba) una mala noticia.
10. Desafortunadamente, no _____ (tuvieron/tenían) más pescado.
11. Por eso Tomás y yo _____ (decidimos/decidíamos) comer en otro lugar.
12. _____ (Llovió/Llovía) mucho cuando _____ (salimos/salíamos) del restaurante.
13. Así que _____ (regresamos/regresábamos) al restaurante Tárcoles.
14. Esta vez, _____ (pedí/pedía) el arroz con pollo.

recursos

WB
pp. 215–218

LM
p. 232

SUPERSITE
adelante.
vhlcentral.com

Práctica

1

Seleccionar Utiliza el tiempo verbal adecuado, según el contexto.

1. La semana pasada, Manolo y Aurora _____ (querer) dar una fiesta. _____ (Decidir) invitar a seis amigos y servirles mucha comida.

2. Manolo y Aurora _____ (estar) preparando la comida cuando Elena _____ (llamar). Como siempre, _____ (tener) que estudiar para un examen.

3. A las seis, _____ (volver) a sonar el teléfono. Su amigo Francisco tampoco _____ (poder) ir a la fiesta, porque _____ (tener) fiebre. Manolo y Aurora _____ (sentirse) muy tristes, pero _____ (tener) que preparar la comida.

4. Después de otros 15 minutos, _____ (sonar) el teléfono. Sus amigos, los señores Vega, _____ (estar) en camino (*en route*) al hospital: a su hijo le _____ (doler) mucho el estómago. Sólo dos de los amigos _____ (poder) ir a la cena.

5. Por supuesto, _____ (ir) a tener demasiada comida. Finalmente, cinco minutos antes de las ocho, _____ (llamar) Ramón y Javier. Ellos _____ (pensar) que la fiesta _____ (ser) la próxima semana.

6. Tristes, Manolo y Aurora _____ (sentarse) a comer solos. Mientras _____ (comer), pronto _____ (llegar) a la conclusión de que _____ (ser) mejor estar solos: ¡La comida _____ (estar) malísima!

2

En el periódico Completa esta noticia con la forma correcta del pretérito o el imperfecto. ◀

Un accidente trágico

Ayer temprano por la mañana (1)_____ (haber) un trágico accidente en el centro de San José cuando el conductor de un autobús no (2)_____ (ver) venir un carro. La mujer que (3)_____ (manejar) el carro (4)_____ (morir) al instante y los paramédicos (5)_____ (tener) que llevar al pasajero al hospital porque (6)_____ (sufrir) varias fracturas. El conductor del autobús (7)_____ (decir) que no (8)_____ (ver) el carro hasta el último momento porque (9)_____ (estar) muy nublado y (10)_____ (llover). Él (11)_____ (intentar) (*to attempt*) dar un viraje brusco (*to swerve*), pero (12)_____ (perder) el control del autobús y no (13)_____ (poder) evitar (*to avoid*) el accidente. Según nos informaron, no (14)_____ (lastimarse) ningún pasajero del autobús.

AYUDA

Reading Spanish-language newspapers is a good way to practice verb tenses. You will find that both the imperfect and the preterite occur with great regularity. Many newsstands carry international papers, and many Spanish-language newspapers (such as Spain's *El País,* Mexico's *Reforma,* and Argentina's *Clarín*) are on the Web.

3

Completar Completa las frases de una manera lógica. Usa el pretérito o el imperfecto. En parejas, comparen sus respuestas.

1. De niño/a, yo...
2. Yo conducía el auto mientras...
3. Anoche mi novio/a...
4. Ayer el/la profesor(a)...
5. La semana pasada un(a) amigo/a...
6. Con frecuencia mis padres...
7. Esta mañana en la cafetería...
8. Hablábamos con el doctor cuando...

Comunicación

4

Entrevista Usa estas preguntas para entrevistar a un(a) compañero/a acerca de su primer(a) novio/a. Si quieres, puedes añadir otras preguntas.

1. ¿Quién fue tu primer(a) novio/a?
2. ¿Cuántos años tenían ustedes cuando se conocieron?
3. ¿Cómo era él/ella?
4. ¿Qué le gustaba hacer? ¿Le interesaban los deportes?
5. ¿Por cuánto tiempo salieron ustedes?
6. ¿Qué hacían ustedes cuando salían?
7. ¿Pensaban casarse?
8. ¿Cuándo y por qué rompieron ustedes?

5

La sala de emergencias En parejas, miren la lista e inventen qué les pasó a estas personas que están en la sala de emergencias.

> **modelo**
>
> Eran las tres de la tarde. Como todos los días, Pablo jugaba al fútbol con sus amigos. Estaba muy contento. De repente, se cayó y se rompió el brazo. Después fue a la sala de emergencias.

Paciente	Edad	Hora	Condición
1. Pablo Romero	9 años	15:20	hueso roto (el brazo)
2. Estela Rodríguez	45 años	15:25	tobillo torcido
3. Lupe Quintana	29 años	15:37	embarazada, dolores
4. Manuel López	52 años	15:45	infección de garganta
5. Marta Díaz	3 años	16:00	temperatura muy alta, fiebre
6. Roberto Salazar	32 años	16:06	dolor de oído
7. Marco Brito	18 años	16:18	daño en el cuello, posible fractura
8. Ana María Ortiz	66 años	16:29	reacción alérgica a un medicamento

6

Situación Anoche alguien robó (*stole*) el examen de la **Lección 4** de la oficina de tu profesor(a) y tú tienes que averiguar quién lo hizo. Pregúntales a tres compañeros dónde estaban, con quién estaban y qué hicieron entre las ocho y las doce de la noche.

Síntesis

7

La primera vez En grupos, cuéntense cómo fue la primera vez que les pusieron una inyección, se rompieron un hueso, pasaron la noche en un hospital, estuvieron mareados/as, etc. Incluyan estos puntos en su conversación: una descripción del tiempo que hacía, sus edades, qué pasó y cómo se sentían.

Lección 4

4.3   Constructions with se SUPERSITE

ANTE TODO   In **Lección 1**, you learned how to use **se** as the third-person reflexive pronoun (**Él se despierta. Ellos se visten. Ella se baña.**). **Se** can also be used to form constructions in which the person performing the action is not expressed or is de-emphasized.

Impersonal constructions with se

▶ In Spanish, verbs that are not reflexive can be used with **se** to form impersonal constructions. These are statements in which the person performing the action is not defined.

AYUDA

In English, the passive voice or indefinite subjects (*you, they, one*) are used where Spanish uses impersonal constructions with **se**.

     Se habla español en Costa Rica.   **Se puede leer** en la sala de espera.
     Spanish is spoken in Costa Rica.   *You can read in the waiting room.*

     Se hacen operaciones aquí.   **Se necesitan** medicinas enseguida.
     They perform operations here.   *They need medicine right away.*

▶ **¡Atención!** Note that the third person singular verb form is used with singular nouns and the third person plural form is used with plural nouns.

     Se vende ropa.   **Se venden** camisas.

▶ You often see the impersonal **se** in signs, advertisements, and directions.

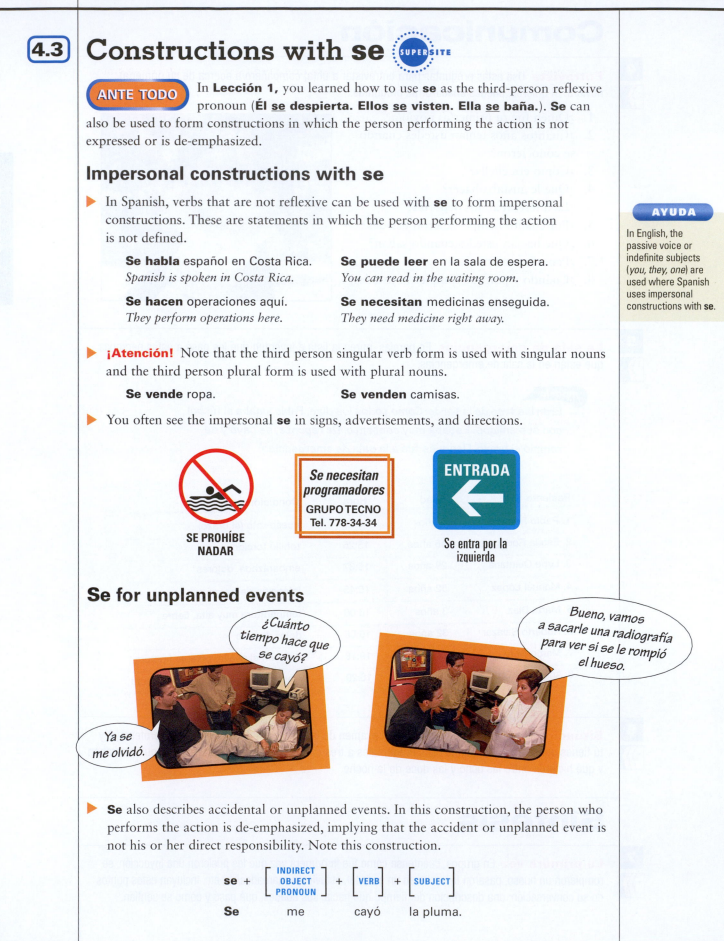

SE PROHÍBE NADAR

Se necesitan programadores GRUPO TECNO Tel. 778-34-34

ENTRADA ←   Se entra por la izquierda

Se for unplanned events

¿Cuánto tiempo hace que se cayó?

Ya se me olvidó.

Bueno, vamos a sacarle una radiografía para ver si se le rompió el hueso.

▶ **Se** also describes accidental or unplanned events. In this construction, the person who performs the action is de-emphasized, implying that the accident or unplanned event is not his or her direct responsibility. Note this construction.

se + [**INDIRECT OBJECT PRONOUN**] + [**VERB**] + [**SUBJECT**]

Se   me   cayó   la pluma.

▶ In this type of construction, what would normally be the direct object of the sentence becomes the subject, and it agrees with the verb, not with the indirect object pronoun.

	I.O. PRONOUN	VERB		SUBJECT
	me, te, le	quedó	SINGULAR	la receta.
		cayó		la taza.
Se		dañó		el radio.
	nos, os, les	rompieron	PLURAL	las botellas.
		olvidaron		las pastillas.
		perdieron		las llaves.

▶ These verbs are the ones most frequently used with **se** to describe unplanned events.

Verbs commonly used with se			
caer	*to fall; to drop*	**perder (e:ie)**	*to lose*
dañar	*to damage; to break down*	**quedar**	*to be left behind*
olvidar	*to forget*	**romper**	*to break*

Se me perdió el teléfono de la farmacia.
I lost the pharmacy's phone number.

Se nos olvidaron los pasajes.
We forgot the tickets.

▶ **¡Atención!** While Spanish has a verb for *to fall* (**caer**), there is no direct translation for *to drop*. **Dejar caer** (*To let fall*) or a **se** construction is often used to mean *to drop*.

El médico **dejó caer** la aspirina.
The doctor dropped the aspirin.

A mí **se me cayeron** los cuadernos.
I dropped the notebooks.

CONSULTA

For an explanation of prepositional pronouns, refer to **Estructura 3.4,** p. 150.

▶ To clarify or emphasize who the person involved in the action is, this construction commonly begins with the preposition **a** + [*noun*] or **a** + [*prepositional pronoun*].

Al paciente se le perdió la receta.
The patient lost his prescription.

A ustedes se les quedaron los libros en casa.
You left the books at home.

¡INTÉNTALO!   Completa las oraciones con **se** impersonal y los verbos en presente.

A

1. _Se enseñan_ (enseñar) cinco lenguas en esta universidad.
2. _____ (comer) muy bien en El Cráter.
3. _____ (vender) muchas camisetas allí.
4. _____ (servir) platos exquisitos cada noche.

Completa las oraciones con **se** y los verbos en pretérito.

B

1. _Se me rompieron_ (*I broke*) las gafas.
2. _____ (*You* (fam., sing.) *dropped*) las pastillas.
3. _____ (*They lost*) la receta.
4. _____ (*You* (form., sing.) *left*) aquí la radiografía.

recursos

WB
pp. 219–220

LM
p. 233

SUPERSITE
adelante.
vhlcentral.com

Práctica SUPERSITE

1 **¿Cierto o falso?** Lee estas oraciones sobre la vida en 1901. Indica si lo que dice cada oración es **cierto** o **falso**. Luego corrige las oraciones falsas.

1. Se veía mucha televisión.
2. Se escribían muchos libros.
3. Se viajaba mucho en tren.
4. Se montaba a caballo.
5. Se mandaba mucho correo electrónico.
6. Se preparaban muchas comidas en casa.
7. Se llevaban minifaldas.
8. Se pasaba mucho tiempo con la familia.

2 **Traducir** Traduce estos letreros *(signs)* y anuncios al español.

1. Nurses needed
2. Eating and drinking prohibited
3. Programmers sought
4. English is spoken
5. Computers sold
6. No talking
7. Teacher needed
8. Books sold
9. Do not enter
10. Spanish is spoken

3 **¿Qué pasó?** Mira los dibujos e indica lo que pasó en cada uno.

1. camarero / pastel

2. Sr. Álvarez / espejo

3. Arturo / tarea

4. Sra. Domínguez / llaves

5. Carla y Lupe / botellas de vino

6. Juana / platos

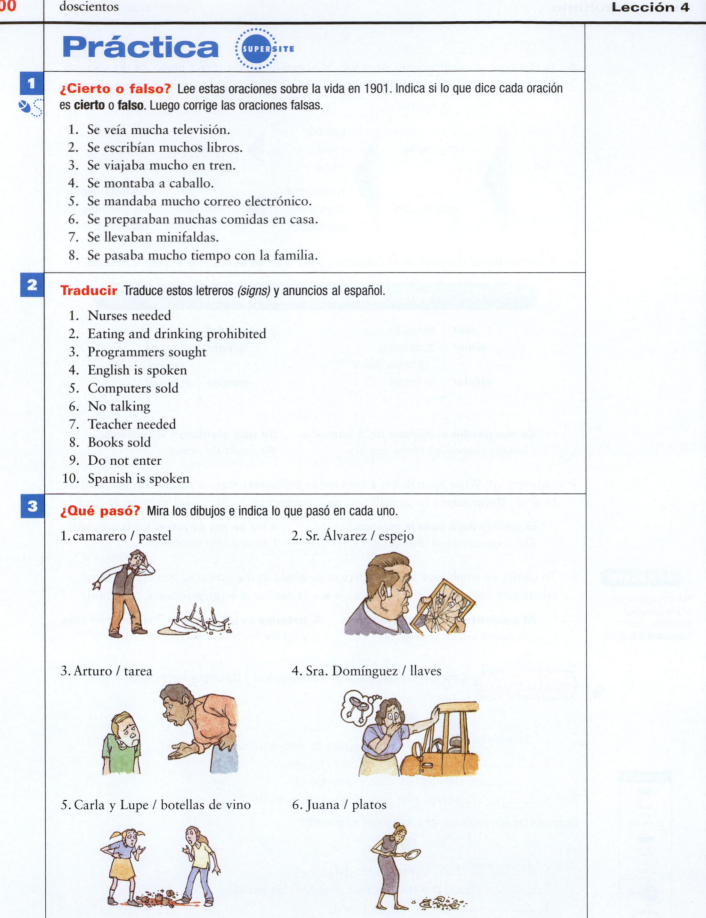

Comunicación

4

Preguntas Trabajen en parejas y usen estas preguntas para entrevistarse.

1. ¿Qué comidas se sirven en tu restaurante favorito?
2. ¿Se te olvidó invitar a alguien a tu última fiesta o comida? ¿A quién?
3. ¿A qué hora se abre la cafetería de tu universidad?
4. ¿Alguna vez se te quedó algo importante en la casa? ¿Qué?
5. ¿Alguna vez se te perdió algo importante durante un viaje? ¿Qué?
6. ¿Qué se vende en una farmacia?
7. ¿Sabes si en la farmacia se aceptan cheques?
8. ¿Alguna vez se te rompió algo muy caro? ¿Qué?

5

Opiniones En parejas, terminen cada oración con ideas originales. Después, comparen los resultados con la clase para ver qué pareja tuvo las mejores ideas.

1. No se tiene que dejar propina cuando…
2. Antes de viajar, se debe…
3. Si se come bien,…
4. Para tener una vida sana, se debe…
5. Se sirve la mejor comida en…
6. Se hablan muchas lenguas en…

Síntesis

6

Anuncios En grupos, preparen dos anuncios de televisión para presentar a la clase. Usen el imperfecto y por lo menos dos construcciones con **se** en cada uno.

modelo

Se me cayeron unos libros en el pie y me dolía mucho. Pero ahora no, gracias a SuperAspirina 500. ¡Dos pastillas y se me fue el dolor! Se puede comprar SuperAspirina 500 en todas las farmacias Recetamax.

Lección 4

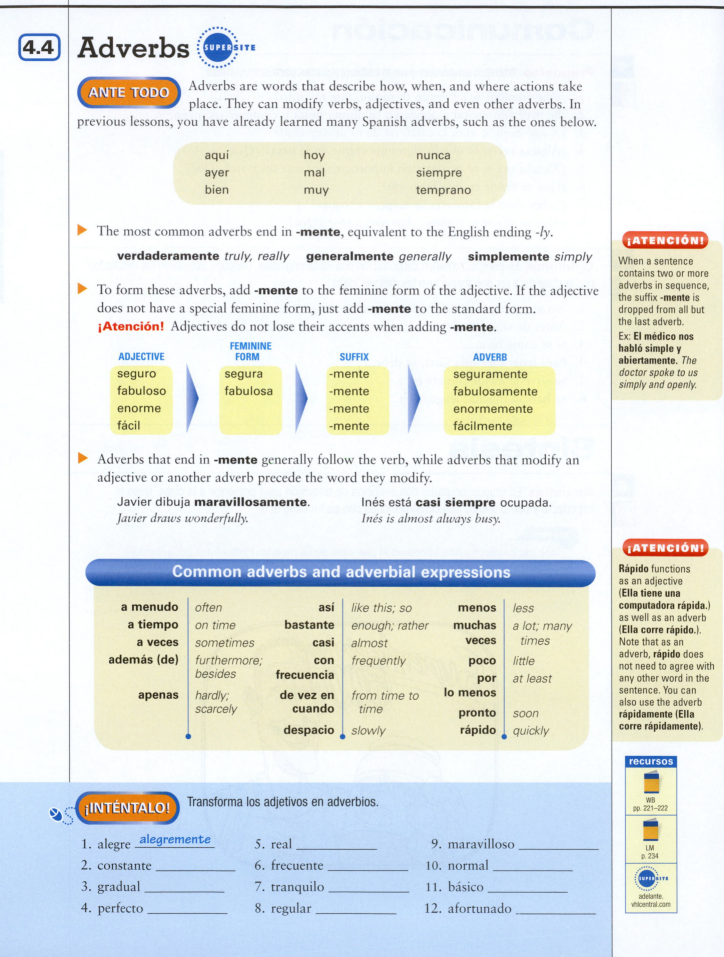

4.4 Adverbs

ANTE TODO Adverbs are words that describe how, when, and where actions take place. They can modify verbs, adjectives, and even other adverbs. In previous lessons, you have already learned many Spanish adverbs, such as the ones below.

aquí	hoy	nunca
ayer	mal	siempre
bien	muy	temprano

▶ The most common adverbs end in **-mente**, equivalent to the English ending *-ly*.

verdaderamente *truly, really*   **generalmente** *generally*   **simplemente** *simply*

▶ To form these adverbs, add **-mente** to the feminine form of the adjective. If the adjective does not have a special feminine form, just add **-mente** to the standard form. **¡Atención!** Adjectives do not lose their accents when adding **-mente**.

ADJECTIVE	FEMININE FORM	SUFFIX	ADVERB
seguro	segura	-mente	seguramente
fabuloso	fabulosa	-mente	fabulosamente
enorme		-mente	enormemente
fácil		-mente	fácilmente

▶ Adverbs that end in **-mente** generally follow the verb, while adverbs that modify an adjective or another adverb precede the word they modify.

Javier dibuja **maravillosamente**.   Inés está **casi siempre** ocupada.
Javier draws wonderfully.   *Inés is almost always busy.*

Common adverbs and adverbial expressions

a menudo	often	así	like this; so	menos	less
a tiempo	on time	bastante	enough; rather	muchas veces	a lot; many times
a veces	sometimes	casi	almost		
además (de)	furthermore; besides	con frecuencia	frequently	poco	little
				por lo menos	at least
apenas	hardly; scarcely	de vez en cuando	from time to time	pronto	soon
		despacio	slowly	rápido	quickly

¡ATENCIÓN! When a sentence contains two or more adverbs in sequence, the suffix -mente is dropped from all but the last adverb. Ex: **El médico nos habló simple y abiertamente.** *The doctor spoke to us simply and openly.*

¡ATENCIÓN! **Rápido** functions as an adjective (**Ella tiene una computadora rápida.**) as well as an adverb (**Ella corre rápido.**). Note that as an adverb, **rápido** does not need to agree with any other word in the sentence. You can also use the adverb **rápidamente** (**Ella corre rápidamente**).

¡INTÉNTALO! Transforma los adjetivos en adverbios.

1. alegre _alegremente_
2. constante _____
3. gradual _____
4. perfecto _____
5. real _____
6. frecuente _____
7. tranquilo _____
8. regular _____
9. maravilloso _____
10. normal _____
11. básico _____
12. afortunado _____

recursos WB pp. 221–222 · LM p. 234 · adelante. vhlcentral.com

Práctica

1

Escoger Completa las oraciones con los adverbios adecuados.

1. La cita era a las dos, pero llegamos _____. (mientras, nunca, tarde)
2. El problema fue que _____ se nos dañó el despertador. (aquí, ayer, despacio)
3. La recepcionista no se enojó porque sabe que normalmente llego _____. (a veces, a tiempo, poco)
4. _____ el doctor estaba listo. (Por lo menos, Muchas veces, Casi)
5. _____ tuvimos que esperar cinco minutos. (Así, Además, Apenas)
6. El doctor dijo que nuestra hija Irene necesitaba cambiar su rutina diaria _____. (temprano, menos, inmediatamente)
7. El doctor nos explicó _____ las recomendaciones del Cirujano General (*Surgeon General*) sobre la salud de los jóvenes. (de vez en cuando, bien, apenas)
8. _____ nos dijo que Irene estaba bien, pero tenía que hacer más ejercicio y comer mejor. (Bastante, Afortunadamente, A menudo)

NOTA CULTURAL

La doctora Antonia Novello, de Puerto Rico, fue la primera mujer y la primera hispana en tomar el cargo de **Cirujana General** de los Estados Unidos (1990–1993).

Comunicación

2

Aspirina Lee el anuncio y responde a las preguntas con un(a) compañero/a.

1. ¿Cuáles son los adverbios que aparecen en el anuncio?
2. Según el anuncio, ¿cuáles son las ventajas (*advantages*) de este tipo de aspirina?
3. ¿Tienen ustedes muchos dolores de cabeza? ¿Qué toman para curarlos?
4. ¿Qué medicamentos ven con frecuencia en los anuncios de televisión? Escriban descripciones de varios de estos anuncios. Usen adverbios en sus descripciones.

Recapitulación

SUPERSITE For self-scoring and diagnostics, go to **adelante.vhlcentral.com.**

Completa estas actividades para repasar los conceptos de gramática que aprendiste en esta lección.

1

Completar Completa el cuadro con la forma correspondiente del imperfecto. **12 pts.**

yo/Ud./él/ella	tú	nosotros	Uds./ellos/ellas
era			
	cantabas		
		veníamos	
			querían

2

Adverbios Escoge el adverbio correcto de la lista para completar estas oraciones. Lee con cuidado las oraciones; los adverbios sólo se usan una vez. No vas a usar uno de los adverbios. **8 pts.**

a menudo	apenas	fácilmente
a tiempo	casi	maravillosamente
además	despacio	por lo menos

1. Pablito se cae _____; cuatro veces por semana en promedio (*average*).

2. No me duele nada y no sufro de ninguna enfermedad; me siento _____ bien.

3. —Doctor, ¿cómo supo que tuve una operación de garganta?
   —Muy _____, lo leí en su historial médico.

4. ¿Le duele mucho la espalda? Entonces tiene que levantarse _____.

5. Ya te sientes mucho mejor, ¿verdad? Mañana puedes volver al trabajo; tu temperatura es _____ normal.

6. Es importante hacer ejercicio con regularidad, _____ tres veces a la semana.

7. El examen médico no comenzó ni tarde ni temprano. Comenzó _____, a las tres de la tarde.

8. Parece que ya te estás curando del resfriado. _____ estás congestionada.

RESUMEN GRAMATICAL

4.1 **The imperfect tense** *pp. 190–191*

The imperfect of regular verbs

cantar	beber	escribir
cantaba	bebía	escribía
cantabas	bebías	escribías
cantaba	bebía	escribía
cantábamos	bebíamos	escribíamos
cantabais	bebíais	escribíais
cantaban	bebían	escribían

▶ There are no stem changes in the imperfect:
entender (e:ie) → entendía; servir (e:i) → servía; doler (o:ue) → dolía

▶ The imperfect of **hay** is **había.**

▶ Only three verbs are irregular in the imperfect.
ir: **iba, ibas, iba, íbamos, ibais, iban**
ser: **era, eras, era, éramos, erais, eran**
ver: **veía, veías, veía, veíamos, veíais, veían**

4.2 **The preterite and the imperfect** *pp. 194–195*

Preterite	Imperfect
1. Completed actions	1. Ongoing past action
Fueron a Buenos Aires el mes pasado.	De niño, usted **jugaba** al fútbol.
2. Beginning or end of past action	2. Habitual past actions
La película **empezó** a las nueve.	Todos los días yo **jugaba** al tenis.
3. Series of past actions or events	3. Description of states or characteristics
Me caí y **me lastimé** el pie.	Ella **era** alta. **Quería** descansar.

4.3 **Constructions with se** *pp. 198–199*

Impersonal constructions with se		
Se	prohíbe fumar.	
	habla español.	
	hablan varios idiomas.	

Se for unplanned events

Se	me, te, le, nos, os, les	cayó la taza.
		dañó el radio.
		rompieron las botellas.
		olvidaron las llaves.

4.4 **Adverbs** *p. 202*

Formation of adverbs

fácil	→	fácilmente
seguro	→	seguramente
verdadero	→	verdaderamente

3 **Un accidente** Escoge el imperfecto o el pretérito según el contexto para completar esta conversación. **10 pts.**

NURIA Hola, Felipe. ¿Estás bien? ¿Qué es eso? ¿(1) (Te lastimaste/Te lastimabas) el pie?

FELIPE Ayer (2) (tuve/tenía) un pequeño accidente.

NURIA Cuéntame. ¿Cómo (3) (pasó/pasaba)?

FELIPE Bueno, (4) (fueron/eran) las cinco de la tarde y (5) (llovió/llovía) mucho cuando (6) (salí/salía) de la casa en mi bicicleta. No (7) (vi/veía) a una chica que (8) (caminó/caminaba) en mi dirección, y los dos (9) (nos caímos/nos caíamos) al suelo (*ground*).

NURIA Y la chica, ¿está bien ella?

FELIPE Sí. Cuando llegamos al hospital, ella sólo (10) (tuvo/tenía) dolor de cabeza.

4 **Oraciones** Escribe oraciones con **se** a partir de los elementos dados (*given*). Usa el tiempo especificado entre paréntesis y añade pronombres cuando sea necesario. **10 pts.**

> **modelo**
>
> Carlos / quedar / la tarea en casa (pretérito)
> *A Carlos se le quedó la tarea en casa.*

1. en la farmacia / vender / medicamentos (presente)

2. ¿(tú) / olvidar / las llaves / otra vez? (pretérito)

3. (yo) / dañar / la computadora (pretérito)

4. en esta clase / prohibir / hablar inglés (presente)

5. ellos / romper / las gafas / en el accidente (pretérito)

5 **En la consulta** Escribe al menos cinco oraciones describiendo tu última visita al médico. Incluye cinco verbos en pretérito y cinco en imperfecto. Habla de qué te pasó, cómo te sentías, cómo era el/la doctor(a), qué te dijo, etc. Usa tu imaginación. **10 pts.**

6 **Refrán** Completa el refrán con las palabras que faltan. **¡2 puntos EXTRA!**

"Lo que _____ (*well*) se aprende, nunca _____ pierde."

recursos

SUPERSITE
adelante.vhlcentral.com

Lectura

Antes de leer

Estrategia

Activating background knowledge

Using what you already know about a particular subject will often help you better understand a reading selection. For example, if you read an article about a recent medical discovery, you might think about what you already know about health in order to understand unfamiliar words or concepts.

Examinar el texto

Utiliza las estrategias de lectura que tú consideras más efectivas para hacer unas observaciones preliminares acerca del texto. Después trabajen en parejas para comparar sus observaciones acerca del texto. Luego contesten estas preguntas:

- Analicen el formato del texto. ¿Qué tipo de texto es? ¿Dónde creen que se publicó este artículo?
- ¿Quiénes son Carla Baron y Tomás Monterrey?
- Miren la foto del libro. ¿Qué sugiere el título del libro sobre su contenido?

Conocimiento previo (*Background knowledge*)

Ahora piensen en su conocimiento previo sobre el cuidado de la salud en los viajes. Consideren estas preguntas:

- ¿Viajaron alguna vez a otro estado o a otro país?
- ¿Tuvieron algunos problemas durante sus viajes con el agua, la comida o el clima del lugar?
- ¿Olvidaron poner en su maleta algún medicamento que después necesitaron?
- Imaginen que su amigo/a se va de viaje. Díganle por lo menos cinco cosas que debe hacer para prevenir cualquier problema de salud.

recursos

adelante.vhlcentral.com

Libro de la semana

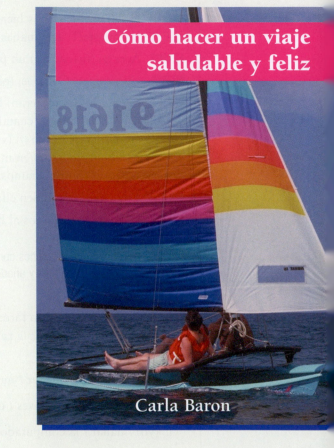

Cómo hacer un viaje saludable y feliz

Carla Baron

Después de leer

Correspondencias

Busca las correspondencias entre los problemas y las recomendaciones.

Problemas

1. el agua _____
2. el sol _____
3. la comida _____
4. la identificación _____
5. el clima _____

Recomendaciones

a. Hay que adaptarse a los ingredientes no familiares.
b. Toma sólo productos purificados (*purified*).
c. Es importante llevar ropa adecuada cuando viajas.
d. Lleva loción o crema con alta protección solar.
e. Lleva tu pasaporte.

Entrevista a Carla Baron

por Tomás Monterrey

Tomás: ¿Por qué escribió su libro *Cómo hacer un viaje saludable y feliz?*

Carla: Me encanta viajar, conocer otras culturas y escribir. Mi primer viaje lo hice cuando era estudiante universitaria. Todavía recuerdo el día en que llegamos a San Juan, Puerto Rico. Era el panorama ideal para unas vacaciones maravillosas, pero al llegar a la habitación del hotel, bebí mucha agua de la llave° y luego pedí un jugo de frutas con mucho hielo°. El clima en San Juan es tropical y yo tenía mucha sed y calor. Los síntomas llegaron en menos de media hora: pasé dos días con dolor de estómago y corriendo al cuarto de baño cada diez minutos. Desde entonces, siempre que viajo sólo bebo agua mineral y llevo un pequeño bolso con medicinas necesarias como pastillas para el dolor y también bloqueador solar, una crema repelente de mosquitos y un desinfectante.

Tomás: ¿Son reales° las situaciones que se narran en su libro?

Carla: Sí, son reales y son mis propias° historias°. A menudo los autores crean caricaturas divertidas de un turista en dificultades. ¡En mi libro la turista en dificultades soy yo!

Tomás: ¿Qué recomendaciones puede encontrar el lector en su libro?

Carla: Bueno, mi libro es anecdótico y humorístico, pero el tema de la salud se trata° de manera seria. En general, se dan recomendaciones sobre ropa adecuada para cada sitio, consejos para protegerse del sol, y comidas y bebidas adecuadas para el turista que viaja al Caribe o Suramérica.

Tomás: ¿Tiene algún consejo para las personas que se enferman cuando viajan?

Carla: Muchas veces los turistas toman el avión sin saber nada acerca del país que van a visitar. Ponen toda su ropa en la maleta, toman el pasaporte, la cámara fotográfica y ¡a volar°! Es necesario tomar precauciones porque nuestro cuerpo necesita adaptarse al clima, al sol, a la humedad, al agua y a la comida. Se trata de° viajar, admirar las maravillas del mundo y regresar a casa con hermosos recuerdos. En resumen, el secreto es "prevenir en vez de° curar".

llave *faucet* hielo *ice* reales *true* propias *own* historias *stories*
se trata *is treated* ¡a volar! *Off they go!* Se trata de *It's a question of*
en vez de *instead of*

Seleccionar

Selecciona la respuesta correcta.

1. El tema principal de este libro es _____.
   a. Puerto Rico b. la salud y el agua c. otras culturas
   d. el cuidado de la salud en los viajes
2. Las situaciones narradas en el libro son _____.
   a. autobiográficas b. inventadas c. ficticias
   d. imaginarias
3. ¿Qué recomendaciones no vas a encontrar en este libro? _____
   a. cómo vestirse adecuadamente
   b. cómo prevenir las quemaduras solares
   c. consejos sobre la comida y la bebida
   d. cómo dar propina en los países del Caribe o de Suramérica
4. En opinión de la señorita Baron, _____.
   a. es bueno tomar agua de la llave y beber jugo de frutas con mucho hielo
   b. es mejor tomar solamente agua embotellada (*bottled*)
   c. los minerales son buenos para el dolor abdominal
   d. es importante visitar el cuarto de baño cada diez minutos
5. ¿Cuál de estos productos no lleva la autora cuando viaja a otros países? _____
   a. desinfectante
   b. crema repelente
   c. detergente
   d. pastillas medicinales

Carreta pintada a mano

Volcán Arenal

Costa Rica

El país en cifras

▶ **Área:** 51.100 km^2 (19.730 millas^2), *aproximadamente el área de Virginia Occidental°*

▶ **Población:** 4.665.000

Costa Rica es el país de Centroamérica con la población más homogénea. El 98% de sus habitantes es blanco y mestizo°. Más del 50% de la población es de ascendencia° española y un alto porcentaje tiene sus orígenes en otros países europeos.

▶ **Capital:** San José —1.374.000

▶ **Ciudades principales:** Alajuela, Cartago, Puntarenas, Heredia

SOURCE: Population Division, UN Secretariat

▶ **Moneda:** colón costarricense°

▶ **Idioma:** español (oficial)

Bandera de Costa Rica

Costarricenses célebres

▶ **Carmen Lyra,** escritora (1888–1949)

▶ **Chavela Vargas,** cantante (1919–)

▶ **Óscar Arias Sánchez,** presidente de Costa Rica (1949–)

▶ **Claudia Poll,** nadadora° olímpica (1972–)

Óscar Arias recibió el Premio Nobel de la Paz en 1987.

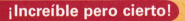
Virginia Occidental *West Virginia* mestizo *of indigenous and white parentage* ascendencia *descent* costarricense *Costa Rican* nadadora *swimmer* ejército *army* gastos *expenditures* invertir *to invest* cuartel *barracks*

NICARAGUA

Río San Juan

Río Tempisque

Cordillera de Guanacaste

Cordillera Central

Cordillera de Tilarán

Volcán Arenal

Alajuela

Puntarenas

Heredia

Río Grande de Tárcoles

Volcán

San José

Cartago

Edificio Metálico en San José

Océano Pacífico

Basílica de Nuestra Señora de los Ángeles en Cartago

ESTADOS UNIDOS

OCÉANO ATLÁNTICO

COSTA RICA

OCÉANO PACÍFICO

AMÉRICA DEL SUR

recursos

WB pp. 223–224	VM pp. 227–228	adelante. vhlcentral.com

¡Increíble pero cierto!

Costa Rica es el único país latinoamericano que no tiene ejército°. Sin gastos° militares, el gobierno puede invertir° más dinero en la educación y las artes. En la foto aparece el Museo Nacional de Costa Rica, antiguo cuartel° del ejército.

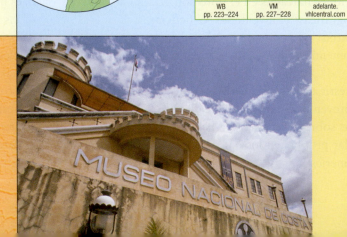

Lección 4

Lugares • **Los parques nacionales**

El sistema de parques nacionales de Costa Rica ocupa el 9,3% de su territorio y fue establecido° para la protección de su biodiversidad. En los parques, los ecoturistas pueden admirar montañas, cataratas° y una gran variedad de plantas exóticas. Algunos ofrecen también la oportunidad de ver quetzales°, monos°, jaguares, armadillos y serpientes° en su hábitat natural.

Caribe

Economía • **Las plantaciones de café**

Costa Rica fue el primer país centroamericano en desarrollar° la industria del café. En el siglo° XIX, los costarricenses empezaron a exportar esta semilla a Inglaterra°, lo que significó una contribución importante a la economía de la nación. Actualmente, más de 50.000 costarricenses trabajan en el cultivo del café. Este producto representa cerca del 15% de sus exportaciones anuales.

ón

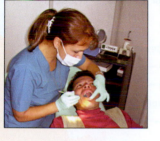

Sociedad • **Una nación progresista**

Costa Rica es un país progresista. Tiene un nivel de alfabetización° del 96%, uno de los más altos de Latinoamérica. En 1870, esta nación centroamericana abolió la pena de muerte° y en 1948 eliminó el ejército e hizo obligatoria y gratuita° la educación para todos sus ciudadanos.

PANAMÁ

¿Qué aprendiste? Responde cada pregunta con una oración completa.

1. ¿Cómo se llama la capital de Costa Rica?

2. ¿Quién es Claudia Poll?

3. ¿Qué porcentaje del territorio de Costa Rica ocupan los parques nacionales?

4. ¿Para qué se establecen los parques nacionales?

5. ¿Qué pueden ver los turistas en los parques nacionales?

6. ¿Cuántos costarricenses trabajan en las plantaciones de café hoy día?

7. ¿Cuándo eliminó Costa Rica la pena de muerte?

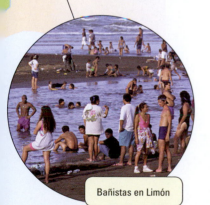

Bañistas en Limón

Conexión Internet Investiga estos temas en **adelante.vhlcentral.com**.

1. Busca información sobre Óscar Arias Sánchez. ¿Quién es? ¿Por qué se le considera (*is he considered*) un costarricense célebre?

2. Busca información sobre los artistas de Costa Rica. ¿Qué artista, escritor o cantante te interesa más? ¿Por qué?

....

establecido *established* **cataratas** *waterfalls* **quetzales** *type of tropical bird* **monos** *monkeys* **serpientes** *snakes* **en desarrollar** *to develop* **siglo** *century* **Inglaterra** *England* **nivel de alfabetización** *literacy rate* **pena de muerte** *death penalty* **gratuita** *free*

El cuerpo

la boca	mouth
el brazo	arm
la cabeza	head
el corazón	heart
el cuello	neck
el cuerpo	body
el dedo	finger
el dedo del pie	toe
el estómago	stomach
la garganta	throat
el hueso	bone
la nariz	nose
el oído	(sense of) hearing; inner ear
el ojo	eye
la oreja	(outer) ear
el pie	foot
la pierna	leg
la rodilla	knee
el tobillo	ankle

La salud

el accidente	accident
el antibiótico	antibiotic
la aspirina	aspirin
la clínica	clinic
el consultorio	doctor's office
el/la dentista	dentist
el/la doctor(a)	doctor
el dolor (de cabeza)	(head)ache; pain
el/la enfermero/a	nurse
el examen médico	physical exam
la farmacia	pharmacy
la gripe	flu
el hospital	hospital
la infección	infection
el medicamento	medication
la medicina	medicine
la operación	operation
el/la paciente	patient
la pastilla	pill; tablet
la radiografía	X-ray
la receta	prescription
el resfriado	cold (illness)
la sala de emergencia(s)	emergency room
la salud	health
el síntoma	symptom
la tos	cough

Verbos

caerse	to fall (down)
dañar	to damage; to break down
darse con	to bump into; to run into
doler (o:ue)	to hurt
enfermarse	to get sick
estar enfermo/a	to be sick
estornudar	to sneeze
lastimarse (el pie)	to injure (one's foot)
olvidar	to forget
poner una inyección	to give an injection
prohibir	to prohibit
recetar	to prescribe
romper	to break
romperse (la pierna)	to break (one's leg)
sacar(se) un diente	to have a tooth removed
ser alérgico/a (a)	to be allergic (to)
sufrir una enfermedad	to suffer an illness
tener dolor (m.)	to have a pain
tener fiebre	to have a fever
tomar la temperatura	to take someone's temperature
torcerse (o:ue) (el tobillo)	to sprain (one's ankle)
toser	to cough

Adjetivos

congestionado/a	congested; stuffed-up
embarazada	pregnant
grave	grave; serious
mareado/a	dizzy; nauseated
médico/a	medical
saludable	healthy
sano/a	healthy

Adverbios

a menudo	often
a tiempo	on time
a veces	sometimes
además (de)	furthermore; besides
apenas	hardly; scarcely
así	like this; so
bastante	enough; rather
casi	almost
con frecuencia	frequently
de niño/a	as a child
de vez en cuando	from time to time
despacio	slowly
menos	less
mientras	while
muchas veces	a lot; many times
poco	little
por lo menos	at least
pronto	soon
rápido	quickly
todos los días	every day

Expresiones útiles	See page 185.

recursos

LM
p. 234

adelante.
vhlcentral.com

contextos

Lección 4

1 **El cuerpo humano** Label the parts of the body.

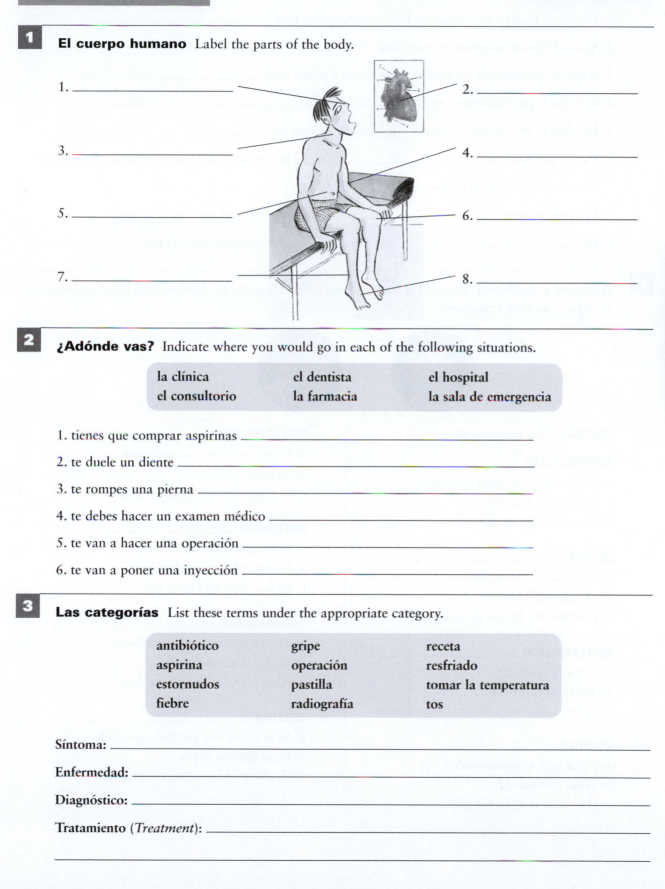

1. _____

2. _____

3. _____

4. _____

5. _____

6. _____

7. _____

8. _____

2 **¿Adónde vas?** Indicate where you would go in each of the following situations.

la clínica	el dentista	el hospital
el consultorio	la farmacia	la sala de emergencia

1. tienes que comprar aspirinas _____

2. te duele un diente _____

3. te rompes una pierna _____

4. te debes hacer un examen médico _____

5. te van a hacer una operación _____

6. te van a poner una inyección _____

3 **Las categorías** List these terms under the appropriate category.

antibiótico	gripe	receta
aspirina	operación	resfriado
estornudos	pastilla	tomar la temperatura
fiebre	radiografía	tos

Síntoma: _____

Enfermedad: _____

Diagnóstico: _____

Tratamiento (*Treatment*): _____

_____

4 **En el consultorio** Complete the sentences with the correct words.

1. La señora Gandía va a tener un hijo en septiembre. Está _____.

2. Manuel tiene la temperatura muy alta. Tiene _____.

3. A Rosita le recetaron un antibiótico y le van a poner una _____.

4. A Pedro le cayó una mesa en el pie. El pie le _____ mucho.

5. Durante la primavera, mi tía estornuda mucho y está muy _____.

6. Tienes que llevar la _____ a la farmacia para que te vendan (*in order for them to sell you*) la medicina.

7. Le tomaron una _____ de la pierna para ver si se le rompió.

8. Los _____ de un resfriado son los estornudos y la tos.

5 **Doctora y paciente** Choose the logical sentences to complete the conversation between Doctora Márquez and Don Francisco.

DOCTORA ¿Qué síntomas tiene?

DON FRANCISCO (1) _____

a. Tengo tos y me duele la cabeza.

b. Soy muy saludable.

c. Me recetaron un antibiótico.

DOCTORA (2) _____

a. ¿Cuándo fue el accidente?

b. ¿Le dio fiebre ayer?

c. ¿Dónde está la sala de emergencia?

DON FRANCISCO (3) _____

a. Fue a la farmacia.

b. Me torcí el tobillo.

c. Sí, mi esposa me tomó la temperatura.

DOCTORA (4) _____

a. ¿Está muy congestionado?

b. ¿Está embarazada?

c. ¿Le duele el dedo del pie?

DON FRANCISCO (5) _____

a. Sí, me hicieron una operación.

b. Sí, estoy mareado.

c. Sí, y también me duele la garganta.

DOCTORA (6) _____

a. Tiene que ir al consultorio.

b. Es una infección de garganta.

c. La farmacia está muy cerca.

DON FRANCISCO (7) _____

a. ¿Tengo que tomar un antibiótico?

b. ¿Debo ir al dentista?

c. ¿Qué indican las radiografías?

DOCTORA (8) _____

a. Sí, es usted una persona saludable.

b. Sí, se lastimó el pie.

c. Sí, ahora se lo voy a recetar.

Workbook

estructura

4.1 The imperfect tense

1 **¿Cómo eran las cosas?** Complete the sentences with the imperfect forms of the verbs in parentheses.

1. Antes, la familia Álvarez _____ (cenar) a las ocho de la noche.

2. De niña, yo _____ (cantar) en el Coro de Niños de San Juan.

3. Cuando vivían en la costa, ustedes _____ (nadar) por las mañanas.

4. Mis hermanas y yo _____ (jugar) en un equipo de béisbol.

5. La novia de Raúl _____ (tener) el pelo rubio en ese tiempo.

6. Antes de tener la computadora, (tú) _____ (escribir) a mano (*by hand*).

7. (nosotros) _____ (creer) que el concierto era el miércoles.

8. Mientras ellos lo _____ (buscar) en su casa, él se fue a la universidad.

2 **Oraciones imperfectas** Create sentences with the elements provided and the imperfect tense.

1. mi abuela / ser / muy trabajadora y amable

_____

2. tú / ir / al teatro / cuando vivías en Nueva York

_____

3. ayer / haber / muchísimos pacientes en el consultorio

_____

4. (nosotros) / ver / tu casa desde allí

_____

5. ser / las cinco de la tarde / cuando llegamos a San José

_____

6. ella / estar / muy nerviosa durante la operación

_____

3 **No, pero antes...** Your nosy friend Cristina is asking you many questions. Answer her questions negatively, using the imperfect tense.

> **modelo**
> ¿Juega Daniel al fútbol?
> No, pero antes jugaba.

1. ¿Hablas por teléfono? _____

2. ¿Fue a la playa Susana? _____

3. ¿Come carne Benito? _____

4. ¿Te trajo muchos regalos tu novio? _____

5. ¿Conduce tu mamá? _____

4 **¿Qué hacían?** Write sentences that describe what the people in the drawings were doing yesterday at three o'clock in the afternoon. Use the subjects provided and the imperfect tense.

1. tú

_____

_____

_____

2. Rolando

_____

_____

_____

3. Pablo y Elena

_____

_____

_____

4. Lilia y yo

_____

_____

_____

5 **Antes y ahora** Javier is thinking about his childhood—how things were then and how they are now. Write two sentences comparing what Javier used to do and what he does now.

> **modelo**
>
> vivir en casa / vivir en la residencia estudiantil
>
> **Antes vivía en casa.**
>
> **Ahora vivo en la residencia estudiantil.**

1. jugar al fútbol con mis primos / jugar en el equipo de la universidad

_____

_____

2. escribir las cartas a mano / escribir el correo electrónico con la computadora

_____

_____

3. ser gordito (*chubby*) / ser delgado

_____

_____

4. tener a mi familia cerca / tener a mi familia lejos

_____

_____

5. estudiar en mi habitación / estudiar en la biblioteca

_____

_____

6. conocer personas de mi ciudad / conocer personas de todo el (*the whole*) país

_____

_____

4.2 The preterite and the imperfect

1   **Los accidentes** Complete the sentences correctly with imperfect or preterite forms of the verbs in parentheses.

1. Claudia _____ (celebrar) su cumpleaños cuando se torció el tobillo.

2. Ramiro tenía fiebre cuando _____ (llegar) a la clínica.

3. Mientras el doctor _____ (mirar) la radiografía, yo llamé por teléfono a mi novia.

4. (yo) _____ (estar) mirando la televisión cuando mi mamá se lastimó la mano con la puerta.

5. Cuando Sandra llegó a la universidad, _____ (tener) un dolor de cabeza terrible.

6. ¿De niño (tú) _____ (enfermarse) con frecuencia?

7. El verano pasado, Luis y Olivia _____ (sufrir) una enfermedad exótica.

8. Anoche, mi primo y yo _____ (perder) la receta de mi tía.

2   **Antes y ayer** Complete each pair of sentences by using the imperfect and preterite forms of the verbs in parentheses.

(bailar)

1. Cuando era pequeña, Sara _____ ballet todos los lunes y miércoles.

2. Ayer Sara _____ ballet en el recital de la universidad.

(escribir)

3. La semana pasada, (yo) le _____ un correo electrónico a mi papá.

4. Antes (yo) _____ las cartas a mano o con una máquina de escribir.

(ser)

5. El novio de María _____ delgado y deportista.

6. El viaje de novios _____ una experiencia inolvidable (*unforgettable*).

(haber)

7. _____ una fiesta en casa de Maritere el viernes pasado.

8. Cuando llegamos a la fiesta, _____ mucha gente.

(ver)

9. El lunes _____ a mi prima Lisa en el centro comercial.

10. De niña, yo _____ a Lisa todos los días.

3 **¿Qué pasaba?** Look at the drawings, then complete the sentences, using the preterite or imperfect.

1. Cuando llegué a casa anoche, las

niñas _____

_____.

2. Cuando empezó a llover, Sara

_____

_____.

3. Antes de irse de vacaciones, la señora

García _____

_____.

4. Cada verano, las chicas

_____

_____.

4 **El pasado** Decide whether the verbs in parentheses should be in the preterite or the imperfect. Then rewrite the sentences.

1. Ayer Clara (ir) a casa de sus primos, (saludar) a su tía y (comer) con ellos.

_____

2. Cuando Manuel (vivir) en San José, (conducir) muchos kilómetros todos los días.

_____

3. Mientras Carlos (leer) las traducciones (*translations*), Blanca (traducir) otros textos.

_____

4. El doctor (terminar) el examen médico y me (recetar) un antibiótico.

_____

5. La niña (tener) ocho años y (ser) inteligente y alegre.

_____

6. Rafael (cerrar) todos los programas, (apagar) la computadora y (irse).

_____

5 **¡Qué diferencia!** Complete this paragraph with the preterite or the imperfect of the verbs in parentheses.

La semana pasada (yo) (1) _____ (llegar) a la universidad y me di cuenta

(*realized*) de que este año iba ser muy diferente a los anteriores. Todos los años Laura y yo

(2) _____ (vivir) con Regina, pero la semana pasada (nosotras)

(3) _____ (conocer) a nuestra nueva compañera de cuarto, Gisela. Antes Laura,

Regina y yo (4) _____ (tener) un apartamento muy pequeño, pero al llegar la

semana pasada, (nosotras) (5) _____ (ver) el apartamento nuevo: es enorme y

tiene mucha luz. Antes de vivir con Gisela, Laura y yo no (6) _____ (poder) leer

el correo electrónico desde la casa, pero ayer Gisela (7) _____ (conectar) su

computadora a Internet y todas (8) _____ (mirar) nuestros mensajes. Antes

(nosotras) siempre (9) _____ (caminar) hasta la biblioteca para ver el correo,

pero anoche Gisela nos (10) _____ (decir) que podemos compartir su

computadora. ¡Qué diferencia!

6 **¿Dónde estabas?** Write questions and answers with the words provided. Ask where these people were when something happened.

> modelo
>
> Maite ⟶ Inés / salir a bailar // cuarto / dormir la siesta
> *¿Dónde estaba Maite cuando Inés salió a bailar?*
> *Maite estaba en el cuarto. Dormía la siesta.*

1. Javier ⟶ (yo) / llamar por teléfono // cocina / lavar los platos

_____

_____

2. (tú) ⟶ don Francisco y yo / ir al cine // casa / leer una revista

_____

_____

3. tu hermano ⟶ empezar a llover // calle / pasear en bicicleta

_____

_____

4. ustedes ⟶ Álex / venir a casa // estadio / jugar al fútbol

_____

_____

5. Álex y Javier ⟶ (tú) / saludarlos // supermercado / hacer la compra

_____

_____

7   **El diario de Laura**   Laura has just found a page from her old diary. Rewrite the page in the past tense, using the preterite and imperfect forms of the verbs as appropriate.

Querido diario:

Estoy pasando el verano en Alajuela, y es un lugar muy divertido. Salgo con mis amigas todas las noches hasta tarde. Bailo con nuestros amigos y nos divertimos mucho. Durante la semana trabajo: doy clases de inglés. Los estudiantes son alegres y se interesan mucho por aprender. El día de mi cumpleaños conocí a un chico muy simpático que se llama Francisco. Me llamó al día siguiente (*next*) y nos vemos todos los días. Me siento enamorada de él.

_____

_____

_____

_____

_____

_____

_____

_____

_____

_____

8   **Un día en la playa**   Laura is still reading her old diary. Rewrite this paragraph, using the preterite or imperfect forms of the verbs in parentheses as appropriate.

Querido diario:

Ayer mi hermana y yo (ir) a la playa. Cuando llegamos, (ser) un día despejado (*clear*) con mucho sol, y nosotras (estar) muy contentas. A las doce (comer) unos sándwiches de almuerzo. Los sándwiches (ser) de jamón y queso. Luego (descansar) y entonces (nadar) en el mar. Mientras (nadar), (ver) a las personas que (practicar) el esquí acuático. (Parecer) muy divertido, así que (decidir) probarlo. Mi hermana (ir) primero, mientras yo la (mirar). Luego (ser) mi turno. Las dos (divertirse) mucho esa tarde.

_____

_____

_____

_____

_____

_____

_____

_____

4.3 Constructions with **se**

1 **¿Qué se hace?** Complete the sentences with verbs from the word bank. Use impersonal constructions with **se** in the present tense.

caer	hablar	recetar	vender
dañar	poder	servir	vivir

1. En Costa Rica _____ español.

2. En las librerías _____ libros y revistas.

3. En los restaurantes _____ comida.

4. En los consultorios _____ medicinas.

5. En el campo _____ muy bien.

6. En el mar _____ nadar y pescar.

2 **Los anuncios** Write advertisements or signs for the situations described. Use impersonal constructions with **se**.

1. "Está prohibido fumar."

2. "Vendemos periódicos."

3. "Hablamos español."

4. "Necesitamos enfermeras."

5. "No debes nadar."

6. "Estamos buscando un auto usado."

3 **¿Qué les pasó?** Complete the sentences with the correct indirect object pronouns.

1. Se _____ perdieron las maletas a Roberto.

2. A mis hermanas se _____ cayó la mesa.

3. A ti se _____ olvidó venir a buscarme ayer.

4. A mí se _____ quedó la ropa nueva en mi casa.

5. A las tías de Ana se _____ rompieron los vasos.

6. A Isabel y a mí se _____ dañó el auto.

4

Los accidentes Your classmates are very unlucky. Rewrite what happened to them, using the correct form of the verb in parentheses.

1. A Marina se le (cayó, cayeron) la bolsa.

_____

2. A ti se te (olvidó, olvidaron) comprarme la medicina.

_____

3. A nosotros se nos (quedó, quedaron) los libros en el auto.

_____

4. A Ramón y a Pedro se les (dañó, dañaron) el proyecto.

_____

5

Mala suerte You and your friends are trying to go on vacation, but everything is going wrong. Use the elements provided, the preterite tense, and constructions with **se** to write sentences.

> **modelo**
>
> (a Raquel) / olvidar / traer su pasaporte
> *Se le olvidó traer su pasaporte.*

1. (a nosotros) / perder / las llaves del auto

_____

2. (a ustedes) / olvidar / ponerse las inyecciones

_____

3. (a ti) / caer / los papeles del médico

_____

4. (a Marcos) / romper / la pierna cuando esquiaba

_____

5. (a mí) / dañar / la cámara durante el viaje

_____

6

¿Qué pasó? As the vacation goes on, you and your friends have more bad luck. Answer the questions, using the phrases in parentheses and the preterite tense.

> **modelo**
>
> ¿Qué le pasó a Roberto? (quedar la cámara nueva en casa)
> *Se le quedó la cámara nueva en casa.*

1. ¿Qué les pasó a Pilar y a Luis? (dañar el coche)

_____

2. ¿Qué les pasó a los padres de Sara? (romper la botella de vino)

_____

3. ¿Qué te pasó a ti? (perder las llaves del hotel)

_____

4. ¿Qué les pasó a ustedes? (quedar las toallas en la playa)

_____

5. ¿Qué le pasó a Hugo? (olvidar estudiar para el examen en el avión)

_____

4.4 Adverbs

1 **En mi ciudad** Complete the sentences by changing the adjectives in the first sentences into adverbs in the second.

1. Los conductores son lentos. Conducen _____.

2. Esa doctora es amable. Siempre nos saluda _____.

3. Los autobuses de mi ciudad son frecuentes. Pasan por la parada _____.

4. Rosa y Julia son chicas muy alegres. Les encanta bailar y cantar _____.

5. Mario y tú hablan un español perfecto. Hablan español _____.

6. Los pacientes visitan al doctor de manera constante. Lo visitan _____.

7. Llegar tarde es normal para David. Llega tarde _____.

8. Me gusta trabajar de manera independiente. Trabajo _____.

2 **Completar** Complete the sentences with adverbs and adverbial expressions from the word bank. Use each term once.

a menudo	así	por lo menos
a tiempo	bastante	pronto
apenas	casi	

1. Tito no es un niño muy sano. Se enferma _____.

2. El doctor Garrido es muy puntual. Siempre llega al consultorio _____.

3. Mi madre visita al doctor con frecuencia. Se chequea _____ una vez cada año.

4. Fui al doctor el año pasado. Tengo que volver _____.

5. Llegué tarde al autobús, y _____ tengo que ir al centro caminando.

6. El examen fue _____ difícil.

3 **Traducir** Complete the sentences with the adverbs or adverbial phrases that correspond to the words in parentheses.

1. Llegaron temprano al concierto; _____ (*so*), consiguieron asientos muy buenos.

2. El accidente fue _____ (*rather*) grave, pero al conductor no se le rompió ningún hueso.

3. Irene y Vicente van a comer _____ (*less*) porque quieren estar más delgados.

4. Silvia y David _____ (*almost*) se cayeron de la motocicleta cerca de su casa.

5. Para aprobar (*pass*) el examen, tienes que contestar _____ (*at least*) el 75% de las preguntas.

6. Mi mamá _____ (*sometimes*) se tuerce el tobillo cuando camina mucho.

Workbook

4 **Háblame de ti** Answer the questions using the adverbs and adverbial phrases that you learned in this lesson. Do not repeat the adverb or adverbial phrase of the question. Then, say how long ago you last did each activity.

> **modelo**
>
> ¿Vas a la playa siempre?
> No, voy a la playa a veces. Hace cuatro meses que no voy a la playa.

1. ¿Tú y tus amigos van al cine con frecuencia?

_____

2. ¿Comes comida china?

_____

3. ¿Llegas tarde a tu clase de español?

_____

4. ¿Te enfermas con frecuencia?

_____

5. ¿Comes carne?

_____

Síntesis

Think of a summer in which you did a lot of different things on vacation or at home. State exceptional situations or activities that you did just once. Then state the activities that you used to do during that summer; mention which of those things you still do in the present. How often did you do those activities then? How often do you do them now? How long ago did you do some of those things? Create a "photo album" of that summer, using actual photographs if you have them, or drawings that you make. Use your writing about the summer as captions for the photo album.

_____

_____

_____

_____

_____

_____

_____

_____

_____

_____

_____

panorama

Costa Rica

1 **El mapa de Costa Rica** Label the map of Costa Rica.

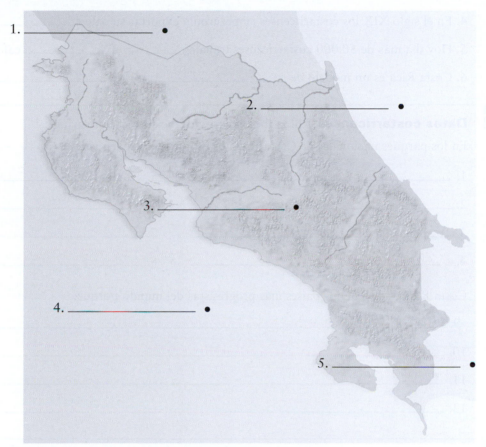

1. _____ •

2. _____ •

3. _____ •

4. _____ •

5. _____ •

2 **¿Cierto o falso?** Indicate whether the statements are **cierto** or **falso**. Correct the false statements.

1. Los parques nacionales costarricenses se establecieron para el turismo.

_____

2. Costa Rica fue el primer país centroamericano en desarrollar la industria del café.

_____

3. El café representa más del 50% de las exportaciones anuales de Costa Rica.

_____

4. Costa Rica tiene un nivel de alfabetización del 96%.

_____

5. El ejército de Costa Rica es uno de los más grandes y preparados de Latinoamérica.

_____

6. En Costa Rica se eliminó la educación gratuita para los costarricenses.

_____

3 **Costa Rica** Complete the sentences with the correct words.

1. Costa Rica es el país de Centroamérica con la población más _____.

2. La moneda que se usa en Costa Rica es _____.

3. Costa Rica es el único país latinoamericano que no tiene _____.

4. En el siglo XIX los costarricenses empezaron a exportar su café a _____.

5. Hoy día más de 50.000 costarricenses trabajan _____ café.

6. Costa Rica es un modelo de _____ y de _____.

4 **Datos costarricenses** Fill in the blanks with the correct information.

En los parques nacionales de Costa Rica los ecoturistas pueden ver:

1. _____   5. _____

2. _____   6. _____

3. _____   7. _____

4. _____   8. _____

Costa Rica es uno de los países más progresistas del mundo porque:

9. _____

10. _____

11. _____

12. _____

5 **Completar** Use impersonal constructions with **se** to complete the sentences. Be sure to use the correct tense of the verbs in the word bank.

> *modelo*
> En Costa Rica ahora *se pone* más dinero en la educación y las artes.

eliminar	establecer	mantener	poder
empezar	invertir	ofrecer	proveer

1. En Costa Rica _____ una democracia estable.

2. El sistema de parques nacionales _____ para la protección de los ecosistemas.

3. En los parques _____ ver animales en su hábitat natural.

4. En el siglo XIX _____ a exportar el café costarricense.

5. En Costa Rica _____ educación gratuita a todos los ciudadanos.

6. En 1870 _____ la pena de muerte en Costa Rica.

¡Uf! ¡Qué dolor!

Lección 4
Fotonovela

Antes de ver el video

1 **Un accidente** Look at the video still. Where do you think Javier and Don Francisco are? What is happening in this scene?

_____

_____

_____

_____

_____

_____

_____

Mientras ves el video

2 **¿Quién?** Watch the **¡Uf! ¡Qué dolor!** segment of this video module and place a check mark in the correct column to indicate who said each expression.

Expresión	Javier	don Francisco	Dra. Márquez
1. ¡Creo que me rompí el tobillo!			
2. ¿Cómo se lastimó el pie?			
3. ¿Embarazada? Definitivamente NO.			
4. ¿Está roto el tobillo?			
5. No te preocupes, Javier.			

3 **Clínicas y hospitales** Watch Javier's flashback about medical facilities in Puerto Rico and place a check mark beside the things you see.

_____ 1. una paciente

_____ 2. una computadora

_____ 3. enfermeras

_____ 4. un termómetro

_____ 5. una radiografía

_____ 6. letreros (*signs*)

_____ 7. unos edificios

_____ 8. unas pastillas

_____ 9. un microscopio

_____ 10. una inyección

4 **Resumen** Watch the **Resumen** segment of this video module. Then write the name of the person who said each sentence and fill in the missing words.

_____ 1. De niño tenía que ir mucho a una _____ en San Juan.

_____ 2. ¿Cuánto tiempo _____ que se cayó?

_____ 3. Tengo que descansar durante dos o tres días porque me _____ el tobillo.

_____ 4. No está _____ el tobillo.

_____ 5. Pero por lo menos no necesito el _____ para dibujar.

Después de ver el video

5 **Seleccionar** Write the letter of the word or words that best completes each sentence in the spaces provided.

1. ____ conoce a una doctora que trabaja en una clínica cercana (*nearby*).

   a. Don Francisco b. Maite c. Álex d. Inés

2. La doctora Márquez le va a ____ unas pastillas a Javier.

   a. vender b. comprar c. recetar d. romper

3. Cuando era ____, ____ se enfermaba mucho de la garganta.

   a. niña; la doctora Márquez b. niño; Javier c. niño; Álex d. niño; don Francisco

4. La doctora Márquez quiere ver si Javier se rompió uno de los huesos ____.

   a. de la pierna b. del pie c. del tobillo d. de la rodilla

5. Una vez ____ se rompió la pierna jugando al ____.

   a. don Francisco; fútbol b. Javier; béisbol c. la doctora Márquez; baloncesto d. Álex; fútbol

6. ____ se cayó cuando estaba en ____.

   a. Álex; el parque b. Javier; el autobús c. Don Francisco; la clínica d. Javier; el restaurante

6 **Preguntas** Answer the following questions in Spanish.

1. ¿Tiene fiebre Javier? ¿Está mareado?

   _____

2. ¿Cuánto tiempo hace que se cayó Javier?

   _____

3. ¿Cómo se llama la clínica donde trabaja la doctora Márquez?

   _____

4. ¿A quién no le gustaban mucho ni las inyecciones ni las pastillas?

   _____

5. ¿Va a poder ir Javier de excursión con sus amigos?

   _____

7 **Preguntas personales** Answer these questions in Spanish.

1. ¿Te gusta ir al médico? ¿Por qué?_____

   _____

2. ¿Tienes muchas alergias? ¿Eres alérgico/a a algún medicamento?_____

   _____

3. ¿Cuándo es importante ir a la sala de emergencias?_____

   _____

4. ¿Qué haces cuando tienes fiebre y te duele la garganta? _____

   _____

Panorama: Costa Rica

Antes de ver el video

1   **Más vocabulario**   Look over these useful words and expressions before you watch the video.

<table>
<tr><td colspan="3" align="center">Vocabulario útil</td></tr>
<tr><td>bosque forest</td><td>guía certificado certified guide</td><td>riqueza wealth</td></tr>
<tr><td>conservar to preserve</td><td>nuboso cloudy</td><td>tiendas de campaña camping tents</td></tr>
<tr><td>cubierto covered</td><td>permitir to allow</td><td>tocar to touch</td></tr>
<tr><td>entrar to enter</td><td>regla rule</td><td>tortugas marinas sea turtles</td></tr>
</table>

2   **Foto**   Describe the video still. Write at least three sentences in Spanish.

_____

_____

_____

_____

_____

_____

3   **Categorías**   Categorize the words listed in the word bank.

bosque	guía	pedir	sacar
diferentes	hermosos	permite	Tortuguero
entrar	Monteverde	playa	turistas
exóticas	nuboso	pueblos	visitantes
frágil			

Lugares	Personas	Verbos	Adjetivos

Mientras ves el video

4 **Marcar** While watching the video, check off the rules that have been put in place to protect nature.

_____ 1. En el parque Monteverde no pueden entrar más de 150 personas al mismo tiempo.

_____ 2. Los turistas tienen que dormir en tiendas de campaña.

_____ 3. Los turistas no pueden visitar Tortuguero en febrero.

_____ 4. Después de la seis no se permite ir a la playa sin un guía certificado.

_____ 5. Los turistas no pueden tocar las tortugas.

_____ 6. En Tortuguero está prohibido tomar fotografías.

Después de ver el video

5 **Completar** Complete the sentences with words from the word bank.

acampan	entrar	pasan	prohíbe
conservan	estudiar	prefieren	transportan

1. En Monteverde se _____ más de dos mil especies diferentes de animales.

2. En este parque no pueden _____ más de 150 personas al mismo tiempo.

3. Algunos turistas _____ en Monteverde.

4. Otros _____ ir a los hoteles de los pueblos que están cerca de Monteverde.

5. Se _____ sacar fotografías.

6 **Preferencias** Write a brief paragraph in Spanish where you describe which place(s) you would like to visit in Costa Rica and why.

_____

_____

_____

_____

_____

_____

_____

_____

_____

contextos

1 **Identificar** You will hear a series of words. Write each one in the appropriate category.

modelo

You hear: el hospital
You write: **el hospital** under **Lugares**

Lugares	Medicinas	Condiciones y síntomas médicos
el hospital		

2 **Describir** For each drawing, you will hear two statements. Choose the one that corresponds to the drawing.

1. a.   b.

2. a.   b.

3. a.   b.

4. a.   b.

pronunciación

c (before a consonant) and q

You learned that, in Spanish, the letter **c** before the vowels **a, o,** and **u** is pronounced like the *c* in the English word *car*. When the letter **c** appears before any consonant except **h,** it is also pronounced like the *c* in *car*.

clínica	bici**cl**eta	**cr**ema	do**ct**ora	o**ct**ubre

In Spanish, the letter **q** is always followed by an **u,** which is silent. The combination **qu** is pronounced like the *k* sound in the English word *kitten*. Remember that the sounds **kwa, kwe, kwi, kwo,** and **koo** are always spelled with the combination **cu** in Spanish, never with **qu**.

querer	par**qu**e	**qu**eso	**qu**ímica	mante**qu**illa

1 **Práctica** Repeat each word after the speaker, focusing on the **c** and **q** sounds.

1. quince
2. querer
3. pequeño
4. equipo
5. conductor
6. escribir
7. contacto
8. increíble
9. aquí
10. ciclismo
11. electrónico
12. quitarse

2 **Oraciones** When you hear the number, read the corresponding sentence aloud. Then listen to the speaker and repeat the sentence.

1. El doctor Cruz quiso sacarle un diente.
2. Clara siempre se maquilla antes de salir de casa.
3. ¿Quién perdió su equipaje?
4. Pienso comprar aquella camisa porque me queda bien.
5. La chaqueta cuesta quinientos cuarenta dólares, ¿no?
6. Esa clienta quiere pagar con tarjeta de crédito.

3 **Refranes** Repeat each saying after the speaker to practice the **c** and the **q** sounds.

1. Ver es creer. [1]
2. Quien mal anda, mal acaba. [2]

4 **Dictado** You will hear five sentences. Each will be said twice. Listen carefully and write what you hear.

1. _____

2. _____

3. _____

4. _____

5. _____

_____

Seeing is believing. [1]

He who lives badly, ends badly. [2]

estructura

4.1 The imperfect tense

1 **Identificar** Listen to each sentence and circle the verb tense you hear.

1. a. present	b. preterite	c. imperfect		6. a. present	b. preterite	c. imperfect
2. a. present	b. preterite	c. imperfect		7. a. present	b. preterite	c. imperfect
3. a. present	b. preterite	c. imperfect		8. a. present	b. preterite	c. imperfect
4. a. present	b. preterite	c. imperfect		9. a. present	b. preterite	c. imperfect
5. a. present	b. preterite	c. imperfect		10. a. present	b. preterite	c. imperfect

2 **Cambiar** Form a new sentence using the cue you hear. Repeat the correct answer after the speaker. (*6 items*)

> modelo
>
> Iban a casa. (Eva)
> *Eva iba a casa.*

3 **Preguntas** A reporter is writing an article about funny things people used to do when they were children. Answer her questions, using the cues in your lab manual. Then repeat the correct response after the speaker.

> modelo
>
> You hear: ¿Qué hacía Miguel de niño?
> You see: ponerse pajitas (*straws*) en la nariz
> You say: *Miguel se ponía pajitas en la nariz.*

1. quitarse los zapatos en el restaurante
2. vestirnos con la ropa de mamá
3. sólo querer comer dulces
4. jugar con un amigo invisible
5. usar las botas de su papá
6. comer con las manos

4 **Completar** Listen to this description of Ángela's medical problem and write the missing words in your lab manual.

(1) _____ Ángela porque (2) _____ día y noche.

(3) _____ que (4) _____ un resfriado, pero se

(5) _____ bastante saludable. Se (6) _____ de la biblioteca después

de poco tiempo porque les (7) _____ a los otros estudiantes. Sus amigas, Laura y

Petra, siempre le (8) _____ que (9) _____ alguna alergia. Por fin,

decidió hacerse un examen médico. La doctora le dijo que ella (10) _____

alérgica y que (11) _____ muchas medicinas para las alergias. Finalmente, le

recetó unas pastillas. Al día siguiente (*following*), Ángela se (12) _____ mejor

porque (13) _____ cuál era el problema y ella dejó de estornudar después de

tomar las pastillas.

4.2 The preterite and the imperfect

1 **Identificar** Listen to each statement and identify the verbs in the preterite and the imperfect. Write them in the appropriate column.

> **modelo**
>
> *You hear:* Cuando llegó la ambulancia, el esposo estaba mareado.
> *You write:* **llegó** under *Preterite*, and **estaba** under *Imperfect*.

	Preterite	**Imperfect**
Modelo	llegó	estaba
1.		
2.		
3.		
4.		
5.		
6.		
7.		
8.		

2 **Responder** Answer the questions using the cues in your lab manual. Substitute direct object pronouns for the direct object nouns when appropriate. Repeat the correct response after the speaker.

> **modelo**
>
> *You hear:* ¿Por qué no llamaste al médico la semana pasada?
> *You see:* perder su número de teléfono
> *You say:* **Porque perdí su número de teléfono.**

1. en la mesa de la cocina
2. tener ocho años
3. lastimarse el tobillo
4. no, ponerla en la mochila

5. tomarse las pastillas
6. No, pero tener una grave infección de garganta.
7. toda la mañana
8. necesitar una radiografía de la boca

3 **¡Qué nervios!** Listen as Sandra tells a friend about her day. Then read the statements in your lab manual and decide whether they are **cierto** or **falso**.

	Cierto	Falso
1. Sandra tenía mucha experiencia poniendo inyecciones.	○	○
2. La enfermera tenía un terrible dolor de cabeza.	○	○
3. La enfermera le dio una pastilla a Sandra.	○	○
4. El paciente trabajaba en el hospital con Sandra.	○	○
5. El paciente estaba muy nervioso.	○	○
6. Sandra le puso la inyección mientras él hablaba.	○	○

4.3 Constructions with se

1   **Escoger** Listen to each question and choose the most logical response.

1. a. Ay, se te quedó en casa.
   b. Ay, se me quedó en casa.

2. a. No, se le olvidó llamarlo.
   b. No, se me olvidó llamarlo.

3. a. Se le rompieron jugando al fútbol.
   b. Se les rompieron jugando al fútbol.

4. a. Ay, se les olvidaron.
   b. Ay, se nos olvidaron.

5. a. No, se me perdió.
   b. No, se le perdió.

6. a. Se nos rompió.
   b. Se le rompieron.

2   **Preguntas** Answer each question you hear using the cue in your lab manual and the impersonal **se**. Repeat the correct response after the speaker.

> **modelo**
>
> *You hear:* ¿Qué lengua se habla en Costa Rica?
> *You see:* español
> *You say:* Se habla español.

1. a las seis

2. gripe

3. en la farmacia

4. en la caja

5. en la Oficina de Turismo

6. tomar el autobús #3

3   **Letreros (*Signs*)** Some or all of the type is missing on the signs in your lab manual. Listen to the speaker and write the appropriate text below each sign. The text for each sign will be repeated.

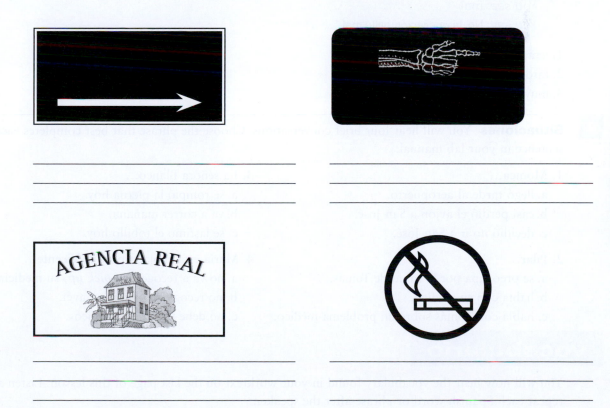

4.4 Adverbs

1 **Completar** Listen to each statement and circle the word or phrase that best completes it.

1. a. casi   b. mal   c. ayer
2. a. con frecuencia   b. además   c. ayer
3. a. poco   b. tarde   c. bien
4. a. a menudo   b. muy   c. menos
5. a. así   b. apenas   c. tranquilamente
6. a. bastante   b. a tiempo   c. normalmente

2 **Cambiar** Form a new sentence by changing the adjective in your lab manual to an adverb. Repeat the correct answer after the speaker.

> **modelo**
> *You hear:* Juan dibuja.
> *You see:* fabuloso
> *You say:* Juan dibuja fabulosamente.

1. regular   4. constante
2. rápido   5. general
3. feliz   6. fácil

3 **Preguntas** Answer each question you hear in the negative, using the cue in your lab manual. Repeat the correct response after the speaker.

> **modelo**
> *You hear:* ¿Salió bien la operación?
> *You see:* mal
> *You say:* No, la operación salió mal.

1. lentamente   4. nunca
2. tarde   5. tristemente
3. muy   6. poco

4 **Situaciones** You will hear four brief conversations. Choose the phrase that best completes each sentence in your lab manual.

1. Mónica…
   a. llegó tarde al aeropuerto.
   b. casi perdió el avión a San José.
   c. decidió no ir a San José.

2. Pilar…
   a. se preocupa por la salud de Tomás.
   b. habla con su médico.
   c. habla con Tomás sobre un problema médico.

3. La señora Blanco…
   a. se rompió la pierna hoy.
   b. va a correr mañana.
   c. se lastimó el tobillo hoy.

4. María está enojada porque Vicente…
   a. no va a recoger (*to pick up*) su medicina.
   b. no recogió su medicina ayer.
   c. no debe tomar antibióticos.

vocabulario

You will now hear the vocabulary found in your worktext on the last page of this lesson. Listen and repeat each Spanish word or phrase after the speaker.

Additional Vocabulary

Additional Vocabulary

Notes

Notes

Notes

La tecnología

5

Communicative Goals

You will learn how to:

- **Talk about using technology and electronic products**
- **Use common expressions on the telephone**
- **Talk about car trouble**

Más práctica

La tecnología

Más vocabulario

la calculadora	calculator
la cámara de video, digital	video, digital camera
el canal	(TV) channel
la contestadora	answering machine
el estéreo	stereo
el *fax*	fax (machine)
la televisión por cable	cable television
el tocadiscos compacto	compact disc player
el video(casete)	video(cassette)
el archivo	file
arroba	@ symbol
la dirección electrónica	e-mail address
Internet	Internet
el mensaje de texto	text message
la página principal	home page
el programa de computación	software
la red	network; Web
el sitio web	website
apagar	to turn off
borrar	to erase
descargar	to download
funcionar	to work
grabar	to record
guardar	to save
imprimir	to print
llamar	to call
navegar (en Internet)	to surf (the Internet)
poner, prender	to turn on
quemar	to burn (a CD)
sonar (o:ue)	to ring
descompuesto/a	not working; out of order
lento/a	slow
lleno/a	full

Variación léxica

computadora ⟷ ordenador (*Esp.*), computador (*Col.*)

descargar ⟷ bajar (*Esp., Col., Arg., Ven.*)

el televisor

la pantalla

el reproductor de DVD

la videocasetera

la impresora

la computadora (portátil)

el monitor

el (teléfono) celular

el ratón

el teclado

el cederrón

recursos

WB
pp. 267–268

LM
p. 283

SUPERSITE
adelante.
vhlcentral.com

Práctica SUPERSITE

1 **Escuchar** 🎧 Escucha la conversación entre dos amigas. Después completa las oraciones.

1. María y Ana están en _____.
   a. una tienda   b. un cibercafé   c. un restaurante
2. A María le encantan _____.
   a. los celulares   b. las cámaras digitales   c. los cibercafés
3. Ana prefiere guardar las fotos en _____.
   a. la pantalla   b. un archivo   c. un cederrón
4. María quiere tomar un café y _____.
   a. poner la computadora   b. sacar fotos digitales
   c. navegar en Internet
5. Ana paga por el café y _____.
   a. el uso de Internet   b. la impresora   c. el cederrón

2 **¿Cierto o falso?** 🎧 Escucha las oraciones e indica si lo que dice cada una es **cierto** o **falso**, según el dibujo.

1. _____   5. _____
2. _____   6. _____
3. _____   7. _____
4. _____   8. _____

3 **Oraciones** Escribe oraciones usando estos elementos. Usa el pretérito y añade las palabras necesarias.

1. yo / descargar / fotos digitales / Internet

2. tú / apagar / televisor / diez / noche

3. Daniel y su esposa / comprar / computadora portátil / ayer

4. Sara y yo / ir / cibercafé / para / navegar en Internet

5. Jaime / decidir / comprar / reproductor de MP3

6. teléfono celular / sonar / pero / yo / no contestar

4 **Preguntas** Mira el dibujo y contesta las preguntas.

1. ¿Qué tipo de café es?
2. ¿Cuántas impresoras hay? ¿Cuántos ratones?
3. ¿Por qué vinieron estas personas al café?
4. ¿Qué hace el camarero?
5. ¿Qué hace la mujer en la computadora? ¿Y el hombre?
6. ¿Qué máquinas están cerca del televisor?
7. ¿Dónde hay un cibercafé en tu comunidad?
8. ¿Por qué puedes tú necesitar un cibercafé?

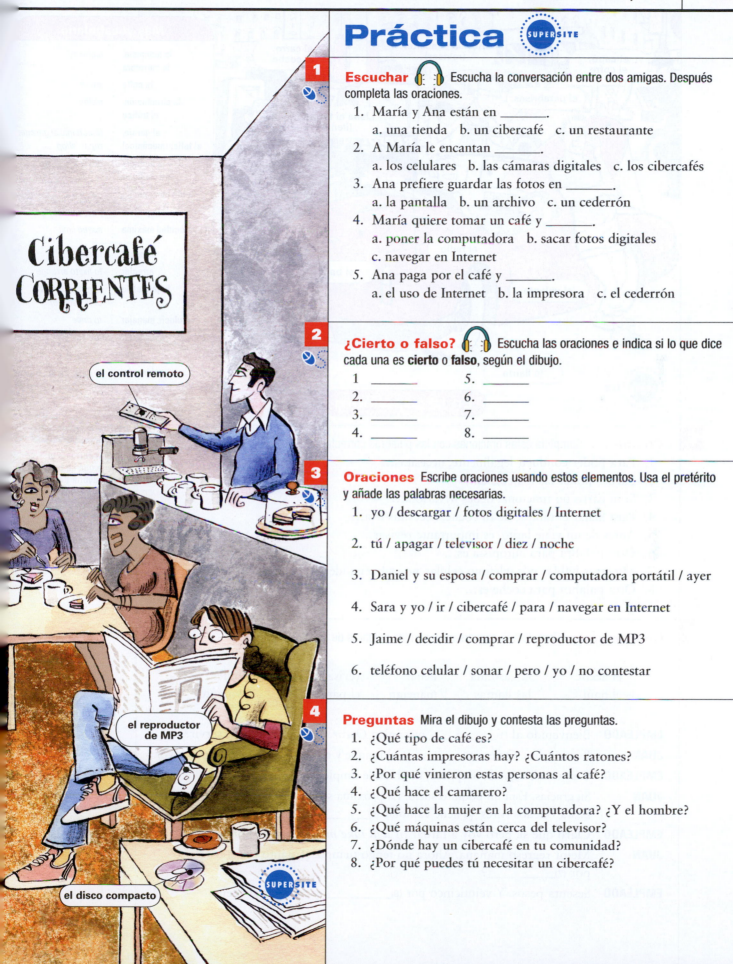

Cibercafé CORRIENTES

el control remoto

el reproductor de MP3

el disco compacto

SUPERSITE

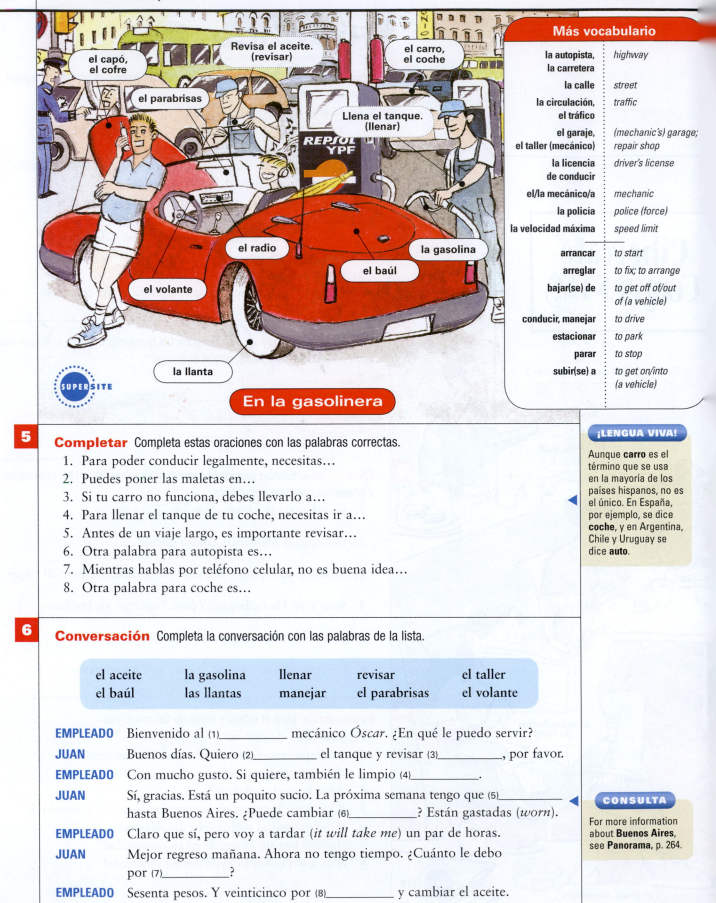

el capó, el cofre

Revisa el aceite. (revisar)

el carro, el coche

el parabrisas

Llena el tanque. (llenar)

REPSOL YPF

el radio

la gasolina

el baúl

el volante

la llanta

En la gasolinera

Más vocabulario

la autopista, la carretera	*highway*
la calle	*street*
la circulación, el tráfico	*traffic*
el garaje, el taller (mecánico)	*(mechanic's) garage; repair shop*
la licencia de conducir	*driver's license*
el/la mecánico/a	*mechanic*
la policía	*police (force)*
la velocidad máxima	*speed limit*
arrancar	*to start*
arreglar	*to fix; to arrange*
bajar(se) de	*to get off of/out of (a vehicle)*
conducir, manejar	*to drive*
estacionar	*to park*
parar	*to stop*
subir(se) a	*to get on/into (a vehicle)*

5 **Completar** Completa estas oraciones con las palabras correctas.

1. Para poder conducir legalmente, necesitas…
2. Puedes poner las maletas en…
3. Si tu carro no funciona, debes llevarlo a…
4. Para llenar el tanque de tu coche, necesitas ir a…
5. Antes de un viaje largo, es importante revisar…
6. Otra palabra para autopista es…
7. Mientras hablas por teléfono celular, no es buena idea…
8. Otra palabra para coche es…

¡LENGUA VIVA!

Aunque **carro** es el término que se usa en la mayoría de los países hispanos, no es el único. En España, por ejemplo, se dice **coche**, y en Argentina, Chile y Uruguay se dice **auto**.

6 **Conversación** Completa la conversación con las palabras de la lista.

el aceite	la gasolina	llenar	revisar	el taller
el baúl	las llantas	manejar	el parabrisas	el volante

EMPLEADO Bienvenido al (1)_____ mecánico *Óscar*. ¿En qué le puedo servir?

JUAN Buenos días. Quiero (2)_____ el tanque y revisar (3)_____, por favor.

EMPLEADO Con mucho gusto. Si quiere, también le limpio (4)_____.

JUAN Sí, gracias. Está un poquito sucio. La próxima semana tengo que (5)_____ hasta Buenos Aires. ¿Puede cambiar (6)_____? Están gastadas (*worn*).

EMPLEADO Claro que sí, pero voy a tardar (*it will take me*) un par de horas.

JUAN Mejor regreso mañana. Ahora no tengo tiempo. ¿Cuánto le debo por (7)_____?

EMPLEADO Sesenta pesos. Y veinticinco por (8)_____ y cambiar el aceite.

CONSULTA

For more information about **Buenos Aires,** see **Panorama,** p. 264.

Lección 5

Comunicación

7

Preguntas Trabajen en grupos para contestar estas preguntas. Después compartan sus respuestas con la clase.

1. a. ¿Tienes un teléfono celular? ¿Para qué lo usas?
   b. ¿Qué utilizas más: el teléfono o el correo electrónico? ¿Por qué?
   c. En tu opinión, ¿cuáles son las ventajas (*advantages*) y desventajas de los diferentes modos de comunicación?
2. a. ¿Con qué frecuencia usas la computadora?
   b. ¿Para qué usas Internet?
   ▶ c. ¿Tienes tu propio sitio web? ¿Cómo es?
3. a. ¿Miras la televisión con frecuencia? ¿Qué programas ves?
   b. ¿Tienes televisión por cable? ¿Por qué?
   c. ¿Tienes una videocasetera? ¿Un reproductor de DVD? ¿Un reproductor de DVD en la computadora?
   d. ¿A través de (*By*) qué medio escuchas música? ¿Radio, estéreo, tocadiscos compacto, reproductor de MP3 o computadora?
4. a. ¿Tienes licencia de conducir?
   ▶ b. ¿Cuánto tiempo hace que la conseguiste?
   c. ¿Tienes carro? Descríbelo.
   d. ¿Llevas tu carro al taller? ¿Para qué?

NOTA CULTURAL

Algunos sitios web utilizan códigos para identificar su país de origen. Éstos son los códigos para algunos países hispanohablantes.

Argentina .ar
Colombia .co
España .es
México .mx
Venezuela .ve

CONSULTA

To review expressions like **hace…que**, see **Lección 4**, **Expresiones útiles**, p. 185.

8

Postal En parejas, lean la tarjeta postal. Después contesten las preguntas.

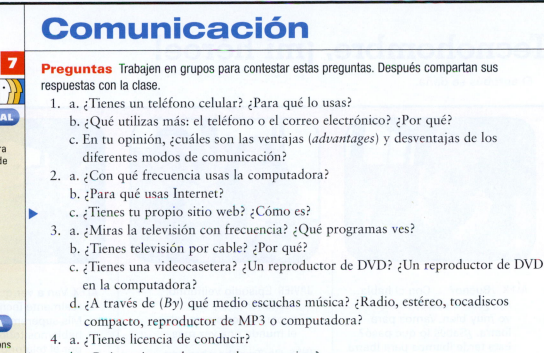

19 de julio de 1979

Hola, Paco:

¡Saludos! Estamos de viaje por unas semanas. La Costa del Sol es muy bonita. No hemos encontrado (*we haven't found*) a tus amigos porque nunca están en casa cuando llamamos. El teléfono suena y suena y nadie contesta. Vamos a seguir llamando.

Sacamos muchas fotos muy divertidas. Cuando regresemos y las revelemos (*get them developed*), te las voy a enseñar. Las playas son preciosas. Hasta ahora el único problema fue que la oficina en la cual reservamos un carro perdió nuestros papeles y tuvimos que esperar mucho tiempo.

También tuvimos un pequeño problema con el hotel. La agencia de viajes nos reservó una habitación en un hotel que está muy lejos de todo. No podemos cambiarla, pero no me importa mucho. A pesar de eso, estamos contentos.

Tu hermana, Gabriela

EUROPA 12 PTA
ESPAÑA

Francisco Jiménez
San Lorenzo 3250
Rosario, Argentina 2000

1. ¿Cuáles son los problemas que ocurren en el viaje de Gabriela?
2. Con la tecnología de hoy, ¿existen los mismos problemas cuando se viaja? ¿Por qué?
3. Hagan una comparación entre la tecnología de los años 70 y 80 y la de hoy.
4. Imaginen que la hija de Gabriela escribe un correo electrónico sobre el mismo tema con fecha de hoy. Escriban ese correo, incorporando la tecnología de hoy (teléfonos celulares, Internet, cámaras digitales, etc.). Inventen nuevos problemas.

Tecnohombre, ¡mi héroe!

El autobús se daña.

PERSONAJES

MAITE

INÉS

DON FRANCISCO

ÁLEX

JAVIER

SR. FONSECA

ÁLEX ¿Bueno? ... Con él habla... Ah, ¿cómo estás? ... Aquí, yo muy bien. Vamos para Ibarra. ¿Sabes lo que pasó? Esta tarde íbamos para Ibarra cuando Javier tuvo un accidente en el autobús. Se cayó y tuvimos que llevarlo a una clínica.

JAVIER Episodio veintiuno: Tecnohombre y los superamigos suyos salvan el mundo una vez más.

INÉS Oh, Tecnohombre, ¡mi héroe!

MAITE ¡Qué cómicos! Un día de éstos, ya van a ver...

ÁLEX Van a ver quién es realmente Tecnohombre. Mis superamigos y yo nos hablamos todos los días por el teléfono Internet, trabajando para salvar el mundo. Pero ahora, con su permiso, quiero escribirle un mensaje electrónico a mi mamá y navegar en la red un ratito.

INÉS Pues... no sé... creo que es el alternador. A ver... sí... Mire, don Francisco... está quemado el alternador.

DON FRANCISCO Ah, sí. Pero aquí no podemos arreglarlo. Conozco a un mecánico pero está en Ibarra, a veinte kilómetros de aquí.

ÁLEX ¡Tecnohombre, a sus órdenes!

DON FRANCISCO ¡Eres la salvación, Álex! Llama al Sr. Fonseca al cinco, treinta y dos, cuarenta y siete, noventa y uno. Nos conocemos muy bien. Seguro que nos ayuda.

ÁLEX Buenas tardes. ¿Con el Sr. Fonseca por favor? ... Soy Álex Morales, cliente de Ecuatur. Le hablo de parte del señor Francisco Castillo... Es que íbamos para Ibarra y se nos dañó el autobús. ... Pensamos que es el... el alternador... Estamos a veinte kilómetros de la ciudad...

4

DON FRANCISCO Chicos, creo que tenemos un problema con el autobús. ¿Por qué no se bajan?

5

DON FRANCISCO Mmm, no veo el problema.

INÉS Cuando estaba en la escuela secundaria, trabajé en el taller de mi tío. Me enseñó mucho sobre mecánica. Por suerte, arreglé unos autobuses como éste.

DON FRANCISCO ¡No me digas!

9

SR. FONSECA Creo que va a ser mejor arreglar el autobús allí mismo. Tranquilo, enseguida salgo.

10

ÁLEX Buenas noticias. El señor Fonseca viene enseguida. Piensa que puede arreglar el autobús aquí mismo.

MAITE ¡La Mujer Mecánica y Tecnohombre, mis héroes!

DON FRANCISCO ¡Y los míos también!

Expresiones útiles

Talking on the telephone

- **Aló./¿Bueno?/Diga.**
  Hello.
- **¿Quién habla?**
  Who is speaking?
- **¿De parte de quién?**
  Who is calling?
  Con él/ella habla.
  This is he/she.
  Le hablo de parte de Francisco Castillo.
  I'm speaking to you on behalf of Francisco Castillo.
- **¿Puedo dejar un recado?**
  May I leave a message?
  Está bien. Llamo más tarde.
  That's fine. I'll call later.

Talking about bus or car problems

- **¿Qué pasó?**
  What happened?
  Se nos dañó el autobús.
  The bus broke down.
  Se nos pinchó una llanta.
  We had a flat tire.
  Está quemado el alternador.
  The alternator is burned out.

Saying how far away things are

- **Está a veinte kilómetros de aquí.**
  It's twenty kilometers from here.
- **Estamos a veinte millas de la ciudad.**
  We're twenty miles from the city.

Expressing surprise

- **¡No me digas!**
  You don't say! (fam.)
- **¡No me diga!**
  You don't say! (form.)

Offering assistance

- **A sus órdenes.**
  At your service.

Additional vocabulary

- **aquí mismo**
  right here

¿Qué pasó? SUPERSITE

1 **Seleccionar** Selecciona las respuestas que completan correctamente estas oraciones.

1. Álex quiere_____.
   a. llamar a su mamá por teléfono celular   b. escribirle a su mamá y navegar en la red
   c. hablar por teléfono Internet y navegar en la red
2. Se les dañó el autobús. Inés dice que _____.
   a. el alternador está quemado   b. se pinchó una llanta   c. el taller está lejos
3. Álex llama al mecánico, el señor _____.
   a. Castillo   b. Ibarra   c. Fonseca
4. Maite llama a Inés la "Mujer Mecánica" porque antes _____.
   a. trabajaba en el taller de su tío   b. arreglaba computadoras
   c. conocía a muchos mecánicos
5. El grupo está a _____ de la ciudad.
   a. veinte millas   b. veinte grados centígrados   c. veinte kilómetros

2 **Identificar** Identifica quién puede decir estas oraciones.

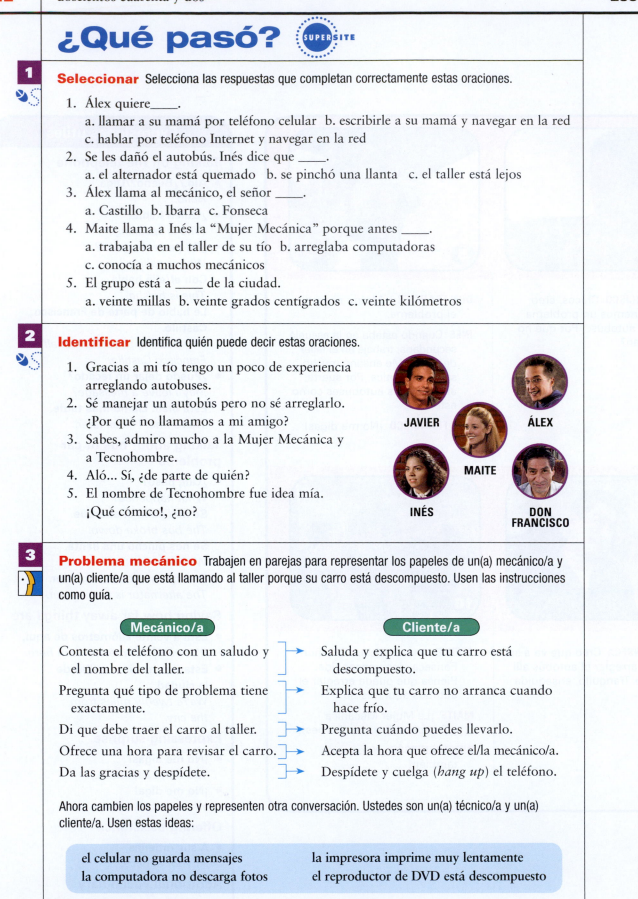

1. Gracias a mi tío tengo un poco de experiencia arreglando autobuses.
2. Sé manejar un autobús pero no sé arreglarlo. ¿Por qué no llamamos a mi amigo?
3. Sabes, admiro mucho a la Mujer Mecánica y a Tecnohombre.
4. Aló... Sí, ¿de parte de quién?
5. El nombre de Tecnohombre fue idea mía. ¡Qué cómico!, ¿no?

JAVIER   ÁLEX

MAITE

INÉS   DON FRANCISCO

3 **Problema mecánico** Trabajen en parejas para representar los papeles de un(a) mecánico/a y un(a) cliente/a que está llamando al taller porque su carro está descompuesto. Usen las instrucciones como guía.

Mecánico/a	Cliente/a
Contesta el teléfono con un saludo y el nombre del taller.	→ Saluda y explica que tu carro está descompuesto.
Pregunta qué tipo de problema tiene exactamente.	→ Explica que tu carro no arranca cuando hace frío.
Di que debe traer el carro al taller.	→ Pregunta cuándo puedes llevarlo.
Ofrece una hora para revisar el carro.	→ Acepta la hora que ofrece el/la mecánico/a.
Da las gracias y despídete.	→ Despídete y cuelga (*hang up*) el teléfono.

Ahora cambien los papeles y representen otra conversación. Ustedes son un(a) técnico/a y un(a) cliente/a. Usen estas ideas:

el celular no guarda mensajes	la impresora imprime muy lentamente
la computadora no descarga fotos	el reproductor de DVD está descompuesto

Ortografía

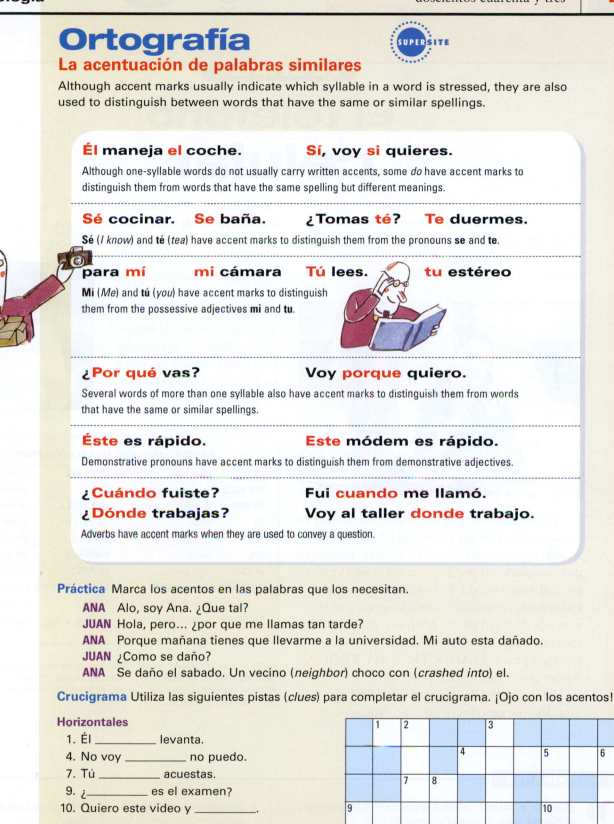

La acentuación de palabras similares

Although accent marks usually indicate which syllable in a word is stressed, they are also used to distinguish between words that have the same or similar spellings.

Él maneja **el** coche.   **Sí**, voy **si** quieres.

Although one-syllable words do not usually carry written accents, some *do* have accent marks to distinguish them from words that have the same spelling but different meanings.

Sé cocinar.   **Se** baña.   ¿Tomas **té**?   **Te** duermes.

Sé (*I know*) and **té** (*tea*) have accent marks to distinguish them from the pronouns **se** and **te**.

para **mí**   **mi** cámara   **Tú** lees.   **tu** estéreo

Mí (*Me*) and **tú** (*you*) have accent marks to distinguish them from the possessive adjectives **mi** and **tu**.

¿**Por qué** vas?   Voy **porque** quiero.

Several words of more than one syllable also have accent marks to distinguish them from words that have the same or similar spellings.

Éste es rápido.   **Este** módem es rápido.

Demonstrative pronouns have accent marks to distinguish them from demonstrative adjectives.

¿**Cuándo** fuiste?   Fui **cuando** me llamó.
¿**Dónde** trabajas?   Voy al taller **donde** trabajo.

Adverbs have accent marks when they are used to convey a question.

Práctica Marca los acentos en las palabras que los necesitan.

ANA   Alo, soy Ana. ¿Que tal?
JUAN Hola, pero... ¿por que me llamas tan tarde?
ANA   Porque mañana tienes que llevarme a la universidad. Mi auto esta dañado.
JUAN ¿Como se daño?
ANA   Se daño el sabado. Un vecino (*neighbor*) choco con (*crashed into*) el.

Crucigrama Utiliza las siguientes pistas (*clues*) para completar el crucigrama. ¡Ojo con los acentos!

Horizontales

1. Él _____ levanta.
4. No voy _____ no puedo.
7. Tú _____ acuestas.
9. ¿_____ es el examen?
10. Quiero este video y _____.

Verticales

2. ¿Cómo _____ usted?
3. Eres _____ mi hermano.
5. ¿_____ tal?
6. Me gusta _____ suéter.
8. Navego _____ la red.

recursos

LM
p. 284

adelante.
vhlcentral.com

Lección 5

El teléfono
celular

¿Cómo te comunicas con tus amigos y familia? En países como Argentina y España, el servicio de teléfono común° es bastante caro, por lo que **el teléfono celular**, más accesible y barato, es el favorito de mucha gente.

El servicio más popular entre los jóvenes es el sistema de tarjetas prepagadas°, porque no requiere de un contrato ni de cuotas° extras. En muchas ciudades puedes encontrar estas tarjetas en cualquier° tienda. Para tener un servicio todavía más económico, mucha gente usa el mensaje de texto en sus teléfonos celulares. Un mensaje típico de un joven frugal podría° ser, por ejemplo: **N LLMS X TL. ¡S MY KRO!** (No llames por teléfono. ¡Es muy caro!)

Los celulares de la década de 1980 eran grandes e incómodos, y estaban limitados al uso de la voz°. Los celulares de hoy tienen muchas funciones más. Se pueden usar como despertadores, como cámara de fotos y hasta para leer y escribir correo electrónico. Sin embargo°, la función favorita de muchos jóvenes es la de poder descargar música de Internet en sus teléfonos para poder escucharla cuando lo deseen°, es decir, ¡casi todo el tiempo!

Mensajes de texto en español			
¿K TL?	¿Qué tal?	**CONT, XFA**	Contesta, por favor.
STY S3A2	Estoy estresado°.	**TB**	también
TQ MXO.	Te quiero mucho.	**¿A K ORA S**	¿A qué hora es
A2	Adiós.	**L FSTA?**	la fiesta?
¿XQ?	¿Por qué?	**M DBS $**	Me debes dinero.
GNL	genial	**5MNTRIOS**	Sin comentarios.
¡K RSA!	¡Qué risa!°	**¿K ACS?**	¿Qué haces?
¡QT 1 BD!	¡Que tengas un	**STY N L BBLIOTK**	Estoy en la biblioteca.
	buen día!°	**1 BSO**	Un beso.
SALU2, PP	Saludos, Pepe.	**NS VMS + TRD**	Nos vemos más tarde.

común *ordinary* prepagadas *prepaid* cuotas *fees* cualquier *any* podría *could* voz *voice* Sin embargo *However* cuando lo deseen *whenever they wish* estresado *stressed out* ¡Qué risa! *So funny!* ¡Que tengas un buen día! *Have a nice day!*

1 **¿Cierto o falso?** Indica si lo que dicen estas oraciones es **cierto** o **falso**. Corrige la información falsa.

1. El teléfono común es un servicio caro en Argentina.

2. Muchas personas usan más el teléfono celular que el teléfono común.

3. Es difícil encontrar tarjetas prepagadas en las ciudades hispanas.

4. Los jóvenes suelen (*tend to*) usar el mensaje de texto para pagar menos por el servicio de teléfono celular.

5. Los primeros teléfonos celulares eran muy cómodos y pequeños.

6. En la década de 1980, los teléfonos celulares tenían muchas funciones.

7. **STY S3A2** significa "Te quiero mucho".

ASÍ SE DICE

La tecnología

los audífonos (Méx., Col.), los auriculares (Arg.), los cascos (Esp.)	*headset; earphones*
el móvil (Esp.)	el celular
(teléfono) deslizable	*slider (phone)*
inalámbrico/a	*cordless; wireless*
el manos libres (Amér. S.)	*hands-free system*
(teléfono) plegable	*flip (phone)*

EL MUNDO HISPANO

Las bicimotos

○ **Argentina** El ciclomotor se usa mayormente° para repartir a domicilio° comidas y medicinas.

○ **Perú** La motito se usa mucho para el reparto a domicilio de pan fresco todos los días.

○ **México** La *Vespa* se usa para evitar° el tráfico en grandes ciudades.

○ **España** La población usa el *Vespino* para ir y volver al trabajo cada día.

○ **Puerto Rico** Una *scooter* es el medio de transporte favorito en las zonas rurales.

○ **República Dominicana** Las moto-taxis son el medio de transporte más económico, ¡pero no olvides el casco°!

mayormente *mainly* repartir a domicilio *home delivery of* evitar *to avoid* casco *helmet*

PERFIL

Los cibercafés

Hoy día, en casi cualquier ciudad grande latinoamericana te puedes encontrar en cada esquina° un nuevo tipo de café: **el cibercafé**. Allí uno puede disfrutar de° un refresco o un café mientras navega en Internet, escribe correo electrónico o chatea° en múltiples foros virtuales.

De hecho°, el negocio° del cibercafé está mucho más desarrollado° en Latinoamérica que en los Estados Unidos. En una ciudad hispana, es común ver varios en una misma cuadra°. Los extranjeros piensan que no puede haber  suficientes clientes para todos, pero los cibercafés ofrecen servicios especializados que permiten su coexistencia. Por ejemplo, mientras que el cibercafé Videomax atrae° a los niños con videojuegos, el Conécta-T ofrece servicio de chat con cámara para jóvenes, y el Mundo° Ejecutivo atrae a profesionales, todo en la misma calle.

esquina *corner* disfrutar de *enjoy* chatea *chat (from the English verb to chat)* De hecho *In fact* negocio *business* desarrollado *developed* cuadra *(city) block* atrae *attracts* Mundo *World*

Conexión Internet

¿Qué sitios web son populares entre los jóvenes hispanos?	Go to **adelante.vhlcentral.com** to find more cultural information related to this **Cultura** section.

ACTIVIDADES

2 **Comprensión** Responde a las preguntas.

1. ¿Cuáles son tres formas de decir *headset*?
2. ¿Para qué se usan las bicimotos en Argentina?
3. ¿Qué puedes hacer mientras tomas un refresco en un cibercafé?
4. ¿Qué tienen de especial los cibercafés en Latinoamérica?

3 **¿Cómo te comunicas?** Escribe un párrafo breve en donde expliques qué utilizas para comunicarte con tus amigos/as (correo electrónico, teléfono, etc.) y de qué hablan cuando se llaman por teléfono.

recursos

adelante.vhlcentral.com

5.1 Familiar commands SUPERSITE

ANTE TODO In Spanish, the command forms are used to give orders or advice. You use **tú** commands (**mandatos familiares**) when you want to give an order or advice to someone you normally address with the familiar **tú**.

Affirmative tú commands

Infinitive	Present tense él/ella form	Affirmative tú command
hablar	habla	**habla** (tú)
guardar	guarda	**guarda** (tú)
prender	prende	**prende** (tú)
volver	vuelve	**vuelve** (tú)
pedir	pide	**pide** (tú)
imprimir	imprime	**imprime** (tú)

▶ Affirmative **tú** commands usually have the same form as the **él/ella** form of the present indicative.

Guarda el documento antes de cerrarlo.   **Imprime** tu tarea para la clase de inglés.
Save the document before closing it.   *Print your homework for English class.*

▶ There are eight irregular affirmative **tú** commands.

Irregular affirmative tú commands

decir	**di**	salir	**sal**
hacer	**haz**	ser	**sé**
ir	**ve**	tener	**ten**
poner	**pon**	venir	**ven**

¡**Sal** de aquí ahora mismo!   **Haz** los ejercicios.
Leave here at once!   *Do the exercises.*

▶ Since **ir** and **ver** have the same **tú** command (**ve**), context will determine the meaning.

Ve al cibercafé con Yolanda.   **Ve** ese programa... es muy interesante.
Go to the cybercafé with Yolanda.   *See that program... it's very interesting.*

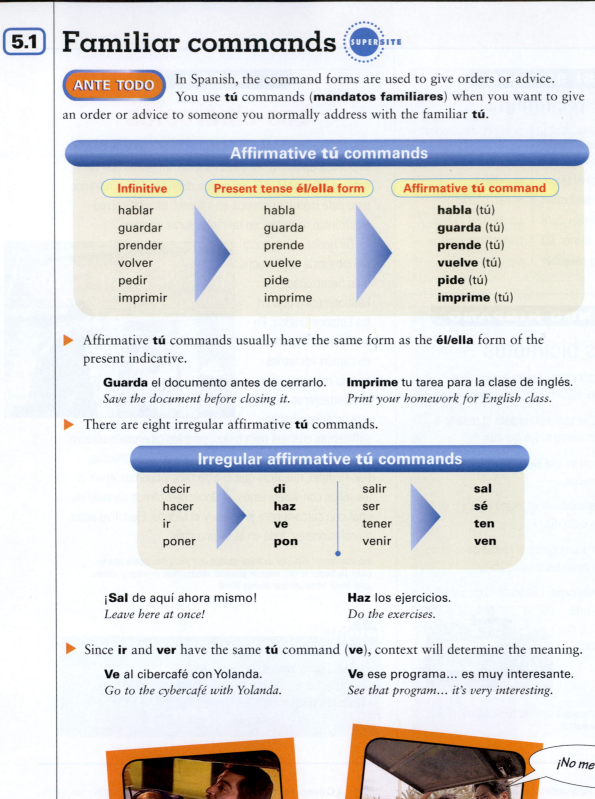

Apaga ese walkman y contesta el teléfono.

¡No me digas!

Lección 5

Negative **tú** commands

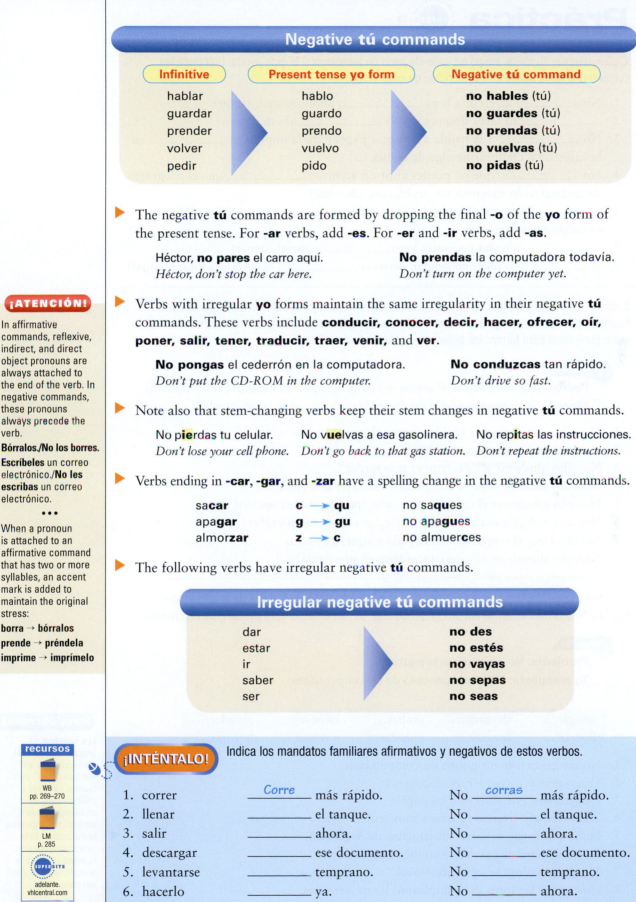

Infinitive	Present tense yo form	Negative **tú** command
hablar	hablo	**no hables** (tú)
guardar	guardo	**no guardes** (tú)
prender	prendo	**no prendas** (tú)
volver	vuelvo	**no vuelvas** (tú)
pedir	pido	**no pidas** (tú)

▶ The negative **tú** commands are formed by dropping the final **-o** of the **yo** form of the present tense. For **-ar** verbs, add **-es**. For **-er** and **-ir** verbs, add **-as**.

Héctor, **no pares** el carro aquí.
Héctor, don't stop the car here.

No prendas la computadora todavía.
Don't turn on the computer yet.

▶ Verbs with irregular **yo** forms maintain the same irregularity in their negative **tú** commands. These verbs include **conducir, conocer, decir, hacer, ofrecer, oír, poner, salir, tener, traducir, traer, venir,** and **ver**.

No pongas el cederrón en la computadora.
Don't put the CD-ROM in the computer.

No conduzcas tan rápido.
Don't drive so fast.

▶ Note also that stem-changing verbs keep their stem changes in negative **tú** commands.

No p**ie**rdas tu celular.
Don't lose your cell phone.

No v**ue**lvas a esa gasolinera.
Don't go back to that gas station.

No rep**i**tas las instrucciones.
Don't repeat the instructions.

▶ Verbs ending in **-car**, **-gar**, and **-zar** have a spelling change in the negative **tú** commands.

sa**car**	c → **qu**	no sa**qu**es
apa**gar**	g → **gu**	no apa**gu**es
almor**zar**	z → **c**	no almuer**c**es

▶ The following verbs have irregular negative **tú** commands.

Irregular negative **tú** commands

dar	no des
estar	no estés
ir	no vayas
saber	no sepas
ser	no seas

¡ATENCIÓN!

In affirmative commands, reflexive, indirect, and direct object pronouns are always attached to the end of the verb. In negative commands, these pronouns always precede the verb.

Bórralos./No los borres.

Escríbeles un correo electrónico./**No les escribas** un correo electrónico.

• • •

When a pronoun is attached to an affirmative command that has two or more syllables, an accent mark is added to maintain the original stress:

borra → bórralos
prende → préndela
imprime → imprímelo

recursos

WB
pp. 269–270

LM
p. 285

SUPERSITE
adelante.
vhlcentral.com

¡INTÉNTALO! Indica los mandatos familiares afirmativos y negativos de estos verbos.

1. correr   ___*Corre*___ más rápido.   No ___*corras*___ más rápido.
2. llenar   _____ el tanque.   No _____ el tanque.
3. salir   _____ ahora.   No _____ ahora.
4. descargar   _____ ese documento.   No _____ ese documento.
5. levantarse   _____ temprano.   No _____ temprano.
6. hacerlo   _____ ya.   No _____ ahora.

Práctica

1 **Completar** Tu mejor amigo no entiende nada de tecnología y te pide ayuda. Completa los comentarios de tu amigo con el mandato de cada verbo.

1. No _____ en una hora. _____ ahora mismo. (venir)
2. _____ tu tarea después. No la _____ ahora. (hacer)
3. No _____ a la tienda a comprar papel para la impresora. _____ a la cafetería a comprarme algo de comer. (ir)
4. No _____ que no puedes abrir un archivo. _____ que el programa de computación funciona sin problemas. (decirme)
5. _____ generoso con tu tiempo, y no _____ antipático si no entiendo fácilmente. (ser)
6. _____ mucha paciencia y no _____ prisa. (tener)
7. _____ tu teléfono celular, pero no _____ la computadora. (apagar)

2 **Cambiar** Pedro y Marina no pueden ponerse de acuerdo (*agree*) cuando viajan en su carro. Cuando Pedro dice que algo es necesario, Marina expresa una opinión diferente. Usa la información entre paréntesis para formar las órdenes que Marina le da a Pedro.

> **modelo**
>
> **Pedro:** Necesito revisar el aceite del carro. (seguir hasta el próximo pueblo)
> **Marina:** *No revises el aceite del carro. Sigue hasta el próximo pueblo.*

1. Necesito conducir más rápido. (parar el carro)
2. Necesito poner el radio. (hablarme)
3. Necesito almorzar ahora. (comer más tarde)
4. Necesito sacar los discos compactos. (manejar con cuidado)
5. Necesito estacionar el carro en esta calle. (pensar en otra opción)
6. Necesito volver a esa gasolinera. (arreglar el carro en un taller)
7. Necesito leer el mapa. (pedirle ayuda a aquella señora)
8. Necesito dormir en el carro. (acostarse en una cama)

3 **Problemas** Tú y tu compañero/a trabajan en el centro de computadoras de la universidad. Muchos estudiantes están llamando con problemas. Denles órdenes para ayudarlos a resolverlos.

> **modelo**
>
> **Problema:** *No veo nada en la pantalla.*
> **Tu respuesta:** *Prende la pantalla de tu computadora.*

| apagar… | descargar… | grabar… | imprimir… | prender… |
| borrar… | funcionar… | guardar… | navegar… | quemar… |

1. No me gusta este programa de computación.
2. Tengo miedo de perder mi documento.
3. Prefiero leer este sitio web en papel.
4. Mi correo electrónico funciona muy lentamente.
5. Busco información sobre los gauchos de Argentina.
6. Tengo demasiados archivos en mi computadora.
7. Mi computadora se congeló (*froze*).
8. Quiero ver las fotos del cumpleaños de mi hermana.

NOTA CULTURAL

Los gauchos (*nomadic cowboys*), conocidos por su habilidad (*skill*) para montar caballos y utilizar lazos, viven en la región más extensa de Argentina, la Patagonia. Esta región ocupa casi la mitad (*half*) de la superficie (*land area*) del país.

Comunicación

4

Órdenes Circula por la clase e intercambia mandatos negativos y afirmativos con tus compañeros/as. Debes seguir las órdenes que ellos te dan o reaccionar apropiadamente.

> **modelo**
>
> **Estudiante 1:** Dame todo tu dinero.
> **Estudiante 2:** No, no quiero dártelo. Muéstrame tu cuaderno.
> **Estudiante 1:** Aquí está.
> **Estudiante 3:** Ve a la pizarra y escribe tu nombre.
> **Estudiante 4:** No quiero. Hazlo tú.

5

Anuncios Miren este anuncio. Luego, en grupos pequeños, preparen tres anuncios adicionales para tres escuelas que compiten (*compete*) con ésta.

INFORMÁTICA ARGENTINA

Toma nuestros cursos y aprende
a usar la computadora

abre y lee tus archivos

imprime tus documentos

entra al campo de la tecnología

¡Ponte en contacto con nosotros llamando al **11-4-129-1508** HOY!

Síntesis

6

¡Tanto que hacer! Tu profesor(a) te va a dar una lista de diligencias (*errands*). Algunas las hiciste tú y algunas las hizo tu compañero/a. Las diligencias que ya hicieron tienen esta marca ✔. Pero quedan cuatro diligencias por hacer. Dale mandatos a tu compañero/a, y él/ella responde para confirmar si hay que hacerla o si ya la hizo.

> **modelo**
>
> **Estudiante 1:** Llena el tanque.
> **Estudiante 2:** Ya llené el tanque. / ¡Ay, no! Tenemos que
>   llenar el tanque.

5.2 | Por and para

ANTE TODO   Unlike English, Spanish has two words that mean *for*: **por** and **para**. These two prepositions are not interchangeable. Study the following charts to see how they are used.

> Es para usted.
> Es un cliente de don Paco.

> Álex habla por teléfono.

Por is used to indicate...

1. Motion or a general location . . . .
(around, through, along, by)

La excursión nos llevó **por** el centro.
The tour took us through downtown.

Pasamos **por** el parque y **por** el río.
We passed by the park and along the river.

2. Duration of an action . . . .
(for, during, in)

Estuve en la Patagonia **por** un mes.
I was in Patagonia for a month.

Ana navegó la red **por** la tarde.
Ana surfed the net in the afternoon.

3. Reason or motive for an action . . . .
(because of, on account of, on behalf of)

Lo hizo **por** su familia.
She did it on behalf of her family.

Papá llegó a casa tarde **por** el tráfico.
Dad arrived home late because of the traffic.

4. Object of a search . . . .
(for, in search of)

Vengo **por** ti a las ocho.
I'm coming for you at eight.

Javier fue **por** su cámara digital.
Javier went in search of his digital camera.

5. Means by which something is done . . .
(by, by way of, by means of)

Ellos viajan **por** la autopista.
They travel by (by way of) the highway.

¿Hablaste con la policía **por** teléfono?
Did you talk to the police by (on the) phone?

6. Exchange or substitution . . . .
(for, in exchange for)

Le di dinero **por** la videocasetera.
I gave him money for the VCR.

Muchas gracias **por** el cederrón.
Thank you very much for the CD-ROM.

7. Unit of measure . . . .
(per, by)

José manejaba a 120 kilómetros **por** hora.
José was driving 120 kilometers per hour.

¡ATENCIÓN!

Por is also used in several idiomatic expressions, including:
por aquí *around here*
por ejemplo *for example*
por eso *that's why; therefore*
por fin *finally*

AYUDA

Remember that when giving an exact time, **de** is used instead of **por** before **la mañana**, **la tarde**, or **la noche**.
La clase empieza a las nueve **de** la mañana.

• • •

In addition to **por**, **durante** is also commonly used to mean *for* when referring to time.
Esperé al mecánico **durante** cincuenta minutos.

Para is used to indicate…

1. **Destination** . . . . (*toward, in the direction of*)	Salimos **para** Córdoba el sábado. *We are leaving for Córdoba on Saturday.*
2. **Deadline or a specific time in the future** . . . (*by, for*)	Él va a arreglar el carro **para** el viernes. *He will fix the car by Friday.*
3. **Purpose or goal** + [*infinitive*] . . . . (*in order to*)	Juan estudia **para** (ser) mecánico. *Juan is studying to be a mechanic.*
4. **Purpose** + [*noun*] . . . . (*for, used for*)	Es una llanta **para** el carro. *It's a tire for the car.*
5. **The recipient of something** . . . . (*for*)	Compré una impresora **para** mi hijo. *I bought a printer for my son.*
6. **Comparison with others or an opinion**. . (*for, considering*)	**Para** un joven, es demasiado serio. *For a young person, he is too serious.* **Para** mí, esta lección no es difícil. *For me, this lesson isn't difficult.*
7. **In the employ of** . . . . (*for*)	Sara trabaja **para** Telecom Argentina. *Sara works for Telecom Argentina.*

▶ In many cases it is grammatically correct to use either **por** or **para** in a sentence. The meaning of the sentence is different, however, depending on which preposition is used.

Caminé **por** el parque.
I walked through the park.

Caminé **para** el parque.
I walked to (toward) the park.

Trabajó **por** su padre.
He worked for (in place of) his father.

Trabajó **para** su padre.
He worked for his father('s company).

¡INTÉNTALO!   Completa estas oraciones con las preposiciones **por** o **para**.

1. Fuimos al cibercafé _____*por*_____ la tarde.
2. Necesitas un módem _____ navegar en la red.
3. Entraron _____ la puerta.
4. Quiero un pasaje _____ Buenos Aires.
5. _____ arrancar el carro, necesito la llave.
6. Arreglé el televisor _____ mi amigo.
7. Estuvieron nerviosos _____ el examen.
8. ¿No hay una gasolinera _____ aquí?
9. El reproductor de MP3 es _____ usted.
10. Juan está enfermo. Tengo que trabajar _____ él.
11. Estuvimos en Canadá _____ dos meses.
12. _____ mí, el español es fácil.
13. Tengo que estudiar la lección _____ el lunes.
14. Voy a ir _____ la carretera.
15. Compré dulces _____ mi novia.
16. Compramos el auto _____ un buen precio.

recursos

WB
pp. 271–272

LM
p. 286

SUPERSITE
adelante.
vhlcentral.com

Práctica ⬤ SUPERSITE

1 **Completar** Completa este párrafo con las preposiciones **por** o **para**.

El mes pasado mi esposo y yo hicimos un viaje a Buenos Aires y sólo pagamos dos mil dólares (1)_____ los pasajes. Estuvimos en Buenos Aires (2)_____ una semana y paseamos por toda la ciudad. Durante el día caminamos (3)_____ la plaza San Martín, el microcentro y el barrio de La Boca, donde viven muchos artistas. (4)_____ la noche fuimos a una tanguería, que es una especie de teatro, (5)_____ mirar a la gente bailar tango. Dos días después decidimos hacer una excursión (6)_____ las pampas (7)_____ ver el paisaje y un rodeo con gauchos. Alquilamos (*We rented*) un carro y manejamos (8)_____ todas partes y pasamos unos días muy agradables. El último día que estuvimos en Buenos Aires fuimos a Galerías Pacífico (9)_____ comprar recuerdos (*souvenirs*) (10)_____ nuestros hijos y nietos. Compramos tantos regalos que tuvimos que pagar impuestos (*duties*) en la aduana al regresar.

2 **Oraciones** Crea oraciones originales con los elementos de las columnas. Une los elementos usando **por** o **para**.

> **modelo**
>
> ◀ Fuimos a Mar del Plata por razones de salud para visitar a un especialista.

(no) fuimos al mercado	por/para	comprar frutas	por/para	¿?
(no) fuimos a las montañas	por/para	tres días	por/para	¿?
(no) fuiste a Mar del Plata	por/para	razones de salud	por/para	¿?
(no) fueron a Buenos Aires	por/para	tomar el sol	por/para	¿?

NOTA CULTURAL

Mar del Plata es un centro turístico en la costa de Argentina. La ciudad es conocida como "la perla del Atlántico" y todos los años muchos turistas visitan sus playas y casinos.

3 **Describir** Usa **por** o **para** y el tiempo presente para describir estos dibujos.

1. _____   2. _____   3. _____

4. _____   5. _____   6. _____

Comunicación

4

Descripciones Usa **por** o **para** y completa estas frases de manera lógica. Luego, compara tus respuestas con las de un(a) compañero/a.

1. En casa, hablo con mis amigos…
2. Mi padre/madre trabaja…
3. Ayer fui al taller…
4. Los miércoles tengo clases…
5. A veces voy a la biblioteca…

6. Esta noche tengo que estudiar…
7. Necesito… dólares…
8. Compré un regalo…
9. Mi mejor amigo/a estudia…
10. Necesito hacer la tarea…

5

Situación En parejas, dramaticen esta situación. Utilicen muchos ejemplos de **por** y **para**.

Hijo/a	**Padre/Madre**
Pídele dinero a tu padre/madre.	Pregúntale a tu hijo/a para qué lo necesita.
Dile que quieres comprar un carro.	Pregúntale por qué necesita un carro.
Explica tres razones por las que necesitas un carro.	Explica por qué sus razones son buenas o malas.
Dile que por no tener un carro tu vida es muy difícil.	Decide si vas a darle el dinero y explica por qué.

Síntesis

6

Una subasta (*auction*) Cada estudiante debe traer a la clase un objeto o una foto del objeto para vender. En grupos, túrnense para ser el/la vendedor(a) y los postores (*bidders*). Para empezar, el/la vendedor(a) describe el objeto y explica para qué se usa y por qué alguien debe comprarlo.

modelo

Vendedora: Aquí tengo una videocasetera Sony. Pueden usar esta videocasetera para ver películas en su casa o para grabar sus programas favoritos. Sólo hace un año que la compré y todavía funciona perfectamente. ¿Quién ofrece $1.500 para empezar?

Postor(a) 1: Pero las videocaseteras son anticuadas y no tienen buena imagen. Te doy $5,00.

Vendedora: Ah, pero ésta es muy especial porque viene con el video de mi fiesta de quinceañera.

Postor(a) 2: ¡Yo te doy $2.000!

5.3 Reciprocal reflexives

ANTE TODO   In **Lección 1**, you learned that reflexive verbs indicate that the subject of a sentence does the action to itself. Reciprocal reflexives, on the other hand, express a shared or reciprocal action between two or more people or things. In this context, the pronoun means *(to) each other* or *(to) one another.*

Luis y Marta **se** miran en el espejo.
Luis and Marta look at themselves in the mirror.

Luis y Marta **se** miran.
Luis and Marta look at each other.

▶ Only the plural forms of the reflexive pronouns (**nos, os, se**) are used to express reciprocal actions because the action must involve more than one person or thing.

Cuando **nos vimos** en la calle, **nos abrazamos**.
When we saw each other on the street, we hugged one another.

Ustedes **se** van a **encontrar** en el cibercafé, ¿no?
You are meeting each other at the cybercafé, right?

Nos ayudamos cuando usamos la computadora.
We help each other when we use the computer.

Las amigas **se saludaron** y **se besaron**.
The friends greeted each other and kissed one another.

¡ATENCIÓN!

Here is a list of common verbs that can express reciprocal actions:

abrazar(se) *to hug; to embrace* (*each other*)
ayudar(se) *to help* (*each other*)
besar(se) *to kiss* (*each other*)
encontrar(se) *to meet* (*each other*); *to run into* (*each other*)
saludar(se) *to greet* (*each other*)

¡INTÉNTALO!   Indica el reflexivo recíproco adecuado y el presente o el pretérito de estos verbos.

presente

1. (escribir) Los novios _se escriben_.
   Nosotros _____.
   Ana y Ernesto _____.
2. (escuchar) Mis tíos _____.
   Nosotros _____.
   Ellos _____.
3. (ver) Nosotros _____.
   Fernando y Tomás _____.
   Ustedes _____.
4. (llamar) Ellas _____.
   Mis hermanos _____.
   Pepa y yo _____.

pretérito

1. (saludar) Nicolás y tú _se saludaron_.
   Nuestros vecinos _____.
   Nosotros _____.
2. (hablar) Los amigos _____.
   Elena y yo _____.
   Nosotras _____.
3. (conocer) Alberto y yo _____.
   Ustedes _____.
   Ellos _____.
4. (encontrar) Ana y Javier _____.
   Los primos _____.
   Mi hermana y yo _____.

recursos

WB
pp. 273–274

LM
p. 287

adelante.
vhlcentral.com

Práctica SUPERSITE

1   **Un amor recíproco** Describe a Laura y a Elián usando los verbos recíprocos.

> **modelo**
>
> Laura veía a Elián todos los días. Elián veía a Laura todos los días.
> *Laura y Elián se veían todos los días.*

1. Laura conocía bien a Elián. Elián conocía bien a Laura.

2. Laura miraba a Elián con amor. Elián la miraba con amor también.

3. Laura entendía bien a Elián. Elián entendía bien a Laura.

4. Laura hablaba con Elián todas las noches por teléfono. Elián hablaba con Laura todas las noches por teléfono.

5. Laura ayudaba a Elián con sus problemas. Elián la ayudaba también con sus problemas.

2   **Describir** Mira los dibujos y describe lo que estas personas hicieron.

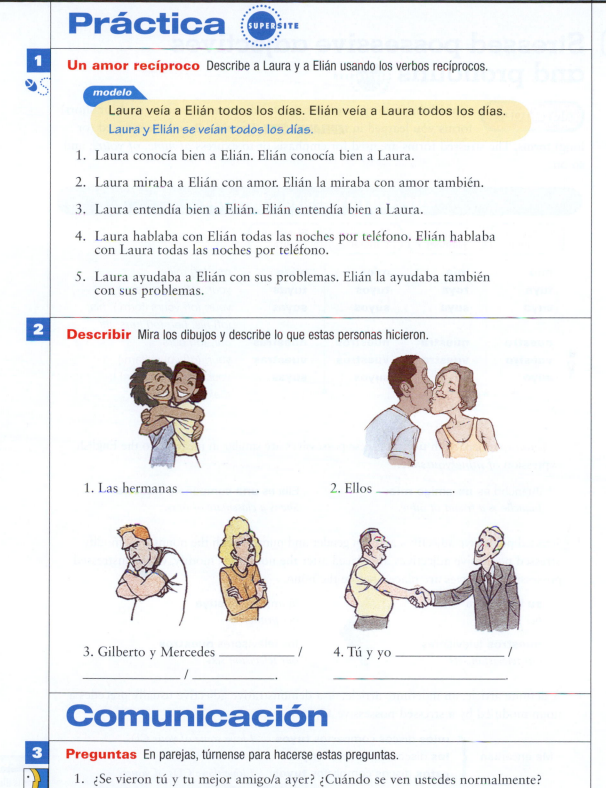

1. Las hermanas _____.   2. Ellos _____.

3. Gilberto y Mercedes _____ /   4. Tú y yo _____ /
_____ / _____.   _____.

Comunicación

3   **Preguntas** En parejas, túrnense para hacerse estas preguntas.

1. ¿Se vieron tú y tu mejor amigo/a ayer? ¿Cuándo se ven ustedes normalmente?
2. ¿Dónde se encuentran tú y tus amigos?
3. ¿Se ayudan tú y tu mejor amigo/a con sus problemas?
4. ¿Se entienden bien tú y tu novio/a?
5. ¿Dónde se conocieron tú y tu novio/a? ¿Cuánto tiempo hace que se conocen ustedes?
6. ¿Cuándo se dan regalos tú y tu novio/a?
7. ¿Se escriben tú y tus amigos mensajes de texto o prefieren llamarse por teléfono?
8. ¿Siempre se llevan bien tú y tu compañero/a de cuarto? Explica.

5.4 Stressed possessive adjectives and pronouns ⬤SUPERSITE

ANTE TODO   Spanish has two types of possessive adjectives: the unstressed (or short) forms you learned in *¡ADELANTE!* UNO, **Lección 3** and the stressed (or long) forms. The stressed forms are used for emphasis or to express *of mine, of yours,* and so on.

Stressed possessive adjectives

Masculine singular	Feminine singular	Masculine plural	Feminine plural	
mío	**mía**	**míos**	**mías**	*my; (of) mine*
tuyo	**tuya**	**tuyos**	**tuyas**	*your; (of) yours* (fam.)
suyo	**suya**	**suyos**	**suyas**	*your; (of) yours* (form.); *his; (of) his; her; (of) hers; its*
nuestro	**nuestra**	**nuestros**	**nuestras**	*our; (of) ours*
vuestro	**vuestra**	**vuestros**	**vuestras**	*your; (of) yours* (fam.)
suyo	**suya**	**suyos**	**suyas**	*your; (of) yours* (form.); *their; (of) theirs*

▶ **¡Atención!** Used with **un/una**, these possessives are similar in meaning to the English expression *of mine/yours/etc.*

Juancho es **un** amigo **mío.**   Ella es **una** compañera **nuestra.**
Juancho is a friend of mine.   *She is a classmate of ours.*

▶ Stressed possessive adjectives agree in gender and number with the nouns they modify. Stressed possessive adjectives are placed after the noun they modify, while unstressed possessive adjectives are placed before the noun.

su impresora   la impresora **suya**
her printer   *her printer*

nuestros televisores   los televisores **nuestros**
our television sets   *our television sets*

▶ A definite article, an indefinite article, or a demonstrative adjective usually precedes a noun modified by a stressed possessive adjective.

Me encantan {
unos discos compactos **tuyos.**   *I love some of your CDs.*
los discos compactos **tuyos.**   *I love your CDs.*
estos discos compactos **tuyos.**   *I love these CDs of yours.*

▶ Since **suyo, suya, suyos,** and **suyas** have more than one meaning, you can avoid confusion by using the construction: [*article*] + [*noun*] + **de** + [*subject pronoun*].

el teclado **suyo**   el teclado **de él/ella**   *his/her keyboard*
                                    el teclado **de ustedes**   *your keyboard*

CONSULTA

This is the same construction you learned in *¡ADELANTE!* UNO, **Lección 3** for clarifying **su** and **sus**. To review unstressed possessive adjectives, see *¡ADELANTE!* UNO, **Estructura 3.2,** p. 127.

Possessive pronouns

▶ Possessive pronouns are used to replace a noun + [*possessive adjective*]. In Spanish, the possessive pronouns have the same forms as the stressed possessive adjectives, and they are preceded by a definite article.

la calculadora **nuestra**	**la nuestra**
el *fax* **tuyo**	**el tuyo**
los archivos **suyos**	**los suyos**

▶ A possessive pronoun agrees in number and gender with the noun it replaces.

—Aquí está **mi coche**. ¿Dónde está **el tuyo**?
Here's my car. Where is yours?

—**El mío** está en el taller de mi hermano.
Mine is at my brother's garage.

—¿Tienes **las revistas** de Carlos?
Do you have Carlos' magazines?

—No, pero tengo **las nuestras.**
No, but I have ours.

Episodio veintiuno: Tecnohombre y los superamigos suyos salvan el mundo una vez más.

La Mujer Mecánica y Tecnohombre, ¡mis héroes!

¡Y los míos también!

recursos

WB
pp. 275–276

LM
p. 288

SUPERSITE
adelante.
vhlcentral.com

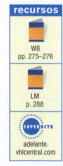

¡INTÉNTALO! Indica las formas tónicas (*stressed*) de estos adjetivos posesivos y los pronombres posesivos correspondientes.

	adjetivos	**pronombres**
1. su videocasetera	la videocasetera suya	la suya
2. mi televisor	_____	_____
3. nuestros discos compactos	_____	_____
4. tus calculadoras	_____	_____
5. su monitor	_____	_____
6. mis videos	_____	_____
7. nuestra impresora	_____	_____
8. tu estéreo	_____	_____
9. nuestro cederrón	_____	_____
10. mi computadora	_____	_____

Práctica

1 **Oraciones** Forma oraciones con estas palabras. Usa el presente y haz los cambios necesarios.

1. un / amiga / suyo / vivir / Mendoza
2. ¿me / prestar / calculadora / tuyo?
3. el / coche / suyo / nunca / funcionar / bien
4. no / nos / interesar / problemas / suyo
5. yo / querer / cámara digital / mío / ahora mismo
6. un / amigos / nuestro / manejar / como / loco

2 **¿Es suyo?** Un policía ha capturado (*has captured*) al hombre que robó (*robbed*) en tu casa. Ahora quiere saber qué cosas son tuyas. Túrnate con un(a) compañero/a para hacer el papel del policía y usa las pistas para contestar las preguntas.

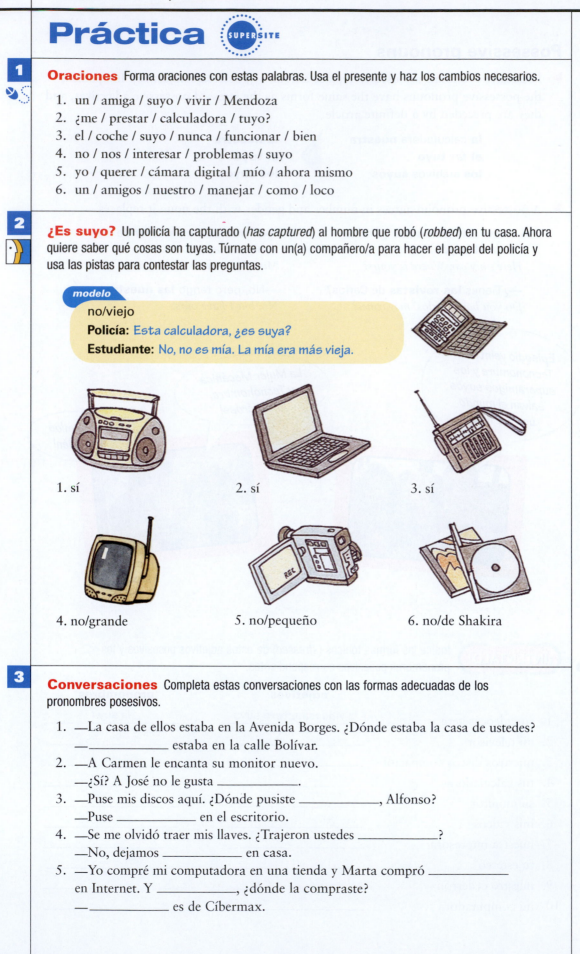

> **modelo**
>
> no/viejo
>
> **Policía:** Esta calculadora, ¿es suya?
> **Estudiante:** No, no es mía. La mía era más vieja.

1. sí   2. sí   3. sí

4. no/grande   5. no/pequeño   6. no/de Shakira

3 **Conversaciones** Completa estas conversaciones con las formas adecuadas de los pronombres posesivos.

1. —La casa de ellos estaba en la Avenida Borges. ¿Dónde estaba la casa de ustedes?
   —_____ estaba en la calle Bolívar.
2. —A Carmen le encanta su monitor nuevo.
   —¿Sí? A José no le gusta _____.
3. —Puse mis discos aquí. ¿Dónde pusiste _____, Alfonso?
   —Puse _____ en el escritorio.
4. —Se me olvidó traer mis llaves. ¿Trajeron ustedes _____?
   —No, dejamos _____ en casa.
5. —Yo compré mi computadora en una tienda y Marta compró _____
   en Internet. Y _____, ¿dónde la compraste?
   —_____ es de Cíbermax.

Comunicación

4 **Identificar** Trabajen en grupos. Cada estudiante da tres objetos. Pongan todos los objetos juntos. Luego, un(a) estudiante escoge uno o dos objetos y le pregunta a otro/a si esos objetos son suyos. Usen los adjetivos posesivos en sus preguntas.

> **modelo**
>
> **Estudiante 1:** Felipe, ¿son tuyos estos discos compactos?
> **Estudiante 2:** Sí, son míos.
> No, no son míos. Son los discos compactos de Bárbara.

5 **Comparar** Trabajen en parejas. Intenta (*Try to*) convencer a tu compañero/a de que algo que tú tienes es mejor que el que él/ella tiene. Pueden hablar de sus carros, estéreos, discos compactos, clases, horarios o trabajos.

> **modelo**
>
> **Estudiante 1:** Mi computadora tiene una pantalla de quince pulgadas (*inches*). ¿Y la tuya?
> **Estudiante 2:** La mía es mejor porque tiene una pantalla de diecisiete pulgadas.
> **Estudiante 1:** Pues la mía…

Síntesis

6 **Inventos locos** En grupos pequeños, lean la descripción de este invento fantástico. Después diseñen su propio invento y expliquen por qué es mejor que el de los demás grupos. Utilicen los posesivos, **por** y **para** y el vocabulario de **Contextos**.

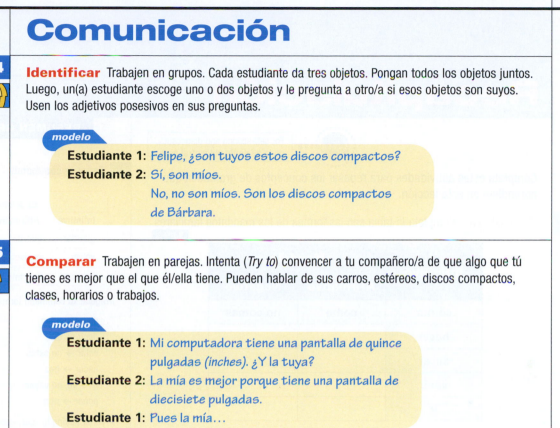

Nuestro celular tiene conexión a Internet, ¿y el tuyo?

Este teléfono celular es mucho mejor que el tuyo por estas razones:

- El nuestro tiene capacidad para guardar un millón de mensajes electrónicos.
- El celular nuestro toma video.
- Da la temperatura.
- Funciona como control remoto para la tele.
- También arranca el coche y tiene reproductor de MP3.

Sirve para todo.

Oferta: $45 dólares por mes (con un contrato mínimo de dos años)

Para más información, llama al 607-362-1990 o visita nuestro sitio web **www.telefonoloco.com**

Recapitulación

For self-scoring and diagnostics,
go to **adelante.vhlcentral.com.**

Completa estas actividades para repasar los conceptos de gramática que
aprendiste en esta lección.

1 **Completar** Completa la tabla con las formas de los mandatos familiares.
8 pts.

Infinitivo	Mandato	
	Afirmativo	**Negativo**
comer	come	no comas
hacer		
sacar		
venir		
ir		

2 **Por y para** Completa el diálogo con **por** o **para**. **10 pts.**

MARIO Hola, yo trabajo (1) _____ el periódico de la
universidad. ¿Puedo hacerte unas preguntas?

INÉS Sí, claro.

MARIO ¿Navegas mucho (2) _____ la red?

INÉS Sí, todos los días me conecto a Internet (3) _____ leer
mi correo y navego (4) _____ una hora. También me
gusta hablar (5) _____ el *messenger* con mis amigos.
Es barato y, (6) _____ mí, es divertido.

MARIO ¿Y qué piensas sobre hacer la tarea en la computadora?

INÉS En general, me parece bien, pero (7) _____ ejemplo,
anoche hice unos ejercicios (8) _____ la clase de
álgebra y al final me dolieron los ojos. (9) _____ eso a
veces prefiero hacer la tarea a mano.

MARIO Muy bien. Muchas gracias (10) _____ tu ayuda.

3 **Posesivos** Completa las oraciones y confirma de quién son las cosas. **6 pts.**

1. —¿Éste es mi bolígrafo? —Sí, es el _____ (*fam.*).

2. —¿Ésta es la cámara de tu papá? —Sí, es la _____.

3. —¿Ese teléfono es de Pilar? —Sí, es el _____.

4. —¿Éstos son los cederrones de ustedes? —No, no son _____.

5. —¿Ésta es tu computadora portátil? —No, no es _____.

6. —¿Ésas son mis calculadoras? —Sí, son las _____ (*form.*).

RESUMEN GRAMATICAL

5.1 **Familiar commands** *pp. 246–247*

tú commands		
Infinitive	**Affirmative**	**Negative**
guardar	**guarda**	no guardes
volver	**vuelve**	no vuelvas
imprimir	**imprime**	no imprimas

Irregular **tú** command forms

dar → **no des**	saber → **no sepas**
decir → **di**	salir → **sal**
estar → **no estés**	ser → **sé, no seas**
hacer → **haz**	tener → **ten**
ir → **ve, no vayas**	venir → **ven**
poner → **pon**	

► Verbs ending in **-car**, **-gar**, **-zar** have a spelling
change in the negative **tú** commands:

sacar → **no saques**
apagar → **no apagues**
almorzar → **no almuerces**

5.2 **Por and para** *pp. 250–251*

► Uses of **por**:

motion or general location; duration; reason
or motive; object of a search; means by which
something is done; exchange or substitution;
unit of measure

► Uses of **para**:

destination; deadline; purpose or goal; recipient of
something; comparison or opinion; in the employ of

5.3 **Reciprocal reflexives** *p. 254*

► Reciprocal reflexives express a shared or reciprocal
action between two or more people or things. Only
the plural forms (**nos**, **os**, **se**) are used.

Cuando **nos vimos** en la calle, **nos abrazamos**.

► Common verbs that can express reciprocal actions:

abrazar(se), ayudar(se), besar(se), conocer(se),
encontrar(se), escribir(se), escuchar(se), hablar(se),
llamar(se), mirar(se), saludar(se), ver(se)

5.4   **Stressed possessive adjectives and pronouns**

pp. 256–257

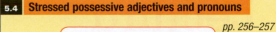

Stressed possessive adjectives	
Masculine	**Feminine**
mío(s)	mía(s)
tuyo(s)	tuya(s)
suyo(s)	suya(s)
nuestro(s)	nuestra(s)
vuestro(s)	vuestra(s)
suyo(s)	suya(s)

la impresora **suya** → la **suya**

las llaves **mías** → las **mías**

Lección 5

4   **Ángel y diablito** A Juan le gusta pedir consejos a su ángel y a su diablito imaginarios. Completa las respuestas con mandatos familiares desde las dos perspectivas. **8 pts.**

1. Estoy manejando. ¿Voy más rápido?
   Á No, no _____ más rápido.
   D Sí, _____ más rápido.
2. Es el disco compacto favorito de mi hermana. ¿Lo pongo en mi mochila?
   Á No, no _____ en tu mochila.
   D Sí, _____ en tu mochila.
3. Necesito estirar (*to stretch*) las piernas. ¿Doy un paseo?
   Á Sí, _____ un paseo.
   D No, no _____ un paseo.
4. Mi amigo necesita imprimir algo. ¿Apago la impresora?
   Á No, no _____ la impresora.
   D Sí, _____ la impresora.

5   **Oraciones** Forma oraciones para expresar acciones recíprocas con el tiempo indicado. **6 pts.**

modelo

tú y yo / conocer / bien (presente) *Tú y yo nos conocemos bien.*

1. José y Paco / llamar / una vez por semana (imperfecto)
2. mi novia y yo / ver / todos los días (presente)
3. los compañeros de clase / ayudar / con la tarea (pretérito)
4. tú y tu mamá / escribir / por correo electrónico / cada semana (imperfecto)
5. mis hermanas y yo / entender / perfectamente (presente)
6. los profesores / saludar / con mucho respeto (pretérito)

6   **La tecnología** Escribe al menos seis oraciones diciéndole a un(a) amigo/a qué hacer para tener "una buena relación" con la tecnología. Usa mandatos familiares afirmativos y negativos. **12 pts.**

7   **Saber compartir** Completa la expresión con los dos pronombres posesivos que faltan. **¡2 puntos EXTRA!**

"Lo que° es _____ es _____.**"**

Lo que *What*

Lectura

Antes de leer

Estrategia
Recognizing borrowed words

One way languages grow is by borrowing words from each other. English words that relate to technology often are borrowed by Spanish and other languages throughout the world. Sometimes the words are modified slightly to fit the sounds of the languages that borrow them. When reading in Spanish, you can often increase your understanding by looking for words borrowed from English or other languages you know.

Examinar el texto
Mira brevemente (*briefly*) la selección. ¿De qué trata? (*What is it about?*) ¿Cómo lo sabes?

Buscar
Esta lectura contiene varias palabras tomadas (*taken*) del inglés. Trabaja con un(a) compañero/a para encontrarlas.

Predecir
Trabaja con un(a) compañero/a para contestar estas preguntas.

1. En la foto, ¿quiénes participan en el juego?
2. ¿Jugabas en una computadora cuando eras niño/a? ¿Juegas ahora?
3. ¿Cómo cambiaron las computadoras y la tecnología en los años 80? ¿En los años 90? ¿En los principios del siglo XXI?
4. ¿Qué tipo de "inteligencia" tiene una computadora?
5. ¿Qué significa "inteligencia artificial" para ti?

recursos

adelante.vhlcentral.com

Inteligencia y memoria: la inteligencia artificial
por Alfonso Santamaría

Una de las principales características de la película de ciencia ficción *2001: una odisea del espacio*, es la gran inteligencia de su protagonista no humano, la computadora HAL-9000. Para muchas personas, la genial película de Stanley Kubrick es una reflexión sobre la evolución de la inteligencia, desde que el hombre utilizó por primera vez un hueso como herramienta° hasta la llegada de la inteligencia artificial (I.A.).

Ahora que vivimos en el siglo XXI, un mundo en el que Internet y el *fax* son ya comunes, podemos preguntarnos: ¿consiguieron los científicos especialistas en I.A. crear una computadora como HAL? La respuesta es no. Hoy día no existe una computadora con las capacidades intelectuales de HAL porque todavía no existen *inteligencias*

herramienta *tool*

Después de leer

¿Cierto o falso?
Indica si cada oración es **cierta** o **falsa**. Corrige las falsas.

_____ 1. La computadora HAL-9000 era muy inteligente.

_____ 2. Deep Blue es un buen ejemplo de la inteligencia artificial general.

_____ 3. El maestro de ajedrez Garry Kasparov le ganó a Deep Blue en 1997.

_____ 4. Las computadoras no tienen la creatividad de Mozart o Picasso.

_____ 5. Hoy hay computadoras como HAL-9000.

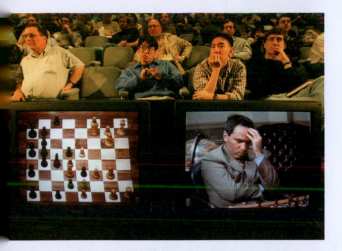

Thomas J. Watson de Nueva York para desarrollar Deep Blue, la computadora que en 1997 derrotó° al campeón mundial de ajedrez, Garry Kasparov. Esta extraordinaria computadora pudo ganarle al maestro ruso de ajedrez porque estaba diseñada para procesar 200 millones de jugadas° por segundo. Además, Deep Blue guardaba en su memoria una recopilación de los movimientos de ajedrez más brillantes de toda la historia, entre ellos los que Kasparov efectuó en sus competiciones anteriores.

Para muchas personas, la victoria de Deep Blue sobre Kasparov simbolizó la victoria de la inteligencia artificial sobre la del ser humano°. Debemos reconocer los grandes avances científicos en el área de las computadoras y las ventajas° que pueden traernos en un futuro, pero también tenemos que entender sus limitaciones. Las computadoras generan nuevos modelos con conocimientos° muy definidos, pero todavía no tienen sentido común: una computadora como Deep Blue puede ganar una partida° de ajedrez, pero no puede explicar la diferencia entre una reina° y un peón°. Tampoco puede crear algo nuevo y original a partir de lo establecido, como hicieron Mozart o Picasso.

Las inteligencias artificiales especializadas son una realidad. ¿Pero una inteligencia como la de HAL-9000? Pura ciencia ficción. ■

...artificiales *generales* que demuestren lo que llamamos "sentido común"°. Sin embargo, la I.A. está progresando mucho en el desarrollo° de las inteligencias especializadas. El ejemplo más famoso es Deep Blue, la computadora de IBM especializada en jugar al ajedrez°.

La idea de crear una máquina con capacidad para jugar al ajedrez se originó en 1950. En esa década, el científico Claude Shannon desarrolló una teoría que se convirtió en realidad en 1967, cuando apareció el primer programa que permitió a una computadora competir, aunque sin éxito°, en un campeonato° de ajedrez. Más de veinte años después, un grupo de expertos en I.A. fue al centro de investigación

sentido común *common sense* **desarrollo** *development* **ajedrez** *chess* **éxito** *success* **campeonato** *championship* **derrotó** *defeated* **jugadas** *moves* **la del ser humano** *that of the human being* **ventajas** *advantages* **conocimientos** *knowledge* **partida** *match* **reina** *queen* **peón** *pawn*

Preguntas

Contesta las preguntas.

1. ¿Qué tipo de inteligencia se relaciona con HAL-9000?

2. ¿Qué tipo de inteligencia tienen las computadoras como Deep Blue?

3. ¿Cuándo se originó la idea de crear una máquina para jugar al ajedrez?

4. ¿Qué compañía inventó Deep Blue?

5. ¿Por qué Deep Blue le pudo ganar a Garry Kasparov?

Conversar

En grupos pequeños, hablen de estos temas.

1. ¿Son las computadoras más inteligentes que los seres humanos?

2. ¿Para qué cosas son mejores las computadoras, y para qué cosas son mejores los seres humanos? ¿Por qué?

3. En el futuro, ¿van a tener las computadoras la inteligencia de los seres humanos? ¿Cuándo?

Argentina

El país en cifras

▶ **Área:** 2.780.400 km^2 (1.074.000 millas^2)
Argentina es el país de habla española más grande del mundo. Su territorio es dos veces el tamaño° de Alaska.

▶ **Población:** 40.738.000

▶ **Capital:** Buenos Aires —13.067.000
En Buenos Aires vive más del treinta por ciento de la población total del país. La ciudad es conocida° como el "París de Suramérica" por el estilo parisino° de muchas de sus calles y edificios.

Buenos Aires

▶ **Ciudades principales:** Córdoba —1.492.000, Rosario —1.231.000, Mendoza —917.000

SOURCE: Population Division, UN Secretariat

▶ **Moneda:** peso argentino

▶ **Idiomas:** español (oficial), guaraní

Bandera de Argentina

Argentinos célebres

▶ **Jorge Luis Borges,** escritor (1899–1986)
▶ **María Eva Duarte de Perón ("Evita"),** primera dama° (1919–1952)
▶ **Mercedes Sosa,** cantante (1935–)
▶ **Gato Barbieri,** saxofonista (1935–)

tamaño *size* conocida *known* parisino *Parisian* primera dama *First Lady*
ancha *wide* mide *it measures* campo *field*

Gaucho

BOLIVIA

PARAGUAY

Las c de

ESTADOS UNIDOS

OCÉANO ATLÁNTICO

AMÉRICA DEL SUR

OCÉANO PACÍFICO

ARGENTINA

San Miguel de Tucumán

La Cordillera de los Andes

Córdoba

URUG

Aconcagua

Mendoza

Rosario

Río Paraná

CHILE

Buenos Aires

Mar del P

La Pampa

Océano Atlántico

San Carlos de Bariloche

Montañas de Patagonia

Patagonia

Vista de San Carlos de Bariloche

recursos

WB
pp. 277–278

VM
pp. 281–282

SUPERSITE
adelante.
vhlcentral.com

Tierra del Fuego

¡Increíble pero cierto!

La Avenida 9 de Julio en Buenos Aires es la calle más ancha° del mundo. De lado a lado mide° cerca de 140 metros, lo que es equivalente a un campo° y medio de fútbol. Su nombre conmemora el Día de la Independencia de Argentina.

ASIL

Historia • Inmigración europea

Se dice que Argentina es el país más "europeo" de toda Latinoamérica. Después del año 1880, inmigrantes italianos, alemanes, españoles e ingleses llegaron para establecerse en esta nación. Esta diversidad cultural ha dejado° una profunda huella° en la música, el cine y la arquitectura argentinos.

Artes • El tango

El tango es uno de los símbolos culturales más importantes de Argentina. Este género° musical es una mezcla de ritmos de origen africano, italiano y español, y se originó a finales del siglo XIX entre los porteños°. Poco después se hizo popular entre el resto de los argentinos y su fama llegó hasta París. Como baile, el tango en un principio° era provocativo y violento, pero se hizo más romántico durante los años 30. Hoy día, este estilo musical es popular en muchas partes del mundo°.

Lugares • Las cataratas de Iguazú

Las famosas cataratas° de Iguazú se encuentran entre las fronteras de Argentina, Paraguay y Brasil, al norte de Buenos Aires. Cerca de ellas confluyen° los ríos Iguazú y Paraná. Estas extensas caídas de agua tienen unos 70 metros (230 pies) de altura° y en época° de lluvias llegan a medir 4 kilómetros (2,5 millas) de ancho. Situadas en el Parque Nacional Iguazú, las cataratas son un destino° turístico muy visitado.

¿Qué aprendiste? Responde a cada pregunta con una oración completa.

1. ¿Qué porcentaje de la población de Argentina vive en la capital?

2. ¿Quién es Mercedes Sosa?

3. Se dice que Argentina es el país más europeo de Latinoamérica. ¿Por qué?

4. ¿Qué tipo de baile es uno de los símbolos culturales más importantes de Argentina?

5. ¿Dónde y cuándo se originó el tango?

6. ¿Cómo era el tango originalmente?

7. ¿En qué parque nacional están las cataratas de Iguazú?

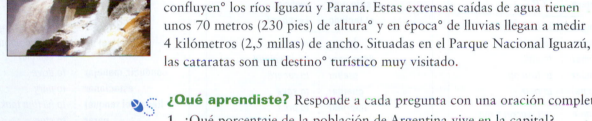

Artesano en Buenos Aires

 Conexión Internet Investiga estos temas en **adelante.vhlcentral.com.**

1. Busca información sobre el tango. ¿Te gustan los ritmos y sonidos del tango? ¿Por qué? ¿Se baila el tango en tu comunidad?

2. ¿Quiénes fueron Juan y Eva Perón y qué importancia tienen en la historia de Argentina?

ha dejado *has left* huella *mark* género *genre* porteños *people of Buenos Aires* en un principio *at first* mundo *world* cataratas *waterfalls* confluyen *converge* altura *height* época *season* destino *destination*

La tecnología

la calculadora	*calculator*
la cámara digital, de video	*digital, video camera*
el canal	*(TV) channel*
el cibercafé	*cybercafé*
la contestadora	*answering machine*
el control remoto	*remote control*
el disco compacto	*compact disc*
el estéreo	*stereo*
el *fax*	*fax (machine)*
el radio	*radio (set)*
el reproductor de MP3	*MP3 player*
el (teléfono) celular	*(cell) telephone*
la televisión por cable	*cable television*
el televisor	*televison set*
el tocadiscos compacto	*compact disc player*
el video(casete)	*video(cassette)*
la videocasetera	*VCR*
apagar	*to turn off*
funcionar	*to work*
llamar	*to call*
poner, prender	*to turn on*
sonar (o:ue)	*to ring*
descompuesto/a	*not working; out of order*
lento/a	*slow*
lleno/a	*full*

La computadora

el archivo	*file*
arroba	*@ symbol*
el cederrón	*CD-ROM*
la computadora (portátil)	*(portable) computer; (laptop)*
la dirección electrónica	*e-mail address*
el disco compacto	*compact disc*
la impresora	*printer*
Internet	*Internet*
el mensaje de texto	*text message*
el monitor	*(computer) monitor*
la página principal	*home page*
la pantalla	*screen*
el programa de computación	*software*
el ratón	*mouse*
la red	*network; Web*
el reproductor de DVD	*DVD player*
el sitio web	*website*
el teclado	*keyboard*
borrar	*to erase*
descargar	*to download*
grabar	*to record*
guardar	*to save*
imprimir	*to print*
navegar (en Internet)	*to surf (the Internet)*
quemar	*to burn (a CD)*

El carro

la autopista, la carretera	*highway*
el baúl	*trunk*
la calle	*street*
el capó, el cofre	*hood*
el carro, el coche	*car*
la circulación, el tráfico	*traffic*
el garaje, el taller (mecánico)	*garage; (mechanic's) repair shop*
la gasolina	*gasoline*
la gasolinera	*gas station*
la licencia de conducir	*driver's license*
la llanta	*tire*
el/la mecánico/a	*mechanic*
el parabrisas	*windshield*
la policía	*police (force)*
la velocidad máxima	*speed limit*
el volante	*steering wheel*
arrancar	*to start*
arreglar	*to fix; to arrange*
bajar(se) de	*to get off of/out of (a vehicle)*
conducir, manejar	*to drive*
estacionar	*to park*
llenar (el tanque)	*to fill (the tank)*
parar	*to stop*
revisar (el aceite)	*to check (the oil)*
subir(se) a	*to get on/into (a vehicle)*

Verbos

abrazar(se)	*to hug; to embrace (each other)*
ayudar(se)	*to help (each other)*
besar(se)	*to kiss (each other)*
encontrar(se) (o:ue)	*to meet (each other); to run into (each other)*
saludar(se)	*to greet (each other)*

Otras palabras y expresiones

por aquí	*around here*
por ejemplo	*for example*
por eso	*that's why; therefore*
por fin	*finally*

Por and **para**	*See pages 250–251.*
Stressed possessive adjectives and pronouns	*See pages 256–257.*
Expresiones útiles	*See page 241.*

recursos

LM p. 288

adelante. vhlcentral.com

contextos   Lección 5

1 **La tecnología** Fill in the blanks with the correct terms.

1. Para multiplicar y dividir puedes usar _____.

2. Para hacer videos de tu familia puedes usar _____.

3. Cuando vas a un sitio web, lo primero (*the first thing*) que ves es _____.

4. Cuando no estás en casa y alguien te llama, te deja un mensaje en _____.

5. La red de computadoras y servidores más importante del mundo es _____.

6. Para poder ver muchos canales, tienes que tener _____.

2 **Eso hacían** Match a subject from the word bank to each verb phrase. Then write complete sentences for the pairs using the imperfect.

algunos jóvenes estadounidenses	el conductor del autobús	el mecánico de Jorge
el carro viejo	la impresora nueva	el teléfono celular

1. manejar lentamente por la nieve

_____

2. imprimir los documentos muy rápido

_____

3. revisarle el aceite al auto todos los meses

_____

4. sonar en la casa pero nadie contestarlo

_____

5. no arrancar cuando llover

_____

6. navegar en Internet de niños

_____

3 **La computadora** Label the drawing with the correct terms.

1. _____

2. _____

5. _____

3. _____

4. _____

6. _____

7. _____

4 **Preguntas** Answer the questions with complete sentences.

1. ¿Para qué se usa la impresora?

_____

2. ¿Para qué se usan los frenos (*brakes*) del coche?

_____

3. ¿Qué se usa para enviar documentos?

_____

4. ¿Qué se usa para manejar el carro?

_____

5. ¿Qué se usa para cambiar los canales del televisor?

_____

6. ¿Para qué se usan las llaves del carro?

_____

5 **Mi primer día en la carretera** Complete the paragraph with terms from the word bank.

accidente	estacionar	policía
aceite	lento	revisar
arrancar	licencia de conducir	subir
autopista	llanta	taller mecánico
calle	lleno	tráfico
descargar	parar	velocidad máxima

Después de dos exámenes, conseguí mi (1) _____ para poder manejar legalmente

por primera vez. Estaba muy emocionado cuando (2) _____ al carro de mi papá.

El tanque estaba (3) _____, el (4) _____ lo revisaron el día

anterior (*previous*) en el (5) _____. El carro y yo estábamos listos para

(6) _____. Primero salí por la (7) _____ en donde está mi

casa. Luego llegué a un área de la ciudad donde había mucha gente y también mucho

(8) _____. Se me olvidó (9) _____ en el semáforo (*light*), que

estaba amarillo, y estuve cerca de tener un (10) _____. Sin saberlo, entré en la

(11) _____ interestatal (*interstate*). La (12) _____ era de 70

millas (*miles*) por hora, pero yo estaba tan nervioso que iba mucho más (13) _____,

a 10 millas por hora. Vi un carro de la (14) _____ y tuve miedo. Por eso volví a

casa y (15) _____ el carro en la calle. ¡Qué aventura!

estructura

5.1 Familiar commands

1 **Cosas por hacer** Read the list of things to do. Then use familiar commands to finish the e-mail from Ana to her husband, Eduardo, about the things that he has to do before their vacation.

comprar un paquete de papel para la impresora	revisar el aceite del carro
ir al sitio web de la agencia de viajes y pedir la	comprobar que tenemos una llanta extra
información sobre nuestro hotel	limpiar el parabrisas
imprimir la información	llenar el tanque de gasolina
terminar de hacer las maletas	venir a buscarme a la oficina

Para Eduardo	De Ana	Asunto Cosas por hacer

Hola, mi amor, éstas son las cosas por hacer antes de salir para Mar del Plata.

_____

_____

_____

_____

_____

_____

2 **Díselo** You're feeling bossy today. Give your friends instructions based on the cues provided using familiar commands.

> **modelo**
> Ramón / comprarte un disco compacto en Mendoza
> Ramón, *cómprame un disco compacto en Mendoza.*

1. Mario / traerte la cámara digital que le regaló Gema

_____

2. Natalia / escribirle un mensaje de texto a su hermana

_____

3. Martín / llamarlos por teléfono celular

_____

4. Gloria / hacer la cama antes de salir

_____

5. Carmen / no revisar el aceite hasta la semana que viene

_____

6. Lilia / enseñarte a manejar

_____

3 **Planes para el invierno** Rewrite this paragraph from a travel website. Use informal commands instead of the infinitives you see.

Este invierno, (decir) adiós al frío y a la nieve. (Descubrir) una de las más grandes maravillas (*marvels*) naturales del mundo (*world*). (Ir) al Parque Nacional Iguazú en Argentina y (visitar) las hermosas cascadas. (Explorar) el parque y (mirar) las más de 400 especies de pájaros y animales que viven ahí. (Visitar) este santuario de la naturaleza en los meses de enero a marzo y (disfrutar) de una temperatura promedio de 77° F. Para unas vacaciones de aventura, (hacer) un safari por la selva (*jungle*) o (reservar) una excursión por el río Iguazú. De noche, (dormir) en uno de nuestros exclusivos hoteles en medio de la selva. (Respirar) el aire puro y (probar) la deliciosa comida de la región.

Invierno en Argentina

_____

_____

_____

_____

_____

_____

_____

_____

_____

4 **¿Qué hago?** Clara's brother Miguel is giving her a driving lesson, and Clara has a lot of questions. Write Miguel's answers to her questions in the form of positive or negative familiar commands.

> **modelo**
> ¿Tengo que comprar gasolina?
> Sí, compra gasolina./No, no compres gasolina.

1. ¿Puedo hablar por teléfono celular con mis amigos?

_____

2. ¿Puedo manejar en la autopista?

_____

3. ¿Debo estacionar por aquí?

_____

4. ¿Debo sacar mi licencia de conducir?

_____

5. ¿Puedo bajar por esta calle?

_____

6. ¿Tengo que seguir el tráfico?

_____

5.2 Por and para

1 **Para éste o por aquello** Complete the sentences with **por** or **para** as appropriate.

1. Pudieron terminar el trabajo _____ haber empezado (*having begun*) a tiempo.

2. Ese *fax* es _____ enviar y recibir documentos de la compañía.

3. Elsa vivió en esa ciudad _____ algunos meses hace diez años.

4. Mi mamá compró esta computadora portátil _____ mi papá.

5. Sales _____ Argentina mañana a las ocho y media.

6. Rosaura cambió el estéreo _____ el reproductor de MP3.

7. El señor López necesita el informe _____ el 2 de agosto.

8. Estuve estudiando toda la noche _____ el examen.

9. Los turistas fueron de excursión _____ las montañas.

10. Mis amigos siempre me escriben _____ correo electrónico.

2 **Por muchas razones** Complete the sentences with the expressions in the word bank. Note that you will use two of them twice.

> por aquí   por eso
> por ejemplo   por fin

1. Ramón y Sara no pudieron ir a la fiesta anoche; _____ no los viste.

2. Buscaron el vestido perfecto por mucho tiempo, y _____ lo encontraron en esa tienda.

3. Creo que va a ser difícil encontrar un teclado y un monitor _____.

4. Pídele ayuda a uno de tus amigos, _____, Miguel, Carlos o Francisco.

5. Miguel y David no saben si podemos pasar _____ en bicicleta.

6. La videocasetera no está conectada, y _____ no funciona.

3 **Por y para** Complete the sentences with **por** or **para**.

1. Fui a comprar frutas _____ (*instead of*) mi madre.

2. Fui a comprar frutas _____ (*to give to*) mi madre.

3. Rita le dio dinero _____ (*in order to buy*) la computadora portátil.

4. Rita le dio dinero _____ (*in exchange for*) la computadora portátil.

5. La familia los llevó _____ (*through*) los Andes.

6. La familia los llevó _____ (*to*) los Andes.

4 **Escribir oraciones** Write sentences in the preterite, using the elements provided and **por** or **para**.

> **modelo**
> (tú) / salir en el auto / ¿? / Córdoba
> *Saliste en el auto para Córdoba.*

1. Ricardo y Emilia / traer un pastel / ¿? / su prima

_____

2. los turistas / llegar a las ruinas / ¿? / barco

_____

3. (yo) / tener resfriado / ¿? / el frío

_____

4. mis amigas / ganar dinero / ¿? / viajar a Suramérica

_____

5. ustedes / buscar a Teresa / ¿? / toda la playa

_____

6. el avión / salir a las doce / ¿? / Buenos Aires

_____

5 **Para Silvia** Complete the paragraph with **por** and **para**.

Fui a la agencia de viajes porque quería ir (1) _____ Mendoza

(2) _____ visitar a mi novia, Silvia. Entré (3) _____ la

puerta y Marta, la agente de viajes, me dijo: "¡Tengo una oferta excelente (4) _____

ti!". Me explicó que podía viajar en avión (5) _____ Buenos Aires

(6) _____ seiscientos dólares. Podía salir un día de semana,

(7) _____ ejemplo lunes o martes. Me podía quedar en un hotel en Buenos Aires

(8) _____ quince dólares (9) _____ noche. Luego viajaría

(10) _____ tren a Mendoza (11) _____ encontrarme con

Silvia. "Debes comprar el pasaje (12) _____ el fin de mes", me recomendó

Marta. Fue la oferta perfecta (13) _____ mí. Llegué a Mendoza y Silvia vino a la

estación (14) _____ mí. Traje unas flores (15) _____ ella.

Estuve en Mendoza (16) _____ un mes y (17) _____ fin

Silvia y yo nos comprometimos. Estoy loco (18) _____ ella.

5.3 Reciprocal reflexives

1

Se conocen Complete the sentences with the reciprocal reflexives of the verbs in parentheses. Use the present tense.

1. Álex y don Francisco _____ (ver) todos los días.

2. Los amigos _____ (encontrar) en el centro de la ciudad.

3. El padre y la madre de Maite _____ (querer) mucho.

4. Javier y yo _____ (saludar) por las mañanas.

5. Los compañeros de clase _____ (ayudar) con las tareas.

6. Inés y su mamá _____ (llamar) por teléfono todos los días.

2

Nos vemos Complete the sentences with the reciprocal reflexives of the verbs in the word bank.

abrazar	besar	encontrar	mirar	saludar
ayudar	despedir	llamar	querer	ver

1. Cuando los estudiantes llegan a clase, todos _____.

2. Hace seis meses que Ricardo no ve a su padre. Cuando se ven, _____.

3. Los buenos amigos _____ cuando tienen problemas.

4. Es el final de la boda. El novio y la novia _____.

5. Mi novia y yo nos vamos a casar porque _____ mucho.

6. Antes de irse a sus casas, todos los amigos de Irene y Vicente _____.

7. Hablo todos los días con mi hermana. Nosotras _____ todos los días.

8. Cuando Sandra sale a comer con sus amigas, ellas _____ en el restaurante.

3

Así fue Write sentences from the elements provided. Use reciprocal reflexives and the preterite of the verbs.

1. ayer / Felipe y Lola / enviar / mensajes por correo electrónico

_____

2. Raúl y yo / encontrar / en el centro de computación

_____

3. mis abuelos / querer / mucho toda la vida

_____

4. los protagonistas de la película / abrazar y besar / al final

_____

5. esos hermanos / ayudar / a conseguir trabajo

_____

4 **Noticias (*News*) de Alma** Read the letter from Alma, then complete the sentences about the letter with reciprocal reflexive forms of the correct verbs.

Querida Claudia:

Conocí a Manolo el mes pasado en Buenos Aires. Desde el día en que lo conocí, lo veo todos los días. Cuando salgo de la universidad me encuentro con él en algún lugar de la ciudad. Nuestro primer beso fue en el parque. Anoche Manolo me dijo que me quiere a mí y yo le dije que lo quiero mucho a él. Siempre nos ayudamos mucho con las tareas de la universidad. Llamo mucho a mi hermana y ella me llama a mí para hablar de nuestras cosas. Mi hermana me entiende muy bien y viceversa.

Hasta luego,

Alma

1. Manolo y Alma _____ el mes pasado en Buenos Aires.

2. Ellos _____ todos los días desde que se conocieron.

3. Manolo y Alma _____ después de clase en algún lugar de la ciudad.

4. La primera vez que _____, Manolo y Alma estaban en el parque.

5. Anoche Manolo y Alma _____ que se quieren mucho.

6. Manolo y Alma siempre _____ mucho con las tareas de la universidad.

7. Alma y su hermana _____ mucho para hablar de sus cosas.

8. Alma y su hermana _____ muy bien.

5 **Completar** Complete each pair of sentences with the preterite of the verbs in parentheses. Use the reciprocal reflexive verb in only one sentence in each pair.

(conocer)

1. Ricardo y Juan _____ a Cristina el año pasado.

2. Los González _____ en un viaje por Europa.

(saludar)

3. Los chicos _____ cuando llegaron al restaurante.

4. La camarera _____ a los chicos cuando les trajo el menú.

(ayudar)

5. Las enfermeras _____ al paciente a levantarse.

6. Los niños _____ para terminar la tarea más temprano.

(ver)

7. Los mecánicos _____ los coches descompuestos.

8. El profesor y los estudiantes _____ por primera vez en clase.

5.4 Stressed possesive adjectives and pronouns

1 **Esas cosas tuyas** Fill in the blanks with the possessive adjectives as indicated.

1. Ana nos quiere mostrar unas fotos _____ (*of hers*).

2. A Lorena le encanta la ropa _____ (*of ours*).

3. Los turistas traen las toallas _____ (*of theirs*).

4. El mecánico te muestra unos autos _____ (*of his*).

5. El sitio web _____ (*of his*) es espectacular.

6. ¿Quieres probar el programa de computación _____ (*of ours*)?

7. Roberto prefiere usar la computadora _____ (*of mine*).

8. Ese ratón _____ (*of yours*) es el más moderno que existe.

2 **¿De quién es?** Complete the sentences with possessive adjectives.

1. Ésa es mi computadora. Es la computadora _____.

2. Vamos a ver su sitio web. Vamos a ver el sitio web _____.

3. Aquéllos son mis archivos. Son los archivos _____.

4. Quiero usar el programa de él. Quiero usar el programa _____.

5. Buscamos nuestra impresora. Buscamos la impresora _____.

6. Ésos son los discos compactos de ella. Son los discos compactos _____.

7. Tienen que arreglar tu teclado. Tienen que arreglar el teclado _____.

8. Voy a usar el teléfono celular de ustedes. Voy a usar el teléfono celular _____.

3 **Los suyos** Answer the questions. Follow the model.

> **modelo**
> ¿Vas a llevar tu cámara de video?
> Sí, voy a llevar la mía.

1. ¿Prefieres usar tu calculadora? _____

2. ¿Quieres usar nuestra cámara digital? _____

3. ¿Guardaste mis archivos? _____

4. ¿Llenaste el tanque de su carro? _____

5. ¿Manejó Sonia nuestro carro? _____

6. ¿Vas a comprar mi televisor? _____

7. ¿Tienes el teclado de ellos? _____

8. ¿Quemaste tus discos compactos? _____

4 **¿De quién son?** Replace the question with one using **de** to clarify the possession. Then answer the question affirmatively, using a possessive pronoun.

> modelo
>
> ¿Es suyo el teléfono celular? (de ella)
> ¿Es de ella el teléfono celular? Sí, es suyo.

1. ¿Son suyas las gafas? (de usted)

_____

2. ¿Es suyo el estéreo? (de Joaquín)

_____

3. ¿Es suya la impresora? (de ellos)

_____

4. ¿Son suyos esos reproductores de DVD? (de Susana)

_____

5. ¿Es suyo el coche? (de tu mamá)

_____

6. ¿Son suyas estas calculadoras? (de ustedes)

_____

Síntesis

Tell the story of a romantic couple you know. Use reciprocal reflexive forms of verbs to tell what happened between them and when. Use stressed possessive adjectives and pronouns as needed to talk about their families and their difficulties. Use familiar commands to give examples of advice you give to each member of the couple on important issues.

_____

_____

_____

_____

_____

_____

_____

_____

_____

_____

_____

_____

panorama

Argentina

1 **Argentina** Fill in the blanks with the correct terms.

1. La ciudad de Buenos Aires se conoce como el _____.

2. Se dice que Argentina es el país más _____ de toda Latinoamérica.

3. Después de 1880, muchos _____ se establecieron en Argentina.

4. Los sonidos y ritmos del tango tienen raíces _____,

_____ y _____.

5. A los habitantes de Buenos Aires se les llama _____.

6. El nombre de la Avenida 9 de Julio conmemora la _____ de Argentina.

2 **Palabras desordenadas** Unscramble the words about Argentina, using the clues.

1. URGAÍNA _____
(idioma que se habla en Argentina además del español)

2. ESEDREMC _____
(nombre de una cantante argentina)

3. GAIOATNAP _____
(región fría que está en la parte sur (*south*) de Argentina)

4. REGTARLNIA _____
(uno de los países de origen de muchos inmigrantes a Argentina)

5. OTÑSOERP _____
(personas de Buenos Aires)

6. TOORVPOAVCI _____
(una característica del tango en un principio)

3 **Datos argentinos** Fill in the blanks with the aspects of Argentina described.

1. saxofonista argentino _____

2. las tres mayores ciudades de Argentina _____

3. países de origen de muchos inmigrantes argentinos _____

4. escritor argentino célebre _____

5. países que comparten las cataratas de Iguazú _____

6. primera dama argentina; nació en 1919 _____

4 **Fotos de Argentina** Label the photographs from Argentina.

1. _____ 2. _____

5 **¿Cierto o falso?** Indicate whether the statements are **cierto** or **falso**. Correct the false statements.

1. Argentina es el país más grande del mundo.

_____

2. La Avenida 9 de Julio en Buenos Aires es la calle más ancha del mundo.

_____

3. Los idiomas que se hablan en Argentina son el español y el inglés.

_____

4. Los inmigrantes argentinos venían principalmente de Europa.

_____

5. El tango es un baile con raíces indígenas y africanas.

_____

6. Las cataratas de Iguazú están cerca de la confluencia de los ríos Iguazú y Paraná.

_____

6 **Preguntas argentinas** Answer the questions with complete sentences.

1. ¿Por qué se conoce a Buenos Aires como el "París de Suramérica"?

_____

2. ¿Quién fue la primera dama de Argentina hasta 1952?

_____

3. ¿Qué dejaron las diferentes culturas de los inmigrantes a Argentina?

_____

4. ¿Cómo cambió el tango desde su origen hasta la década de 1940?

_____

Tecnohombre, ¡mi héroe!

Lección 5
Fotonovela

Antes de ver el video

1 **¿Qué pasa?** Look at the video still. Where do you think Inés and don Francisco are? What do you think they are doing, and why?

_____

_____

_____

_____

_____

_____

_____

Mientras ves el video

2 **¿Qué oíste?** Watch the **Tecnohombre, ¡mi héroe!** segment of this video module and place a check mark beside the items you hear.

_____ 1. Lo siento. No está.

_____ 2. ¿Quién habla?

_____ 3. Con el señor Fonseca, por favor.

_____ 4. ¡A sus órdenes!

_____ 5. ¡Uy! ¡Qué dolor!

_____ 6. ¡No me digas!

_____ 7. Estamos en Ibarra.

_____ 8. Viene enseguida.

_____ 9. No puede venir hoy.

_____ 10. No veo el problema.

3 **Madrid** Watch Maite's flashback about getting around in Madrid and place a check mark beside the things you see.

_____ 1. calles

_____ 2. bicicletas

_____ 3. carros

_____ 4. una motocicleta

_____ 5. monumentos

_____ 6. taxis

_____ 7. un _walkman_

_____ 8. un taller

_____ 9. una ambulancia

_____ 10. una gasolinera

4 **Resumen** Watch the **Resumen** segment of this video module. Then write the name of the person who said each line.

_____ 1. Cuando estaba en la escuela secundaria, trabajé en el taller de mi tío.

_____ 2. Y Álex (…) usó su teléfono celular para llamar a un mecánico.

_____ 3. Al salir de Quito los otros viajeros y yo no nos conocíamos muy bien.

_____ 4. Piensa que puede arreglar el autobús aquí mismo.

_____ 5. Es bueno tener superamigos, ¿no?

Después de ver el video

5   **Corregir**   All of these statements about the video episode are false. Rewrite them so that they will be true.

1. Don Francisco llamó al señor Fonseca, el mecánico.

_____

2. Maite aprendió a arreglar autobuses en el taller de su tío.

_____

3. Don Francisco descubre que el problema está en el alternador.

_____

4. El mecánico saca una foto de Tecnohombre y la Mujer Mecánica con Maite y don Francisco.

_____

5. El asistente del señor Fonseca está mirando la televisión.

_____

6. El autobús está a unos treinta y cinco kilómetros de la ciudad.

_____

6   **Una carta**   Imagine that Maite is writing a short letter to a friend about today's events. In Spanish, write what you think Maite would say in her letter.

_____

_____

_____

_____

_____

_____

7   **Preguntas personales**   Answer these questions in Spanish.

1. Cuando tu carro está descompuesto, ¿lo llevas a un(a) mecánico/a o lo arreglas tú mismo/a? ¿Por qué? _____

_____

2. ¿Conoces a un(a) buen(a) mecánico/a? ¿Cómo se llama? _____

_____

3. ¿Tienes un teléfono celular? ¿Para qué lo usas? _____

_____

_____

Panorama: Argentina

Lección 5
Panorama cultural

Antes de ver el video

1 **Más vocabulario** Look over these useful words and expressions before you watch the video.

Vocabulario útil		
actualmente *nowadays*	gaucho *cowboy*	pintura *paint*
barrio *neighborhood*	género *genre*	salón de baile *ballroom*
cantante *singer*	homenaje *tribute*	suelo *floor*
exponer *to exhibit*	pareja *partner*	surgir *to emerge*
extrañar *to miss*	paso *step*	tocar *to play*

2 **Completar** The previous vocabulary will be used in this video. In preparation for watching the video, complete the sentences using words from the vocabulary list. Conjugate the verbs as necessary. Some words will not be used.

1. Los artistas _____ sus pinturas en las calles.

2. Beyoncé es una _____ famosa.

3. El tango tiene _____ muy complicados.

4. El jazz es un _____ musical que se originó en los Estados Unidos.

5. El tango _____ en Buenos Aires, Argentina.

6. La gente va a los _____ a divertirse.

7. Las personas _____ mucho a su país cuando tienen que vivir en el extranjero.

Mientras ves el video

3 **Marcar** Check off the cognates you hear while watching the video.

_____ 1. adultos

_____ 2. aniversario

_____ 3. arquitectura

_____ 4. artistas

_____ 5. demostración

_____ 6. conferencia

_____ 7. dramático

_____ 8. exclusivamente

_____ 9. famosos

_____ 10. gráfica

_____ 11. impacto

_____ 12. musical

Video Manual

Después de ver el video

4 **¿Cierto o falso?** Indicate whether each statement is **cierto** or **falso**. Correct the false statements.

1. Guillermo Alio dibuja en el suelo una gráfica para enseñar a cantar.

_____

2. El tango es música, danza, poesía y pintura.

_____

3. Alio es un artista que baila y canta al mismo tiempo.

_____

4. Alio y su pareja se ponen pintura verde en los zapatos.

_____

5. Ahora los tangos son historias de hombres que sufren por amor.

_____

6. El tango tiene un tono dramático y nostálgico.

_____

5 **Completar** Complete the sentences with words from the word bank.

| actualmente | compositor | fiesta | género | homenaje | pintor | surgió | toca |

1. El tango es un _____ musical que se originó en Argentina en 1880.

2. El tango _____ en el barrio La Boca.

3. _____ este barrio se considera un museo al aire libre.

4. En la calle Caminito se _____ y se baila el tango.

5. Carlos Gardel fue el _____ de varios de los tangos más famosos.

6. En el aniversario de su muerte, sus aficionados le hacen un _____.

6 **Responder** Answer the questions in Spanish. Use complete sentences.

1. ¿Por qué crees que el tango es tan famoso en todo el mundo?

_____

2. ¿Te gustaría (*Would you like*) aprender a bailar tango? ¿Por qué?

_____

3. ¿Qué tipo de música te gusta? Explica tu respuesta.

_____

Lab Manual

contextos

1 **Asociaciones** Circle the word or words that are not logically associated with each word you hear.

1. la impresora	la velocidad	el *fax*
2. guardar	imprimir	funcionar
3. la carretera	el motor	el sitio web
4. el tanque	el ratón	el aceite
5. conducir	el cibercafé	el reproductor de MP3
6. el archivo	la televisión	la llanta

2 **¿Lógico o ilógico?** You will hear some statements. Decide if they are **lógico** or **ilógico**.

	Lógico	Ilógico			Lógico	Ilógico
1.	○	○		4.	○	○
2.	○	○		5.	○	○
3.	○	○		6.	○	○

3 **Identificar** For each drawing in your lab manual, you will hear two statements. Choose the statement that best corresponds to the drawing.

1. a.   b.   2. a.   b.

3. a.   b.   4. a.   b.

pronunciación

c (before e or i), s, and z

In Latin America, **c** before **e** or **i** sounds much like the *s* in *sit*.

| medi**c**ina | **c**elular | cono**c**er | pa**c**iente |

In parts of Spain, **c** before **e** or **i** is pronounced like the *th* in *think*.

| condu**c**ir | poli**c**ía | **c**ederrón | velo**c**idad |

The letter **s** is pronounced like the *s* in *sit*.

| **s**ubir | be**s**ar | **s**onar | impre**s**ora |

In Latin America, the Spanish **z** is pronounced like the **s**.

| cabe**z**a | nari**z** | abra**z**ar | embara**z**ada |

The **z** is pronounced like the *th* in *think* in parts of Spain.

| **z**apatos | **z**ona | pla**z**a | bra**z**o |

---

1 **Práctica** Repeat each word after the speaker to practice pronouncing **s**, **z**, and **c** before **i** and **e**.

1. funcionar	4. sitio	7. zanahoria	10. perezoso
2. policía	5. disco	8. marzo	11. quizás
3. receta	6. zapatos	9. comenzar	12. operación

---

2 **Oraciones** When you hear each number, read the corresponding sentence aloud. Then listen to the speaker and repeat the sentence.

1. Vivió en Buenos Aires en su niñez pero siempre quería pasar su vejez en Santiago.
2. Cecilia y Zulaima fueron al centro a cenar al restaurante Las Delicias.
3. Sonó el despertador a las seis y diez pero estaba cansado y no quiso oírlo.
4. Zacarías jugaba al baloncesto todas las tardes después de cenar.

---

3 **Refranes** Repeat each saying after the speaker to practice pronouncing **s**, **z**, and **c** before **i** and **e**.

1. Zapatero, a tus zapatos.[1]
2. Primero es la obligación que la devoción.[2]

---

4 **Dictado** You will hear a friend describing Azucena's weekend experiences. Listen carefully and write what you hear during the pauses. The entire passage will be repeated so that you can check your work.

_____

_____

_____

_____

_____

_____

Mind your P's and Q's. (lit. Shoemaker, to your shoes.)[1]
Business before pleasure.[2]

estructura

5.1 Familiar commands

1 Identificar You will hear some sentences. If the verb is a **tú** command, circle **Sí** in your lab manual. If the verb is not a **tú** command, circle **No**.

> **modelo**
>
> *You hear:* Ayúdanos a encontrar el control remoto.
> *You circle:* **Sí** *because* **Ayúdanos** *is a* **tú** *command.*

1. Sí   No
2. Sí   No
3. Sí   No
4. Sí   No
5. Sí   No

6. Sí   No
7. Sí   No
8. Sí   No
9. Sí   No
10. Sí   No

2 Cambiar Change each command you hear to the negative. Repeat the correct answer after the speaker. (*8 items*)

> **modelo**
>
> Cómprame un reproductor de DVD.
> *No me compres un reproductor de DVD.*

3 Preguntas Answer each question you hear using an affirmative **tú** command. Repeat the correct response after the speaker. (*7 items*)

> **modelo**
>
> ¿Estaciono aquí?
> *Sí, estaciona aquí.*

4 Consejos prácticos You will hear a conversation among three friends. Using **tú** commands and the ideas presented, write six pieces of advice that Mario can follow to save some money.

1. _____

2. _____

3. _____

4. _____

5. _____

6. _____

Lab Manual

5.2 Por and para

1 **Escoger** You will hear some sentences with a beep in place of a preposition. Decide if **por** or **para** should complete each sentence.

> **modelo**
>
> *You hear:* El teclado es (*beep*) la computadora de Nuria.
> *You mark:* an **X** under **para**.

	por	para
Modelo	_____	X _____
1.	_____	_____
2.	_____	_____
3.	_____	_____
4.	_____	_____
5.	_____	_____
6.	_____	_____
7.	_____	_____
8.	_____	_____

2 **La aventura** Complete each phrase about Jaime with **por** or **para** and the cue in your lab manual. Repeat each correct response after the speaker.

> **modelo**
>
> *You hear:* Jaime estudió
> *You see:* médico
> *You say:* **Jaime estudió para médico.**

1. unos meses
2. hacer sus planes
3. mil dólares
4. ver a sus padres
5. la ciudad
6. su mamá
7. pesos
8. las montañas

3 **Los planes** Listen to the telephone conversation between Antonio and Sonia and then select the best response for the questions in your lab manual.

1. ¿Por dónde quiere ir Sonia para ir a Bariloche?
   a. Quiere ir por Santiago de Chile.
   b. Quiere ir por avión.
2. ¿Para qué va Sonia a Bariloche?
   a. Va para esquiar.
   b. Va para comprar esquíes.
3. ¿Por qué tiene que ir de compras Sonia?
   a. Para comprar una bolsa.
   b. Necesita un abrigo por el frío.
4. ¿Por qué quiere ir Antonio con ella hoy?
   a. Quiere ir para estar con ella.
   b. Quiere ir para comprar un regalo.

5.3 Reciprocal reflexives

1 **Escoger** Listen to each question and, in your lab manual, choose the most logical response.

1. a. Hace cuatro años que nos conocimos.
   b. Se vieron todos los fines de semana.
2. a. Nos besamos antes de salir a trabajar.
   b. No, creo que se besaron en la segunda.
3. a. Nos llevamos mal sólo el último año.
   b. Se llevaron mal siempre.
4. a. Sí, se saludan con un abrazo y también con un beso.
   b. Nos saludamos desde lejos.
5. a. Casi nunca me miraban.
   b. Creo que se miraban con mucho amor.
6. a. Sólo nos ayudamos para el examen.
   b. Se ayudan a menudo.
7. a. Creo que se hablan todas las noches.
   b. Le hablan mucho porque tienen celulares.
8. a. Cuando se casaron se querían mucho.
   b. Cada día nos queremos más.

2 **Responder** Answer each question in the affirmative. Repeat the correct answer after the speaker. (6 *items*)

> **modelo**
>
> ¿Se abrazaron tú y Carolina en la primera cita?
> Sí, *nos abrazamos en la primera cita.*

3 **Los amigos** Listen to a description of a friendship and then, in your lab manual, choose the phrase that best completes each sentence.

1. Desde los once años, los chicos _____ con frecuencia.
   a. se veían   b. se ayudaban   c. se besaban
2. Samuel y Andrea _____ por la amistad (*friendship*) de sus madres.
   a. se escribían   b. se entendían   c. se conocieron
3. Las madres de Andrea y Samuel...
   a. se ayudaban.   b. se conocían bien.   c. se odiaban.
4. Andrea y Samuel no _____ por un tiempo por un problema.
   a. se conocieron   b. se hablaron   c. se ayudaron
5. Después de un tiempo,...
   a. se besaron.   b. se pidieron perdón.   c. se odiaron.
6. La separación sirvió para enseñarles que...
   a. se querían.   b. se hablaban mucho.   c. se conocían bien.
7. No es cierto. Andrea y Samuel no...
   a. se casaron.   b. se entendían bien.   c. se querían.
8. Los dos amigos _____ por un tiempo.
   a. se besaban   b. se comprometieron   c. se llevaron mal

5.4 Stressed possessive adjectives and pronouns

1 **Identificar** Listen to each statement and mark an **X** in the column identifying the possessive pronoun you hear.

> **modelo**
>
> *You hear:* Ya arreglaron todos los coches pero el tuyo no.
> *You write:* an **X** under *yours.*

	mine	*yours*	*his/hers*	*ours*	*theirs*
Modelo	_____	**X**	_____	_____	_____
1.	_____	_____	_____	_____	_____
2.	_____	_____	_____	_____	_____
3.	_____	_____	_____	_____	_____
4.	_____	_____	_____	_____	_____
5.	_____	_____	_____	_____	_____
6.	_____	_____	_____	_____	_____
7.	_____	_____	_____	_____	_____
8.	_____	_____	_____	_____	_____

2 **Transformar** Restate each sentence you hear, using the cues in your lab manual. Repeat the correct answer after the speaker.

> **modelo**
>
> *You hear:* ¿De qué año es el carro suyo?
> *You see:* mine
> *You say:* ¿De qué año es el carro mío?

1. *his*   3. *yours (fam.)*   5. *mine*
2. *ours*   4. *theirs*   6. *hers*

3 **¿Cierto o falso?** You will hear two brief conversations. Listen carefully and then indicate whether the statements in your lab manual are **cierto** or **falso**.

Conversación 1	Cierto	Falso
1. Pablo dice que el carro es de Ana.	○	○
2. Ana necesita la computadora para su trabajo.	○	○
3. Los discos compactos de Ana son mejores que los de Pablo.	○	○

Conversación 2		
4. La computadora de Adela tiene un módem muy rápido.	○	○
5. La calculadora de la prima de Adela es muy buena.	○	○
6. La calculadora es más de Adela que de ellos dos.	○	○

vocabulario

You will now hear the vocabulary found in your worktext on the last page of this lesson. Listen and repeat each Spanish word or phrase after the speaker.

Additional Vocabulary

Additional Vocabulary

Notes

Notes

Notes

La vivienda

6

Communicative Goals

You will learn how to:

- Welcome people to your home
- Describe your house or apartment
- Talk about household chores
- Give instructions

Más práctica
Workbook pages 323–334
Video Manual pages 335–338
Lab Manual pages 339–344

La vivienda

Más vocabulario

las afueras	suburbs; outskirts
el alquiler	rent (payment)
el ama (*m., f.*) de casa	housekeeper; caretaker
el barrio	neighborhood
el edificio de apartamentos	apartment building
el/la vecino/a	neighbor
la vivienda	housing
el balcón	balcony
la entrada	entrance
la escalera	stairs; stairway
el garaje	garage
el jardín	garden; yard
el patio	patio; yard
el sótano	basement; cellar
la cafetera	coffee maker
el electrodoméstico	electrical appliance
el horno (de microondas)	(microwave) oven
la lavadora	washing machine
la luz	light; electricity
la secadora	clothes dryer
la tostadora	toaster
el cartel	poster
la mesita de noche	night stand
los muebles	furniture
alquilar	to rent
mudarse	to move (from one house to another)

Variación léxica

dormitorio ⟷ aposento (*Rep. Dom.*); recámara (*Méx.*)

apartamento ⟷ departamento (*Arg., Chile*); piso (*Esp.*)

lavar los platos ⟷ lavar/fregar los trastes (*Amér. C., Rep. Dom.*)

recursos

WB pp. 323–324

LM p. 339

SUPERSITE adelante. vhlcentral.com

el altillo

el dormitorio

la cómoda

el armario

el cuadro/ la pintura

Hace la cama. (hacer)

la almohada

la manta

Los quehaceres domésticos

arreglar	to neaten; to straighten up
barrer el suelo	to sweep the floor
cocinar	to cook
ensuciar	to get (something) dirty
hacer quehaceres domésticos	to do household chores
lavar (el suelo, los platos)	to wash (the floor, the dishes)
limpiar la casa	to clean the house
planchar la ropa	to iron the clothes
quitar la mesa	to clear the table
quitar el polvo	to dust

la sala

las cortinas

la lámpara

la mesita

el sofá

Pasa la aspiradora. (pasar)

la alfombra

la oficina

el sillón

la pared

el estante

Sacude los muebles.
(sacudir)

la cocina

el refrigerador

el congelador

la cocina, la estufa

el horno

el lavaplatos

Saca la basura.
(sacar)

Práctica SUPERSITE

1 **Escuchar** 🎧 Escucha la conversación y completa las oraciones.

1. Pedro va a limpiar primero _____.
2. Paula va a comenzar en _____.
3. Pedro va a _____ en el sótano.
4. Pedro también va a limpiar _____.
5. Ellos están limpiando la casa porque
   _____.

2 **Respuestas** 🎧 Escucha las preguntas y selecciona la respuesta más adecuada. Una respuesta no se va a usar.

____ a. Sí, la alfombra estaba muy sucia.
____ b. No, porque todavía se están mudando.
____ c. Sí, sacudí la mesa y el estante.
____ d. Sí, puse el pollo en el horno.
____ e. Hice la cama, pero no limpié los muebles.
____ f. Sí, después de sacarla de la secadora.

3 **Escoger** Escoge la letra de la respuesta correcta.

1. Cuando quieres tener una lámpara y un despertador cerca de tu cama, puedes ponerlos en _____.
   a. el barrio   b. el cuadro   c. la mesita de noche
2. Si no quieres vivir en el centro de la ciudad, puedes mudarte _____.
   a. al alquiler   b. a las afueras   c. a la vivienda
3. Guardamos (*We keep*) los pantalones, las camisas y los zapatos en _____.
   a. la secadora   b. el armario   c. el patio
4. Para subir de la planta baja al primer piso, usamos _____.
   a. la entrada   b. el cartel   c. la escalera
5. Ponemos cuadros y pinturas en _____.
   a. las paredes   b. los quehaceres   c. los jardines

4 **Definiciones** En parejas, identifiquen cada cosa que se describe. Luego inventen sus propias descripciones de algunas palabras y expresiones de **Contextos**.

modelo
Estudiante 1: *Es donde pones los libros.*
Estudiante 2: *el estante*

1. Es donde pones la cabeza cuando duermes.
2. Es el quehacer doméstico que haces después de comer.
3. Algunos de ellos son las cómodas y los sillones.
4. Son las personas que viven en tu barrio.

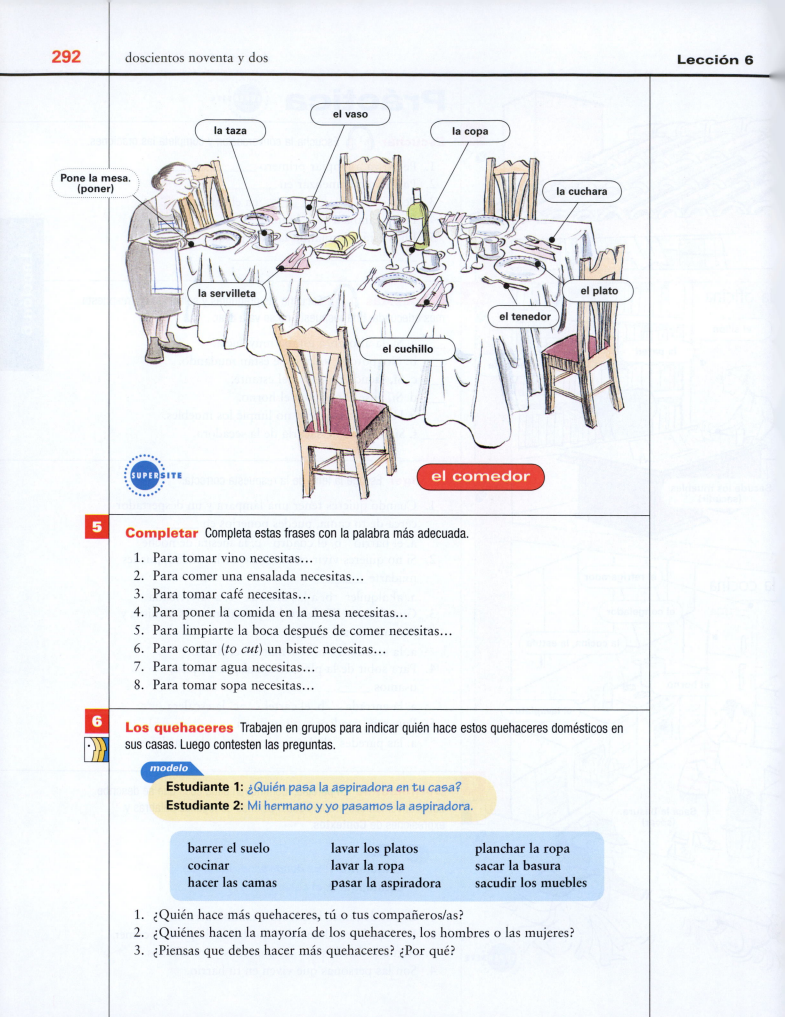

la taza

el vaso

la copa

Pone la mesa. (poner)

la cuchara

la servilleta

el plato

el tenedor

el cuchillo

el comedor

5   **Completar**   Completa estas frases con la palabra más adecuada.

1. Para tomar vino necesitas…
2. Para comer una ensalada necesitas…
3. Para tomar café necesitas…
4. Para poner la comida en la mesa necesitas…
5. Para limpiarte la boca después de comer necesitas…
6. Para cortar (*to cut*) un bistec necesitas…
7. Para tomar agua necesitas…
8. Para tomar sopa necesitas…

6   **Los quehaceres**   Trabajen en grupos para indicar quién hace estos quehaceres domésticos en sus casas. Luego contesten las preguntas.

modelo

Estudiante 1: ¿Quién pasa la aspiradora en tu casa?
Estudiante 2: Mi hermano y yo pasamos la aspiradora.

barrer el suelo	lavar los platos	planchar la ropa
cocinar	lavar la ropa	sacar la basura
hacer las camas	pasar la aspiradora	sacudir los muebles

1. ¿Quién hace más quehaceres, tú o tus compañeros/as?
2. ¿Quiénes hacen la mayoría de los quehaceres, los hombres o las mujeres?
3. ¿Piensas que debes hacer más quehaceres? ¿Por qué?

Comunicación

7 **La vida doméstica** En parejas, describan las habitaciones que ven en estas fotos. Identifiquen y describan cinco muebles o adornos (*accessories*) de cada foto y digan dos quehaceres que se pueden hacer en cada habitación.

8 **Mi apartamento** Dibuja el plano (*floor plan*) de un apartamento amueblado (*furnished*) imaginario y escribe los nombres de las habitaciones y de los muebles. En parejas, pónganse espalda contra espalda (*sit back to back*). Uno/a de ustedes describe su apartamento mientras su compañero/a lo dibuja según la descripción. Cuando terminen, miren el segundo dibujo. ¿Es similar al dibujo original? Hablen de los cambios que se necesitan hacer para mejorar el dibujo. Repitan la actividad intercambiando los papeles.

CONSULTA

To review bathroom-related vocabulary, see **Lección 1, Contextos**, p. 22.

9 **¡Corre, corre!** Tu profesor(a) va a darte una serie incompleta de dibujos que forman una historia. Tú y tu compañero/a tienen dos series diferentes. Descríbanse los dibujos para completar la historia.

modelo

Estudiante 1: Marta quita la mesa.
Estudiante 2: Francisco...

Lección 6

¡Les va a encantar la casa!

Don Francisco y los estudiantes llegan a Ibarra.

PERSONAJES

INÉS

DON FRANCISCO

ÁLEX

JAVIER

SRA. VIVES

1

SRA. VIVES ¡Hola, bienvenidos!

DON FRANCISCO Señora Vives, le presento a los chicos. Chicos, ésta es la señora Vives, el ama de casa.

2

SRA. VIVES Encantada. Síganme que quiero mostrarles la casa. ¡Les va a encantar!

3

SRA. VIVES Esta alcoba es para los chicos. Tienen dos camas, una mesita de noche, una cómoda… En el armario hay más mantas y almohadas por si las necesitan.

6

SRA. VIVES Ésta es la sala. El sofá y los sillones son muy cómodos. Pero, por favor, ¡no los ensucien!

7

SRA. VIVES Allí están la cocina y el comedor. Al fondo del pasillo hay un baño.

8

DON FRANCISCO Chicos, a ver… ¡atención! La señora Vives les va a preparar las comidas. Pero quiero que ustedes la ayuden con los quehaceres domésticos. Quiero que arreglen sus alcobas, que hagan las camas, que pongan la mesa… ¿entendido?

JAVIER No se preocupe… la vamos a ayudar en todo lo posible.

ÁLEX Sí, cuente con nosotros.

recursos

VM pp. 335–336

adelante. vhlcentral.com

SRA. VIVES Javier, no ponga las maletas en la cama. Póngalas en el piso, por favor.

SRA. VIVES Tomen ustedes esta alcoba, chicas.

INÉS Insistimos en que nos deje ayudarla a preparar la comida.

SRA. VIVES No, chicos, no es para tanto, pero gracias por la oferta. Descansen un rato que seguramente están cansados.

ÁLEX Gracias. A mí me gustaría pasear por la ciudad.

INÉS Perdone, don Francisco, ¿a qué hora viene el guía mañana?

DON FRANCISCO ¿Martín? Viene temprano, a las siete de la mañana. Les aconsejo que se acuesten temprano esta noche. ¡Nada de televisión ni de conversaciones largas!

ESTUDIANTES ¡Ay, don Francisco!

Expresiones útiles

Welcoming people
- **¡Bienvenido(s)/a(s)!**
  Welcome!

Showing people around the house
- **Síganme... que quiero mostrarles la casa.**
  Follow me... I want to show you the house.
- **Esta alcoba es para los chicos.**
  This bedroom is for the guys.
- **Ésta es la sala.**
  This is the living room.
- **Allí están la cocina y el comedor.**
  The kitchen and dining room are over there.
- **Al fondo del pasillo hay un baño.**
  At the end of the hall there is a bathroom.

Telling people what to do
- **Quiero que la ayude(n) con los quehaceres domésticos.**
  I want you to help her with the household chores.
- **Quiero que arregle(n) su(s) alcoba(s).**
  I want you to straighten your room(s).
- **Quiero que haga(n) las camas.**
  I want you to make the beds.
- **Quiero que ponga(n) la mesa.**
  I want you to set the table.
- **Cuente con nosotros.**
  (You can) count on us.
- **Insistimos en que nos deje ayudarla a preparar la comida.**
  We insist that you let us help you make the food.
- **Le (Les) aconsejo que se acueste(n) temprano.**
  I recommend that you go to bed early.

Other expressions
- **No es para tanto.**
  It's not a big deal.
- **Gracias por la oferta.**
  Thanks for the offer.

¿Qué pasó? SUPERSITE

1 **¿Cierto o falso?** Indica si lo que dicen estas oraciones es **cierto** o **falso**. Corrige las oraciones falsas.

	Cierto	Falso
1. Las alcobas de los estudiantes tienen dos camas, dos mesitas de noche y una cómoda.	○	○
2. La señora Vives no quiere que Javier ponga las maletas en la cama.	○	○
3. El sofá y los sillones están en la sala.	○	○
4. Los estudiantes tienen que sacudir los muebles y sacar la basura.	○	○
5. Los estudiantes van a preparar las comidas.	○	○

2 **Identificar** Identifica quién puede decir estas oraciones.

1. Nos gustaría preparar la comida esta noche. ¿Le parece bien a usted?
2. Miren, si quieren otra almohada o manta, hay más en el armario.
3. Tranquilo, tranquilo, que nosotros vamos a ayudarla muchísimo.
4. Tengo ganas de caminar un poco por la ciudad.
5. No quiero que nadie mire la televisión esta noche. ¡Tenemos que levantarnos temprano mañana!

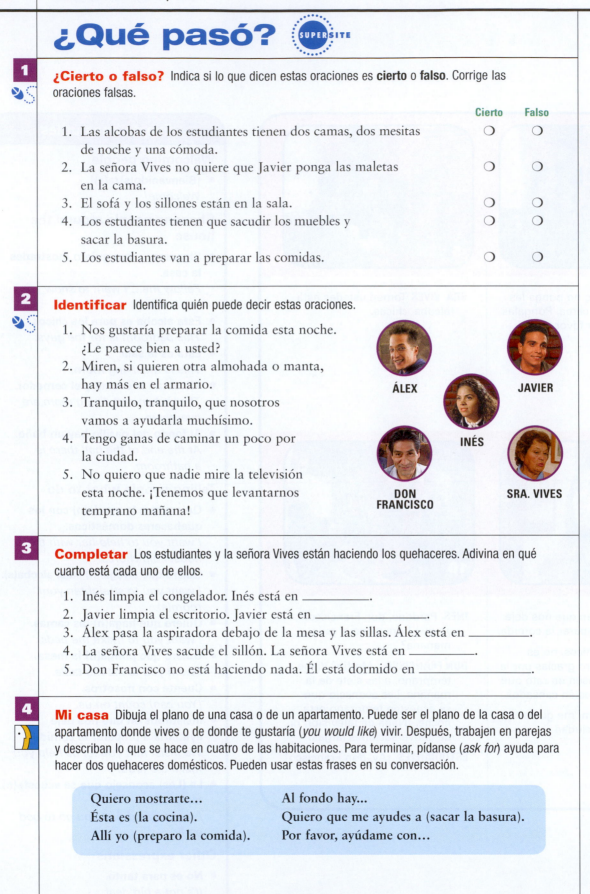

ÁLEX   JAVIER

INÉS

DON FRANCISCO   SRA. VIVES

3 **Completar** Los estudiantes y la señora Vives están haciendo los quehaceres. Adivina en qué cuarto está cada uno de ellos.

1. Inés limpia el congelador. Inés está en _____.
2. Javier limpia el escritorio. Javier está en _____.
3. Álex pasa la aspiradora debajo de la mesa y las sillas. Álex está en _____.
4. La señora Vives sacude el sillón. La señora Vives está en _____.
5. Don Francisco no está haciendo nada. Él está dormido en _____.

4 **Mi casa** Dibuja el plano de una casa o de un apartamento. Puede ser el plano de la casa o del apartamento donde vives o de donde te gustaría (*you would like*) vivir. Después, trabajen en parejas y describan lo que se hace en cuatro de las habitaciones. Para terminar, pídanse (*ask for*) ayuda para hacer dos quehaceres domésticos. Pueden usar estas frases en su conversación.

Quiero mostrarte…	Al fondo hay…
Ésta es (la cocina).	Quiero que me ayudes a (sacar la basura).
Allí yo (preparo la comida).	Por favor, ayúdame con…

Ortografía

SUPERSITE

Mayúsculas y minúsculas

Here are some of the rules that govern the use of capital letters (**mayúsculas**) and lowercase letters (**minúsculas**) in Spanish.

Los estudiantes llegaron al aeropuerto a las dos.
Luego fueron al hotel.

In both Spanish and English, the first letter of every sentence is capitalized.

Rubén Blades **Panamá** **Colón** **los Andes**

The first letter of all proper nouns (names of people, countries, cities, geographical features, etc.) is capitalized.

Cien años de soledad *Don Quijote de la Mancha*
El País *Muy Interesante*

The first letter of the first word in titles of books, films, and works of art is generally capitalized, as well as the first letter of any proper names. In newspaper and magazine titles, as well as other short titles, the initial letter of each word is often capitalized.

la señora Ramos **don Francisco**
el presidente **Sra. Vives**

Titles associated with people are *not* capitalized unless they appear as the first word in a sentence. Note, however, that the first letter of an abbreviated title is capitalized.

Último **Álex** **MENÚ** **PERDÓN**

Accent marks should be retained on capital letters. In practice, however, this rule is often ignored.

lunes **viernes** **marzo** **primavera**

The first letter of days, months, and seasons is <u>not</u> capitalized.

español **estadounidense** **japonés** **panameños**

The first letter of nationalities and languages is <u>not</u> capitalized.

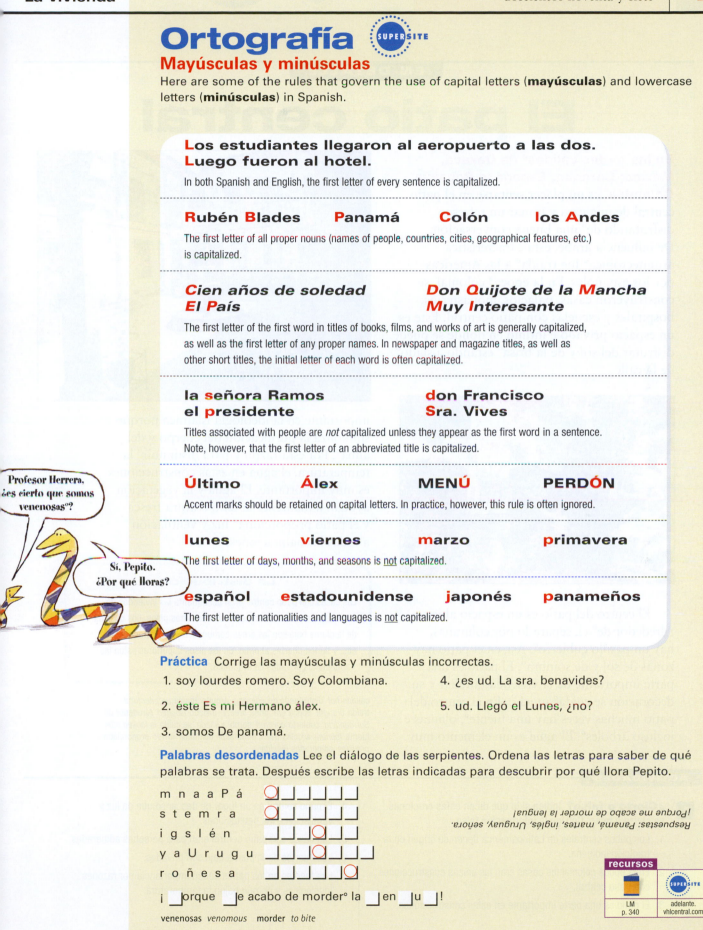

Profesor Herrera, ¿es cierto que somos venenosas°?

Sí, Pepito. ¿Por qué lloras?

Práctica Corrige las mayúsculas y minúsculas incorrectas.

1. soy lourdes romero. Soy Colombiana.
2. éste Es mi Hermano álex.
3. somos De panamá.
4. ¿es ud. La sra. benavides?
5. ud. Llegó el Lunes, ¿no?

Palabras desordenadas Lee el diálogo de las serpientes. Ordena las letras para saber de qué palabras se trata. Después escribe las letras indicadas para descubrir por qué llora Pepito.

m n a a P á
s t e m r a
i g s l é n
y a U r u g u
r o ñ e s a

¡ ___orque ___e acabo de morder° la ___en ___u ___!

¡Porque me acabo de morder la lengua!
Respuestas: Panamá, martes, inglés, Uruguay, señora.

venenosas *venomous* morder *to bite*

recursos

LM p. 340

adelante. vhlcentral.com

Lección 6

El patio central

En las tardes cálidas° de Oaxaca, México; Córdoba, España, o Popayán, Colombia, es un placer sentarse en **el patio central** de una casa y tomar un refresco disfrutando de° una buena conversación. De influencia árabe, esta característica arquitectónica° fue traída° a las Américas por los españoles. En la época° colonial, se construyeron casas, palacios, monasterios, hospitales y escuelas con patio central. Éste es un espacio privado e íntimo en donde se puede disfrutar del sol y de la brisa° estando aislado° de la calle.

El centro del patio es un espacio abierto. Alrededor de° él, separado por columnas, hay un pasillo cubierto°. Así, en el patio hay zonas de sol y de sombra°. El patio es una parte importante de la vivienda familiar y su decoración se cuida° mucho. En el centro del patio muchas veces hay una fuente°, plantas e incluso árboles°. El agua es un elemento muy importante en la ideología islámica porque simboliza la purificación del cuerpo y del alma°. Por esta razón y para disminuir° la temperatura, el agua en estas construcciones es muy importante. El agua y la vegetación ayudan a mantener la temperatura fresca y el patio proporciona° luz y ventilación a todas las habitaciones.

La distribución

Las casas con patio central eran usualmente las viviendas de familias adineradas°. Son casas de dos o tres pisos. Los cuartos de la planta baja son las áreas comunes: cocina, comedor, sala, etc., y tienen puertas al patio. En los pisos superiores están las habitaciones privadas de la familia.

cálidas *hot* disfrutando de *enjoying* arquitectónica *architectural* traída *brought* época *era* brisa *breeze* aislado *isolated* Alrededor de *Surrounding* cubierto *covered* sombra *shade* se cuida *is looked after* fuente *fountain* árboles *trees* alma *soul* disminuir *lower* proporciona *provides* adineradas *wealthy*

1   **¿Cierto o falso?** Indica si lo que dicen estas oraciones es **cierto** o **falso**. Corrige la información falsa.

1. Los patios centrales de Latinoamérica tienen su origen en la tradición indígena.

2. En la época colonial las casas eran las únicas construcciones con patio central.

3. El patio es una parte importante en estas construcciones.

4. El patio central es un lugar de descanso que da luz y ventilación a las habitaciones.

5. Las casas con patio central eran para personas adineradas.

6. Los cuartos de la planta baja son privados.

7. Las fuentes en los patios tienen importancia por razones ideológicas y porque bajan la temperatura.

ASÍ SE DICE

La vivienda

el ático, el desván	el altillo
la cobija (Méx.), la frazada (Arg., Cuba, Ven.)	la manta
el escaparate (Cuba, Ven.), el ropero (Méx.)	el armario
el fregadero	*kitchen sink*
el frigidaire (Perú); el frigorífico (Esp.), la nevera	el refrigerador
el lavavajillas (Arg., Esp., Méx.)	el lavaplatos

EL MUNDO HISPANO

Los muebles

○ **Mecedora°** La mecedora es un mueble típico de Latinoamérica, especialmente de la zona del Caribe. A las personas les gusta relajarse mientras se mecen° en el patio.

○ **Mesa camilla** Era un mueble popular en España hasta hace algunos años. Es una mesa con un bastidor° en la parte inferior° para poner un brasero°. En invierno, las personas se sentaban alrededor de la mesa camilla para conversar, jugar a las cartas o tomar café.

○ **Hamaca** Se cree que los taínos hicieron las primeras hamacas con fibras vegetales. Su uso es muy popular en toda Latinoamérica para dormir y descansar.

Mecedora *Rocking chair* se mecen *they rock themselves*
bastidor *frame* inferior *bottom* brasero *container for hot coals*

PERFIL

Las islas flotantes del lago Titicaca

Bolivia y Perú comparten **el lago Titicaca**, donde viven **los uros**, uno de los pueblos indígenas más antiguos de América. Hace muchos años, los uros fueron a vivir al lago escapando de **los incas**. Hoy en día, siguen viviendo allí en cuarenta **islas flotantes** que ellos mismos hacen con unos juncos° llamados **totora**. Primero tejen° grandes plataformas. Luego, con el mismo material, construyen sus

casas sobre las plataformas. La totora es resistente, pero con el tiempo el agua la pudre°. Los habitantes de las islas

PERÚ

Lago Titicaca

BOLIVIA

necesitan renovar continuamente las plataformas y las casas. Sus muebles y sus barcos también están hechos° de juncos. Los uros viven de la pesca y del turismo; en las islas hay unas tiendas donde venden artesanías° hechas con totora.

juncos *reeds* tejen *they weave* la pudre *rots it* hechos *made* artesanías *handcrafts*

SUPERSITE **Conexión Internet**

¿Cómo son las casas modernas en los países hispanos?

Go to **adelante.vhlcentral.com** to find more cultural information related to this **Cultura** section.

ACTIVIDADES

2 Comprensión Responde a las preguntas.

1. Tu amigo mexicano te dice: "La **cobija** azul está en el **ropero**". ¿Qué quiere decir?

2. ¿Quiénes hicieron las primeras hamacas? ¿Qué material usaron?

3. ¿Qué grupo indígena vive en el lago Titicaca?

4. ¿Qué pueden comprar los turistas en las islas flotantes del lago Titicaca?

3 Viviendas tradicionales Escribe cuatro oraciones sobre una vivienda tradicional que conoces. Explica en qué lugar se encuentra, de qué materiales está hecha y cómo es.

recursos

SUPERSITE

adelante.vhlcentral.com

6.1 Relative pronouns

ANTE TODO In both English and Spanish, relative pronouns are used to combine two sentences or clauses that share a common element, such as a noun or pronoun. Study this diagram.

> Mis padres me regalaron **la aspiradora**.
> *My parents gave me the vacuum cleaner.*

> **La aspiradora** funciona muy bien.
> *The vacuum cleaner works really well.*

> La aspiradora **que** me regalaron mis padres funciona muy bien.
> *The vacuum cleaner that my parents gave me works really well.*

> **Lourdes** es muy inteligente.
> *Lourdes is very intelligent.*

> **Lourdes** estudia español.
> *Lourdes is studying Spanish.*

> Lourdes, **quien** estudia español, es muy inteligente.
> *Lourdes, who studies Spanish, is very intelligent.*

> Pueden usar las almohadas que están en el armario.

> Chicos, ésta es la señora Vives, quien les va a mostrar la casa.

▶ Spanish has three frequently-used relative pronouns. **¡Atención!** Interrogative words (**qué**, **quién**, etc.) always carry an accent. Relative pronouns, however, never carry a written accent.

que	*that; which; who*
quien(es)	*who; whom; that*
lo que	*that which; what*

▶ **Que** is the most frequently used relative pronoun. It can refer to things or to people. Unlike its English counterpart, *that*, **que** is never omitted.

> ¿Dónde está la cafetera **que** compré?
> *Where is the coffee maker (that) I bought?*

> El hombre **que** limpia es Pedro.
> *The man who is cleaning is Pedro.*

▶ The relative pronoun **quien** refers only to people, and is often used after a preposition or the personal **a**. **Quien** has only two forms: **quien** (singular) and **quienes** (plural).

> ¿Son las chicas **de quienes** me hablaste la semana pasada?
> *Are they the girls (that) you told me about last week?*

> Eva, **a quien** conocí anoche, es mi nueva vecina.
> *Eva, whom I met last night, is my new neighbor.*

¡LENGUA VIVA!

In English, it is generally recommended that *who(m)* be used to refer to people, and that *that* and *which* be used to refer to things. In Spanish, however, it is perfectly acceptable to use **que** when referring to people.

▶ **Quien(es)** is occasionally used instead of **que** in clauses set off by commas.

Lola, **quien** es cubana, es médica.
Lola, who is Cuban, is a doctor.

Su tía, **que** es alemana, ya llegó.
His aunt, who is German, already arrived.

▶ Unlike **que** and **quien(es), lo que** doesn't refer to a specific noun. It refers to an idea, a situation, or a past event and means *what, that which,* or *the thing that.*

Este mercado tiene todo lo que Inés necesita.

A la señora Vives no le gustó lo que hizo Javier.

Lo que me molesta es el calor.
What bothers me is the heat.

Lo que quiero es una casa.
What I want is a house.

¡INTÉNTALO! Completa estas oraciones con pronombres relativos.

1. Voy a utilizar los platos ___que___ me regaló mi abuela.
2. Ana comparte un apartamento con la chica a _____ conocimos en la fiesta de Jorge.
3. Esta oficina tiene todo _____ necesitamos.
4. Puedes estudiar en el dormitorio _____ está a la derecha de la cocina.
5. Los señores _____ viven en esa casa acaban de llegar de Centroamérica.
6. Los niños a _____ viste en nuestro jardín son mis sobrinos.
7. La piscina _____ ves desde la ventana es la piscina de mis vecinos.
8. Fue Úrsula _____ ayudó a mamá a limpiar el refrigerador.
9. Ya te dije que fue mi padre _____ alquiló el apartamento.
10. _____ te dijo Pablo no es cierto.
11. Tengo que sacudir los muebles _____ están en el altillo una vez al mes.
12. No entiendo por qué no lavaste los vasos _____ te dije.
13. La mujer a _____ saludaste vive en las afueras.
14. ¿Sabes _____ necesita este dormitorio? ¡Unas cortinas!
15. No quiero volver a hacer _____ hice ayer.
16. No me gusta vivir con personas a _____ no conozco.

recursos

WB
pp. 325–326

LM
p. 341

SUPERSITE
adelante.
vhlcentral.com

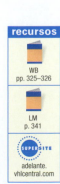

Práctica SUPERSITE

1 Combinar
Combina elementos de la columna A y la columna B para formar oraciones lógicas.

A
1. Ése es el hombre _____.
2. Rubén Blades, _____.
3. No traje _____.
4. ¿Te gusta la manta _____?
5. ¿Cómo se llama el programa _____?
6. La mujer _____.

B
a. con quien bailaba es mi vecina
b. que te compró Cecilia
c. quien es de Panamá, es un cantante muy bueno
d. que arregló mi lavadora
e. lo que necesito para la clase de matemáticas
f. que comiste en el restaurante
g. que escuchaste en la radio anoche

NOTA CULTURAL

Rubén Blades es un cantante y actor panameño muy famoso. Ha grabado más de veinte álbumes y ha actuado en más de treinta películas. En sus canciones expresa su amor por la literatura y la política.

2 Completar
Completa la historia sobre la casa que Jaime y Tina quieren comprar, usando los pronombres relativos **que, quien, quienes** o **lo que**.

1. Jaime y Tina son los chicos a _____ conocí la semana pasada.
2. Quieren comprar una casa _____ está en las afueras de la ciudad.
3. Es una casa _____ era de una artista famosa.
4. La artista, a _____ yo conocía, murió el año pasado y no tenía hijos.
5. Ahora se vende la casa con todos los muebles _____ ella tenía.
6. La sala tiene una alfombra _____ ella trajo de Kuwait.
7. La casa tiene muchos estantes, _____ a Tina le encanta.

3 Oraciones
Javier y Ana acaban de casarse y han comprado (*they have bought*) una casa y muchas otras cosas. Combina sus declaraciones para formar una sola oración con los pronombres relativos **que, quien(es)** y **lo que**.

> **modelo**
> Vamos a usar los vasos nuevos mañana. Los pusimos en el comedor.
> *Mañana vamos a usar los vasos nuevos que pusimos en el comedor.*

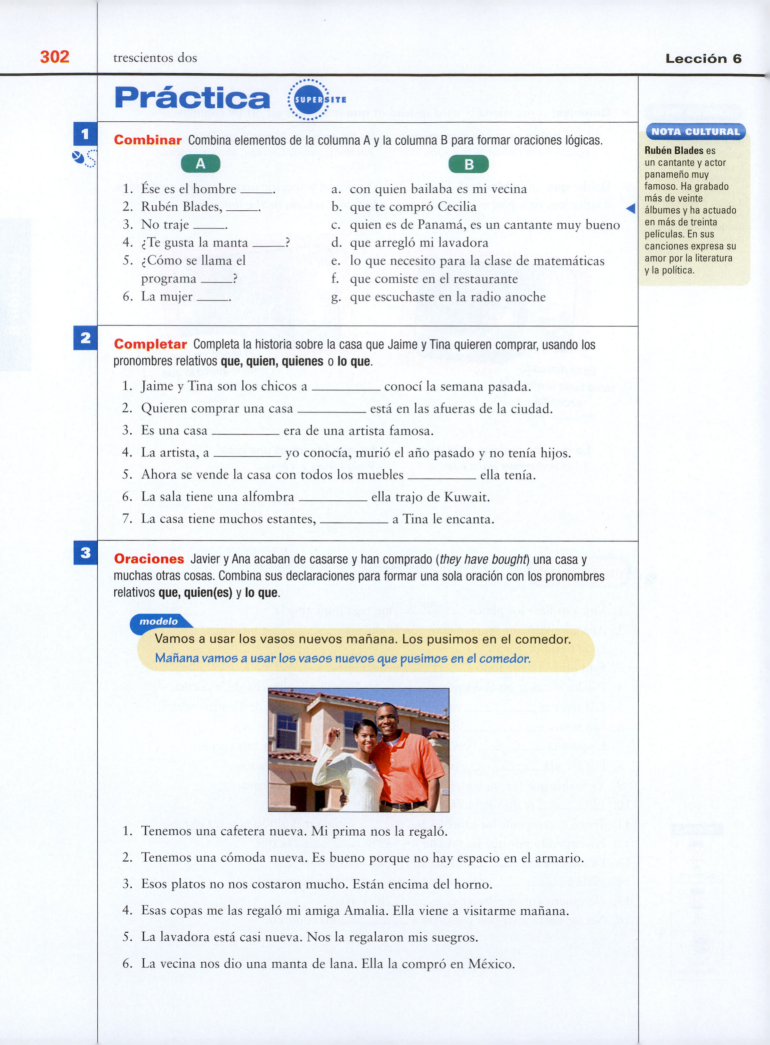

1. Tenemos una cafetera nueva. Mi prima nos la regaló.
2. Tenemos una cómoda nueva. Es bueno porque no hay espacio en el armario.
3. Esos platos no nos costaron mucho. Están encima del horno.
4. Esas copas me las regaló mi amiga Amalia. Ella viene a visitarme mañana.
5. La lavadora está casi nueva. Nos la regalaron mis suegros.
6. La vecina nos dio una manta de lana. Ella la compró en México.

Comunicación

4 **Entrevista** En parejas, túrnense para hacerse estas preguntas.

1. ¿Qué es lo que más te gusta de vivir en las afueras o en la ciudad?
2. ¿Cómo son las personas que viven en tu barrio?
3. ¿Cuál es el quehacer doméstico que menos te gusta? ¿Y el que más te gusta?
4. ¿Quién es la persona que hace los quehaceres domésticos en tu casa?
5. ¿Quiénes son las personas con quienes más sales los fines de semana? ¿Quién es la persona a quien más llamas por teléfono?
6. ¿Cuál es el deporte que más te gusta? ¿Cuál es el que menos te gusta?
7. ¿Cuál es el barrio de tu ciudad que más te gusta y por qué?
8. ¿Quién es la persona a quien más llamas cuando tienes problemas?
9. ¿Quién es la persona a quien más admiras? ¿Por qué?
10. ¿Qué es lo que más te gusta de tu casa?
11. ¿Qué es lo que más te molesta de tus amigos?
12. ¿Qué es lo que menos te gusta de tu barrio?

5 **Adivinanza** En grupos, túrnense para describir distintas partes de una vivienda usando pronombres relativos. Los demás compañeros tienen que hacer preguntas hasta que adivinen la palabra.

> **modelo**
>
> **Estudiante 1:** Es lo que tenemos en el dormitorio.
> **Estudiante 2:** ¿Es el mueble que usamos para dormir?
> **Estudiante 1:** No. Es lo que usamos para guardar la ropa.
> **Estudiante 3:** Lo sé. Es la cómoda.

Síntesis

6 **Definir** En parejas, definan las palabras. Usen los pronombres relativos **que, quien(es)** y **lo que.** Luego compartan sus definiciones con la clase.

> **modelo**
>
> lavadora   Es lo que se usa para lavar la ropa.
> pastel   Es un postre que comes en tu cumpleaños.

alquiler	flan	patio	tenedor
amigos	guantes	postre	termómetro
aspiradora	jabón	sillón	vaso
enfermera	manta	sótano	vecino

AYUDA

Remember that **de,** followed by the name of a material, means *made of.*

Es de algodón.
It's made of cotton.

• • •

Es un tipo de means *It's a kind/sort of…*
Es un tipo de flor.
It's a kind of flower.

6.2 Formal commands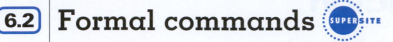

ANTE TODO As you learned in **Lección 5**, the command forms are used to give orders or advice. Formal commands are used with people you address as **usted** or **ustedes.** Observe these examples, then study the chart.

AYUDA

By learning formal commands, it will be easier for you to learn the subjunctive forms that are presented in **Estructura 6.3**, p. 308.

Hable con ellos, don Francisco.
Talk with them, Don Francisco.

Coma frutas y verduras.
Eat fruits and vegetables.

Laven los platos ahora mismo.
Wash the dishes right now.

Beban menos té y café.
Drink less tea and coffee.

Formal commands (Ud. and Uds.)

Infinitive	Present tense yo form	Ud. command	Uds. command
limpiar	limpi**o**	limpi**e**	limpi**en**
barrer	barr**o**	barr**a**	barr**an**
sacudir	sacud**o**	sacud**a**	sacud**an**
decir (e:i)	dig**o**	dig**a**	dig**an**
pensar (e:ie)	piens**o**	piens**e**	piens**en**
volver (o:ue)	vuelv**o**	vuelv**a**	vuelv**an**
servir (e:i)	sirv**o**	sirv**a**	sirv**an**

▶ The **usted** and **ustedes** commands, like the negative **tú** commands, are formed by dropping the final **-o** of the **yo** form of the present tense. For **-ar** verbs, add **-e** or **-en**. For **-er** and **-ir** verbs, add **-a** or **-an**.

No se preocupe… La vamos a ayudar en todo lo posible.

Sí, cuente con nosotros.

▶ Verbs with irregular **yo** forms maintain the same irregularity in their formal commands. These verbs include **conducir, conocer, decir, hacer, ofrecer, oír, poner, salir, tener, traducir, traer, venir,** and **ver.**

Oiga, don Francisco…
Listen, Don Francisco…

¡Salga inmediatamente!
Leave immediately!

Ponga la mesa, por favor.
Set the table, please.

Hagan la cama antes de salir.
Make the bed before leaving.

▶ Note also that verbs maintain their stem changes in **usted** and **ustedes** commands.

e:ie	o:ue	e:i
No **pierda** la llave.	**Vuelva** temprano, joven.	**Sirva** la sopa, por favor.
Cierren la puerta.	**Duerman** bien, chicos.	**Repitan** las frases.

AYUDA

These spelling changes are necessary to ensure that the words are pronounced correctly. See **Lección 2, Pronunciación,** p. 85, and **Lección 3, Pronunciación,** p. 139.

• • •

It may help you to study the following five series of syllables. Note that, within each series, the consonant sound doesn't change.

ca que qui co cu

za ce ci zo zu

ga gue gui go gu

ja ge gi jo ju

▶ Verbs ending in **-car, -gar,** and **-zar** have a spelling change in the command forms.

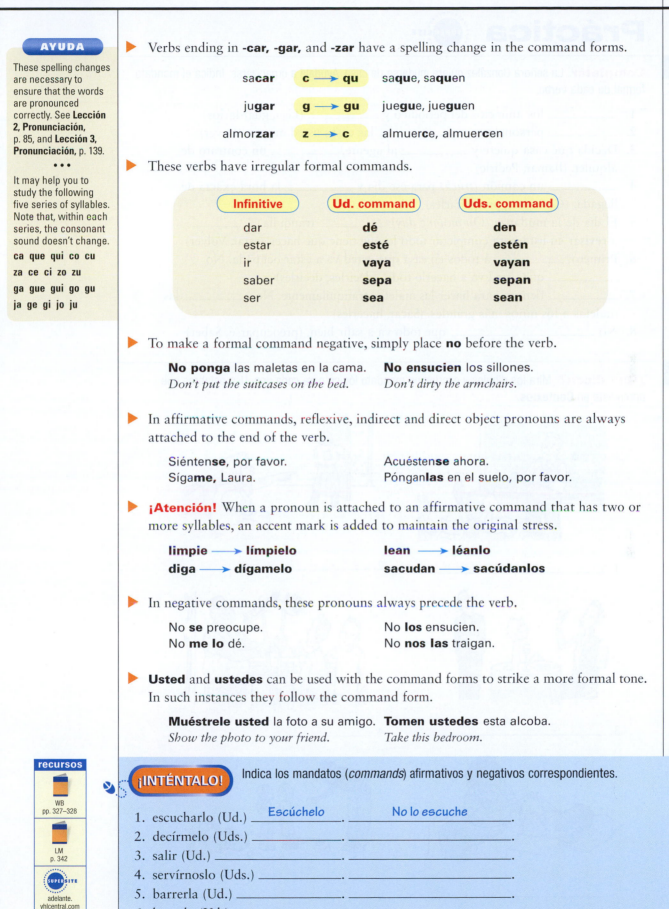

sa**car**	**c** → **qu**	sa**que**, sa**quen**
ju**gar**	**g** → **gu**	jue**gue**, jue**guen**
almor**zar**	**z** → **c**	almuer**ce**, almuer**cen**

▶ These verbs have irregular formal commands.

Infinitive	Ud. command	Uds. command
dar	**dé**	**den**
estar	**esté**	**estén**
ir	**vaya**	**vayan**
saber	**sepa**	**sepan**
ser	**sea**	**sean**

▶ To make a formal command negative, simply place **no** before the verb.

No ponga las maletas en la cama.   **No ensucien** los sillones.
Don't put the suitcases on the bed.   *Don't dirty the armchairs.*

▶ In affirmative commands, reflexive, indirect and direct object pronouns are always attached to the end of the verb.

Siénten**se**, por favor.   Acuésten**se** ahora.
Síga**me,** Laura.   Póngan**las** en el suelo, por favor.

▶ **¡Atención!** When a pronoun is attached to an affirmative command that has two or more syllables, an accent mark is added to maintain the original stress.

limpie ⟶ límpielo   lean ⟶ léanlo
diga ⟶ dígamelo   sacudan ⟶ sacúdanlos

▶ In negative commands, these pronouns always precede the verb.

No **se** preocupe.   No **los** ensucien.
No **me lo** dé.   No **nos las** traigan.

▶ **Usted** and **ustedes** can be used with the command forms to strike a more formal tone. In such instances they follow the command form.

Muéstrele usted la foto a su amigo.   **Tomen ustedes** esta alcoba.
Show the photo to your friend.   *Take this bedroom.*

recursos

WB
pp. 327–328

LM
p. 342

SUPERSITE
adelante.
vhlcentral.com

¡INTÉNTALO!   Indica los mandatos (*commands*) afirmativos y negativos correspondientes.

1. escucharlo (Ud.) __Escúchelo__.   __No lo escuche__.
2. decírmelo (Uds.) _____.   _____.
3. salir (Ud.) _____.   _____.
4. servírnoslo (Uds.) _____.   _____.
5. barrerla (Ud.) _____.   _____.
6. hacerlo (Ud.) _____.   _____.

Lección 6

Práctica ⓢSUPERSITE

1

Completar La señora González quiere mudarse de casa. Ayúdala a organizarse. Indica el mandato formal de cada verbo.

1. _____ los anuncios del periódico y _____. (Leer, guardarlos)
2. _____ personalmente y _____ las casas usted misma. (Ir, ver)
3. Decida qué casa quiere y _____ al agente. _____ un contrato de alquiler. (llamar, Pedirle)
4. _____ un camión *(truck)* para ese día y _____ la hora exacta de llegada. (Contratar, preguntarles)
5. El día de la mudanza *(On moving day)* _____ tranquila. _____ a revisar su lista para completar todo lo que tiene que hacer. (estar, Volver)
6. Primero, _____ a todos en casa que usted va a estar ocupada. No _____ que usted va a hacerlo todo. (decirles, decirles)
7. _____ tiempo para hacer las maletas tranquilamente. No _____ las maletas a los niños más grandes. (Sacar, hacerles)
8. No _____. _____ que todo va a salir bien. (preocuparse, Saber)

2

¿Qué dicen? Mira los dibujos y escribe un mandato lógico para cada uno. Usa palabras que aprendiste en **Contextos**.

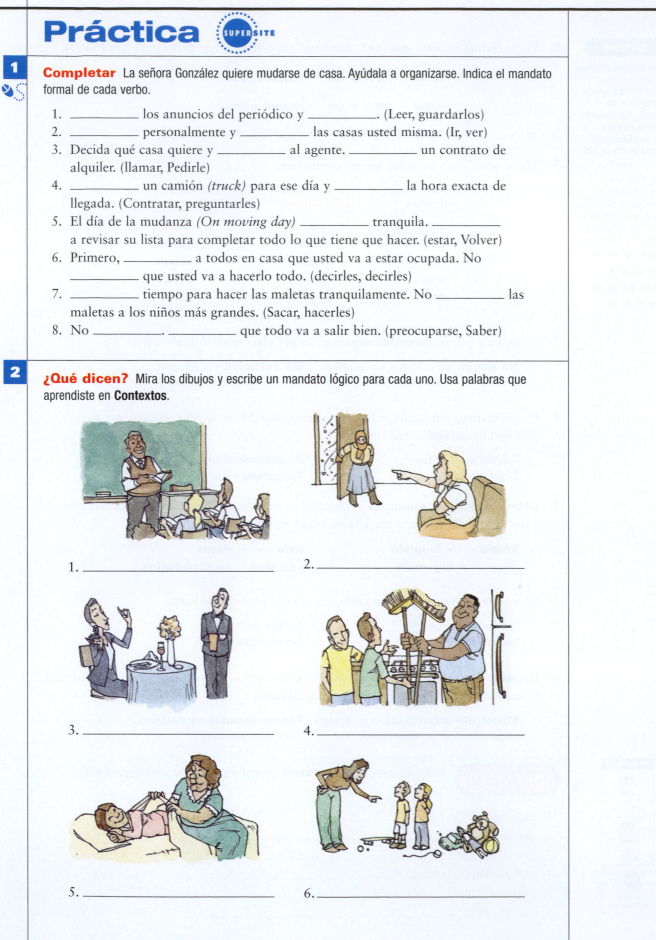

1. _____
2. _____
3. _____
4. _____
5. _____
6. _____

Comunicación

3 **Solucionar** Trabajen en parejas para presentar estos problemas. Un(a) estudiante presenta los problemas de la columna A y el/la otro/a los de la columna B. Usen mandatos formales y túrnense para ofrecer soluciones.

> **modelo**
>
> **Estudiante 1:** Vilma se torció un tobillo jugando al tenis. Es la tercera vez.
> **Estudiante 2:** No juegue más al tenis. / Vaya a ver a un especialista.

A	B
1. Se me perdió el libro de español con todas mis notas.	1. Mis hijas no se levantan temprano. Siempre llegan tarde a la escuela.
2. A Vicente se le cayó la botella de vino para la cena.	2. A mi abuela le robaron (*stole*) las maletas. Era su primer día de vacaciones.
3. ¿Cómo? ¿Se le olvidó traer el traje de baño a la playa?	3. Nuestra casa es demasiado pequeña para nuestra familia.
4. Se nos quedaron los boletos en la casa. El avión sale en una hora.	4. Me preocupo constantemente por Roberto. Trabaja demasiado.

4 **Conversaciones** En parejas, escojan dos situaciones y preparen conversaciones para presentar a la clase. Usen mandatos formales.

> **modelo**
>
> **Lupita:** Señor Ramírez, siento mucho llegar tan tarde. Mi niño se enfermó. ¿Qué debo hacer?
> **Sr. Ramírez:** No se preocupe. Siéntese y descanse un poco.

SITUACIÓN 1 Profesor Rosado, no vine la semana pasada porque el equipo jugaba en Boquete. ¿Qué debo hacer para ponerme al día *(catch up)*?

SITUACIÓN 2 Los invitados de la boda llegan a las cuatro de la tarde, las mesas están sin poner y el champán sin servir. Los camareros apenas están llegando. ¿Qué deben hacer los camareros?

SITUACIÓN 3 Mi novio es un poco aburrido. No le gustan ni el cine, ni los deportes, ni salir a comer. Tampoco habla mucho. ¿Qué puedo hacer?

▶ **SITUACIÓN 4** Tengo que preparar una presentación para mañana sobre el Canal de Panamá. ¿Por dónde comienzo?

NOTA CULTURAL

El 31 de diciembre de 1999, los Estados Unidos cedió el control del **Canal de Panamá** al gobierno de Panamá, terminando así con casi 100 años de administración estadounidense.

Síntesis

5 **Presentar** En grupos, preparen un anuncio de televisión para presentar a la clase. El anuncio debe tratar de un detergente, un electrodoméstico o una agencia inmobiliaria (*real estate agency*). Usen mandatos, los pronombres relativos (**que, quien(es)** o **lo que**) y el **se** impersonal.

> **modelo**
>
> Compre el lavaplatos Siglo XXI. Tiene todo lo que usted desea. Es el lavaplatos que mejor funciona. Venga a verlo ahora mismo... No pierda ni un minuto más. Se aceptan tarjetas de crédito.

6.3 The present subjunctive SUPERSITE

ANTE TODO With the exception of commands, all the verb forms you have been using have been in the indicative mood. The indicative is used to state facts and to express actions or states that the speaker considers to be real and definite. In contrast, the subjunctive mood expresses the speaker's attitudes toward events, as well as actions or states the speaker views as uncertain or hypothetical.

> *Quiero que ustedes ayuden con los quehaceres domésticos.*

> *Insistimos en que nos deje ayudarla a preparar la comida.*

Present subjunctive of regular verbs

		hablar	comer	escribir
SINGULAR FORMS	yo	hable	coma	escriba
	tú	hables	comas	escribas
	Ud./él/ella	hable	coma	escriba
PLURAL FORMS	nosotros/as	hablemos	comamos	escribamos
	vosotros/as	habléis	comáis	escribáis
	Uds./ellos/ellas	hablen	coman	escriban

¡LENGUA VIVA!

You may think that English has no subjunctive, but it does! While once common, it now survives mostly in set expressions such as *if I were you* and *be that as it may*.

▶ The present subjunctive is formed very much like **usted** and **ustedes** and *negative* **tú** commands. From the **yo** form of the present indicative, drop the **-o** ending, and replace it with the subjunctive endings.

INFINITIVE	PRESENT INDICATIVE	VERB STEM	PRESENT SUBJUNCTIVE
hablar	hablo	habl-	hable
comer	como	com-	coma
escribir	escribo	escrib-	escriba

▶ The present subjunctive endings are:

-ar verbs

-e	-emos
-es	-éis
-e	-en

-er and -ir verbs

-a	-amos
-as	-áis
-a	-an

AYUDA

Note that, in the present subjunctive, **-ar** verbs use endings normally associated with present tense **-er** and **-ir** verbs. Likewise, **-er** and **-ir** verbs in the present subjunctive use endings normally associated with **-ar** verbs in the present tense. Note also that, in the present subjunctive, the **yo** form is the same as the **Ud./él/ella** form.

▶ Verbs with irregular **yo** forms show the same irregularity in all forms of the present subjunctive.

Infinitive	Present indicative	Verb stem	Present subjunctive
conducir	conduzco	**conduzc-**	**conduzca**
conocer	conozco	**conozc-**	**conozca**
decir	digo	**dig-**	**diga**
hacer	hago	**hag-**	**haga**
ofrecer	ofrezco	**ofrezc-**	**ofrezca**
oír	oigo	**oig-**	**oiga**
parecer	parezco	**parezc-**	**parezca**
poner	pongo	**pong-**	**ponga**
tener	tengo	**teng-**	**tenga**
traducir	traduzco	**traduzc-**	**traduzca**
traer	traigo	**traig-**	**traiga**
venir	vengo	**veng-**	**venga**
ver	veo	**ve-**	**vea**

▶ To maintain the **-c, -g,** and **-z** sounds, verbs ending in **-car, -gar,** and **-zar** have a spelling change in all forms of the present subjunctive.

sacar:	sa**qu**e, sa**qu**es, sa**qu**e, sa**qu**emos, sa**qu**éis, sa**qu**en
jugar:	jue**gu**e, jue**gu**es, jue**gu**e, ju**gu**emos, ju**gu**éis, jue**gu**en
almorzar:	almuer**c**e, almuer**c**es, almuer**c**e, almor**c**emos, almor**c**éis, almuer**c**en

Present subjunctive of stem-changing verbs

AYUDA

Note that stem-changing verbs and verbs that have a spelling change have the same ending as regular verbs in the present subjunctive.

▶ **-Ar** and **-er** stem-changing verbs have the same stem changes in the subjunctive as they do in the present indicative.

pensar (e:ie):	p**ie**nse, p**ie**nses, p**ie**nse, pensemos, penséis, p**ie**nsen
mostrar (o:ue):	m**ue**stre, m**ue**stres, m**ue**stre, mostremos, mostréis, m**ue**stren
entender (e:ie):	ent**ie**nda, ent**ie**ndas, ent**ie**nda, entendamos, entendáis, ent**ie**ndan
volver (o:ue):	v**ue**lva, v**ue**lvas, v**ue**lva, volvamos, volváis, v**ue**lvan

▶ **-Ir** stem-changing verbs have the same stem changes in the subjunctive as they do in the present indicative, but in addition, the **nosotros/as** and **vosotros/as** forms undergo a stem change. The unstressed **e** changes to **i,** while the unstressed **o** changes to **u.**

pedir (e:i):	p**i**da, p**i**das, p**i**da, p**i**damos, p**i**dáis, p**i**dan
sentir (e:ie):	s**ie**nta, s**ie**ntas, s**ie**nta, s**i**ntamos, s**i**ntáis, s**ie**ntan
dormir (o:ue):	d**ue**rma, d**ue**rmas, d**ue**rma, d**u**rmamos, d**u**rmáis, d**ue**rman

Irregular verbs in the present subjunctive

▶ These five verbs are irregular in the present subjunctive.

Irregular verbs in the present subjunctive					
	dar	**estar**	**ir**	**saber**	**ser**
SINGULAR FORMS					
yo	dé	esté	vaya	sepa	sea
tú	des	estés	vayas	sepas	seas
Ud./él/ella	dé	esté	vaya	sepa	sea
PLURAL FORMS					
nosotros/as	demos	estemos	vayamos	sepamos	seamos
vosotros/as	deis	estéis	vayáis	sepáis	seáis
Uds./ellos/ellas	den	estén	vayan	sepan	sean

▶ **¡Atención!** The subjunctive form of **hay** (*there is, there are*) is also irregular: **haya**.

General uses of the subjunctive

▶ The subjunctive is mainly used to express: 1) will and influence, 2) emotion, 3) doubt, disbelief, and denial, and 4) indefiniteness and nonexistence.

▶ The subjunctive is most often used in sentences that consist of a main clause and a subordinate clause. The main clause contains a verb or expression that triggers the use of the subjunctive. The conjunction **que** connects the subordinate clause to the main clause.

Main clause	Connector	Subordinate clause
Es muy importante	que	**vayas** al hotel ahora mismo.

▶ These impersonal expressions are always followed by clauses in the subjunctive:

Es bueno que...	**Es mejor que...**	**Es malo que...**
It's good that...	*It's better that...*	*It's bad that...*
Es importante que...	**Es necesario que...**	**Es urgente que...**
It's important that...	*It's necessary that...*	*It's urgent that...*

¡INTÉNTALO!   Indica el presente de subjuntivo de estos verbos.

1. (alquilar, beber, vivir)   que yo _alquile, beba, viva_
2. (estudiar, aprender, asistir)   que tú _____
3. (encontrar, poder, dormir)   que él _____
4. (hacer, tener, venir)   que nosotras _____
5. (dar, hablar, escribir)   que ellos _____
6. (pagar, empezar, buscar)   que ustedes _____
7. (ser, ir, saber)   que yo _____
8. (estar, dar, oír)   que tú _____

recursos

WB
pp. 329–330

LM
p. 343

SUPERSITE
adelante.
vhlcentral.com

Práctica SUPERSITE

1 **Completar** Completa las oraciones con el presente de subjuntivo de los verbos entre paréntesis. Luego empareja las oraciones del primer grupo con las del segundo grupo.

NOTA CULTURAL

Las casas colgantes (*hanging*) de Cuenca, España, son muy famosas. Situadas en un acantilado (*cliff*), forman parte del paisaje de la ciudad.

A

1. Es mejor que _____ en casa. (nosotros, cenar)
2. Es importante que _____ las casas colgantes de Cuenca. (tú, visitar)
3. Señora, es urgente que le _____ el diente. Tiene una infección. (yo, sacar)
4. Es malo que Ana les _____ tantos dulces a los niños. (dar)
5. Es necesario que _____ a la una de la tarde. (ustedes, llegar)
6. Es importante que _____ temprano. (nosotros, acostarse)

B

a. Es importante que _____ más verduras. (ellos, comer)
b. No, es mejor que _____ a comer. (nosotros, salir)
c. Y yo creo que es bueno que _____ a Madrid después. (yo, ir)
d. En mi opinión, no es necesario que _____ tanto. (nosotros, dormir)
e. ¿Ah, sí? ¿Es necesario que me _____ un antibiótico también? (yo, tomar)
f. Para llegar a tiempo, es necesario que _____ temprano. (nosotros, almorzar)

Comunicación

2 **Minidiálogos** En parejas, completen los minidiálogos con expresiones impersonales de una manera lógica.

> **modelo**
>
> **Miguelito:** Mamá, no quiero arreglar mi cuarto.
> **Sra. Casas:** Es necesario que lo arregles. Y es importante que sacudas los muebles también.

1. **MIGUELITO** Mamá, no quiero estudiar. Quiero salir a jugar con mis amigos.
   SRA. CASAS

2. **MIGUELITO** Mamá, es que no me gustan las verduras. Prefiero comer pasteles.
   SRA. CASAS

3. **MIGUELITO** ¿Tengo que poner la mesa, mamá?
   SRA. CASAS

4. **MIGUELITO** No me siento bien, mamá. Me duele todo el cuerpo y tengo fiebre.
   SRA. CASAS

3 **Entrevista** Trabajen en parejas. Entrevístense usando estas preguntas. Expliquen sus respuestas.

1. ¿Es importante que los niños ayuden con los quehaceres domésticos?
2. ¿Es urgente que los estadounidenses aprendan otras lenguas?
3. Si un(a) estadounidense quiere aprender francés, ¿es mejor que lo aprenda en Francia?
4. En su universidad, ¿es necesario que los estudiantes vivan en residencias estudiantiles?
5. ¿Es importante que todas las personas asistan a la universidad?

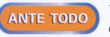 # Subjunctive with verbs of will and influence SUPERSITE

ANTE TODO   You will now learn how to use the subjunctive with verbs and expressions of will and influence.

Quiero que tengas dientes más blancos.

Dentabrit BLANQUEADOR
Dentabrit BLANQUEADOR

▶ Verbs of will and influence are often used when someone wants to affect the actions or behavior of other people.

Enrique **quiere** que salgamos a cenar.
Enrique wants us to go out to dinner.

Paola **prefiere** que cenemos en casa.
Paola prefers that we have dinner at home.

▶ Here is a list of widely used verbs of will and influence.

Verbs of will and influence

aconsejar	to advise	**pedir** (e:i)	to ask (for)
desear	to wish; to desire	**preferir** (e:ie)	to prefer
importar	to be important; to matter	**prohibir**	to prohibit
		querer (e:ie)	to want
insistir (en)	to insist (on)	**recomendar** (e:ie)	to recommend
mandar	to order	**rogar** (o:ue)	to beg; to plead
necesitar	to need	**sugerir** (e:ie)	to suggest

▶ Some impersonal expressions, such as **es necesario que, es importante que, es mejor que,** and **es urgente que,** are considered expressions of will or influence.

▶ When the main clause contains an expression of will or influence, the subjunctive is required in the subordinate clause, provided that the two clauses have different subjects.

Main clause   Connector   Subordinate clause

VERB OF WILL   SUBJUNCTIVE

Mi mamá **prefiere**   que   yo **saque** la basura.

¡ATENCIÓN!

In English, constructions using the infinitive, such as *I want you to go,* are often used with verbs or expressions of will or influence. This is not the case in Spanish, where the subjunctive would be used in a subordinate clause.

Lección 6

> *Quiero que arreglen sus alcobas, que hagan las camas, que pongan la mesa...*

> *...y les aconsejo que se acuesten temprano esta noche.*

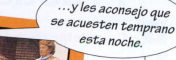

▶ Indirect object pronouns are often used with the verbs **aconsejar, importar, mandar, pedir, prohibir, recomendar, rogar,** and **sugerir.**

Te aconsejo que estudies.
I advise you to study.

Les recomiendo que barran el suelo.
I recommend that you sweep the floor.

Le sugiero que vaya a casa.
I suggest that he go home.

Le ruego que no venga.
I beg him not to come.

▶ Note that all the forms of **prohibir** in the present tense carry a written accent, except for the **nosotros/as** form: **prohíbo, prohíbes, prohíbe, prohibimos, prohibís, prohíben.**

Ella les **prohíbe** que miren la televisión.
She prohibits them from watching television.

Nos **prohíben** que nademos en la piscina.
They prohibit that we swim in the swimming pool.

▶ The infinitive is used with words or expressions of will and influence, if there is no change of subject in the sentence.

No quiero **sacudir** los muebles.
I don't want to dust the furniture.

Es importante **sacar** la basura.
It's important to take out the trash.

Paco prefiere **descansar.**
Paco prefers to rest.

No es necesario **quitar** la mesa.
It's not necessary to clear the table.

¡INTÉNTALO!   Completa cada oración con la forma correcta del verbo entre paréntesis.

1. Te sugiero que _____vayas_____ (ir) con ella al supermercado.
2. Él necesita que yo le _____ (prestar) dinero.
3. No queremos que tú _____ (hacer) nada especial para nosotros.
4. Mis papás quieren que yo _____ (limpiar) mi cuarto.
5. Nos piden que la _____ (ayudar) a preparar la comida.
6. Quieren que tú _____ (sacar) la basura todos los días.
7. Quiero _____ (descansar) esta noche.
8. Es importante que ustedes _____ (limpiar) los estantes.
9. Su tía les manda que _____ (poner) la mesa.
10. Te aconsejo que no _____ (salir) con él.
11. Mi tío insiste en que mi prima _____ (hacer) la cama.
12. Prefiero _____ (ir) al cine.
13. Es necesario _____ (estudiar).
14. Recomiendo que ustedes _____ (pasar) la aspiradora.

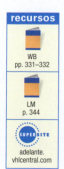

recursos

WB
pp. 331–332

LM
p. 344

SUPERSITE
adelante.
vhlcentral.com

Práctica ⬤ SUPERSITE

1 **Completar** Completa el diálogo con palabras de la lista.

cocina	haga	quiere	sea
comas	ponga	saber	ser
diga	prohíbe	sé	vaya

IRENE Tengo problemas con Vilma. Sé que debo hablar con ella. ¿Qué me recomiendas que le (1)_____?

JULIA Pues, necesito (2)_____ más antes de darte consejos.

IRENE Bueno, para empezar me (3)_____ que traiga dulces a la casa.

JULIA Pero chica, tiene razón. Es mejor que tú no (4)_____ cosas dulces.

IRENE Sí, ya lo sé. Pero quiero que (5)_____ más flexible. Además, insiste en que yo (6)_____ todo en la casa.

JULIA Yo (7)_____ que Vilma (8)_____ y hace los quehaceres todos los días.

IRENE Sí, pero siempre que hay fiesta me pide que (9)_____ los cubiertos y las copas en la mesa y que (10)_____ al sótano por las servilletas y los platos. ¡Es lo que más odio: ir al sótano!

JULIA Mujer, ¡Vilma sólo (11)_____ que ayudes en la casa!

2 **Aconsejar** En parejas, lean lo que dice cada persona. Luego den consejos lógicos usando verbos como **aconsejar**, **recomendar** y **prohibir**. Sus consejos deben ser diferentes de lo que la persona quiere hacer.

> **modelo**
> **Isabel:** Quiero conseguir un comedor con los muebles más caros del mundo.
> **Consejo:** *Te aconsejamos que consigas unos muebles menos caros.*

1. **DAVID** Pienso poner el cuadro del lago de Maracaibo en la cocina.
2. **SARA** Voy a ir a la gasolinera para comprar unas copas de cristal elegantes.
3. **SR. ALARCÓN** Insisto en comenzar a arreglar el jardín en marzo.
4. **SRA. VILLA** Quiero ver las tazas y los platos de la tienda El Ama de Casa Feliz.
5. **DOLORES** Voy a poner servilletas de tela (*cloth*) para los cuarenta invitados.
6. **SR. PARDO** Pienso poner todos mis muebles nuevos en el altillo.
7. **SRA. GONZÁLEZ** Hay una fiesta en casa esta noche pero no quiero limpiarla.
8. **CARLITOS** Hoy no tengo ganas de hacer las camas ni de quitar la mesa.

> **NOTA CULTURAL**
> En el **lago de Maracaibo**, en Venezuela, hay casas suspendidas sobre el agua que se llaman palafitos. Los palafitos son reminiscencias de Venecia, Italia, de donde viene el nombre "Venezuela", que significa "pequeña Venecia".

3 **Preguntas** En parejas, túrnense para contestar las preguntas. Usen el subjuntivo.

1. ¿Te dan consejos tus amigos/as? ¿Qué te aconsejan? ¿Aceptas sus consejos? ¿Por qué?
2. ¿Qué te sugieren tus profesores que hagas antes de terminar los cursos que tomas?
3. ¿Insisten tus amigos/as en que salgas mucho con ellos?
4. ¿Qué quieres que te regalen tu familia y tus amigos/as en tu cumpleaños?
5. ¿Qué le recomiendas tú a un(a) amigo/a que no quiere salir los sábados con su novio/a?
6. ¿Qué les aconsejas a los nuevos estudiantes de tu universidad?

Comunicación

4

Inventar En parejas, preparen una lista de seis personas famosas. Un(a) estudiante da el nombre de una persona famosa y el/la otro/a le da un consejo.

> **modelo**
>
> **Estudiante 1:** Judge Judy.
> **Estudiante 2:** Le recomiendo que sea más simpática con la gente.
> **Estudiante 2:** Orlando Bloom.
> **Estudiante 1:** Le aconsejo que haga más películas.

5

Hablar En parejas, miren la ilustración. Imaginen que Gerardo necesita ayuda para arreglar su casa y resolver sus problemas románticos y económicos. Usen expresiones impersonales y verbos como **aconsejar**, **sugerir** y **recomendar**.

> **modelo**
>
> Es mejor que arregles el apartamento más a menudo.
> Te aconsejo que no dejes para mañana lo que puedes hacer hoy.

Síntesis

6

La doctora Salvamórez Hernán tiene problemas con su novia y le escribe a la doctora Salvamórez, columnista del periódico *Panamá y su gente*. Ella responde a las cartas de personas con problemas románticos. En parejas, lean la carta de Hernán y después usen el subjuntivo para escribir los consejos de la doctora.

> Estimada doctora Salvamórez:
>
> Mi novia nunca quiere que yo salga de casa. No le molesta que vengan mis amigos a visitarme. Pero insiste en que nosotros sólo miremos los programas de televisión que ella quiere. Necesita saber dónde estoy en cada momento, y yo necesito que ella me dé un poco de independencia. ¿Qué hago?
>
> Hernán

Recapitulación

 For self-scoring and diagnostics, go to **adelante.vhlcentral.com.**

Completa estas actividades para repasar los conceptos de gramática que aprendiste en esta lección.

1

Completar Completa el cuadro con la forma correspondiente del presente de subjuntivo. **12 pts.**

yo/él/ella	tú	nosotros/as	Uds./ellos/ellas
limpie			
	vengas		
		queramos	
			ofrezcan

2

El apartamento ideal Completa este folleto (*brochure*) informativo con las formas correctas del presente de subjuntivo. **8 pts.**

> ### *A los jóvenes que buscan su primera vivienda, les ofrecemos estos consejos:*
>
> - Te sugiero que primero (tú) (1) _____ (escribir) una lista de las cosas que quieres en un apartamento.
>
> - Quiero que después (2) _____ (pensar) muy bien cuáles son tus prioridades. Es necesario que cada persona (3) _____ (tener) sus prioridades claras, porque el hogar (*home*) perfecto no existe.
>
> - Antes de decidir en qué área quieren vivir, les aconsejo a ti y a tu futuro/a compañero/a de apartamento que (4) _____ (salir) a ver la ciudad y que (5) _____ (conocer) los distintos barrios y las afueras.
>
> - Pidan que el agente les (6) _____ (mostrar) todas las partes de cada casa.
>
> - Finalmente, como consumidores, es importante que nosotros (7) _____ (saber) bien nuestros derechos (*rights*); por eso, deben insistir en que todos los puntos del contrato (8) _____ (estar) muy claros antes de firmarlo (*signing it*).
>
> ### *¡Buena suerte!*

RESUMEN GRAMATICAL

6.1 **Relative pronouns** *pp. 300–301*

Relative pronouns	
que	*that; which; who*
quien(es)	*who; whom; that*
lo que	*that which; what*

6.2 **Formal commands** *pp. 304–305*

Formal commands (Ud. and Uds.)		
Infinitive	Present tense yo form	Ud(s). command
limpiar	limpi**o**	limpi**e(n)**
barrer	barr**o**	barr**a(n)**
sacudir	sacud**o**	sacud**a(n)**

▶ Verbs with stem changes or irregular **yo** forms maintain the same irregularity in the formal commands:

hacer: yo **hago** ➔ **Hagan** la cama.

Irregular formal commands	
dar	**dé (Ud.); den (Uds.)**
estar	**esté(n)**
ir	**vaya(n)**
saber	**sepa(n)**
ser	**sea(n)**

6.3 **The present subjunctive** *pp. 308–310*

Present subjunctive of regular verbs		
hablar	comer	escribir
habl**e**	com**a**	escrib**a**
habl**es**	com**as**	escrib**as**
habl**e**	com**a**	escrib**a**
habl**emos**	com**amos**	escrib**amos**
habl**éis**	com**áis**	escrib**áis**
habl**en**	com**an**	escrib**an**

Irregular verbs in the present subjunctive		
dar		dé, des, dé, demos, deis, den
estar	est- +	-é, -és, -é, -emos, -éis, -én
ir	vay- +	
saber	sep- +	-a, -as, -a, -amos, -áis, -an
ser	se- +	

6.4 **Subjunctive with verbs of will and influence**

pp. 312–313

▶ Verbs of will and influence: aconsejar, desear, importar, insistir (en), mandar, necesitar, pedir (e:i), preferir (e:ie), prohibir, querer (e:ie), recomendar (e:ie), rogar (o:ue), sugerir (e:ie)

3 **Relativos** Completa las oraciones con **lo que**, **que** o **quien**. **8 pts.**

1. Me encanta la alfombra _____ está en el comedor.
2. Mi amiga Tere, con _____ trabajo, me regaló ese cuadro.
3. Todas las cosas _____ tenemos vienen de la casa de mis abuelos.
4. Hija, no compres más cosas. _____ debes hacer ahora es organizarlo todo.
5. La agencia de decoración de _____ le hablé se llama Casabella.
6. Esas flores las dejaron en la puerta mis nuevos vecinos, a _____ aún (*yet*) no conozco.
7. Leonor no compró nada, porque _____ le gustaba era muy caro.
8. Mi amigo Aldo, a _____ visité ayer, es un cocinero excelente.

4 **Preparando la casa** Martín y Ángela van a hacer un curso de verano en Costa Rica y una vecina va a cuidarles (*take care of*) la casa mientras ellos no están. Completa las instrucciones de la vecina con mandatos formales. Usa cada verbo una sola vez y agrega pronombres de objeto directo o indirecto si es necesario. **10 pts.**

arreglar	dejar	hacer	pedir	sacudir
barrer	ensuciar	limpiar	poner	tener

Primero, (1) _____ ustedes las maletas. Las cosas que no se llevan a Costa Rica, (2) _____ en el altillo. Ángela, (3) _____ las habitaciones y Martín, (4) _____ usted la cocina y el baño. Después, los dos (5) _____ el suelo y (6) _____ los muebles de toda la casa. Ángela, no (7) _____ sus joyas (*jewelry*) en el apartamento. (8) _____ cuidado ¡y (9) _____ nada antes de irse! Por último, (10) _____ a alguien que recoja (*pick up*) su correo.

5 **Los quehaceres** A tu compañero/a de cuarto no le gusta ayudar con los quehaceres. Escribe al menos seis oraciones dándole consejos para hacer los quehaceres más divertidos. **12 pts.**

> **modelo**
> Te sugiero que pongas música mientras lavas los platos....

6 **El circo (*circus*)** Completa esta famosa frase que tiene su origen en el circo. **¡2 puntos EXTRA!**

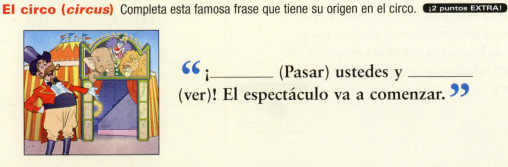

« ¡_____ (Pasar) ustedes y _____ (ver)! El espectáculo va a comenzar. »

recursos

SUPERSITE

adelante.vhlcentral.com

Lectura

Antes de leer

Estrategia

Locating the main parts of a sentence

Did you know that a text written in Spanish is an average of 15% longer than the same text written in English? Because the Spanish language tends to use more words to express ideas, you will often encounter long sentences when reading in Spanish. Of course, the length of sentences varies with genre and with authors' individual styles. To help you understand long sentences, identify the main parts of the sentence before trying to read it in its entirety. First locate the main verb of the sentence, along with its subject, ignoring any words or phrases set off by commas. Then reread the sentence, adding details like direct and indirect objects, transitional words, and prepositional phrases.

Examinar el texto

Mira el formato de la lectura. ¿Qué tipo de documento es? ¿Qué cognados encuentras en la lectura? ¿Qué te dicen sobre el tema de la selección?

¿Probable o improbable?

Mira brevemente el texto e indica si estas oraciones son probables o improbables.

1. Este folleto (*brochure*) es de interés turístico.
2. Describe un edificio moderno cubano.
3. Incluye algunas explicaciones de arquitectura.
4. Espera atraer (*to attract*) a visitantes al lugar.

Oraciones largas

Mira el texto y busca algunas oraciones largas. Con un(a) compañero/a, identifiquen las partes principales de la oración y después examinen las descripciones adicionales. ¿Qué significan las oraciones?

recursos

adelante.vhlcentral.com

Bienvenidos al
Palacio de Las Garzas

El palacio está abierto de martes a domingo.
Para más información,
llame al teléfono 507-226-7000.
También puede solicitar° un folleto
a la casilla° 3467,
Ciudad de Panamá, Panamá.

Después de leer

Ordenar

Pon estos eventos en el orden cronológico adecuado.

_____ El palacio se convirtió en residencia presidencial.

_____ Durante diferentes épocas (*time periods*), maestros, médicos y banqueros practicaron su profesión en el palacio.

_____ El Dr. Belisario Porras ocupó el palacio por primera vez.

_____ Los españoles construyeron el palacio.

_____ Se renovó el palacio.

_____ Los turistas pueden visitar el palacio de martes a domingo.

El Palacio de Las Garzas° es la residencia oficial del Presidente de Panamá desde 1903. Fue construido en 1673 para ser la casa de un gobernador español. Con el paso de los años fue almacén, escuela, hospital, aduana, banco y por último, palacio presidencial.

En la actualidad el edificio tiene tres pisos, pero los planos originales muestran una construcción de un piso con un gran patio en el centro. La restauración del palacio comenzó en el año 1922 y los trabajos fueron realizados por el arquitecto Villanueva-Myers y el pintor Roberto Lewis. El palacio, un monumento al estilo colonial, todavía conserva su elegancia y buen gusto, y es una de las principales atracciones turísticas del barrio Casco Viejo°.

Planta baja

EL PATIO DE LAS GARZAS

Una antigua puerta de hierro° recibe a los visitantes. El patio interior todavía conserva los elementos originales de la construcción: piso de mármol°, columnas cubiertas° de nácar° y una magnífica fuente° de agua en el centro. Aquí están las nueve garzas que le dan el nombre al palacio y que representan las nueve provincias de Panamá.

Primer piso

EL SALÓN AMARILLO

Aquí el turista puede visitar una galería de cuarenta y un retratos° de gobernadores y personajes ilustres de Panamá. La principal atracción de este salón es el sillón presidencial, que se usa especialmente cuando hay cambio de presidente. Otros atractivos de esta área son el comedor de Los Tamarindos, que se destaca° por la elegancia de sus muebles y sus lámparas de cristal, y el patio andaluz, con sus coloridos mosaicos que representan la unión de la cultura indígena y la española.

EL SALÓN DR. BELISARIO PORRAS

Este elegante y majestuoso salón es uno de los lugares más importantes del Palacio de Las Garzas. Lleva su nombre en honor al Dr. Belisario Porras, quien fue tres veces presidente de Panamá (1912–1916, 1918–1920 y 1920–1924).

Segundo piso

Es el área residencial del palacio y el visitante no tiene acceso a ella. Los armarios, las cómodas y los espejos de la alcoba fueron comprados en Italia y Francia por el presidente Porras, mientras que las alfombras, cortinas y frazadas° son originarias de España.

solicitar *request* casilla *post office box* Garzas *Herons* Casco Viejo *Old Quarter* hierro *iron* mármol *marble* cubiertas *covered* nácar *mother-of-pearl* fuente *fountain* retratos *portraits* se destaca *stands out* frazadas *blankets*

Preguntas

Contesta las preguntas.

1. ¿Qué sala es notable por sus muebles elegantes y sus lámparas de cristal?
2. ¿En qué parte del palacio se encuentra la residencia del presidente?
3. ¿Dónde empiezan los turistas su visita al palacio?
4. ¿En qué lugar se representa artísticamente la rica herencia cultural de Panamá?
5. ¿Qué salón honra la memoria de un gran panameño?
6. ¿Qué partes del palacio te gustaría (*would you like*) más visitar? ¿Por qué? Explica tu respuesta.

Conversación

En grupos de tres o cuatro estudiantes, hablen sobre lo siguiente:

1. ¿Qué tiene en común el Palacio de Las Garzas con otras residencias presidenciales u otras casas muy grandes?
2. ¿Te gustaría vivir en el Palacio de Las Garzas? ¿Por qué?
3. Imagina que puedes diseñar tu palacio ideal. Describe los planos para cada piso del palacio.

Lección 6

Panamá

El país en cifras

▶ **Área:** 78.200 km^2 (30.193 millas^2), *aproximadamente el área de Carolina del Sur*

▶ **Población:** 3.509.000

▶ **Capital:** La Ciudad de Panamá —1.379.000

▶ **Ciudades principales:** Colón, David

SOURCE: Population Division, UN Secretariat

▶ **Moneda:** balboa; Es equivalente al dólar estadounidense.

En Panamá circulan los billetes de dólar estadounidense. El país centroamericano, sin embargo, acuña° sus propias monedas. "El peso" es una moneda grande equivalente a cincuenta centavos°. La moneda de cinco centavos es llamada frecuentemente "real".

▶ **Idiomas:** español (oficial), chibcha, inglés
La mayoría de los panameños es bilingüe. La lengua materna del 14% de los panameños es el inglés.

Bandera de Panamá

Panameños célebres

▶ **Rod Carew,** beisbolista (1945–)

▶ **Mireya Moscoso,** política (1947–)

▶ **Rubén Blades,** músico y político (1948–)

acuña *mints* centavos *cents*
Actualmente *Currently*
peaje *toll* promedio *average*

recursos

WB
pp. 333–334

VM
pp. 337–338

adelante.
vhlcentral.com

Un turista disfruta del bosque tropical colgado de un cable.

Mujer kuna lavando una mola

COSTA RICA

Lago Gatún

Canal de Panamá

Islas S Blas

Bocas del Toro

Cordillera de San B
Río Che

Mar Caribe

Colón

Serranía de Tabasará

Ciudad de Panamá

David

Río Cobre

Isla del Rey

Océano Pacífico

Golfo de Panamá

Isla de Coiba

ESTADOS UNIDOS

OCÉANO ATLÁNTICO

PANAMÁ

AMÉRICA DEL SUR

Ruinas de un fuerte panameño

¡Increíble pero cierto!

¿Conocías estos datos sobre el Canal de Panamá?
• Gracias al Canal de Panamá, el viaje en barco de Nueva York a Tokio es 3.000 millas más corto.
• Su construcción costó 639 millones de dólares.
• Actualmente° lo usan 38 barcos al día.
• El peaje° promedio° cuesta 40.000 dólares.

Tokio

Nueva York

PANAMÁ

Lugares • El Canal de Panamá

El Canal de Panamá conecta el océano Pacífico con el océano Atlántico. La construcción de este cauce° artificial empezó en 1903 y concluyó diez años después. Es la fuente° principal de ingresos° del país, gracias al dinero que aportan los más de 12.000 buques° que transitan anualmente por esta ruta.

Artes • La mola

La mola es una forma de arte textil de los kunas, una tribu indígena que vive en las islas San Blas. Esta pieza artesanal se confecciona con fragmentos de tela° de colores vivos. Algunos de sus diseños representan plantas o animales, otros son abstractos, inspirados en las formas del coral, y otros son geométricos, como en las molas más tradicionales. Antiguamente, estos tejidos se usaban como ropa, pero hoy día también sirven para decorar las casas.

Naturaleza • El mar

Panamá, cuyo° nombre significa "lugar de muchos peces°", es un país muy frecuentado por los aficionados del buceo y la pesca. El territorio panameño cuenta con una gran variedad de playas en los dos lados del istmo°, con el mar Caribe a un lado y el océano Pacífico al otro. Algunas de las zonas costeras de esta nación están destinadas al turismo y otras son protegidas por la diversidad de su fauna marina, en la que abundan los arrecifes° de coral. En la playa Bluff, por ejemplo, se pueden observar cuatro especies de tortugas° en peligro° de extinción.

COLOMBIA

¿Qué aprendiste? Responde a cada pregunta con una oración completa.

1. ¿Cuál es la lengua materna del catorce por ciento de los panameños?

2. ¿A qué unidad monetaria (*monetary unit*) es equivalente el balboa?

3. ¿Qué océanos une el Canal de Panamá?

4. ¿Quién es Rod Carew?

5. ¿Qué son las molas?

6. ¿Cómo son los diseños de las molas?

7. ¿Para qué se usaban las molas antes?

8. ¿Cómo son las playas de Panamá?

9. ¿Qué significa "Panamá"?

Vista de la Ciudad de Panamá

Conexión Internet Investiga estos temas en **adelante.vhlcentral.com**.

1. Investiga la historia de las relaciones entre Panamá y los Estados Unidos y la decisión de devolver (*give back*) el Canal de Panamá. ¿Estás de acuerdo con la decisión? Explica tu opinión.

2. Investiga sobre los kunas u otro grupo indígena de Panamá. ¿En qué partes del país viven? ¿Qué lenguas hablan? ¿Cómo es su cultura?

....

cauce *channel*   fuente *source*   ingresos *income*   buques *ships*   tela *fabric*   cuyo *whose*   peces *fish*   istmo *isthmus*
arrecifes *reefs*   tortugas *turtles*   peligro *danger*

Las viviendas

las afueras	suburbs; outskirts
el alquiler	rent (payment)
el ama (*m., f.*) de casa	housekeeper; caretaker
el barrio	neighborhood
el edificio de apartamentos	apartment building
el/la vecino/a	neighbor
la vivienda	housing
alquilar	to rent
mudarse	to move (from one house to another)

Los cuartos y otros lugares

el altillo	attic
el balcón	balcony
la cocina	kitchen
el comedor	dining room
el dormitorio	bedroom
la entrada	entrance
la escalera	stairs; stairway
el garaje	garage
el jardín	garden; yard
la oficina	office
el pasillo	hallway
el patio	patio; yard
la sala	living room
el sótano	basement; cellar

Los muebles y otras cosas

la alfombra	carpet; rug
la almohada	pillow
el armario	closet
el cartel	poster
la cómoda	chest of drawers
las cortinas	curtains
el cuadro	picture
el estante	bookcase; bookshelves
la lámpara	lamp
la luz	light; electricity
la manta	blanket
la mesita	end table
la mesita de noche	night stand
los muebles	furniture
la pared	wall
la pintura	painting; picture
el sillón	armchair
el sofá	couch; sofa

Los electrodomésticos

la cafetera	coffee maker
la cocina, la estufa	stove
el congelador	freezer
el electrodoméstico	electric appliance
el horno (de microondas)	(microwave) oven
la lavadora	washing machine
el lavaplatos	dishwasher
el refrigerador	refrigerator
la secadora	clothes dryer
la tostadora	toaster

La mesa

la copa	wineglass; goblet
la cuchara	(table or large) spoon
el cuchillo	knife
el plato	plate
la servilleta	napkin
la taza	cup
el tenedor	fork
el vaso	glass

Los quehaceres domésticos

arreglar	to neaten; to straighten up
barrer el suelo	to sweep the floor
cocinar	to cook
ensuciar	to get (something) dirty
hacer la cama	to make the bed
hacer quehaceres domésticos	to do household chores
lavar (el suelo, los platos)	to wash (the floor, the dishes)
limpiar la casa	to clean the house
pasar la aspiradora	to vacuum
planchar la ropa	to iron the clothes
poner la mesa	to set the table
quitar la mesa	to clear the table
quitar el polvo	to dust
sacar la basura	to take out the trash
sacudir los muebles	to dust the furniture

Verbos y expresiones verbales

aconsejar	to advise
insistir (en)	to insist (on)
mandar	to order
recomendar (e:ie)	to recommend
rogar (o:ue)	to beg; to plead
sugerir (e:ie)	to suggest
Es bueno que…	It's good that…
Es importante que…	It's important that…
Es malo que…	It's bad that…
Es mejor que…	It's better that…
Es necesario que…	It's necessary that…
Es urgente que…	It's urgent that…

Relative pronouns	See page 300.
Expresiones útiles	See page 295.

recursos

LM
p. 344

adelante.
vhlcentral.com

contextos

Lección 6

1 **Los aparatos domésticos** Answer the questions with complete sentences.

> **modelo**
>
> Julieta quiere comer pan tostado. ¿Qué tiene que usar Julieta?
> Julieta **tiene que usar una tostadora.**

1. La ropa de Joaquín está sucia. ¿Qué necesita Joaquín?

   _____

2. Clara lavó la ropa. ¿Qué necesita Clara ahora?

   _____

3. Los platos de la cena están sucios. ¿Qué se necesita?

   _____

4. Rita quiere hacer hielo. ¿Dónde debe poner el agua?

   _____

2 **¿En qué habitación?** Label these items as belonging to **la cocina, la sala,** or **el dormitorio**.

1. el lavaplatos _____

2. el sillón _____

3. la cama _____

4. el horno _____

5. la almohada _____

6. la cafetera _____

7. la mesita de noche _____

8. la cómoda _____

3 **¿Qué hacían?** Complete the sentences, describing the domestic activity in each drawing. Use the imperfect tense.

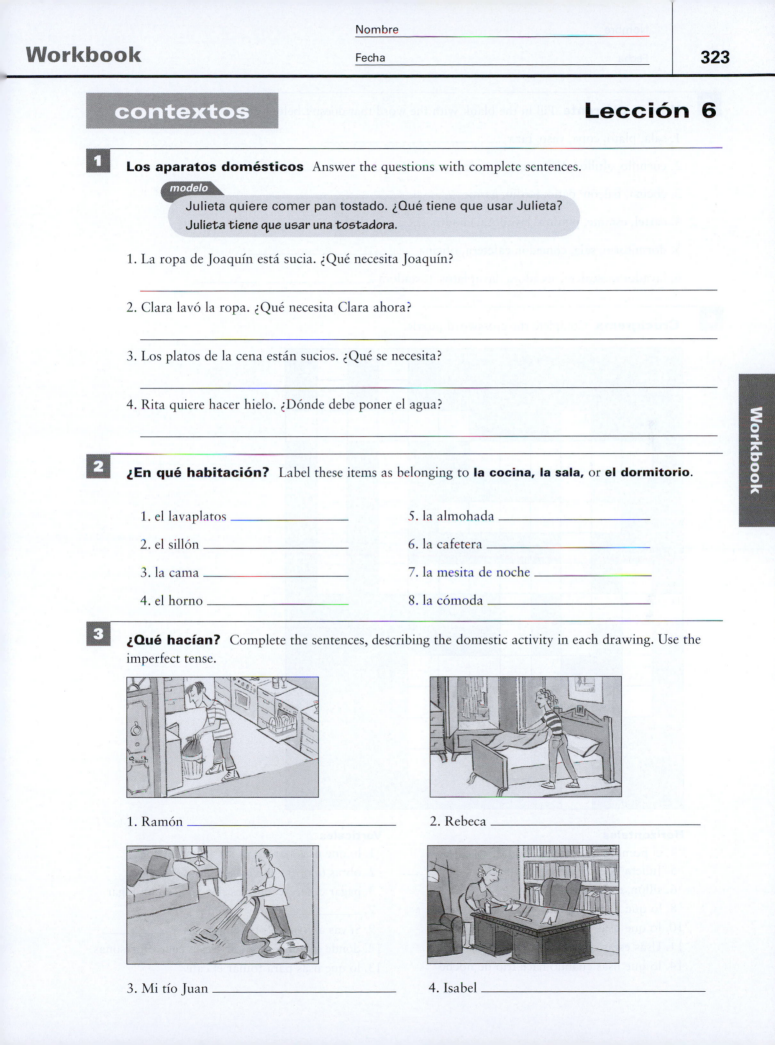

1. Ramón _____

2. Rebeca _____

3. Mi tío Juan _____

4. Isabel _____

Workbook

4 **Una es diferente** Fill in the blank with the word that doesn't belong in each group.

1. sala, plato, copa, vaso, taza _____

2. cuchillo, altillo, plato, copa, tenedor _____

3. cocina, balcón, patio, jardín, garaje _____

4. cartel, estante, pintura, lavadora, cuadro _____

5. dormitorio, sala, comedor, cafetera, oficina _____

6. lavadora, escalera, secadora, lavaplatos, tostadora _____

5 **Crucigrama** Complete the crossword puzzle.

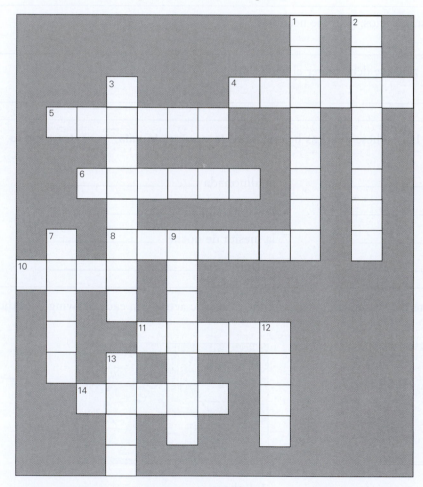

Horizontales

4. el hombre que vive al lado de tu casa
5. Julieta habló con Romeo desde su _____.
6. sillón, mesa, cama o silla
8. lo que pones cuando necesitas luz
10. lo que usas para tomar vino
11. Usas estas cosas para tomar agua o soda.
14. lo que usas cuando hace frío de noche

Verticales

1. lo que usas para ir de un piso a otro
2. obras (*works*) de Picasso, de Goya, etc.
3. pagar dinero cada mes por vivir en un lugar
7. _____ de microondas
9. Si vas a vivir en otro lugar, vas a _____.
12. donde se pueden sentar tres o cuatro personas
13. lo que usas para tomar el café

estructura

6.1 Relative pronouns

1 **Relativamente** Complete the sentences with **que, quien**, or **quienes**.

1. La persona a _____ debes conocer es Marta.

2. El restaurante _____ más me gusta es Il Forno.

3. Los amigos a _____ fue a visitar son Ana y Antonio.

4. Doña María, _____ me cuidaba cuando yo era niña, vino a verme.

5. El estudiante _____ mejor conozco de la clase es Gustavo.

6. La habitación _____ tiene las paredes azules es la tuya.

7. Los primos con _____ mejor me llevo son Pedro y Natalia.

8. El profesor _____ sabe la respuesta está en la biblioteca ahora.

2 **Conversación telefónica** You're talking on the phone with your mother, who wants to catch up on everything in your life. Answer her questions using the words in parentheses.

> **modelo**
>
> ¿Qué es lo que tienes en el altillo? (un álbum de fotos)
> **Lo que tengo en el altillo es un álbum de fotos.**

1. ¿Qué es lo que preparas en la cocina? (el almuerzo)

   _____

2. ¿Qué es lo que buscas en el estante? (mi libro favorito)

   _____

3. ¿Qué es lo que te gusta hacer en verano? (ir al campo)

   _____

4. ¿Qué es lo que vas a poner en el balcón? (un sofá)

   _____

5. ¿Qué es lo que tienes en el armario? (mucha ropa)

   _____

6. ¿Qué es lo que le vas a regalar a tu hermana? (una cafetera)

   _____

3 **¿Que o lo que?** Complete the sentences with **que** or **lo que**.

1. El pastel de cumpleaños _____ me trajo mi abuela estuvo delicioso.

2. _____ más les gusta a Pedro y Andrés es jugar baloncesto.

3. Miguel perdió las llaves, _____ le hizo llegar tarde al dentista.

4. Ricardo y Ester querían los muebles _____ vieron en la tienda.

4 **Pronombres relativos** Complete the sentences with **que, quien, quienes,** or **lo que**.

1. Los vecinos _____ viven frente a mi casa son muy simpáticos.

2. Rosa y Pepe viajan mucho, _____ los expone a muchas culturas.

3. Las amigas con _____ estudias en la universidad son de varias ciudades.

4. El apartamento _____ Rebeca y Jorge alquilaron está cerca del centro.

5. Adrián y Daniel, _____ estudian física, son expertos en computación.

6. Rubén debe pedirle la aspiradora a Marcos, a _____ le regalaron una.

5 **Mi prima Natalia** Complete the paragraph with **que, quien, quienes,** or **lo que**.

Natalia, (1) _____ es mi prima, tiene un problema. Natalia es la prima

(2) _____ más quiero de todas las que tengo. (3) _____ le pasa a

Natalia es que siempre está muy ocupada. Su novio, a (4) _____ conoció hace dos

años, quiere pasar más tiempo con ella. La clase (5) _____ más le gusta a Natalia es la

clase de francés. Natalia, (6) _____ ya habla inglés y español, quiere aprender el

francés muy bien. Tiene dos amigos franceses con (7) _____ practica el idioma. Natalia

también está en el equipo de natación, (8) _____ le toma dos horas todas las mañanas.

Pero las otras nadadoras (9) _____ están en el equipo la necesitan. Además, a Natalia

le gusta visitar a sus padres, a (10) _____ ve casi todos los fines de semana. También ve

con frecuencia a los parientes y amigos (11) _____ viven en su ciudad. ¡Este verano

(12) _____ Natalia necesita son unas vacaciones!

6 **Lo que me parece** Rewrite each sentence using **lo que**.

> **modelo**
>
> A mí me gusta comer en restaurantes.
> Lo que a mí me gusta es comer en restaurantes.

1. Raúl dijo una mentira.

_____

2. Conseguiste enojar a Victoria.

_____

3. Lilia va a comprar una falda.

_____

4. Ellos preparan una sorpresa.

_____

5. A Teo y a mí nos gusta la nieve.

_____

6.2 Formal commands

1 **Háganlo así** Complete the commands, using the verbs in parentheses.

Usted

1. (lavar) _____ la ropa con el nuevo detergente.

2. (salir) _____ de su casa y disfrute del aire libre.

3. (decir) _____ todo lo que piensa hacer hoy.

4. (beber) No _____ demasiado en la fiesta.

5. (venir) _____ preparado para pasarlo bien.

6. (irse) No _____ sin probar la langosta de Maine.

Ustedes

7. (comer) No _____ con la boca abierta.

8. (oír) _____ música clásica en casa.

9. (poner) No _____ los codos (*elbows*) en la mesa.

10. (traer) _____ un regalo a la fiesta de cumpleaños.

11. (ver) _____ programas de televisión educativos.

12. (conducir) _____ con precaución (*caution*) por la ciudad.

2 **Por favor** Give instructions to people cleaning a house by changing the verb phrases into formal commands.

> **modelo**
> sacudir la alfombra
> *Sacuda la alfombra, por favor.*

1. traer la aspiradora

_____

2. arreglar el coche

_____

3. bajar al sótano

_____

4. apagar la cafetera

_____

5. venir a la casa

_____

3 **Para emergencias** Rewrite this hotel's emergency instructions, replacing each **debe** + (*infinitive*) with formal commands.

Querido huésped:

Debe leer estas instrucciones para casos de emergencia. Si ocurre (*occurs*) una emergencia, debe tocar la puerta antes de abrirla. Si la puerta no está caliente, debe salir de la habitación con cuidado (*carefully*). Al salir, debe doblar a la derecha por el pasillo y debe bajar por la escalera de emergencia. Debe mantener la calma y debe caminar lentamente. No debe usar el ascensor durante una emergencia. Debe dejar su equipaje en la habitación en caso de emergencia. Al llegar a la planta baja, debe salir al patio o a la calle. Luego debe pedir ayuda a un empleado del hotel.

Querido huésped:

_____

_____

_____

_____

_____

_____

_____

_____

_____

4 **Lo opuesto** Change each command to express the opposite sentiment.

> **modelo**
> Recéteselo a mi hija.
> No *se lo recete* a mi hija.

1. Siéntense en la cama. _____

2. No lo limpie ahora. _____

3. Lávenmelas mañana. _____

4. No nos los sirvan. _____

5. Sacúdalas antes de ponerlas. _____

6. No se las busquen. _____

7. Despiértenlo a las ocho. _____

8. Cámbiesela por otra. _____

9. Pídanselos a Martín. _____

10. No se lo digan hoy. _____

6.3 The present subjunctive

1 **Oraciones** Complete the sentences with the present subjunctive of the verb in parentheses.

1. Es bueno que ustedes _____ (comer) frutas, verduras y yogures.

2. Es importante que Laura y yo _____ (estudiar) para el examen de física.

3. Es urgente que el doctor te _____ (mirar) la rodilla y la pierna.

4. Es malo que los niños no _____ (leer) mucho de pequeños (*when they are little*).

5. Es mejor que (tú) les _____ (escribir) una carta antes de llamarlos.

6. Es necesario que (yo) _____ (pasar) por la casa de Mario por la mañana.

2 **El verbo correcto** Complete the sentences with the present subjunctive of the verbs from the word bank.

almorzar	hacer	oír	poner	traducir	venir
conducir	ofrecer	parecer	sacar	traer	ver

1. Es necesario que (yo) _____ a casa temprano para ayudar a mi mamá.

2. Es bueno que (la universidad) _____ muchos cursos por semestre.

3. Es malo que (ellos) _____ justo antes de ir a nadar a la piscina.

4. Es urgente que (Lara) _____ estos documentos legales.

5. Es mejor que (tú) _____ más lento para evitar (*avoid*) accidentes.

6. Es importante que (ella) no _____ la cafetera en la mesa.

7. Es bueno que (tú) _____ las fotos para verlas en la fiesta.

8. Es necesario que (él) _____ la casa antes de comprarla.

9. Es malo que (nosotros) no _____ la basura todas las noches.

10. Es importante que (ustedes) _____ los quehaceres domésticos.

3 **Opiniones** Rewrite these sentences using the present subjunctive of the verbs in parentheses.

1. Mi padre dice que es importante que yo (estar) contenta con mi trabajo.

_____

2. Rosario cree que es bueno que la gente (irse) de vacaciones más a menudo.

_____

3. Creo que es mejor que Elsa (ser) la encargada del proyecto.

_____

4. Es importante que les (dar) las gracias por el favor que te hicieron.

_____

5. Él piensa que es malo que muchos estudiantes no (saber) otras lenguas.

_____

6. El director dice que es necesario que (haber) una reunión de la facultad.

_____

4 **Es necesario** Write sentences using the elements provided and the present subjunctive of the verbs.

> **modelo**
>
> malo / Roberto / no poder / irse de vacaciones
> *Es malo que Roberto no pueda irse de vacaciones.*

1. importante / Nora / pensar / las cosas antes de tomar la decisión

_____

2. necesario / (tú) / entender / la situación de esas personas

_____

3. bueno / Clara / sentirse / cómoda en el apartamento nuevo

_____

4. urgente / mi madre / mostrarme / los papeles que llegaron

_____

5. mejor / David / dormir / antes de conducir la motocicleta

_____

6. malo / los niños / pedirles / tantos regalos a los abuelos

_____

5 **Sí, es bueno** Answer the questions using the words in parentheses and the present subjunctive.

> **modelo**
>
> ¿Tiene Álex que terminar ese trabajo hoy? (urgente)
> *Sí, es urgente que Álex termine ese trabajo hoy.*

1. ¿Debemos traer el pasaporte al aeropuerto? (necesario)

_____

2. ¿Tienes que hablar con don Francisco? (urgente)

_____

3. ¿Debe Javier ir a visitar a su abuela todas las semanas? (bueno)

_____

4. ¿Puede Maite llamar a Inés para darle las gracias? (importante)

_____

5. ¿Va Álex a saber lo que le van a preguntar en el examen? (mejor)

_____

6.4 Subjunctive with verbs of will and influence

1

Preferencias Complete the sentences with the present subjuntive of the verbs in parentheses.

1. Rosa quiere que tú _____ (escoger) el sofá para la sala.

2. La mamá de Susana prefiere que ella _____ (estudiar) medicina.

3. Miranda insiste en que Luisa _____ (ser) la candidata a vicepresidenta.

4. Rita y yo deseamos que nuestros padres _____ (viajar) a Panamá.

5. A Eduardo no le importa que nosotros _____ (salir) esta noche.

6. La agente de viajes nos recomienda que _____ (quedarnos) en ese hotel.

2

Comprar una casa Read the following suggestions for buying a house. Then write a note to a friend, repeating the advice and using the present subjunctive of the verbs.

Antes de comprar una casa:
- Se aconseja tener un agente inmobiliario (*real estate*).
- Se sugiere buscar una casa en un barrio seguro (*safe*).
- Se insiste en mirar los baños, la cocina y el sótano.
- Se recomienda comparar precios de varias casas antes de decidir.
- Se aconseja hablar con los vecinos del barrio.

Te aconsejo que tengas un agente inmobiliario. _____

_____

_____

_____

_____

_____

3

Instrucciones Write sentences using the elements provided and the present subjunctive. Replace the indirect objects with indirect object pronouns.

modelo

(a ti) / Simón / sugerir / terminar la tarea luego
Simón te sugiere que termines la tarea luego.

1. (a Daniela) / José / rogar / escribir esa carta de recomendación

_____

2. (a ustedes) / (yo) / aconsejar / vivir en las afueras de la ciudad

_____

3. (a ellos) / la directora / prohibir / estacionar frente a la escuela

_____

4. (a mí) / (tú) / sugerir / alquilar un apartamento en el barrio

_____

Workbook

4 **¿Subjuntivo o infinitivo?** Write sentences using the elements provided. Use the subjunctive of the verbs when required.

1. Marina / querer / yo / traer / la compra a casa

_____

2. Sonia y yo / preferir / buscar / la información en Internet

_____

3. el profesor / desear / nosotros / usar / el diccionario

_____

4. ustedes / necesitar / escribir / una carta al consulado

_____

5. (yo) / preferir / Manuel / ir / al apartamento por mí

_____

6. Ramón / insistir en / buscar / las alfombras de la casa

_____

Síntesis

Imagine that you are going away for the weekend and you are letting some of your friends stay in your house. Write instructions for your houseguests asking them how to take care of the house. Use formal commands, the phrases **Es bueno, Es mejor, Es importante, Es necesario,** and **Es malo,** and the verbs **aconsejar, pedir, necesitar, prohibir, recomendar, rogar,** and **sugerir** to describe how to make sure that your house is in perfect shape when you get home.

_____

_____

_____

_____

_____

_____

_____

_____

_____

_____

panorama

Panamá

1 **Datos panameños** Complete the sentences with the correct information.

1. _____ es un músico y político célebre de Panamá.

2. La fuente principal de ingresos de Panamá es _____.

3. Las _____ son una forma de arte textil de la tribu indígena kuna.

4. Los diseños de las molas se inspiran en las formas del _____.

2 **Relativamente** Rewrite each pair of sentences as one sentence. Use relative pronouns to combine the sentences.

> **modelo**
>
> La Ciudad de Panamá es la capital de Panamá. Tiene más de un millón de habitantes.
> **La Ciudad de Panamá, que tiene más de un millón de habitantes, es la capital de Panamá.**

1. La moneda de Panamá es equivalente al dólar estadounidense. Se llama el balboa.

   _____

2. El Canal de Panamá se empezó a construir en 1903. Éste une a los océanos Atlántico y Pacífico.

   _____

3. La tribu indígena de los kuna es de las islas San Blas. Ellos hacen molas.

   _____

4. Panamá es un sitio excelente para el buceo. Panamá significa "lugar de muchos peces".

   _____

3 **Geografía panameña** Fill in the blanks with the correct geographical name.

1. la capital de Panamá _____

2. ciudades principales de Panamá _____

3. países que limitan (*border*) con Panamá _____

4. mar al norte (*north*) de Panamá _____

5. océano al sur (*south*) de Panamá _____

6. por donde pasan más de 12.000 buques por año _____

7. en donde vive la tribu indígena de los kuna _____

8. donde se pueden observar tortugas en peligro de extinción _____

Workbook

4 **Viaje a Panamá** Complete the phrases with the correct information. Then write a paragraph of a tourist brochure about Panama. Use formal commands in the paragraph. The first sentence is done for you.

1. viajar en avión la _____, capital de Panamá

2. visitar el país centroamericano, donde circulan los billetes de _____

3. conocer a los panameños; la lengua natal del 14% de ellos es _____

4. ir al Canal de Panamá, que une los océanos _____ y _____

5. ver las _____ que hace la tribu indígena kuna y decorar la casa con ellas

6. bucear en las playas de gran valor _____ por la riqueza y diversidad de su

vida marina

Viaje en avión a la Ciudad de Panamá, capital de Panamá. _____

_____

_____

_____

_____

_____

_____

_____

_____

_____

5 **¿Cierto o falso?** Indicate whether the statements are **cierto** or **falso**. Correct the false statements.

1. Panamá es aproximadamente del tamaño de California.

_____

2. La moneda panameña, que se llama el balboa, es equivalente al dólar estadounidense.

_____

3. La lengua natal de todos los panameños es el español.

_____

4. El Canal de Panamá une los océanos Pacífico y Atlántico.

_____

5. Las molas tradicionales siempre se usaron para decorar las casas.

_____

¡Les va a encantar la casa!

Antes de ver el video

1 **En la casa** In this lesson, the students arrive at the house in Ibarra near the area where they will go on their hiking excursion. Keeping this information in mind, look at the video still and describe what you think is going on.

_____
_____
_____
_____
_____
_____
_____

Mientras ves el video

2 **¿Cierto o falso?** Watch the **¡Les va a encantar la casa!** segment of this video module and indicate whether each statement is **cierto** or **falso**.

	Cierto	Falso
1. La señora Vives es la hermana de don Francisco.	○	○
2. Hay mantas y almohadas en el armario de la alcoba de los chicos.	○	○
3. El guía llega mañana a las siete y media de la mañana.	○	○
4. Don Francisco va a preparar todas las comidas.	○	○
5. La señora Vives cree que Javier debe poner las maletas en la cama.	○	○

3 **En México** Watch Álex's flashback about lodgings in Mexico and place a check mark beside the things you see.

_____ 1. balcones

_____ 2. puertas

_____ 3. apartamentos

_____ 4. una bicicleta

_____ 5. un perro (*dog*)

_____ 6. una vaca (*cow*)

4 **Resumen** Watch the **Resumen** segment of this video module. Then place a check mark beside each event that occurred in the **Resumen**.

_____ 1. La señora Vives les dice a los estudiantes que deben descansar.

_____ 2. Inés habla de la llegada de los estudiantes a la casa.

_____ 3. Inés dice que va a acostarse porque el guía llega muy temprano mañana.

_____ 4. Don Francisco les dice a los estudiantes que les va a encantar la casa.

_____ 5. Javier dice que los estudiantes van a ayudar a la señora Vives con los quehaceres domésticos.

Después de ver el video

5 **Seleccionar** Write the letter of the words that best complete each sentence.

1. Don Francisco dice que la casa es ____.

   a. pequeña pero bonita   b. pequeña pero cómoda   c. cómoda y grande

2. La habitación de los chicos tiene dos camas, una ____ y una ____.

   a. mesita de noche; cómoda   b. cafetera; lavadora   c. cómoda; tostadora

3. El sofá y los sillones ____ son muy cómodos.

   a. del jardín   b. de la sala   c. de las alcobas

4. Al fondo del ____ hay un ____.

   a. apartamento; comedor   b. edificio; baño   c. pasillo; baño

5. Inés le dice a ____ que los estudiantes quieren ayudarla a ____ la comida.

   a. Maite; comprar   b. la señora Vives; preparar   c. don Francisco; comprar

6 **Preguntas** Answer the following questions about this video episode in Spanish.

1. ¿Cómo se llama el guía que viene mañana?

   _____

   _____

2. ¿Quién puso su maleta en la cama?

   _____

   _____

3. ¿Cómo se llama el ama de casa?

   _____

   _____

4. ¿Quién quiere que los estudiantes hagan sus camas?

   _____

   _____

5. Según don Francisco, ¿por qué deben acostarse temprano los estudiantes?

   _____

   _____

7 **Escribir** Imagine that you are one of the characters you saw in this video episode. Write a paragraph from that person's point of view, summarizing what happened in this episode.

   _____

   _____

   _____

   _____

   _____

Panorama: Panamá

Antes de ver el video

 Más vocabulario Look over these useful words before you watch the video.

Vocabulario útil		
anualmente *annually*	impresionante *incredible*	según *according to*
arrecife *reef*	lado *side*	sitio *site*
disfrutar *to enjoy*	peces *fish*	torneo *tournament*
especies *species*	precioso *beautiful*	

 Responder This video talks about the best places to dive and surf in Panama. In preparation for watching this video, answer these questions about surfing.

1. ¿Te gusta el *surf*? ¿Por qué?

_____

2. ¿Practicas este deporte? ¿Conoces a alguien que lo practique? ¿Dónde lo practica/s?

_____

Mientras ves el video

Ordenar Number the items in the order in which they appear in the video.

_____

_____

_____

Después de ver el video

4 **Emparejar** Find the items in the second column that correspond to the ones in the first.

1. La isla Contadora es la más grande _____   a. por la noche.
2. Allí siempre hace calor _____   b. del archipiélago.
3. En Panamá, los visitantes pueden bucear en   c. la playa blanca y el agua color turquesa.
   el océano Pacífico por la mañana, _____   d. por eso se puede bucear en todas las estaciones.
4. Las islas de San Blas son 365, _____   e. una para cada día del año.
5. En Santa Catarina los deportistas disfrutan   f. y en el mar Caribe por la tarde.
   de _____

5 **Responder** Answer the questions in Spanish. Use complete sentences.

1. ¿Qué país centroamericano tiene costas en el océano Pacífico y en el mar Caribe?

_____

_____

2. ¿Por qué Las Perlas es un buen lugar para bucear?

_____

_____

3. ¿Cómo llegan los turistas a la isla Contadora?

_____

_____

4. ¿Cómo se llaman los indígenas que viven en las islas San Blas?

_____

_____

5. ¿Adónde van los mejores deportistas de *surfing* del mundo?

_____

_____

6 **Pasatiempos** Complete this chart in Spanish.

Mis deportes/ pasatiempos favoritos	Por qué me gustan	Dónde/Cuándo los practico

contextos

Lección 6

1 **Describir** Listen to each sentence and write the number of the sentence below the drawing of the household item mentioned.

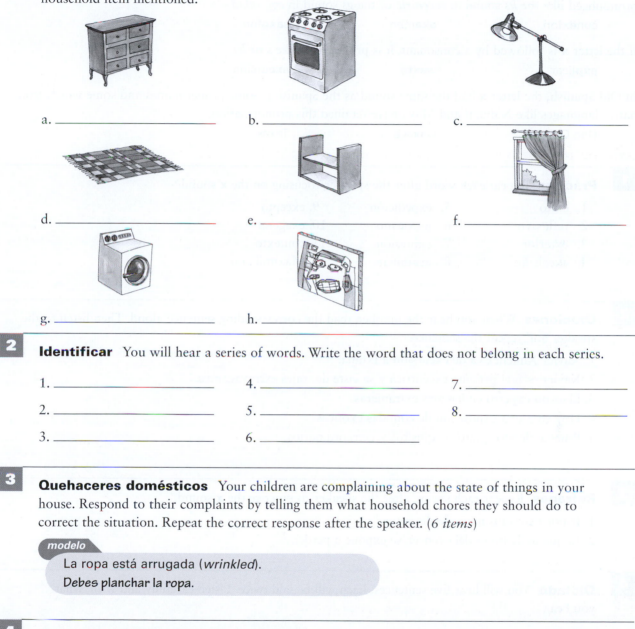

a. _____

b. _____

c. _____

d. _____

e. _____

f. _____

g. _____

h. _____

2 **Identificar** You will hear a series of words. Write the word that does not belong in each series.

1. _____

2. _____

3. _____

4. _____

5. _____

6. _____

7. _____

8. _____

3 **Quehaceres domésticos** Your children are complaining about the state of things in your house. Respond to their complaints by telling them what household chores they should do to correct the situation. Repeat the correct response after the speaker. (6 *items*)

> **modelo**
>
> La ropa está arrugada (*wrinkled*).
> *Debes planchar la ropa.*

4 **En la oficina de la agente inmobiliaria** Listen to this conversation between Mr. Fuentes and a real estate agent. Then read the statements in your lab manual and decide whether they are **cierto** or **falso**.

	Cierto	Falso
1. El señor Fuentes quiere alquilar una casa.	○	○
2. El señor Fuentes quiere vivir en las afueras.	○	○
3. Él no quiere pagar más de 900 balboas al mes.	○	○
4. Él vive solo (*alone*).	○	○
5. El edificio de apartamentos tiene ascensor.	○	○
6. El apartamento tiene lavadora.	○	○

Lab Manual

pronunciación

The letter x

In Spanish, the letter **x** has several sounds. When the letter **x** appears between two vowels, it is usually pronounced like the *ks* sound in *eccentric* or the *gs* sound in *egg salad*.

con**exi**ón   **exa**men   **saxo**fón

If the letter **x** is followed by a consonant, it is pronounced like *s* or *ks*.

e**xp**licar   se**xt**o   e**xc**ursión

In Old Spanish, the letter **x** had the same sound as the Spanish **j**. Some proper names and some words from native languages like Náhuatl and Maya have retained this pronunciation.

Don Qui**x**ote   Oa**x**aca   Te**x**as

1 **Práctica** Repeat each word after the speaker, focusing on the **x** sound.

1. éxito
2. reflexivo
3. exterior
4. excelente
5. expedición
6. mexicano
7. expresión
8. examinar
9. excepto
10. exagerar
11. contexto
12. Maximiliano

2 **Oraciones** When you hear the number, read the corresponding sentence aloud. Then listen to the speaker and repeat the sentence.

1. Xavier Ximénez va de excursión a Ixtapa.
2. Xavier es una persona excéntrica y se viste de trajes extravagantes.
3. Él es un experto en lenguas extranjeras.
4. Hoy va a una exposición de comidas exóticas.
5. Prueba algunos platos exquisitos y extraordinarios.

3 **Refranes** Repeat each saying after the speaker to practice the **x** sound.

1. Ir por extremos no es de discretos.[1]
2. El que de la ira se deja vencer, se expone a perder.[2]

4 **Dictado** You will hear five sentences. Each will be said twice. Listen carefully and write what you hear.

1. _____
2. _____
3. _____
4. _____
5. _____

Prudent people don't go to extremes. [1]

He who allows anger to overcome him, risks losing. [2]

estructura

6.1 Relative pronouns

1 **Escoger** You will hear some sentences with a beep in place of the relative pronoun. Decide whether **que**, **quien**, or **lo que** should complete each sentence and circle it.

> **modelo**
>
> *You hear:* (*Beep*) me gusta de la casa es el jardín.
>
> *You circle:* **Lo que** *because the sentence is* **Lo que me gusta de la casa es el jardín**.

1. que	quien	lo que		6. que	quien	lo que
2. que	quien	lo que		7. Que	Quien	Lo que
3. que	quien	lo que		8. que	quien	lo que
4. que	quien	lo que		9. que	quien	lo que
5. que	quien	lo que		10. que	quien	lo que

2 **Completar** You will hear some incomplete sentences. Choose the correct ending for each sentence.

1. a. con que trabaja tu amiga.
   b. que se mudó a Portobelo.
2. a. que vende muebles baratos.
   b. que trabajábamos.
3. a. a quienes escribí son mis primas.
   b. de quien te escribí.
4. a. con que barres el suelo.
   b. que queremos vender.
5. a. lo que deben.
   b. que deben.
6. a. que te hablo es ama de casa.
   b. en quien pienso es ama de casa.

3 **Preguntas** Answer each question you hear using a relative pronoun and the cues in your lab manual. Repeat the correct response after the speaker.

> **modelo**
>
> *You hear:* ¿Quiénes son los chicos rubios?
>
> *You see:* mis primos / viven en Colón
>
> *You say:* Son mis primos que viven en Colón.

1. chica / conocí en el café
2. el cliente / llamó ayer
3. chico / se casa Patricia
4. agente / nos ayudó
5. vecinos / viven en la casa azul
6. chica / trabajo

4 **Un robo (*break-in*)** There has been a theft at the Rivera's house. The detective they have hired has gathered all the family members in the living room to reveal the culprit. Listen to his conclusions. Then complete the list of clues (**pistas**) in your lab manual and answer the question.

Pistas

1. El reloj que _____
2. La taza que _____
3. La almohada que _____

Pregunta

¿Quién se llevó las cucharas de la abuela y por qué se las llevó? _____

6.2 Formal commands

1 **Identificar** You will hear some sentences. If the verb is a formal command, circle **Sí**. If the verb is not a command, circle **No**.

> **modelo**
>
> *You hear:* Saque la basura.
> *You circle:* **Sí** because **Saque** is a formal command.

1. Sí   No
2. Sí   No
3. Sí   No
4. Sí   No
5. Sí   No

6. Sí   No
7. Sí   No
8. Sí   No
9. Sí   No
10. Sí   No

2 **Cambiar** A physician is giving a patient advice. Change each sentence you hear from an indirect command to a formal command. Repeat the correct answer after the speaker. *(6 items)*

> **modelo**
>
> Usted tiene que dormir ocho horas cada noche.
> *Duerma ocho horas cada noche.*

3 **Preguntas** Answer each question you hear in the affirmative using a formal command and a direct object pronoun. Repeat the correct response after the speaker. *(8 items)*

> **modelo**
>
> ¿Cerramos las ventanas?
> *Sí, ciérrenlas.*

4 **Más preguntas** Answer each question you hear using a formal command and the cue in your lab manual. Repeat the correct response after the speaker.

> **modelo**
>
> *You hear:* ¿Debo llamar al señor Rodríguez?
> *You see:* no / ahora
> *You say:* No, no lo llame ahora.

1. no
2. a las cinco
3. sí / aquí

4. no
5. el primer día del mes
6. que estamos ocupados

5 **Direcciones** Julia is going to explain how to get to her home. Listen to her instructions, then number the instructions in your lab manual in the correct order. Two items will not be used.

_____ a. entrar al edificio que está al lado del Banco Popular

_____ b. tomar el ascensor al cuarto piso

_____ c. buscar la llave debajo de la alfombra

_____ d. ir detrás del edificio

_____ e. bajarse del metro en la estación Santa Rosa

_____ f. subir las escaleras al tercer piso

_____ g. caminar hasta el final del pasillo

6.3 The present subjunctive

1 **Escoger** You will hear some sentences with a beep in place of a verb. Decide which verb should complete each sentence and circle it.

> **modelo**
>
> *You hear:* Es urgente que (*beep*) al médico.
> *You see:* vas   vayas
> *You circle:* **vayas** *because the sentence is* **Es urgente que vayas al médico.**

1. tomamos   tomemos
2. conduzcan   conducen
3. aprenda   aprende
4. arreglas   arregles

5. se acuestan   se acuesten
6. sabes   sepas
7. almorcemos   almorzamos
8. se mude   se muda

2 **Cambiar** You are a Spanish instructor, and it's the first day of class. Tell your students what is important for them to do using the cues you hear. (*8 items*)

> **modelo**
>
> hablar español en la clase
> **Es importante que ustedes hablen español en la clase.**

3 **Transformar** Change each sentence you hear to the subjunctive mood using the expression in your lab manual. Repeat the correct answer after the speaker.

> **modelo**
>
> *You hear:* Pones tu ropa en el armario.
> *You see:* Es necesario
> *You say:* **Es necesario que pongas tu ropa en el armario.**

1. Es mejor
2. Es urgente
3. Es malo

4. Es importante
5. Es bueno
6. Es necesario

4 **¿Qué pasa aquí?** Listen to this conversation. Then choose the phrase that best completes each sentence in your lab manual.

1. Esta conversación es entre...
   a. un empleado y una clienta.
   b. un hijo y su madre.
   c. un camarero y la dueña de un restaurante.

2. Es necesario que Mario...
   a. llegue temprano.
   b. se lave las manos.
   c. use la lavadora.

3. Es urgente que Mario...
   a. ponga las mesas.
   b. quite las mesas.
   c. sea listo.

6.4 Subjunctive with verbs of will and influence

1 **Identificar** Listen to each sentence. If you hear a verb in the subjunctive, mark **Sí**. If you don't hear the subjunctive, mark **No**.

1. Sí No   4. Sí No

2. Sí No   5. Sí No

3. Sí No   6. Sí No

2 **Transformar** Some people are discussing what they or their friends want to do. Say that you don't want them to do those things. Repeat the correct response after the speaker. (6 *items*)

> **modelo**
> Esteban quiere invitar a tu hermana a una fiesta.
> No quiero que Esteban invite a mi hermana a una fiesta.

3 **Situaciones** Listen to each situation and make a recommendation using the cues in your lab manual. Repeat the correct response after the speaker.

> **modelo**
> *You hear:* Sacamos una "F" en el examen de química.
> *You see:* estudiar más
> *You say:* Les recomiendo que estudien más.

1. ponerte un suéter   4. no hacerlo

2. quedarse en la cama   5. comprarlas en La Casa Bonita

3. regalarles una tostadora   6. ir a La Cascada

4 **¿Qué hacemos?** Listen to this conversation and answer the questions in your lab manual.

1. ¿Qué quiere el señor Barriga que hagan los chicos?

_____

2. ¿Qué le pide el chico?

_____

3. ¿Qué les sugiere el señor a los chicos?

_____

4. ¿Qué tienen que hacer los chicos si no consiguen el dinero?

_____

5. Al final, ¿en qué insiste el señor Barriga?

_____

vocabulario

You will now hear the vocabulary found in your worktext on the last page of this lesson. Listen and repeat each Spanish word or phrase after the speaker.

Additional Vocabulary

Additional Vocabulary

Notes

Notes

Plan de escritura

1 ## Ideas y organización

Begin by organizing your writing materials. If you prefer to write by hand, you may want to have a few spare pens and pencils on hand, as well as an eraser or correction fluid. If you prefer to use a word-processing program, make sure you know how to type Spanish accent marks, the **tilde,** and Spanish punctuation marks. Then make a list of the resources you can consult while writing. Finally, make a list of the basic ideas you want to cover. Beside each idea, jot down a few Spanish words and phrases you may want to use while writing.

2 ## Primer borrador

Write your first draft, using the resources and ideas you gathered in **Ideas y organización.**

3 ## Comentario

Exchange papers with a classmate and comment on each other's work, using these questions as a guide. Begin by mentioning what you like about your classmate's writing.

a. How can your classmate make his or her writing clearer, more logical, or more organized?

b. What suggestions do you have for making the writing more interesting or complete?

c. Do you see any spelling or grammatical errors?

4 ## Redacción

Revise your first draft, keeping in mind your classmate's comments. Also, incorporate any new information you may have. Before handing in the final version, review your work using these guidelines:

a. Make sure each verb agrees with its subject. Then check the gender and number of each article, noun, and adjective.

b. Check your spelling and punctuation.

c. Consult your **Anotaciones para mejorar la escritura** (see description below) to avoid repetition of previous errors.

5 ## Evaluación y progreso

You may want to share what you've written with a classmate, a small group, or the entire class. After your instructor has returned your paper, review the comments and corrections. On a separate sheet of paper, write the heading **Anotaciones para mejorar** (*Notes for improving*) **la escritura** and list your most common errors. Place this list and your corrected document in your writing portfolio (**Carpeta de trabajos**) and consult it from time to time to gauge your progress.

Spanish Terms for Direction Lines and Classroom Use

Below is a list of useful terms that you might hear your instructor say in class. It also includes Spanish terms that appear in the direction lines of your textbook.

En las instrucciones *In direction lines*

Cambia/Cambien...	*Change...*
Camina/Caminen por la clase.	*Walk around the classroom.*
Ciertas o falsas	*True or false*
Cierto o falso	*True or false*
Circula/Circulen por la clase.	*Walk around the classroom.*
Completa las oraciones de una manera lógica.	*Complete the sentences logically.*
Con un(a) compañero/a...	*With a classmate...*
Contesta las preguntas.	*Answer the questions.*
Corrige las oraciones falsas.	*Correct the false statements.*
Cuenta/Cuenten...	*Tell...*
Di/Digan...	*Say...*
Discute/Discutan...	*Discuss...*
En grupos...	*In groups...*
En parejas...	*In pairs...*
Entrevista...	*Interview...*
Escúchala	*Listen to it*
Forma oraciones completas.	*Create/Make complete sentences.*
Háganse preguntas.	*Ask each other questions.*
Haz el papel de...	*Play the role of...*
Haz los cambios necesarios.	*Make the necessary changes.*
Indica/Indiquen si las oraciones...	*Indicate if the sentences...*
Intercambia/Intercambien...	*Exchange...*
Lee/Lean en voz alta.	*Read aloud.*
Pon/Pongan...	*Put...*
...que mejor completa...	*...that best completes...*
Reúnete...	*Get together...*
...se da/dan como ejemplo.	*...is/are given as a model.*
Toma nota...	*Take note...*
Tomen apuntes.	*Take notes.*
Túrnense...	*Take turns...*

Palabras útiles *Useful words*

la adivinanza	*riddle*
el anuncio	*advertisement/ad*
los apuntes	*notes*
el borrador	*draft*
la canción	*song*
la concordancia	*agreement*
el contenido	*contents*
eficaz	*efficient*
la encuesta	*survey*
el equipo	*team*
el esquema	*outline*
el folleto	*brochure*
las frases	*statements*
la hoja de actividades	*activity sheet/handout*
la hoja de papel	*piece of paper*
la información errónea	*incorrect information*
el/la lector(a)	*reader*
la lectura	*reading*
las oraciones	*sentences*
la ortografía	*spelling*
las palabras útiles	*useful words*
el papel	*role*
el párrafo	*paragraph*
el paso	*step*
la(s) persona(s) descrita(s)	*the person (people) described*
la pista	*clue*
por ejemplo	*for example*
el propósito	*purpose*
los recursos	*resources*
el reportaje	*report*
los resultados	*results*
según	*according to*
siguiente	*following*
la sugerencia	*suggestion*
el sustantivo	*noun*
el tema	*topic*
último	*last*
el último recurso	*last resort*

Verbos útiles — *Useful verbs*

adivinar	*to guess*
anotar	*to jot down*
añadir	*to add*
apoyar	*to support*
averiguar	*to find out*
cambiar	*to change*
combinar	*to combine*
compartir	*to share*
comprobar (o:ue)	*to check*
corregir (e:i)	*to correct*
crear	*to create*
devolver (o:ue)	*to return*
doblar	*to fold*
dramatizar	*to act out*
elegir (e:i)	*to choose/select*
emparejar	*to match*
entrevistar	*to interview*
escoger	*to choose*
identificar	*to identify*
incluir	*to include*
informar	*to report*
intentar	*to try*
intercambiar	*to exchange*
investigar	*to research*
marcar	*to mark*
preguntar	*to ask*
recordar (o:ue)	*to remember*
responder	*to answer*
revisar	*to revise*
seguir (e:i)	*to follow*
seleccionar	*to select*
subrayar	*to underline*
traducir	*to translate*
tratar de	*to be about*

Expresiones útiles — *Useful expressions*

Ahora mismo.	*Right away.*
¿Cómo no?	*But of course.*
¿Cómo se dice _____ en español?	*How do you say _____ in Spanish?*
¿Cómo se escribe _____?	*How do you spell _____?*
¿Comprende(n)?	*Do you understand?*
Con gusto.	*With pleasure.*
Con permiso.	*Excuse me.*
De acuerdo.	*Okay.*
De nada.	*You're welcome.*
¿De veras?	*Really?*
¿En qué página estamos?	*What page are we on?*
¿En serio?	*Seriously?*
Enseguida.	*Right away.*
hoy día	*nowadays*
Más despacio, por favor.	*Slower, please.*
Muchas gracias.	*Thanks a lot.*
No entiendo.	*I don't understand.*
No hay de qué.	*Don't mention it.*
No importa.	*No problem./It doesn't matter.*
¡No me digas!	*You don't say!*
No sé.	*I don't know.*
¡Ojalá!	*Hopefully!*
Perdone.	*Pardon me.*
Por favor.	*Please.*
Por supuesto.	*Of course.*
¡Qué bien!	*Great!*
¡Qué gracioso!	*How funny!*
¡Qué pena!	*What a shame/pity!*
¿Qué significa _____?	*What does _____ mean?*
Repite, por favor.	*Please repeat.*
Tengo una pregunta.	*I have a question.*
¿Tiene(n) alguna pregunta?	*Do you have any questions?*
Vaya(n) a la página dos.	*Go to page 2.*

Glossary of Grammatical Terms

ADJECTIVE A word that modifies, or describes, a noun or pronoun.

muchos libros
many books

un hombre **rico**
*a **rich** man*

las mujeres **altas**
*the **tall** women*

Demonstrative adjective An adjective that specifies which noun a speaker is referring to.

esta fiesta
***this** party*

ese chico
***that** boy*

aquellas flores
***those** flowers*

Possessive adjective An adjective that indicates ownership or possession.

mi mejor vestido
***my** best dress*

Éste es **mi** hermano.
*This is **my** brother.*

Stressed possessive adjective A possessive adjective that emphasizes the owner or possessor.

Es un libro **mío**.
*It's **my** book./It's a book **of mine**.*

Es amiga **tuya**; yo no la conozco.
*She's a friend **of yours**; I don't know her.*

ADVERB A word that modifies, or describes, a verb, adjective, or other adverb.

Pancho escribe **rápidamente**.
*Pancho writes **quickly**.*

Este cuadro es **muy** bonito.
*This picture is **very** pretty.*

ARTICLE A word that points out a noun in either a specific or a non-specific way.

Definite article An article that points out a noun in a specific way.

el libro
the book

la maleta
the suitcase

los diccionarios
the dictionaries

las palabras
the words

Indefinite article An article that points out a noun in a general, non-specific way.

un lápiz
a pencil

una computadora
a computer

unos pájaros
some birds

unas escuelas
some schools

CLAUSE A group of words that contains both a conjugated verb and a subject, either expressed or implied.

Main (or Independent) clause A clause that can stand alone as a complete sentence.

Pienso ir a cenar pronto.
I plan to go to dinner soon.

Subordinate (or Dependent) clause A clause that does not express a complete thought and therefore cannot stand alone as a sentence.

Trabajo en la cafetería **porque necesito dinero para la escuela**.
*I work in the cafeteria **because I need money for school**.*

COMPARATIVE A construction used with an adjective or adverb to express a comparison between two people, places, or things.

Este programa es **más interesante que** el otro.
*This program is **more interesting than** the other one.*

Tomás no es **tan alto como** Alberto.
*Tomás is not **as tall as** Alberto.*

CONJUGATION A set of the forms of a verb for a specific tense or mood or the process by which these verb forms are presented.

Preterite conjugation of **cantar**:

canté	cantamos
cantaste	cantasteis
cantó	cantaron

CONJUNCTION A word used to connect words, clauses, or phrases.

Susana es de Cuba **y** Pedro es de España.
*Susana is from Cuba **and** Pedro is from Spain.*

No quiero estudiar **pero** tengo que hacerlo.
*I don't want to study, **but** I have to.*

Glossary

CONTRACTION The joining of two words into one. The only contractions in Spanish are **al** and **del**.

Mi hermano fue **al** concierto ayer.
*My brother went **to the** concert yesterday.*

Saqué dinero **del** banco.
*I took money **from the** bank.*

DIRECT OBJECT A noun or pronoun that directly receives the action of the verb.

Tomás lee **el libro**.	**La** pagó ayer.
*Tomás reads **the book**.*	*She paid **it** yesterday.*

GENDER The grammatical categorizing of certain kinds of words, such as nouns and pronouns, as masculine, feminine, or neuter.

Masculine
articles **el, un**
pronouns **él, lo, mío, éste, ése, aquél**
adjective **simpático**

Feminine
articles **la, una**
pronouns **ella, la, mía, ésta, ésa, aquélla**
adjective **simpática**

IMPERSONAL EXPRESSION A third-person expression with no expressed or specific subject.

Es muy importante.	**Llueve** mucho.
It's very important.	*It's raining hard.*

Aquí **se habla** español.
*Spanish **is spoken** here.*

INDIRECT OBJECT A noun or pronoun that receives the action of the verb indirectly; the object, often a living being, to or for whom an action is performed.

Eduardo **le** dio un libro **a Linda**.
*Eduardo gave a book **to Linda**.*

La profesora **me** dio una C en el examen.
*The professor gave **me** a C on the test.*

INFINITIVE The basic form of a verb. Infinitives in Spanish end in -ar, -er, or -ir.

hablar	correr	abrir
to speak	*to run*	*to open*

INTERROGATIVE An adjective or pronoun used to ask a question.

¿Quién habla?	**¿Cuántos** compraste?
Who is speaking?	*How many did you buy?*

¿Qué piensas hacer hoy?
What do you plan to do today?

INVERSION Changing the word order of a sentence, often to form a question.

Statement: Elena pagó la cuenta del restaurante.

Inversion: ¿Pagó Elena la cuenta del restaurante?

MOOD A grammatical distinction of verbs that indicates whether the verb is intended to make a statement or command or to express a doubt, emotion, or condition contrary to fact.

Imperative mood Verb forms used to make commands.

Di la verdad.	**Caminen** ustedes conmigo.
Tell the truth.	*Walk with me.*

¡Comamos ahora!
Let's eat now!

Indicative mood Verb forms used to state facts, actions, and states considered to be real.

Sé que **tienes** el dinero.
*I know that **you have** the money.*

Subjunctive mood Verb forms used principally in subordinate (dependent) clauses to express wishes, desires, emotions, doubts, and certain conditions, such as contrary-to-fact situations.

Prefieren que **hables** en español.
*They prefer that **you speak** in Spanish.*

Dudo que Luis **tenga** el dinero necesario.
*I doubt that Luis **has** the necessary money.*

NOUN A word that identifies people, animals, places, things, and ideas.

hombre	gato
man	*cat*
México	casa
Mexico	*house*
libertad	libro
freedom	*book*

NUMBER A grammatical term that refers to singular or plural. Nouns in Spanish and English have number. Other parts of a sentence, such as adjectives, articles, and verbs, can also have number.

Singular	Plural
una cosa	**unas** cosas
a thing	*some things*
el profesor	**los** profesores
the professor	*the professors*

NUMBERS Words that represent amounts.

Cardinal numbers Words that show specific amounts.

cinco minutos
five minutes

el año **dos mil siete**
the year 2007

Ordinal numbers Words that indicate the order of a noun in a series.

el **cuarto** jugador	la **décima** hora
*the **fourth** player*	*the **tenth** hour*

PAST PARTICIPLE A past form of the verb used in compound tenses. The past participle may also be used as an adjective, but it must then agree in number and gender with the word it modifies.

Han **buscado** por todas partes.
*They have **searched** everywhere.*

Yo no había **estudiado** para el examen.
*I hadn't **studied** for the exam.*

Hay una **ventana abierta** en la sala.
*There is an **open window** in the living room.*

PERSON The form of the verb or pronoun that indicates the speaker, the one spoken to, or the one spoken about. In Spanish, as in English, there are three persons: first, second, and third.

Person	Singular	Plural
1st	**yo** *I*	**nosotros/as** *we*
2nd	**tú, Ud.** *you*	**vosotros/as, Uds.** *you*
3rd	**él, ella** *he, she*	**ellos, ellas** *they*

PREPOSITION A word or words that describe(s) the relationship, most often in time or space, between two other words.

Anita es **de** California.
*Anita is **from** California.*

La chaqueta está **en** el carro.
*The jacket is **in** the car.*

Marta se peinó **antes de** salir.
*Marta combed her hair **before** going out.*

PRESENT PARTICIPLE In English, a verb form that ends in *-ing*. In Spanish, the present participle ends in **-ndo**, and is often used with **estar** to form a progressive tense.

Mi hermana está **hablando** por teléfono ahora mismo.
*My sister is **talking** on the phone right now.*

PRONOUN A word that takes the place of a noun or nouns.

Demonstrative pronoun A pronoun that takes the place of a specific noun.

Quiero **ésta.**
*I want **this one.***

¿Vas a comprar **ése?**
*Are you going to buy **that one?***

Juan prefirió **aquéllos.**
*Juan preferred **those** (over there).*

Object pronoun A pronoun that functions as a direct or indirect object of the verb.

Te digo la verdad.
*I'm telling **you** the truth.*

Me lo trajo Juan.
*Juan brought **it** to **me.***

Reflexive pronoun A pronoun that indicates that the action of a verb is performed by the subject on itself. These pronouns are often expressed in English with *-self: myself, yourself*, etc.

Yo **me** bañé antes de salir.
*I bathed **(myself)** before going out.*

Elena **se** acostó a las once y media.
*Elena **went to bed** at eleven-thirty.*

Relative pronoun A pronoun that connects a subordinate clause to a main clause.

El chico **que** nos escribió viene de visita mañana.
*The boy **who** wrote us is coming to visit tomorrow.*

Ya sé **lo que** tenemos que hacer.
*I already know **what** we have to do.*

Subject pronoun A pronoun that replaces the name or title of a person or thing, and acts as the subject of a verb.

Tú debes estudiar más.
***You** should study more.*

Él llegó primero.
***He** arrived first.*

SUBJECT A noun or pronoun that performs the action of a verb and is often implied by the verb.

María va al supermercado.
***María** goes to the supermarket.*

(Ellos) Trabajan mucho.
***They** work hard.*

Esos **libros** son muy caros.
*Those **books** are very expensive.*

SUPERLATIVE A word or construction used with an adjective or adverb to express the highest or lowest degree of a specific quality among three or more people, places, or things.

De todas mis clases, ésta es la **más interesante**.
*Of all my classes, this is the **most interesting**.*

Raúl es el **menos simpático** de los chicos.
*Raúl is the **least pleasant** of the boys.*

TENSE A set of verb forms that indicates the time of an action or state: past, present, or future.

Compound tense A two-word tense made up of an auxiliary verb and a present or past participle. In Spanish, there are two auxiliary verbs: **estar** and **haber**.

En este momento, **estoy estudiando**.
*At this time, **I am studying**.*

El paquete no **ha llegado** todavía.
*The package **has** not **arrived** yet.*

Simple tense A tense expressed by a single verb form.

María **estaba** mal anoche.
*María **was** ill last night.*

Juana **hablará** con su mamá mañana.
*Juana **will speak** with her mom tomorrow.*

VERB A word that expresses actions or states-of-being.

Auxiliary verb A verb used with a present or past participle to form a compound tense. **Haber** is the most commonly used auxiliary verb in Spanish.

Los chicos **han** visto los elefantes.
*The children **have** seen the elephants.*

Espero que **hayas** comido.
*I hope you **have** eaten.*

Reflexive verb A verb that describes an action performed by the subject on itself and is always used with a reflexive pronoun.

Me compré un carro nuevo.
*I **bought myself** a new car.*

Pedro y Adela **se levantan** muy temprano.
*Pedro and Adela **get (themselves) up** very early.*

Spelling change verb A verb that undergoes a predictable change in spelling, in order to reflect its actual pronunciation in the various conjugations.

practicar	c→qu	practico	practiqué
dirigir	g→j	dirigí	dirijo
almorzar	z→c	almorzó	almorcé

Stem-changing verb A verb whose stem vowel undergoes one or more predictable changes in the various conjugations.

entender (e:ie)	entiendo
pedir (e:i)	piden
dormir (o:ue, u)	duermo, durmieron

Verb Conjugation Tables

The verb lists

The list of verbs below, and the model-verb tables that start on page 355 show you how to conjugate every verb taught in ¡ADELANTE! Each verb in the list is followed by a model verb conjugated according to the same pattern. The number in parentheses indicates where in the verb tables you can find the conjugated forms of the model verb. If you want to find out how to conjugate **divertirse**, for example, look up number 33, **sentir**, the model for verbs that follow the e:ie stem-change pattern.

How to use the verb tables

In the tables you will find the infinitive, present and past participles, and all the simple forms of each model verb. The formation of the compound tenses of any verb can be inferred from the table of compound tenses, pages 355–356, either by combining the past participle of the verb with a conjugated form of **haber** or by combining the present participle with a conjugated form of **estar**.

abrazar (z:c) like cruzar (37)

abrir like vivir (3) *except* past participle is **abierto**

aburrir(se) like vivir (3)

acabar de like hablar (1)

acampar like hablar (1)

acompañar like hablar (1)

aconsejar like hablar (1)

acordarse (o:ue) like contar (24)

acostarse (o:ue) like contar (24)

adelgazar (z:c) like cruzar (37)

afeitarse like hablar (1)

ahorrar like hablar (1)

alegrarse like hablar (1)

aliviar like hablar (1)

almorzar (o:ue) like contar (24) *except* (z:c)

alquilar like hablar (1)

andar like hablar (1) *except* preterite stem is **anduv-**

anunciar like hablar (1)

apagar (g:gu) like llegar (41)

aplaudir like vivir (3)

apreciar like hablar (1)

aprender like comer (2)

apurarse like hablar (1)

arrancar (c:qu) like tocar (43)

arreglar like hablar (1)

asistir like vivir (3)

aumentar like hablar (1)

ayudar(se) like hablar (1)

bailar like hablar (1)

bajar(se) like hablar (1)

bañarse like hablar (1)

barrer like comer (2)

beber like comer (2)

besar(se) like hablar (1)

borrar like hablar (1)

brindar like hablar (1)

bucear like hablar (1)

buscar (c:qu) like tocar (43)

caber (4)

caer(se) (5)

calentarse (e:ie) like pensar (30)

calzar (z:c) like cruzar (37)

cambiar like hablar (1)

caminar like hablar (1)

cantar like hablar (1)

casarse like hablar (1)

cazar (z:c) like cruzar (37)

celebrar like hablar (1)

cenar like hablar (1)

cepillarse like hablar (1)

cerrar (e:ie) like pensar (30)

cobrar like hablar (1)

cocinar like hablar (1)

comenzar (e:ie) (z:c) like empezar (26)

comer (2)

compartir like vivir (3)

comprar like hablar (1)

comprender like comer (2)

comprometerse like comer (2)

comunicarse (c:qu) like tocar (43)

conducir (c:zc) (6)

confirmar like hablar (1)

conocer (c:zc) (35)

conseguir (e:i) (g:gu) like seguir (32)

conservar like hablar (1)

consumir like vivir (3)

contaminar like hablar (1)

contar (o:ue) (24)

controlar like hablar (1)

correr like comer (2)

costar (o:ue) like contar (24)

creer (y) (36)

cruzar (z:c) (37)

cubrir like vivir (3) *except* past participle is **cubierto**

cuidar like hablar (1)

cumplir like vivir (3)

dañar like hablar (1)

dar (7)

deber like comer (2)

decidir like vivir (3)

decir (e:i) (8)

declarar like hablar (1)

dejar like hablar (1)

depositar like hablar (1)

desarrollar like hablar (1)

desayunar like hablar (1)

descansar like hablar (1)

descargar like hablar (1)

describir like vivir (3) *except* past participle is **descrito**

descubrir like vivir (3) *except* past participle is **descubierto**

desear like hablar (1)

despedirse (e:i) like pedir (29)

despertarse (e:ie) like pensar (30)

destruir (y) (38)

dibujar like hablar (1)

dirigir (g:j) like vivir (3) *except* (g:j)

disfrutar like hablar (1)

divertirse (e:ie) like sentir (33)

divorciarse like hablar (1)

doblar like hablar (1)

doler (o:ue) like volver (34) *except* past participle is regular

dormir(se) (o:ue, u) (25)

ducharse like hablar (1)

dudar like hablar (1)

durar like hablar (1)

echar like hablar (1)

elegir (e:i) like pedir (29) *except* (g:j)

emitir like vivir (3)

empezar (e:ie) (z:c) (26)

enamorarse like hablar (1)

encantar like hablar (1)

encontrar(se) (o:ue) like contar (24)

enfermarse like hablar (1)

engordar like hablar (1)

enojarse like hablar (1)

enseñar like hablar (1)

ensuciar like hablar (1)

entender (e:ie) (27)

entrenarse like hablar (1)

entrevistar like hablar (1)

enviar (envío) (39)

escalar like hablar (1)

escoger (g:j) like proteger (42)

escribir like vivir (3) *except* past participle is **escrito**

escuchar like hablar (1)

esculpir like vivir (3)

esperar like hablar (1)

esquiar (esquío) like enviar (39)

establecer (c:zc) like conocer (35)

estacionar like hablar (1)

estar (9)

estornudar like hablar (1)

estudiar like hablar (1)

evitar like hablar (1)

explicar (c:qu) like tocar (43)

explorar like hablar (1)

faltar like hablar (1)

fascinar like hablar (1)

firmar like hablar (1)

fumar like hablar (1)

funcionar like hablar (1)

ganar like hablar (1)

gastar like hablar (1)

grabar like hablar (1)

graduarse (gradúo) (40)

guardar like hablar (1)

gustar like hablar (1)

haber (hay) (10)

hablar (1)

hacer (11)

importar like hablar (1)

imprimir like vivir (3)

informar like hablar (1)

insistir like vivir (3)

interesar like hablar (1)

invertir (e:ie) like sentir (33)

invitar like hablar (1)

ir(se) (12)

jubilarse like hablar (1)

jugar (u:ue) (g:gu) (28)

lastimarse like hablar (1)

lavar(se) like hablar (1)

leer (y) like creer (36)

levantar(se) like hablar (1)

limpiar like hablar (1)

llamar(se) like hablar (1)

llegar (g:gu) (41)

llenar like hablar (1)

llevar(se) like hablar (1)

llover (o:ue) like volver (34) *except* past participle is regular

luchar like hablar (1)

mandar like hablar (1)

manejar like hablar (1)

mantener(se) (e:ie) like tener (20)

maquillarse like hablar (1)

mejorar like hablar (1)

merendar (e:ie) like pensar (30)

mirar like hablar (1)

molestar like hablar (1)

montar like hablar (1)

morir (o:ue) like dormir (25) *except* past participle is **muerto**

mostrar (o:ue) like contar (24)

mudarse like hablar (1)

nacer (c:zc) like conocer (35)

nadar like hablar (1)

navegar (g:gu) like llegar (41)

necesitar like hablar (1)

negar (e:ie) like pensar (30) *except* (g:gu)

nevar (e:ie) like pensar (30)

obedecer (c:zc) like conocer (35)

obtener (e:ie) like tener (20)

ocurrir like vivir (3)

odiar like hablar (1)

ofrecer (c:zc) like conocer (35)

oír (13)

olvidar like hablar (1)

pagar (g:gu) like llegar (41)

parar like hablar (1)

parecer (c:zc) like conocer (35)

pasar like hablar (1)

pasear like hablar (1)

patinar like hablar (1)

pedir (e:i) (29)

peinarse like hablar (1)

pensar (e:ie) (30)

perder (e:ie) like entender (27)

pescar (c:qu) like tocar (43)

pintar like hablar (1)

planchar like hablar (1)

poder (o:ue) (14)

poner(se) (15)

practicar (c:qu) like tocar (43)

preferir (e:ie) like sentir (33)

preguntar like hablar (1)

preocuparse like hablar (1)

preparar like hablar (1)

presentar like hablar (1)

prestar like hablar (1)

probar(se) (o:ue) like contar (24)

prohibir like vivir (3)

proteger (g:j) (42)

publicar (c:qu) like tocar (43)

quedar(se) like hablar (1)

quemar like hablar (1)

querer (e:ie) (16)

quitar(se) like hablar (1)

recetar like hablar (1)

recibir like vivir (3)

reciclar like hablar (1)

recoger (g:j) like proteger (42)

recomendar (e:ie) like pensar (30)

recordar (o:ue) like contar (24)

reducir (c:zc) like conducir (6)

regalar like hablar (1)

regatear like hablar (1)

regresar like hablar (1)

reír(se) (e:i) (31)

relajarse like hablar (1)

renunciar like hablar (1)

repetir (e:i) like pedir (29)

resolver (o:ue) like volver (34)

respirar like hablar (1)

revisar like hablar (1)

rogar (o:ue) like contar (24)

except (g:gu)

romper(se) like comer (2) *except* past participle is **roto**

saber (17)

sacar (c:qu) like tocar (43)

sacudir like vivir (3)

salir (18)

saludar(se) like hablar (1)

secar(se) (c:qu) like tocar (43)

seguir (e:i) (32)

sentarse (e:ie) like pensar (30)

sentir(se) (e:ie) (33)

separarse like hablar (1)

ser (19)

servir (e:i) like pedir (29)

solicitar like hablar (1)

sonar (o:ue) like contar (24)

sonreír (e:i) like reír(se) (31)

sorprender like comer (2)

subir like vivir (3)

sudar like hablar (1)

sufrir like vivir (3)

sugerir (e:ie) like sentir (33)

suponer like poner (15)

temer like comer (2)

tener (e:ie) (20)

terminar like hablar (1)

tocar (c:qu) (43)

tomar like hablar (1)

torcerse (o:ue) like volver (34) *except* (c:z) and past participle is regular; e.g., **yo tuerzo**

toser like comer (2)

trabajar like hablar (1)

traducir (c:zc) like conducir (6)

traer (21)

transmitir like vivir (3)

tratar like hablar (1)

usar like hablar (1)

vender like comer (2)

venir (e:ie, i) (22)

ver (23)

vestirse (e:i) like pedir (29)

viajar like hablar (1)

visitar like hablar (1)

vivir (3)

volver (o:ue) (34)

votar like hablar (1)

Regular verbs: simple tenses

Infinitive	INDICATIVE						SUBJUNCTIVE		IMPERATIVE
	Present	Imperfect	Preterite	Future	Conditional		Present	Past	
1 hablar	hablo	hablaba	hablé	hablaré	hablaría		hable	hablara	
	hablas	hablabas	hablaste	hablarás	hablarías		hables	hablaras	habla tú (no hables)
Participles:	habla	hablaba	habló	hablará	hablaría		hable	hablara	hable Ud.
hablando	hablamos	hablábamos	hablamos	hablaremos	hablaríamos		hablemos	habláramos	hablemos
hablado	habláis	hablabais	hablasteis	hablaréis	hablaríais		habléis	hablarais	hablad (no habléis)
	hablan	hablaban	hablaron	hablarán	hablarían		hablen	hablaran	hablen Uds.
2 comer	como	comía	comí	comeré	comería		coma	comiera	
	comes	comías	comiste	comerás	comerías		comas	comieras	come tú (no comas)
Participles:	come	comía	comió	comerá	comería		coma	comiera	coma Ud.
comiendo	comemos	comíamos	comimos	comeremos	comeríamos		comamos	comiéramos	comamos
comido	coméis	comíais	comisteis	comeréis	comeríais		comáis	comierais	comed (no comáis)
	comen	comían	comieron	comerán	comerían		coman	comieran	coman Uds.
3 vivir	vivo	vivía	viví	viviré	viviría		viva	viviera	
	vives	vivías	viviste	vivirás	vivirías		vivas	vivieras	vive tú (no vivas)
Participles:	vive	vivía	vivió	vivirá	viviría		viva	viviera	viva Ud.
viviendo	vivimos	vivíamos	vivimos	viviremos	viviríamos		vivamos	viviéramos	vivamos
vivido	vivís	vivíais	vivisteis	viviréis	viviríais		viváis	vivierais	vivid (no viváis)
	viven	vivían	vivieron	vivirán	vivirían		vivan	vivieran	vivan Uds.

All verbs: compound tenses

PERFECT TENSES

INDICATIVE

Present Perfect		Past Perfect		Future Perfect		Conditional Perfect	
he		había		habré		habría	
has	hablado	habías	hablado	habrás	hablado	habrías	hablado
ha	comido	había	comido	habrá	comido	habría	comido
hemos	vivido	habíamos	vivido	habremos	vivido	habríamos	vivido
habéis		habíais		habréis		habríais	
han		habían		habrán		habrían	

SUBJUNCTIVE

Present Perfect		Past Perfect	
haya		hubiera	
hayas	hablado	hubieras	hablado
haya	comido	hubiera	comido
hayamos	vivido	hubiéramos	vivido
hayáis		hubierais	
hayan		hubieran	

Verb tables

PROGRESSIVE TENSES

	INDICATIVE				SUBJUNCTIVE	
	Present Progressive	Past Progressive	Future Progressive	Conditional Progressive	Present Progressive	Past Progressive
	estoy	estaba	estaré	estaría	esté	estuviera
	estás	estabas	estarás	estarías	estés	estuvieras
	está hablando	estaba hablando	estará hablando	estaría hablando	esté hablando	estuviera hablando
	estamos comiendo	estábamos comiendo	estaremos comiendo	estaríamos comiendo	estemos comiendo	estuviéramos comiendo
	estáis viviendo	estabais viviendo	estaréis viviendo	estaríais viviendo	estéis viviendo	estuvierais viviendo
	están	estaban	estarán	estarían	estén	estuvieran

Irregular verbs

Infinitive	INDICATIVE					SUBJUNCTIVE		IMPERATIVE
	Present	Imperfect	Preterite	Future	Conditional	Present	Past	
4 caber	**quepo**	cabía	**cupe**	**cabré**	**cabría**	**quepa**	**cupiera**	
	cabes	cabías	**cupiste**	**cabrás**	**cabrías**	**quepas**	**cupieras**	cabe tú (no **quepas**)
	cabe	cabía	**cupo**	**cabrá**	**cabría**	**quepa**	**cupiera**	**quepa** Ud.
Participles:	cabemos	cabíamos	**cupimos**	**cabremos**	**cabríamos**	**quepamos**	**cupiéramos**	**quepamos**
cabiendo	cabéis	cabíais	**cupisteis**	**cabréis**	**cabríais**	**quepáis**	**cupierais**	cabed (no **quepáis**)
cabido	caben	cabían	**cupieron**	**cabrán**	**cabrían**	**quepan**	**cupieran**	**quepan** Uds.
5 caer(se)	**caigo**	caía	caí	caeré	caería	**caiga**	cayera	
	caes	caías	**caíste**	caerás	caerías	**caigas**	cayeras	cae tú (no **caigas**)
	cae	caía	**cayó**	caerá	caería	**caiga**	cayera	**caiga** Ud.
Participles:	caemos	caíamos	**caímos**	caeremos	caeríamos	**caigamos**	cayéramos	**caigamos**
cayendo	caéis	caíais	**caísteis**	caeréis	caeríais	**caigáis**	cayerais	caed (no **caigáis**)
caído	caen	caían	**cayeron**	caerán	caerían	**caigan**	cayeran	**caigan** Uds.
6 conducir	**conduzco**	conducía	**conduje**	conduciré	conduciría	**conduzca**	**condujera**	
(c:zc)	conduces	conducías	**condujiste**	conducirás	conducirías	**conduzcas**	**condujeras**	conduce tú (no **conduzcas**)
	conduce	conducía	**condujo**	conducirá	conduciría	**conduzca**	**condujera**	**conduzca** Ud.
Participles:	conducimos	conducíamos	**condujimos**	conduciremos	conduciríamos	**conduzcamos**	**condujéramos**	**conduzcamos**
conduciendo	conducís	conducíais	**condujisteis**	conduciréis	conduciríais	**conduzcáis**	**condujerais**	conducid (no **conduzcáis**)
conducido	conducen	conducían	**condujeron**	conducirán	conducirían	**conduzcan**	**condujeran**	**conduzcan** Uds.

Verb tables

7. dar
Participles: dando, dado

	INDICATIVE					SUBJUNCTIVE		IMPERATIVE
	Present	Imperfect	Preterite	Future	Conditional	Present	Past	
	doy	daba	di	daré	daría	dé	diera	
	das	dabas	diste	darás	darías	des	dieras	da tú (no des)
	da	daba	dio	dará	daría	dé	diera	dé Ud.
	damos	dábamos	dimos	daremos	daríamos	demos	diéramos	demos
	dais	dabais	disteis	daréis	daríais	deis	dierais	dad (no deis)
	dan	daban	dieron	darán	darían	den	dieran	den Uds.

8. decir (e:i)
Participles: diciendo, dicho

	INDICATIVE					SUBJUNCTIVE		IMPERATIVE
	Present	Imperfect	Preterite	Future	Conditional	Present	Past	
	digo	decía	dije	diré	diría	diga	dijera	
	dices	decías	dijiste	dirás	dirías	digas	dijeras	di tú (no digas)
	dice	decía	dijo	dirá	diría	diga	dijera	diga Ud.
	decimos	decíamos	dijimos	diremos	diríamos	digamos	dijéramos	digamos
	decís	decíais	dijisteis	diréis	diríais	digáis	dijerais	decid (no digáis)
	dicen	decían	dijeron	dirán	dirían	digan	dijeran	digan Uds.

9. estar
Participles: estando, estado

	INDICATIVE					SUBJUNCTIVE		IMPERATIVE
	Present	Imperfect	Preterite	Future	Conditional	Present	Past	
	estoy	estaba	estuve	estaré	estaría	esté	estuviera	
	estás	estabas	estuviste	estarás	estarías	estés	estuvieras	está tú (no estés)
	está	estaba	estuvo	estará	estaría	esté	estuviera	esté Ud.
	estamos	estábamos	estuvimos	estaremos	estaríamos	estemos	estuviéramos	estemos
	estáis	estabais	estuvisteis	estaréis	estaríais	estéis	estuvierais	estad (no estéis)
	están	estaban	estuvieron	estarán	estarían	estén	estuvieran	estén Uds.

10. haber
Participles: habiendo, habido

	INDICATIVE					SUBJUNCTIVE		IMPERATIVE
	Present	Imperfect	Preterite	Future	Conditional	Present	Past	
	he	había	hube	habré	habría	haya	hubiera	
	has	habías	hubiste	habrás	habrías	hayas	hubieras	
	ha	había	hubo	habrá	habría	haya	hubiera	
	hemos	habíamos	hubimos	habremos	habríamos	hayamos	hubiéramos	
	habéis	habíais	hubisteis	habréis	habríais	hayáis	hubierais	
	han	habían	hubieron	habrán	habrían	hayan	hubieran	

11. hacer
Participles: haciendo, hecho

	INDICATIVE					SUBJUNCTIVE		IMPERATIVE
	Present	Imperfect	Preterite	Future	Conditional	Present	Past	
	hago	hacía	hice	haré	haría	haga	hiciera	
	haces	hacías	hiciste	harás	harías	hagas	hicieras	haz tú (no hagas)
	hace	hacía	hizo	hará	haría	haga	hiciera	haga Ud.
	hacemos	hacíamos	hicimos	haremos	haríamos	hagamos	hiciéramos	hagamos
	hacéis	hacíais	hicisteis	haréis	haríais	hagáis	hicierais	haced (no hagáis)
	hacen	hacían	hicieron	harán	harían	hagan	hicieran	hagan Uds.

12. ir
Participles: yendo, ido

	INDICATIVE					SUBJUNCTIVE		IMPERATIVE
	Present	Imperfect	Preterite	Future	Conditional	Present	Past	
	voy	iba	fui	iré	iría	vaya	fuera	
	vas	ibas	fuiste	irás	irías	vayas	fueras	ve tú (no vayas)
	va	iba	fue	irá	iría	vaya	fuera	vaya Ud.
	vamos	íbamos	fuimos	iremos	iríamos	vayamos	fuéramos	vamos
	vais	ibais	fuisteis	iréis	iríais	vayáis	fuerais	id (no vayáis)
	van	iban	fueron	irán	irían	vayan	fueran	vayan Uds.

13. oír (y)
Participles: oyendo, oído

	INDICATIVE					SUBJUNCTIVE		IMPERATIVE
	Present	Imperfect	Preterite	Future	Conditional	Present	Past	
	oigo	oía	oí	oiré	oiría	oiga	oyera	
	oyes	oías	oíste	oirás	oirías	oigas	oyeras	oye tú (no oigas)
	oye	oía	oyó	oirá	oiría	oiga	oyera	oiga Ud.
	oímos	oíamos	oímos	oiremos	oiríamos	oigamos	oyéramos	oigamos
	oís	oíais	oísteis	oiréis	oiríais	oigáis	oyerais	oíd (no oigáis)
	oyen	oían	oyeron	oirán	oirían	oigan	oyeran	oigan Uds.

14. poder (o:ue)
Participles: pudiendo, podido

	INDICATIVE					SUBJUNCTIVE		IMPERATIVE
	Present	Imperfect	Preterite	Future	Conditional	Present	Past	
	puedo	podía	pude	podré	podría	pueda	pudiera	
	puedes	podías	pudiste	podrás	podrías	puedas	pudieras	puede tú (no puedas)
	puede	podía	pudo	podrá	podría	pueda	pudiera	pueda Ud.
	podemos	podíamos	pudimos	podremos	podríamos	podamos	pudiéramos	podamos
	podéis	podíais	pudisteis	podréis	podríais	podáis	pudierais	poded (no podáis)
	pueden	podían	pudieron	podrán	podrían	puedan	pudieran	puedan Uds.

15. poner
Participles: poniendo, puesto

	INDICATIVE					SUBJUNCTIVE		IMPERATIVE
	Present	Imperfect	Preterite	Future	Conditional	Present	Past	
	pongo	ponía	puse	pondré	pondría	ponga	pusiera	
	pones	ponías	pusiste	pondrás	pondrías	pongas	pusieras	pon tú (no pongas)
	pone	ponía	puso	pondrá	pondría	ponga	pusiera	ponga Ud.
	ponemos	poníamos	pusimos	pondremos	pondríamos	pongamos	pusiéramos	pongamos
	ponéis	poníais	pusisteis	pondréis	pondríais	pongáis	pusierais	poned (no pongáis)
	ponen	ponían	pusieron	pondrán	pondrían	pongan	pusieran	pongan Uds.

16. querer (e:ie)
Participles: queriendo, querido

	INDICATIVE					SUBJUNCTIVE		IMPERATIVE
	Present	Imperfect	Preterite	Future	Conditional	Present	Past	
	quiero	quería	quise	querré	querría	quiera	quisiera	
	quieres	querías	quisiste	querrás	querrías	quieras	quisieras	quiere tú (no quieras)
	quiere	quería	quiso	querrá	querría	quiera	quisiera	quiera Ud.
	queremos	queríamos	quisimos	querremos	querríamos	queramos	quisiéramos	queramos
	queréis	queríais	quisisteis	querréis	querríais	queráis	quisierais	quered (no queráis)
	quieren	querían	quisieron	querrán	querrían	quieran	quisieran	quieran Uds.

17. saber
Participles: sabiendo, sabido

	INDICATIVE					SUBJUNCTIVE		IMPERATIVE
	Present	Imperfect	Preterite	Future	Conditional	Present	Past	
	sé	sabía	supe	sabré	sabría	sepa	supiera	
	sabes	sabías	supiste	sabrás	sabrías	sepas	supieras	sabe tú (no sepas)
	sabe	sabía	supo	sabrá	sabría	sepa	supiera	sepa Ud.
	sabemos	sabíamos	supimos	sabremos	sabríamos	sepamos	supiéramos	sepamos
	sabéis	sabíais	supisteis	sabréis	sabríais	sepáis	supierais	sabed (no sepáis)
	saben	sabían	supieron	sabrán	sabrían	sepan	supieran	sepan Uds.

18. salir
Participles: saliendo, salido

	INDICATIVE					SUBJUNCTIVE		IMPERATIVE
	Present	Imperfect	Preterite	Future	Conditional	Present	Past	
	salgo	salía	salí	saldré	saldría	salga	saliera	
	sales	salías	saliste	saldrás	saldrías	salgas	salieras	sal tú (no salgas)
	sale	salía	salió	saldrá	saldría	salga	saliera	salga Ud.
	salimos	salíamos	salimos	saldremos	saldríamos	salgamos	saliéramos	salgamos
	salís	salíais	salisteis	saldréis	saldríais	salgáis	salierais	salid (no salgáis)
	salen	salían	salieron	saldrán	saldrían	salgan	salieran	salgan Uds.

19. ser
Participles: siendo, sido

	INDICATIVE					SUBJUNCTIVE		IMPERATIVE
	Present	Imperfect	Preterite	Future	Conditional	Present	Past	
	soy	era	fui	seré	sería	sea	fuera	
	eres	eras	fuiste	serás	serías	seas	fueras	sé tú (no seas)
	es	era	fue	será	sería	sea	fuera	sea Ud.
	somos	éramos	fuimos	seremos	seríamos	seamos	fuéramos	seamos
	sois	erais	fuisteis	seréis	seríais	seáis	fuerais	sed (no seáis)
	son	eran	fueron	serán	serían	sean	fueran	sean Uds.

20. tener (e:ie)
Participles: teniendo, tenido

	INDICATIVE					SUBJUNCTIVE		IMPERATIVE
	Present	Imperfect	Preterite	Future	Conditional	Present	Past	
	tengo	tenía	tuve	tendré	tendría	tenga	tuviera	
	tienes	tenías	tuviste	tendrás	tendrías	tengas	tuvieras	ten tú (no tengas)
	tiene	tenía	tuvo	tendrá	tendría	tenga	tuviera	tenga Ud.
	tenemos	teníamos	tuvimos	tendremos	tendríamos	tengamos	tuviéramos	tengamos
	tenéis	teníais	tuvisteis	tendréis	tendríais	tengáis	tuvierais	tened (no tengáis)
	tienen	tenían	tuvieron	tendrán	tendrían	tengan	tuvieran	tengan Uds.

21 traer
Participles: trayendo, traído

	INDICATIVE					SUBJUNCTIVE		IMPERATIVE
Infinitive	Present	Imperfect	Preterite	Future	Conditional	Present	Past	
traer	traigo	traía	traje	traeré	traería	traiga	trajera	
	traes	traías	trajiste	traerás	traerías	traigas	trajeras	trae tú (no traigas)
	trae	traía	trajo	traerá	traería	traiga	trajera	traiga Ud.
	traemos	traíamos	trajimos	traeremos	traeríamos	traigamos	trajéramos	traigamos
	traéis	traíais	trajisteis	traeréis	traeríais	traigáis	trajerais	traed (no traigáis)
	traen	traían	trajeron	traerán	traerían	traigan	trajeran	traigan Uds.

22 venir (e:ie)
Participles: viniendo, venido

Infinitive	Present	Imperfect	Preterite	Future	Conditional	Present	Past	IMPERATIVE
venir	vengo	venía	vine	vendré	vendría	venga	viniera	
	vienes	venías	viniste	vendrás	vendrías	vengas	vinieras	ven tú (no vengas)
	viene	venía	vino	vendrá	vendría	venga	viniera	venga Ud.
	venimos	veníamos	vinimos	vendremos	vendríamos	vengamos	viniéramos	vengamos
	venís	veníais	vinisteis	vendréis	vendríais	vengáis	vinierais	venid (no vengáis)
	vienen	venían	vinieron	vendrán	vendrían	vengan	vinieran	vengan Uds.

23 ver
Participles: viendo, visto

Infinitive	Present	Imperfect	Preterite	Future	Conditional	Present	Past	IMPERATIVE
ver	veo	veía	vi	veré	vería	vea	viera	
	ves	veías	viste	verás	verías	veas	vieras	ve tú (no veas)
	ve	veía	vio	verá	vería	vea	viera	vea Ud.
	vemos	veíamos	vimos	veremos	veríamos	veamos	viéramos	veamos
	veis	veíais	visteis	veréis	veríais	veáis	vierais	ved (no veáis)
	ven	veían	vieron	verán	verían	vean	vieran	vean Uds.

Stem-changing verbs

24 contar (o:ue)
Participles: contando, contado

	INDICATIVE					SUBJUNCTIVE		IMPERATIVE
Infinitive	Present	Imperfect	Preterite	Future	Conditional	Present	Past	
contar	cuento	contaba	conté	contaré	contaría	cuente	contara	
	cuentas	contabas	contaste	contarás	contarías	cuentes	contaras	cuenta tú (no cuentes)
	cuenta	contaba	contó	contará	contaría	cuente	contara	cuente Ud.
	contamos	contábamos	contamos	contaremos	contaríamos	contemos	contáramos	contemos
	contáis	contabais	contasteis	contaréis	contaríais	contéis	contarais	contad (no contéis)
	cuentan	contaban	contaron	contarán	contarían	cuenten	contaran	cuenten Uds.

25 dormir (o:ue)
Participles: durmiendo, dormido

Infinitive	Present	Imperfect	Preterite	Future	Conditional	Present	Past	IMPERATIVE
dormir	duermo	dormía	dormí	dormiré	dormiría	duerma	durmiera	
	duermes	dormías	dormiste	dormirás	dormirías	duermas	durmieras	duerme tú (no duermas)
	duerme	dormía	durmió	dormirá	dormiría	duerma	durmiera	duerma Ud.
	dormimos	dormíamos	dormimos	dormiremos	dormiríamos	durmamos	durmiéramos	durmamos
	dormís	dormíais	dormisteis	dormiréis	dormiríais	durmáis	durmierais	dormid (no durmáis)
	duermen	dormían	durmieron	dormirán	dormirían	duerman	durmieran	duerman Uds.

26 empezar (e:ie) (z:c)
Participles: empezando, empezado

Infinitive	Present	Imperfect	Preterite	Future	Conditional	Present	Past	IMPERATIVE
empezar	empiezo	empezaba	empecé	empezaré	empezaría	empiece	empezara	
	empiezas	empezabas	empezaste	empezarás	empezarías	empieces	empezaras	empieza tú (no empieces)
	empieza	empezaba	empezó	empezará	empezaría	empiece	empezara	empiece Ud.
	empezamos	empezábamos	empezamos	empezaremos	empezaríamos	empecemos	empezáramos	empecemos
	empezáis	empezabais	empezasteis	empezaréis	empezaríais	empecéis	empezarais	empezad (no empecéis)
	empiezan	empezaban	empezaron	empezarán	empezarían	empiecen	empezaran	empiecen Uds.

Verb tables

27. entender (e:ie) — Participles: entendiendo, entendido

	INDICATIVE					SUBJUNCTIVE		IMPERATIVE
	Present	Imperfect	Preterite	Future	Conditional	Present	Past	
	entiendo	entendía	entendí	entenderé	entendería	entienda	entendiera	
	entiendes	entendías	entendiste	entenderás	entenderías	entiendas	entendieras	entiende tú (no entiendas)
	entiende	entendía	entendió	entenderá	entendería	entienda	entendiera	entienda Ud.
	entendemos	entendíamos	entendimos	entenderemos	entenderíamos	entendamos	entendiéramos	entendamos
	entendéis	entendíais	entendisteis	entenderéis	entenderíais	entendáis	entendierais	entended (no entendáis)
	entienden	entendían	entendieron	entenderán	entenderían	entiendan	entendieran	entiendan Uds.

28. jugar (u:ue) (g:gu) — Participles: jugando, jugado

	INDICATIVE					SUBJUNCTIVE		IMPERATIVE
	Present	Imperfect	Preterite	Future	Conditional	Present	Past	
	juego	jugaba	jugué	jugaré	jugaría	juegue	jugara	
	juegas	jugabas	jugaste	jugarás	jugarías	juegues	jugaras	juega tú (no juegues)
	juega	jugaba	jugó	jugará	jugaría	juegue	jugara	juegue Ud.
	jugamos	jugábamos	jugamos	jugaremos	jugaríamos	juguemos	jugáramos	juguemos
	jugáis	jugabais	jugasteis	jugaréis	jugaríais	juguéis	jugarais	jugad (no juguéis)
	juegan	jugaban	jugaron	jugarán	jugarían	jueguen	jugaran	jueguen Uds.

29. pedir (e:i) — Participles: pidiendo, pedido

	INDICATIVE					SUBJUNCTIVE		IMPERATIVE
	Present	Imperfect	Preterite	Future	Conditional	Present	Past	
	pido	pedía	pedí	pediré	pediría	pida	pidiera	
	pides	pedías	pediste	pedirás	pedirías	pidas	pidieras	pide tú (no pidas)
	pide	pedía	pidió	pedirá	pediría	pida	pidiera	pida Ud.
	pedimos	pedíamos	pedimos	pediremos	pediríamos	pidamos	pidiéramos	pidamos
	pedís	pedíais	pedisteis	pediréis	pediríais	pidáis	pidierais	pedid (no pidáis)
	piden	pedían	pidieron	pedirán	pedirían	pidan	pidieran	pidan Uds.

30. pensar (e:ie) — Participles: pensando, pensado

	INDICATIVE					SUBJUNCTIVE		IMPERATIVE
	Present	Imperfect	Preterite	Future	Conditional	Present	Past	
	pienso	pensaba	pensé	pensaré	pensaría	piense	pensara	
	piensas	pensabas	pensaste	pensarás	pensarías	pienses	pensaras	piensa tú (no pienses)
	piensa	pensaba	pensó	pensará	pensaría	piense	pensara	piense Ud.
	pensamos	pensábamos	pensamos	pensaremos	pensaríamos	pensemos	pensáramos	pensemos
	pensáis	pensabais	pensasteis	pensaréis	pensaríais	penséis	pensarais	pensad (no penséis)
	piensan	pensaban	pensaron	pensarán	pensarían	piensen	pensaran	piensen Uds.

31. reír(se) (e:i) — Participles: riendo, reído

	INDICATIVE					SUBJUNCTIVE		IMPERATIVE
	Present	Imperfect	Preterite	Future	Conditional	Present	Past	
	río	reía	reí	reiré	reiría	ría	riera	
	ríes	reías	reíste	reirás	reirías	rías	rieras	ríe tú (no rías)
	ríe	reía	rio	reirá	reiría	ría	riera	ría Ud.
	reímos	reíamos	reímos	reiremos	reiríamos	riamos	riéramos	riamos
	reís	reíais	reísteis	reiréis	reiríais	riáis	rierais	reíd (no riáis)
	ríen	reían	rieron	reirán	reirían	rían	rieran	rían Uds.

32. seguir (e:i) (gu:g) — Participles: siguiendo, seguido

	INDICATIVE					SUBJUNCTIVE		IMPERATIVE
	Present	Imperfect	Preterite	Future	Conditional	Present	Past	
	sigo	seguía	seguí	seguiré	seguiría	siga	siguiera	
	sigues	seguías	seguiste	seguirás	seguirías	sigas	siguieras	sigue tú (no sigas)
	sigue	seguía	siguió	seguirá	seguiría	siga	siguiera	siga Ud.
	seguimos	seguíamos	seguimos	seguiremos	seguiríamos	sigamos	siguiéramos	sigamos
	seguís	seguíais	seguisteis	seguiréis	seguiríais	sigáis	siguierais	seguid (no sigáis)
	siguen	seguían	siguieron	seguirán	seguirían	sigan	siguieran	sigan Uds.

33. sentir (e:ie) — Participles: sintiendo, sentido

	INDICATIVE					SUBJUNCTIVE		IMPERATIVE
	Present	Imperfect	Preterite	Future	Conditional	Present	Past	
	siento	sentía	sentí	sentiré	sentiría	sienta	sintiera	
	sientes	sentías	sentiste	sentirás	sentirías	sientas	sintieras	siente tú (no sientas)
	siente	sentía	sintió	sentirá	sentiría	sienta	sintiera	sienta Ud.
	sentimos	sentíamos	sentimos	sentiremos	sentiríamos	sintamos	sintiéramos	sintamos
	sentís	sentíais	sentisteis	sentiréis	sentiríais	sintáis	sintierais	sentid (no sintáis)
	sienten	sentían	sintieron	sentirán	sentirían	sientan	sintieran	sientan Uds.

34 — volver (o:ue)
Participles: volviendo, vuelto

	INDICATIVE					SUBJUNCTIVE		IMPERATIVE
	Present	Imperfect	Preterite	Future	Conditional	Present	Past	
	vuelvo	volvía	volví	volveré	volvería	vuelva	volviera	
	vuelves	volvías	volviste	volverás	volverías	vuelvas	volvieras	vuelve tú (no vuelvas)
	vuelve	volvía	volvió	volverá	volvería	vuelva	volviera	vuelva Ud.
	volvemos	volvíamos	volvimos	volveremos	volveríamos	volvamos	volviéramos	volvamos
	volvéis	volvíais	volvisteis	volveréis	volveríais	volváis	volvierais	volved (no volváis)
	vuelven	volvían	volvieron	volverán	volverían	vuelvan	volvieran	vuelvan Uds.

Verbs with spelling changes only

35 — conocer (c:zc)
Participles: conociendo, conocido

	INDICATIVE					SUBJUNCTIVE		IMPERATIVE
	Present	Imperfect	Preterite	Future	Conditional	Present	Past	
	conozco	conocía	conocí	conoceré	conocería	conozca	conociera	
	conoces	conocías	conociste	conocerás	conocerías	conozcas	conocieras	conoce tú (no conozcas)
	conoce	conocía	conoció	conocerá	conocería	conozca	conociera	conozca Ud.
	conocemos	conocíamos	conocimos	conoceremos	conoceríamos	conozcamos	conociéramos	conozcamos
	conocéis	conocíais	conocisteis	conoceréis	conoceríais	conozcáis	conocierais	conoced (no conozcáis)
	conocen	conocían	conocieron	conocerán	conocerían	conozcan	conocieran	conozcan Uds.

36 — creer (y)
Participles: creyendo, creído

	INDICATIVE					SUBJUNCTIVE		IMPERATIVE
	Present	Imperfect	Preterite	Future	Conditional	Present	Past	
	creo	creía	creí	creeré	creería	crea	creyera	
	crees	creías	creíste	creerás	creerías	creas	creyeras	cree tú (no creas)
	cree	creía	creyó	creerá	creería	crea	creyera	crea Ud.
	creemos	creíamos	creímos	creeremos	creeríamos	creamos	creyéramos	creamos
	creéis	creíais	creísteis	creeréis	creeríais	creáis	creyerais	creed (no creáis)
	creen	creían	creyeron	creerán	creerían	crean	creyeran	crean Uds.

37 — cruzar (z:c)
Participles: cruzando, cruzado

	INDICATIVE					SUBJUNCTIVE		IMPERATIVE
	Present	Imperfect	Preterite	Future	Conditional	Present	Past	
	cruzo	cruzaba	crucé	cruzaré	cruzaría	cruce	cruzara	
	cruzas	cruzabas	cruzaste	cruzarás	cruzarías	cruces	cruzaras	cruza tú (no cruces)
	cruza	cruzaba	cruzó	cruzará	cruzaría	cruce	cruzara	cruce Ud.
	cruzamos	cruzábamos	cruzamos	cruzaremos	cruzaríamos	crucemos	cruzáramos	crucemos
	cruzáis	cruzabais	cruzasteis	cruzaréis	cruzaríais	crucéis	cruzarais	cruzad (no crucéis)
	cruzan	cruzaban	cruzaron	cruzarán	cruzarían	crucen	cruzaran	crucen Uds.

38 — destruir (y)
Participles: destruyendo, destruido

	INDICATIVE					SUBJUNCTIVE		IMPERATIVE
	Present	Imperfect	Preterite	Future	Conditional	Present	Past	
	destruyo	destruía	destruí	destruiré	destruiría	destruya	destruyera	
	destruyes	destruías	destruiste	destruirás	destruirías	destruyas	destruyeras	destruye tú (no destruyas)
	destruye	destruía	destruyó	destruirá	destruiría	destruya	destruyera	destruya Ud.
	destruimos	destruíamos	destruimos	destruiremos	destruiríamos	destruyamos	destruyéramos	destruyamos
	destruís	destruíais	destruisteis	destruiréis	destruiríais	destruyáis	destruyerais	destruid (no destruyáis)
	destruyen	destruían	destruyeron	destruirán	destruirían	destruyan	destruyeran	destruyan Uds.

39 — enviar (envío)
Participles: enviando, enviado

	INDICATIVE					SUBJUNCTIVE		IMPERATIVE
	Present	Imperfect	Preterite	Future	Conditional	Present	Past	
	envío	enviaba	envié	enviaré	enviaría	envíe	enviara	
	envías	enviabas	enviaste	enviarás	enviarías	envíes	enviaras	envía tú (no envíes)
	envía	enviaba	envió	enviará	enviaría	envíe	enviara	envíe Ud.
	enviamos	enviábamos	enviamos	enviaremos	enviaríamos	enviemos	enviáramos	enviemos
	enviáis	enviabais	enviasteis	enviaréis	enviaríais	enviéis	enviarais	enviad (no enviéis)
	envían	enviaban	enviaron	enviarán	enviarían	envíen	enviaran	envíen Uds.

40 graduarse (gradúo)

Participles: graduando, graduado

	INDICATIVE					SUBJUNCTIVE		IMPERATIVE
	Present	Imperfect	Preterite	Future	Conditional	Present	Past	
	gradúo	graduaba	gradué	graduaré	graduaría	gradúe	graduara	
	gradúas	graduabas	graduaste	graduarás	graduarías	gradúes	graduaras	gradúa tú (no gradúes)
	gradúa	graduaba	graduó	graduará	graduaría	gradúe	graduara	gradúe Ud.
	graduamos	graduábamos	graduamos	graduaremos	graduaríamos	graduemos	graduáramos	graduemos
	graduáis	graduabais	graduasteis	graduaréis	graduaríais	graduéis	graduarais	graduad (no graduéis)
	gradúan	graduaban	graduaron	graduarán	graduarían	gradúen	graduaran	gradúen Uds.

41 llegar (g:gu)

Participles: llegando, llegado

	INDICATIVE					SUBJUNCTIVE		IMPERATIVE
	Present	Imperfect	Preterite	Future	Conditional	Present	Past	
	llego	llegaba	llegué	llegaré	llegaría	llegue	llegara	
	llegas	llegabas	llegaste	llegarás	llegarías	llegues	llegaras	llega tú (no llegues)
	llega	llegaba	llegó	llegará	llegaría	llegue	llegara	llegue Ud.
	llegamos	llegábamos	llegamos	llegaremos	llegaríamos	lleguemos	llegáramos	lleguemos
	llegáis	llegabais	llegasteis	llegaréis	llegaríais	lleguéis	llegarais	llegad (no lleguéis)
	llegan	llegaban	llegaron	llegarán	llegarían	lleguen	llegaran	lleguen Uds.

42 proteger (g:j)

Participles: protegiendo, protegido

	INDICATIVE					SUBJUNCTIVE		IMPERATIVE
	Present	Imperfect	Preterite	Future	Conditional	Present	Past	
	protejo	protegía	protegí	protegeré	protegería	proteja	protegiera	
	proteges	protegías	protegiste	protegerás	protegerías	protejas	protegieras	protege tú (no protejas)
	protege	protegía	protegió	protegerá	protegería	proteja	protegiera	proteja Ud.
	protegemos	protegíamos	protegimos	protegeremos	protegeríamos	protejamos	protegiéramos	protejamos
	protegéis	protegíais	protegisteis	protegeréis	protegeríais	protejáis	protegierais	proteged (no protejáis)
	protegen	protegían	protegieron	protegerán	protegerían	protejan	protegieran	protejan Uds.

43 tocar (c:qu)

Participles: tocando, tocado

	INDICATIVE					SUBJUNCTIVE		IMPERATIVE
	Present	Imperfect	Preterite	Future	Conditional	Present	Past	
	toco	tocaba	toqué	tocaré	tocaría	toque	tocara	
	tocas	tocabas	tocaste	tocarás	tocarías	toques	tocaras	toca tú (no toques)
	toca	tocaba	tocó	tocará	tocaría	toque	tocara	toque Ud.
	tocamos	tocábamos	tocamos	tocaremos	tocaríamos	toquemos	tocáramos	toquemos
	tocáis	tocabais	tocasteis	tocaréis	tocaríais	toquéis	tocarais	tocad (no toquéis)
	tocan	tocaban	tocaron	tocarán	tocarían	toquen	tocaran	toquen Uds.

Guide to Vocabulary

All active vocabulary in **¡ADELANTE!** is presented in this glossary. The first number after an entry refers to the volume of **¡ADELANTE!** where the word is activated; the second refers to the lesson number.

aceite 2.2 (Activated in **¡ADELANTE! DOS**, Lección 2)

posible 3.1 (Activated in **¡ADELANTE! TRES**, Lección 1)

Note on alphabetization

For purposes of alphabetization, **ch** and **ll** are not treated as separate letters, but **ñ** follows **n**. Therefore, in this glossary you will find that **año**, for example, appears after **anuncio**.

Abbreviations used in this glossary

adj.	adjective	*form.*	formal	*pl.*	plural
adv.	adverb	*indef.*	indefinite	*poss.*	possessive
art.	article	*interj.*	interjection	*prep.*	preposition
conj.	conjunction	*i.o.*	indirect object	*pron.*	pronoun
def.	definite	*m.*	masculine	*ref.*	reflexive
d.o.	direct object	*n.*	noun	*sing.*	singular
f.	feminine	*obj.*	object	*sub.*	subject
fam.	familiar	*p.p.*	past participle	*v.*	verb

Spanish-English

A

a *prep.* at; to 1.1
  ¿A qué hora...? At what time...? 1.1
  a bordo aboard 1.1
  a dieta on a diet 3.3
  a la derecha to the right 1.2
  a la izquierda to the left 1.2
  a la plancha grilled 2.2
  a la(s) + *time* at + *time* 1.1
  a menos que unless 3.1
  a menudo *adv.* often 2.4
  a nombre de in the name of 1.5
  a plazos in installments 3.4
  A sus órdenes. At your service. 2.5
  a tiempo *adv.* on time 2.4
  a veces *adv.* sometimes 2.4
  a ver let's see 1.2
¡Abajo! *adv.* Down! 3.3
abeja *f.* bee
abierto/a *adj.* open 1.5, 3.2
abogado/a *m., f.* lawyer 3.4
abrazar(se) *v.* to hug; to embrace (each other) 2.5
abrazo *m.* hug
abrigo *m.* coat 1.6
abril *m.* April 1.5
abrir *v.* to open 1.3
abuelo/a *m., f.* grandfather; grandmother 1.3
abuelos *pl.* grandparents 1.3

aburrido/a *adj.* bored; boring 1.5
aburrir *v.* to bore 2.1
aburrirse *v.* to get bored 3.5
acabar de (+ *inf.*) *v.* to have just done something 1.6
acampar *v.* to camp 1.5
accidente *m.* accident 2.4
acción *f.* action 3.5
  de acción action (genre) 3.5
aceite *m.* oil 2.2
ácido/a *adj.* acid 3.1
acompañar *v.* to go with; to accompany 3.2
aconsejar *v.* to advise 2.6
acontecimiento *m.* event 3.6
acordarse (de) (o:ue) *v.* to remember 2.1
acostarse (o:ue) *v.* to go to bed 2.1
activo/a *adj.* active 3.3
actor *m.* actor 3.4
actriz *f.* actor 3.4
actualidades *f., pl.* news; current events 3.6
acuático/a *adj.* aquatic 1.4
adelgazar *v.* to lose weight; to slim down 3.3
además (de) *adv.* furthermore; besides 2.4
adicional *adj.* additional
adiós *m.* good-bye 1.1
adjetivo *m.* adjective
administración de empresas *f.* business administration 1.2
adolescencia *f.* adolescence 2.3
¿adónde? *adv.* where (to)? (destination) 1.2
aduana *f.* customs 1.5

aeróbico/a *adj.* aerobic 3.3
aeropuerto *m.* airport 1.5
afectado/a *adj.* affected 3.1
afeitarse *v.* to shave 2.1
aficionado/a *adj.* fan 1.4
afirmativo/a *adj.* affirmative
afueras *f., pl.* suburbs; outskirts 2.6
agencia de viajes *f.* travel agency 1.5
agente de viajes *m., f.* travel agent 1.5
agosto *m.* August 1.5
agradable *adj.* pleasant
agua *f.* water 2.2
  agua mineral mineral water 2.2
ahora *adv.* now 1.2
  ahora mismo right now 1.5
ahorrar *v.* to save (money) 3.2
ahorros *m.* savings 3.2
aire *m.* air 1.5
ajo *m.* garlic 2.2
al (*contraction of* **a + el**) 1.2
  al aire libre open-air 1.6
  al contado in cash 3.2
  (al) este (to the) east 3.2
  al fondo (de) at the end (of) 2.6
  al lado de beside 1.2
  (al) norte (to the) north 3.2
  (al) oeste (to the) west 3.2
  (al) sur (to the) south 3.2
alcoba *f.* bedroom 2.6
alcohol *m.* alcohol 3.3
alcohólico/a *adj.* alcoholic 3.3
alegrarse (de) *v.* to be happy 3.1
alegre *adj.* happy; joyful 1.5
alegría *f.* happiness 2.3

alemán, alemana *adj.* German 1.3
alérgico/a *adj.* allergic 2.4
alfombra *f.* carpet; rug 2.6
algo *pron.* something; anything 2.1
algodón *m.* cotton 1.6
alguien *pron.* someone; somebody; anyone 2.1
algún, alguno/a(s) *adj.* any; some 2.1
alimento *m.* food
  alimentación *f.* diet
aliviar *v.* to reduce 3.3
  aliviar el estrés/la tensión to reduce stress/tension 3.3
allí *adv.* there 1.5
  allí mismo right there 3.2
almacén *m.* department store 1.6
almohada *f.* pillow 2.6
almorzar (o:ue) *v.* to have lunch 1.4
almuerzo *m.* lunch 2.2
aló *interj.* hello (*on the telephone*) 2.5
alquilar *v.* to rent 2.6
alquiler *m.* rent (payment) 2.6
alternador *m.* alternator 2.5
altillo *m.* attic 2.6
alto/a *adj.* tall 1.3
aluminio *m.* aluminum 3.1
ama de casa *m., f.* housekeeper; caretaker 2.6
amable *adj.* nice; friendly 1.5
amarillo/a *adj.* yellow 1.6
amigo/a *m., f.* friend 1.3
amistad *f.* friendship 2.3
amor *m.* love 2.3
anaranjado/a *adj.* orange 1.6
andar *v.* **en patineta** to skateboard 1.4
animal *m.* animal 3.1
aniversario (de bodas) *m.* (wedding) anniversary 2.3
anoche *adv.* last night 1.6
anteayer *adv.* the day before yesterday 1.6
antes *adv.* before 2.1
  antes (de) que *conj.* before 3.1
  antes de *prep.* before 2.1
antibiótico *m.* antibiotic 2.4
antipático/a *adj.* unpleasant 1.3
anunciar *v.* to announce; to advertise 3.6
anuncio *m.* advertisement 3.4
año *m.* year 1.5
  año pasado last year 1.6
apagar *v.* to turn off 2.5
aparato *m.* appliance
apartamento *m.* apartment 2.6
apellido *m.* last name 1.3
apenas *adv.* hardly; scarcely 2.4
aplaudir *v.* to applaud 3.5
apreciar *v.* to appreciate 3.5
aprender (a + inf.) *v.* to learn 1.3
apurarse *v.* to hurry; to rush 3.3
aquel, aquella *adj.* that (over there) 1.6

aquél, aquélla *pron.* that (over there) 1.6
aquello *neuter, pron.* that; that thing; that fact 1.6
aquellos/as *pl. adj.* those (over there) 1.6
aquéllos/as *pl. pron.* those (ones) (over there) 1.6
aquí *adv.* here 1.1
  Aquí está... Here it is... 1.5
  Aquí estamos en... Here we are at/in... 1.2
  aquí mismo right here 2.5
árbol *m.* tree 3.1
archivo *m.* file 2.5
armario *m.* closet 2.6
arqueólogo/a *m., f.* archaeologist 3.4
arquitecto/a *m., f.* architect 3.4
arrancar *v.* to start (*a car*) 2.5
arreglar *v.* to fix; to arrange 2.5; to neaten; to straighten up 2.6
arriba *adv.* up
arroba *f.* @ symbol 2.5
arroz *m.* rice 2.2
arte *m.* art 1.2
artes *f., pl.* arts 3.5
artesanía *f.* craftsmanship; crafts 3.5
artículo *m.* article 3.6
artista *m., f.* artist 1.3
artístico/a *adj.* artistic 3.5
arveja *m.* pea 2.2
asado/a *adj.* roast 2.2
ascenso *m.* promotion 3.4
ascensor *m.* elevator 1.5
así *adv.* like this; so (*in such a way*) 2.4
  así así so so 1.1
asistir (a) *v.* to attend 1.3
aspiradora *f.* vacuum cleaner 2.6
aspirante *m., f.* candidate; applicant 3.4
aspirina *f.* aspirin 2.4
atún *m.* tuna 2.2
aumentar *v.* **de peso** to gain weight 3.3
aumento *m.* increase 3.4
  aumento de sueldo pay raise 3.4
aunque although
autobús *m.* bus 1.1
automático/a *adj.* automatic
auto(móvil) *m.* auto(mobile) 1.5
autopista *f.* highway 2.5
ave *f.* bird 3.1
avenida *f.* avenue
aventura *f.* adventure 3.5
  de aventura adventure (genre) 3.5
avergonzado/a *adj.* embarrassed 1.5
avión *m.* airplane 1.5
¡Ay! *interj.* Oh!
  ¡Ay, qué dolor! Oh, what pain!
ayer *adv.* yesterday 1.6

ayudar(se) *v.* to help (each other) 2.5, 2.6
azúcar *m.* sugar 2.2
azul *adj. m., f.* blue 1.6

B

bailar *v.* to dance 1.2
bailarín/bailarina *m., f.* dancer 3.5
baile *m.* dance 3.5
bajar(se) de *v.* to get off of/out of (a vehicle) 2.5
bajo/a *adj.* short (*in height*) 1.3
bajo control under control 2.1
balcón *m.* balcony 2.6
baloncesto *m.* basketball 1.4
banana *f.* banana 2.2
banco *m.* bank 3.2
banda *f.* band 3.5
bandera *f.* flag
bañarse *v.* to bathe; to take a bath 2.1
baño *m.* bathroom 2.1
barato/a *adj.* cheap 1.6
barco *m.* boat 1.5
barrer *v.* to sweep 2.6
  barrer el suelo to sweep the floor 2.6
barrio *m.* neighborhood 2.6
bastante *adv.* enough; rather 2.4; pretty 3.1
basura *f.* trash 2.6
baúl *m.* trunk 2.5
beber *v.* to drink 1.3
bebida *f.* drink 2.2
  bebida alcohólica *f.* alcoholic beverage 3.3
béisbol *m.* baseball 1.4
bellas artes *f., pl.* fine arts 3.5
belleza *f.* beauty 3.2
beneficio *m.* benefit 3.4
besar(se) *v.* to kiss (each other) 2.5
beso *m.* kiss 2.3
biblioteca *f.* library 1.2
bicicleta *f.* bicycle 1.4
bien *adj.* well 1.1
bienestar *m.* well-being 3.3
bienvenido(s)/a(s) *adj.* welcome 2.6
billete *m.* paper money; ticket
billón *m.* trillion
biología *f.* biology 1.2
bisabuelo/a *m., f.* great-grandfather/great-grandmother 1.3
bistec *m.* steak 2.2
bizcocho *m.* biscuit
blanco/a *adj.* white 1.6
bluejeans *m., pl.* jeans 1.6
blusa *f.* blouse 1.6
boca *f.* mouth 2.4
boda *f.* wedding 2.3
boleto *m.* ticket 3.5
bolsa *f.* purse, bag 1.6
bombero/a *m., f.* firefighter 3.4
bonito/a *adj.* pretty 1.3
borrador *m.* eraser 1.2

borrar *v.* to erase **2.5**
bosque *m.* forest **3.1**
  bosque tropical tropical forest; rainforest **3.1**
bota *f.* boot **1.6**
botella *f.* bottle **2.3**
  botella de vino bottle of wine **2.3**
botones *m., f. sing.* bellhop **1.5**
brazo *m.* arm **2.4**
brindar *v.* to toast (*drink*) **2.3**
bucear *v.* to scuba dive **1.4**
bueno *adv.* well **1.2, 3.5**
buen, bueno/a *adj.* good **1.3, 1.6**
  ¡Buen viaje! Have a good trip! **1.1**
  buena forma good shape (*physical*) **3.3**
  Buena idea. Good idea. **1.4**
  Buenas noches. Good evening; Good night. **1.1**
  Buenas tardes. Good afternoon. **1.1**
  buenísimo/a extremely good
  ¿Bueno? Hello. (*on telephone*) **2.5**
  Buenos días. Good morning. **1.1**
bulevar *m.* boulevard
buscar *v.* to look for **1.2**
buzón *m.* mailbox **3.2**

C

caballo *m.* horse **1.5**
cabaña *f.* cabin **1.5**
cabe: no cabe duda de there's no doubt **3.1**
cabeza *f.* head **2.4**
cada *adj.* each **1.6**
caerse *v.* to fall (down) **2.4**
café *m.* café **1.4**; *adj. m., f.* brown **1.6**; *m.* coffee **2.2**
cafeína *f.* caffeine **3.2**
cafetera *f.* coffee maker **2.6**
cafetería *f.* cafeteria **1.2**
caído/a *p.p.* fallen **3.2**
caja *f.* cash register **1.6**
cajero/a *m., f.* cashier **3.2**
  cajero automático *m.* ATM **3.2**
calcetín (calcetines) *m.* sock(s) **1.6**
calculadora *f.* calculator **2.5**
caldo *m.* soup **2.2**
  caldo de patas *m.* beef soup **2.2**
calentarse (e:ie) *v.* to warm up **3.3**
calidad *f.* quality **1.6**
calle *f.* street **2.5**
calor *m.* heat **1.5**
caloría *f.* calorie **3.3**
calzar *v.* to take size... shoes **1.6**
cama *f.* bed **1.5**
cámara digital *f.* digital camera **2.5**
cámara de video *f.* video camera **2.5**
camarero/a *m., f.* waiter/waitress **2.2**
camarón *m.* shrimp **2.2**

cambiar (de) *v.* to change **2.3**
cambio *m.* **de moneda** currency exchange
caminar *v.* to walk **1.2**
camino *m.* road
camión *m.* truck; bus
camisa *f.* shirt **1.6**
camiseta *f.* t-shirt **1.6**
campo *m.* countryside **1.5**
canadiense *adj.* Canadian **1.3**
canal *m.* (TV) channel **2.5, 3.5**
canción *f.* song **3.5**
candidato/a *m., f.* candidate **3.6**
cansado/a *adj.* tired **1.5**
cantante *m., f.* singer **3.5**
cantar *v.* to sing **1.2**
capital *f.* capital city **1.1**
capó *m.* hood **2.5**
cara *f.* face **2.1**
caramelo *m.* caramel **2.3**
carne *f.* meat **2.2**
  carne de res *f.* beef **2.2**
carnicería *f.* butcher shop **3.2**
caro/a *adj.* expensive **1.6**
carpintero/a *m., f.* carpenter **3.4**
carrera *f.* career **3.4**
carretera *f.* highway **2.5**
carro *m.* car; automobile **2.5**
carta *f.* letter **1.4**; (*playing*) card **1.5**
cartel *m.* poster **2.6**
cartera *f.* wallet **1.6**
cartero *m.* mail carrier **3.2**
casa *f.* house; home **1.2**
casado/a *adj.* married **2.3**
casarse (con) *v.* to get married (to) **2.3**
casi *adv.* almost **2.4**
catorce fourteen **1.1**
cazar *v.* to hunt **3.1**
cebolla *f.* onion **2.2**
cederrón *m.* CD-ROM **2.5**
celebrar *v.* to celebrate **2.3**
celular *adj.* cellular **2.5**
cena *f.* dinner **2.2**
cenar *v.* to have dinner **1.2**
centro *m.* downtown **1.4**
  centro comercial shopping mall **1.6**
cepillarse los dientes/el pelo *v.* to brush one's teeth/one's hair **2.1**
cerámica *f.* pottery **3.5**
cerca de *prep.* near **1.2**
cerdo *m.* pork **2.2**
cereales *m., pl.* cereal; grains **2.2**
cero *m.* zero **1.1**
cerrado/a *adj.* closed **1.5, 3.2**
cerrar (e:ie) *v.* to close **1.4**
cerveza *f.* beer **2.2**
césped *m.* grass
ceviche *m.* marinated fish dish **2.2**
  ceviche de camarón *m.* lemon-marinated shrimp **2.2**
chaleco *m.* vest
champán *m.* champagne **2.3**
champiñón *m.* mushroom **2.2**
champú *m.* shampoo **2.1**
chaqueta *f.* jacket **1.6**

chau *fam. interj.* bye **1.1**
cheque *m.* (bank) check **3.2**
  cheque (de viajero) *m.* (traveler's) check **3.2**
chévere *adj., fam.* terrific
chico/a *m., f.* boy/girl **1.1**
chino/a *adj.* Chinese **1.3**
chocar (con) *v.* to run into
chocolate *m.* chocolate **2.3**
choque *m.* collision **3.6**
chuleta *f.* chop (*food*) **2.2**
  chuleta de cerdo *f.* pork chop **2.2**
cibercafé *m.* cybercafé
ciclismo *m.* cycling **1.4**
cielo *m.* sky **3.1**
cien(to) one hundred **1.2**
ciencia *f.* science **1.2**
  de ciencia ficción *f.* science fiction (genre) **3.5**
científico/a *m., f.* scientist **3.4**
cierto *m.* certain **3.1**
  es cierto it's certain **3.1**
  no es cierto it's not certain **3.1**
cinco five **1.1**
cincuenta fifty **1.2**
cine *m.* movie theater **1.4**
cinta *f.* (audio)tape
cinta caminadora *f.* treadmill **3.3**
cinturón *m.* belt **1.6**
circulación *f.* traffic **2.5**
cita *f.* date; appointment **2.3**
ciudad *f.* city **1.4**
ciudadano/a *m., f.* citizen **3.6**
Claro (que sí). *fam.* Of course. **3.4**
clase *f.* class **1.2**
  clase de ejercicios aeróbicos *f.* aerobics class **3.3**
clásico/a *adj.* classical **3.5**
cliente/a *m., f.* customer **1.6**
clínica *f.* clinic **2.4**
cobrar *v.* to cash (a check) **3.2**
coche *m.* car; automobile **2.5**
cocina *f.* kitchen; stove **2.6**
cocinar *v.* to cook **2.6**
cocinero/a *m., f.* cook, chef **3.4**
cofre *m.* hood **3.2**
cola *f.* line **3.2**
colesterol *m.* cholesterol **3.3**
color *m.* color **1.6**
comedia *f.* comedy; play **3.5**
comedor *m.* dining room **2.6**
comenzar (e:ie) *v.* to begin **1.4**
comer *v.* to eat **1.3**
comercial *adj.* commercial; business-related **3.4**
comida *f.* food; meal **2.2**
como like; as **2.2**
¿cómo? what?; how? **1.1**
  ¿Cómo es...? What's... like? **1.3**
  ¿Cómo está usted? *form.* How are you? **1.1**
  ¿Cómo estás? *fam.* How are you? **1.1**
  ¿Cómo les fue...? *pl.* How did ... go for you? **3.3**

¿Cómo se llama (usted)? *(form.)* What's your name? 1.1
¿Cómo te llamas (tú)? *(fam.)* What's your name? 1.1
cómoda *f.* chest of drawers 2.6
cómodo/a *adj.* comfortable 1.5
compañero/a de clase *m., f.* classmate 1.2
compañero/a de cuarto *m., f.* roommate 1.2
compañía *f.* company; firm 3.4
compartir *v.* to share 1.3
completamente *adv.* completely 3.4
compositor(a) *m., f.* composer 3.5
comprar *v.* to buy 1.2
compras *f., pl.* purchases 1.5
ir de compras to go shopping 1.5
comprender *v.* to understand 1.3
comprobar *v.* to check
comprometerse (con) *v.* to get engaged (to) 2.3
computación *f.* computer science 1.2
computadora *f.* computer 1.1
computadora portátil *f.* portable computer; laptop 2.5
comunicación *f.* communication 3.6
comunicarse (con) *v.* to communicate (with) 3.6
comunidad *f.* community 1.1
con *prep.* with 1.2
Con él/ella habla. This is he/she. (*on telephone*) 2.5
con frecuencia *adv.* frequently 2.4
Con permiso. Pardon me; Excuse me. 1.1
con tal (de) que provided (that) 3.1
concierto *m.* concert 3.5
concordar *v.* to agree
concurso *m.* game show; contest 3.5
conducir *v.* to drive 1.6, 2.5
conductor(a) *m., f.* driver 1.1
confirmar *v.* to confirm 1.5
confirmar *v.* **una reservación** *f.* to confirm a reservation 1.5
confundido/a *adj.* confused 1.5
congelador *m.* freezer 2.6
congestionado/a *adj.* congested; stuffed-up 2.4
conmigo *pron.* with me 1.4, 2.3
conocer *v.* to know; to be acquainted with 1.6
conocido *adj.; p.p.* known
conseguir (e:i) *v.* to get; to obtain 1.4
consejero/a *m., f.* counselor; advisor 3.4
consejo *m.* advice 1.6
conservación *f.* conservation 3.1
conservar *v.* to conserve 3.1
construir *v.* to build
consultorio *m.* doctor's office 2.4
consumir *v.* to consume 3.3
contabilidad *f.* accounting 1.2

contador(a) *m., f.* accountant 3.4
contaminación *f.* pollution 3.1
contaminación del aire/del agua air/water pollution 3.1
contaminado/a *adj.* polluted 3.1
contaminar *v.* to pollute 3.1
contar (o:ue) *v.* to count; to tell 1.4
contar (con) *v.* to count (on) 2.6
contento/a *adj.* happy; content 1.5
contestadora *f.* answering machine 2.5
contestar *v.* to answer 1.2
contigo *fam. pron.* with you 2.3
contratar *v.* to hire 3.4
control *m.* control 2.1
control remoto remote control 2.5
controlar *v.* to control 3.1
conversación *f.* conversation 1.1
conversar *v.* to converse, to chat 1.2
copa *f.* wineglass; goblet 2.6
corazón *m.* heart 2.4
corbata *f.* tie 1.6
corredor(a) *m., f.* **de bolsa** stockbroker 3.4
correo *m.* mail; post office 3.2
correo electrónico *m.* e-mail 1.4
correr *v.* to run 1.3
cortesía *f.* courtesy
cortinas *f., pl.* curtains 2.6
corto/a *adj.* short (*in length*) 1.6
cosa *f.* thing 1.1
costar (o:ue) *f.* to cost 1.6
cráter *m.* crater 3.1
creer *v.* to believe 3.1
creer (en) *v.* to believe (in) 1.3
no creer (en) *v.* not to believe (in) 3.1
creído/a *adj., p.p.* believed 3.2
crema de afeitar *f.* shaving cream 2.1
crimen *m.* crime; murder 3.6
cruzar *v.* to cross 3.2
cuaderno *m.* notebook 1.1
cuadra *f.* (city) block 3.2
¿cuál(es)? which?; which one(s)? 1.2
¿Cuál es la fecha de hoy? What is today's date? 1.5
cuadro *m.* picture 2.6
cuadros *m., pl.* plaid 1.6
cuando when 2.1; 3.1
¿cuándo? when? 1.2
¿cuánto(s)/a(s)? how much/how many? 1.1
¿Cuánto cuesta…? How much does… cost? 1.6
¿Cuántos años tienes? How old are you? 1.3
cuarenta forty 1.2
cuarto de baño *m.* bathroom 2.1
cuarto *m.* room 1.2, 2.1
cuarto/a *adj.* fourth 1.5
menos cuarto quarter to (time) 1.1
y cuarto quarter after (time) 1.1

cuatro four 1.1
cuatrocientos/as four hundred 1.2
cubiertos *m., pl.* silverware
cubierto/a *p.p.* covered
cubrir *v.* to cover
cuchara *f.* (table or large) spoon 2.6
cuchillo *m.* knife 2.6
cuello *m.* neck 2.4
cuenta *f.* bill 2.3; account 3.2
cuenta corriente *f.* checking account 3.2
cuenta de ahorros *f.* savings account 3.2
cuento *m.* short story 3.5
cuerpo *m.* body 2.4
cuidado *m.* care 1.3
cuidar *v.* to take care of 3.1
¡Cuídense! Take care! 3.2
cultura *f.* culture 3.5
cumpleaños *m., sing.* birthday 2.3
cumplir años *v.* to have a birthday 2.3
cuñado/a *m., f.* brother-in-law; sister-in-law 1.3
currículum *m.* résumé 3.4
curso *m.* course 1.2

D

danza *f.* dance 3.5
dañar *v.* to damage; to break down 2.4
dar *v.* to give 1.6, 2.3
dar direcciones *v.* to give directions 3.2
dar un consejo *v.* to give advice 1.6
darse con *v.* to bump into; to run into (something) 2.4
darse prisa *v.* to hurry; to rush 3.3
de *prep.* of; from 1.1
¿De dónde eres? *fam.* Where are you from? 1.1
¿De dónde es usted? *form.* Where are you from? 1.1
¿De parte de quién? Who is calling? (*on telephone*) 2.5
¿de quién…? whose…? (*sing.*) 1.1
¿de quiénes…? whose…? (*pl.*) 1.1
de algodón (made) of cotton 1.6
de aluminio (made) of aluminum 3.1
de buen humor in a good mood 1.5
de compras shopping 1.5
de cuadros plaid 1.6
de excursión hiking 1.4
de hecho in fact
de ida y vuelta roundtrip 1.5
de la mañana in the morning; A.M. 1.1
de la noche in the evening; at night; P.M. 1.1

de la tarde in the afternoon; in the early evening; P.M. 1.1
de lana (made) of wool 1.6
de lunares polka-dotted 1.6
de mal humor in a bad mood 1.5
de mi vida of my life 3.3
de moda in fashion 1.6
De nada. You're welcome. 1.1
De ninguna manera. No way. 3.4
de niño/a as a child 2.4
de parte de on behalf of 2.5
de plástico (made) of plastic 3.1
de rayas striped 1.6
de repente suddenly 1.6
de seda (made) of silk 1.6
de vaqueros western (genre) 3.5
de vez en cuando from time to time 2.4
de vidrio (made) of glass 3.1
debajo de *prep.* below; under 1.2
deber (+ *inf.*) *v.* should; must; ought to 1.3
Debe ser... It must be... 1.6
deber *m.* responsibility; obligation 3.6
debido a due to (the fact that)
débil *adj.* weak 3.3
decidido/a *adj.* decided 3.2
decidir (+ *inf.*) *v.* to decide 1.3
décimo/a *adj.* tenth 1.5
decir (e:i) *v.* **(que)** to say (that); to tell (that) 1.4, 2.3
decir la respuesta to say the answer 1.4
decir la verdad to tell the truth 1.4
decir mentiras to tell lies 1.4
decir que to say that 1.4
declarar *v.* to declare; to say 3.6
dedo *m.* finger 2.4
dedo del pie *m.* toe 2.4
deforestación *f.* deforestation 3.1
dejar *v.* to let 2.6; to quit; to leave behind 3.4
dejar de (+ *inf.*) *v.* to stop (*doing something*) 3.1
dejar una propina *v.* to leave a tip 2.3
del (*contraction of* **de** + **el**) of the; from the 1.1
delante de *prep.* in front of 1.2
delgado/a *adj.* thin; slender 1.3
delicioso/a *adj.* delicious 2.2
demás *adj.* the rest
demasiado *adj., adv.* too much 1.6
dentista *m., f.* dentist 2.4
dentro de (diez años) within (ten years) 3.4; inside
dependiente/a *m., f.* clerk 1.6
deporte *m.* sport 1.4
deportista *m.* sports person
deportivo/a *adj.* sports-related 1.4
depositar *v.* to deposit 3.2
derecha *f.* right 1.2
derecho *adj.* straight (ahead) 3.2

a la derecha de to the right of 1.2
derechos *m., pl.* rights 3.6
desarrollar *v.* to develop 3.1
desastre (natural) *m.* (natural) disaster 3.6
desayunar *v.* to have breakfast 1.2
desayuno *m.* breakfast 2.2
descafeinado/a *adj.* decaffeinated 3.3
descansar *v.* to rest 1.2
descargar *v.* to download 2.5
descompuesto/a *adj.* not working; out of order 2.5
describir *v.* to describe 1.3
descrito/a *p.p.* described 3.2
descubierto/a *p.p.* discovered 3.2
descubrir *v.* to discover 3.1
desde *prep.* from 1.6
desear *v.* to wish; to desire 1.2
desempleo *m.* unemployment 3.6
desierto *m.* desert 3.1
desigualdad *f.* inequality 3.6
desordenado/a *adj.* disorderly 1.5
despacio *adv.* slowly 2.4
despedida *f.* farewell; good-bye
despedir (e:i) *v.* to fire 3.4
despedirse (de) (e:i) *v.* to say goodbye (to) 2.1
despejado/a *adj.* clear (*weather*)
despertador *m.* alarm clock 2.1
despertarse (e:ie) *v.* to wake up 2.1
después *adv.* afterwards; then 2.1
después de after 2.1
después de que *conj.* after 3.1
destruir *v.* to destroy 3.1
detrás de *prep.* behind 1.2
día *m.* day 1.1
día de fiesta holiday 2.3
diario *m.* diary 1.1; newspaper 3.6
diario/a *adj.* daily 2.1
dibujar *v.* to draw 1.2
dibujo *m.* drawing 3.5
dibujos animados *m., pl.* cartoons 3.5
diccionario *m.* dictionary 1.1
dicho/a *p.p.* said 3.2
diciembre *m.* December 1.5
dictadura *f.* dictatorship 3.6
diecinueve nineteen 1.1
dieciocho eighteen 1.1
dieciséis sixteen 1.1
diecisiete seventeen 1.1
diente *m.* tooth 2.1
dieta *f.* diet 3.3
comer una dieta equilibrada to eat a balanced diet 3.3
diez ten 1.1
difícil *adj.* difficult; hard 1.3
Diga. Hello. (*on telephone*) 2.5
diligencia *f.* errand 3.2
dinero *m.* money 1.6
dirección *f.* address 3.2
dirección electrónica *f.* e-mail address 2.5
direcciones *f., pl.* directions 3.2

director(a) *m., f.* director; (*musical*) conductor 3.5
dirigir *v.* to direct 3.5
disco compacto compact disc (CD) 2.5
discriminación *f.* discrimination 3.6
discurso *m.* speech 3.6
diseñador(a) *m., f.* designer 3.4
diseño *m.* design
disfrutar (de) *v.* to enjoy; to reap the benefits (of) 3.3
diversión *f.* fun activity; entertainment; recreation 1.4
divertido/a *adj.* fun 2.1
divertirse (e:ie) *v.* to have fun 2.3
divorciado/a *adj.* divorced 2.3
divorciarse (de) *v.* to get divorced (from) 2.3
divorcio *m.* divorce 2.3
doblar *v.* to turn 3.2
doble *adj.* double
doce twelve 1.1
doctor(a) *m., f.* doctor 1.3, 2.4
documental *m.* documentary 3.5
documentos de viaje *m., pl.* travel documents
doler (o:ue) *v.* to hurt 2.4
dolor *m.* ache; pain 2.4
dolor de cabeza *m.* headache 2.4
doméstico/a *adj.* domestic 2.6
domingo *m.* Sunday 1.2
don/doña *title of respect used with a person's first name* 1.1
donde *prep.* where
¿Dónde está...? Where is...? 1.2
¿dónde? where? 1.1
dormir (o:ue) *v.* to sleep 1.4
dormirse (o:ue) *v.* to go to sleep; to fall asleep 2.1
dormitorio *m.* bedroom 2.6
dos two 1.1
dos veces *f.* twice; two times 1.6
doscientos/as two hundred 1.2
drama *m.* drama; play 3.5
dramático/a *adj.* dramatic 3.5
dramaturgo/a *m., f.* playwright 3.5
droga *f.* drug 3.3
drogadicto/a *adj.* drug addict 3.3
ducha *f.* shower 2.1
ducharse *v.* to shower; to take a shower 2.1
duda *f.* doubt 3.1
dudar *v.* to doubt 3.1
no dudar *v.* not to doubt 3.1
dueño/a *m., f.* owner; landlord 2.2
dulces *m., pl.* sweets; candy 2.3
durante *prep.* during 2.1
durar *v.* to last 3.6

E

e *conj.* (*used instead of* **y** *before words beginning with* **i** *and* **hi**) and 1.4

Span-Eng

echar *v.* to throw
  echar (una carta) al buzón *v.* to put (a letter) in the mailbox; to mail 3.2
ecología *f.* ecology 3.1
economía *f.* economics 1.2
ecoturismo *m.* ecotourism 3.1
Ecuador *m.* Ecuador 1.1
ecuatoriano/a *adj.* Ecuadorian 1.3
edad *f.* age 2.3
edificio *m.* building 2.6
  edificio de apartamentos apartment building 2.6
(en) efectivo *m.* cash 1.6
ejercicio *m.* exercise 3.3
  ejercicios aeróbicos aerobic exercises 3.3
  ejercicios de estiramiento stretching exercises 3.3
ejército *m.* army 3.6
el *m., sing., def. art.* the 1.1
él *sub. pron.* he 1.1; *adj. pron.* him
elecciones *f., pl.* election 3.6
electricista *m., f.* electrician 3.4
electrodoméstico *m.* electric appliance 2.6
elegante *adj. m., f.* elegant 1.6
elegir (e:i) *v.* to elect 3.6
ella *sub. pron.* she 1.1; *obj. pron.* her
ellos/as *sub. pron.* they 1.1; them
embarazada *adj.* pregnant 2.4
emergencia *f.* emergency 2.4
emitir *v.* to broadcast 3.6
emocionante *adj. m., f.* exciting
empezar (e:ie) *v.* to begin 1.4
empleado/a *m., f.* employee 1.5
empleo *m.* job; employment 3.4
empresa *f.* company; firm 3.4
en *prep.* in; on; at 1.2
  en casa at home 2.1
  en caso (de) que in case (that) 3.1
  en cuanto as soon as 3.1
  en efectivo in cash 3.2
  en exceso in excess; too much 3.3
  en línea in-line 1.4
  ¡En marcha! Let's get going! 3.3
  en mi nombre in my name
  en punto on the dot; exactly; sharp (*time*) 1.1
  en qué in what; how 1.2
  ¿En qué puedo servirles? How can I help you? 1.5
enamorado/a (de) *adj.* in love (with) 1.5
enamorarse (de) *v.* to fall in love (with) 2.3
encantado/a *adj.* delighted; pleased to meet you 1.1
encantar *v.* to like very much; to love (*inanimate objects*) 2.1
  ¡Me encantó! I loved it! 3.3
encima de *prep.* on top of 1.2
encontrar (o:ue) *v.* to find 1.4

encontrar(se) (o:ue) *v.* to meet (each other); to run into (each other) 2.5
encuesta *f.* poll; survey 3.6
energía *f.* energy 3.1
  energía nuclear nuclear energy 3.1
  energía solar solar energy 3.1
enero *m.* January 1.5
enfermarse *v.* to get sick 2.4
enfermedad *f.* illness 2.4
enfermero/a *m., f.* nurse 2.4
enfermo/a *adj.* sick 2.4
enfrente de *adv.* opposite; facing 3.2
engordar *v.* to gain weight 3.3
enojado/a *adj.* mad; angry 1.5
enojarse (con) *v.* to get angry (with) 2.1
ensalada *f.* salad 2.2
enseguida *adv.* right away 2.3
enseñar *v.* to teach 1.2
ensuciar *v.* to get (something) dirty 2.6
entender (e:ie) *v.* to understand 1.4
entonces *adv.* then 2.1
entrada *f.* entrance 2.6; ticket 3.5
entre *prep.* between; among 1.2
entremeses *m., pl.* hors d'oeuvres; appetizers 2.2
entrenador(a) *m., f.* trainer 3.3
entrenarse *v.* to practice; to train 3.3
entrevista *f.* interview 3.4
entrevistador(a) *m., f.* interviewer 3.4
entrevistar *v.* to interview 3.4
envase *m.* container 3.1
enviar *v.* to send; to mail 3.2
equilibrado/a *adj.* balanced 3.3
equipado/a *adj.* equipped 3.3
equipaje *m.* luggage 1.5
equipo *m.* team 1.4
equivocado/a *adj.* wrong 1.5
eres *fam.* you are 1.1
es you (*form.*) are, he/she/it is 1.1
  Es bueno que... It's good that... 2.6
  Es de... He/She is from... 1.1
  es extraño it's strange 3.1
  Es importante que... It's important that... 2.6
  es imposible it's impossible 3.1
  es improbable it's improbable 3.1
  Es malo que... It's bad that... 2.6
  Es mejor que... It's better that... 2.6
  Es necesario que... It's necessary that... 2.6
  es obvio it's obvious 3.1
  es ridículo it's ridiculous 3.1
  es seguro it's sure 3.1
  es terrible it's terrible 3.1
  es triste it's sad 3.1
  Es urgente que... It's urgent that... 2.6

Es la una. It's one o'clock. 1.1
  es una lástima it's a shame 3.1
  es verdad it's true 3.1
esa(s) *f., adj.* that; those 1.6
ésa(s) *f., pron.* that (one); those (ones) 1.6
escalar *v.* to climb 1.4
  escalar montañas *v.* to climb mountains 1.4
escalera *f.* stairs; stairway 2.6
escoger *v.* to choose 2.2
escribir *v.* to write 1.3
  escribir un mensaje electrónico to write an e-mail message 1.4
  escribir una postal to write a postcard 1.4
  escribir una carta to write a letter 1.4
escrito/a *p.p.* written 3.2
escritor(a) *m., f.* writer 3.5
escritorio *m.* desk 1.2
escuchar *v.* to listen to 1.2
  escuchar la radio to listen (to) the radio 1.2
  escuchar música to listen (to) music 1.2
escuela *f.* school 1.1
esculpir *v.* to sculpt 3.5
escultor(a) *m., f.* sculptor 3.5
escultura *f.* sculpture 3.5
ese *m., sing., adj.* that 1.6
ése *m., sing., pron.* that one 1.6
eso *neuter, pron.* that; that thing 1.6
esos *m., pl., adj.* those 1.6
ésos *m., pl., pron.* those (ones) 1.6
España *f.* Spain 1.1
español *m.* Spanish (*language*) 1.2
español(a) *adj. m., f.* Spanish 1.3
espárragos *m., pl.* asparagus 2.2
especialización *f.* major 1.2
espectacular *adj.* spectacular 3.3
espectáculo *m.* show 3.5
espejo *m.* mirror 2.1
esperar *v.* to hope; to wish 3.1
  esperar (+ infin.) *v.* to wait (for); to hope 1.2
esposo/a *m., f.* husband/wife; spouse 1.3
esquí (acuático) *m.* (water) skiing 1.4
esquiar *v.* to ski 1.4
esquina *m.* corner 3.2
está he/she/it is, you are
  Está (muy) despejado. It's (very) clear. (*weather*)
  Está lloviendo. It's raining. 1.5
  Está nevando. It's snowing. 1.5
  Está (muy) nublado. It's (very) cloudy. (*weather*) 1.5
  Está bien. That's fine. 2.5
esta(s) *f., adj.* this; these 1.6
  esta noche tonight 1.4
ésta(s) *f., pron.* this (one); these (ones) 1.6

Ésta es... *f.* This is... (*introducing someone*) **1.1**

establecer *v.* to start, to establish **3.4**

estación *f.* station; season **1.5**

  estación de autobuses bus station **1.5**

  estación del metro subway station **1.5**

  estación de tren train station **1.5**

estacionamiento *m.* parking lot **3.2**

estacionar *v.* to park **2.5**

estadio *m.* stadium **1.2**

estado civil *m.* marital status **2.3**

Estados Unidos *m., pl.* (EE.UU.; E.U.) United States **1.1**

estadounidense *adj. m., f.* from the United States **1.3**

estampado/a *adj.* print

estampilla *f.* stamp **3.2**

estante *m.* bookcase; bookshelves **2.6**

estar *v.* to be **1.2**

  estar a (veinte kilómetros) de aquí to be (20 kilometers) from here **2.5**

  estar a dieta to be on a diet **3.3**

  estar aburrido/a to be bored **1.5**

  estar afectado/a (por) to be affected (by) **3.1**

  estar bajo control to be under control **2.1**

  estar cansado/a to be tired **1.5**

  estar contaminado/a to be polluted **3.1**

  estar de acuerdo to agree **3.4**

    Estoy (completamente) de acuerdo. I agree (completely). **3.4**

    No estoy de acuerdo. I don't agree. **3.4**

  estar de moda to be in fashion **1.6**

  estar de vacaciones *f., pl.* to be on vacation **1.5**

  estar en buena forma to be in good shape **3.3**

  estar enfermo/a to be sick **2.4**

  estar listo/a to be ready **3.3**

  estar perdido/a to be lost **3.2**

  estar roto/a to be broken **2.4**

  estar seguro/a to be sure **1.5**

  estar torcido/a to be twisted; to be sprained **2.4**

  No está nada mal. It's not bad at all. **1.5**

estatua *f.* statue **3.5**

este *m.* east **3.2**; umm **3.5**

este *m., sing., adj.* this **1.6**

éste *m., sing., pron.* this (one) **1.6**

  Éste es... *m.* This is... (*introducing someone*) **1.1**

estéreo *m.* stereo **2.5**

estilo *m.* style

estiramiento *m.* stretching **3.3**

esto *neuter pron.* this; this thing **1.6**

estómago *m.* stomach **2.4**

estornudar *v.* to sneeze **2.4**

estos *m., pl., adj.* these **1.6**

éstos *m., pl., pron.* these (ones) **1.6**

estrella *f.* star **3.1**

  estrella de cine *m., f.* movie star **3.5**

estrés *m.* stress **3.3**

estudiante *m., f.* student **1.1, 1.2**

estudiantil *adj. m., f.* student **1.2**

estudiar *v.* to study **1.2**

estufa *f.* stove **2.6**

estupendo/a *adj.* stupendous **1.5**

etapa *f.* stage **2.3**

evitar *v.* to avoid **3.1**

examen *m.* test; exam **1.2**

  examen médico physical exam **2.4**

excelente *adj. m., f.* excellent **1.5**

exceso *m.* excess; too much **3.3**

excursión *f.* hike; tour; excursion

excursionista *m., f.* hiker

éxito *m.* success **3.4**

experiencia *f.* experience **3.6**

explicar *v.* to explain **1.2**

explorar *v.* to explore

expresión *f.* expression

extinción *f.* extinction **3.1**

extranjero/a *adj.* foreign **3.5**

extraño/a *adj.* strange **3.1**

F

fabuloso/a *adj* fabulous **1.5**

fácil *adj.* easy **1.3**

falda *f.* skirt **1.6**

faltar *v.* to lack; to need **2.1**

familia *f.* family **1.3**

famoso/a *adj.* famous **3.4**

farmacia *f.* pharmacy **2.4**

fascinar *v.* to fascinate **2.1**

favorito/a *adj.* favorite **1.4**

fax *m.* fax (machine) **2.5**

febrero *m.* February **1.5**

fecha *f.* date **1.5**

feliz *adj.* happy **1.5**

  ¡Felicidades! Congratulations! (*for an event such as a birthday or anniversary*) **2.3**

  ¡Felicitaciones! Congratulations! (*for an event such as an engagement or a good grade on a test*) **2.3**

  ¡Feliz cumpleaños! Happy birthday! **2.3**

fenomenal *adj.* great, phenomenal **1.5**

feo/a *adj.* ugly **1.3**

festival *m.* festival **3.5**

fiebre *f.* fever **2.4**

fiesta *f.* party **2.3**

fijo/a *adj.* fixed, set **1.6**

fin *m.* end **1.4**

  fin de semana weekend **1.4**

finalmente *adv.* finally **3.3**

firmar *v.* to sign (*a document*) **3.2**

física *f.* physics **1.2**

flan (de caramelo) *m.* baked (caramel) custard **2.3**

flexible *adj.* flexible **3.3**

flor *f.* flower **3.1**

folklórico/a *adj.* folk; folkloric **3.5**

folleto *m.* brochure

fondo *m.* end **2.6**

forma *f.* shape **3.3**

formulario *m.* form **3.2**

foto(grafía) *f.* photograph **1.1**

francés, francesa *adj. m., f.* French **1.3**

frecuentemente *adv.* frequently **2.4**

frenos *m., pl.* brakes

fresco/a *adj.* cool **1.5**

frijoles *m., pl.* beans **2.2**

frío/a *adj.* cold **1.5**

frito/a *adj.* fried **2.2**

fruta *f.* fruit **2.2**

frutería *f.* fruit store **3.2**

frutilla *f.* strawberry **2.2**

fuente de fritada *f.* platter of fried food

fuera *adv.* outside

fuerte *adj. m., f.* strong **3.3**

fumar *v.* to smoke **3.3**

  (no) fumar *v.* (not) to smoke **3.3**

funcionar *v.* to work **2.5**; to function

fútbol *m.* soccer **1.4**

fútbol americano *m.* football **1.4**

futuro/a *adj.* future **3.4**

  en el futuro in the future **3.4**

G

gafas (de sol) *f., pl.* (sun)glasses **1.6**

gafas (oscuras) *f., pl.* (sun)glasses

galleta *f.* cookie **2.3**

ganar *v.* to win **1.4**; to earn (money) **3.4**

ganga *f.* bargain **1.6**

garaje *m.* garage; (mechanic's) repair shop **2.5**; garage (*in a house*) **2.6**

garganta *f.* throat **2.4**

gasolina *f.* gasoline **2.5**

gasolinera *f.* gas station **2.5**

gastar *v.* to spend (*money*) **1.6**

gato *m.* cat **3.1**

gemelo/a *m., f.* twin **1.3**

gente *f.* people **1.3**

geografía *f.* geography **1.2**

gerente *m., f.* manager **3.4**

gimnasio *m.* gymnasium **1.4**

gobierno *m.* government **3.1**

golf *m.* golf **1.4**

gordo/a *adj.* fat **1.3**

grabadora *f.* tape recorder **1.1**

grabar *v.* to record **2.5**

gracias *f., pl.* thank you; thanks **1.1**
  Gracias por todo. Thanks for everything. **2.3, 3.3**
  Gracias una vez más. Thanks again. **2.3**
graduarse (de/en) *v.* to graduate (from/in) **2.3**
gran, grande *adj.* big; large **1.3**
grasa *f.* fat **3.3**
gratis *adj. m., f.* free of charge **3.2**
grave *adj.* grave; serious **2.4**
gravísimo/a *adj.* extremely serious **3.1**
grillo *m.* cricket
gripe *f.* flu **2.4**
gris *adj. m., f.* gray **1.6**
gritar *v.* to scream **2.1**
guantes *m., pl.* gloves **1.6**
guapo/a *adj.* handsome; good-looking **1.3**
guardar *v.* to save (on a computer) **2.5**
guerra *f.* war **3.6**
guía *m., f.* guide
gustar *v.* to be pleasing to; to like **1.2**
  Me gustaría... I would like...
gusto *m.* pleasure **1.1**
  El gusto es mío. The pleasure is mine. **1.1**
  Gusto de verlo/la. *(form.)* It's nice to see you. **3.6**
  Gusto de verte. *(fam.)* It's nice to see you. **3.6**
  Mucho gusto. Pleased to meet you. **1.1**
  ¡Qué gusto volver a verlo/la! *(form.)* I'm happy to see you again! **3.6**
  ¡Qué gusto volver a verte! *(fam.)* I'm happy to see you again! **3.6**

H

haber *(auxiliar)* *v.* to have (done something) **3.3**
  Ha sido un placer. It's been a pleasure. **3.3**
habitación *f.* room **1.5**
  habitación doble double room **1.5**
  habitación individual single room **1.5**
hablar *v.* to talk; to speak **1.2**
hacer *v.* to do; to make **1.4**
  Hace buen tiempo. The weather is good. **1.5**
  Hace (mucho) calor. It's (very) hot. *(weather)* **1.5**
  Hace fresco. It's cool. *(weather)* **1.5**
  Hace (mucho) frío. It's (very) cold. *(weather)* **1.5**
  Hace mal tiempo. The weather is bad. **1.5**

Hace (mucho) sol. It's (very) sunny. *(weather)* **1.5**
Hace (mucho) viento. It's (very) windy. *(weather)* **1.5**
hacer cola to stand in line **3.2**
hacer diligencias to run errands **3.2**
hacer ejercicio to exercise **3.3**
hacer ejercicios aeróbicos to do aerobics **3.3**
hacer ejercicios de estiramiento to do stretching exercises **3.3**
hacer el papel (de) to play the role (of) **3.5**
hacer gimnasia to work out **3.3**
hacer juego (con) to match (with) **1.6**
hacer la cama to make the bed **2.6**
hacer las maletas to pack (one's) suitcases **1.5**
hacer quehaceres domésticos to do household chores **2.6**
hacer turismo to go sightseeing
hacer un viaje to take a trip **1.5**
hacer una excursión to go on a hike; to go on a tour
hacia *prep.* toward **3.2**
hambre *f.* hunger **1.3**
hamburguesa *f.* hamburger **2.2**
hasta *prep.* until **1.6**; toward
  Hasta la vista. See you later. **1.1**
  Hasta luego. See you later. **1.1**
  Hasta mañana. See you tomorrow. **1.1**
  hasta que until **3.1**
  Hasta pronto. See you soon. **1.1**
hay there is; there are **1.1**
  Hay (mucha) contaminación. It's (very) smoggy.
  Hay (mucha) niebla. It's (very) foggy.
  Hay que It is necessary that **3.2**
  No hay duda de There's no doubt **3.1**
  No hay de qué. You're welcome. **1.1**
hecho/a *p.p.* done **3.2**
heladería *f.* ice cream shop **3.2**
helado/a *adj.* iced **2.2**
helado *m.* ice cream **2.3**
hermanastro/a *m., f.* stepbrother/stepsister **1.3**
hermano/a *m., f.* brother/sister **1.3**
hermano/a mayor/menor *m., f.* older/younger brother/sister **1.3**
hermanos *m., pl.* siblings (brothers and sisters) **1.3**
hermoso/a *adj.* beautiful **1.6**
hierba *f.* grass **3.1**
hijastro/a *m., f.* stepson/stepdaughter **1.3**
hijo/a *m., f.* son/daughter **1.3**
  hijo/a único/a *m., f.* only child **1.3**
  hijos *m., pl.* children **1.3**

historia *f.* history **1.2**; story **3.5**
hockey *m.* hockey **1.4**
hola *interj.* hello; hi **1.1**
hombre *m.* man **1.1**
  hombre de negocios *m.* businessman **3.4**
hora *f.* hour **1.1**; the time
horario *m.* schedule **1.2**
horno *m.* oven **2.6**
  horno de microondas *m.* microwave oven **2.6**
horror *m.* horror **3.5**
  de horror horror (genre) **3.5**
hospital *m.* hospital **2.4**
hotel *m.* hotel **1.5**
hoy *adv.* today **1.2**
  hoy día *adv.* nowadays
  Hoy es... Today is... **1.2**
huelga *f.* strike *(labor)* **3.6**
hueso *m.* bone **2.4**
huésped *m., f.* guest **1.5**
huevo *m.* egg **2.2**
humanidades *f., pl.* humanities **1.2**
huracán *m.* hurricane **3.6**

I

ida *f.* one way *(travel)*
idea *f.* idea **1.4**
iglesia *f.* church **1.4**
igualdad *f.* equality **3.6**
igualmente *adv.* likewise **1.1**
impermeable *m.* raincoat **1.6**
importante *adj. m., f.* important **1.3**
importar *v.* to be important to; to matter **2.1**
imposible *adj. m., f.* impossible **3.1**
impresora *f.* printer **2.5**
imprimir *v.* to print **2.5**
improbable *adj. m., f.* improbable **3.1**
impuesto *m.* tax **3.6**
incendio *m.* fire **3.6**
increíble *adj. m., f.* incredible **1.5**
individual *adj.* private *(room)* **1.5**
infección *f.* infection **2.4**
informar *v.* to inform **3.6**
informe *m.* report; paper *(written work)* **3.6**
ingeniero/a *m., f.* engineer **1.3**
inglés *m.* English *(language)* **1.2**
inglés, inglesa *adj.* English **1.3**
inodoro *m.* toilet **2.1**
insistir (en) *v.* to insist (on) **2.6**
inspector(a) de aduanas *m., f.* customs inspector **1.5**
inteligente *adj. m., f.* intelligent **1.3**
intercambiar *v.* to exchange
interesante *adj. m., f.* interesting **1.3**
interesar *v.* to be interesting to; to interest **2.1**
internacional *adj. m., f.* international **3.6**

Internet Internet 2.5
inundación *f.* flood 3.6
invertir (e:ie) *v.* to invest 3.4
invierno *m.* winter 1.5
invitado/a *m., f.* guest
  (*at a function*) 2.3
invitar *v.* to invite 2.3
inyección *f.* injection 2.4
ir *v.* to go 1.4
  ir a (+ *inf.***)** to be going to do
    something 1.4
  ir de compras to go shop-
    ping 1.5
  **ir de excursión (a las
    montañas)** to go for a hike
    (in the mountains) 1.4
  ir de pesca to go fishing
  ir de vacaciones to go on
    vacation 1.5
  ir en autobús to go by bus 1.5
  ir en auto(móvil) to go by
    auto(mobile); to go by car 1.5
  ir en avión to go by plane 1.5
  ir en barco to go by boat 1.5
  ir en metro to go by subway
  ir en motocicleta to go by
    motorcycle 1.5
  ir en taxi to go by taxi 1.5
  ir en tren to go by train
irse *v.* to go away; to leave 2.1
italiano/a *adj.* Italian 1.3
izquierdo/a *adj.* left 1.2
  a la izquierda de to the left
    of 1.2

J

jabón *m.* soap 2.1
jamás *adv.* never; not ever 2.1
jamón *m.* ham 2.2
japonés, japonesa *adj.*
  Japanese 1.3
jardín *m.* garden; yard 2.6
jefe, jefa *m., f.* boss 3.4
joven *adj. m., f.* young 1.3
  joven *m., f.* youth; young
    person 1.1
joyería *f.* jewelry store 3.2
jubilarse *v.* to retire (*from
  work*) 2.3
juego *m.* game
jueves *m., sing.* Thursday 1.2
jugador(a) *m., f.* player 1.4
jugar (u:ue) *v.* to play 1.4
  jugar a las cartas *f., pl.* to
    play cards 1.5
jugo *m.* juice 2.2
  jugo de fruta *m.* fruit juice 2.2
julio *m.* July 1.5
jungla *f.* jungle 3.1
junio *m.* June 1.5
juntos/as *adj.* together 2.3
juventud *f.* youth 2.3

K

kilómetro *m.* kilometer 1.1

L

la *f., sing., def. art.* the 1.1
  la *f., sing., d.o. pron.* her, it,
    form. you 1.5
laboratorio *m.* laboratory 1.2
lago *m.* lake 3.1
lámpara *f.* lamp 2.6
lana *f.* wool 1.6
langosta *f.* lobster 2.2
lápiz *m.* pencil 1.1
largo/a *adj.* long 1.6
las *f., pl., def. art.* the 1.1
  las *f., pl., d.o. pron.* them; *form.*
    you 1.5
lástima *f.* shame 3.1
lastimarse *v.* to injure oneself 2.4
  lastimarse el pie to injure
    one's foot 2.4
lata *f.* (*tin*) can 3.1
lavabo *m.* sink 2.1
lavadora *f.* washing machine 2.6
lavandería *f.* laundromat 3.2
lavaplatos *m., sing.* dishwasher 2.6
lavar *v.* to wash 2.6
  lavar (el suelo, los platos) to
    wash (the floor, the dishes) 2.6
lavarse *v.* to wash oneself 2.1
  lavarse la cara to wash one's
    face 2.1
  lavarse las manos to wash
    one's hands 2.1
le *sing., i.o. pron.* to/for him, her,
  form. you 1.6
  Le presento a… *form.* I would
    like to introduce… to you. 1.1
lección *f.* lesson 1.1
leche *f.* milk 2.2
lechuga *f.* lettuce 2.2
leer *v.* to read 1.3
  leer correo electrónico
    to read e-mail 1.4
  leer un periódico to read a
    newspaper 1.4
  leer una revista to read a
    magazine 1.4
leído/a *p.p.* read 3.2
lejos de *prep.* far from 1.2
lengua *f.* language 1.2
  lenguas extranjeras *f., pl.*
    foreign languages 1.2
lentes de contacto *m., pl.*
  contact lenses
  lentes (de sol) (sun)glasses
lento/a *adj.* slow 2.5
les *pl., i.o. pron.* to/for them, *form.*
  you 1.6
letrero *m.* sign 3.2
levantar *v.* to lift 3.3
  levantar pesas to lift
    weights 3.3

---

levantarse *v.* to get up 2.1
ley *f.* law 3.1
libertad *f.* liberty; freedom 3.6
libre *adj. m., f.* free 1.4
librería *f.* bookstore 1.2
libro *m.* book 1.2
licencia de conducir *f.* driver's
  license 2.5
limón *m.* lemon 2.2
limpiar *v.* to clean 2.6
limpiar la casa *v.* to clean the
  house 2.6
limpio/a *adj.* clean 1.5
línea *f.* line 1.4
listo/a *adj.* ready; smart 1.5
literatura *f.* literature 1.2
llamar *v.* to call 2.5
  llamar por teléfono to call on
    the phone
llamarse *v.* to be called; to be
  named 2.1
llanta *f.* tire 2.5
llave *f.* key 1.5
llegada *f.* arrival 1.5
llegar *v.* to arrive 1.2
llenar *v.* to fill 2.5, 3.2
  llenar el tanque to fill the
    tank 2.5
  llenar (un formulario) to fill
    out (a form) 3.2
lleno/a *adj.* full 2.5
llevar *v.* to carry 1.2; *v.* to wear;
  to take 1.6
  llevar una vida sana to lead
    a healthy lifestyle 3.3
  llevarse bien/mal (con) to
    get along well/badly (with) 2.3
llover (o:ue) *v.* to rain 1.5
  Llueve. It's raining. 1.5
lluvia *f.* rain 3.1
  lluvia ácida acid rain 3.1
lo *m., sing. d.o. pron.* him, it, *form.*
  you 1.5
  **¡Lo hemos pasado de
    película!** We've had a great
    time! 3.6
  **¡Lo hemos pasado
    maravillosamente!** We've
    had a great time! 3.6
  lo mejor the best (thing) 3.6
  Lo pasamos muy bien. We
    had a good time. 3.6
  lo peor the worst (thing) 3.6
  lo que that which; what 2.6
  Lo siento. I'm sorry. 1.1
  Lo siento muchísimo. I'm so
    sorry. 1.4
loco/a *adj.* crazy 1.6
locutor(a) *m., f.* (TV or radio)
  announcer 3.6
lomo a la plancha *m.* grilled
  flank steak 2.2
los *m., pl., def. art.* the 1.1
  los *m. pl., d.o. pron.* them, *form.*
    you 1.5

Span-Eng

luchar (contra/por) *v.* to fight; to struggle (against/for) 3.6
luego; *adv.* later 1.1; *adv.* then 2.1
lugar *m.* place 1.4
luna *f.* moon 3.1
lunares *m.* polka dots 1.6
lunes *m., sing.* Monday 1.2
luz *f.* light; electricity 2.6

M

madrastra *f.* stepmother 1.3
madre *f.* mother 1.3
madurez *f.* maturity; middle age 2.3
maestro/a *m., f.* teacher 3.4
magnífico/a *adj.* magnificent 1.5
maíz *m.* corn 2.2
mal, malo/a *adj.* bad 1.3
maleta *f.* suitcase 1.1
mamá *f.* mom 1.3
mandar *v.* to order 2.6; to send; to mail 3.2
manejar *v.* to drive 2.5
manera *f.* way 3.4
mano *f.* hand 1.1
manta *f.* blanket 2.6
mantener (e:ie) *v.* to maintain 3.3
  mantenerse en forma to stay in shape 3.3
mantequilla *f.* butter 2.2
manzana *f.* apple 2.2
mañana *f.* morning, a.m. 1.1; tomorrow 1.1
mapa *m.* map 1.1, 1.2
maquillaje *m.* makeup 2.1
maquillarse *v.* to put on makeup 2.1
mar *m.* sea 1.5
maravilloso/a *adj.* marvelous 1.5
mareado/a *adj.* dizzy; nauseated 2.4
margarina *f.* margarine 2.2
mariscos *m., pl.* shellfish 2.2
marrón *adj. m., f.* brown 1.6
martes *m., sing.* Tuesday 1.2
marzo *m.* March 1.5
más *pron.* more 1.2
  más de (+ *number*) more than 2.2
  más tarde later (on) 2.1
  más... que more... than 2.2
masaje *m.* massage 3.3
matemáticas *f., pl.* mathematics 1.2
materia *f.* course 1.2
matrimonio *m.* marriage 2.3
máximo/a *adj.* maximum 2.5
mayo *m.* May 1.5
mayonesa *f.* mayonnaise 2.2
mayor *adj.* older 1.3
  el/la mayor *adj.* eldest 2.2; oldest
me *sing., d.o. pron.* me 1.5; *sing. i.o. pron.* to/for me 1.6
  Me duele mucho. It hurts me a lot. 2.4
  Me gusta... I like... 1.2

No me gustan nada. I don't like them at all. 1.2
  Me gustaría(n)... I would like... 3.5
  Me llamo... My name is... 1.1
  Me muero por... I'm dying to (for)...
mecánico/a *m., f.* mechanic 2.5
mediano/a *adj.* medium
medianoche *f.* midnight 1.1
medias *f., pl.* pantyhose, stockings 1.6
medicamento *m.* medication 2.4
medicina *f.* medicine 2.4
médico/a *m., f.* doctor 1.3; *adj.* medical 2.4
medio/a *adj.* half 1.3
  medio ambiente *m.* environment 3.1
  medio/a hermano/a *m., f.* half-brother/half-sister 1.3
  mediodía *m.* noon 1.1
  medios de comunicación *m., pl.* means of communication; media 3.6
  y media thirty minutes past the hour (time) 1.1
mejor *adj.* better 2.2
  el/la mejor *m., f.* the best 2.2
mejorar *v.* to improve 3.1
melocotón *m.* peach 2.2
menor *adj.* younger 1.3
  el/la menor *m., f.* youngest 2.2
menos *adv.* less 2.4
  menos cuarto..., menos quince... quarter to... (time) 1.1
  menos de (+ *number*) fewer than 2.2
  menos... que less... than 2.2
mensaje *m.* **de texto** text message 2.5
mensaje electrónico *m.* e-mail message 1.4
mentira *f.* lie 1.4
menú *m.* menu 2.2
mercado *m.* market 1.6
  mercado al aire libre open-air market 1.6
merendar (e:ie) *v.* to snack 2.2; to have an afternoon snack
merienda *f.* afternoon snack 3.3
mes *m.* month 1.5
mesa *f.* table 1.2
mesita *f.* end table 2.6
  mesita de noche night stand 2.6
metro *m.* subway 1.5
mexicano/a *adj.* Mexican 1.3
México *m.* Mexico 1.1
mí *pron., obj. of prep.* me 2.2
mi(s) *poss. adj.* my 1.3
microonda *f.* microwave 2.6
  horno de microondas *m.* microwave oven 2.6
miedo *m.* fear 1.3
mientras *adv.* while 2.4

miércoles *m., sing.* Wednesday 1.2
mil *m.* one thousand 1.2
  mil millones billion
  Mil perdones. I'm so sorry. (*lit.* A thousand pardons.) 1.4
milla *f.* mile 2.5
millón *m.* million 1.2
millones (de) *m.* millions (of)
mineral *m.* mineral 3.3
minuto *m.* minute 1.1
mío(s)/a(s) *poss.* my; (of) mine 2.5
mirar *v.* to look (at); to watch 1.2
  mirar (la) televisión to watch television 1.2
mismo/a *adj.* same 1.3
mochila *f.* backpack 1.2
moda *f.* fashion 1.6
módem *m.* modem
moderno/a *adj.* modern 3.5
molestar *v.* to bother; to annoy 2.1
monitor *m.* (computer) monitor 2.5
  monitor(a) *m., f.* trainer
montaña *f.* mountain 1.4
montar *v.* **a caballo** to ride a horse 1.5
monumento *m.* monument 1.4
mora *f.* blackberry 2.2
morado/a *adj.* purple 1.6
moreno/a *adj.* brunet(te) 1.3
morir (o:ue) *v.* to die 2.2
mostrar (o:ue) *v.* to show 1.4
motocicleta *f.* motorcycle 1.5
motor *m.* motor
muchacho/a *m., f.* boy; girl 1.3
mucho/a *adj., adv.* a lot of; much 1.2; many 1.3
  (Muchas) gracias. Thank you (very much); Thanks (a lot). 1.1
  muchas veces *adv.* a lot; many times 2.4
  Muchísimas gracias. Thank you very, very much. 2.3
  Mucho gusto. Pleased to meet you. 1.1
muchísimo very much 1.2
mudarse *v.* to move (from one house to another) 2.6
muebles *m., pl.* furniture 2.6
muela *f.* tooth
muerte *f.* death 2.3
muerto/a *p.p.* died 3.2
mujer *f.* woman 1.1
  mujer de negocios *f.* business woman 3.4
  mujer policía *f.* female police officer
multa *f.* fine
mundial *adj. m., f.* worldwide
mundo *m.* world 3.1
municipal *adj. m., f.* municipal
músculo *m.* muscle 3.3
museo *m.* museum 1.4
música *f.* music 1.2, 3.5
musical *adj. m., f.* musical 3.5
músico/a *m., f.* musician 3.5

muy *adv.* very **1.1**
  Muy amable. That's very kind
    of you. **1.5**
  (Muy) bien, gracias. (Very)
    well, thanks. **1.1**

N

nacer *v.* to be born **2.3**
nacimiento *m.* birth **2.3**
nacional *adj. m., f.* national **3.6**
nacionalidad *f.* nationality **1.1**
nada nothing **1.1**; not anything **2.1**
  nada mal not bad at all **1.5**
nadar *v.* to swim **1.4**
nadie *pron.* no one, nobody, not
    anyone **2.1**
naranja *f.* orange **2.2**
nariz *f.* nose **2.4**
natación *f.* swimming **1.4**
natural *adj. m., f.* natural **3.1**
naturaleza *f.* nature **3.1**
navegar (en Internet) *v.* to surf
    (the Internet) **2.5**
Navidad *f.* Christmas **2.3**
necesario/a *adj.* necessary **2.6**
necesitar (+ *inf*.) *v.* to need **1.2**
negar (e:ie) *v.* to deny **3.1**
  no negar (e:ie) *v.* not to deny **3.1**
negativo/a *adj.* negative
negocios *m., pl.* business;
    commerce **3.4**
negro/a *adj.* black **1.6**
nervioso/a *adj.* nervous **1.5**
nevar (e:ie) *v.* to snow **1.5**
  Nieva. It's snowing. **1.5**
ni...ni neither... nor **2.1**
niebla *f.* fog
nieto/a *m., f.* grandson/grand-
    daughter **1.3**
nieve *f.* snow
ningún, ninguno/a(s) *adj.* no;
    none; not any **2.1**
ningún problema no problem
niñez *f.* childhood **2.3**
niño/a *m., f.* child **1.3**
no no; not **1.1**
  ¿no? right? **1.1**
  No cabe duda de... There is
    no doubt... **3.1**
  No es así. That's not the way it
    is **3.4**
  No es para tanto. It's not a
    big deal. **2.6**
  no es seguro it's not sure **3.1**
  no es verdad it's not true **3.1**
  No está nada mal. It's not bad
    at all. **1.5**
  no estar de acuerdo to disagree
  No estoy seguro. I'm not sure.
  no hay there is not; there
    are not **1.1**
  No hay de qué. You're
    welcome. **1.1**
  No hay duda de... There is no
    doubt... **3.1**

No hay problema. No
    problem. **2.1**
¡No me diga(s)! You don't
    say! **2.5**
No me gustan nada. I don't
    like them at all. **1.2**
no muy bien not very well **1.1**
No quiero. I don't want to. **1.4**
No sé. I don't know.
No se preocupe. (*form.*) Don't
    worry. **2.1**
No te preocupes. (*fam.*) Don't
    worry. **2.1**
no tener razón to be wrong **1.3**
noche *f.* night **1.1**
nombre *m.* name **1.1**
norte *m.* north **3.2**
norteamericano/a *adj.* (North)
    American **1.3**
nos *pl., d.o. pron.* us **1.5**;
    pl., i.o. pron. to/for us **1.6**
  Nos divertimos mucho. We
    had a lot of fun. **3.6**
  Nos vemos. See you. **1.1**
nosotros/as *sub. pron.* we **1.1**;
    ob. pron. us
noticias *f., pl.* news **3.6**
noticiero *m.* newscast **3.6**
novecientos/as nine
    hundred **1.2**
noveno/a *adj.* ninth **1.5**
noventa ninety **1.2**
noviembre *m.* November **1.5**
novio/a *m., f.* boyfriend/girl-
    friend **1.3**
nube *f.* cloud **3.1**
nublado/a *adj.* cloudy **1.5**
  Está (muy) nublado. It's very
    cloudy. **1.5**
nuclear *adj. m. f.* nuclear **3.1**
nuera *f.* daughter-in-law **1.3**
nuestro(s)/a(s) *poss. adj.*
    our **1.3**; (of ours) **2.5**
nueve nine **1.1**
nuevo/a *adj.* new **1.6**
número *m.* number **1.1**; (shoe)
    size **1.6**
nunca *adj.* never; not ever **2.1**
nutrición *f.* nutrition **3.3**
nutricionista *m., f.* nutritionist **3.3**

O

o or **2.1**
o... o; either... or **2.1**
obedecer *v.* to obey **3.6**
obra *f.* work (*of art, literature,
    music, etc.*) **3.5**
  obra maestra *f.* masterpiece **3.5**
obtener *v.* to obtain; to get **3.4**
obvio/a *adj.* obvious **3.1**
océano *m.* ocean
ochenta eighty **1.2**
ocho eight **1.1**
ochocientos/as eight
    hundred **1.2**

octavo/a *adj.* eighth **1.5**
octubre *m.* October **1.5**
ocupación *f.* occupation **3.4**
ocupado/a *adj.* busy **1.5**
ocurrir *v.* to occur; to happen **3.6**
odiar *v.* to hate **2.3**
oeste *m.* west **3.2**
oferta *f.* offer **2.6**
oficina *f.* office **2.6**
oficio *m.* trade **3.4**
ofrecer *v.* to offer **1.6**
oído *m.* (sense of) hearing; inner
    ear **2.4**
  oído/a *p.p.* heard **3.2**
oír *v.* to hear **1.4**
  Oiga/Oigan. *form., sing./pl.*
    Listen. (*in conversation*) **1.1**
  Oye. *fam., sing.* Listen. (*in
    conversation*) **1.1**
ojalá (que) *interj.* I hope (that); I
    wish (that) **3.1**
ojo *m.* eye **2.4**
olvidar *v.* to forget **2.4**
once eleven **1.1**
ópera *f.* opera **3.5**
operación *f.* operation **2.4**
ordenado/a *adj.* orderly **1.5**
ordinal *adj.* ordinal (*number*)
oreja *f.* (outer) ear **2.4**
orquesta *f.* orchestra **3.5**
ortografía *f.* spelling
ortográfico/a *adj.* spelling
os *fam., pl. d.o. pron.* you **1.5**;
    fam., pl. i.o. pron. to/for you **1.6**
otoño *m.* autumn **1.5**
otro/a *adj.* other; another **1.6**
  otra vez again

P

paciente *m., f.* patient **2.4**
padrastro *m.* stepfather **1.3**
padre *m.* father **1.3**
  padres *m., pl.* parents **1.3**
pagar *v.* to pay **1.6, 2.3**
  pagar a plazos to pay in
    installments **3.2**
  pagar al contado to pay in
    cash **3.2**
  pagar en efectivo to pay in
    cash **3.2**
  pagar la cuenta to pay the
    bill **2.3**
página *f.* page **2.5**
  página principal *f.* home
    page **2.5**
país *m.* country **1.1**
paisaje *m.* landscape **1.5**
pájaro *m.* bird **3.1**
palabra *f.* word **1.1**
pan *m.* bread **2.2**
  pan tostado *m.* toasted
    bread **2.2**
panadería *f.* bakery **3.2**
pantalla *f.* screen **2.5**
pantalones *m., pl.* pants **1.6**

pantalones cortos *m., pl.* shorts **1.6**
pantuflas *f.* slippers **2.1**
papa *f.* potato **2.2**
  papas fritas *f., pl.* fried potatoes; French fries **2.2**
papá *m.* dad **1.3**
  papás *m., pl.* parents **1.3**
papel *m.* paper **1.2**; role **3.5**
papelera *f.* wastebasket **1.2**
paquete *m.* package **3.2**
par *m.* pair **1.6**
  par de zapatos pair of shoes **1.6**
para *prep.* for; in order to; by; used for; considering **2.5**
  para que so that **3.1**
parabrisas *m., sing.* windshield **2.5**
parar *v.* to stop **2.5**
parecer *v.* to seem **1.6**
pared *f.* wall **2.6**
pareja *f.* (married) couple; partner **2.3**
parientes *m., pl.* relatives **1.3**
parque *m.* park **1.4**
párrafo *m.* paragraph
parte: de parte de on behalf of **2.5**
partido *m.* game; match (*sports*) **1.4**
pasado/a *adj.* last; past **1.6**
  pasado *p.p.* passed
pasaje *m.* ticket **1.5**
  pasaje de ida y vuelta *m.* roundtrip ticket **1.5**
pasajero/a *m., f.* passenger **1.1**
pasaporte *m.* passport **1.5**
pasar *v.* to go through **1.5**
  pasar la aspiradora to vacuum **2.6**
  pasar por el banco to go by the bank **3.2**
  pasar por la aduana to go through customs
  pasar tiempo to spend time
  pasarlo bien/mal to have a good/bad time **2.3**
pasatiempo *m.* pastime; hobby **1.4**
pasear *v.* to take a walk; to stroll **1.4**
  pasear en bicicleta to ride a bicycle **1.4**
  pasear por to walk around **1.4**
pasillo *m.* hallway **2.6**
pasta *f.* **de dientes** toothpaste **2.1**
pastel *m.* cake; pie **2.3**
  pastel de chocolate *m.* chocolate cake **2.3**
  pastel de cumpleaños *m.* birthday cake
pastelería *f.* pastry shop **3.2**
pastilla *f.* pill; tablet **2.4**
patata *f.* potato **2.2**
  patatas fritas *f., pl.* fried potatoes; French fries **2.2**

patinar (en línea) *v.* to (in-line) skate **1.4**
patineta *f.* skateboard **1.4**
patio *m.* patio; yard **2.6**
pavo *m.* turkey **2.2**
paz *f.* peace **3.6**
pedir (e:i) *v.* to ask for; to request **1.4**; to order (*food*) **2.2**
  pedir prestado *v.* to borrow **3.2**
  pedir un préstamo *v.* to apply for a loan **3.2**
peinarse *v.* to comb one's hair **2.1**
película *f.* movie **1.4**
peligro *m.* danger **3.1**
peligroso/a *adj.* dangerous **3.6**
pelirrojo/a *adj.* red-haired **1.3**
pelo *m.* hair **2.1**
pelota *f.* ball **1.4**
peluquería *f.* beauty salon **3.2**
peluquero/a *m., f.* hairdresser **3.4**
penicilina *f.* penicillin **2.4**
pensar (e:ie) *v.* to think **1.4**
  pensar (+ inf.) *v.* to intend to; to plan to (*do something*) **1.4**
  pensar en *v.* to think about **1.4**
pensión *f.* boardinghouse
peor *adj.* worse **2.2**
  el/la peor *adj.* the worst **2.2**
pequeño/a *adj.* small **1.3**
pera *f.* pear **2.2**
perder (e:ie) *v.* to lose; to miss **1.4**
perdido/a *adj.* lost **3.2**
Perdón. Pardon me.; Excuse me. **1.1**
perezoso/a *adj.* lazy
perfecto/a *adj.* perfect **1.5**
periódico *m.* newspaper **1.4**
periodismo *m.* journalism **1.2**
periodista *m., f.* journalist **1.3**
permiso *m.* permission
pero *conj.* but **1.2**
perro *m.* dog **3.1**
persona *f.* person **1.3**
personaje *m.* character **3.5**
  personaje principal *m.* main character **3.5**
pesas *f. pl.* weights **3.3**
pesca *f.* fishing
pescadería *f.* fish market **3.2**
pescado *m.* fish (*cooked*) **2.2**
pescador(a) *m., f.* fisherman/fisherwoman
pescar *v.* to fish **1.5**
peso *m.* weight **3.3**
pez *m.* fish (*live*) **3.1**
pie *m.* foot **2.4**
piedra *f.* stone **3.1**
pierna *f.* leg **2.4**
pimienta *f.* black pepper **2.2**
pintar *v.* to paint **3.5**
pintor(a) *m., f.* painter **3.4**
pintura *f.* painting; picture **2.6, 3.5**
piña *f.* pineapple **2.2**
piscina *f.* swimming pool **1.4**
piso *m.* floor (*of a building*) **1.5**

pizarra *f.* blackboard **1.2**
placer *m.* pleasure **3.3**
  Ha sido un placer. It's been a pleasure. **3.3**
planchar la ropa *v.* to iron the clothes **2.6**
planes *m., pl.* plans **1.4**
planta *f.* plant **3.1**
  planta baja *f.* ground floor **1.5**
plástico *m.* plastic **3.1**
plato *m.* dish (*in a meal*) **2.2**; *m.* plate **2.6**
  plato principal *m.* main dish **2.2**
playa *f.* beach **1.5**
plaza *f.* city or town square **1.4**
plazos *m., pl.* periods; time **3.2**
pluma *f.* pen **1.2**
población *f.* population **3.1**
pobre *adj. m., f.* poor **1.6**
pobreza *f.* poverty
poco/a *adj.* little; few **1.5; 2.4**
poder (o:ue) *v.* to be able to; can **1.4**
poema *m.* poem **3.5**
poesía *f.* poetry **3.5**
poeta *m., f.* poet **3.5**
policía *f.* police (force) **2.5**
política *f.* politics **3.6**
político/a *m., f.* politician **3.4**; *adj.* political **3.6**
pollo *m.* chicken **2.2**
  pollo asado *m.* roast chicken **2.2**
ponchar *v.* to go flat
poner *v.* to put; to place **1.4**; *v.* to turn on (*electrical appliances*) **2.5**
  poner la mesa *v.* to set the table **2.6**
  poner una inyección *v.* to give an injection **2.4**
ponerse (+ adj.) *v.* to become (+ *adj.*) **2.1**; to put on **2.1**
por *prep.* in exchange for; for; by; in; through; around; along; during; because of; on account of; on behalf of; in search of; by way of; by means of **2.5**
  por aquí around here **2.5**
  por avión by plane
  por ejemplo for example **2.5**
  por eso that's why; therefore **2.5**
  por favor please **1.1**
  por fin finally **2.5**
  por la mañana in the morning **2.1**
  por la noche at night **2.1**
  por la tarde in the afternoon **2.1**
  por lo menos *adv.* at least **2.4**
  ¿por qué? why? **1.2**
  Por supuesto. Of course. **3.4**
  por teléfono by phone; on the phone
  por último finally **2.1**
porque *conj.* because **1.2**
portátil *m.* portable **2.5**

porvenir *m.* future 3.4
　¡Por el porvenir! Here's to the future! 3.4
posesivo/a *adj.* possessive 1.3
posible *adj.* possible 3.1
　es posible it's possible 3.1
　no es posible it's not possible 3.1
postal *f.* postcard 1.4
postre *m.* dessert 2.3
practicar *v.* to practice 1.2
　practicar deportes *m., pl.* to play sports 1.4
precio (fijo) *m.* (fixed; set) price 1.6
preferir (e:ie) *v.* to prefer 1.4
pregunta *f.* question
preguntar *v.* to ask (*a question*) 1.2
premio *m.* prize; award 3.5
prender *v.* to turn on 2.5
prensa *f.* press 3.6
preocupado/a (por) *adj.* worried (about) 1.5
preocuparse (por) *v.* to worry (about) 2.1
preparar *v.* to prepare 1.2
preposición *f.* preposition
presentación *f.* introduction
presentar *v.* to introduce; to present 3.5; to put on (*a performance*) 3.5
　Le presento a... I would like to introduce (name) to you... (*form.*) 1.1
　Te presento a... I would like to introduce (name) to you... (*fam.*) 1.1
presiones *f., pl.* pressures 3.3
prestado/a *adj.* borrowed
préstamo *m.* loan 3.2
prestar *v.* to lend; to loan 1.6
primavera *f.* spring 1.5
primer, primero/a *adj.* first 1.5
primo/a *m., f.* cousin 1.3
principal *adj. m., f.* main 2.2
prisa *f.* haste 1.3
　darse prisa *v.* to hurry; to rush 3.3
probable *adj. m., f.* probable 3.1
　es probable it's probable 3.1
　no es probable it's not probable 3.1
probar (o:ue) *v.* to taste; to try 2.2
probarse (o:ue) *v.* to try on 2.1
problema *m.* problem 1.1
profesión *f.* profession 1.3, 3.4
profesor(a) *m., f.* teacher 1.1, 1.2
programa *m.* 1.1
　programa de computación *m.* software 2.5
　programa de entrevistas *m.* talk show 3.5
programador(a) *m., f.* computer programmer 1.3
prohibir *v.* to prohibit 2.4; to forbid

pronombre *m.* pronoun
pronto *adv.* soon 2.4
propina *f.* tip 2.3
propio/a *adj.* own 3.4
proteger *v.* to protect 3.1
proteína *f.* protein 3.3
próximo/a *adj.* next 3.4
prueba *f.* test; quiz 1.2
psicología *f.* psychology 1.2
psicólogo/a *m., f.* psychologist 3.4
publicar *v.* to publish 3.5
público *m.* audience 3.5
pueblo *m.* town 1.4
puerta *f.* door 1.2
Puerto Rico *m.* Puerto Rico 1.1
puertorriqueño/a *adj.* Puerto Rican 1.3
pues *conj.* well 1.2, 3.5
puesto *m.* position; job 3.4
puesto/a *p.p.* put 3.2
puro/a *adj.* pure 3.1

Q

que *pron.* that; which; who 2.6
　¿En qué...? In which...? 1.2
　¡Qué...! How...! 1.3
　¡Qué dolor! What pain!
　¡Qué ropa más bonita! What pretty clothes! 1.6
　¡Qué sorpresa! What a surprise!
　¿qué? what? 1.1
　¿Qué día es hoy? What day is it? 1.2
　¿Qué hay de nuevo? What's new? 1.1
　¿Qué hora es? What time is it? 1.1
　¿Qué les parece? What do you (*pl.*) think?
　¿Qué pasa? What's happening? What's going on? 1.1
　¿Qué pasó? What happened? 2.5
　¿Qué precio tiene? What is the price?
　¿Qué tal...? How are you?; How is it going? 1.1; How is/are...? 1.2
　¿Qué talla lleva/usa? What size do you wear? 1.6
　¿Qué tiempo hace? How's the weather? 1.5
quedar *v.* to be left over; to fit (*clothing*) 2.1; to be left behind; to be located 3.2
quedarse *v.* to stay; to remain 2.1
quehaceres domésticos *m., pl.* household chores 2.6
quemado/a *adj.* burned (out) 2.5
quemar *v.* to burn (*a CD*) 2.5
querer (e:ie) *v.* to want; to love 1.4
queso *m.* cheese 2.2
quien(es) *pron.* who; whom; that 2.6
　¿quién(es)? who?; whom? 1.1
　¿Quién es...? Who is...? 1.1

　¿Quién habla? Who is speaking? (*telephone*) 2.5
química *f.* chemistry 1.2
quince fifteen 1.1
　menos quince quarter to (time) 1.1
　y quince quarter after (time) 1.1
quinceañera *f.* young woman's fifteenth birthday celebration/ fifteen-year-old girl 2.3
quinientos/as *adj.* five hundred 1.2
quinto/a *adj.* fifth 1.5
quisiera *v.* I would like 3.5
quitar el polvo *v.* to dust 2.6
quitar la mesa *v.* to clear the table 2.6
quitarse *v.* to take off 2.1
quizás *adv.* maybe 1.5

R

racismo *m.* racism 3.6
radio *f.* radio (*medium*) 1.2; *m.* radio (set) 1.2
radiografía *f.* X-ray 2.4
rápido/a *adv.* quickly 2.4
ratón *m.* mouse 2.5
ratos libres *m., pl.* spare (free) time 1.4
raya *f.* stripe 1.6
razón *f.* reason 1.3
rebaja *f.* sale 1.6
recado *m.* (telephone) message 2.5
receta *f.* prescription 2.4
recetar *v.* to prescribe 2.4
recibir *v.* to receive 1.3
reciclaje *m.* recycling 3.1
reciclar *v.* to recycle 3.1
recién casado/a *m., f.* newlywed 2.3
recoger *v.* to pick up 3.1
recomendar (e:ie) *v.* to recommend 2.2, 2.6
recordar (o:ue) *v.* to remember 1.4
recorrer *v.* to tour an area
recurso *m.* resource 3.1
　recurso natural *m.* natural resource 3.1
red *f.* network; Web 2.5
reducir *v.* to reduce 3.1
refresco *m.* soft drink 2.2
refrigerador *m.* refrigerator 2.6
regalar *v.* to give (a gift) 2.3
regalo *m.* gift 1.6
regatear *v.* to bargain 1.6
región *f.* region; area 3.1
regresar *v.* to return 1.2
regular *adj. m., f.* so-so; OK 1.1
reído *p.p.* laughed 3.2
reírse (e:i) *v.* to laugh 2.3
relaciones *f., pl.* relationships
relajarse *v.* to relax 2.3
reloj *m.* clock; watch 1.2
renunciar (a) *v.* to resign (from) 3.4
repetir (e:i) *v.* to repeat 1.4

reportaje *m.* report 3.6
reportero/a *m., f.* reporter; journalist 3.4
representante *m., f.* representative 3.6
reproductor de DVD *m.* DVD player 2.5
reproductor de MP3 *m.* MP3 player 2.5
resfriado *m.* cold (*illness*) 2.4
residencia estudiantil *f.* dormitory 1.2
resolver (o:ue) *v.* to resolve; to solve 3.1
respirar *v.* to breathe 3.1
respuesta *f.* answer
restaurante *m.* restaurant 1.4
resuelto/a *p.p.* resolved 3.2
reunión *f.* meeting 3.4
revisar *v.* to check 2.5
   revisar el aceite *v.* to check the oil 2.5
revista *f.* magazine 1.4
rico/a *adj.* rich 1.6; *adj.* tasty; delicious 2.2
ridículo/a *adj.* ridiculous 3.1
río *m.* river 3.1
riquísimo/a *adj.* extremely delicious 2.2
rodilla *f.* knee 2.4
rogar (o:ue) *v.* to beg; to plead 2.6
rojo/a *adj.* red 1.6
romántico/a *adj.* romantic 3.5
romper *v.* to break 2.4
   romperse la pierna *v.* to break one's leg 2.4
romper (con) *v.* to break up (with) 2.3
ropa *f.* clothing; clothes 1.6
   ropa interior *f.* underwear 1.6
rosado/a *adj.* pink 1.6
roto/a *adj.* broken 2.4, 3.2
rubio/a *adj.* blond(e) 1.3
ruso/a *adj.* Russian 1.3
rutina *f.* routine 2.1
   rutina diaria *f.* daily routine 2.1

S

sábado *m.* Saturday 1.2
saber *v.* to know; to know how 1.6; to taste 2.2
   saber a to taste like 2.2
sabrosísimo/a *adj.* extremely delicious 2.2
sabroso/a *adj.* tasty; delicious 2.2
sacar *v.* to take out
   sacar fotos to take photos 1.5
   sacar la basura to take out the trash 2.6
   sacar(se) un diente to have a tooth removed 2.4
sacudir *v.* to dust 2.6
   sacudir los muebles to dust the furniture 2.6

sal *f.* salt 2.2
sala *f.* living room 2.6; room
   sala de emergencia(s) emergency room 2.4
salario *m.* salary 3.4
salchicha *f.* sausage 2.2
salida *f.* departure; exit 1.5
salir *v.* to leave 1.4; to go out
   salir (con) to go out (with); to date 2.3
   salir de to leave from
   salir para to leave for (*a place*)
salmón *m.* salmon 2.2
salón de belleza *m.* beauty salon 3.2
salud *f.* health 2.4
saludable *adj.* healthy 2.4
saludar(se) *v.* to greet (each other) 2.5
saludo *m.* greeting 1.1
   saludos a... greetings to... 1.1
sandalia *f.* sandal 1.6
sandía *f.* watermelon
sándwich *m.* sandwich 2.2
sano/a *adj.* healthy 2.4
se *ref. pron.* himself, herself, itself, *form.* yourself, themselves, yourselves 2.1
se *impersonal* one 2.4
   Se nos dañó... The... broke down. 2.5
   Se hizo... He/she/it became...
   Se nos pinchó una llanta. We had a flat tire. 2.5
secadora *f.* clothes dryer 2.6
secarse *v.* to dry oneself 2.1
sección de (no) fumar *f.* (non) smoking section 2.2
secretario/a *m., f.* secretary 3.4
secuencia *f.* sequence
sed *f.* thirst 1.3
seda *f.* silk 1.6
sedentario/a *adj.* sedentary; related to sitting 3.3
seguir (e:i) *v.* to follow; to continue 1.4
según according to
segundo/a *adj.* second 1.5
seguro/a *adj.* sure; safe; confident 1.5
seis six 1.1
seiscientos/as six hundred 1.2
sello *m.* stamp 3.2
selva *f.* jungle 3.1
semana *f.* week 1.2
   fin *m.* **de semana** weekend 1.4
   semana *f.* **pasada** last week 1.6
semestre *m.* semester 1.2
sendero *m.* trail; trailhead 3.1
sentarse (e:ie) *v.* to sit down 2.1
sentir(se) (e:ie) *v.* to feel 2.1; to be sorry; to regret 3.1
señor (Sr.); don *m.* Mr.; sir 1.1
señora (Sra.); doña *f.* Mrs.; ma'am 1.1

señorita (Srta.) *f.* Miss 1.1
separado/a *adj.* separated 2.3
separarse (de) *v.* to separate (from) 2.3
septiembre *m.* September 1.5
séptimo/a *adj.* seventh 1.5
ser *v.* to be 1.1
   ser aficionado/a (a) to be a fan (of) 1.4
   ser alérgico/a (a) to be allergic (to) 2.4
   ser gratis to be free of charge 3.2
serio/a *adj.* serious
servilleta *f.* napkin 2.6
servir (e:i) *v.* to help 1.5; to serve 2.2
sesenta sixty 1.2
setecientos/as seven hundred 1.2
setenta seventy 1.2
sexismo *m.* sexism 3.6
sexto/a *adj.* sixth 1.5
sí *adv.* yes 1.1
si *conj.* if 1.4
SIDA *m.* AIDS 3.6
sido *p.p.* been 3.3
siempre *adv.* always 2.1
siete seven 1.1
silla *f.* seat 1.2
sillón *m.* armchair 2.6
similar *adj. m., f.* similar
simpático/a *adj.* nice; likeable 1.3
sin *prep.* without 1.2, 3.1
   sin duda without a doubt
   sin embargo however
   sin que *conj.* without 3.1
sino but (rather) 2.1
síntoma *m.* symptom 2.4
sitio *m.* **web;** website 2.5
situado/a *p.p.* located
sobre *m.* envelope 3.2; *prep.* on; over 1.2
sobrino/a *m., f.* nephew; niece 1.3
sociología *f.* sociology 1.2
sofá *m.* couch; sofa 2.6
sol *m.* sun 1.4; 1.5; 3.1
solar *adj. m., f.* solar 3.1
soldado *m., f.* soldier 3.6
soleado/a *adj.* sunny
solicitar *v.* to apply (*for a job*) 3.4
solicitud (de trabajo) *f.* (job) application 3.4
sólo *adv.* only 1.3
solo/a *adj.* alone
soltero/a *adj.* single 2.3
solución *f.* solution 3.1
sombrero *m.* hat 1.6
Son las dos. It's two o'clock. 1.1
sonar (o:ue) *v.* to ring 2.5
sonreído *p.p.* smiled 3.2
sonreír (e:i) *v.* to smile 2.3
sopa *f.* soup 2.2
sorprender *v.* to surprise 2.3
sorpresa *f.* surprise 2.3
sótano *m.* basement; cellar 2.6
soy I am 1.1

Soy de... I'm from... **1.1**
Soy yo. That's me. **1.1**
su(s) *poss. adj.* his; her; its; *form.* your; their **1.3**
subir(se) a *v.* to get on/into (*a vehicle*) **2.5**
sucio/a *adj.* dirty **1.5**
sucre *m.* Former Ecuadorian currency **1.6**
sudar *v.* to sweat **3.3**
suegro/a *m., f.* father-in-law; mother-in-law **1.3**
sueldo *m.* salary **3.4**
suelo *m.* floor **2.6**
sueño *m.* sleep **1.3**
suerte *f.* luck **1.3**
suéter *m.* sweater **1.6**
sufrir *v.* to suffer **2.4**
  sufrir muchas presiones to be under a lot of pressure **3.3**
  sufrir una enfermedad to suffer an illness **2.4**
sugerir (e:ie) *v.* to suggest **2.6**
supermercado *m.* supermarket **3.2**
suponer *v.* to suppose **1.4**
sur *m.* south **3.2**
sustantivo *m.* noun
suyo(s)/a(s) *poss.* (of) his/her; (of) hers; (of) its; (of) *form.* your, (of) yours, (of) their **2.5**

T

tal vez *adv.* maybe **1.5**
talentoso/a *adj.* talented **3.5**
talla *f.* size **1.6**
  talla grande *f.* large **1.6**
taller *m.* **mecánico** garage; mechanic's repairshop **2.5**
también *adv.* also; too **1.2; 2.1**
tampoco *adv.* neither; not either **2.1**
tan *adv.* so **1.5**
  tan... como as... as **2.2**
  tan pronto como *conj.* as soon as **3.1**
tanque *m.* tank **2.5**
tanto *adv.* so much
  tanto... como as much... as **2.2**
  tantos/as... como as many... as **2.2**
tarde *f.* afternoon; evening; P.M. **1.1**; *adv.* late **2.1**
tarea *f.* homework **1.2**
tarjeta *f.* (post) card
tarjeta de crédito *f.* credit card **1.6**
tarjeta postal *f.* postcard **1.4**
taxi *m.* taxi **1.5**
taza *f.* cup **2.6**
te *sing., fam., d.o. pron.* you **1.5**; *sing., fam., i.o. pron.* to/for you **1.6**
  Te presento a... *fam.* I would like to introduce... to you **1.1**
  ¿Te gustaría? Would you like to? **3.5**

¿Te gusta(n)... ? Do you like... ? **1.2**
té *m.* tea **2.2**
  té helado *m.* iced tea **2.2**
teatro *m.* theater **3.5**
teclado *m.* keyboard **2.5**
técnico/a *m., f.* technician **3.4**
tejido *m.* weaving **3.5**
teleadicto/a *m., f.* couch potato **3.3**
teléfono (celular) *m.* (cell) telephone **2.5**
telenovela *f.* soap opera **3.5**
teletrabajo *m.* telecommuting **3.4**
televisión *f.* television **1.2; 2.5**
televisión por cable *f.* cable television **2.5**
televisor *m.* television set **2.5**
temer *v.* to fear **3.1**
temperatura *f.* temperature **2.4**
temprano *adv.* early **2.1**
tenedor *m.* fork **2.6**
tener *v.* to have **1.3**
  tener... años to be... years old **1.3**
  Tengo... años. I'm... years old. **1.3**
  tener (mucho) calor to be (very) hot **1.3**
  tener (mucho) cuidado to be (very) careful **1.3**
  tener dolor to have a pain **2.4**
  tener éxito to be successful **3.4**
  tener fiebre to have a fever **2.4**
  tener (mucho) frío to be (very) cold **1.3**
  tener ganas de (+ inf.) to feel like (*doing something*) **1.3**
  tener (mucha) hambre *f.* to be (very) hungry **1.3**
  tener (mucho) miedo (de) to be (very) afraid (of); to be (very) scared (of) **1.3**
  tener miedo (de) que to be afraid that
  tener planes *m., pl.* to have plans **1.4**
  tener (mucha) prisa to be in a (big) hurry **1.3**
  tener que (+ inf.) *v.* to have to (*do something*) **1.3**
  tener razón *f.* to be right **1.3**
  tener (mucha) sed *f.* to be (very) thirsty **1.3**
  tener (mucho) sueño to be (very) sleepy **1.3**
  tener (mucha) suerte to be (very) lucky **1.3**
  tener tiempo to have time **1.4**
  tener una cita to have a date; to have an appointment **2.3**
tenis *m.* tennis **1.4**
tensión *f.* tension **3.3**
tercer, tercero/a *adj.* third **1.5**
terminar *v.* to end; to finish **1.2**
  terminar de (+inf.) *v.* to finish (*doing something*) **1.4**
terremoto *m.* earthquake **3.6**

terrible *adj. m., f.* terrible **3.1**
ti *prep., obj. of prep., fam.* you
tiempo *m.* time **1.4**; weather **1.5**
  tiempo libre free time
tienda *f.* shop; store **1.6**
  tienda de campaña tent
tierra *f.* land; soil **3.1**
tinto/a *adj.* red (wine) **2.2**
tío/a *m., f.* uncle; aunt **1.3**
tíos *m., pl.* aunts and uncles **1.3**
título *m.* title
tiza *f.* chalk **1.2**
toalla *f.* towel **2.1**
tobillo *m.* ankle **2.4**
tocadiscos compacto *m.* compact disc player **2.5**
tocar *v.* to touch **3.1**; to play (*a musical instrument*) **3.5**
todavía *adv.* yet; still **1.5**
todo *m.* everything **1.5**
  en todo el mundo throughout the world **3.1**
  Todo está bajo control. Everything is under control. **2.1**
  todo derecho straight (ahead) **3.2**
todo(s)/a(s) *adj.* all **1.4**; whole
todos *m., pl.* all of us; *m., pl.* everybody; everyone
  ¡Todos a bordo! All aboard! **1.1**
todos los días *adv.* every day **2.4**
tomar *v.* to take; to drink **1.2**
  tomar clases *f., pl.* to take classes **1.2**
  tomar el sol to sunbathe **1.4**
  tomar en cuenta to take into account
  tomar fotos *f., pl.* to take photos **1.5**
  tomar la temperatura to take someone's temperature **2.4**
tomate *m.* tomato **2.2**
tonto/a *adj.* silly; foolish **1.3**
torcerse (o:ue) (el tobillo) *v.* to sprain (one's ankle) **2.4**
torcido/a *adj.* twisted; sprained **2.4**
tormenta *f.* storm **3.6**
tornado *m.* tornado **3.6**
tortilla *f.* tortilla **2.2**
  tortilla de maíz corn tortilla **2.2**
tos *f., sing.* cough **2.4**
toser *v.* to cough **2.4**
tostado/a *adj.* toasted **2.2**
tostadora *f.* toaster **2.6**
trabajador(a) *adj.* hard-working **1.3**
trabajar *v.* to work **1.2**
trabajo *m.* job; work **3.4**
traducir *v.* to translate **1.6**
traer *v.* to bring **1.4**
tráfico *m.* traffic **2.5**
tragedia *f.* tragedy **3.5**
traído/a *p.p.* brought **3.2**
traje *m.* suit **1.6**
  traje (de baño) *m.* (bathing) suit **1.6**

tranquilo/a *adj.* calm; quiet 3.3
  Tranquilo. Don't worry.; Be cool. 2.1
transmitir *v.* to broadcast 3.6
tratar de (+ inf.) *v.* to try (to do something) 3.3
Trato hecho. You've got a deal. 3.5
trece thirteen 1.1
treinta thirty 1.1, 1.2
  y treinta thirty minutes past the hour (time) 1.1
tren *m.* train 1.5
tres three 1.1
trescientos/as three hundred 1.2
trimestre *m.* trimester; quarter 1.2
triste *adj.* sad 1.5
tú *fam. sub. pron.* you 1.1
  Tú eres... You are... 1.1
tu(s) *fam. poss. adj.* your 1.3
turismo *m.* tourism 1.5
turista *m., f.* tourist 1.1
turístico/a *adj.* touristic
tuyo(s)/a(s) *fam. poss. pron.* your; (of) yours 2.5

U

Ud. *form. sing.* you 1.1
Uds. *form., pl.* you 1.1
último/a *adj.* last
un, uno/a *indef. art.* a; one 1.1
  uno/a *m., f., sing. pron.* one 1.1
    a la una at one o'clock 1.1
    una vez once; one time 1.6
    una vez más one more time 2.3
único/a *adj.* only 1.3
universidad *f.* university; college 1.2
unos/as *m., f., pl. indef. art.* some 1.1
  unos/as *pron.* some 1.1
urgente *adj.* urgent 2.6
usar *v.* to wear; to use 1.6
usted (Ud.) *form. sing.* you 1.1
  ustedes (Uds.) *form., pl.* you 1.1
útil *adj.* useful
uva *f.* grape 2.2

V

vaca *f.* cow 3.1
vacaciones *f. pl.* vacation 1.5
valle *m.* valley 3.1
vamos let's go 1.4
vaquero *m.* cowboy 3.5
  de vaqueros *m., pl.* western (genre) 3.5
varios/as *adj. m. f., pl.* various; several 2.2
vaso *m.* glass 2.6
veces *f., pl.* times 1.6
vecino/a *m., f.* neighbor 2.6
veinte twenty 1.1
veinticinco twenty-five 1.1
veinticuatro twenty-four 1.1

veintidós twenty-two 1.1
veintinueve twenty-nine 1.1
veintiocho twenty-eight 1.1
veintiséis twenty-six 1.1
veintisiete twenty-seven 1.1
veintitrés twenty-three 1.1
veintiún, veintiuno/a twenty-one 1.1
vejez *f.* old age 2.3
velocidad *f.* speed 2.5
  velocidad máxima *f.* speed limit 2.5
vendedor(a) *m., f.* salesperson 1.6
vender *v.* to sell 1.6
venir *v.* to come 1.3
ventana *f.* window 1.2
ver *v.* to see 1.4
  a ver *v.* let's see 1.2
  ver películas *f., pl.* to see movies 1.4
verano *m.* summer 1.5
verbo *m.* verb
verdad *f.* truth 1.4
  ¿verdad? right? 1.1
verde *adj., m. f.* green 1.6
verduras *pl., f.* vegetables 2.2
vestido *m.* dress 1.6
vestirse (e:i) *v.* to get dressed 2.1
vez *f.* time 1.6
viajar *v.* to travel 1.2
viaje *m.* trip 1.5
viajero/a *m., f.* traveler 1.5
vida *f.* life 2.3
video *m.* video 1.1
video(casete) *m.* video (cassette) 2.5
videocasetera *f.* VCR 2.5
videoconferencia *f.* videoconference 3.4
videojuego *m.* video game 1.4
vidrio *m.* glass 3.1
viejo/a *adj.* old 1.3
viento *m.* wind 1.5
viernes *m., sing.* Friday 1.2
vinagre *m.* vinegar 2.2
vino *m.* wine 2.2
  vino blanco *m.* white wine 2.2
  vino tinto *m.* red wine 2.2
violencia *f.* violence 3.6
visitar *v.* to visit 1.4
  visitar monumentos *m., pl.* to visit monuments 1.4
visto/a *p.p.* seen 3.2
vitamina *f.* vitamin 3.3
viudo/a *adj.* widower/widow 2.3
vivienda *f.* housing 2.6
vivir *v.* to live 1.3
vivo/a *adj.* bright; lively; living
volante *m.* steering wheel 2.5
volcán *m.* volcano 3.1
vóleibol *m.* volleyball 1.4
volver (o:ue) *v.* to return 1.4
volver a ver(te, lo, la) *v.* to see (you, him, her) again 3.6
vos *pron.* you
vosotros/as *form., pl.* you 1.1
votar *v.* to vote 3.6

vuelta *f.* return trip
vuelto/a *p.p.* returned 3.2
vuestro(s)/a(s) *poss. adj.* your 1.3; (of) yours *fam.* 2.5

W

walkman *m.* walkman

Y

y *conj.* and 1.1
  y cuarto quarter after (time) 1.1
  y media half-past (time) 1.1
  y quince quarter after (time) 1.1
  y treinta thirty (minutes past the hour) 1.1
  ¿Y tú? *fam.* And you? 1.1
  ¿Y usted? *form.* And you? 1.1
ya *adv.* already 1.6
yerno *m.* son-in-law 1.3
yo *sub. pron.* I 1.1
  Yo soy... I'm... 1.1
yogur *m.* yogurt 2.2

Z

zanahoria *f.* carrot 2.2
zapatería *f.* shoe store 3.2
zapatos de tenis *m., pl.* tennis shoes, sneakers 1.6

English-Spanish

A

a **un/a** *m., f., sing.; indef. art.* 1.1
@ (*symbol*) **arroba** *f.* 2.5
A.M. **mañana** *f.* 1.1
able: be able to **poder (o:ue)** *v.* 1.4
aboard **a bordo** 1.1
accident **accidente** *m.* 2.4
accompany **acompañar** *v.* 3.2
account **cuenta** *f.* 3.2
  on account of **por** *prep.* 2.5
accountant **contador(a)** *m., f.* 3.4
accounting **contabilidad** *f.* 1.2
ache **dolor** *m.* 2.4
acid **ácido/a** *adj.* 3.1
  acid rain **lluvia ácida** 3.1
acquainted: be acquainted with
  conocer *v.* 1.6
action (genre) **de acción** *f.* 3.5
active **activo/a** *adj.* 3.3
actor **actor** *m.*, **actriz** *f.* 3.4
addict (*drug*) **drogadicto/a** *adj.* 3.3
additional **adicional** *adj.*
address **dirección** *f.* 3.2
adjective **adjetivo** *m.*
adolescence **adolescencia** *f.* 2.3
adventure (genre) **de aventura** *f.* 3.5
advertise **anunciar** *v.* 3.6
advertisement **anuncio** *m.* 3.4
advice **consejo** *m.* 1.6
  give advice **dar consejos** 1.6
advise **aconsejar** *v.* 2.6
advisor **consejero/a** *m., f.* 3.4
aerobic **aeróbico/a** *adj.* 3.3
  aerobics class **clase de
    ejercicios aeróbicos** 3.3
  to do aerobics **hacer ejercicios
    aeróbicos** 3.3
affected **afectado/a** *adj.* 3.1
  be affected (by) **estar** *v.*
    afectado/a (por) 3.1
affirmative **afirmativo/a** *adj.*
afraid: be (very) afraid (of) **tener
  (mucho) miedo (de)** 1.3
  be afraid that **tener miedo
    (de) que**
after **después de** *prep.* 2.1;
  después de que *conj.* 3.1
afternoon **tarde** *f.* 1.1
afterward **después** *adv.* 2.1
again **otra vez**
age **edad** *f.* 2.3
agree **concordar** *v.*
agree **estar** *v.* **de acuerdo** 3.4
  I agree (completely). **Estoy
    (completamente) de
    acuerdo.** 3.4
  I don't agree. **No estoy de
    acuerdo.** 3.4
agreement **acuerdo** *m.* 3.4
AIDS **SIDA** *m.* 3.6
air **aire** *m.* 3.1
  air pollution **contaminación
    del aire** 3.1

airplane **avión** *m.* 1.5
airport **aeropuerto** *m.* 1.5
alarm clock **despertador** *m.* 2.1
alcohol **alcohol** *m.* 3.3
  to consume alcohol **consumir
    alcohol** 3.3
alcoholic **alcohólico/a** *adj.* 3.3
all **todo(s)/a(s)** *adj.* 1.4
  All aboard! **¡Todos a bordo!** 1.1
  all of us **todos** 1.1
  all over the world **en todo el
    mundo**
allergic **alérgico/a** *adj.* 2.4
  be allergic (to) **ser alérgico/a
    (a)** 2.4
alleviate **aliviar** *v.*
almost **casi** *adv.* 2.4
alone **solo/a** *adj.*
along **por** *prep.* 2.5
already **ya** *adv.* 1.6
also **también** *adv.* 1.2; 2.1
alternator **alternador** *m.* 2.5
although **aunque** *conj.*
aluminum **aluminio** *m.* 3.1
  (made) of aluminum **de
    aluminio** 3.1
always **siempre** *adv.* 2.1
American (*North*)
  norteamericano/a *adj.* 1.3
among **entre** *prep.* 1.2
amusement **diversión** *f.*
and **y** 1.1, **e** (*before words
  beginning with i or hi*) 1.4
  And you? **¿Y tú?** *fam.* 1.1;
    ¿Y usted? *form.* 1.1
angry **enojado/a** *adj.* 1.5
  get angry (with) **enojarse** *v.*
    (con) 2.1
animal **animal** *m.* 3.1
ankle **tobillo** *m.* 2.4
anniversary **aniversario** *m.* 2.3
  (wedding) anniversary
    aniversario *m.*
    (de bodas) 2.3
announce **anunciar** *v.* 3.6
announcer (*TV/radio*) **locutor(a)**
  m., f. 3.6
annoy **molestar** *v.* 2.1
another **otro/a** *adj.* 1.6
answer **contestar** *v.* 1.2;
  respuesta *f.*
answering machine **contestadora**
  f. 2.5
antibiotic **antibiótico** *m.* 2.4
any **algún, alguno/a(s)** *adj.* 2.1
anyone **alguien** *pron.* 2.1
anything **algo** *pron.* 2.1
apartment **apartamento** *m.* 2.6
apartment building **edificio de
  apartamentos** 2.6
appear **parecer** *v.*
appetizers **entremeses** *m., pl.* 2.2
applaud **aplaudir** *v.* 3.5
apple **manzana** *f.* 2.2
appliance (electric) **electrodoméstico** *m.* 2.6
applicant **aspirante** *m., f.* 3.4

application **solicitud** *f.* 3.4
  job application **solicitud de
    trabajo** 3.4
apply (*for a job*) **solicitar** *v.* 3.4
  apply for a loan **pedir (e:ie)** *v.*
    un préstamo 3.2
appointment **cita** *f.* 2.3
  have an appointment **tener** *v.*
    una cita 2.3
appreciate **apreciar** *v.* 3.5
April **abril** *m.* 1.5
aquatic **acuático/a** *adj.*
archaeologist **arqueólogo/a**
  m., f. 3.4
architect **arquitecto/a** *m., f.* 3.4
area **región** *f.* 3.1
arm **brazo** *m.* 2.4
armchair **sillón** *m.* 2.6
army **ejército** *m.* 3.6
around **por** *prep.* 2.5
  around here **por aquí** 2.5
arrange **arreglar** *v.* 2.5
arrival **llegada** *f.* 1.5
arrive **llegar** *v.* 1.2
art **arte** *m.* 1.2
  (fine) arts **bellas artes** *f., pl.* 3.5
article *m.* **artículo** 3.6
artist **artista** *m., f.* 1.3
artistic **artístico/a** *adj.* 3.5
arts **artes** *f., pl.* 3.5
as **como** 2.2
  as a child **de niño/a** 2.4
  as... as **tan... como** 2.2
  as many... as **tantos/as...
    como** 2.2
  as much... as **tanto...
    como** 2.2
  as soon as **en cuanto** *conj.* 3.1;
    tan pronto como *conj.* 3.1
ask (*a question*) **preguntar** *v.* 1.2
  ask for **pedir (e:i)** *v.* 1.4
asparagus **espárragos** *m., pl.* 2.2
aspirin **aspirina** *f.* 2.4
at **a** *prep.* 1; **en** *prep.* 1.2
  at + *time* **a la(s)** + *time* 1.1
  at home **en casa** 2.1
  at least **por lo menos** 2.4
  at night **por la noche** 2.1
  at the end (of) **al fondo (de)** 2.6
  At what time...? **¿A qué
    hora...?** 1.1
  At your service. **A sus
    órdenes.** 2.5
ATM **cajero automático** *m.* 3.2
attend **asistir (a)** *v.* 1.3
attic **altillo** *m.* 2.6
attract **atraer** *v.* 1.4
audience **público** *m.* 3.5
August **agosto** *m.* 1.5
aunt **tía** *f.* 1.3
  aunts and uncles **tíos** *m., pl.* 1.3
automobile **automóvil** *m.* 1.5;
  carro *m.*; **coche** *m.* 2.5
autumn **otoño** *m.* 1.5
avenue **avenida** *f.*
avoid **evitar** *v.* 3.1
award **premio** *m.* 3.5

B

backpack **mochila** *f.* 1.2
bad **mal, malo/a** *adj.* 1.2
  It's bad that… **Es malo que…** 2.6
  It's not at all bad. **No está nada mal.** 1.5
bag **bolsa** *f.* 1.6
bakery **panadería** *f.* 3.2
balanced **equilibrado/a** *adj.* 3.3
  to eat a balanced diet **comer una dieta equilibrada** 3.3
balcony **balcón** *m.* 2.6
ball **pelota** *f.* 1.4
banana **banana** *f.* 2.2
band **banda** *f.* 3.5
bank **banco** *m.* 3.2
bargain **ganga** *f.* 1.6; **regatear** *v.* 1.6
baseball (*game*) **béisbol** *m.* 1.4
basement **sótano** *m.* 2.6
basketball (*game*) **baloncesto** *m.* 1.4
bathe **bañarse** *v.* 2.1
bathing suit **traje** *m.* **de baño** 1.6
bathroom **baño** *m.* 2.1; **cuarto de baño** *m.* 2.1
be **ser** *v.* 1.1; **estar** *v.* 1.2
  be… years old **tener… años** 1.3
beach **playa** *f.* 1.5
beans **frijoles** *m., pl.* 2.2
beautiful **hermoso/a** *adj.* 1.6
beauty **belleza** *f.* 3.2
  beauty salon **peluquería** *f.* 3.2; **salón** *m.* **de belleza** 3.2
because **porque** *conj.* 1.2
  because of **por** *prep.* 2.5
become (+ *adj.*) **ponerse (+ adj.)** 2.1; **convertirse** *v.*
bed **cama** *f.* 1.5
  go to bed **acostarse (o:ue)** *v.* 2.1
bedroom **alcoba** *f.*; **dormitorio** *m.* 2.6; **recámara** *f.*
beef **carne de res** *f.* 2.2
  beef soup **caldo de patas** 2.2
been **sido** *p.p.* 3.3
beer **cerveza** *f.* 2.2
before **antes** *adv.* 2.1; **antes de** *prep.* 2.1; **antes (de) que** *conj.* 3.1
beg **rogar (o:ue)** *v.* 2.6
begin **comenzar (e:ie)** *v.* 1.4; **empezar (e:ie)** *v.* 1.4
behalf: on behalf of **de parte de** 2.5
behind **detrás de** *prep.* 1.2
believe (in) **creer** *v.* **(en)** 1.3; **creer** *v.* 3.1
  not to believe **no creer** 3.1
believed **creído/a** *p.p.* 3.2
bellhop **botones** *m., f. sing.* 1.5
below **debajo de** *prep.* 1.2
belt **cinturón** *m.* 1.6
benefit **beneficio** *m.* 3.4
beside **al lado de** *prep.* 1.2
besides **además (de)** *adv.* 2.4

best **mejor** *adj.*
  the best **el/la mejor** *m., f.* 2.2; **lo mejor** *neuter* 3.6
better **mejor** *adj.* 2.2
  It's better that… **Es mejor que…** 2.6
between **entre** *prep.* 1.2
beverage **bebida** *f.*
  alcoholic beverage **bebida alcohólica** *f.* 3.3
bicycle **bicicleta** *f.* 1.4
big **gran, grande** *adj.* 1.3
bill **cuenta** *f.* 2.3
billion **mil millones**
biology **biología** *f.* 1.2
bird **ave** *f.* 3.1; **pájaro** *m.* 3.1
birth **nacimiento** *m.* 2.3
birthday **cumpleaños** *m., sing.* 2.3
  have a birthday **cumplir** *v.* **años** 2.3
black **negro/a** *adj.* 1.6
blackberry **mora** *f.* 2.2
blackboard **pizarra** *f.* 1.2
blanket **manta** *f.* 2.6
block (city) **cuadra** *f.* 3.2
blond(e) **rubio/a** *adj.* 1.3
blouse **blusa** *f.* 1.6
blue **azul** *adj. m., f.* 1.6
boarding house **pensión** *f.*
boat **barco** *m.* 1.5
body **cuerpo** *m.* 2.4
bone **hueso** *m.* 2.4
book **libro** *m.* 1.2
bookcase **estante** *m.* 2.6
bookshelves **estante** *m.* 2.6
bookstore **librería** *f.* 1.2
boot **bota** *f.* 1.6
bore **aburrir** *v.* 2.1
bored **aburrido/a** *adj.* 1.5
  be bored **estar** *v.* **aburrido/a** 1.5
  get bored **aburrirse** *v.* 3.5
boring **aburrido/a** *adj.* 1.5
born: be born **nacer** *v.* 2.3
borrow **pedir (e:ie)** *v.* **prestado** 3.2
borrowed **prestado/a** *adj.*
boss **jefe** *m.*, **jefa** *f.* 3.4
bother **molestar** *v.* 2.1
bottle **botella** *f.* 2.3
  bottle of wine **botella de vino** 2.3
bottom **fondo** *m.*
boulevard **bulevar** *m.*
boy **chico** *m.* 1; **muchacho** *m.* 1.3
boyfriend **novio** *m.* 1.3
brakes **frenos** *m., pl.*
bread **pan** *m.* 2.2
break **romper** *v.* 2.4
  break (one's leg) **romperse (la pierna)** 2.4
  break down **dañar** *v.* 2.4
  The… broke down. **Se nos dañó el/la…** 2.5
  break up (with) **romper** *v.* **(con)** 2.3
breakfast **desayuno** *m.* 1.2, 2.2
  have breakfast **desayunar** *v.* 1.2

breathe **respirar** *v.* 3.1
bring **traer** *v.* 1.4
broadcast **transmitir** *v.* 3.6; **emitir** *v.* 3.6
brochure **folleto** *m.*
broken **roto/a** *adj.* 2.4, 3.2
  be broken **estar roto/a** 2.4
brother **hermano** *m.* 1.3
  brother-in-law **cuñado** *m., f.* 1.3
  brothers and sisters **hermanos** *m., pl.* 1.3
brought **traído/a** *p.p.* 3.2
brown **café** *adj.* 1.6; **marrón** *adj.* 1.6
brunet(te) **moreno/a** *adj.* 1.3
brush **cepillar** *v.* 2.1
  brush one's hair **cepillarse el pelo** 2.1
  brush one's teeth **cepillarse los dientes** 2.1
build **construir** *v.* 1.4
building **edificio** *m.* 2.6
bump into (*something accidentally*) **darse con** 2.4; (*someone*) **encontrarse** *v.* 2.5
burn (a CD) **quemar** *v.* 2.5
burned (out) **quemado/a** *adj.* 2.5
bus **autobús** *m.* 1.1
  bus station **estación** *f.* **de autobuses** 1.5
business **negocios** *m. pl.* 3.4
  business administration **administración** *f.* **de empresas** 1.2
  business-related **comercial** *adj.* 3.4
businessperson **hombre** *m.* **/ mujer** *f.* **de negocios** 3.4
busy **ocupado/a** *adj.* 1.5
but **pero** *conj.* 1.2; (rather) **sino** *conj.* (in negative sentences) 2.1
butcher shop **carnicería** *f.* 3.2
butter **mantequilla** *f.* 2.2
buy **comprar** *v.* 1.2
by **por** *prep.* 2.5; **para** *prep.* 2.5
  by means of **por** *prep.* 2.5
  by phone **por teléfono** 2.5
  by plane **en avión** 1.5
  by way of **por** *prep.* 2.5
bye **chau** *interj. fam.* 1.1

C

cabin **cabaña** *f.* 1.5
cable television **televisión** *f.* **por cable** *m.* 2.5
café **café** *m.* 1.4
cafeteria **cafetería** *f.* 1.2
caffeine **cafeína** *f.* 3.3
cake **pastel** *m.* 2.3
  chocolate cake **pastel de chocolate** *m.* 2.3
calculator **calculadora** *f.* 2.5
call **llamar** *v.* 2.5
  be called **llamarse** *v.* 2.1 call on the phone **llamar por teléfono**

calm **tranquilo/a** *adj.* 3.3
calorie **caloría** *f.* 3.3
camera **cámara** *f.* 2.5
camp **acampar** *v.* 1.5
can (*tin*) **lata** *f.* 3.1
can **poder (o:ue)** *v.* 1.4
Canadian **canadiense** *adj.* 1.3
candidate **aspirante** *m., f.* 3.4;
　candidate **candidato/a** *m., f.* 3.6
candy **dulces** *m., pl.* 2.3
capital city **capital** *f.* 1.1
car **coche** *m.* 2.5; **carro** *m.* 2.5;
　auto(móvil) *m.* 1.5
caramel **caramelo** *m.* 2.3
card **tarjeta** *f.*; (*playing*)
　carta *f.* 1.5
care **cuidado** *m.* 1.3
　Take care! **¡Cuídense!** *v.* 3.3
　take care of **cuidar** *v.* 3.2
career **carrera** *f.* 3.4
careful: be (very) careful **tener** *v.*
　(mucho) cuidado 1.3
caretaker **ama** *m., f.* **de casa** 2.6
carpenter **carpintero/a** *m., f.* 3.4
carpet **alfombra** *f.* 2.6
carrot **zanahoria** *f.* 2.2
carry **llevar** *v.* 1.2
cartoons **dibujos** *m, pl.*
　animados 3.5
case: in case (that) **en caso (de)**
　que 3.1
cash (a check) **cobrar** *v.* 3.2;
　cash **(en) efectivo** 1.6
　cash register **caja** *f.* 1.6
　pay in cash **pagar** *v.* **al contado**
　3.2; **pagar en efectivo** 3.2
cashier **cajero/a** *m., f.*
cat **gato** *m.* 3.1
CD-ROM **cederrón** *m.* 2.5
celebrate **celebrar** *v.* 2.3
celebration **celebración** *f.*
　young woman's fifteenth
　birthday celebration
　quinceañera *f.* 2.3
cellar **sótano** *m.* 2.6
cellular **celular** *adj.* 2.5
　cellular telephone **teléfono**
　celular *m.* 2.5
cereal **cereales** *m., pl.* 2.2
certain **cierto** *m.*; **seguro** *m.* 3.1
　it's (not) certain **(no) es**
　cierto/seguro 3.1
chalk **tiza** *f.* 1.2
champagne **champán** *m.* 2.3
change **cambiar** *v.* **(de)** 2.3
channel (*TV*) **canal** *m.* 2.5; 3.5
character (*fictional*) **personaje**
　m. 2.5, 3.5
　(main) character *m.* **personaje**
　(principal) 3.5
chat **conversar** *v.* 1.2
chauffeur **conductor(a)** *m., f.* 1.1
cheap **barato/a** *adj.* 1.6
check **comprobar (o:ue)** *v.*;
　revisar *v.* 2.5; (*bank*) **cheque**
　m. 3.2
　check the oil **revisar el aceite** 2.5

checking account **cuenta** *f.*
　corriente 3.2
cheese **queso** *m.* 2.2
chef **cocinero/a** *m., f.* 3.4
chemistry **química** *f.* 1.2
chest of drawers **cómoda** *f.* 2.6
chicken **pollo** *m.* 2.2
child **niño/a** *m., f.* 1.3
childhood **niñez** *f.* 2.3
children **hijos** *m., pl.* 1.3
Chinese **chino/a** *adj.* 1.3
chocolate **chocolate** *m.* 2.3
　chocolate cake **pastel** *m.* **de**
　chocolate 2.3
cholesterol **colesterol** *m.* 3.3
choose **escoger** *v.* 2.2
chop (*food*) **chuleta** *f.* 2.2
Christmas **Navidad** *f.* 2.3
church **iglesia** *f.* 1.4
citizen **ciudadano/a** *adj.* 3.6
city **ciudad** *f.* 1.4
class **clase** *f.* 1.2
　take classes **tomar clases** 1.2
classical **clásico/a** *adj.* 3.5
classmate **compañero/a** *m., f.* **de**
　clase 1.2
clean **limpio/a** *adj.* 1.5;
　limpiar *v.* 2.6
　clean the house *v.* **limpiar la**
　casa 2.6
clear (*weather*) **despejado/a** *adj.*
　clear the table **quitar la**
　mesa 2.6
　It's (very) clear. (*weather*)
　Está (muy) despejado.
clerk **dependiente/a** *m., f.* 1.6
climb **escalar** *v.* 1.4
　climb mountains **escalar**
　montañas 1.4
clinic **clínica** *f.* 2.4
clock **reloj** *m.* 1.2
close **cerrar (e:ie)** *v.* 1.4
closed **cerrado/a** *adj.* 1.5
closet **armario** *m.* 2.6
clothes **ropa** *f.* 1.6
　clothes dryer **secadora** *f.* 2.6
clothing **ropa** *f.* 1.6
cloud **nube** *f.* 3.1
cloudy **nublado/a** *adj.* 1.5
　It's (very) cloudy. **Está (muy)**
　nublado. 1.5
coat **abrigo** *m.* 1.6
coffee **café** *m.* 2.2
　coffee maker **cafetera** *f.* 2.6
cold **frío** *m.* 1.5;
　(*illness*) **resfriado** *m.* 2.4
　be (*feel*) (very) cold **tener**
　(mucho) frío 1.3
　It's (very) cold. (*weather*) **Hace**
　(mucho) frío. 1.5
college **universidad** *f.* 1.2
collision **choque** *m.* 3.6
color **color** *m.* 1.6
comb one's hair **peinarse** *v.* 2.1
come **venir** *v.* 1.3
comedy **comedia** *f.* 3.5
comfortable **cómodo/a** *adj.* 1.5

commerce **negocios** *m., pl.* 3.4
commercial **comercial** *adj.* 3.4
communicate (with) **comunicarse**
　v. **(con)** 3.6
communication **comunicación**
　f. 3.6
　means of communication
　medios *m. pl.* **de**
　comunicación 3.6
community **comunidad** *f.* 1.1
compact disc (CD) **disco** *m.*
　compacto 2.5
　compact disc player **tocadiscos**
　m. sing. **compacto** 2.5
company **compañía** *f.* 3.4;
　empresa *f.* 3.4
comparison **comparación** *f.*
completely **completamente**
　adv. 3.4
composer **compositor(a)** *m., f.* 3.5
computer **computadora** *f.* 1.1
　computer disc **disco** *m.*
　computer monitor **monitor**
　m. 2.5
　computer programmer
　programador(a) *m., f.* 1.3
　computer science **computación**
　f. 1.2
concert **concierto** *m.* 3.5
conductor (*musical*) **director(a)**
　m., f. 3.5
confident **seguro/a** *adj.* 1.5
confirm **confirmar** *v.* 1.5
　confirm a reservation **confirmar**
　una reservación 1.5
confused **confundido/a** *adj.* 1.5
congested **congestionado/a**
　adj. 2.4
Congratulations! (*for an event such
　as a birthday or anniversary*)
　¡Felicidades! 2.3; (*for an
　event such as an engagement
　or a good grade on a test*)
　f., pl. **¡Felicitaciones!** 2.3
conservation **conservación** *f.* 3.1
conserve **conservar** *v.* 3.1
considering **para** *prep.* 2.3
consume **consumir** *v.* 3.3
container **envase** *m.* 3.1
contamination **contaminación** *f.*
content **contento/a** *adj.* 1.5
contest **concurso** *m.* 3.5
continue **seguir (e:i)** *v.* 1.4
control **control** *m.*; **controlar** *v.* 3.1
　be under control **estar bajo**
　control 2.1
conversation **conversación** *f.* 1.1
converse **conversar** *v.* 1.2
cook **cocinar** *v.* 2.6; **cocinero/a**
　m., f. 3.4
cookie **galleta** *f.* 2.3
cool **fresco/a** *adj.* 1.5
　Be cool. **Tranquilo.** 2.1
　It's cool. (*weather*) **Hace**
　fresco. 1.5
corn **maíz** *m.* 2.2
corner **esquina** *f.* 3.2

cost **costar (o:ue)** *v.* 1.6
cotton **algodón** *f.* 1.6
   (made of) cotton **de algodón** 1.6
couch **sofá** *m.* 2.6
couch potato **teleadicto/a** *m., f.* 3.3
cough **tos** *f.* 2.4; **toser** *v.* 2.4
counselor **consejero/a** *m., f.* 3.4
count (on) **contar (o:ue)** *v.* **(con)** 1.4, 2.6
country (*nation*) **país** *m.* 1.1
countryside **campo** *m.* 1.5
(married) couple **pareja** *f.* 2.3
course **curso** *m.* 1.2; **materia** *f.* 1.2
courtesy **cortesía** *f.*
cousin **primo/a** *m., f.* 1.3
cover **cubrir** *v.*
covered **cubierto/a** *p.p.*
cow **vaca** *f.* 3.1
crafts **artesanía** *f.* 3.5
craftsmanship **artesanía** *f.* 3.5
crater **cráter** *m.* 3.1
crazy **loco/a** *adj.* 1.6
create **crear** *v.*
credit **crédito** *m.* 1.6
   credit card **tarjeta** *f.* **de crédito** 1.6
crime **crimen** *m.* 3.6
cross **cruzar** *v.* 3.2
culture **cultura** *f.* 3.5
cup **taza** *f.* 2.6
currency exchange **cambio** *m.* **de moneda**
current events **actualidades** *f., pl.* 3.6
curtains **cortinas** *f., pl.* 2.6
custard (*baked*) **flan** *m.* 2.3
custom **costumbre** *f.* 1.1
customer **cliente/a** *m., f.* 1.6
customs **aduana** *f.* 1.5
   customs inspector **inspector(a)** *m., f.* **de aduanas** 1.5
cybercafé **cibercafé** *m.* 2.5
cycling **ciclismo** *m.* 1.4

dad **papá** *m.* 1.3
daily **diario/a** *adj.* 2.1
   daily routine **rutina** *f.* **diaria** 2.1
damage **dañar** *v.* 2.4
dance **bailar** *v.* 1.2; **danza** *f.* 3.5; **baile** *m.* 3.5
dancer **bailarín/bailarina** *m., f.* 3.5
danger **peligro** *m.* 3.1
dangerous **peligroso/a** *adj.* 3.6
date (*appointment*) **cita** *f.* 2.3; (*calendar*) **fecha** *f.* 1.5; (*someone*) **salir** *v.* **con (alguien)** 2.3
   have a date **tener una cita** 2.3
daughter **hija** *f.* 1.3
daughter-in-law **nuera** *f.* 1.3
day **día** *m.* 1.1

day before yesterday **anteayer** *adv.* 1.6
deal **trato** *m.* 3.5
   It's not a big deal. **No es para tanto.** 2.6
   You've got a deal! **¡Trato hecho!** 3.5
death **muerte** *f.* 2.3
decaffeinated **descafeinado/a** *adj.* 3.3
December **diciembre** *m.* 1.5
decide **decidir** *v.* **(+ inf.)** 1.3
decided **decidido/a** *adj. p.p.* 3.2
declare **declarar** *v.* 3.6
deforestation **deforestación** *f.* 3.1
delicious **delicioso/a** *adj.* 2.2; **rico/a** *adj.* 2.2; **sabroso/a** *adj.* 2.2
delighted **encantado/a** *adj.* 1.1
dentist **dentista** *m., f.* 2.4
deny **negar (e:ie)** *v.* 3.1
   not to deny **no dudar** 3.1
department store **almacén** *m.* 1.6
departure **salida** *f.* 1.5
deposit **depositar** *v.* 3.2
describe **describir** *v.* 1.3
described **descrito/a** *p.p.* 3.2
desert **desierto** *m.* 3.1
design **diseño** *m.*
designer **diseñador(a)** *m., f.* 3.4
desire **desear** *v.* 1.2
desk **escritorio** *m.* 1.2
dessert **postre** *m.* 2.3
destroy **destruir** *v.* 3.1
develop **desarrollar** *v.* 3.1
diary **diario** *m.* 1.1
dictatorship **dictadura** *f.* 3.6
dictionary **diccionario** *m.* 1.1
die **morir (o:ue)** *v.* 2.2
died **muerto/a** *p.p.* 3.2
diet **dieta** *f.* 3.3; **alimentación**
   balanced diet **dieta equilibrada** 3.3
   be on a diet **estar a dieta** 3.3
difficult **difícil** *adj. m., f.* 1.3
digital camera **cámara** *f.* **digital** 2.5
dining room **comedor** *m.* 2.6
dinner **cena** *f.* 1.2, 2.2
   have dinner **cenar** *v.* 1.2
direct **dirigir** *v.* 3.5
directions **direcciones** *f., pl.* 3.2
   give directions **dar direcciones** 3.2
director **director(a)** *m., f.* 3.5
dirty **ensuciar** *v.*; **sucio/a** *adj.* 1.5
   get (something) dirty **ensuciar** *v.* 2.6
disagree **no estar de acuerdo**
disaster **desastre** *m.* 3.6
discover **descubrir** *v.* 3.1
discovered **descubierto/a** *p.p.* 3.2
discrimination **discriminación** *f.* 3.6
dish **plato** *m.* 2.2, 2.6
   main dish *m.* **plato principal** 2.2

dishwasher **lavaplatos** *m., sing.* 2.6
disk **disco** *m.*
disorderly **desordenado/a** *adj.* 1.5
dive **bucear** *v.* 1.4
divorce **divorcio** *m.* 2.3
divorced **divorciado/a** *adj.* 2.3
   get divorced (from) **divorciarse** *v.* **(de)** 2.3
dizzy **mareado/a** *adj.* 2.4
do **hacer** *v.* 1.4
   do aerobics **hacer ejercicios aeróbicos** 3.3
   do household chores **hacer quehaceres domésticos** 2.6
   do stretching exercises **hacer ejercicios de estiramiento** 3.3
   (I) don't want to. **No quiero.** 1.4
doctor **doctor(a)** *m., f.* 1.3; 2.4; **médico/a** *m., f.* 1.3
documentary (*film*) **documental** *m.* 3.5
dog **perro** *m.* 3.1
domestic **doméstico/a** *adj.*
   domestic appliance **electrodoméstico** *m.*
done **hecho/a** *p.p.* 3.2
door **puerta** *f.* 1.2
dormitory **residencia** *f.* **estudiantil** 1.2
double **doble** *adj.* 1.5
   double room **habitación** *f.* **doble** 1.5
doubt **duda** *f.* 3.1; **dudar** *v.* 3.1
   not to doubt 3.1
   There is no doubt that... **No cabe duda de** 3.1; **No hay duda de** 3.1
Down with... ! **¡Abajo el/la...!**
download **descargar** *v.* 2.5
downtown **centro** *m.* 1.4
drama **drama** *m.* 3.5
dramatic **dramático/a** *adj.* 3.5
draw **dibujar** *v.* 1.2
drawing **dibujo** *m.* 3.5
dress **vestido** *m.* 1.6
   get dressed **vestirse (e:i)** *v.* 2.1
drink **beber** *v.* 1.3; **bebida** *f.* 2.2; **tomar** *v.* 1.2
drive **conducir** *v.* 1.6; **manejar** *v.* 2.5
driver **conductor(a)** *m., f.* 1.1
drug **droga** *f.* 3.3
   drug addict **drogadicto/a** *adj.* 3.3
dry oneself **secarse** *v.* 2.1
during **durante** *prep.* 2.1; **por** *prep.* 2.5
dust **sacudir** *v.* 2.6; **quitar** *v.* **el polvo** 2.6
   dust the furniture **sacudir los muebles** 2.6
DVD player **reproductor** *m.* **de DVD** 2.5

E

each **cada** *adj.* 1.6
eagle **águila** *f.*
ear (outer) **oreja** *f.* 2.4
early **temprano** *adv.* 2.1
earn **ganar** *v.* 3.4
earthquake **terremoto** *m.* 3.6
ease **aliviar** *v.*
east **este** *m.* 3.2
   to the east **al este** 3.2
easy **fácil** *adj. m., f.* 1.3
eat **comer** *v.* 1.3
ecology **ecología** *f.* 3.1
economics **economía** *f.* 1.2
ecotourism **ecoturismo** *m.* 3.1
Ecuador **Ecuador** *m.* 1.1
Ecuadorian **ecuatoriano/a** *adj.* 1.3
effective **eficaz** *adj. m., f.*
egg **huevo** *m.* 2.2
eight **ocho** 1.1
eight hundred **ochocientos/as** 1.2
eighteen **dieciocho** 1.1
eighth **octavo/a** 1.5
eighty **ochenta** 1.2
either… or **o… o** *conj.* 2.1
eldest **el/la mayor** 2.2
elect **elegir** *v.* 3.6
election **elecciones** *f. pl.* 3.6
electric appliance
   electrodoméstico *m.* 2.6
electrician **electricista** *m., f.* 3.4
electricity **luz** *f.* 2.6
elegant **elegante** *adj. m., f.* 1.6
elevator **ascensor** *m.* 1.5
eleven **once** 1.1
e-mail **correo** *m.* **electrónico** 1.4
e-mail address **dirrección** *f.*
   electrónica 2.5
   e-mail message **mensaje** *m.*
      electrónico 1.4
   read e-mail **leer** *v.* **el correo**
      electrónico 1.4
embarrassed **avergonzado/a**
   adj. 1.5
embrace (each other) **abrazar(se)**
   v. 2.5
emergency **emergencia** *f.* 2.4
   emergency room **sala** *f.* **de**
      emergencia 2.4
employee **empleado/a** *m., f.* 1.5
employment **empleo** *m.* 3.4
end **fin** *m.* 1.4; **terminar** *v.* 1.2
   end table **mesita** *f.* 2.6
energy **energía** *f.* 3.1
engaged: get engaged (to) **compro-**
   meterse *v.* **(con)** 2.3
engineer **ingeniero/a** *m., f.* 1.3
English (*language*) **inglés** *m.* 1.2;
   inglés, inglesa *adj.* 1.3
enjoy **disfrutar** *v.* **(de)** 3.3
enough **bastante** *adv.* 2.4
entertainment **diversión** *f.* 1.4
entrance **entrada** *f.* 2.6
envelope **sobre** *m.* 3.2
environment **medio ambiente**
   m. 3.1

equality **igualdad** *f.* 3.6
equipped **equipado/a** *adj.* 3.3
erase **borrar** *v.* 2.5
eraser **borrador** *m.* 1.2
errand **diligencia** *f.* 3.2
establish **establecer** *v.*
evening **tarde** *f.* 1.1
event **acontecimiento** *m.* 3.6
every day **todos los días** 2.4
everybody **todos** *m., pl.*
everything **todo** *m.* 1.5
   Everything is under control.
      Todo está bajo control. 2.1
exactly **en punto** 1.1
exam **examen** *m.* 1.2
excellent **excelente** *adj.* 1.5
excess **exceso** *m.* 3.3
   in excess **en exceso** 3.3
exchange **intercambiar** *v.*
   in exchange for **por** 2.5
exciting **emocionante** *adj. m., f.*
excursion **excursión** *f.*
excuse **disculpar** *v.*
Excuse me. (*May I?*) **Con**
   permiso. 1.1; (*I beg your par-*
   don.) **Perdón.** 1.1
exercise **ejercicio** *m.* 3.3
   hacer *v.* **ejercicio** 3.3
exit **salida** *f.* 1.5
expensive **caro/a** *adj.* 1.6
experience **experiencia** *f.* 3.6
explain **explicar** *v.* 1.2
explore **explorar** *v.*
expression **expresión** *f.*
extinction **extinción** *f.* 3.1
extremely delicious **riquísimo/a**
   adj. 2.2
extremely serious **gravísimo**
   adj. 3.1
eye **ojo** *m.* 2.4

F

fabulous **fabuloso/a** *adj.* 1.5
face **cara** *f.* 2.1
facing **enfrente de** *prep.* 3.2
fact: in fact **de hecho**
fall (down) **caerse** *v.* 2.4
   fall asleep **dormirse (o:ue)**
      v. 2.1
   fall in love (with) **enamorarse**
      v. **(de)** 2.3
fall (season) **otoño** *m.* 1.5
fallen **caído/a** *p.p.* 3.2
family **familia** *f.* 1.3
famous **famoso/a** *adj.* 3.4
fan **aficionado/a** *adj.* 1.4
   be a fan (of) **ser aficionado/a**
      (a) 1.4
far from **lejos de** *prep.* 1.2
farewell **despedida** *f.*
fascinate **fascinar** *v.* 2.1
fashion **moda** *f.* 1.6
   be in fashion **estar de**
      moda 1.6
fast **rápido/a** *adj.*

fat **gordo/a** *adj.* 1.3; **grasa** *f.* 3.3
father **padre** *m.* 1.3
father-in-law **suegro** *m.* 1.3
favorite **favorito/a** *adj.* 1.4
fax (machine) **fax** *m.* 2.5
fear **miedo** *m.* 1.3; **temer** *v.* 3.1
February **febrero** *m.* 1.5
feel **sentir(se) (e:ie)** *v.* 2.1
   feel like (*doing something*) **tener**
      ganas de (+ *inf*.) 1.3
festival **festival** *m.* 3.5
fever **fiebre** *f.* 2.4
   have a fever **tener** *v.* **fiebre** 2.4
few **pocos/as** *adj. pl.*
   fewer than **menos de**
      (+ *number*) 2.2
field: major field of study **espe-**
   cialización *f.*
fifteen **quince** 1.1
   fifteen-year-old girl **quinceañera** *f.*
   young woman's fifteenth birthday
      celebration **quinceañera** *f.* 2.3
fifth **quinto/a** 1.5
fifty **cincuenta** 1.2
fight (for/against) **luchar** *v.* **(por/**
   contra) 3.6
figure (*number*) **cifra** *f.*
file **archivo** *m.* 2.5
fill **llenar** *v.* 2.5
   fill out (a form) **llenar (un**
      formulario) 3.2
   fill the tank **llenar el**
      tanque 2.5
finally **finalmente** *adv.* 3.3; **por**
   último 2.1; **por fin** 2.5
find **encontrar (o:ue)** *v.* 1.4
   find (each other) **encontrar(se)**
fine **multa** *f.*
   That's fine. **Está bien.** 2.5
(fine) arts **bellas artes** *f., pl.* 3.5
finger **dedo** *m.* 2.4
finish **terminar** *v.* 1.2
   finish (*doing something*)
      terminar *v.* **de (+ *inf*.)** 1.4
fire **incendio** *m.* 3.6; **despedir**
   (e:i) *v.* 3.4
firefighter **bombero/a** *m., f.* 3.4
firm **compañía** *f.* 3.4; **empresa**
   f. 3.4
first **primer, primero/a** 1.5
fish (*food*) **pescado** *m.* 2.2;
   pescar *v.* 1.5; (*live*) **pez** *m.* 3.1
   fish market **pescadería** *f.* 3.2
fisherman **pescador** *m.*
fisherwoman **pescadora** *f.*
fishing **pesca** *f.*
fit (*clothing*) **quedar** *v.* 2.1
five **cinco** 1.1
five hundred **quinientos/as** 1.2
fix (*put in working order*) **arreglar**
   v. 2.5
fixed **fijo/a** *adj.* 1.6
flag **bandera** *f.*
flank steak **lomo** *m.* 2.2
flat tire: We had a flat tire. **Se nos**
   pinchó una llanta. 2.5
flexible **flexible** *adj.* 3.3

flood **inundación** *f.* 3.6
floor (*of a building*) **piso** *m.* 1.5;
  suelo *m.* 2.6
  ground floor **planta baja** *f.* 1.5
  top floor **planta** *f.* **alta**
flower **flor** *f.* 3.1
flu **gripe** *f.* 2.4
fog **niebla** *f.*
folk **folklórico/a** *adj.* 3.5
follow **seguir (e:i)** *v.* 1.4
food **comida** *f.* 2.2; **alimento**
foolish **tonto/a** *adj.* 1.3
foot **pie** *m.* 2.4
football **fútbol** *m.* **americano** 1.4
for **para** *prep.* 2.5; **por** *prep.* 2.5
  for example **por ejemplo** 2.5
  for me **para mí** 2.2
forbid **prohibir** *v.*
foreign **extranjero/a** *adj.* 3.5
  foreign languages **lenguas**
    f., pl. **extranjeras** 1.2
forest **bosque** *m.* 3.1
forget **olvidar** *v.* 2.4
fork **tenedor** *m.* 2.6
form **formulario** *m.* 3.2
forty **cuarenta** *m.* 1.2
four **cuatro** 1.1
four hundred **cuatrocientos/**
  as 1.2
fourteen **catorce** 1.1
fourth **cuarto/a** *m., f.* 1.5
free **libre** *adj. m., f.* 1.4
  be free (of charge) **ser**
    gratis 3.2
  free time **tiempo libre**; spare
    (free) time **ratos libres** 1.4
freedom **libertad** *f.* 3.6
freezer **congelador** *m.* 2.6
French **francés, francesa** *adj.* 1.3
  French fries **papas** *f., pl.*
    fritas 2.2; **patatas** *f., pl.*
    fritas 2.2
frequently **frecuentemente**
  adv. 2.4; **con frecuencia**
  adv. 2.4
Friday **viernes** *m., sing.* 1.2
fried **frito/a** *adj.* 2.2
  fried potatoes **papas** *f., pl.*
    fritas 2.2; **patatas** *f., pl.*
    fritas 2.2
friend **amigo/a** *m., f.* 1.3
friendly **amable** *adj. m., f.* 1.5
friendship **amistad** *f.* 2.3
from **de** *prep.* 1.1; **desde** *prep.* 1.6
  from the United States
    estadounidense *m., f.*
    adj. 1.3
  from time to time **de vez en**
    cuando 2.4
  He/She/It is from… **Es de…**;
    I'm from… **Soy de…** 1.1
fruit **fruta** *f.* 2.2
  fruit juice **jugo** *m.* **de fruta** 2.2
  fruit store **frutería** *f.* 3.2
full **lleno/a** *adj.* 2.5
fun **divertido/a** *adj.* 2.1
  fun activity **diversión** *f.* 1.4

have fun **divertirse (e:ie)** *v.* 2.3
function **funcionar** *v.*
furniture **muebles** *m., pl.* 2.6
furthermore **además (de)** *adv.* 2.4
future **futuro** *adj.* 3.4; **porvenir**
  m. 3.4
  Here's to the future! **¡Por el**
    porvenir! 3.4
  in the future **en el futuro** 3.4

G

gain weight **aumentar** *v.* **de**
  peso 3.3; **engordar** *v.* 3.3
game **juego** *m.*; (*match*)
  partido *m.* 1.4
  game show **concurso** *m.* 3.5
garage (*in a house*) **garaje** *m.* 2.6;
  garaje *m.* 2.5; **taller**
  (mecánico) 2.5
garden **jardín** *m.* 2.6
garlic **ajo** *m.* 2.2
gas station **gasolinera** *f.* 2.5
gasoline **gasolina** *f.* 2.5
geography **geografía** *f.* 1.2
German **alemán, alemana** *adj.* 1.3
get **conseguir (e:i)** *v.* 1.4;
  obtener *v.* 3.4
  get along well/badly (with)
    llevarse bien/mal (con) 2.3
  get bored **aburrirse** *v.* 3.5
  get off of (a vehicle) **bajar(se)** *v.*
    de 2.5
  get on/into (a vehicle) **subir(se)**
    v. **a** 2.5
  get out of (a vehicle) **bajar(se)**
    v. **de** 2.5
  get up **levantarse** *v.* 2.1
gift **regalo** *m.* 1.6
girl **chica** *f.* 1.1; **muchacha** *f.* 1.3
girlfriend **novia** *f.* 1.3
give **dar** *v.* 1.6, 2.3;
  (*as a gift*) **regalar** 2.3
glass (*drinking*) **vaso** *m.* 2.6;
  vidrio *m.* 3.1
  (made) of glass **de vidrio** 3.1
glasses **gafas** *f., pl.* 1.6
  sunglasses **gafas** *f., pl.*
    de sol 1.6
gloves **guantes** *m., pl.* 1.6
go **ir** *v.* 1.4
  go away **irse** 2.1
  go by boat **ir en barco** 1.5
  go by bus **ir en autobús** 1.5
  go by car **ir en auto(móvil)** 1.5
  go by motorcycle **ir en**
    motocicleta 1.5
  go by taxi **ir en taxi** 1.5
  go by the bank **pasar por el**
    banco 3.2
  go down; **bajar(se)** *v.*
  go on a hike (in the mountains)
    ir de excursión (a las
    montañas) 1.4
  go out **salir** *v.* 2.3
  go out (with) **salir** *v.* **(con)** 2.3

go up **subir** *v.*
go with **acompañar** *v.* 3.2
Let's go. **Vamos.** 1.4
goblet **copa** *f.* 2.6
going to: be going to (*do some-*
  thing) **ir a (+** *inf.*) 1.4
golf **golf** *m.* 1.4
good **buen, bueno/a** *adj.* 1.3, 1.6
  Good afternoon. **Buenas**
    tardes. 1.1
  Good evening. **Buenas**
    noches. 1.1
  Good idea. **Buena idea.** 1.4
  Good morning. **Buenos días.** 1.1
  Good night. **Buenas noches.** 1.1
  It's good that… **Es bueno**
    que… 2.6
goodbye **adiós** *m.* 1.1
  say goodbye (to) **despedirse** *v.*
    (de) (e:i) 2.1
good-looking **guapo/a** *adj.* 1.3
government **gobierno** *m.* 3.1
graduate (from/in) **graduarse** *v.*
  (de/en) 2.3
grains **cereales** *m., pl.* 2.2
granddaughter **nieta** *f.* 1.3
grandfather **abuelo** *m.* 1.3
grandmother **abuela** *f.* 1.3
grandparents **abuelos** *m., pl.* 1.3
grandson **nieto** *m.* 1.3
grape **uva** *f.* 2.2
grass **hierba** *f.* 3.1
grave **grave** *adj.* 2.4
gray **gris** *adj. m., f.* 1.6
great **fenomenal** *adj. m., f.* 1.5
great-grandfather **bisabuelo** *m.* 1.3
great-grandmother **bisabuela** *f.* 1.3
green **verde** *adj. m., f.* 1.6
greet (each other) **saludar(se)** *v.* 2.5
greeting **saludo** *m.* 1.1
  Greetings to… **Saludos a…** 1.1
grilled (*food*) **a la plancha** 2.2
  grilled flank steak **lomo a la**
    plancha 2.2
ground floor **planta baja** *f.* 1.5
guest (*at a house/hotel*) **huésped**
  m., f. 1.5; (*invited to a function*)
  invitado/a *m., f.* 2.3
guide **guía** *m., f.* 3.1
gymnasium **gimnasio** *m.* 1.4

H

hair **pelo** *m.* 2.1
hairdresser **peluquero/a** *m.,*
  f. 3.4
half **medio/a** *adj.* 1.3
  half-brother **medio herma-**
    no 1.3 half-sister **media her-**
    mana 1.3
  half-past… (*time*) **…y**
    media 1.1
hallway **pasillo** *m.* 2.6
ham **jamón** *m.* 2.2
hamburger **hamburguesa** *f.* 2.2
hand **mano** *f.* 1.1

Hands up! **¡Manos arriba!**
handsome **guapo/a** *adj.* 1.3
happen **ocurrir** *v.* 3.6
happiness **algería** *v.* 2.3
Happy birthday! **¡Feliz cumplea-ños!** 2.3
happy **alegre** *adj.* 1.5; **contento/a** *adj.* 1.5; **feliz** *adj. m., f.* 1.5
  be happy **alegrarse** *v.* **(de)** 3.1
hard **difícil** *adj. m., f.* 1.3
hard-working **trabajador(a)** *adj.* 1.3
hardly **apenas** *adv.* 2.4
haste **prisa** *f.* 1.3
hat **sombrero** *m.* 1.6
hate **odiar** *v.* 2.3
have **tener** *v.* 1.3
  Have a good trip! **¡Buen viaje!** 1.1
  have time **tener tiempo** 1.4
  have to (*do something*) **tener que** (+ *inf.*) 1.3; **deber** (+ *inf.*)
  have a tooth removed **sacar(se) un diente** 2.4
he **él** 1.1
head **cabeza** *f.* 2.4
headache **dolor** *m.* **de cabeza** 2.4
health **salud** *f.* 2.4
healthy **saludable** *adj. m., f.* 2.4; **sano/a** *adj.* 2.4
  lead a healthy lifestyle **llevar** *v.* **una vida sana** 3.3
hear **oír** *v.* 1.4
heard **oído/a** *p.p.* 3.2
hearing: sense of hearing **oído** *m.* 2.4
heart **corazón** *m.* 2.4
heat **calor** *m.* 1.5
Hello. **Hola.** 1.1; (*on the telephone*) **Aló.** 2.5; **¿Bueno?** 2.5; **Diga.** 2.5
help **ayudar** *v.* 2.6; **servir (e:i)** *v.* 1.5
  help each other **ayudarse** *v.* 2.5
her **su(s)** *poss. adj.* 1.3; (of) hers **suyo(s)/a(s)** *poss.* 2.5
  her **la** *f., sing., d.o. pron.* 1.5
  to/for her **le** *f., sing., i.o. pron.* 1.6
here **aquí** *adv.* 1.1
  Here it is. **Aquí está.** 1.5
  Here we are at/in… **Aquí estamos en…** 1.2
Hi. **Hola.** 1.1
highway **autopista** *f.* 2.5; **carretera** *f.* 2.5
hike **excursión** *f.* 1.4
  go on a hike **hacer una excursión** 1.5; **ir de excursión** 1.4
hiker **excursionista** *m., f.*
hiking **de excursión** 1.4
him: to/for him **le** *m., sing., i.o. pron.* 1.6
hire **contratar** *v.* 3.4
his **su(s)** *poss. adj.* 1.3; (of) his **suyo(s)/a(s)** *poss. pron.* 2.5
  his **lo** *m., sing., d.o. pron.* 1.5
history **historia** *f.* 1.2; 3.5

hobby **pasatiempo** *m.* 1.4
hockey **hockey** *m.* 1.4
holiday **día** *m.* **de fiesta** 2.3
home **casa** *f.* 1.2
  home page **página** *f.* **principal** 2.5
homework **tarea** *f.* 1.2
hood **capó** *m.* 2.5; **cofre** *m.* 2.5
hope **esperar** *v.* (+ *inf.*) 1.2; **esperar** *v.* 3.1
  I hope (that) **ojalá (que)** 3.1
horror (genre) **de horror** *m.* 3.5
hors d'oeuvres **entremeses** *m., pl.* 2.2
horse **caballo** *m.* 1.5
hospital **hospital** *m.* 2.4
hot: be (*feel*) (very) hot **tener (mucho) calor** 1.3
  It's (very) hot. **Hace (mucho) calor.** 1.5
hotel **hotel** *m.* 1.5
hour **hora** *f.* 1.1
house **casa** *f.* 1.2
household chores **quehaceres** *m. pl.* **domésticos** 2.6
housekeeper **ama** *m., f.* **de casa** 2.6
housing **vivienda** *f.* 2.6
How… ! **¡Qué…!** 1.3
  how **¿cómo?** *adv.* 1.1
  How are you? **¿Qué tal?** 1.1
  How are you?**¿Cómo estás?** *fam.* 1.1
  How are you?**¿Cómo está usted?** *form.* 1.1
  How can I help you? **¿En qué puedo servirles?** 1.5
  How did it go for you…? **¿Cómo le/les fue…?** 3.3
  How is it going? **¿Qué tal?** 1.1
  How is/are…? **¿Qué tal…?** 1.2
  How is the weather? **¿Qué tiempo hace?** 3.3
  How much/many? **¿Cuánto(s)/a(s)?** 1.1
  How much does… cost? **¿Cuánto cuesta…?** 1.6
  How old are you? **¿Cuántos años tienes?** *fam.* 1.3
however **sin embargo**
hug (each other) **abrazar(se)** *v.* 2.5
humanities **humanidades** *f., pl.* 1.2
hundred **cien, ciento** 1.2
hunger **hambre** *f.* 1.3
hungry: be (very) hungry **tener** *v.* **(mucha) hambre** 1.3
hunt **cazar** *v.* 3.1
hurricane **huracán** *m.* 3.6
hurry **apurarse** *v.* 3.3; **darse prisa** *v.* 3.3
  be in a (big) hurry **tener** *v.* **(mucha) prisa** 1.3
hurt **doler (o:ue)** *v.* 2.4
  It hurts me a lot… **Me duele mucho…** 2.4
husband **esposo** *m.* 1.3

I

I **yo** 1.1
  I am… **Yo soy…** 1.1
  I hope (that) **Ojalá (que)** *interj.* 3.1
  I wish (that) **Ojalá (que)** *interj.* 3.1
ice cream **helado** *m.* 2.3
  ice cream shop **heladería** *f.* 3.2
iced **helado/a** *adj.* 2.2
  iced tea **té** *m.* **helado** 2.2
idea **idea** *f.* 1.4
if **si** *conj.* 1.4
illness **enfermedad** *f.* 2.4
important **importante** *adj.* 1.3
  be important to **importar** *v.* 2.1
  It's important that… **Es importante que…** 2.6
impossible **imposible** *adj.* 3.1
  it's impossible **es imposible** 3.1
improbable **improbable** *adj.* 3.1
  it's improbable **es improbable** 3.1
improve **mejorar** *v.* 3.1
in **en** *prep.* 1.2; **por** *prep.* 2.5
  in the afternoon **de la tarde** 1.1; **por la tarde** 2.1
  in a bad mood **de mal humor** 1.5
  in the direction of **para** *prep.* 1.1;
  in the early evening **de la tarde** 1.1
  in the evening **de la noche** 1.1; **por la tarde** 2.1
  in a good mood **de buen humor** 1.5
  in the morning **de la mañana** 1.1; **por la mañana** 2.1
  in love (with) **enamorado/a (de)** 1.5
  in search of **por** *prep.* 2.5
in front of **delante de** *prep.* 1.2
increase **aumento** *m.* 3.4
incredible **increíble** *adj.* 1.5
inequality **desigualdad** *f.* 3.6
infection **infección** *f.* 2.4
inform **informar** *v.* 3.6
injection **inyección** *f.* 2.4
  give an injection *v.* **poner una inyección** 2.4
injure (oneself) **lastimarse** 2.4
  injure (one's foot) **lastimarse** *v.* **(el pie)** 2.4
inner ear **oído** *m.* 2.4
inside **dentro** *adv.*
insist (on) **insistir** *v.* **(en)** 2.6
installments: pay in installments **pagar** *v.* **a plazos** 3.2
intelligent **inteligente** *adj.* 1.3
intend to **pensar** *v.* (+ *inf.*) 1.4
interest **interesar** *v.* 2.1
interesting **interesante** *adj.* 1.3
  be interesting to **interesar** *v.* 2.1
international **internacional** *adj. m., f.* 3.6

Internet **Internet** 2.5
interview **entrevista** *f.* 3.4; interview **entrevistar** *v.* 3.4
interviewer **entrevistador(a)** *m.,* *f.* 3.4
introduction **presentación** *f.*
  I would like to introduce (name) to you... **Le presento a...** *form.* 1.1; **Te presento a...** *fam.* 1.1
invest **invertir (e:ie)** *v.* 3.4
invite **invitar** *v.* 2.3
iron (clothes) **planchar** *v.* **la ropa** 2.6
it **lo/la** *sing., d.o., pron.* 1.5
Italian **italiano/a** *adj.* 1.3
its **su(s)** *poss. adj.* 1.3, **suyo(s)/a(s)** *poss. pron.* 2.5
It's me. **Soy yo.** 1.1

J

jacket **chaqueta** *f.* 1.6
January **enero** *m.* 1.5
Japanese **japonés, japonesa** *adj.* 1.3
jeans **bluejeans** *m., pl.* 1.6
jewelry store **joyería** *f.* 3.2
job **empleo** *m.* 3.4; **puesto** *m.* 3.4; **trabajo** *m.* 3.4
  job application **solicitud** *f.* **de trabajo** 3.4
jog **correr** *v.*
journalism **periodismo** *m.* 1.2
journalist **periodista** *m., f.* 1.3; **reportero/a** *m., f.* 3.4
joy **alegría** *f.* 2.3
  give joy **dar** *v.* **alegría** 2.3
joyful **alegre** *adj.* 1.5
juice **jugo** *m.* 2.2
July **julio** *m.* 1.5
June **junio** *m.* 1.5
jungle **selva, jungla** *f.* 3.1
just **apenas** *adv.*
  have just done something **acabar de (+ inf.)** 1.6

K

key **llave** *f.* 1.5
keyboard **teclado** *m.* 2.5
kilometer **kilómetro** *m.* 2.5
kind: That's very kind of you. **Muy amable.** 1.5
kiss **beso** *m.* 2.3
  kiss each other **besarse** *v.* 2.5
kitchen **cocina** *f.* 2.6
knee **rodilla** *f.* 2.4
knife **cuchillo** *m.* 2.6
know **saber** *v.* 1.6; **conocer** *v.* 1.6
know how **saber** *v.* 1.6

L

laboratory **laboratorio** *m.* 1.2

lack **faltar** *v.* 2.1
lake **lago** *m.* 3.1
lamp **lámpara** *f.* 2.6
land **tierra** *f.* 3.1
landlord **dueño/a** *m., f.* 2.2
landscape **paisaje** *m.* 1.5
language **lengua** *f.* 1.2
laptop (computer) **computadora** *f.* **portátil** 2.5
large **grande** *adj.* 1.3
large (clothing size) **talla grande** 1.6
last **durar** *v.* 3.6; **pasado/a** *adj.* 1.6; **último/a** *adj.*
  last name **apellido** *m.* 1.3
  last night **anoche** *adv.* 1.6
  last week **semana** *f.* **pasada** 1.6
  last year **año** *m.* **pasado** 1.6
late **tarde** *adv.* 2.1
later (on) **más tarde** 2.1
  See you later. **Hasta la vista.** 1.1; **Hasta luego.** 1.1
laugh **reírse (e:i)** *v.* 2.3
laughed **reído** *p.p.* 3.2
laundromat **lavandería** *f.* 3.2
law **ley** *f.* 3.1
lawyer **abogado/a** *m., f.* 3.4
lazy **perezoso/a** *adj.*
learn **aprender** *v.* **(a + inf.)** 1.3
least, at **por lo menos** *adv.* 2.4
leave **salir** *v.* 1.4; **irse** *v.* 2.1
  leave a tip **dejar una propina** 2.3
  leave behind **dejar** *v.* 3.4
  leave for (a place) **salir para**
  leave from **salir de**
left **izquierdo/a** *adj.* 1.2
  be left over **quedar** *v.* 2.1
  to the left of **a la izquierda de** 1.2
leg **pierna** *f.* 2.4
lemon **limón** *m.* 2.2
lend **prestar** *v.* 1.6
less **menos** *adv.* 2.4
  less... than **menos... que** 2.2
  less than **menos de (+ number)**
lesson **lección** *f.* 1.1
let **dejar** *v.* 2.6
let's see **a ver** 1.2
letter **carta** *f.* 1.4, 3.2
lettuce **lechuga** *f.* 2.2
liberty **libertad** *f.* 3.6
library **biblioteca** *f.* 1.2
license (driver's) **licencia** *f.* **de conducir** 2.5
lie **mentira** *f.* 1.4
life **vida** *f.* 2.3
  of my life **de mi vida** 3.3
lifestyle: lead a healthy lifestyle **llevar una vida sana** 3.3
lift **levantar** *v.* 3.3
  lift weights **levantar pesas** 3.3
light **luz** *f.* 2.6
like **gustar** *v.* 1.2; **como** *prep.* 2.2
  I don't like them at all. **No me gustan nada.** 1.2

I like... **Me gusta(n)...** 1.2
like this **así** *adv.* 2.4
like very much **encantar** *v.*; **fascinar** *v.* 2.1
Do you like...? **¿Te gusta(n)...?** 1.2
likeable **simpático/a** *adj.* 1.3
likewise **igualmente** *adv.* 1.1
line **línea** *f.* 1.4; **cola** (queue) *f.* 3.2
listen (to) **escuchar** *v.* 1.2
  Listen! (command) **¡Oye!** *fam., sing.* 1.1; **¡Oiga/Oigan!** *form., sing./pl.* 1.1
  listen to music **escuchar música** 1.2
  listen (to) the radio **escuchar la radio** 1.2
literature **literatura** *f.* 1.2
little (quantity) **poco/a** *adj.* 1.5; **poco** *adv.* 2.4
live **vivir** *v.* 1.3
living room **sala** *f.* 2.6
loan **préstamo** *m.* 3.2; **prestar** *v.* 1.6, 3.2
lobster **langosta** *f.* 2.2
located **situado/a** *adj.*
  be located **quedar** *v.* 3.2
long **largo/a** *adj.* 1.6
look (at) **mirar** *v.* 1.2
look for **buscar** *v.* 1.2
lose **perder (e:ie)** *v.* 1.4
  lose weight **adelgazar** *v.* 3.3
lost **perdido/a** *adj.* 3.2
  be lost **estar perdido/a** 3.2
lot, a **muchas veces** *adv.* 2.4
lot of, a **mucho/a** *adj.* 1.2, 1.3
love (another person) **querer (e:ie)** *v.* 1.4; (inanimate objects) **encantar** *v.* 2.1 ; **amor** *m.* 2.3
  in love **enamorado/a** *adj.* 1.5
  I loved it! **¡Me encantó!** 3.3
luck **suerte** *f.* 1.3
lucky: be (very) lucky **tener (mucha) suerte** 1.3
luggage **equipaje** *m.* 1.5
lunch **almuerzo** *m.* 2.2
  have lunch **almorzar (o:ue)** *v.* 1.4

M

ma'am **señora (Sra.); doña** *f.* 1.1
mad **enojado/a** *adj.* 1.5
magazine **revista** *f.* 1.4
magnificent **magnífico/a** *adj.* 1.5
mail **correo** *m.* 3.2; **enviar** *v.*, **mandar** *v.* 3.2; **echar (una carta) al buzón** 3.2
  mail **correo** *m.* 3.2; **enviar** *v.*, **mandar** *v.* 3.2
  mail carrier **cartero** *m.* 3.2
mailbox **buzón** *m.* 3.2
main **principal** *adj. m., f.* 2.2
maintain **mantener** *v.* 3.3
major **especialización** *f.* 1.2
make **hacer** *v.* 1.4

Eng-Span

make the bed **hacer la cama** 2.6

makeup **maquillaje** *m.* 2.1
   put on makeup **maquillarse** *v.* 2.1

man **hombre** *m.* 1.1

manager **gerente** *m., f.* 3.4

many **mucho/a** *adj.* 1.3
   many times **muchas veces** 2.4

map **mapa** *m.* 1.2

March **marzo** *m.* 1.5

margarine **margarina** *f.* 2.2

marinated fish **ceviche** *m.* 2.2
   lemon-marinated shrimp
      ceviche *m.* **de camarón** 2.2

marital status **estado** *m.* **civil** 2.3

market **mercado** *m.* 1.6
   open-air market **mercado al aire libre** 1.6

marriage **matrimonio** *m.* 2.3

married **casado/a** *adj.* 2.3
   get married (to) **casarse** *v.* **(con)** 2.3

marvelous **maravilloso/a** *adj.* 1.5

marvelously **maravillosamente** *adv.* 3.6

massage **masaje** *m.* 3.3

masterpiece **obra maestra** *f.* 3.5

match (*sports*) **partido** *m.* 1.4

match (with) **hacer** *v.* **juego (con)** 1.6

mathematics **matemáticas** *f., pl.* 1.2

matter **importar** *v.* 2.1

maturity **madurez** *f.* 2.3

maximum **máximo/a** *adj.* 2.5

May **mayo** *m.* 1.5

maybe **tal vez** 1.5; **quizás** 1.5

mayonnaise **mayonesa** *f.* 2.2

me **me** *sing., d.o. pron.* 1.5
   to/for me **me** *sing., i.o. pron.* 1.6

meal **comida** *f.* 2.2

means of communication **medios** *m., pl.* **de comunicación** 3.6

meat **carne** *f.* 2.2

mechanic **mecánico/a** *m., f.* 2.5
   mechanic's repair shop **taller mecánico** 2.5

media **medios** *m., pl.* **de comunicación** 3.6

medical **médico/a** *adj.* 2.4

medication **medicamento** *m.* 2.4

medicine **medicina** *f.* 2.4

medium **mediano/a** *adj.*

meet (each other) **encontrar(se)** *v.* 2.5; **conocerse(se)** *v.* 2.2

meeting **reunión** *f.* 3.4

menu **menú** *m.* 2.2

message (*telephone*) **recado** *m.* 2.5, **mensaje** *m.*

Mexican **mexicano/a** *adj.* 1.3

Mexico **México** *m.* 1.1

microwave **microonda** *f.* 2.6
   microwave oven **horno** *m.* **de microondas** 2.6

middle age **madurez** *f.* 2.3

midnight **medianoche** *f.* 1.1

mile **milla** *f.* 2.5

milk **leche** *f.* 2.2

million **millón** *m.* 1.2
   million of **millón de** 1.2

mine **mío(s)/a(s)** *poss.* 2.5

mineral **mineral** *m.* 3.3
   mineral water **agua** *f.* **mineral** 2.2

minute **minuto** *m.* 1.1

mirror **espejo** *m.* 2.1

Miss **señorita (Srta.)** *f.* 1.1

miss **perder (e:ie)** *v.* 1.4

mistaken **equivocado/a** *adj.*

modem **módem** *m.*

modern **moderno/a** *adj.* 3.5

mom **mamá** *f.* 1.3

Monday **lunes** *m., sing.* 1.2

money **dinero** *m.* 1.6

monitor **monitor** *m.* 2.5

month **mes** *m.* 1.5

monument **monumento** *m.* 1.4

moon **luna** *f.* 3.1

more **más** 1.2
   more… than **más… que** 2.2
   more than **más de** (+ *number*) 2.2

morning **mañana** *f.* 1.1

mother **madre** *f.* 1.3

mother-in-law **suegra** *f.* 1.3

motor **motor** *m.*

motorcycle **motocicleta** *f.* 1.5

mountain **montaña** *f.* 1.4

mouse **ratón** *m.* 2.5

mouth **boca** *f.* 2.4

move (*from one house to another*) **mudarse** *v.* 2.6

movie **película** *f.* 1.4
   movie star **estrella** *f.* **de cine** 3.5
   movie theater **cine** *m.* 1.4

MP3 player **reproductor** *m.* **de MP3** 2.5

Mr. **señor (Sr.); don** *m.* 1.1

Mrs. **señora (Sra.); doña** *f.* 1.1

much **mucho/a** *adj.* 1.2, 1.3
   very much **muchísimo/a** *adj.* 1.2

municipal **municipal** *adj. m., f.*

murder **crimen** *m.* 3.6

muscle **músculo** *m.* 3.3

museum **museo** *m.* 1.4

mushroom **champiñón** *m.* 2.2

music **música** *f.* 1.2, 3.5

musical **musical** *adj., m., f.* 3.5

musician **músico/a** *m., f.* 3.5

must **deber** *v.* (+ *inf.*) 3
   It must be… **Debe ser…** 1.6

my **mi(s)** *poss. adj.* 1.3; **mío(s)/a(s)** *poss. pron.* 2.5

N

name **nombre** *m.* 1.1
   be named **llamarse** *v.* 2.1

in the name of **a nombre de** 1.5
   last name **apellido** *m.*
   My name is… **Me llamo…** 1.1

napkin **servilleta** *f.* 2.6

national **nacional** *adj. m., f.* 3.6

nationality **nacionalidad** *f.* 1.1

natural **natural** *adj. m., f.* 3.1

natural disaster **desastre** *m.* **natural** 3.6

natural resource **recurso** *m.* **natural** 3.1

nature **naturaleza** *f.* 3.1

nauseated **mareado/a** *adj.* 2.4

near **cerca de** *prep.* 1.2

neaten **arreglar** *v.* 2.6

necessary **necesario/a** *adj.* 2.6
   It is necessary that… **Hay que…** 2.6, 3.2

neck **cuello** *m.* 2.4

need **faltar** *v.* 2.1; **necesitar** *v.* (+ *inf.*) 1.2

negative **negativo/a** *adj.*

neighbor **vecino/a** *m., f.* 2.6

neighborhood **barrio** *m.* 2.6

neither **tampoco** *adv.* 2.1

neither… nor **ni… ni** *conj.* 2.1

nephew **sobrino** *m.* 1.3

nervous **nervioso/a** *adj.* 1.5

network **red** *f.* 2.5

never **nunca** *adj.* 2.1; **jamás** 2.1

new **nuevo/a** *adj.* 1.6

newlywed **recién casado/a** *m., f.* 2.3

news **noticias** *f., pl.* 3.6; **actualidades** *f., pl.* 3.6

newscast **noticiero** *m.* 3.6

newspaper **periódico** 1.4; **diario** *m.* 3.6

next **próximo/a** *adj.* 3.4
   next to **al lado de** *prep.* 1.2

nice **simpático/a** *adj.* 1.3; **amable** *adj. m., f.* 1.5

niece **sobrina** *f.* 1.3

night **noche** *f.* 1.1
   night stand **mesita** *f.* **de noche** 2.6

nine **nueve** 1.1

nine hundred **novecientos/as** 1.2

nineteen **diecinueve** 1.1

ninety **noventa** 1.2

ninth **noveno/a** 1.5

no **no** 1.1; **ningún, ninguno/a(s)** *adj.* 2.1
   no one **nadie** *pron.* 2.1
   No problem. **No hay problema.** 2.1
   no way **de ninguna manera** 3.4

nobody **nadie** 2.1

none **ningún, ninguno/a(s)** *adj.* 2.1

noon **mediodía** *m.* 1.1

nor **ni** *conj.* 2.1

north **norte** *m.* 3.2
   to the north **al norte** 3.2

nose **nariz** *f.* 2.4

not **no** 1.1

not any **ningún, ninguno/a(s)** *adj.* 2.1

not anyone **nadie** *pron.* 2.1

not anything **nada** *pron.* 2.1

not bad at all **nada mal** 1.5

not either **tampoco** *adv.* 2.1

not ever **nunca** *adv.* 2.1; **jamás** *adv.* 2.1

not very well **no muy bien** 1.1

not working **descompuesto/a** *adj.* 2.5

notebook **cuaderno** *m.* 1.1

nothing **nada** 1.1; 2.1

noun **sustantivo** *m.*

November **noviembre** *m.* 1.5

now **ahora** *adv.* 1.2

nowadays **hoy día** *adv.*

nuclear **nuclear** *adj. m., f.* 3.1

    nuclear energy **energía nuclear** 3.1

number **número** *m.* 1.1

nurse **enfermero/a** *m., f.* 2.4

nutrition **nutrición** *f.* 3.3

nutritionist **nutricionista** *m., f.* 3.3

O

o'clock: It's… o'clock **Son las…** 1.1

    It's one o'clock. **Es la una.** 1.1

obey **obedecer** *v.* 3.6

obligation **deber** *m.* 3.6

obtain **conseguir (e:i)** *v.* 1.4; **obtener** *v.* 3.4

obvious **obvio/a** *adj.* 3.1

    it's obvious **es obvio** 3.1

occupation **ocupación** *f.* 3.4

occur **ocurrir** *v.* 3.6

October **octubre** *m.* 1.5

of **de** *prep.* 1.1

    Of course. **Claro que sí.** 3.4; **Por supuesto.** 3.4

offer **oferta** *f.* 2.6; **ofrecer (c:zc)** *v.* 1.6

office **oficina** *f.* 2.6

    doctor's office **consultorio** *m.* 2.4

often **a menudo** *adv.* 2.4

Oh! **¡Ay!**

oil **aceite** *m.* 2.2

OK **regular** *adj.* 1.1

    It's okay. **Está bien.**

old **viejo/a** *adj.* 1.3

old age **vejez** *f.* 2.3

older **mayor** *adj. m., f.* 1.3

    older brother, sister **hermano/a mayor** *m., f.* 1.3

oldest **el/la mayor** 2.2

on **en** *prep.* 1.2: **sobre** *prep.* 1.2

    on behalf of **por** *prep.* 2.5

    on the dot **en punto** 1.1

    on time **a tiempo** 2.4

    on top of **encima de** 1.2

once **una vez** 1.6

one **un, uno/a** *m., f., sing. pron.* 1.1

    one hundred **cien(to)** 1.2

one million **un millón** *m.* 1.2

one more time **una vez más** 2.3

one thousand **mil** 1.2

one time **una vez** 1.6

onion **cebolla** *f.* 2.2

only **sólo** *adv.* 1.3; **único/a** *adj.* 1.3 only child **hijo/a único/a** *m., f.* 1.3

open **abierto/a** *adj.* 1.5, 3.2; **abrir** *v.* 1.3

open-air **al aire libre** 1.6

opera **ópera** *f.* 3.5

operation **operación** *f.* 2.4

opposite **enfrente de** *prep.* 3.2

or **o** *conj.* 2.1

orange **anaranjado/a** *adj.* 1.6; **naranja** *f.* 2.2

orchestra **orquesta** *f.* 3.5

order **mandar** 2.6; *(food)* **pedir (e:i)** *v.* 2.2

    in order to **para** *prep.* 2.5

orderly **ordenado/a** *adj.* 1.5

ordinal *(numbers)* **ordinal** *adj.*

other **otro/a** *adj.* 1.6

ought to **deber** *v.* **(+ inf.)** *adj.* 1.3

our **nuestro(s)/a(s)** *poss. adj.* 1.3; *poss. pron.* 2.5

out of order **descompuesto/a** *adj.* 2.5

outskirts **afueras** *f., pl.* 2.6

oven **horno** *m.* 2.6

over **sobre** *prep.* 1.2

own **propio/a** *adj.* 3.4

owner **dueño/a** *m., f.* 2.2

P

p.m. **tarde** *f.* 1.1

pack (one's suitcases) **hacer** *v.* **las maletas** 1.5

package **paquete** *m.* 3.2

page **página** *f.* 2.5

pain **dolor** *m.* 2.4

    have a pain **tener** *v.* **dolor** 2.4

paint **pintar** *v.* 3.5

painter **pintor(a)** *m., f.* 3.4

painting **pintura** *f.* 2.6, 3.5

pair **par** *m.* 1.6

    pair of shoes **par** *m.* **de zapatos** 1.6

pants **pantalones** *m., pl.* 1.6

pantyhose **medias** *f., pl.* 1.6

paper **papel** *m.* 1.2; *(report)* **informe** *m.* 3.6

Pardon me. (May I?) **Con permiso.** 1.1; *(Excuse me.)* Pardon me. **Perdón.** 1.1

parents **padres** *m., pl.* 1.3; **papás** *m., pl.* 1.3

park **estacionar** *v.* 2.5; **parque** *m.* 1.4

parking lot **estacionamiento** *m.* 3.2

partner *(one of a married couple)* **pareja** *f.* 2.3

party **fiesta** *f.* 2.3

passed **pasado/a** *p.p.*

passenger **pasajero/a** *m., f.* 1.1

passport **pasaporte** *m.* 1.5

past **pasado/a** *adj.* 1.6

pastime **pasatiempo** *m.* 1.4

pastry shop **pastelería** *f.* 3.2

patient **paciente** *m., f.* 2.4

patio **patio** *m.* 2.6

pay **pagar** *v.* 1.6, 2.3

pay in cash **pagar** *v.* **al contado;** **pagar en efectivo** 3.2

pay in installments **pagar** *v.* **a plazos** 3.2

pay the bill **pagar la cuenta** 2.3

pea **arveja** *m.* 2.2

peace **paz** *f.* 3.6

peach **melocotón** *m.* 2.2

pear **pera** *f.* 2.2

pen **pluma** *f.* 1.2

pencil **lápiz** *m.* 1.1

penicillin **penicilina** *f.* 2.4

people **gente** *f.* 1.3

pepper *(black)* **pimienta** *f.* 2.2

per **por** *prep.* 2.5

perfect **perfecto/a** *adj.* 1.5

perhaps **quizás; tal vez**

permission **permiso** *m.*

person **persona** *f.* 1.3

pharmacy **farmacia** *f.* 2.4

phenomenal **fenomenal** *adj.* 1.5

photograph **foto(grafía)** *f.* 1.1

physical *(exam)* **examen** *m.* **médico** 2.4

physician **doctor(a), médico/a** *m., f.* 1.3

physics **física** *f. sing.* 1.2

pick up **recoger** *v.* 3.1

picture **cuadro** *m.* 2.6; **pintura** *f.* 2.6

pie **pastel** *m.* 2.3

pill (tablet) **pastilla** *f.* 2.4

pillow **almohada** *f.* 2.6

pineapple **piña** *f.* 2.2

pink **rosado/a** *adj.* 1.6

place **lugar** *m.* 1.4; **poner** *v.* 1.4

plaid **de cuadros** 1.6

plans **planes** *m., pl.* 1.4

    have plans **tener planes** 1.4

plant **planta** *f.* 3.1

plastic **plástico** *m.* 3.1

    (made) of plastic **de plástico** 3.1

plate **plato** *m.* 2.6

    platter of fried food **fuente** *f.* **de fritada**

play **drama** *m.* 3.5; **comedia** *f.* 3.5; **jugar (u:ue)** *v.* 1.4; *(a musical instrument)* **tocar** *v.* 3.5; *(a role)* **hacer el papel de** 3.5; *(cards)* **jugar a (las cartas)** 1.5; *(sports)* **practicar deportes** 1.4

player **jugador(a)** *m., f.* 1.4

playwright **dramaturgo/a** *m., f.* 3.5

plead **rogar (o:ue)** *v.* 2.6

pleasant **agradable** *adj. m., f.*

please **por favor** 1.1

Pleased to meet you. **Mucho gusto.** 1.1; **Encantado/a.** *adj.* 1.1

pleasing: be pleasing to **gustar** *v.* 2.1

pleasure **gusto** *m.* 1.1; **placer** *m.* 3.3

  It's a pleasure to… **Gusto de** *(+ inf.)* 3.6

  It's been a pleasure. **Ha sido un placer.** 3.3

  The pleasure is mine. **El gusto es mío.** 1.1

poem **poema** *m.* 3.5

poet **poeta** *m., f.* 3.5

poetry **poesía** *f.* 3.5

police (force) **policía** *f.* 2.5

political **político/a** *adj.* 3.6

politician **político/a** *m., f.* 3.4

politics **política** *f.* 3.6

polka-dotted **de lunares** 1.6

poll **encuesta** *f.* 3.6

pollute **contaminar** *v.* 3.1

polluted **contaminado/a** *m., f.* 3.1

  be polluted **estar contaminado/a** 3.1

pollution **contaminación** *f.* 3.1

pool **piscina** *f.* 1.4

poor **pobre** *adj., m., f.* 1.6

population **población** *f.* 3.1

pork **cerdo** *m.* 2.2

  pork chop **chuleta** *f.* **de cerdo** 2.2

portable **portátil** *adj.* 2.5

  portable computer **computadora** *f.* **portátil** 2.5

position **puesto** *m.* 3.4

possessive **posesivo/a** *adj.* 1.3

possible **posible** *adj.* 3.1

  it's (not) possible **(no) es posible** 3.1

post office **correo** *m.* 3.2

postcard **postal** *f.* 1.4

poster **cartel** *m.* 2.6

potato **papa** *f.* 2.2; **patata** *f.* 2.2

pottery **cerámica** *f.* 3.5

practice **entrenarse** *v.* 3.3; **practicar** *v.* 1.2

prefer **preferir (e:ie)** *v.* 1.4

pregnant **embarazada** *adj. f.* 2.4

prepare **preparar** *v.* 1.2

preposition **preposición** *f.*

prescribe (*medicine*) **recetar** *v.* 2.4

prescription **receta** *f.* 2.4

present **regalo** *m.*; **presentar** *v.* 3.5

press **prensa** *f.* 3.6

pressure **presión** *f.*

  be under a lot of pressure **sufrir muchas presiones** 3.3

pretty **bonito/a** *adj.* 1.3; **bastante** *adv.* 3.1

price **precio** *m.* 1.6

  (fixed, set) price **precio** *m.* **fijo** 1.6

print **estampado/a** *adj.*; **imprimir** *v.* 2.5

printer **impresora** *f.* 2.5

private (*room*) **individual** *adj.*

prize **premio** *m.* 3.5

probable **probable** *adj.* 3.1

  it's (not) probable **(no) es probable** 3.1

problem **problema** *m.* 1.1

profession **profesión** *f.* 1.3; 3.4

professor **profesor(a)** *m., f.*

program **programa** *m.* 1.1

programmer **programador(a)** *m., f.* 1.3

prohibit **prohibir** *v.* 2.4

promotion (*career*) **ascenso** *m.* 3.4

pronoun **pronombre** *m.*

protect **proteger** *v.* 3.1

protein **proteína** *f.* 3.3

provided (that) **con tal (de) que** *conj.* 3.1

psychologist **psicólogo/a** *m., f.* 3.4

psychology **psicología** *f.* 1.2

publish **publicar** *v.* 3.5

Puerto Rican **puertorriqueño/a** *adj.* 1.3

Puerto Rico **Puerto Rico** *m.* 1.1

pull a tooth **sacar una muela**

purchases **compras** *f., pl.* 1.5

pure **puro/a** *adj.* 3.1

purple **morado/a** *adj.* 1.6

purse **bolsa** *f.* 1.6

put **poner** *v.* 1.4; **puesto/a** *p.p.* 3.2

  put (a letter) in the mailbox **echar (una carta) al buzón** 3.2

  put on (*a performance*) **presentar** *v.* 3.5

  put on (*clothing*) **ponerse** *v.* 2.1

  put on makeup **maquillarse** *v.* 2.1

Q

quality **calidad** *f.* 1.6

quarter (*academic*) **trimestre** *m.* 1.2

  quarter after (*time*) **y cuarto** 1.1; **y quince** 1.1

  quarter to (*time*) **menos cuarto** 1.1; **menos quince** 1.1

question **pregunta** *f.* 1.2

quickly **rápido** *adv.* 2.4

quiet **tranquilo/a** *adj.* 3.3

quit **dejar** *v.* 3.4

quiz **prueba** *f.* 1.2

R

racism **racismo** *m.* 3.6

radio (*medium*) **radio** *f.* 1.2

  radio (set) **radio** *m.* 2.5

rain **llover (o:ue)** *v.* 1.5; **lluvia** *f.* 3.1

It's raining. **Llueve.** 1.5; **Está lloviendo.** 1.5

raincoat **impermeable** *m.* 1.6

rainforest **bosque** *m.* **tropical** 3.1

raise (*salary*) **aumento de sueldo** 3.4

rather **bastante** *adv.* 2.4

read **leer** *v.* 1.3; **leído/a** *p.p.* 3.2

  read e-mail **leer correo electrónico** 1.4

  read a magazine **leer una revista** 1.4

  read a newspaper **leer un periódico** 1.4

ready **listo/a** *adj.* 1.5

  (Are you) ready? **¿(Están) listos?** 3.3

reap the benefits (of) *v.* **disfrutar** *v.* **(de)** 3.3

receive **recibir** *v.* 1.3

recommend **recomendar (e:ie)** *v.* 2.2; 2.6

record **grabar** *v.* 2.5

recreation **diversión** *f.* 1.4

recycle **reciclar** *v.* 3.1

recycling **reciclaje** *m.* 3.1

red **rojo/a** *adj.* 1.6

red-haired **pelirrojo/a** *adj.* 1.3

reduce **reducir** *v.* 3.1

  reduce stress/tension **aliviar el estrés/la tensión** 3.3

refrigerator **refrigerador** *m.* 2.6

region **región** *f.* 3.1

regret **sentir (e:ie)** *v.* 3.1

related to sitting **sedentario/a** *adj.* 3.3

relatives **parientes** *m., pl.* 1.3

relax **relajarse** *v.* 2.3

remain **quedarse** *v.* 2.1

remember **recordar (o:ue)** *v.* 1.4; **acordarse (o:ue)** *v.* **(de)** 2.1

remote control **control remoto** *m.* 2.5

rent **alquilar** *v.* 2.6; (payment) **alquiler** *m.* 2.6

repeat **repetir (e:i)** *v.* 1.4

report **informe** *m.* 3.6; **reportaje** *m.* 3.6

reporter **reportero/a** *m., f.* 3.4

representative **representante** *m., f.* 3.6

request **pedir (e:i)** *v.* 1.4

reservation **reservación** *f.* 1.5

resign (from) **renunciar (a)** *v.* 3.4

resolve **resolver (o:ue)** *v.* 3.1

resolved **resuelto/a** *p.p.* 3.2

resource **recurso** *m.* 3.1

responsibility **deber** *m.* 3.6 **responsabilidad** *f.*

rest **descansar** *v.* 1.2

restaurant **restaurante** *m.* 1.4

résumé **currículum** *m.* 3.4

retire (from work) **jubilarse** *v.* 2.3

return **regresar** *v.* 1.2; **volver (o:ue)** *v.* 1.4

returned **vuelto/a** *p.p.* 3.2

rice **arroz** *m.* 2.2
rich **rico/a** *adj.* 1.6
ride a bicycle **pasear** *v.* **en bicicleta** 1.4
ride a horse **montar** *v.* **a caballo** 1.5
ridiculous **ridículo/a** *adj.* 3.1
  it's ridiculous **es ridículo** 3.1
right **derecha** *f.* 1.2
  be right **tener razón** 1.3
  right? (*question tag*) **¿no?** 1.1; **¿verdad?** 1.1
  right away **enseguida** *adv.* 2.3
  right here **aquí mismo** 2.5
  right now **ahora mismo** 1.5
  right there **allí mismo** 3.2
  to the right of **a la derecha de** 1.2
rights **derechos** *m.* 3.6
ring (*a doorbell*) **sonar (o:ue)** *v.* 2.5
river **río** *m.* 3.1
road **camino** *m.*
roast **asado/a** *adj.* 2.2
roast chicken **pollo** *m.* **asado** 2.2
rollerblade **patinar en línea** *v.*
romantic **romántico/a** *adj.* 3.5
room **habitación** *f.* 1.5; **cuarto** *m.* 1.2; 3.5
  living room **sala** *f.* 2.6
roommate **compañero/a** *m., f.* **de cuarto** 1.2
roundtrip **de ida y vuelta** 1.5
  roundtrip ticket **pasaje** *m.* **de ida y vuelta** 1.5
routine **rutina** *f.* 2.1
rug **alfombra** *f.* 2.6
run **correr** *v.* 1.3
  run errands **hacer diligencias** 3.2
  run into (*have an accident*) **chocar (con)** *v.*; (*meet accidentally*) **encontrar(se) (o:ue)** *v.* 2.5; (*run into something*) **darse (con)** 2.4
  run into (each other) **encontrar(se) (o:ue)** *v.* 2.5
rush **apurarse, darse prisa** *v.* 3.3
Russian **ruso/a** *adj.* 1.3

S

sad **triste** *adj.* 1.5; 3.1
  it's sad **es triste** 3.1
safe **seguro/a** *adj.* 1.5
said **dicho/a** *p.p.* 3.2
salad **ensalada** *f.* 2.2
salary **salario** *m.* 3.4; **sueldo** *m.* 3.4
sale **rebaja** *f.* 1.6
salesperson **vendedor(a)** *m., f.* 1.6
salmon **salmón** *m.* 2.2
salt **sal** *f.* 2.2
same **mismo/a** *adj.* 1.3
sandal **sandalia** *f.* 1.6

sandwich **sándwich** *m.* 2.2
Saturday **sábado** *m.* 1.2
sausage **salchicha** *f.* 2.2
save (*on a computer*) **guardar** *v.* 2.5; save (money) **ahorrar** *v.* 3.2
savings **ahorros** *m.* 3.2
  savings account **cuenta** *f.* **de ahorros** 3.2
say **decir** *v.* 1.4; **declarar** *v.* 3.6
say (that) **decir (que)** *v.* 1.4, 2.3
  say the answer **decir la respuesta** 1.4
scarcely **apenas** *adv.* 2.4
scared: be (very) scared (of) **tener (mucho) miedo (de)** 1.3
schedule **horario** *m.* 1.2
school **escuela** *f.* 1.1
science *f.* **ciencia** 1.2
  science fiction **ciencia ficción** *f.* 3.5
scientist **científico/a** *m., f.* 3.4
screen **pantalla** *f.* 2.5
scuba dive **bucear** *v.* 1.4
sculpt **esculpir** *v.* 3.5
sculptor **escultor(a)** *m., f.* 3.5
sculpture **escultura** *f.* 3.5
sea **mar** *m.* 1.5
season **estación** *f.* 1.5
seat **silla** *f.* 1.2
second **segundo/a** 1.5
secretary **secretario/a** *m., f.* 3.4
sedentary **sedentario/a** *adj.* 3.3
see **ver** *v.* 1.4
  see (you, him, her) again **volver a ver(te, lo, la)** 3.6
  see movies **ver películas** 1.4
  See you. **Nos vemos.** 1.1
  See you later. **Hasta la vista.** 1.1; **Hasta luego.** 1.1
  See you soon. **Hasta pronto.** 1.1
  See you tomorrow. **Hasta mañana.** 1.1
seem **parecer** *v.* 1.6
seen **visto/a** *p.p.* 3.2
sell **vender** *v.* 1.6
semester **semestre** *m.* 1.2
send **enviar; mandar** *v.* 3.2
separate (from) **separarse** *v.* **(de)** 2.3
separated **separado/a** *adj.* 2.3
September **septiembre** *m.* 1.5
sequence **secuencia** *f.*
serious **grave** *adj.* 2.4
serve **servir (e:i)** *v.* 2.2
set (*fixed*) **fijo** *adj.* 1.6
  set the table **poner la mesa** 2.6
seven **siete** 1.1
seven hundred **setecientos/as** 1.2
seventeen **diecisiete** 1.1
seventh **séptimo/a** 1.5
seventy **setenta** 1.2
several **varios/as** *adj. pl.* 2.2
sexism **sexismo** *m.* 3.6
shame **lástima** *f.* 3.1
  it's a shame **es una lástima** 3.1
shampoo **champú** *m.* 2.1

shape **forma** *f.* 3.3
  be in good shape **estar en buena forma** 3.3
  stay in shape **mantenerse en forma** 3.3
share **compartir** *v.* 1.3
sharp (*time*) **en punto** 1.1
shave **afeitarse** *v.* 2.1
shaving cream **crema** *f.* **de afeitar** 2.1
she **ella** 1.1
shellfish **mariscos** *m., pl.* 2.2
ship **barco** *m.*
shirt **camisa** *f.* 1.6
shoe **zapato** *m.* 1.6
  shoe size **número** *m.* 1.6
  shoe store **zapatería** *f.* 3.2
  tennis shoes **zapatos** *m., pl.* **de tenis** 1.6
shop **tienda** *f.* 1.6
shopping, to go **ir de compras** 1.5
  shopping mall **centro comercial** *m.* 1.6
short (*in height*) **bajo/a** *adj.* 1.3; (*in length*) **corto/a** *adj.* 1.6
short story **cuento** *m.* 3.5
shorts **pantalones cortos** *m., pl.* 1.6
should (*do something*) **deber** *v.* **(+ inf.)** 1.3
show **espectáculo** *m.* 3.5; **mostrar (o:ue)** *v.* 1.4
  game show **concurso** *m.* 3.5
shower **ducha** *f.* 2.1; **ducharse** *v.* 2.1
shrimp **camarón** *m.* 2.2
siblings **hermanos/as** *pl.* 1.3
sick **enfermo/a** *adj.* 2.4
  be sick **estar enfermo/a** 2.4
  get sick **enfermarse** *v.* 2.4
sign **firmar** *v.* 3.2; **letrero** *m.* 3.2
silk **seda** *f.* 1.6
  (made of) **de seda** 1.6
silly **tonto/a** *adj.* 1.3
since **desde** *prep.*
sing **cantar** *v.* 1.2
singer **cantante** *m., f.* 3.5
single **soltero/a** *adj.* 2.3
  single room **habitación** *f.* **individual** 1.5
sink **lavabo** *m.* 2.1
sir **señor (Sr.), don** *m.* 1.1
sister **hermana** *f.* 1.3
sister-in-law **cuñada** *f.* 1.3
sit down **sentarse (e:ie)** *v.* 2.1
six **seis** 1.1
six hundred **seiscientos/as** 1.2
sixteen **dieciséis** 1.1
sixth **sexto/a** 1.5
sixty **sesenta** 1.2
size **talla** *f.* 1.6
  shoe size *m.* **número** 1.6
(in-line) skate **patinar (en línea)** 1.4
skateboard **andar en patineta** *v.* 1.4
ski **esquiar** *v.* 1.4

skiing **esquí** *m.* 1.4
water-skiing **esquí** *m.*
acuático 1.4
skirt **falda** *f.* 1.6
sky **cielo** *m.* 3.1
sleep **dormir (o:ue)** *v.* 1.4; **sueño**
m. 1.3
go to sleep **dormirse**
(o:ue) *v.* 2.1
sleepy: be (very) sleepy **tener**
(mucho) sueño 1.3
slender **delgado/a** *adj.* 1.3
slim down **adelgazar** *v.* 3.3
slippers **pantuflas** *f.* 2.1
slow **lento/a** *adj.* 2.5
slowly **despacio** *adv.* 2.4
small **pequeño/a** *adj.* 1.3
smart **listo/a** *adj.* 1.5
smile **sonreír (e:i)** *v.* 2.3
smiled **sonreído** *p.p.* 3.2
smoggy: It's (very) smoggy. **Hay**
(mucha) contaminación. 1.4
smoke **fumar** *v.* 2.2; 3.3
(not) to smoke **(no) fumar** 3.3
smoking section **sección** *f.* **de**
fumar 2.2
(non) smoking section *f.* **sección**
de (no) fumar 2.2
snack **merendar** *v.* 2.2; 3.3; afternoon snack **merienda** *f.* 3.3
have a snack **merendar** *v.*
sneakers **los zapatos de tenis** 1.6
sneeze **estornudar** *v.* 2.4
snow **nevar (e:ie)** *v.* 1.5; **nieve** *f.*
snowing: It's snowing. **Nieva.** 1.5;
Está nevando. 1.5
so (*in such a way*) **así** *adv.* 2.4;
tan *adv.* 1.5
so much **tanto** *adv.*
so-so **regular** 1.1, **así así**
so that **para que** *conj.* 3.1
soap **jabón** *m.* 2.1
soap opera **telenovela** *f.* 3.5
soccer **fútbol** *m.* 1.4
sociology **sociología** *f.* 1.2
sock(s) **calcetín (calcetines)**
m. 1.6
sofa **sofá** *m.* 2.6
soft drink **refresco** *m.* 2.2
software **programa** *m.* **de**
computación 2.5
soil **tierra** *f.* 3.1
solar **solar** *adj., m., f.* 3.1
solar energy **energía solar** 3.1
soldier **soldado** *m., f.* 3.6
solution **solución** *f.* 3.1
solve **resolver (o:ue)** *v.* 3.1
some **algún, alguno/a(s)**
adj. 2.1; **unos/as** *pron./ m., f.,*
pl; indef.
art. 1.1
somebody **alguien** *pron.* 2.1
someone **alguien** *pron.* 2.1
something **algo** *pron.* 2.1
sometimes **a veces** *adv.* 2.4
son **hijo** *m.* 1.3
song **canción** *f.* 3.5

son-in-law **yerno** *m.* 1.3
soon **pronto** *adv.* 2.4
See you soon. **Hasta pronto.** 1.1
sorry: be sorry **sentir (e:ie)** *v.* 3.1
I'm sorry. **Lo siento.** 1.4
I'm so sorry. **Mil perdones.** 1.4;
Lo siento muchísimo. 1.4
soup **caldo** *m.* 2.2; **sopa** *f.* 2.2
south **sur** *m.* 3.2
to the south **al sur** 3.2
Spain **España** *f.* 1.1
Spanish (*language*) **español**
m. 1.2; **español(a)** *adj.* 1.3
spare (free) time **ratos libres** 1.4
speak **hablar** *v.* 1.2
spectacular **espectacular** *adj. m.,*
f. 3.3
speech **discurso** *m.* 3.6
speed **velocidad** *f.* 2.5
speed limit **velocidad** *f.*
máxima 2.5
spelling **ortografía** *f.*, **ortográ-**
fico/a *adj.*
spend (*money*) **gastar** *v.* 1.6
spoon (*table or large*) **cuchara**
f. 2.6
sport **deporte** *m.* 1.4
sports-related **deportivo/a**
adj. 1.4
spouse **esposo/a** *m., f.* 1.3
sprain (one's ankle) **torcerse**
(o:ue) *v.* **(el tobillo)** 2.4
sprained **torcido/a** *adj.* 2.4
be sprained **estar torcido/a** 2.4
spring **primavera** *f.* 1.5
(city or town) square **plaza** *f.* 1.4
stadium **estadio** *m.* 1.2
stage **etapa** *f.* 2.3
stairs **escalera** *f.* 2.6
stairway **escalera** *f.* 2.6
stamp **estampilla** *f.* 3.2; **sello**
m. 3.2
stand in line **hacer** *v.* **cola** 3.2
star **estrella** *f.* 3.1
start (*a vehicle*) **arrancar** *v.* 2.5;
(*establish*) **establecer** *v.* 3.4
station **estación** *f.* 1.5
statue **estatua** *f.* 3.5
status: marital status **estado** *m.*
civil 2.3
stay **quedarse** *v.* 2.1
stay in shape **mantenerse en**
forma 3.3
steak **bistec** *m.* 2.2
steering wheel **volante** *m.* 2.5
step **etapa** *f.*
stepbrother **hermanastro** *m.* 1.3
stepdaughter **hijastra** *f.* 1.3
stepfather **padrastro** *m.* 1.3
stepmother **madrastra** *f.* 1.3
stepsister **hermanastra** *f.* 1.3
stepson **hijastro** *m.* 1.3
stereo **estéreo** *m.* 2.5
still **todavía** *adv.* 1.5
stockbroker **corredor(a)** *m., f.* **de**
bolsa 3.4
stockings **medias** *f., pl.* 1.6

stomach **estómago** *m.* 2.4
stone **piedra** *f.* 3.1
stop **parar** *v.* 2.5
stop (*doing something*) **dejar de**
(+ inf.) 3.1
store **tienda** *f.* 1.6
storm **tormenta** *f.* 3.6
story **cuento** *m.* 3.5; **historia**
f. 3.5
stove **cocina, estufa** *f.* 2.6
straight **derecho** *adj.* 3.2
straight (ahead) **derecho** 3.2
straighten up **arreglar** *v.* 2.6
strange **extraño/a** *adj.* 3.1
it's strange **es extraño** 3.1
strawberry **frutilla** *f.* 2.2, **fresa**
street **calle** *f.* 2.5
stress **estrés** *m.* 3.3
stretching **estiramiento** *m.* 3.3
do stretching exercises **hacer**
ejercicios; *m. pl.* **de**
estiramiento 3.3
strike (*labor*) **huelga** *f.* 3.6
stripe **raya** *f.* 1.6
striped **de rayas** 1.6
stroll **pasear** *v.* 1.4
strong **fuerte** *adj. m. f.* 3.3
struggle (for/against) **luchar** *v.*
(por/contra) 3.6
student **estudiante** *m., f.* 1.1; 1.2;
estudiantil *adj.* 1.2
study **estudiar** *v.* 1.2
stuffed-up (*sinuses*)
congestionado/a *adj.* 2.4
stupendous **estupendo/a** *adj.* 1.5
style **estilo** *m.*
suburbs **afueras** *f., pl.* 2.6
subway **metro** *m.* 1.5
subway station **estación** *f.*
del metro 1.5
success **éxito** *m.* 3.4
successful: be successful **tener**
éxito 3.4
such as **tales como**
suddenly **de repente** *adv.* 1.6
suffer **sufrir** *v.* 2.4
suffer an illness **sufrir una**
enfermedad 2.4
sugar **azúcar** *m.* 2.2
suggest **sugerir (e:ie)** *v.* 2.6
suit **traje** *m.* 1.6
suitcase **maleta** *f.* 1.1
summer **verano** *m.* 1.5
sun **sol** *m.* 1.5; 3.1
sunbathe **tomar** *v.* **el sol** 1.4
Sunday **domingo** *m.* 1.2
(sun)glasses **gafas** *f., pl.*
(oscuras/de sol) 1.6; **lentes** *m.*
pl. **(de sol)** 1.6
sunny: It's (very) sunny. **Hace**
(mucho) sol. 1.5
supermarket **supermercado** *m.* 3.2
suppose **suponer** *v.* 1.4
sure **seguro/a** *adj.* 1.5
be sure **estar seguro/a** 1.5
surf (*the Internet*) **navegar** *v.* **(en**
Internet) 2.5

surprise **sorprender** *v.* 2.3; **sorpresa** *f.* 2.3
survey **encuesta** *f.* 3.6
sweat **sudar** *v.* 3.3
sweater **suéter** *m.* 1.6
sweep the floor **barrer el suelo** 2.6
sweets **dulces** *m., pl.* 2.3
swim **nadar** *v.* 1.4
swimming **natación** *f.* 1.4
swimming pool **piscina** *f.* 1.4
symptom **síntoma** *m.* 2.4

T

table **mesa** *f.* 1.2
tablespoon **cuchara** *f.* 2.6
tablet (*pill*) **pastilla** *f.* 2.4
take **tomar** *v.* 1.2; **llevar** *v.* 1.6;
take care of **cuidar** *v.* 3.1
take someone's temperature **tomar** *v.* **la temperatura** 2.4
take (*wear*) a shoe size **calzar** *v.* 1.6
take a bath **bañarse** *v.* 2.1
take a shower **ducharse** *v.* 2.1
take off **quitarse** *v.* 2.1
take out the trash *v.* **sacar la basura** 2.6
take photos **tomar** *v.* **fotos** 1.5; **sacar** *v.* **fotos** 1.5
talented **talentoso/a** *adj.* 3.5
talk **hablar** *v.* 1.2
talk show **programa** *m.* **de entrevistas** 3.5
tall **alto/a** *adj.* 1.3
tank **tanque** *m.* 2.5
tape recorder **grabadora** *f.* 1.1
taste **probar (o:ue)** *v.* 2.2; **saber** *v.* 2.2
taste like **saber a** 2.2
tasty **rico/a** *adj.* 2.2; **sabroso/a** *adj.* 2.2
tax **impuesto** *m.* 3.6
taxi **taxi** *m.* 1.5
tea **té** *m.* 2.2
teach **enseñar** *v.* 1.2
teacher **profesor(a)** *m., f.* 1.1, 1.2; **maestro/a** *m., f.* 3.4
team **equipo** *m.* 1.4
technician **técnico/a** *m., f.* 3.4
telecommuting **teletrabajo** *m.* 3.4
telephone **teléfono** 2.5
cellular telephone **teléfono** *m.* **celular** 2.5
television **televisión** *f.* 1.2; 2.5
television set **televisor** *m.* 2.5
tell **contar** *v.* 1.4; **decir** *v.* 1.4
tell (that) **decir** *v.* **(que)** 1.4, 2.3
tell lies **decir mentiras** 1.4
tell the truth **decir la verdad** 1.4
temperature **temperatura** *f.* 2.4
ten **diez** 1.1
tennis **tenis** *m.* 1.4
tennis shoes **zapatos** *m., pl.* **de tenis** 1.6

tension **tensión** *f.* 3.3
tent **tienda** *f.* **de campaña**
tenth **décimo/a** 1.5
terrible **terrible** *adj. m., f.* 3.1
it's terrible **es terrible** 3.1
terrific **chévere** *adj.*
test **prueba** *f.* 1.2; **examen** *m.* 1.2
text message **mensaje** *m.* **de texto** 2.5
Thank you. **Gracias.** *f., pl.* 1.1
Thank you (very much). **(Muchas) gracias.** 1.1
Thank you very, very much. **Muchísimas gracias.** 2.3
Thanks (a lot). **(Muchas) gracias.** 1.1
Thanks again. (lit. Thanks one more time.) **Gracias una vez más.** 2.3
Thanks for everything. **Gracias por todo.** 2.3; 3.3
that **que, quien(es), lo que** *pron.* 2.6
that (one) **ése, ésa, eso** *pron.* 1.6; **ese, esa,** *adj.* 1.6
that (*over there*) **aquél, aquélla, aquello** *pron.* 1.6; **aquel, aquella** *adj.* 1.6
that which **lo que** *conj.* 2.6
that's me **soy yo** 1.1
That's not the way it is. **No es así.** 3.4
that's why **por eso** 2.5
the **el** *m.,* **la** *f. sing.,* **los** *m.,* **las** *f., pl.* 1.1
theater **teatro** *m.* 3.5
their **su(s)** *poss. adj.* 1.3; **suyo(s)/a(s)** *poss. pron.* 2.5
them **los/las** *pl., d.o. pron.* 1.5
to/for them **les** *pl., i.o. pron.* 1.6
then (*afterward*) **después** *adv.* 2.1; (*as a result*) **entonces** *adv.* 2.1; (*next*) **luego** *adv.* 2.1; **pues** *adv.* 3.3
there **allí** *adv.* 1.5
There is/are... **Hay...** 1.1; There is/are not... **No hay...** 1.1
therefore **por eso** 2.5
these **éstos, éstas** *pron.* 1.6; **estos, estas** *adj.* 1.6
they **ellos** *m.,* **ellas** *f. pron.*
thin **delgado/a** *adj.* 1.3
thing **cosa** *f.* 1.1
think **pensar (e:ie)** *v.* 1.4; (*believe*) **creer** *v.*
think about **pensar en** *v.* 1.4
third **tercero/a** 1.5
thirst **sed** *f.* 1.3
thirsty: be (very) thirsty **tener (mucha) sed** 1.3
thirteen **trece** 1.1
thirty **treinta** 1.1; 1.2; thirty (*minutes past the hour*) **y treinta; y media** 1.1
this **este, esta** *adj.;* **éste, ésta, esto** *pron.* 1.6

This is... (*introduction*) **Éste/a es...** 1.1
This is he/she. (*on telephone*) **Con él/ella habla.** 2.5
those **ésos, ésas** *pron.* 1.6; **esos, esas** *adj.* 1.6
those (*over there*) **aquéllos, aquéllas** *pron.* 1.6; **aquellos, aquellas** *adj.* 1.6
thousand **mil** *m.* 1.6
three **tres** 1.1
three hundred **trescientos/as** 1.2
throat **garganta** *f.* 2.4
through **por** *prep.* 2.5
throughout: throughout the world **en todo el mundo** 3.1
Thursday **jueves** *m., sing.* 1.2
thus (*in such a way*) **así** *adj.*
ticket **boleto** *m.* 3.5; **pasaje** *m.* 1.5
tie **corbata** *f.* 1.6
time **tiempo** *m.* 1.4; **vez** *f.* 1.6
have a good/bad time **pasarlo bien/mal** 2.3
We had a great time. **Lo pasamos de película.** 3.6
What time is it? **¿Qué hora es?** 1.1
(At) What time...? **¿A qué hora...?** 1.1
times **veces** *f., pl.* 1.6
many times **muchas veces** 2.4
two times **dos veces** 1.6
tip **propina** *f.* 2.3
tire **llanta** *f.* 2.5
tired **cansado/a** *adj.* 1.5
be tired **estar cansado/a** 1.5
to **a** *prep.* 1.1
toast (*drink*) **brindar** *v.* 2.3
toast **pan** *m.* **tostado**
toasted **tostado/a** *adj.* 2.2
toasted bread **pan tostado** *m.* 2.2
toaster **tostadora** *f.* 2.6
today **hoy** *adv.* 1.2
Today is... **Hoy es...** 1.2
toe **dedo** *m.* **del pie** 2.4
together **juntos/as** *adj.* 2.3
toilet **inodoro** *m.* 2.1
tomato **tomate** *m.* 2.2
tomorrow **mañana** *f.* 1.1
See you tomorrow. **Hasta mañana.** 1.1
tonight **esta noche** *adv.* 1.4
too **también** *adv.* 1.2; 2.1
too much **demasiado** *adv.* 1.6; **en exceso** 3.3
tooth **diente** *m.* 2.1
toothpaste **pasta** *f.* **de dientes** 2.1
tornado **tornado** *m.* 3.6
tortilla **tortilla** *f.* 2.2
touch **tocar** *v.* 3.1; 3.5
tour an area **recorrer** *v;* **excursión** *f.* 1.4
tourism **turismo** *m.* 1.5
tourist **turista** *m., f.* 1.1; **turístico/a** *adj.*

toward **hacia** *prep.* 3.2;
  para *prep.* 2.5

towel **toalla** *f.* 2.1

town **pueblo** *m.* 1.4

trade **oficio** *m.* 3.4

traffic **circulación** *f.* 2.5; **tráfico**
  m. 2.5

  traffic signal **semáforo** *m.*

tragedy **tragedia** *f.* 3.5

trail **sendero** *m.* 3.1

  trailhead **sendero** *m.* 3.1

train **entrenarse** *v.* 3.3; **tren**
  m. 1.5

  train station **estación** *f.* **(de)**
    tren *m.* 1.5

trainer **entrenador(a)** *m., f.* 3.3

translate **traducir** *v.* 1.6

trash **basura** *f.* 2.6

travel **viajar** *v.* 1.2

  travel agent **agente** *m., f.*
    de viajes 1.5

traveler **viajero/a** *m., f.* 1.5

  (traveler's) check **cheque (de**
    viajero) 3.2

treadmill **cinta caminadora** *f.* 3.3

tree **árbol** *m.* 3.1

trillion **billón** *m.*

trimester **trimestre** *m.* 1.2

trip **viaje** *m.* 1.5

  take a trip **hacer un viaje** 1.5

tropical forest **bosque** *m.*
  tropical 3.1

true **verdad** *adj.* 3.1

  it's (not) true **(no) es verdad** 3.1

trunk **baúl** *m.* 2.5

truth **verdad** *f.* 1.4

try **intentar** *v.*; **probar (o:ue)** *v.* 2.2

  try (*to do something*) **tratar de**
    (+ inf.) 3.3

  try on **probarse (o:ue)** *v.* 2.1

t-shirt **camiseta** *f.* 1.6

Tuesday **martes** *m., sing.* 1.2

tuna **atún** *m.* 2.2

turkey **pavo** *m.* 2.2

turn **doblar** *v.* 3.2

  turn off (*electricity/appliance*)
    apagar *v.* 2.5

  turn on (*electricity/appliance*)
    poner *v.* 2.5; **prender** *v.* 2.5

twelve **doce** 1.1

twenty **veinte** 1.1

twenty-eight **veintiocho** 1.1

twenty-five **veinticinco** 1.1

twenty-four **veinticuatro** 1.1

twenty-nine **veintinueve** 1.1

twenty-one **veintiún,**
  veintiuno/a 1.1

twenty-seven **veintisiete** 1.1

twenty-six **veintiséis** 1.1

twenty-three **veintitrés** 1.1

twenty-two **veintidós** 1.1

twice **dos veces** 1.6

twin **gemelo/a** *m., f.* 1.3

twisted **torcido/a** *adj.* 2.4

  be twisted **estar torcido/a** 2.4

two **dos** 1.1

  two hundred **doscientos/as** 1.2

two times **dos veces** 1.6

ugly **feo/a** *adj.* 1.3

uncle **tío** *m.* 1.3

under **bajo** *adv.* 2.1;
  debajo de *prep.* 1.2

understand **comprender** *v.* 1.3;
  entender (e:ie) *v.* 1.4

underwear **ropa interior** 1.6

unemployment **desempleo** *m.* 3.6

United States **Estados Unidos**
  (EE.UU.) *m. pl.* 1.1

university **universidad** *f.* 1.2

unless **a menos que** *adv.* 3.1

unmarried **soltero/a** *adj.*

unpleasant **antipático/a** *adj.* 1.3

until **hasta** *prep.* 1.6; **hasta que**
  conj. 3.1

up **arriba** *adv.* 3.3

urgent **urgente** *adj.* 2.6

  It's urgent that… **Es urgente**
    que… 3.6

us **nos** *pl., d.o. pron.* 1.5

  to/for us **nos** *pl., i.o. pron.* 1.6

use **usar** *v.* 1.6

used for **para** *prep.* 2.5

useful **útil** *adj. m., f.*

vacation **vacaciones** *f., pl.* 1.5

  be on vacation **estar de**
    vacaciones 1.5

  go on vacation **ir de**
    vacaciones 1.5

vacuum **pasar** *v.* **la aspiradora** 2.6

  vacuum cleaner **aspiradora** *f.* 2.6

valley **valle** *m.* 3.1

various **varios/as** *adj. m., f.*
  pl. 2.2

VCR **videocasetera** *f.* 2.5

vegetables **verduras** *pl., f.* 2.2

verb **verbo** *m.*

very **muy** *adv.* 1.1

  very much **muchísimo** *adv.* 1.2

  (Very) well, thank you. **(Muy)**
    bien, gracias. 1.1

video **video** *m.* 1.1

  video camera **cámara** *f.* **de**
    video 2.5

  video(cassette) **video(casete)**
    m. 2.5

  videoconference
    videoconferencia *f.* 3.4

  video game **videojuego** *m.* 1.4

vinegar **vinagre** *m.* 2.2

violence **violencia** *f.* 3.6

visit **visitar** *v.* 1.4

  visit monuments **visitar**
    monumentos 1.4

vitamin **vitamina** *f.* 3.3

volcano **volcán** *m.* 3.1

volleyball **vóleibol** *m.* 1.4

vote **votar** *v.* 3.6

wait (for) **esperar** *v.* **(+ inf.)** 1.2

waiter/waitress **camarero/a**
  m., f. 2.2

wake up **despertarse (e:ie)**
  v. 2.1

walk **caminar** *v.* 1.2

  take a walk **pasear** *v.* 1.4;
  walk around **pasear por** 1.4

walkman **walkman** *m.*

wall **pared** *f.* 2.6

wallet **cartera** *f.* 1.6

want **querer (e:ie)** *v.* 1.4

war **guerra** *f.* 3.6

warm (oneself) up **calentarse**
  (e:ie) *v.* 3.3

wash **lavar** *v.* 2.6

  wash one's face/hands **lavarse**
    la cara/las manos 2.1

  wash (the floor, the dishes)
    lavar (el suelo, los
    platos) 2.6

  wash oneself **lavarse** *v.* 2.1

washing machine **lavadora** *f.* 2.6

wastebasket **papelera** *f.* 1.2

watch **mirar** *v.* 1.2; **reloj** *m.* 1.2

  watch television **mirar (la)**
    televisión 1.2

water **agua** *f.* 2.2

  water pollution **contaminación**
    del agua 3.1

  water-skiing **esquí** *m.*
    acuático 1.4

way **manera** *f.* 3.4

we **nosotros(as)** *m., f.* 1.1

weak **débil** *adj. m., f.* 3.3

wear **llevar** *v.* 1.6; **usar** *v.* 1.6

weather **tiempo** *m.*

  The weather is bad. **Hace mal**
    tiempo. 1.5

  The weather is good. **Hace**
    buen tiempo. 1.5

weaving **tejido** *m.* 3.5

Web **red** *f.* 2.5

website **sitio** *m.* **web** 2.5

wedding **boda** *f.* 2.3

Wednesday **miércoles** *m.,*
  sing. 1.2

week **semana** *f.* 1.2

weekend **fin** *m.* **de semana** 1.4

weight **peso** *m.* 3.3

  lift weights **levantar** *v.* **pesas**
    f., pl. 3.3

welcome **bienvenido(s)/a(s)**
  adj. 2.6

well **pues** *adv.* 1.2, 3.5; **bueno**
  adv. 1.2, 3.5; (Very) well,
  thanks. **(Muy) bien, gra-**
  cias. 1.1

well-being **bienestar** *m.* 3.3

well organized **ordenado/a** *adj.*

west **oeste** *m.* 3.2

  to the west **al oeste** 3.2

western (*genre*) **de vaqueros** 3.5

what **lo que** *pron.* 2.6

what? **¿qué?** 1.1

At what time...? **¿A qué hora...?** 1.1
What a pleasure to... ! **¡Qué gusto (+ inf.)...** 3.6
What day is it? **¿Qué día es hoy?** 1.2
What do you guys think? **¿Qué les parece?** 2.3
What happened? **¿Qué pasó?** 2.5
What is today's date? **¿Cuál es la fecha de hoy?** 1.5
What nice clothes! **¡Qué ropa más bonita!** 1.6
What size do you take? **¿Qué talla lleva (usa)?** 1.6
What time is it? **¿Qué hora es?** 1.1
What's going on? **¿Qué pasa?** 1.1
What's happening? **¿Qué pasa?** 1.1
What's... like? **¿Cómo es...?** 1.3
What's new? **¿Qué hay de nuevo?** 1.1
What's the weather like? **¿Qué tiempo hace?** 1.5
What's wrong? **¿Qué pasó?** 2.5
What's your name? **¿Cómo se llama usted?** form. 1.1
What's your name? **¿Cómo te llamas (tú)?** fam. 1.1
when **cuando** conj. 2.1; 3.1
When? **¿Cuándo?** 1.2
where **donde**
where (to)? (destination) **¿adónde?** 1.2; (location) **¿dónde?** 1.1
Where are you from? **¿De dónde eres (tú)?** (fam.) 1.1; **¿De dónde es (usted)?** (form.) 1.1
Where is...? **¿Dónde está...?** 1.2
(to) where? **¿adónde?** 1.2
which **que** pron., **lo que** pron. 2.6
which? **¿cuál?** 1.2; **¿qué?** 1.2
In which...? **¿En qué...?** 1.2
which one(s)? **¿cuál(es)?** 1.2
while **mientras** adv. 2.4
white **blanco/a** adj. 1.6
white wine **vino blanco** 2.2
who **que** pron. 2.6; **quien(es)** pron. 2.6
who? **¿quién(es)?** 1.1
Who is...? **¿Quién es...?** 1.1
Who is calling? (on telephone) **¿De parte de quién?** 2.5
Who is speaking? (on telephone) **¿Quién habla?** 2.5
whole **todo/a** adj.
whom **quien(es)** pron. 2.6
whose? **¿de quién(es)?** 1.1
why? **¿por qué?** 1.2
widower/widow **viudo/a** adj. 2.3

wife **esposa** f. 1.3
win **ganar** v. 1.4
wind **viento** m. 1.5
window **ventana** f. 1.2
windshield **parabrisas** m., sing. 2.5
windy: It's (very) windy. **Hace (mucho) viento.** 1.5
wine **vino** m. 2.2
red wine **vino tinto** 2.2
white wine **vino blanco** 2.2
wineglass **copa** f. 2.6
winter **invierno** m. 1.5
wish **desear** v. 1.2; **esperar** v. 3.1
I wish (that) **ojalá (que)** 3.1
with **con** prep. 1.2
with me **conmigo** 1.4; 2.3
with you **contigo** fam. 2.3
within (ten years) **dentro de (diez años)** prep. 3.4
without **sin** prep. 1.2; 3.1; 3.3; **sin que** conj. 3.1
woman **mujer** f. 1.1
wool **lana** f. 1.6
(made of) wool **de lana** 1.6
word **palabra** f. 1.1
work **trabajar** v. 1.2; **funcionar** v. 2.5; **trabajo** m. 3.4
work (of art, literature, music, etc.) **obra** f. 3.5
work out **hacer gimnasia** 3.3
world **mundo** m. 3.1
worldwide **mundial** adj. m., f.
worried (about) **preocupado/a (por)** adj. 1.5
worry (about) **preocuparse** v. (por) 2.1
Don't worry. **No se preocupe.** form. 2.1; **Tranquilo.; No te preocupes.**; fam. 2.1
worse **peor** adj. m., f. 2.2
worst **el/la peor, lo peor** 2.2; 3.6
Would you like to...? **¿Te gustaría...?** fam. 1.4
write **escribir** v. 1.3
write a letter/post card/e-mail message **escribir una carta/postal/mensaje electrónico** 1.4
writer **escritor(a)** m., f 3.5
written **escrito/a** p.p. 3.2
wrong **equivocado/a** adj. 1.5
be wrong **no tener razón** 1.3

X-ray **radiografía** f. 2.4

yard **jardín** m. 2.6; **patio** m. 2.6
year **año** m. 1.5
be... years old **tener... años** 1.3
yellow **amarillo/a** adj. 1.6
yes **sí** interj. 1.1

yesterday **ayer** adv. 1.6
yet **todavía** adv. 1.5
yogurt **yogur** m. 2.2
You **tú** fam. **usted (Ud.)** form. sing. **vosotros/as** m., f. fam. **ustedes (Uds.)** form. 1.1; (to, for) you fam. sing. **te** pl. **os** 1.6; form. sing. **le** pl. **les** 1.6
you **te** fam., sing., **lo/la** form., sing., **os** fam., pl., **los/las** form., pl, d.o. pron. 1.5
You don't say! **¡No me digas!** fam.; **¡No me diga!** form. 2.5
You are. . . **Tú eres...** (fam.), **Usted es...** (form.) 1.1
You're welcome. **De nada.** 1.1; **No hay de qué.** 1.1
young **joven** adj. 1.3
young person **joven** m., f. 1.1
young woman **señorita (Srta.)** f.
younger **menor** adj. m., f. 1.3
younger: younger brother, sister m., f. **hermano/a menor** 1.3
youngest **el/la menor** m., f. 2.2
your **su(s)** poss. adj. form. 1.3
your **tu(s)** poss. adj. fam. sing. 1.3
your **vuestro/a(s)** poss. adj. form. pl. 1.3
your(s) form. **suyo(s)/a(s)** poss. pron. form. 2.5
your(s) **tuyo(s)/a(s)** poss. fam. sing. 2.5
your(s) **vuestro(s)/a(s)** poss. fam. 2.5
youth f. **juventud** 2.3

zero **cero** m. 1.1

As in the glossary, the level and lesson of ¡**ADELANTE**! where each item is found is indicated by the two numbers separated by a decimal:

- 1.6 = *¡ADELANTE!* **UNO** , Lección 6
- 3.4 = *¡ADELANTE!* **TRES** , Lección 4

Credits

Text Credits

(3.2) **94–95** © Carmen Laforet. Fragment of the novel *Nada*, reprinted by permission of Random House Publishing Group.

(3.3) **142–143** © Gabriel García Márquez, *Un día de éstos*, reprinted by permission of Carmen Balcells.

(3.4) **190–191** © Julia de Burgos, "A Julia de Burgos" from *Song of the Simple Truth: The Complete Poems of Julia de Burgos*, 1996. Published by Curbstone Press. Distributed by Consortium.

(3.5) **242–243** © Federico García Lorca, *Danza, Las seis cuerdas, La guitarra*. Reprinted by permission of Herederos de Federico García Lorca.

Fine Art Credits

[Lv 1] 75 (ml) Diego Velázquez. *Las meninas*. 1656. Derechos reservados © Museo Nacional del Prado, Madrid. Photograph © José Blanco/VHL.

[Lv 1] 113 Oswaldo Guayasamín. *Madre y niño en azul*. 1986. Cortesía Fundación Guayasamín. Quito, Ecuador.

[Lv 2] 148 Frida Kahlo. *Autorretrato con mono*. 1938. Oil on masonite, overall 16 X12" (40.64 x 30.48 cms). Albright-Knox Art Gallery, Buffalo, New York. Bequest of A. Conger Goodyear, 1966.

[Lv 3] 190 Frida Kahlo. *Las dos Fridas*. 1939. Oil on Canvas. 5'8.5" x 5'8.5" © Banco de México Trust. Foto © Schavcwijk/Art Resource, NY.

[Lv 3] 228 (r) Joan Miró. *La lección de esquí*. © ARS, NY/Art Resource, NY.

[Lv 3] 229 (r) Fernando Botero. *El alguacil*. 20th Century © Fernando Botero. Foto © Christie's Images/Corbis.

[Lv 3] 247 José Antonio Velásquez. *San Antonio de Oriente*. 1957. Colección: Art Museum of the Americas, Organization of American States. Washington D.C.

Illustration Credits

Hermann Mejía: **[Lv 1]** 5, 14, 15, 17, 18, 22, 23, 29, 70, 77, (b) 83, 115, (b) 125, 127, 128, 131, 136, 137, 138, 139, 155, 213, (l) 233, 235, 238, 243, 247, 249 (b), 279, 301. **[Lv 2]** 3, 11, 24, 25, 30, 34, 44, 89, 99, 103, 134, 144, 153, 183, 200, 201, 205, 252, 255, 258, 259, 261, 306, 315, 317. **[Lv 3]** 6, 7, 19, 38, 45, 91, 93, 133, 135, 138, 141, 189, 235, 241, 291, 292–293.

Pere Virgili: **[Lv 1]** 2–3, 56–57, 78, 112–113, 116–117, 118, 222-223, 224, 125 (t), 238, 242, 249 (t), 276-277, 300. **[Lv 2]** 3 (t & m), 19, 22-23, 76–77, 78, 132–133, 180–181, 236–237, 238, 290–291, 292. **[Lv3]** 7, 22-23, 24, 72-73, 74, 120, 121, 122, 168–169, 220–221, 272–273.

Yayo: **[Lv 1]** 9, 19, 47, 123, 231, 283. **[Lv 2]** 29, 85, 139, 187, 243, 297. **[Lv 3]** 29, 79, 127, 175, 227, 279.

Deborah Dixon: **[Lv 2]** 2. **[Lv 3]** 2, 3.

Sophie Casson: **[Lv 2]** 2, 3. **[Lv3]** 2, 3.

Photography Credits

Martín Bernetti: **[Lv 1]** 1, 3, 4, 16 (c, m), 19, **28** (bl), 32, 33, 42, 57, **65**, 68, 69, 70, 71, **74**, 79, 80 (tl, tm, r, bml, bmr, br), 90, 95, 97 (r), 98, 106, 107 (b), 109, 112, 113 (t, ml, b), 117 (b), 139, 142, 144, 182, 205, 218, 219, 295 (tl, tr, ml, mr), 296, 297. **[Lv 2]** 35, 38, 39, 50 (tl, tr), 51 (tl, br), 81, 135, 154 (t), 193, 237, 293, 349, 381, 386, 293. **[Lv 3]** 87, 232.

Carlos Gaudier: **[Lv 1]** 180, 181, 252 (tl, tr, ml, mr), 253 (tl, bl).

Corbis: cover (7) © Dave G. Houser (3) © David Muench **[Lv 1]** 11 (tr) © Hans Georg Roth. **32** (tr) © Robert Holmes. **33** (bl) © Shaul Schwarz/Sygma. **64** (t) © Pablo Corral V. **86** (m) © Elke Stolzenberg, (b) © Reuters. **87** (br) © Owen Franken, (tl) © Patrick Almasy, (tr) © Jean-Pierre Lescourret. **111** © Ronnie Kaufman. **115** © Jon Feingersh. **117** (t) © George Shelley. **119** © Ronnie Kaufman. **120** (tr) © Rafael Pérez/Reuters, (b) © Martial Trezzini/epa. **121** (t) © Reuters. **124** (b) © Reuters. **125** (t) © Reuters. **134** © José Luis Pelaez, Inc. **141** © Images.com. **143** © AFP Photo/Juan Barreto. **145** © Rick Gómez. **147** (b) © Janet Jarman. **148** (tl) © George D. Lepp, (mr) Peter Guttman, (b) Reuters. **149** (tr) © Bettman, (br) Greg Vaughn. **231** (r) © Jeremy Horner. **237** © Ronnie Kaufman. **253** (br) © Steve Chenn. **[Lv 2]** 9 © Sylvain Cazenave. **50** (bm) © Charles & Josette Lenars, (lm) © Richard Smith. **51** (bl) © Jeremy Horner. **87** (tr) © Carlos Cazalis, (br) © Carlos Cazalis. **90** © José Luis Pelaez, Inc. **106** (t) © Bob Winsett, (ml, mr, b) © Dave G. Houser. **107** (tl) © Reuters Newmedia, Inc./Jorge Silva, (tr) © Michael & Patricia Fogden, (bl) © Jon Butchofsky-Houser, (br) © Paul W. Liebhardt. **140** (r) © PictureNet. **156**, (tr,) © Mcduff Everton, (tl) © Pablo Corral V., (mbr) © AFP/Macarena Minguell, (bl, br) © Bettman. **157** (tl) © Wolfgang Kaehler, (bl) © Roger Ressmeyer, (br) © Charles O'rear. **208** (m) © Jan Butchofsky-Houser, (ml) © Bill Gentile, (mr) © Dave G. Houser,

(b) © Bob Winsett. **209** (r,b) © Martin Rogers. **235** © PictureNet. **264** (m, mr) Galen Rowell. **265** (t) Pablo Corral V. **289** © Rolf Bruderer. **298** (l) © Dusko Despotovic. **320** (tl) © Kevin Schafer, (tr, b) Danny Lehman. **321** (tl) © Danny Lehman (ml) Ralf A. Clavenger, (b) José & Fuste Raga. **353** © Lawrence Kesterson. [**Lv 3**] **21** © Michael de Young. **23** (tr) Stephanie Maze. **34** © Karl & Anne Purcell. **48** (tr) Karl & Anne Purcell. **49** (tl) Gianni Dagli Ortí, (tr) Stringer/Mexico/Reuters, (br) © Jeremy Horner. **95** © Bureau L.A. Collection. **96** (t) John Madere, (mt) Kevin Schafer, (mb) Buddy Mays, (b) Peter Guttmann. **97** (tl) Reuters/NewMedia Inc./ Kimberly White, (bl, br) Pablo Corral V. **136** © Michael Keller. **144** (tl) © Anders Ryman, (m) © Reuters NewMedia Inc./Sergio Moraes, (b) © Pablo Corral V. **145** (tl) © Hubert Stadler, (r) AFP Photo/Gonzalo Espinoza, (bl) © Wolfgang Kaehler. **167** © Peter Beck. **177** (b) © Galen Rowell. **187** © Bill Gentile. **192** (tl) © Jeremy Horner, (tr, m) © Bill Gentile, (b) © Stephen Frink. **193** (tl) © Brian A. Vikander, (r) © Reuters NewMedia Inc./Claudia Daut, (bl) © Gary Braasch. **194** (tr) © Reinhard Eisele, (m) © Richard Bickel. **195** (tl) © Jeremy Horner, (r) © Reuters NewMedia Inc./Marc Serota, (bl) © Lawrence Manning. **229** (l) Raúl Benegas. **244** (tl) © José F. Poblete, (tr) © Peter Guttman, (ml) © Leif Skoogfors, (mr) © Lake County Museum. **245** (tl) © Guy Motil. **246** (tl) © Stuart Westmorland, (tr, ml) © Macduff Everton, (mr) © Tony Arruza. **247** (tl) © Macduff Everton. **271** © Douglas Kirkland. **275** (t) © Owen Franken. **280** (l) © Gustavo Gilabert/Corbis SABA. **289** (l) © Dave G. Houser. **294** (t) © Peter Guttman, (ml) © Paul Almasy, (b) © Carlos Carrión. **295** (r) © Joel Creed; Ecoscene. **296** (tl) © Bettmann, (tr) © Reuters/Andrés Stapff, (m) © Diego Lezama Orezzoli, (b) © Tim Graham. **297** (tl) © Stephanie Maze, (r) © SI/Simon Bruty, (ml) © Reuters/Andrés Stapff, (bl) © Wolfgang Kaehler.

Dreamstime: [**Lv 2**] **140** (l) © Sylwia Blaszczyszyn.

AP Wide World Photos: [**Lv 1**] **86** (tl) © David Cantor. **121** (b) © Juanjo Martin. **176** (r) © Fernando Bustamante. **195** © Fernando Llano. [**Lv 2**] **141** (t) © Simon Cruz, (b) © Karel Navarro. **188** (b) Ricardo Figueroa. **263** © Adam Nadel. [**Lv 3**] **231** © Mark Lennihan, File. **281** © Álex Ibañez, HO.

Alamy: [**Lv 1**] **65** (b) © Michele Molinari. **149** © Greg Vaughn. **233** (t) © Christopher Pillitz. [**Lv 2**] **179** © Custom Medical Stock Photo. **245** © M. Timothy O'Keefe. [**Lv3**] **9** JTB Photo Communications, Inc. **30** (t) Clive Tully. **31** (br) David South. **129** (l) VStock. **280** (r) © Homer Sykes.

Getty Images: [**Lv 1**] **11** (l) © Mark Mainz. **19** © Digital Vision. **33** (tl) PhotoDisk. **124** (t) © Javier Soriano/AFP. **125** (b) © Daniel García/AFP. **147** (t) © AFP/AFP. **157** (tr) © PhotoDisk. **167** © Digital Vision. **189** (b) Kiko Castro/AFP. **221** © Robert Harding World Imagery. **233** © AFP. **253** (tr) PhotoDisk. **285** (l) © Guiseppe Carace, (br) © Mark Mainz, (tr) © Carlos Álvarez. **304** (t,b) © PhotoDisk. **305** (tl) © Don Emmert/AFP. [**Lv 2**] **1** Denis Doyle **8** Joel Nito/AFP **308** © Tim Graham. [**Lv 3**] **128** (l) © Krysztof Dydynski. **247** (r) © Elmer Martínez/AFP.

Lonely Planet Images: [**Lv 1**] **86** (b) © Greg Elms. [**Lv 3**] **31** (tr) Krzysztof Dydynski, (l) Eric L Wheater.

Masterfile: [**Lv 1**] **147** © WireImageStock. [**Lv 2**] **75** © Mark Leibowitz.

The Picture-desk: [**Lv 1**] **305** (br) © Road Movie Prods/The Kobal Collection. [**Lv 2**] **189** (t) The Art Archive/Templo Mayor Library Mexico/Dagli Orti. [**Lv 3**] **233** Walt Disney/The Kobal Collection.

Misc.: cover (BK) © Dan Nourie/Glasshouse Images (6) Ali Burafi. [**Lv 1**] **10** (r) Oscar Artavia Solano/VHL. **11** (br) Paola Ríos Schaff/VHL. **33** (br) Marta Mesa. **55** Paula Díez. **83** (tr) © Hola Images/Workbook.com. **86** (tr, tl) José Blanco/VHL. **87** (ml) José Blanco/VHL. **95** Janet Dracksdorf/VHL. **113** (l) Alí Burafi/VHL. **118** (b) Reprinted by permission of Juana Macíos Alba. **141** (r) Oscar Artavia Solano/VHL, (m) José Blanco/VHL. **143** (bl) Janet Dracksdorf/VHL. **185** (t) © Rodrigo Varela/WireImage.com. **284** (t) © Jose Caballero Digital Press Photos/Newscom. **304** (tl, bmr) Pascal Pernix. [**Lv 2**] **7** Janet Dracksdorf/VHL. **31** José Blanco/VHL. **50** (tm) Paola Ríos Schaff/VHL. **86** (r) José Blanco/VHL. **87** (l) © Studio Bonisolli/StockFood Munich. **131** Index Stock/Network Productions. **155** Armando Brito/VHL. **156** (mtl, mtr) Lauren Krolick. **188** (t) José Blanco/VHL. **208** (tl) Janet Dracksdorf/VHL, (tr) Oscar Artavia Solano/VHL. **209** (t, m) Oscar Artavia Solano/VHL. **230** (b) © Yann-Arthus Bertrund. **245** (t) © Esteban Corbo /VHL. **264** (t, ml, b) Alí Burafi/VHL. **265** (r, m, b) Alí Burafi//VHL. **269** © Network Productions/IndexStock Imagery. **299** (bl) Maribel García. [**Lv 3**] **23** (bl) Alí Burafi//VHL, (br) Paola Ríos Schaff/VHL. **71** © David R. Frazier/Danita Delimont. **80** (r) José Blanco/VHL, (L) www.metro.df.gob.mx. **81** (t, b) ©2006 Barragán Foundation, Birsfelden, Switzerland/ProLitteris, Zürich, Switzerland, for the work of Luis Barragán. **94** www.joanducros.net Permission Requested. Best efforts made. **119** © ThinkStock, LLC. **128** (r) Janet Dracksdorf/VHL. **129** (r) Janet Dracksdorf/VHL. **154** (b) Esteban Corbo/VHL. **177** (t) © 2002 USPS. **186** Paola Ríos Schaff/VHL. **219** © Leslie Harris/Index Stock Imagery Inc. **275** (b) José Blanco/VHL. **228** (l) Exposición Cuerpo Plural, Museo de Arte Contemporáneo, Caracas, Venezuela, octubre 2005 (Sala 1). Fotografía Morella Muñoz-Tébar. Archivo MAC. **245** (bl) © Romeo A. Escobar, La Sala de La Miniatura, San Salvador. www.ilobasco.net. **295** (tl) © Chris R. Sharp/DDB Stock, (bl) © Francis E. Caldwell/DDB Stock.

About the Author

José A. Blanco founded Vista Higher Learning in 1998. A native of Barranquilla, Colombia, Mr. Blanco holds degrees in Literature and Hispanic Studies from Brown University and the University of California, Santa Cruz. He has worked as a writer, editor, and translator for Houghton Mifflin and D.C. Heath and Company and has taught Spanish at the secondary and university levels. Mr. Blanco is also the co-author of several other Vista Higher Learning programs: **Panorama, Aventuras,** and **¡Viva!** at the introductory level, **Ventanas, Facetas, Enfoques, Imagina,** and **Sueña** at the intermediate level, and **Revista** at the advanced conversation level.

About the Illustrators

Yayo, an internationally acclaimed illustrator, was born in Colombia. He has illustrated children's books, newspapers, and magazines, and has been exhibited around the world. He currently lives in Montreal, Canada.

Pere Virgili lives and works in Barcelona, Spain. His illustrations have appeared in textbooks, newspapers, and magazines throughout Spain and Europe.

Born in Caracas, Venezuela, **Hermann Mejía** studied illustration at the *Instituto de Diseño de Caracas*. Hermann currently lives and works in the United States.